COMENTARIOS BÍBLICOS CON APLICACIÓN

LUCAS

del texto bíblico
a una aplicación
contemporánea

DARREL L. BOCK

NVI

La misión de Editorial Vida es ser la compañía líder en comunicación cristiana que satisfaga las necesidades de las personas, con recursos cuyo contenido glorifique al Señor Jesucristo y promueva principios bíblicos.

COMENTARIO BÍBLICO CON APLICACIÓN NVI: LUCAS
Editorial Vida – ©2011
Publicado en Nashville, Tennessee, Estados Unidos de América.

Este título también está disponible en formato electrónico

Originally published in english under the title:
   The NIV Application Commentary: Luke
   Copyright © 2000 por Darrell L. Bock
Published by permission of Zondervan, Grand Rapids, Michigan 49530, U.S.A.
All rights reserved.

Traducción: *Pedro L. Gómez Flores*
Edición: *Anabel Fernández Ortiz y Juan Carlos Martín Cobano*
Diseño interior: *José Luis López González*

Reservados todos los derechos. A menos que se indique lo contrario, el texto bíblico se tomó de la Santa Biblia Nueva Versión Internacional. © 1999 por Bíblica Internacional.

CATEGORÍA: Comentario bíblico / Nuevo Testamento

Contenido

4
Introducción

8
Prefacio del editor

10
Prefacio del autor

12
Abreviaturas

14
Introducción a Lucas

25
Bosquejo del Evangelio de Lucas

28
Bibliografía selecta y comentada sobre Lucas

36
Texto y comentario de Lucas

Introducción

Los Comentarios Bíblicos con aplicación NVI son únicos. La mayoría de los comentarios bíblicos nos ayudan a recorrer el trecho que va desde el siglo XXI al siglo I. Nos permiten cruzar las barreras temporales, culturales, idiomáticas y geográficas que nos separan del mundo bíblico. Sin embargo, solo nos ofrecen un billete de ida al pasado y asumen que nosotros mismos podemos, de algún modo, hacer el viaje de regreso por nuestra cuenta. Una vez nos han explicado el *sentido original* de un libro o pasaje, estos comentarios nos brindan poca o ninguna ayuda para explorar su *significado contemporáneo*. La información que nos ofrecen es sin duda valiosa, pero la tarea ha quedado a medias.

Recientemente, algunos comentarios han incluido un poco de aplicación contemporánea como *una* de sus metas. No obstante, las aplicaciones son a menudo imprecisas o moralizadoras, y algunos volúmenes parecen más sermones escritos que comentarios.

La meta principal de *Los Comentarios Bíblicos con aplicación NVI* es ayudarte con la tarea, difícil pero vital, de trasladar un mensaje antiguo a un contexto moderno. La serie no se centra solo en la aplicación como un producto acabado, sino que te ayuda también a pensar detenidamente en el *proceso* por el que se pasa del sentido original de un pasaje a su significado contemporáneo. Son verdaderos comentarios, no exposiciones populares. Se trata de obras de referencia, no de literatura devocional.

El formato de la serie ha sido concebido para conseguir la meta propuesta. El tratamiento de cada pasaje se lleva a cabo en tres secciones: *Sentido original, Construyendo puentes* y *Significado contemporáneo*.

Esta sección te ayuda a entender el significado del texto bíblico en su contexto del primer siglo. En este apartado se tratan —de manera concisa— todos los elementos de la exégesis tradicional, a saber, el contexto histórico, literario y cultural del pasaje. Los autores analizan cuestiones relacionadas con la gramática, la sintaxis y el significado de las palabras bíblicas. Se esfuerzan asimismo en explorar las principales ideas del pasaje y el modo en que el autor bíblico desarrolla tales ideas.[1]

Tras leer esta sección, el lector entenderá los problemas, preguntas y preocupaciones de los *primeros receptores* y el modo en que el autor bíblico trató tales cuestiones. Esta comprensión es fundamental para cualquier aplicación legítima del texto en nuestros días.

---

1. Obsérvese, por favor, que cuando los autores tratan el sentido de alguna palabra en las lenguas bíblicas originales, en esta serie se utiliza el método general de transliteración en lugar del más técnico (sirviéndose de los alfabetos griego y hebreo).

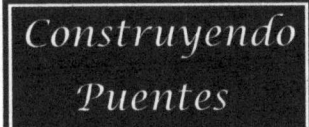

Como indica el título, en esta sección se construye un puente entre el mundo de la Biblia y el de nuestros días, entre el contexto original y el moderno, analizando tanto los aspectos circunstanciales del texto como los intemporales.

La Palabra de Dios tiene un aspecto *circunstancial*. Los autores de la Escritura dirigieron sus palabras a situaciones, problemas y cuestiones específicas. Pablo advirtió a los Gálatas sobre las consecuencias de circuncidarse y los peligros de intentar justificarse por la Ley (Gá 5:2–5). El autor de Hebreos se esforzó en convencer a sus lectores de que Cristo es superior a Moisés, a los sacerdotes aarónicos y a los sacrificios veterotestamentarios. Juan instó a sus lectores a «probar los espíritus» de quienes enseñaban una forma de gnosticismo incipiente (1Jn 4:1–6). En cada uno de estos casos, la naturaleza circunstancial de la Escritura nos capacita para escuchar la Palabra de Dios en situaciones que fueron *concretas* y no abstractas.

No obstante, esta misma naturaleza circunstancial de la Escritura crea también problemas. Nuestras situaciones, dificultades y preguntas no están siempre relacionadas directamente con las que enfrentaban los primeros receptores de la Biblia. Por ello, la Palabra de Dios para ellos no siempre nos parece pertinente a nosotros. Por ejemplo, ¿cuándo fue la última vez que alguien te instó a circuncidarte, afirmando que era una parte necesaria de la Justificación? ¿A cuántas personas de nuestros días les inquieta la cuestión de si Cristo es o no superior a los sacerdotes aarónicos? ¿Y hasta qué punto puede una «prueba» diseñada para detectar el gnosticismo incipiente ser de algún valor en una cultura moderna?

Afortunadamente, las Escrituras no son únicamente documentos circunstanciales, sino también *intemporales*. Del mismo modo que Dios habló a los primeros receptores, sigue hablándonos a nosotros a través de las páginas de la Escritura. Puesto que compartimos la común condición de humanos con las gentes de la Biblia, descubrimos una *dimensión universal* en los problemas a los que tenían que hacer frente y en las soluciones que Dios les dio. La naturaleza intemporal de la Escritura hace posible que ésta nos hable con poder en cualquier momento histórico y en cualquier cultura.

Quienes dejan de reconocer que la Escritura tiene una dimensión circunstancial y otra intemporal se acarrean muchos problemas. Por ejemplo, quienes se sienten apabullados por la naturaleza circunstancial de libros como Hebreos o Gálatas pueden soslayar su lectura por su aparente falta de sentido para nuestros días. Por otra parte, quienes están convencidos de la naturaleza intemporal de la Escritura, pero no consiguen percibir su aspecto circunstancial, pueden «disertar elocuentemente» sobre el sacerdocio de Melquisedec a una congregación muerta de aburrimiento.

El propósito de esta sección es, por tanto, ayudarte a discernir lo intemporal (y lo que no lo es) en las páginas del Nuevo Testamento dirigidas a situaciones temporales. Por ejemplo, si la principal preocupación de Pablo no es la circuncisión (como se nos dice en Gálatas 5:6), ¿cuál *es* entonces? Si las exposiciones sobre el sacerdocio aarónico o sobre Melquisedec nos parecen hoy irrelevantes, ¿cuáles son los elementos de valor permanente en estos pasajes? Si en nuestros días los creyentes intentan «probar los espíritus» con una prueba diseñada para una herejía específica del primer siglo, ¿existe alguna otra prueba bíblica más apropiada para que podamos hoy cumplir este propósito?

No obstante, esta sección no solo descubre lo intemporal de un pasaje concreto, sino que también nos ayuda a ver *cómo* lo hace. El autor del comentario se esfuerza en hacer explícito lo que en el texto está implícito; toma un proceso que es normalmente intuitivo y lo explica de un modo lógico y ordenado. ¿Cómo sabemos que la circuncisión no es la principal preocupación de Pablo? ¿Qué claves del texto o del contexto nos ayudan a darnos cuenta de que la verdadera preocupación de Pablo está en un nivel más profundo?

Lógicamente, aquellos pasajes en que la distancia histórica entre nosotros y los primeros lectores es mayor, requieren un tratamiento más extenso. Por el contrario, los textos en que la distancia histórica es más reducida o casi inexistente requieren menos atención.

Una clarificación final. Puesto que esta sección prepara el camino para tratar el significado contemporáneo del pasaje, no siempre existe una precisa distinción o una clara división entre ésta y la sección que sigue. No obstante, cuando ambos bloques se leen juntos, tendremos una fuerte sensación de haber pasado del mundo de la Biblia al de nuestros días.

Significado Contemporáneo

Esta sección permite que el mensaje bíblico nos hable hoy con el mismo poder que cuando fue escrito. ¿Cómo podemos aplicar lo que hemos aprendido sobre Jerusalén, Éfeso o Corinto a nuestras necesidades contemporáneas en Los Ángeles, Lima o Barcelona? ¿Cómo podemos tomar un mensaje que se expresó inicialmente en griego y arameo, y comunicarlo con claridad en nuestro idioma? ¿Cómo podemos tomar las eternas verdades que en su origen se plasmaron en un tiempo y una cultura distintos, y aplicarlos a las parecidas, pero diferentes, necesidades de nuestra cultura?

Para conseguir estas metas, esta sección nos ayuda en varias cuestiones clave. En primer lugar, nos permite identificar situaciones, problemas o preguntas contemporáneas que son verdaderamente comparables a las que la audiencia original hubo de hacer frente. Puesto que las situaciones de hoy rara vez son idénticas a las que se dieron en el siglo primero, hemos de buscar escenarios semejantes para que nuestras aplicaciones sean relevantes.

En segundo lugar, esta sección explora toda una serie de contextos en los que el pasaje en cuestión puede aplicarse en nuestro tiempo. Buscaremos aplicaciones personales, pero seremos asimismo estimulados a pensar más allá de nuestra situación personal considerando cuestiones que afectan a la sociedad y a la cultura en general.

En tercer lugar, en esta sección seremos conscientes de los problemas o dificultades que pueden surgir en nuestro deseo de aplicar el pasaje. Y caso de que existan varias maneras legítimas de aplicar un pasaje (cuestiones en las que no exista acuerdo entre

Introducción

los cristianos), el autor llamará nuestra atención al respecto y nos ayudará a analizar a fondo las implicaciones.

En la consecución de estas metas, los colaboradores de esta serie intentan evitar dos extremos. El primero, plantear aplicaciones tan específicas que el comentario se convierta rápidamente en un texto arcaico. El segundo, evitar un tratamiento tan general del sentido del pasaje que deje de conectar con la vida y cultura contemporáneas.

Por encima de todo, los colaboradores de esta serie han realizado un diligente esfuerzo para que sus observaciones no suenen a perorata moralizadora. *Los Comentarios Bíblicos con aplicación NVI* no pretenden ofrecerte materiales listos para ser utilizados en sermones, sino herramientas, ideas y reflexiones que te ayuden a comunicar la Palabra de Dios con poder. Si conseguimos ayudarte en esta meta se habrá cumplido el propósito de esta serie.

Los editores

Prefacio del editor

¿Qué es lo que el Evangelio de Lucas tiene que enseñarnos hoy? Muchas cosas.

Si lees el periódico a menudo, no puedes sustraerte a la impresión de que nuestro mundo sufre un nuevo virus intelectual: el problema de la multiplicidad y la unidad. Muchas razas, una Humanidad. Muchas especies, una creación. Muchas naciones, un mundo. Muchos derechos, una verdad. La diversidad de nuestro mundo es innegable. Al mismo tiempo, sin embargo, sabemos que la diversidad puede convertirse con mucha facilidad en división y muerte si no aparece alguna razón para la unidad.

El problema que plantea el virus de la diversidad ante la necesidad de unidad no es en modo alguno nuevo. Sin embargo, a juzgar por el modo en que nos ataca parece ser inmune a la mayor parte de antídotos que se han ofrecido hasta la fecha. Uno de ellos, el movimiento hacia un gobierno mundial, parece el menos indicado para resolver el problema. Con la desintegración de algunos de los gigantescos gobiernos del siglo pasado como los de la URSS y Yugoslavia, parecemos abocados a la existencia de un número mayor —no menor— de naciones. Los distintos grupos étnicos parecen más dispuestos a luchar por su identidad (pensemos en Camboya y Ruanda) que a esforzarse por encontrar un terreno común. ¿Hay algo que pueda detener esta turbulenta infección de tribalismo descontrolado que trastorna la paz?

La verdad evangélica que describe Lucas tiene grandes probabilidades. ¿Cómo? Permítanme explicarme. Como Darrell Bock nos muestra en este volumen, Lucas estaba interesado en mostrarnos que todo el mundo funcionaba según un plan único establecido por Dios. Por ello, las primeras secciones acerca del nacimiento y primera infancia de Jesús ilustran que Dios estaba ya actuando en su vida; los relatos de Juan el Bautista, y del bautismo y tentación de Jesús definen un llamamiento al ministerio que había sido desarrollado con todo detalle; el primer ministerio alrededor del lago de Galilea revela a un Jesús que manifiesta un poder y autoridad extraordinarios; en su viaje final a Jerusalén, Jesús enfrentó toda clase de oposición y nos mostró que quienes siguen el plan de Dios tienen fuerza para perseverar; y los relatos de los últimos días de Jesús demuestran con claridad que éste practicó un liderazgo espiritual que era cualitativamente distinto del que desarrollaron otros dirigentes políticos, financieros y religiosos de aquel tiempo. Lucas nos muestra que esta vida extraordinaria no era un producto casual de factores aleatorios: era una vida generada por Dios mismo.

Esta vida infundida por Dios establece el patrón para todo el mundo. Es precisamente esta vida, la vida de Jesucristo, nuestro Señor y Salvador, la que reúne y cohesiona los fragmentados y divididos elementos del mundo. Lucas hace un gran esfuerzo por explicar que esta vida impartida por Dios planteó el debate de la antigua distinción entre judíos y gentiles. Es la vida de Jesucristo la que aúna unas visiones de la existencia y el trabajo enfrentadas.

Y esta verdad es precisamente lo que constituye la aplicación central del Evangelio de Lucas para nuestro mundo de hoy. Únicamente Dios, por medio de la encarnación de Jesucristo, es capaz de unificar a un mundo rebelde. Las divisiones de nuestro tiempo parecen mucho más complicadas que las ilustraciones bíblicas de judíos y gentiles. Pero el principio es el mismo: Dios es el que unifica, y lo hace sin negar nuestro carácter singular: nuestra raza, nacionalidad o cultura. A fin de cuentas, Dios nos hizo ser quienes somos y lo que somos. No, Dios nos unifica al preconizar algo que está por encima de cualquier otra cosa que conozcamos y más allá de ella, y ofreciéndonos de este modo una razón para agruparnos y disfrutar nuestra identidad única que él mismo ha creado.

Darrell Bock nos brinda un enorme servicio ofreciéndonos, por un lado, el trabajo de toda una vida de erudición sobre el sentido que tuvo Lucas para sus primeros receptores, y por otro, respondiendo una y otra vez en cada exposición la pregunta: ¿Qué significa Lucas para nosotros hoy? La respuesta es, muchas cosas. Solo podremos vivir juntos y en paz si ponemos la mirada más allá de nosotros mismos y nos fijamos en nuestro Dios Soberano y en el Hijo enviado para salvarnos.

Terry C. Muck

Prefacio del autor

Mi relación con el Evangelio de Lucas se remonta al tiempo en que cursaba mis estudios para el doctorado en Aberdeen, Escocia. Mi vida desde entonces ha transcurrido por las tierras altas escocesas, las llanuras del Estado de Texas o junto a los montes suabios del Sudoeste de Alemania, pero este Evangelio ha estado siempre en mi corazón y en mi mente. Esta obra es fruto de más de quince años de estudio y es el tercer comentario que escribo sobre este Evangelio.

Puede que alguien se pregunte: «¿por qué escribir un tercer comentario sobre este mismo libro?». Es una buena pregunta, y yo me la he estado haciendo constantemente mientras escribía este libro. En el último análisis, la respuesta es sencilla: en este comentario me dedico a aplicar el Evangelio y me concentro en su mensaje para nuestro tiempo. Permítanme explicarme.

Mi comentario en dos volúmenes publicado por Baker Book House es una completa exposición de Lucas desde un punto de vista técnico y exegético. Si alguien desea conocer los pormenores de las distintas perspectivas del mundo académico sobre Lucas, esa es la obra que tiene que consultar. En aquella obra traté con detalle las similitudes y diferencias entre Lucas y los otros evangelistas en su presentación de Jesús, así como un gran número de cuestiones históricas y culturales que inciden en nuestra comprensión de este Evangelio. También señalé en ese trabajo aquellas características del mensaje que nos interpelaban especialmente en nuestra era. Se trataba de una obra dirigida a eruditos, pastores, seminaristas y a quienes estuvieran interesados en los detalles del texto griego y en la enorme cantidad de cuestiones relacionadas.

El comentario que escribí para InterVarsity Press iba un paso más allá. Se me pidió que trabajara sobre el fundamento del comentario precedente y que explicara el texto, pero también que presentara un acercamiento más homilético y apuntara cómo Lucas se relacionaba con el presente. En aquel libro me concentré tanto en cuestiones de aplicación como de exégesis. Era una obra para pastores y laicos que tuvieran el deseo de trazar las raíces del mensaje y explicarlo, pero de un modo que fuera relevante para nuestro tiempo.

La orientación de este libro es distinta de la de los dos anteriores. Se me ha pedido que cubra el mensaje textual con adecuada rigurosidad, pero más brevemente de lo que lo hice para Baker y con un enfoque distinto del que utilicé para InterVarsity. La mitad del comentario trata no solo de la aplicación a nuestro tiempo, sino también del proceso que nos lleva a dicha aplicación a partir del mensaje del pasado. Me he esforzado al máximo por mantener esta igualdad por lo que a la división de la tarea se refiere. Del mismo modo que la mayoría de los comentarios explican y defienden cada uno de los pasos de su interpretación, por mi parte he prestado atención a las razones de la aplicación. Aceptar este nuevo desafío significaba dar el último paso natural con este Evangelio.

Prefacio del autor

Cualquier pastor o seminarista sabe que el proceso de interpretación impone la necesidad de una serie de capacidades y suscita un grupo de preguntas muy concretas, ya se trate de interpretar, de predicar, o sencillamente de aplicar el texto. Este volumen presupone mucho del trabajo realizado en los dos comentarios anteriores e intenta completar el ciclo. No habría podido escribirse sin la investigación realizada para los estudios anteriores, sin embargo, no es tampoco una simple re-exposición de tales estudios. Dejo que sean mis lectores quienes juzguen si se han cumplido o no los objetivos. Mi esperanza y oración es que el estudio de este Evangelio conduzca a un modo más estrecho de andar con Dios y a una mejor comprensión de Aquel que cumple las promesas de Dios.

Doy las gracias a Zondervan Publishing House y a Stan Gundry, a Jack Kuhatschek, a Verlyn Verbrugge y a Terry Muck por su bondadosa invitación a participar en esta serie, especialmente a Jack y a Terry por sus útiles comentarios durante la redacción del borrador. Su labor ha hecho que esta tarea sea agradable, y sus consejos han estado llenos de sabiduría. Han sido también muy provechosas las sugerencias de Marianne Meye Thompson y Klyne Snodgrass. Ambos me ayudaron a decir las cosas de un modo más preciso, y estimularon mi pensamiento en varias áreas de aplicación. Ken MacGillivray llevó a cabo una cuidadosa corrección de pruebas de uno de los borradores de este comentario.

Dedico este volumen a mi familia, cuya eterna pregunta ha sido si alguna vez terminaría de escribir sobre Lucas. Estoy especialmente agradecido a mis hijos, Elisa, Lara y Stephen, quienes han cedido una parte de su tiempo para que su padre pudiera trabajar: sí, ahora puedo jugar un poco más a baloncesto. A mi hermano, John, y mis dos hermanas, Darcy y Joady, les agradezco que hayan estado dispuestos a compartir la vida con un hermano hiperactivo. A mis suegros, Joe y Ann Painter, les expreso mi gratitud por haberme permitido el gozo de compartir la vida con su maravillosa hija Sally, y por haber sido pacientes mientras maduraba y asumía la responsabilidad de criar a algunos de sus preciosos nietos. Y, por último, dedico esta obra a la memoria de mis padres, ya fallecidos, a quienes Dios tuvo a bien llevarse en una etapa temprana de mi vida, pero que me dejaron un hermoso legado de amor que me ha ayudado a apreciar cómo podría ser el amor de Dios.

Darrell L. Bock
31 de octubre de 1994

Abreviaturas

AB	Anchor Bible
ACNT	Augsburg Commentary on the New Testament
AnBib	Analecta biblica
BAGD	Bauer, Arndt, Gingrich, and Danker, *A Greek-English Lexicon of the New Testament and Other Early Christian Literature*
BAR	*Biblical Archaeology Review*
BBB	Bonner biblische Beiträge
BBR	*Bulletin for Biblical Research*
BETL	Bibliotheca ephemeridum theologicarum lovaniensium
BibSac	*Bibliotheca Sacra*
BJRL	*Bulletin of the John Rylands University Library*
BNTC	Black's New Testament Commentaries
CBQ	*Catholic Biblical Quarterly*
CNTC	Cambridge New Testament Commentaries
CT	*Christianity Today*
EBC	Expositor's Bible Commentary
EKK	Evangelisch-katholischer Kommentar
ExpTim	*Expository Times*
FB	Forschung zur Bibel
HNT	Handbuch zum Neuen Testament
HTKNT	Herders theologischer Kommentar zum Neuen Testament
ICC	International Critical Commentary
JBL	*Journal of Biblical Literature*
JRS	*Journal of Religious Studies*
JSNT	*Journal for the Study of the New Testament*
JSNTMS	Journal for the Study of the New Testament — Monograph Series
JSNTSS	Journal for the Study of the New Testament — Supplement Series
JTS	*Journal for Theological Studies*
LCC	Library of Christian Classics
NAB	New American Bible
NASB	New American Standard Bible
NCB	New Century Bible
NIBC	New International Biblical Commentary

NICNT	New International Commentary on the New Testament
NIDNTT	*New International Dictionary of New Testament Theology*
NIGTC	New International Greek Testament Commentary
NIV	New International Version
NovT	*Novum Testamentum*
NovTSup	Novum Testamentum Supplement Series
NTS	*New Testament Studies*
NTD	Das Neue Testament Deutsch
NVI	Nueva Versión Internacional
PTMS	Princeton Theological Monograph Series
PTS	Paderborner theologischen Studien
RNT	Regensburger Neues Testament
SBLDS	Society of Biblical Literature Dissertation Series
SBLMS	Society of Biblical Literature Monograph Series
SNT	Studien zum Neuen Testament
SNTIW	Studies of the New Testament and Its World
SNTSMS	Society for New Testament Studies Monograph Series
SNTU	Studien zum Neuen Testament und seiner Umwelt
TDNT	*Theological Dictionary of the New Testament*
THKNT	Theologischer Handkommentar zum Neuen Testament
TPINTC	Trinity Press International New Testament Commentaries
TS	*Theological Studies*
WBC	Word Biblical Commentary
WUNT	Wissenschaftliche Untersuchungen zum Neuen Testament
ZNW	*Zeitschrift für die neutestamentliche Wissenschaft*

Introducción a Lucas

Visión general: ¿Por qué leer Lucas?

Muchos no saben que Lucas es el Evangelio más largo (no en el número de capítulos, pero sí en el de versículos). De hecho, la aportación de Lucas como autor es la más extensa del Nuevo Testamento, si contamos los versículos (Lucas, 2157 versículos [Lucas + Hechos]; Pablo, 2032 versículos; Juan, 1416 versículos;[1] Mateo, 1071 versículos; Marcos, 678 versículos). El Evangelio de Lucas es también único por cuanto el relato de Jesús encuentra una continuidad en el del libro de los Hechos. De este modo, se relacionan la obra de Jesús y la de la Iglesia a través de los ojos del mismo autor humano. Esto significa que los asuntos introductorios de ambos volúmenes se solapan; es decir, las evidencias procedentes del libro de los Hechos lo son también de Lucas.

El relato de Lucas-Hechos trata del plan de Dios. El Evangelio explica quién fue Jesús, lo que hizo, y la razón por la que vino, así como el modo en que preparó a los discípulos para el papel que éstos habrían de desempeñar dentro de su plan. Las preguntas básicas forman parte del relato del Evangelio o están determinadas por él. Una de las preocupaciones fundamentales del libro de los Hechos, por ejemplo, es la relación entre judíos y gentiles. En este contexto, el Evangelio de Lucas explora cuestiones como éstas: ¿Cómo se convirtió un movimiento inicialmente judío en la base de una oferta universal de salvación? ¿Forman realmente parte los gentiles del pueblo de Dios? Si Jesús era el Mesías de Israel, ¿cómo es que se encontró con una oposición tan visceral que acabó crucificado? Más aún, ¿cómo podía un Mesías crucificado llegar a ser el fundamento para la esperanza de toda la Humanidad? ¿Cómo podía un personaje ausente e inmolado ser el centro de la esperanza de Dios? En resumidas cuentas, ¿por qué tendría alguien que responder a Jesús como centro del plan de Dios y qué es lo que éste nos llama a hacer?

Este comentario nos mostrará que prácticamente todas las secciones del Evangelio de Lucas nos desafían a responder a Jesús. Comenzando con categorías de la esperanza judía como Mesías, nos descubre quién es Jesús. Sin embargo, cuando permitimos que el ministerio de Jesús nos revele su naturaleza, nos damos cuenta de que éste es más que una figura mesiánica. Lucas nos descubre a este Jesús de forma gradual; sin embargo, esta progresión suele pasarnos desapercibida porque nos separan casi dos mil años de los acontecimientos que se consignan, y estamos ya muy familiarizados con su mensaje.

¿Por qué vino Jesús? Lucas nos dice que no fue solo para morir por nuestro pecado, sino también para formar un pueblo de Dios que, renovado por su Espíritu, pueda servirle en justicia y santidad todos sus días (Lc 1:73–75). Jesús vino a declarar el cum-

---

1. Estos datos sobre Juan incluyen el libro de Apocalipsis y las cartas joaninas. Puede que estos números varíen ligeramente, dependiendo de cómo se valoren ciertos problemas críticos del texto.

plimiento inicial de la promesa de Dios, una promesa hecha «en la Ley de Moisés, en los profetas y en los salmos» (Lc 24:44).

¿Qué hizo Jesús? Según Lucas, nos reveló que para llegar a Dios, el pecador ha de reconocer su necesidad de volverse a Dios en busca de ayuda. El autor deja también claro que el camino de Dios pasa por Jesús. Para mostrar su poder, Jesús predicó el reino de Dios y el tiempo del cumplimiento (Lc 4:16–30; 11:14–23). Venció a la Naturaleza, expulsó demonios, sanó enfermos, y resucitó a uno de la muerte para mostrar que podía vencer a todos los enemigos que se oponen a la Humanidad (8:22–56). Mientras tanto, preparó a sus discípulos para el viaje de la salvación mostrándoles que la gloria solo se alcanzaba tras el sufrimiento (9:21–27).

¿Qué es lo que Jesús quiere de las personas? Llama a los pecadores a arrepentirse (Lc 5:31–32), a los discípulos a tomar su cruz cada día y a seguirle (9:23), y a los testigos a llevar a todas las naciones el mensaje del arrepentimiento para el perdón de pecados (24:43–49). Promete la presencia del Espíritu para esta tarea, puesto que muchos rechazarán su mensaje. Aun así, se les llama a amar a sus enemigos y a orar por ellos (6:27–35).

En el centro del plan de Dios, en cada paso de su actividad está Jesús. Él es aquel en quien hay que confiar como revelador del camino de Dios; el que llama a los discípulos; el que envía al Espíritu; y el que imparte el perdón de Dios (Lc 5:12–26; 7:36–50). El Evangelio está abierto a todos, porque Jesús es Señor de todos. Cuando Lucas afirma que desea confirmarle algo a Teófilo (1:4), se trata de una confirmación de que Jesús es la fuente de la bendición de Dios y de que Teófilo tiene todo derecho a abrazarle como portador de la Gracia y la promesa de Dios.

Este Evangelio explica también que Jesús fue rechazado por el liderazgo judío. Cuenta que el mensaje del Evangelio vino a incluir a todas las naciones dentro de su promesa (el libro de los Hechos abunda más en este tema). Este Evangelio muestra la clase de personas que Jesús quiere que sean sus seguidores y la clase de comunidad que quiere que posean. Describe el papel que desempeñaron muchas mujeres clave dentro de esta comunidad, el llamamiento ético de Jesús, la importancia de la oración, la actitud de gozo en medio del rechazo del mundo y la importancia y preeminencia del Espíritu. En el centro de todo está la actividad de un Dios benévolo y generoso que cumple sus promesas, vindica a su pueblo y cumple su palabra. Los creyentes se sienten atraídos a este Evangelio, no solo porque les imparte la enseñanza de Jesús, especialmente en forma de parábolas, sino también porque pone de relieve su implicación con las personas, en especial con los pecadores, los pobres y los rechazados de la sociedad. En este Evangelio, el Dios compasivo se nos abre por completo. El Dios de la Biblia se muestra como el Dios del mundo.

Estamos habituados a destacar la diversidad de personas que pueblan nuestro mundo. Por lo que respecta a las cosmovisiones, el nuestro es un mundo multicultural y multidimensional. El Evangelio de Lucas explica que Dios puede tomar todos estos trasfondos y dimensiones étnicas y formar con ellos una nueva comunidad muy especial. A pesar de nuestras distintas raíces, en Jesús podemos conseguir la unidad. Cuanto más de cerca examinamos a los hombres y mujeres del primer siglo, más claramente vemos que son igual que nosotros. Sus problemas y actitudes con respecto al pecado, el dinero, la ansiedad, la esperanza, la comunidad, el rechazo, la venganza, la soberbia, la humildad y la guía de Dios son un reflejo de nuestras propias tensiones con estas cosas. Lucas nos ayuda a comprender el modo en que Jesús trató estos temas, y presenta con claridad el camino para conocer a Dios.

Esta última cuestión sitúa en perspectiva los otros temas y explica por qué hemos de escuchar cuidadosamente a Lucas. El plan de Dios es a menudo una gran abstracción teológica hasta que conseguimos ver cómo encajamos en él. La meta de Lucas es aclarar cuál es nuestro lugar dentro de este plan. Él nos invita a ver cómo desarrollar una relación con Dios que es un viaje de fe y un recorrido por la vida tal como Dios la concibió.

La composición del Evangelio de Lucas [2]

Autor

Ni Lucas ni el libro de los Hechos consignan el nombre de su autor. Hemos, por tanto, de examinar los datos que nos ofrecen estas obras y la tradición de la Iglesia para determinar su paternidad literaria. En Lucas-Hechos encontramos dos hechos clave sobre su autor. (1) No fue testigo ocular de la mayor parte de los acontecimientos que describe, especialmente de los del Evangelio (Lc 1:1–4). Recurrió a obras anteriores que resumían la vida de Jesús como fuentes para su relato. (2) Las secciones en primera persona del plural del libro de los Hechos ponen de relieve que el autor fue un compañero de Pablo (Hch 16:10–17; 20:5–15; 21:1–18; 27:1–28:16). Este segundo hecho delimita más las posibilidades sobre la identidad del autor, aunque también es objeto de debate.

Algunos han argumentado que las secciones en primera persona del plural son un mero recurso literario, o notas de viaje que el autor simplemente incorporó a su relato sin cambiar su redacción, no experiencias del autor de Lucas-Hechos.[3] En relación con esta cuestión se plantea también el debate de si el Pablo de las cartas del Nuevo Testamento que llevan su nombre es realmente el Pablo de Lucas. Algunos sostienen que el autor de Hechos no era compañero de Pablo, puesto que parece haber una gran diferencia en el retrato que Lucas hace del apóstol y la propia idea que Pablo tiene de sí mismo.[4]

---

2. En esta introducción, nos limitaremos a las características esenciales que introducen el escenario histórico del tercer Evangelio. Quienes deseen considerar resúmenes de la estructura y teología bíblica de esta obra, pueden ver D.L. Bock, «Luke, Gospel of» [Lucas, Evangelio de], en *Dictionary of Jesus and the Gospels,* ed. por J.B. Green, S. McKnight, y I.H. Marshall (Downers Grove, Ill.: InterVarsity, 1992), 495–510. Quienes deseen considerar un tratamiento más completo de la teología del libro pueden ver mi «A Theology of Luke-Acts» [Una teología de Lucas-Hechos] en *A Biblical Theology of the New Testament,* ed. por R. Zuck y D. Bock (Chicago: Moody, 1994), 87–166.

3. Quienes deseen una exposición de esta posición, pueden ver la obra de E. Haenchen, *The Acts of the Apostles: A Commentary* [Los Hechos de los Apóstoles: un comentario] (Oxford: Basil Blackwell, 1971), 85.

4. P. Vielhauer, «On the 'Paulinism' of Acts» [Sobre el 'paulinismo' de Hechos]», en *Studies in Luke-Acts* ed. por E. Keck y J.L. Martyn (Londres: S.P.C.K., 1966), 33–50, defiende esta posi-

Introducción a Lucas

Si el autor no conocía a Pablo, entonces o bien no es Lucas (a quien tradicionalmente se asocia con la autoría del libro), o Lucas no fue compañero de ministerio de Pablo.

Fitzmyer ha respondido apropiadamente a las afirmaciones de que las secciones en primera persona son un recurso literario, observando que aparecen en el relato de un modo completamente arbitrario. Si se tratara realmente de recursos literarios creativos, ¿por qué entonces aparecen de manera tan dispersa y no en más textos? Las secciones en primera persona del plural son más que simples inserciones de notas de otra persona, y su improvisada utilización es un reflejo de autenticidad. Respecto al asunto de Pablo, hemos de tener en cuenta que la valoración que hacemos de nosotros mismos y la que hace otra persona, a menudo difieren entre sí. Además, el que el autor de estas secciones trabajara con Pablo en ciertas ocasiones no significa que fuera un constante compañero del apóstol. También, es posible defender con seriedad que el retrato teológico de Pablo que hace Lucas y el que traza la propia pluma del apóstol son compatibles.[5] Naturalmente, ninguna de estas consideraciones demuestra que el autor sea Lucas. Lo que sí muestra es que los datos que encontramos en Lucas-Hechos señalan como su autor a un cristiano de, al menos, la segunda generación, que conocía a Pablo y colaboraba de vez en cuando con él.

Las posibilidades que surgen de la evidencia interna de Lucas-Hechos reducen los posibles candidatos, aunque si tuviéramos que elaborar una lista de posibles compañeros de viaje de Pablo basándonos en sus cartas, ésta sería larga: Marcos, Aristarco, Demas, Timoteo, Tito, Silas, Epafras, Lucas y Bernabé. Es significativo que, a pesar de esta plétora de candidatos, la tradición de la Iglesia Primitiva fue unánime al identificar a Lucas como autor de estos documentos. Alrededor del año 200 d.C., esta identificación era ya un hecho consumado. Justino Mártir (h. 160 d.C.) en sus *Diálogos* (103.19) habla de una memoria de Jesús escrita por un seguidor de Pablo. El Canon de Muratori, escrito una o dos décadas más tarde, menciona a Lucas el médico. Por aquel mismo tiempo, Ireneo vincula este Evangelio con Lucas y observa la presencia de las secciones en primera persona del plural. Tertuliano y Eusebio relacionan también este libro con un autor con conexiones paulinas y observan el papel de Lucas. Dadas las opciones disponibles, el vínculo con Lucas representa una evidencia impresionante de la memoria de la Iglesia con respecto al autor del tercer Evangelio.

Lo que sabemos sobre Lucas sugiere que no era judío, aunque es posible que fuera de origen semita, quizá un sirio de Antioquía más que un griego (Col 4:10-11). Su conocimiento del Antiguo Testamento y su forma de referirse a los temerosos de Dios podrían indicar que tenía alguna conexión previa con el judaísmo, y hasta es posible que él mismo hubiera sido un prosélito. La conexión de Lucas con la Medicina la encontramos en Colosenses 4:14.

Género

Los Evangelios representan un género único en el Nuevo Testamento. Es la historia tanto de una persona como de su ministerio, aunque es algo distinto de una bio-

---

ción con gran energía.
5. F.F. Bruce, «Is the Paul of Acts the Real Paul?» [¿Es el Pablo de Hechos el verdadero Pablo?]. *BJRL* 58 (1975/76): 282-305.

grafía por cuanto no pretende contarnos una vida de principio a fin. Lucas concede gran valor a las raíces de la tradición con que trabaja para presentar su relato. Lucas 1:1–4 detalla que las raíces de los relatos de Jesús descansan en el testimonio de testigos oculares de los hechos. Sería, no obstante, un error afirmar que Lucas actuó como un editor de cortar y pegar que se limitó a agrupar estas tradiciones. Una comparación de este Evangelio con los otros dos sinópticos muestra que el autor dispuso su exposición guiándose unas veces por criterios temáticos y otras por la influencia de otras fuentes.[6] Lucas subraya también cómo tras su resurrección y exaltación se entendió a Jesús como Señor y también cómo se produjo el rechazo de Jesús por parte de los judíos. El evangelista bosqueja la enseñanza de Jesús de un modo que no hacen los otros Evangelios, puesto que varias de las parábolas que consigna son exclusivas de su relato. La preocupación de Jesús por el discipulado y por el prójimo, especialmente por los rechazados de la sociedad, sobresalen de manera especial. Los Evangelios son tanto Teología como Historia. Se escribe no solo para instruir sino también para exhortar. Esta combinación convierte a Lucas en historiador, teólogo y pastor.

Fecha

Muchos fechan este libro después del año 70 d.C., por regla general hacia mediados de la década de los ochenta, basándose en el hecho de que los textos sobre el juicio de la nación son especialmente específicos con respecto a la destrucción de Jerusalén (Lc 19:41–44; 21:20–24). Sin embargo, las descripciones de esta destrucción se limitan simplemente a argumentar que Dios juzgará a la nación por su infidelidad al pacto, en el mismo sentido en que lo hizo cuando Asiria y Babilonia fueron instrumentos de juicio para Israel.[7] Teniendo en cuenta este trasfondo profético, no hay necesidad de situar un escrito después del hecho.

Es más verosímil situar la redacción del Evangelio durante los años sesenta. El último suceso del libro de los Hechos se fecha en el año 62 d.C.; puesto que Lucas parece estar estrechamente relacionado con Hechos, la puesta en circulación de los dos volúmenes se habría producido en momentos bastante cercanos el uno del otro. Se sugiere esta fecha porque en el libro de los Hechos no se consigna la muerte de Pablo, y debería darse un cierto tiempo para la circulación de otras fuentes, entre las que estarían Marcos o Mateo.

Receptores

La discusión relativa a los receptores de Lucas abarca todas las posibilidades. Si tenemos en cuenta la gran atención que presta el autor al rechazo de los judíos podemos preguntarnos, ¿está escribiendo para una audiencia judía? ¿O hemos acaso de entender que Lucas se dirige a receptores gentiles, dada la prominencia que se da en el libro de

---

6. Mis dos volúmenes acerca de Lucas, *Luke 1:1–9:50* [Lucas 1:1–9:50] y *Luke 9:51–24:53* [Lucas 9:51–24:53], (Grand Rapids: Baker, 1994 y de próxima aparición), establecen este tipo de comparaciones detalladas versículo a versículo y pasaje tras pasaje. Teniendo en cuenta el detallado análisis realizado en estas obras anteriores, no lo voy a repetir en este comentario.

7. C.H. Dodd, «The Fall of Jerusalem and the Abomination of Desolation» [La caída de Jerusalén y la abominación desoladora], *JRS* 37 (1947): 47–54.

los Hechos a la misión a los no judíos? ¿O es quizá una combinación de ambas cosas? Una parte del problema es que no conocemos con claridad el destino de este Evangelio. Teófilo, a quien según Lucas 1:1-4 se dirige el Evangelio, parece haber sido un personaje de cierta relevancia social, pero no sabemos dónde vivía, ni estamos seguros de cuál era su nacionalidad. Teófilo había recibido ya una cierta instrucción sobre la fe, y el hecho de que ahora necesitara confirmación y consuelo significa que probablemente era creyente. Parece también claro, a juzgar por el modo de escribir de Lucas, que éste era igualmente consciente de que Teófilo no sería su único lector (obsérvese el carácter general de muchas de las exhortaciones del Evangelio). Para poder determinar si el Evangelio tenía en vista a receptores judíos o gentiles, hemos de analizar primero el propósito de los dos volúmenes de Lucas en su conjunto y el modo en que el Evangelio cumple este propósito.

Propósito

Los eruditos han planteado un buen número de sugerencias para establecer el propósito de Lucas-Hechos.[8] Hay elementos de verdad en muchas de estas sugerencias, pero solo algunas son lo suficientemente exhaustivas para ser posibles expresiones de las metas fundamentales de Lucas. Por ejemplo, Conzelmann sostiene que Lucas estaba intentando explicar la razón por la que Jesús no había regresado todavía, sin embargo, Lucas dedica muy poco espacio al tema de la segunda venida. En cambio, invierte mucho tiempo tratando la misión del nuevo grupo que Jesús había formado.

Varios han propuesto que Lucas es una especie de «resumen apologético», bien a favor del cristianismo en general, o de Pablo en la preparación de su cita con los tribunales romanos. El problema fundamental de esta tesis es que más de tres cuartas partes de los dos volúmenes no se relacionan directamente con temas apologéticos. ¿Qué oficial estaría dispuesto a leer tediosamente cuarenta capítulos antes de llegar al verdadero propósito del relato? Una variación de este punto de vista plantea el texto como una defensa de Pablo ante la comunidad cristiana. Hay pocas dudas de que uno de los temas fundamentales de Hechos es la explicación del proceso que llevó el Evangelio a los gentiles, con Pablo como representante de esta misión. No obstante, este propósito no explica claramente la función del Evangelio de Lucas.

Están también los que argumentan que Lucas quiere combatir el gnosticismo, un importante movimiento filosófico griego que surgió con todo su vigor en un periodo bastante posterior al tiempo de Jesús. Este acercamiento pretende situar este Evangelio en un escenario helenista. Aparte del problema que supone la fecha tardía en que surgió este movimiento, solo algunas porciones del relato de la resurrección, en las que se presenta el carácter corporal de la resurrección de Jesús, presentan un claro desafío a este acercamiento filosófico.

Varios eruditos han defendido un amplio propósito evangelizador o una presentación del tema de la salvación. La cuestión de la salvación es sin duda una importante preocupación de Lucas, sin embargo, este tema puede expresarse de un modo tan general que

---

8. Quienes deseen considerar un tratamiento más completo de su relación con Lucas, pueden ver una exposición sobre introducción en *Lucas 1:1–9:50*.

podría servir de propósito a numerosos libros del Nuevo Testamento. Los esfuerzos por especificar el tema de la evangelización nos sitúan un poco más cerca del centro del esfuerzo de Lucas. Por ejemplo, Lucas invierte mucho tiempo explicando que el rechazo de Jesús por parte del liderazgo judío está dentro del plan de Dios. Además, el apóstol sondea las razones por las que la nación de la promesa ha tenido una actitud tan negativa hacia su Mesías. Esto significa que una importante parte de ambos volúmenes podría ser una teodicea en defensa de la fidelidad de Dios, que incluiría una cuidadosa exposición de la naturaleza del plan de Dios. Cuando se considera el libro de los Hechos, queda también claro que otro de los temas fundamentales es el emergente significado de la misión a los gentiles y la justificación de cómo se produjo, incluyendo el hecho de que los gentiles no tenían que hacerse judíos para ser cristianos.

Cuando se considera Lucas de manera aislada, adquiere una relevancia fundamental la persona de Jesús y la naturaleza de la obra de Dios por medio de él para liberar a la Humanidad. Teófilo es probablemente un nuevo creyente, que como gentil, semita no judío, o prosélito del judaísmo, podría estarse planteando qué estaba haciendo dentro de un movimiento originariamente judío que ha tenido que hacer frente a tanto rechazo de los judíos. ¿Forma realmente parte de dicho movimiento? ¿Se encuentra en él efectivamente la salvación? ¿Se trata de un movimiento de Dios? Lucas reconforta a Teófilo con la idea de que Jesús está en el centro del plan redentor de Dios explicándole cómo se produjo este rechazo. El apóstol explica que la comunidad que formó Jesús ha de estar dispuesta a transitar un camino similar.

La obra de Lucas pretendía también ayudar a cualquier cristiano de origen judío que tuviera preguntas persistentes sobre la participación de los gentiles en la Iglesia y el rumbo que estaba tomando esta polémica cuestión. El sufrimiento y rechazo de Jesús no eran una sorpresa, sino experiencias diseñadas por Dios. Tampoco era extraña la reacción ante la nueva comunidad. El camino a la vindicación asume la clase de sufrimiento que experimentó Jesús. Mientras tanto, los discípulos han de dar testimonio de esta redención y responder a su rechazo con amor. Esta es la razón por la que muchas de las parábolas y una buena parte de la enseñanza de Jesús tratan el asunto de aceptar o rechazar a Jesús, del papel de la nación en esta decisión, y de nuestro llamamiento a perseverar y vivir de un modo éticamente honroso, como representantes de Jesús. Lucas es un Evangelio profundamente práctico. No se trata meramente de un mensaje que hemos de abrazar; ha de reflejarse en el modo en que nos relacionamos con los demás. A Lucas se le conoce también como el autor que nos habla mucho sobre el Espíritu Santo, sin embargo, este acento es menos dominante en Lucas que en el libro de los Hechos. No obstante, el ministerio de Jesús no solo encaja en el plan de Dios, sino que es vigorizado por el Espíritu capacitador (Lc 4:16–18). El ministerio de la Iglesia tiene una dinámica parecida (Lc 24:43–49; Hch 1:8).

La estructura del Evangelio de Lucas

Mi bosquejo del Evangelio de Lucas divide este documento en cinco secciones principales. En otros pasajes he explicado en detalle las razones de estas divi-

Introducción a Lucas

siones.[9] Puesto que este comentario se centra principalmente en la aplicación y la enseñanza, me propongo combinar algunas subdivisiones hechas previamente como las unidades de tradición en el Evangelio, para crear bloques más extensos para la predicación. He optado por combinar el menor número posible de textos, de modo que la estructura esencial de Lucas y el orden de sus temas siga siendo evidente. En esta sección introductoria, veremos una visión general del libro y sugeriremos a dónde pueden llevar estos temas en términos de aplicación.

El material de la infancia de Jesús (1:1–2:52) va más allá de su etapa infantil y se extiende hasta la adolescencia. No obstante, muestra la presencia de la actividad divina desde el comienzo. Lucas indica que Jesús es superior a su precursor, Juan Bautista. Pone también de relieve que Dios ha visitado de nuevo a su pueblo en las actividades asociadas con el precursor y con aquel que ha de seguirle (1:68–79). Otros dos temas cruciales dominan el panorama: (1) Dios tiene un plan que está ejecutando por medio de Jesús, y (2) Dios cumple con sus promesas; por tanto, los creyentes han de seguir confiando en su palabra. Tanto Zacarías como María nos enseñan acerca de la confianza en las promesas de Dios. Aquellos que confían decididamente, experimentan su Gracia y pueden descansar en el servicio que rinden a su Dios.

La segunda sección del Evangelio (3:1–4:13) muestra el llamamiento de Juan a preparar un pueblo para Jesús y los requisitos de este último para ser el Prometido. El ministerio de Juan pone de relieve la naturaleza del arrepentimiento como preparación para el ministerio de Jesús. El arrepentimiento implica volverse a Dios reconociendo nuestros pecados y sirviendo a los demás. Sin embargo, la principal meta de Juan es apuntar a aquel que ha de venir. El don de Jesús no será un rito simbólico, sino el don del Espíritu, que separa a quienes son de Dios de quienes no lo son. El Mesías será conocido como el portador del Espíritu de Dios.

La sección del ministerio galileo (4:14–9:50) subraya la actividad y el poder de Jesús. Aquí se combinan la declaración del cumplimiento de la promesa de Dios, la enseñanza, y los actos milagrosos para plantear la pregunta: «¿Quién es Jesús?» La respuesta llega con la confesión de Pedro de Jesús como el Ungido de Dios. Jesús ejerce indistintamente su poder sobre la Naturaleza, los demonios, la enfermedad, o la muerte, y ello le señala como el Mesías prometido. Como tal, los discípulos han de entender que también han sido llamados a sufrir. Han de discernir asimismo que no existe gloria sin sufrimiento. No se puede seguir a Jesús sin caer en la cuenta de que la gloria llega por medio del rechazo. Como discípulos, también ellos participan del mundo, que les rechazará, se les llama a amar a sus enemigos, a orar por ellos y a servir a los demás.

Esta sección explica también cómo surge la oposición de los judíos a Jesús. Sus afirmaciones y acciones, que apuntan a la gran autoridad que posee, representan una ofensa teológica para muchos judíos. Por ejemplo, Jesús pretende estar cualificado para perdonar pecados, una reivindicación que ellos consideran blasfema. Sus reacciones ante las afirmaciones de Jesús y su disposición a relacionarse con los peca-

---

9. Ver *Luke 1:1–9:50* [Lucas 1:1–9:50] y *Luke 9:51–24:53* [Lucas 9:51–24:53], donde al comienzo de cada división se da un tratamiento exhaustivo a las cuestiones literarias de la división del Evangelio.

dores explican por qué algunos le cuestionan con tanto celo. ¿Acaso quien afirma poder perdonar pecados no pretende implícitamente tener una autoridad divina? Los oponentes de Jesús pueden tolerar sus actos proféticos y su afirmación de ser el prometido rey de Dios que se entrega a su pueblo, sin embargo, cuando reivindica prerrogativas relativas al juicio espiritual, esto es, decididamente, llevar las cosas demasiado lejos. No obstante, esta es precisamente la pregunta que Lucas desea poner sobre la mesa. Todo lo que hace Jesús pretende subrayar esta única cuestión.

La sección del viaje de Jerusalén (9:51–19:44) es la unidad principal del Evangelio que trata sobre el discipulado. Tiene dos preocupaciones fundamentales. (1) Jesús ha de entrenar a los discípulos para la vida cuando él haya partido. Esta preocupación se hace evidente al considerar la gran cantidad de enseñanza exclusiva, en especial la que imparte mediante parábolas, que Lucas consigna en esta sección. (2) Lucas explica también que la oposición a Jesús se intensifica, y que ello resulta en la petición de muerte presentada por los líderes judíos. En este contexto, Jesús también llama a sus discípulos a perseverar y a seguir siéndole fieles. Muestra que Israel como nación ha de hacer frente a su juicio por no saber reconocer el tiempo de la visitación de Dios. No advertir la presencia de Dios es algo peligroso.

La última sección (19:45–24:53) detalla los últimos días de Jesús en Jerusalén: el desarrollo de los acontecimientos que le llevaron al juicio, muerte y resurrección. Una serie de controversias en Jerusalén indica lo distinto que es Jesús del liderazgo oficial. El discurso sobre el tiempo del fin compara la próxima destrucción del templo con el regreso del Hijo del Hombre. En su muerte, el plan de Dios pone de relieve la inocencia de Jesús y lo injusto de sus padecimientos, como había predicho antes en su ministerio: la Palabra de Dios se acerca a su cumplimiento. La resurrección de Jesús toma a los discípulos por sorpresa. Ésta significa que la misión de los seguidores de Jesús seguirá adelante. La siguiente etapa del plan divino es proclamar el cumplimiento de la promesa de Dios en el Mesías, lo cual será la tarea de los discípulos fieles: un tipo de persona que el Evangelio espera producir.

Lucas escribió su Evangelio para tranquilizar a Teófilo sobre la verdad de las cosas en que había sido instruido (1:1–4). Teófilo puede estar seguro de que Jesús es el Mesías prometido de Dios, que consigo trae el perdón de los pecados y con su venida se inicia el final del plan de Dios. Puede también tener la certeza de que el sufrimiento que los discípulos experimentan actualmente en el mundo no es nada extraño para Dios, puesto que siguen en los pasos del Salvador. Jesús vive ahora al lado de Dios, compartiendo su autoridad; es la fuente de todos los beneficios salvíficos que Dios otorga generosamente a sus hijos. Teófilo puede saber que el Espíritu le será una fuente de consuelo en medio de su andar cotidiano. Puede esperar con expectación el futuro regreso de Jesús, cuando Dios actuará decisivamente para vindicar a su pueblo. Dios guardará sus promesas. Como enseña Lucas 7:28, el menor en el reino de Dios es mayor que el mayor profeta de la antigua era. De hecho, Lucas le está diciendo a Teófilo y a todos nosotros: «estén tranquilos. Si conocen a Jesús, están exactamente donde han de estar». En una era como la nuestra en la que las personas luchan por encontrar un sentido de identidad y valor personal, ¿qué mejor mensaje puede haber que saber que uno conoce a Dios

Introducción a Lucas 23

y que es beneficiario de su promesa? El tesoro del Evangelio de Lucas consiste en las perlas de certeza que ha dejado a la Iglesia.

Significado contemporáneo

Una buena parte de la atención de este estudio de Lucas se desplazará desde el contexto de Lucas en el siglo primero, a la moderna aplicación de su mensaje. Lucas encaja en esta meta. El modo en que el autor combina la acción con la enseñanza nos muestra muchas cosas sobre Dios, su plan y el carácter de Jesús. Ponderar este tema tiene gran relevancia, puesto que cuanto mejor conocemos a Dios y al Salvador, mejor podemos entender nuestro llamamiento y sus propósitos para nuestras vidas. Por otra parte, estaremos en mejor posición de profundizar en nuestra andadura de la fe, puesto que seremos capaces de apreciar el carácter de Dios y sus expectativas para nosotros.

Las enseñanzas de Jesús sobre el pecado y el perdón impactan tanto la comprensión de nuestra humanidad como nuestro valor personal y papel en la Creación. Lucas observa que el pueblo de Dios no siempre escapa del dolor ni recibe aceptación en esta vida. ¿Cómo se vive en un mundo en el que caminar con Dios puede significar ser entendido erróneamente, o incluso la total hostilidad de los demás? No obstante, con el discipulado al que nos llama Jesús como seguidores suyos viene también la capacitación por medio del Espíritu de Dios, que nos da fuerzas para andar de un modo agradable a él. A través de él, podemos ser y hacer todo lo que Dios nos pide.

Por su cosmovisión, teología y exposición práctica de principios, este Evangelio nos explica cómo servir mejor a Dios. Esta es la razón por la que el autor examina temas como el dinero, la ansiedad, la persecución, la manera en que se relacionan entre sí las personas de distinta raza o género, la oración, el gozo y la alabanza. Tales temas siguen siendo tan vitales en nuestro tiempo como lo fueron cuando Lucas escribió este Evangelio.

Lucas analiza también varios tipos de personas, como por ejemplo los que rechazan el camino de Dios, los que dudan en su respuesta, y los que responden con distintos grados de sensibilidad. Los personajes de este Evangelio nos dicen mucho sobre cómo responden las personas a Jesús, así como los valores y prioridades susceptibles de dificultar que lo hagan de un modo positivo. Estos temas son ricos por lo que respecta a su potencial para reflexionar sobre la aplicación.

Esto no significa que la aplicación de Lucas sea siempre un recorrido rectilíneo del pasado al presente. La situación de la Iglesia en nuestro tiempo es distinta de la que ésta enfrentaba cuando escribió Lucas. En su día, la Iglesia era «la recién llegada» dentro del bloque religioso. Era un movimiento joven y en ascenso, que pretendía establecerse con firmeza. En nuestro tiempo, la Iglesia tiene ya su propia historia y tradición, y el movimiento se ha internacionalizado de un modo que cuando Lucas escribió habría parecido un sueño. La inclusión de los gentiles, un hecho tan controvertido en la primera etapa de la Iglesia, es ahora un hecho consumado, mientras que el papel de Israel dentro de la promesa de Dios, una cuestión central en las discusiones eclesiales más tempranas, es algo en lo que apenas se piensa en nuestro tiempo. Lucas invierte mucho tiempo en este asunto, señalando que Dios se compromete a dar acceso a todo el mundo a los beneficios de su promesa. La Iglesia ha llegado también a abarcar a todas las clases sociales de un modo que era imposible para un movimiento especialmente minoritario. Por otra parte, la Iglesia de nuestro tiempo se ha institucionalizado hasta tal punto que la posibilidad de ejercer el poder (y de hacer un mal uso de él) es una realidad que la Iglesia Primitiva nunca hubo de enfrentar. El llamamiento al servicio es con frecuencia más difícil de ejercer cuando el poder es tan fácil de conseguir. Todos estos factores añaden complejidad a la aplicación.

Por otra parte, algunas culturas, de manera fundada o infundada, creen que sus raíces son judeocristianas. Esto afecta el modo en que las personas entienden el cristianismo, puesto que muchos se creen inmersos en una cultura cristiana o conocedores de lo que es el cristianismo por la cultura que les rodea. Esta perspectiva distorsiona el modo en que los creyentes de nuestro tiempo perciben la fe. Esta posibilidad afecta también a la aplicación.

Por otra parte, hemos asimismo de tener en cuenta el mayor pluralismo religioso que existe en nuestro tiempo, en la «aldea global» que hacen posible los modernos medios de comunicación. Para muchos, es problemático creer que Dios nos haya hecho llegar un solo mensaje, no porque ello suponga la necesidad de elegir entre lo verdadero y lo falso (como hace un tiempo solía creer la mayoría), sino porque lo único que importa es la sincera búsqueda de Dios. Las exclusivas reivindicaciones de Jesús como único Hijo de Dios y Salvador y del carácter único de la revelación divina en Cristo van en contra de una cosmovisión que considera legítimos todos los intentos de alcanzar a Dios. Jesús pone en tela de juicio esta expectativa cultural.

Todos estos factores hacen de Lucas un estimulante oasis para la reflexión espiritual acerca de quién soy y lo que Dios quiere que haga. Cuando a ello se añade la insistencia bíblica de que formamos parte de una comunidad de personas que han experimentado la Gracia divina, que viven en un mundo que no acepta con facilidad las cosas de Dios, y que constituyen una unidad en la comunidad que él formó para servir a este mundo, cobra también sentido la necesidad de desarrollar saludables relaciones personales con Dios, los unos con los otros, y también con aquellos que no forman parte de la comunidad. Los creyentes son llamados a vivir una vida que mira a Dios, porque él ha derramado su Gracia sobre aquellos que han recibido el perdón y la vida en Jesús. Lucas nos cuenta que Jesús reveló esta Gracia, murió para hacerla posible, resucitó para impartirla, y volverá para instaurarla en toda la Creación. La Iglesia ha de mostrar el semblante de esta Gracia en su ministerio, relaciones personales y, especialmente, en una vida estrechamente unida a Dios. Esta nueva manera de conocer a Dios es la luz del Evangelio y del llamamiento de la Iglesia. De esto trata la historia de Lucas. Por ello, leer esta historia y reflexionar sobre ella cambia vidas y puntos de vista sobre lo que significa vivir delante de Dios.

Bosquejo del Evangelio de Lucas

I. La narración de la infancia (1:1–2:52)

    A. Prefacio: Una historia que inspira confianza (1:1–4)
    B. Anuncio de Juan Bautista, el precursor (1:5–25)
    C. Anuncio del nacimiento de Jesús (1:26–38)
    D. Visita de María a Elizabet (1:39–56)
    E. Nacimiento de Juan Bautista y canto de Zacarías (1:57–80)
    F. Nacimiento de Jesús y la respuesta celestial (2:1–21)
    G. Un hombre piadoso y una profetisa dan testimonio de Jesús (2:22–40)
    H. Un destello de la percepción que Jesús tenía de sí mismo (2:41–52)

II. Preparación para el ministerio (3:1–4:13)

    A. Juan Bautista y el bautismo de Jesús (3:1–22)
    B. La genealogía de Jesús (3:23–38)
    C. Las tentaciones de Jesús (4:1–13)

III. El ministerio en Galilea (4:14–9:50)

    A. Una visión general del ministerio en Galilea (4:14–44)
        1. Ministerio: un resumen, y en la sinagoga (4:14–30)
        2. Ministerio en Capernaúm (4:31–44)
    B. Reclutamiento de discípulos (5:1–6:16)
        1. Dos llamamientos y dos milagros (5:1–32)
        2. La nueva era significa un nuevo camino (5:33–6:5)
        3. Oposición y reclutamiento de los Doce (6:6–16)
    C. La enseñanza de Jesús (6:17–49)
    D. Movimiento a la fe en Cristo (7:1–8:3)
        1. Autoridad de Jesús: de la fe a la resurrección (7:1–17)
        2. Jesús y Juan Bautista (7:18–35)
        3. Ejemplares mujeres de fe (7:36–8:3)
    E. Fe y preguntas sobre Jesús (8:4–9:17)
        1. El llamamiento a recibir la palabra (8:4–21)
        2. Primer milagro: aquietamiento de la tormenta (8:22–25)
        3. Segundo milagro: Jesús echa fuera demonios en Gerasa (8:26–39)
        4. Tercer y cuarto milagros: una sanidad y una resucitación de los muertos (8:40–56)
        5. El ministerio de Jesús ampliado y contemplado (9:1–9)
        6. Alimentación de la multitud (9:10–17)

F. Confesión de Cristo y reconocimiento de la realidad del discipulado (9:18–50)
   1. Confesión de Pedro y una predicción de sufrimiento (9:18–22)
   2. El nuevo camino del sufrimiento (9:23–27)
   3. La transfiguración: un voto de confianza y un llamamiento a escuchar (9:28–36)
   4. Fallos de los discípulos e instrucciones de Jesús (9:37–50)

IV. El viaje a Jerusalén (9:51–19:44)

   A. Privilegio, misión y compromiso del discípulo (9:51–10:24)
      1. Discipulado en medio del rechazo y el llamamiento del reino (9:51–62)
      2. Misión de los setenta y dos (10:1–24)
   B. El discipulado y el prójimo, para con Jesús y ante Dios (10:25–11:13)
      1. Ser un prójimo: el buen samaritano (10:25–37)
      2. Discipulado y Jesús: la buena elección de María (10:38–42)
      3. Discipulado y oración ante Dios (11:1–13)
   C. Controversias, correcciones y llamamientos a confiar (11:14–54)
      1. El significado de las obras de Jesús (11:14–23)
      2. Advertencias sobre la respuesta (11:24–36)
      3. Jesús reprende a los fariseos y los escribas (11:37–54)
   D. Discipulado (12:1–48)
      1. El temor del Señor (12:1–12)
      2. La parábola del rico necio (12:13–21)
      3. No se afanen (12:22–34)
      4. Preparados como fieles administradores (12:35–48)
   E. Conocer la naturaleza del tiempo en que vivimos (12:49–14:24)
      1. Advertencias sobre los tiempos para Israel (12:49–13:9)
      2. Una sanidad en sábado (13:10–17)
      3. La venida del reino y el peligro de Israel (13:18–35)
      4. Una comida sabática demanda reflexión (14:1–24)
   F. El discipulado puro y considerar el coste (14:25–35)
   G. ¿Por qué va Dios tras los pecadores? (15:1–32)
      1. Las parábolas de la oveja y la moneda perdidas (15:1–10)
      2. Parábola del padre perdonador y sus dos hijos (15:11–32)
   H. Generosidad: manejo del dinero y las posesiones (16:1–31)
      1. La parábola del administrador sagaz (16:1–13)
      2. Burla de los fariseos y la nueva era (16:14–18)
      3. Parábola del rico y Lázaro (16:19–31)
   I. Falsas doctrinas, perdón, fe y servicio (17:1–10)

Bosquejo del Evangelio de Lucas

J. Fieles en la búsqueda del rey, el reino y el tiempo del fin (17:11–18:8)
   1. Sanidad y la fe de un samaritano (17:11–19)
   2. Comentarios sobre el reino y su venida (17:20–18:8)

K. Humildad y confianza total en el Padre (18:9–30)
   1. Humildad: un recaudador de impuestos, y los niños (18:9–17)
   2. El dirigente rico y lecciones sobre la prosperidad (18:18–30)

L. Hacia Jerusalén: últimas presentaciones y ofertas del Mesías (18:31–19:44)
   1. Compasión permanente ante la Cruz (18:31–43)
   2. Un rico encuentra la salvación (19:1–10)
   3. Mayordomía y regreso de Cristo (19:11–27)
   4. La entrada a Jerusalén (19:28–44)

V. Jerusalén: el Inocente inmolado y vindicado (19:45–24:53)

   A. Controversia en Jerusalén (19:45–21:4)
      1. ¿Con qué autoridad haces estas cosas? (19:45–20:8)
      2. Parábola de los labradores malvados (20:9–19)
      3. ¿Qué sucede con el impuesto del templo? (20:20–26)
      4. Pregunta sobre la resurrección (20:27–40)
      5. Pregunta de Jesús sobre el Mesías (20:41–44)
      6. Dos tipos de personas: los escribas y la viuda pobre (20:45–21:4)

   B. La destrucción de Jerusalén y el fin (21:5–38)

   C. Una traición y una despedida (22:1–38)
      1. Planes de traición de Judas (22:1–6)
      2. La última cena (22:7–20)
      3. El último discurso (22:21–38)

   D. Juicio y muerte de Jesús (22:39–23:56)
      1. Preparación por medio de la oración (22:39–46)
      2. La traición y el arresto (22:47–53)
      3. Los juicios y las negaciones (22:54–71)
      4. Ante Pilato y Herodes (23:1–12)
      5. Barrabás, no Jesús (23:13–25)
      6. Crucifixión (23:26–49)
      7. Sepultura (23:50–56)

   E. Resurrección y ascensión de Jesús (24:1–53)
      1. La resurrección descubierta (24:1–12)
      2. Viaje en el camino de Emaús (24:13–35)
      3. Comisión, promesa y despedida de Jesús (24:36–53)

Bibliografía selecta y comentada sobre Lucas

La siguiente es una bibliografía selecta sobre Lucas. Contiene principalmente comentarios y estudios monográficos lucanos. No todas las obras que aquí se presentan se citan directamente en el comentario. De los comentarios, los más valiosos para abordar el estudio desde una perspectiva técnica en inglés son los de Marshall, Nolland y Fitzmyer. Aquellos que deseen referencias más rápidas, pueden consultar los comentarios de Tiede, C. A. Evans, Danker, Stein, y L. T. Johnson. (Por mi parte no haré observaciones sobre los comentarios que yo he escrito y el lugar en el que encajan. Los interesados pueden ver el prefacio.) Quienes deseen considerar los principales temas bíblicos y teológicos de Lucas, los estudios clave en inglés son los de Marshall, Franklin, O'Toole, y Tannehill y el artículo de Zuck-Bock.

Achtemeier, P. "The Lucan Perspective on the Miracles of Jesus: A Preliminary Sketch" [La perspectiva lucana de los milagros de Jesús: un esbozo preliminar]. Pp. 153–67 en *Perspectives on Luke-Acts*. Ed. C. H. Talbert. Edimburgo: T. & T. Clark, 1978.

Aland, K. *Synopsis Quattuor Evangelorum*. Décima edición. Stuttgart: Deutsche Bibelstiftung, 1978.

Arndt, W.F. *The Gospel According to St. Luke* [El Evangelio según San Lucas]. St. Louis: Concordia, 1956.

Bailey, K.E. *Poet and Peasant: A Literary Approach to the Parables in Luke* [Poeta y campesino: un acercamiento literario a las parábolas en Lucas]. Grand Rapids: Eerdmans, 1976.

Berger, K. *Formgeschichte des Neuen Testaments*. Heidelberg: Quelle & Meyer, 1984.

Blomberg, Craig. «The Law in Luke-Acts» [La Ley en Lucas-Hechos]. *JSNT* 22 (1984): 53–80.

_____. *Interpreting the Parables* [Interpretar las parábolas]. Downers Grove, Ill.: InterVarsity, 1990.

Bock, D.L. *Luke* [Lucas]. The IVP New Testament Commentary. Downers Grove, Ill.: InterVarsity, 1994.

_____. *Luke 1:1–9:50* [Lucas 1:1–9:50]. Baker Exegetical New Testament Commentary. Grand Rapids: Baker, 1994.

_____. *Luke 9:51–24:53* [Lucas 9:51–24:53]. Baker Exegetical New Testament Commentary. Grand Rapids: Baker. De próxima aparición.

_____. *Proclamation from Prophecy and Pattern: Lucan Old Testament Christology* [Proclamación desde la profecía y el patrón: cristología veterotestamentaria lucana]. JSNTSS 12. Sheffield: Sheffield Academic Press, 1987.

Bovon, F.C. *Das Evangelium nach Lukas*. EKK 3/1. Köln y NeuKirchen-Vluyn: Benzinger Verlag und Neukichener Verlag, 1989.

———. *Luke the Theologian: Thirty-three Years of Research (1950–1983)* [Lucas el teólogo: treinta y tres años de investigación (1950–1983)]. Traducido por Ken McKinney. PTMS 12. Allison Park: Pickwick Publications, 1987.

Brawley, R.L. *Luke-Acts and the Jews: Conflict, Apology, and Conciliation* [Lucas-Hechos y los judíos: conflicto, apología y conciliación]. SBLMS 33. Atlanta: Scholars Press, 1987.

Brown, R.E. *The Birth of the Messiah: A Commentary on the Infancy Narratives of Matthew and Luke* [El nacimiento del Mesías: un comentario sobre las narraciones de la infancia de Mateo y Lucas]. Londres: Geoffrey Chapman, 1977.

———. *The Death of the Messiah: From Gethsemane to the Grave* [La muerte del Mesías: de Getsemaní a la tumba]. 2 vols. Nueva York: Doubleday, 1994.

Brown, S. *Apostasy and Perseverance in the Theology of Luke* [Apostasía y perseverancia en la teología de Lucas]. AnBib 36. Roma: Pontifical Biblical Institute, 1969.

Bruce, F.F. *The Book of the Acts* [El Libro de los Hechos]. Edición revisada. NICNT. Grand Rapids: Eerdmans, 1988.

———. «Is the Paul of Acts the Real Paul?» [¿Es el Pablo de Hechos el verdadero Pablo?]. *BJRL* 58 (1975/76): 282–305.

Büchele, A. *Der Tod Jesu im Lukasevangelium*. Frankfurt am Main: J. Knecht, 1978.

Bultmann, R. *The History of the Synoptic Tradition* [La Historia de la tradición sinóptica]. Traducido por J. Marsh. Edición Revisada. Nueva York: Harper & Row, 1963.

Busse, U. *Die Wundern des Propheten Jesus*. FB 24. Stuttgart: Katholisches Bibelwerk, 1979.

Cadbury, H.J. «Lexical Notes on Luke-Acts: II. Recent Arguments for Medical Language» [Notas léxicas sobre Lucas-Hechos: II. Argumentos recientes para la terminología médica]. *JBL* 45 (1926): 190–206.

———. «V. Luke and the Horse-Doctors» [V. Lucas y los veterinarios]. *JBL* 52 (1933): 55–65.

———. *The Making of Luke-Acts* [La redacción de Lucas-Hechos]. Segunda edición. Londres: S.P.C.K, 1958.

Cassidy, R. *Jesus, Politics and Society: A Study of Luke's Gospel* [Jesús, política y sociedad: un estudio del Evangelio de Lucas]. Maryknoll, N.Y.: Orbis, 1978.

Chance, J.B. *Jerusalem, the Temple, and the New Age* [Jerusalén, el templo y la Nueva Era]. Macon, Ga.: Mercer Press, 1988.

Conzelmann, H. *The Theology of St. Luke* [La teología de San Lucas]. Traducido por Geoffrey Buswell. Nueva York: Harper & Row, 1960.

Craddock, F. *Luke* [Lucas]. Interpretation. John Knox: Atlanta, 1991.

Creed, J.M. *The Gospel According to St. Luke* [El Evangelio Según San Lucas]. Londres: MacMillan and Company, 1950.

Danker, F. *Jesus and the New Age* [Jesús y la Nueva Era]. Edición revisada. Filadelfia: Fortress, 1988.

Dibelius, M. *Studies in the Acts of the Apostles* [Estudios en los Hechos de los Apóstoles]. Ed. H. Greeven. Traducido por M. Ling. Nueva York: Charles Scribner's Sons, 1956.

Dillon, R.J. *From Eye-Witnesses to Ministers of the Word* [De testigos de los hechos a ministros de la Palabra]. AnBib 82. Roma: Pontifical Institute Press, 1978.

Dodd, C.H. «The Fall of Jerusalem and the Abomination of Desolation» [La caída de Jerusalén y la abominación desoladora]. *JRS* 37 (1947): 47–54.

Dupont, J. *The Salvation of the Gentiles: Essays on the Acts of the Apostles* [La salvación de los gentiles: ensayos sobre los Hechos de los Apóstoles]. Nueva York: Paulist, 1979.

Egelkraut, H. *Jesus' Mission to Jerusalem: A Redaction Critical Study of the Travel Narrative in the Gospel of Luke, 9:51–19:48* [Misión de Jesús a Jerusalén: un estudio desde la Crítica de la Redacción de la narrativa de los viajes en el Evangelio de Lucas, 9:51–19:48]. Bern/Frankfurt: Lang, 1976.

Ellis, E.E. *The Gospel of Luke* [El Evangelio de Lucas]. NCB. Londres: Oliphants, 1974.

Esler, P.F. *Community and Gospel in Luke-Acts* [Comunidad y Evangelio en Lucas-Hechos]. SNTSMS 57. Cambridge: Cambridge Univ. Press, 1987.

Ernst, J. *Das Evangelium nach Lukas*. RNT. Regensburg: Pustet, 1977.

Evans, C.A. *Luke* [Lucas]. NIBC. Peabody, Mass.: Hendricksen, 1990.

Evans, C.F. *Saint Luke* [San Lucas]. TPINTC. Londres: SCM, 1990.

Farmer, W. *The Synoptic Problem* [El problema sinóptico]. Edición revisada. Dillsboro, N.C.: Western North Carolina Press, 1976.

Farris, S. *The Hymns of Luke's Infancy Narratives* [Los himnos de las narraciones de la infancia de Lucas]. JSNTSS 9. Sheffield: JSOT Press, 1985.

Feiler, P.F. *Jesus the Prophet: The Lucan Portrayal of Jesus as the Prophet Like Moses* [Jesús el profeta: La descripción lucana de Jesús como el profeta a semejanza de Moisés]. Tesis doctoral; Princeton: Universidad de Princeton, 1986.

Fitzmyer, J. *The Gospel According to Luke* [El Evangelio según Lucas]. 2 volúmenes. AB 28, 28a. Garden City, N.Y.: Doubleday, 1981, 1985.

———. *Luke the Theologian: Aspects of His Teaching* [Lucas el teólogo: aspectos de su enseñanza]. Londres: Geoffrey Chapman, 1989.

Fornara, C.W. *The Nature of History in Ancient Greece and Rome* [La naturaleza de la Historia en la Grecia y Roma de la Antigüedad]. Los Angeles: Univ. of California Press, 1983.

Franklin, E. *Christ the Lord: A Study in the Purpose and Theology of Luke-Acts* [Cristo el Señor: un estudio sobre el propósito y la teología de Lucas-Hechos]. Londres: S.P.C.K., 1975.

Geiger, R. *Die Lukanischen Endzeitreden: Studien zur Eschatologie des Lukas-Evangeliums*. Europäische Hochschulschriften 16. Frankfurt am Main: Peter Lang, 1973.

Giblin, C.H. *The Destruction of Jerusalem According to Luke's Gospel* [La destrucción de Jerusalén Según el Evangelio de Lucas]. AnBib 107. Roma: Biblical Institute Press, 1985.

Glöckner, R. *Die Verkündigung des Heils beim Evangelisten Lukas*. Walberberger Studien 9. Mainz: Matthias-Grünewald Verlag, 1976.

Godet, F. *A Commentary on the Gospel of St. Luke* [Un comentario sobre el Evangelio de San Lucas]. 2 volúmenes. Edimburgo: T. & T. Clark, 1870 (repr. 1975).

Goulder, M. *Luke: A New Paradigm* [Lucas: un nuevo paradigma]. JSNTSS 20. Sheffield: Sheffield Academic Press, 1989.

Grundmann, W. *Das Evangelium nach Lukas*. THKNT III. Berlin: Evangelische Verlagsanstalt, 1963.

Haenchen, E. *The Acts of the Apostles: A Commentary* [Los Hechos de los Apóstoles: un Comentario]. Traducido por B. Noble, G. Shinn, H. Anderson, y R. McL. Wilson. Oxford: Basil Blackwell, 1971.

Hemer, C.J. *The Book of Acts in the Setting of Hellenistic History* [El Libro de los Hechos en el contexto de la historia helenista]. Ed. C. Gempf. WUNT 49. Tubinga: J. C. B. Mohr, 1989.

Hendriksen, W. *Exposición del evangelio según San Lucas*. Comentario al Nuevo Testamento. Grand Rapids, Mich: Libros Desafío, 1990.

Hengel, M. *Acts and the History of Earliest Christianity* [Hechos y la Historia del cristianismo primitivo]. Traducido por John Bowden. Filadelfia: Fortress, 1980.

Hobart, W.K. *The Medical Language of St. Luke* [La terminología médica de San Lucas]. Dublin: Hodges, Figgis, 1882.

Jeremias, J. *Las parábolas de Jesús*. Estella (Navarra): Editorial Verbo Divino, 1976.

_____. *Die Sprache des Lukasevangeliums*. Göttingen: Vandenhoeck und Ruprecht, 1980.

Jervell, J. *Luke and the People of God* [Lucas y el pueblo de Dios]. Minneapolis: Augsburg, 1972.

Johnson, L.T. *Luke* [Lucas]. Sacra Pagina 3. Wilmington, Del.: Michael Glazier, 1991.

_____. *The Literary Function of Possessions in Luke-Acts* [La función literaria de las posesiones en Lucas-Hechos]. SBLDS 39. Missoula, Mont.: Scholars Press, 1977.

Keck, L.E., y Martyn, J.L., eds. *Studies in Luke-Acts* [Estudios en Lucas-Hechos]. Nashville: Abingdon, 1966.

Klostermann, E. *Das Lukasevangelium*. HNT. Tubinga: J. C. B. Mohr, 1929 (reimpr.. 1975).

Knox, J. *Marcion and the New Testament* [Marción y el Nuevo Testamento]. Chicago: Univ. of Chicago Press, 1942.

Kümmel, W. *Introduction to the New Testament* [Introducción al Nuevo Testamento]. 17ª ed. Nashville: Abingdon, 1975.

Laurentin, R. *Struktur und Theologie der lukanischen Kindheitsgeschichte*. Stuttgart: Katholische Bibelwerk, 1967.

Leaney, A.R.C. *The Gospel According to St. Luke* [El Evangelio Según San Lucas]. BNTC. Londres: Adam and Charles Black, 1966.

Liefeld, W. «Luke» [Lucas] pp. 797–1059 de vol. 8, *The Expositor's Bible Commentary*. Ed. Frank C. Gaebelein. Grand Rapids: Zondervan, 1981.

Linnemann, E. *Parables of Jesus: Introduction and Exposition* [Parábolas de Jesús: introducción y exposición]. Londres: S.P.C.K., 1966.

Loos, H. van der. *The Miracles of Jesus* [Los milagros de Jesús]. NovTSup IX. Leiden: E. J. Brill, 1968.

Luce, H.K. *The Gospel According to St. Luke* [El Evangelio según San Lucas]. CNTC. Cambridge: Cambridge Univ. Press, 1933.

Maddox, R. *The Purpose of Luke-Acts* [El propósito de Lucas-Hechos]. SNTIW. Edimburgo: T. & T. Clark, 1982.

Manson, T.W. *The Sayings of Jesus* [Los dichos de Jesús]. Londres: SCM, 1949.

Marshall, I.H. *Commentary on Luke* [Comentario de Lucas]. NIGTC. Grand Rapids: Eerdmans, 1978.

_____. *Luke: Historian and Theologian* [Lucas: historiador y teólogo]. Grand Rapids: Zondervan, 1970.

Mattill, A.J., Jr. «The Jesus-Paul Parallels and the Purpose of Luke-Acts: H. H. Evans Reconsidered» [Los paralelismos entre Jesús y Pablo y el propósito de Lucas-Hechos: una reconsideración de H. H. Evans]. *NovT* 17 (1975): 15–46.

_____. *Luke and the Last Things* [Lucas y las últimas cosas]. Dillsboro, N.C.: Western North Carolina Press, 1979.

Metzger, B. *A Textual Commentary on the Greek New Testament* [Un comentario textual del Nuevo Testamento griego]. Londres: United Bible Societies, 1971.

Minear, P. *To Heal and to Reveal: The Prophetic Vocation According to Luke* [Sanar y revelar: la vocación profética según Lucas]. Nueva York: Seabury, 1976.

Moessner, D. *The Lord of the Banquet* [El Señor del banquete]. Filadelfia: Fortress, 1989.

Neyrey, J. *The Passion According to Luke* [La Pasión según Lucas]. Nueva York: Paulist, 1985.

Nolland, J. *Luke 1–9:20* [Lucas 1–9:20]. WBC 35a. Dallas: Word, 1990.

O'Neill, J.C. *The Theology of Acts in Its Historical Setting* [La teología de Hechos en su escenario histórico]. 2ª ed. Londres: S.P.C.K., 1970.

O'Toole, R.F. *The Unity of Luke's Theology: An Analysis of Luke-Acts* [La unidad de la teología de Lucas: un análisis de Lucas-Hechos]. Wilmington, Del.: Michael Glazier, 1984.

Parsons, M.C. *The Departure of Jesus in Luke-Acts: The Ascension Narratives in Context* [La partida de Jesús en Lucas-Hechos: las narraciones de la Ascensión en su contexto]. JSNTSS 21. Sheffield: Sheffield Academic Press, 1987.

Pilgrim, W.E. *The Death of Christ in Lucan Soteriology* [La muerte de Cristo en la soteriología lucana]. Dissertation; Princeton: Universidad de Princeton, 1971.

_____. *Good News to the Poor* [Buenas Nuevas para los pobres]. Minneapolis: Augsburg, 1981.

Plummer, A. *The Gospel According to St. Luke* [El Evangelio Según San Lucas]. 5ª ed. ICC. Edimburgo: T. & T. Clark, 1922.

Reicke, B. *The Roots of the Synoptic Gospels* [Las raíces de los Evangelios Sinópticos]. Filadelfia: Fortress, 1987.

Rengstorf, K.H. *Das Evangelium nach Lukas*. NTD 3. Göttingen: Vandenhoeck und Ruprecht, 1968.

Rese, M. *Alttestamentliche Motive in der Christologie des Lukas*. SNT 1. Gerd Mohn: Gütersloher, 1969.

Sanders, J.T. *The Jews in Luke-Acts* [Los judíos en Lucas-Hechos]. Filadelfia: Fortress, 1987.

Schlatter, A. *Das Evangelium nach Lukas*. 2ª ed. Stuttgart: Calwer Verlag, 1960.

Schmid, J. *Das Evangelium nach Lukas*. RNT. Regensberg: Pustet, 1960.

Schmidt, T.E. *Hostility to Wealth in the Synoptic Gospels* [Hostilidad a la riqueza en los Evangelios Sinópticos]. JSNTSS 15. Sheffield: Sheffield Academic Press, 1987.

Schneider, G. *Das Evangelium nach Lukas*. ÖTKNT 3. 2 vols. Gütersloh: Gerd Mohn, 1977.

_____. *Lukas, Theologe der Heilsgeschichte*. BBB 59 Königstein/Ts.-Bonn, Peter Hanstein Verlag, 1985.

Scott, B.B. *Hear Then the Parable: A Commentary on the Parables of Jesus* [Escuchen, pues, la parábola: un comentario sobre las parábolas de Jesús]. Minneapolis: Fortress, 1989.

Schramm, T. *Der Markus-Stoff bei Lukas*. SNTSMS 14. Cambridge: Cambridge Univ. Press, 1971.

Schürmann, H. *Das Lukasevangelium*. HTKNT III. Erster Teil. Freiberg: Herder, 1969.

Schwiezer, E. *The Good News According to Luke* [Las Buenas Nuevas según Lucas]. Atlanta: John Knox, 1984.

Seecombe, D.P. *Possessions and the Poor in Luke-Acts* [Posesiones y los pobres en Lucas-Hechos]. SNTU, B6. Linz: Verlag F.. Plöchl, 1982.

Sloan, R.B., Jr. *The Favorable Year of the Lord* [El año favorable del Señor]. Austin: Scholars Press, 1977.

Soards, M.L. *The Passion According to Luke: The Special Material of Luke 22* [La Pasión según Lucas: el material especial de Lucas 22]. JSNTSS 14. Sheffield: Sheffield Academic Press, 1987.

Stein, R. *Luke* [Lucas]. NAB. Nashville: Broadman, 1992.

Strack, H., y Billerbeck, P. *Kommentar zum Neuen Testament aus Talmud und Midrasch*. 6 vols. Munich: C. H. Beck, 1926.

Talbert, C.H. *Literary Patterns, Theological Themes and the Genre of Luke-Acts* [Patrones literarios, temas teológicos y género de Lucas-Hechos]. SBLMS 20. Missoula:, Mont.: Scholars Press, 1974.

_____, ed. *Luke-Acts: New Perspectives from the Society of Biblical Literature Seminar* [Lucas-Hechos: nuevas perspectivas del *Society of Biblical Literature Seminar*]. Nueva York: Crossroad, 1984.

_____. *Luke and the Gnostics: An Examination of the Lucan Purpose* [Lucas y los gnósticos: un examen del propósito lucano]. Special Studies Series 5. Danville, Va.: Association of Baptist Professors of Religion, 1978.

_____, ed. *Perspectives on Luke-Acts* [Perspectivas sobre Lucas-Hechos]. Edimburgo: T. & T. Clark, 1978.

_____. *Reading Luke* [Leer Lucas]. Nueva York: Crossroad, 1982.

Tannehill, R.C. *The Narrative Unity of Luke-Acts: A Literary Interpretation* [La unidad narrativa de Lucas-Hechos: una interpretación literaria]. Vol. 1. Foundations & Facets: NT. Filadelfia: Fortress, 1986.

Theissen, G. *The Miracle Stories of the Early Christian Tradition* [Los relatos de milagros de la tradición cristiana antigua]. Traducido por F. McDonaugh. Edimburgo: T. & T. Clark, 1983.

Tiede, D.L. *Luke* [Lucas]. ACNT. Minneapolis: Augsburg, 1988.

_____. *Prophecy and History in Luke-Acts* [Profecía e Historia en Lucas-Hechos]. Filadelfia: Fortress, 1980.

Townsend, J. T. «The Date of Luke-Acts» [La fecha de Lucas-Hechos]. Pp. 47–62 *en Luke-Acts: New Perspectives from the Society of Biblical Literature Seminar*. ed. C.H. Talbert. Nueva York: Crossroad, 1984.

Tuckett, C.M. *The Revival of the Griesbach Hypothesis* [El avivamiento de la Hipótesis de la Griesbach]. SNTSMS 44. Cambridge: Cambridge Univ. Press, 1983.

Tuckett, C.M., ed. *Synoptic Studies* [Estudios sinópticos]. JSNTSS 7. Sheffield: Sheffield Academic Press, 1984.

Turner, M.M.B. «The Sabbath, Sunday and the Law in Luke-Acts» [El sábado, el domingo y la Ley en Lucas-Hechos]. Pp. 99–157 de *From Sabbath to Lord's Day*. ed. D.A. Carson. Grand Rapids: Zondervan, 1982.

Tyson, J.B. *The Death of Jesus in Luke-Acts* [La muerte de Jesús en Lucas-Hechos]. Columbia, S.C.: Univ. of South Carolina Press, 1986.

_____, ed. *Luke-Acts and the Jewish People* [Lucas-Hechos y el pueblo judío]. Minneapolis: Augsburg, 1988.

Unnik, W.C. van. «The "Book of Acts" the Confirmation of the Gospel» [El «Libro de Hechos», la confirmación del Evangelio]. *NovT* 4 (1960–61): 26–59.

Untergassmair, F. G. *Kreuzweg und Kreuzigung Jesu*. PTS. Munich: Ferdinand Schöningh, 1980.

Vielhauer, P. «On the 'Paulinism' of Acts» [Sobre el 'paulinismo' de Hechos]. Pp. 33–50 de *Studies in Luke-Acts*. ed. L.E. Keck y J.L. Martyn, Londres: S.P.C.K., 1966.

Wiefel, W. *Das Evangelium nach Lukas*. THKNT 3. Berlin: Evangelische Verlaganstalt, 1988.

Wilson, S.G. *The Gentiles and the Gentile Mission in Luke-Acts* [Los gentiles y la misión a los gentiles en Lucas-Hechos]. SNTSMS 23. Cambridge: Cambridge Univ. Press, 1973.

_____. *Luke and the Law* [Lucas y la Ley]. SNTSMS 50. Cambridge: Cambridge Univ. Press, 1983.

Zahn, T. *Das Evangelium nach Lukas*. Wuppertal: R. Brockhaus Verlag, 1920 (reimpr.. 1988).

Zmijewski, J. *Die Eschatologiereden des Lukas-Evageliums*. BBB 40. Bonn: Peter Hanstein, 1972.

Zuck, R., ed., y D. L. Bock, asesor ed. *A Biblical Theology of the New Testament* [Una teología bíblica del Nuevo Testamento]. Chicago: Moody, 1994.

Lucas 1:1-4

Muchos han intentado hacer un relato de las cosas que se han cumplido entre nosotros, 2 tal y como nos las transmitieron los que desde el principio fueron testigos presenciales y servidores de la palabra. 3 Por lo tanto, yo también, excelentísimo Teófilo, habiendo investigado todo esto con esmero desde su origen, he decidido escribírtelo ordenadamente, 4 para que llegues a tener plena seguridad de lo que te enseñaron.

La primera sección de este Evangelio (Lc 1:1–2:52) introduce el ministerio de Jesús con el trasfondo de su superioridad con respecto a Juan Bautista. Puesto que Juan es un gran profeta, Jesús, siendo superior a él, ha de ser aún mayor. La narración apunta también al prometido y regio libertador de la casa de David (1:31–35, 67–69). Teniendo en cuenta que su venida es según la promesa y Palabra de Dios, los lectores de Lucas pueden tener toda certeza, ya que Dios cumple sus promesas. Este tema fundamental domina toda la sección. Dios cumplirá lo que dice. Sin embargo, antes de pasar a este periodo de la infancia de Jesús y a un suceso de su preadolescencia, Lucas introduce toda su obra con un corto prefacio que expresa la razón por la que escribió su Evangelio.

Las grandes obras de la Antigüedad tienen algo en común. Ya sea que leamos 2 Macabeos, al historiador judío Josefo o al griego Luciano, por regla general comenzaban sus relatos con una corta explicación de la obra.[1] La historia pastoral de Lucas es un «relato» (v. 1) o narración acerca de Jesús, de la misma naturaleza que otras que se redactaron con anterioridad. Consigna acontecimientos de cumplimiento, en los que Dios ha estado obrando de un modo nuevo y espectacular para satisfacer las necesidades de la Humanidad. Lucas llama *diegesis* a los relatos anteriores, una palabra que se limita a describir una narración que puede ser tanto oral como escrita. Teniendo en cuenta que en el versículo 1 Lucas utiliza el término *epecheiresan* (lit., «dispuso su mano para»), es posible que tuviera en mente relatos escritos, mientras que el informe de la tradición en el versículo 2 podría ser oral. La tradición oral está arraigada en quienes vieron y experimentaron lo que se consigna.

En el versículo 2, el texto griego deja claro que las personas a las que se alude tenían dos roles: «testigos presenciales» y «servidores de la Palabra». La combinación del único artículo («los que») y el participio que sigue («fueron») sugiere esta identifi-

---

1. Ver la obra de Luciano, *How to Write History* [Sobre cómo escribir historia], 47–48. L. Alexander, «Luke's Preface in the Context of Greek Preface Writing» [Prefacio de Lucas en el contexto de la redacción de prefacios griegos], *NovT* 28 (1986): 48–74. Sobre el género de Lucas, G. E. Sterling, *Historiography and Self Definition: Josephos, Luke-Acts, and Apologetic Historiography* [Historiografía y autodefinición: Josefo, Lucas-Hechos e Historiografía apologética], (NovTSup 64; Leiden: E. J. Brill, 1992).

cación.² Una parte de la certeza que obtenemos del relato de Lucas procede de estas raíces. El hecho de que este material hubiera sido «transmitido» subraya que formaba parte de una corriente de tradición, algo que los judíos sabían manejar con sumo cuidado.³ Igual que los relatos anteriores se habían construido a partir de testigos presenciales que eran siervos de la Palabra, así el relato de Lucas fue redactado con cuidado. Su autor quiere unirse a esta tradición de relatar la historia de Jesús, añadiendo nuevo material y aportando después una segunda parte: el libro de los Hechos (de manera literal la expresión: «por lo tanto» del v. 3 dice más bien, «también a mí me ha parecido bien» y muestra que Lucas se ve a sí mismo siguiendo la línea de estos precedentes).

Antes de mencionar la razón por la que escribe, Lucas nos dice cuatro cosas sobre su trabajo. (1) Ha «investigado» la historia. Es decir, la ha seguido de cerca. Ha considerado larga y cuidadosamente lo que se dispone a decirnos. (2) Se ha remontado «al principio». Esta es la razón por la que comienza su historia con Juan Bautista, el precursor que señala a Jesús. (3) Lucas fue especialmente concienzudo, estudiando con detenimiento «todo esto». Esta es sin duda la razón por la que en su relato hay tanto material nuevo. Más o menos un treinta por ciento de la información de este Evangelio no aparece en ningún otro lugar, y esto incluye varias de las parábolas de Jesús. (4) Lucas trabajó «con esmero» esforzándose al máximo en desarrollar un relato ordenado que expresara con claridad los acontecimientos narrados.

Cuando Lucas utiliza el adverbio «ordenadamente» en relación con su relato es probable que no esté haciendo referencia a un orden temporal. Al examinar el relato y compararlo con otros, parece claro que Lucas no aludía a un orden cronológico de los acontecimientos (cf. la reubicación del incidente de la sinagoga de Lucas 4:16–30 mucho antes que en Marcos 6:1–6). Por el contrario, Lucas se preocupa por relacionar el relato del ministerio de Jesús de manera lógica, planteando cierta disposición temática.

Lucas quiere confirmar a Teófilo, a fin de que llegue «a tener plena seguridad» de lo que se le enseñó (v. 4). Teófilo era probablemente un nuevo creyente de origen gentil que se había visto inmerso en algo que había comenzado como un movimiento judío. Es posible que hubiera conocido a Cristo siendo un prosélito, es decir, un gentil que primero se acercó al judaísmo y después a Cristo. (Esto podría explicar la especial simpatía que expresa Lucas hacia los prosélitos a medida que desarrolla su relato en el libro de los Hechos.) Es posible que Teófilo no se sintiera del todo cómodo en su nueva comunidad tan heterogénea desde un punto de vista racial, en especial si con anterioridad había estado vinculado a la antigua sociedad judía. ¿Forma realmente parte de esta comunidad? Lucas está intentando mostrarle que, sin duda, tiene su lugar en ella y que el propósito de Dios ha sido llevarle junto con otros que comparten un mismo camino y un mismo destino.

---

2. J.A. Fitzmyer, *The Gospel According to Luke I-IX* [El Evangelio según Lucas I-IX], (AB 28a; Garden City, N.Y.: Doubleday, 1981), 294.
3. R. Riesner, «Jesus as Teacher and Preacher» [Jesús como maestro y predicador], en *Jesus and the Oral Gospel Tradition*, ed. H. Wansbrough (JSNTMS 64; Sheffield: Sheffield Academic Press, 1991), 185–210.

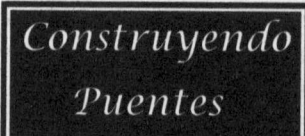

Las introducciones son como los mapas de carretera: nos dicen hacia dónde nos dirigimos. Aun en el siglo primero, los autores de obras importantes con frecuencia explicaban brevemente lo que estaban haciendo. Por ejemplo, el autor de 2 Macabeos escribió esto sobre su trabajo (2 Mac 2:29–31):

> Como el arquitecto de una casa nueva es responsable de la construcción en su conjunto, mientras que el pintor cerámico lo es de los requisitos decorativos, así, creo, sucede con nosotros. La tarea del historiador es hacer suyo el tema, explorar sus derivaciones y ser meticuloso con los detalles, sin embargo, a quien hace la adaptación ha de permitírsele buscar la concisión expresiva y renunciar a cualquier exhaustividad en el tratamiento del tema.
>
> Así pues, comencemos ahora nuestra narración, sin añadir nada más a lo que se ha dicho antes; no tendría sentido desarrollar el prefacio del relato y recortar el cuerpo de la narración.

Los prefacios antiguos de este tipo informan al lector sobre las intenciones del autor. En el mundo antiguo, las historias tenían tres funciones: entretener, instruir y presentar de manera concisa —a menudo resumida— los argumentos que el historiador deseaba plantear. Por regla general, el tema giraba en torno al pueblo a quien pertenecía el autor en cuestión. Por ejemplo, en *la guerra de los judíos*, Josefo defiende a los judíos delante de Roma explicando que los únicos responsables del caos de la guerra eran los integrantes de un grupo marginal, los zelotes, que provocaron la caída de Jerusalén en el año 70 d.C. De igual modo, Lucas explica las raíces de un nuevo movimiento al que llama «el camino», y lo hace detallando la historia de su fundador y el vínculo que tiene con la largamente prometida redención divina. Es una historia con una larga herencia y un final abierto, puesto que la historia del Camino sigue aún escribiéndose hoy.

El prefacio de Lucas nos dice que su relato está arraigado en ciertas fuentes y en su cuidadosa labor. Su meta confirmatoria significa que quiere consolidar la comprensión de quienes están dentro del movimiento que Dios está desarrollando. En un contexto multicultural como es el nuestro, esta consolidación sigue siendo necesaria, aunque ya no tratemos con un movimiento de reciente aparición, sino con uno que tiene ya una extensa historia y herencia. Hoy la pregunta no es: «¿tiene este camino derecho a existir y debería incluirse a los gentiles?», sino «¿puede sostenerse su reivindicación de exclusividad de Jesús en un mundo de comunicación instantánea y con una presencia religiosa múltiple?» A veces olvidamos que en el mundo antiguo existía también el pluralismo. De manera que el tratamiento que hace Lucas del carácter único de Jesús no procede de un contexto muy diferente del nuestro. Es posible que nuestra percepción de la multiculturalidad sea hoy mayor por la presencia de los satélites y la televisión, sin embargo, nuestra necesidad de Dios y de una verdadera revelación de él es igual de apremiante. En este sentido, las afirmaciones de Lucas son tan oportunas hoy como lo fueron en su día.

Esta introducción plantea otro punto clave. Lucas deja claras cuáles son sus aptitudes para desarrollar la narración subrayando el esmero y el rigor con que ha realizado su tarea. Pone de relieve la credibilidad de lo que ha hecho, para que su obra sea digna de confianza. En nuestro caso, puede que nosotros no estemos escribiendo un Evangelio sobre Jesús, sin embargo, también hemos de ser sensibles al hecho de que el relato del Evangelio significa que necesitamos credibilidad. La integridad es lo que produce verdadera autoridad, porque cualquier otro tipo de autoridad es temporal y de corta duración. Nuestra fuerza aparece cuando hay una coincidencia entre nuestro mensaje y nuestras vidas. Desde el momento en que conocemos a alguien y éste llega a saber que estamos comprometidos con Jesús hasta que compartimos de manera efectiva nuestro mensaje con tal persona, la veracidad y capacidad para generar confianza descansan en la conjunción que existe entre lo que afirmamos y lo que hacemos. Planteándolo de un modo negativo, sin una vida coherente con lo que decimos solo estaremos sembrando las semillas del rechazo. Una parte del poder de la historia de Jesús era su coherencia. No todo el mundo lo aceptaba, pero todos reconocían que había algo distinto en él.

Existen otros dos puntos de contacto entre el relato original y nuestro mundo. (1) Cuando leemos algún documento escrito, hemos de conocer el género al que pertenece. ¿Se trata de una novela de misterio, una comedia, un relato de ficción, literatura factual?[4] Conocerlo nos ayuda a entender lo que se dice. Este prefacio explica la naturaleza de lo que estamos leyendo y la razón por la que se escribió. Igual que hoy en día, también en la Antigüedad se conocía la diferencia entre historia y ficción.[5] Una lectura cuidadosa de historiadores como Luciano, Josefo y Tucídides[6] indican lo bien que conocían su tarea (p. ej., Luciano, *Cómo escribir Historia*, 39-40). El Evangelio de Lucas es historia narrativa. Aunque el autor escoge, resume y dispone la manera de presentar los acontecimientos que se consignan, el relato pretende ser una crónica de lo que sucedió. Igual que las escenas de una película de terror tendrán un trasfondo musical inquietante que las identificará, así este prefacio nos dice qué clase de historia estamos leyendo, a saber, un auténtico retrato de Jesús. No podemos pedirle a este libro más de lo que pretende. En otras palabras, no podemos esperar que nos revele el orden exacto de los acontecimientos o las palabras textuales que se pronunciaron. Una parte de su disposición es temática, y algo del diálogo es una exposición condensada en una presentación resumida. Cuando esto suceda, intentaremos notarlo y explicar las razones que podrían indicarlo. Pero podemos tener la seguridad de que Lucas escribió historia, no ficción o mito.

(2) El trasfondo de Teófilo ilumina nuestro Evangelio. Muchos de quienes vienen a la Iglesia entran en un nuevo mundo. Muchas veces la sociedad «eclesial» tiene su propio lenguaje teológico, sus extrañas costumbres (al menos en un principio) y sus tradiciones de adoración e interacción. Al comienzo, la adaptación puede parecernos un poco

---

4. Sobre Hermenéutica y género, R. Stein, *Playing by the Rules: A Basic Guide to Interpreting the Bible* [Según las reglas: una guía básica para interpretar la Biblia], (Grand Rapids: Baker, 1994). Conocer el género es saber cómo leer el texto. Lucas escribe historia teológica narrativa.
5. Fitzmyer, *The Gospel According to Luke I-IX* [El Evangelio según Lucas I-IX], 16.
6. C.W. Fornara *The Nature of History in Ancient Greece and Rome* [La naturaleza de la Historia en la Grecia y Roma de la Antigüedad] (Berkeley: Univ. of California Press, 1983).

extraña. Igual que hoy, también en los tiempos bíblicos, hacerse cristiano requería un cambio cultural. En nuestro tiempo, las personas necesitan la confirmación de que los cambios que la conversión ha traído a su vida son para bien. Viven en un mundo que con frecuencia considera el cristianismo como una religión hecha por el hombre, una perversión del judaísmo, una de las muchas maneras de llegar a Dios, o una expresión cultural de religión. Lucas sostiene que el cristianismo es único, por cuanto Dios obró en Cristo a favor de quienes confían en él. Lucas imparte a sus lectores cristianos la confianza de que su relación con Dios les lleva a formar parte de esta nueva comunidad, la Iglesia. Lo que Dios hizo en Jesús, lo hizo para quienes han entrado a formar parte de esta comunidad, así como para otros como ellos que reconocen que han de acercarse a Dios, no a su manera, sino según los términos que él mismo establece.

Significado Contemporáneo

Los tres puntos de aplicación del prefacio están ligados a las dos corrientes de contacto que ya hemos observado. (1) Lucas nos habla de los actos de Dios en la Historia por medio de Jesús. Este personaje principal no es un Salvador configurado según los caprichos de la propia imaginación. Al fin y al cabo, ¿quién acertaría a crear un Salvador que primero nos hace responsables de nuestro pecado y después decide pagar la sentencia debida a dicho pecado ofreciéndose a sí mismo? ¿Quién diseñaría a un Mesías de la realeza que nace en un establo y nunca se ciñe una corona o se sienta en un palacio? ¿Quién convertiría en héroe a un personaje rechazado por los suyos? Esta historia no puede ser una ficción elaborada. Se fundamenta en acontecimientos verdaderos, vividos por un personaje extraordinario con una historia extraordinaria. La naturaleza poco común del relato es un testimonio de su autenticidad. Su realidad es la base de la certeza que Lucas desea dar a sus lectores. Dios ha estado obrando a través de aquel que ha enviado para mostrarnos el camino (Lc 1:78–79). Al hacerlo, ha demostrado ser un Dios que se preocupa por nuestro carácter y honestidad delante de él. También se interesa lo suficiente como para suplir todas nuestras necesidades.

(2) Dios quiere que sintamos que encajamos en su comunidad. Quiere que veamos que la historia de Jesús no solo tiene que ver con él, sino con nosotros: Dios extendiendo la mano con poder y humildad para elevarnos y llevarnos a su presencia. Dios toma a quienes están fuera de su círculo y les convierte en personas de confianza que desarrollan una relación personal con el Creador del Universo. Esto son sin duda buenas noticias. Toda la historia nos transmite la certeza de que Dios hace lo que promete. Por ello, el prefacio no solo indica que lo que tenemos entre manos es Historia, la historia de la intervención de Dios, sino también nuestra propia historia. Podemos descansar en el consuelo de saber que lo que Dios planea y revela se producirá. Su promesa de salvarnos es un compromiso de liberarnos totalmente del pecado y sus efectos devastadores; se trata de un proceso que comienza con nuestra confianza inicial en Cristo y se completa con nuestra eterna participación de la gloria en un nuevo Cielo y una nueva Tierra libres de pecado.

(3) Podemos confiar en el Evangelio a medida que leemos sobre él. A diferencia de lo que afirman algunos, incluso desde la comunidad académica, en el sentido de que los Evangelios están llenos de invenciones, Lucas, como sólido historiador de la Antigüedad, consigna los perfiles del verdadero Jesús y al hacerlo nos revela el corazón de Dios.[7] Puede que no utilizara notas a pie de página como nosotros hoy, ni dispusiera de una grabadora para registrar los discursos de Jesús, pero vivió en el seno de una comunidad habituada a transmitir la tradición con minuciosidad y a narrar los relatos de forma abreviada y rigurosa. Lucas realizó su tarea bajo la dirección de Dios, transmitiendo cuidadosamente una tradición que arrancaba en aquellos que habían sido testigos oculares de los acontecimientos que predicaban (v. 2). Podemos leer el Evangelio de Lucas con plena confianza de que Dios nos está introduciendo a Jesús. Dios se revela a sí mismo en su Palabra para que podamos conocer nuestra verdadera necesidad e historia. Como dice Juan Calvino:

> Si ante una persona anciana, soñolienta o con una visión deficiente ponemos un hermoso volumen, todos ellos serán capaces de reconocer que se trata de alguna forma de escrito, pero apenas serán capaces de reconocer dos palabras; sin embargo, con la ayuda de unos anteojos adecuados podrán comenzar a leer claramente. Lo mismo sucede con la Escritura, que trae a nuestra mente el conocimiento de Dios que de otro modo sería confuso, dispersando primero nuestro embotamiento, para mostrarnos claramente al único Dios verdadero. Este es, por consiguiente, un don especial, en el que Dios, a fin de instruir a la Iglesia, no solo se sirve de mudos maestros sino que también abre sus santísimos labios.

Más adelante en la misma sección Calvino añade: «En la Escritura se nos revela Dios, el Artífice del Universo, y lo que hemos de pensar acerca de él, a fin de que nuestros caminos tortuosos no nos lleven a ver a una deidad indefinida».[8] Calvino puede decirnos esto porque Lucas ha dejado claro que realizó su tarea con rigor y meticulosidad y que las promesas de Dios son fieles.

---

7. Por ejemplo, la obra publicada por el Seminario de Jesús, *The Five Gospels* [Los cinco evangelios], (ed. R. Funk y R.W. Hoover [Nueva York: Macmillan, 1993]) sostiene que más del cincuenta por ciento de las enseñanzas atribuidas a Jesús ¡no tiene ningún contacto histórico con él! El quinto evangelio es el extrabíblico *Evangelio de Tomás*. El Seminario de Jesús recibió mucha atención a finales de 1993 con su codificación coloreada de los dichos de Jesús: rojo = de Jesús; rosa = paráfrasis de las palabras de Jesús; gris = no son palabras de Jesús pero pueden remontarse hasta él; y negro = no son de Jesús. Quienes deseen considerar una incisiva evaluación de este acercamiento excesivamente escéptico a los Evangelios, pueden ver la obra *Jesús bajo sospecha: una respuesta a los ataques contra el Jesús histórico*, J.P. Moreland y M. Wilkins, Colección Teológica Contemporánea, ed. Clie, Terrassa, 2003.
8. Ambas citas son de Juan Calvino, *Institución de la religión cristiana*, 1.6.2., 1.4.1.

Lucas 1:5-25

En tiempos de Herodes, rey de Judea, hubo un sacerdote llamado Zacarías, miembro del grupo de Abías. Su esposa Elisabet también era descendiente de Aarón. 6 Ambos eran rectos e intachables delante de Dios; obedecían todos los mandamientos y preceptos del Señor. 7 Pero no tenían hijos, porque Elisabet era estéril; y los dos eran de edad avanzada. 8 Un día en que Zacarías, por haber llegado el turno de su grupo, oficiaba como sacerdote delante de Dios, 9 le tocó en suerte, según la costumbre del sacerdocio, entrar en el santuario del Señor para quemar incienso. 10 Cuando llegó la hora de ofrecer el incienso, la multitud reunida afuera estaba orando. 11 En esto un ángel del Señor se le apareció a Zacarías a la derecha del altar del incienso. 12 Al verlo, Zacarías se asustó, y el temor se apoderó de él. 13 El ángel le dijo: —No tengas miedo, Zacarías, pues ha sido escuchada tu oración. Tu esposa Elisabet te dará un hijo, y le pondrás por nombre Juan. 14 Tendrás gozo y alegría, y muchos se regocijarán por su nacimiento, 15 porque él será un gran hombre delante del Señor. Jamás tomará vino ni licor, y será lleno del Espíritu Santo aun desde su nacimiento. 16 Hará que muchos israelitas se vuelvan al Señor su Dios. 17 Él irá primero, delante del Señor, con el espíritu y el poder de Elías, para reconciliar a los padres con los hijos y guiar a los desobedientes a la sabiduría de los justos. De este modo preparará un pueblo bien dispuesto para recibir al Señor. 18 —¿Cómo podré estar seguro de esto? —preguntó Zacarías al ángel—. Ya soy anciano y mi esposa también es de edad avanzada. 19 —Yo soy Gabriel y estoy a las órdenes de Dios —le contestó el ángel—. He sido enviado para hablar contigo y darte estas buenas noticias. 20 Pero como no creíste en mis palabras, las cuales se cumplirán a su debido tiempo, te vas a quedar mudo. No podrás hablar hasta el día en que todo esto suceda. 21 Mientras tanto, el pueblo estaba esperando a Zacarías y les extrañaba que se demorara tanto en el santuario. 22 Cuando por fin salió, no podía hablarles, así que se dieron cuenta de que allí había tenido una visión. Se podía comunicar solo por señas, pues seguía mudo. 23 Cuando terminaron los días de su servicio, regresó a su casa. 24 Poco después, su esposa Elisabet quedó encinta y se mantuvo recluida por cinco meses. 25 «Esto —decía ella— es obra del Señor, que ahora ha mostrado su bondad al quitarme la vergüenza que yo tenía ante los demás».

Lucas comienza su relato situándolo en un determinado escenario histórico: el reinado de Herodes el Grande (37–4 a.C.). El lenguaje de la NVI «en tiempos de» es una buena traducción de la frase griega «en aquellos días», que es una adaptación del lenguaje bíblico del griego veterotestamentario, la LXX (Jueces 13:2; Judit 1:1; Tobías 1:2).[1]

---

1. En las antiguas obras de Tácito (*Historias*, 5.9.3) y de Josefo (*Antigüedades*, 14.14.4–5 §§ 383–86; 14.15.1 §469; 17.8.1–3 §§ 191–99) se cuenta la historia más detallada de este gobernante suplente judío.

Herodes había llevado a cabo una gran labor de construcción en el territorio nacional, que le había sido encomendada por Marco Antonio en el año 40 a.C. y regresó a Judea como mandatario en el año 37 a.C. Cuando el ángel se le aparece a Zacarías (Lucas 1:11), estamos cerca del final de su reinado (5–4 a.C.).

El anuncio del nacimiento de Juan Bautista tiene tres aspectos: la revelación de que Dios tiene un plan para dirigir los asuntos de la Humanidad y restaurar su relación con ella, los principales hitos del ministerio del propio Juan, y la interacción de la dramática frustración de los piadosos Elisabet y Zacarías, que nos presenta a estos «rectos e intachables» siervos de Dios que habían vivido con la decepcionante realidad de no tener hijos. Los tres temas son centrales en el mensaje original.

En su bondad, Dios escoge un momento importante del ministerio de Zacarías para llevar a cabo su intervención. Por su condición de sacerdote, Zacarías tenía que servir en el templo durante dos periodos de una semana cada año.[2] Era miembro de una de las veinticuatro divisiones del sacerdocio en el primer siglo (Josefo, *Vida* 1 § 2; *Antigüedades* 7.14.7 §§ 363–67), uno de los aproximadamente 18.000 sacerdotes.[3] Más concretamente, era miembro de la octava suerte, la de Abías (1Cr 24:10). Los sacerdotes solo oficiaban en el sacrificio una vez en toda su vida, y se les seleccionaba echando suertes (m. Tamid 5:2–6:3). El escenario es una de las dos ocasiones en que en el templo se realizaba la oración diaria (a las 9 de la mañana, o las 3 de la tarde), el momento del «holocausto continuo» (Éx 29:38–42). El ángel aparece cuando Zacarías coloca el incienso sobre el altar (Lucas 1:11). En este momento sublime, Dios comienza a obrar de una forma nueva para redimir a la Humanidad, revelando el envío del precursor de aquel que quitaría el pecado del mundo. ¡Cuán apropiado escoger precisamente un momento de adoración y un tiempo en que el pueblo estaba reconociendo su necesidad de purificación del pecado!

Inicialmente, el encuentro produce terror en Zacarías, si bien esto no es infrecuente cuando uno siente que Dios o un agente suyo está presente (Éx 15:16; Jue 6:22–23; Is 6:5; Dn 8:16–17). Después de reconfortar a Zacarías, el ángel anuncia la razón de su venida. Su nombre, Gabriel (v. 19; cf. Dn 8:15–16; 9:21; Tobías 12:15; 1 Enoc 40:9), significa probablemente «Dios es mi héroe», aunque Lucas no hace ningún comentario al respecto.[4]

En el Antiguo Testamento Dios tenía a Israel en el centro de su plan. La nación sería «el pueblo modelo» a través del cual Dios mostraría su Gracia (Gn 12:1–3). En sus relatos sobre Zacarías y Juan Bautista, Lucas continúa utilizando terminología e imágenes literarias procedentes del Antiguo Testamento. El nacimiento de este niño se parece a otros alumbramientos de mujeres antes estériles y a otros anuncios del nacimiento de un niño especial (Gn 16:10–11; 17:15–17; 18:10–15; 25:23; Jue 13:3–21). El que la narración se enfoque de este modo indica que Dios ha renovado su obra entre su pueblo.

---

2. I.H. Marshall, *Commentary on Luke* [Comentario de Lucas] (NIGTC; Grand Rapids: Eerdmans, 1978), 52.
3. H. Strack y P. Billerbeck, *Kommentar zum Neuen Testament aus Talmud und Midrasch* (München: C. H. Beck, 1926), 2:71–75.
4. Fitzmyer, *The Gospel According to Luke I-IX* [El Evangelio según Lucas I-IX], 328.

Su plan se reanuda de manera directa y activa. La narración de Juan Bautista y de aquel que le sigue representa la reanudación de la Sagrada Historia de la actividad de Dios.

Juan tiene un lugar especial dentro de este plan. Vivirá según un estilo de vida ascético, como algunas personas especialmente piadosas que hicieron votos de expresar dicha devoción a Dios. No bebería vino ni licor. Puesto que la mayoría de personas de aquella cultura, incluidas las piadosas, bebían un poco de vino, este mandamiento indica el especial nivel de dedicación a Dios que tendría Juan (cf. Ef 5:17–18; cf. Dt 14:26; 29:6 [29:5 TM]; Pr 20:1; 23:20–21, 29–35; 31:6). Sin embargo, probablemente no se trate de un voto nazareo, puesto que no se dice nada de no cortarse el pelo. Gabriel observa que este profeta tendrá el cometido de ir «delante del Señor, con el espíritu y el poder de Elías» (Lc 1:17) y de hacer «que muchos israelitas se vuelvan al Señor su Dios» (v.16).

El ángel alude aquí a Malaquías 3:1 y 4:5 [TM 3:24] (cf. Sirach 48:1). La idea de ir delante del Señor describe a Juan como un profeta del periodo de la restauración de la promesa. La preparación que llevará a cabo para el Señor lo será para la venida de Dios por medio de su agente, Jesús (Lucas 3:15–18). No hay duda de que Dios es el tema, por cuanto Jesús todavía no ha sido ni siquiera mencionado. Las expresiones «volver los corazones» y «preparar un pueblo» reflejan el llamamiento de Juan al arrepentimiento, puesto que vuelve la atención de la nación a Dios y a la justicia (la palabra «volverse» es una habitual metáfora veterotestamentaria para aludir al arrepentimiento; cf. Dt 30:2; Os 3:5; 7:10).[5] La frase «un pueblo bien dispuesto para recibir al Señor» recuerda a Isaías 40:3. Para que Dios pueda conducir a su pueblo de manera efectiva, éste ha de estar dispuesto a responder a él. El llamamiento de Juan consistía en prepararles para la nueva era; él proclamó reconciliación dentro de las familias, el restablecimiento de una buena relación entre hijos y padres.

El tercer elemento de este pasaje es la historia personal de Zacarías y Elisabet. Este piadoso matrimonio había vivido con una profunda frustración, por no haber conseguido tener el niño que tanto anhelaban (algo que Elisabet llega a llamar «vergüenza». v. 25). El carácter personal de la historia está claramente definido por la descripción personal al comienzo del pasaje. Ambos cónyuges eran «rectos e intachables» (v. 6; cf. Dt 6:25; 24:13; Sal 106:31),[6] y su situación no era, pues, fruto de ningún pecado cometido por ambos o alguno de ellos. En ocasiones, las personas rectas y piadosas tienen decepciones en la vida. Los dos habían orado sobre su situación (esto parece ser un aspecto de la respuesta a su oración, v. 13), cuando el ángel anuncia la venida de un hijo. Este niño prometido es la respuesta de dos oraciones a un tiempo: la de un hijo para la casa de Zacarías, y la de que Dios interviniera para la redención de la nación. Dios es a menudo capaz de obrar de un modo personal y colectivo al mismo tiempo.

Pero Zacarías y Elisabet representan dos clases distintas de personas justas. Zacarías plantea dudas sobre el mensaje del ángel, puesto que los posibles padres están ahora más allá de la edad normal de tener hijos (v. 18). A veces, incluso las personas buenas tienen dudas sobre las promesas de Dios. Lo que, de hecho, el ángel parece decirle a

---

5. Bertram, «ἐπιστρέφω», *TDNT*, 7:727.
6. J. Nolland, *Luke 1:1–9:20* [Lucas 1:1–9:20], (WBC 35a; Dallas: Word, 1989), 26.

Zacarías es: «quédate durante un tiempo en silencio y observa lo que hace Dios». Así, se da una señal de silencio hasta que Dios lleva a cabo su palabra. Zacarías enmudece temporalmente hasta que cumple lo prometido.[7] Esta señal es un indicador de la lección fundamental de este pasaje: Dios cumplirá su promesa. Llevará a cabo su palabra. Zacarías ha de escuchar a Dios y confiar que él hará lo que ha prometido. Cuando Zacarías termina su tarea y es incapaz de impartir la bendición habitual (m. Tamid 7:2; cf. Nm 6:24–26), la multitud sabe que se ha producido algo fuera de lo común. El versículo 22 añade una nota dramática al relato.

Elisabet encarna al justo y piadoso que lleva su carga a Dios y se regocija cuando ésta es quitada. Esta acción de Dios se considera fruto de su Gracia, puesto que éste «ha mostrado su bondad» (v. 25; cf. Gn 21:6; 30:23, donde se alaba a Dios por la provisión de un hijo). Dios no estaba obligado a darle esta respuesta. No obstante, Elisabet no reacciona como una víctima amargada por la falta de un hijo. De hecho, parece haber aceptado esta situación y estaba sirviendo a Dios con fidelidad. Por ello, cuando Dios la alivia de su peso, ella se regocija como objeto de la preocupación personal de Dios.

Construyendo Puentes

Con este primer relato se hace necesario plantear una pregunta fundamental sobre la aplicación de las narraciones bíblicas. ¿Cómo podemos tomar material de la singular cultura del siglo primero, acontecimientos únicos dentro del plan de Dios, y estudiarlos con el propósito de entender lo que Dios quiere que hagamos? La respuesta se da en tres niveles. (1) Podemos estudiar el carácter de Dios. Estos textos revelan a Dios en acción y nos dejan ver cómo éste se acerca a las personas, sean o no fieles.

(2) Podemos estudiar a los personajes de las narraciones. Estos relatos describen a personas reales e históricas, pero representan también a cierta clase de personas que se encuentran en una serie de situaciones. Nos vemos a nosotros mismos en ellos o en otras personas que conocemos. De este modo la Escritura nos instruye. Sus respuestas, sabias o erróneas, nos brindan lecciones. En este proceso de aplicación, hemos de prestar atención al modo en que las situaciones descritas en los textos son semejantes o diferentes de las de nuestro mundo. En este comentario intentaré poner de relieve aquellas ocasiones en que los vínculos con el presente son directos, cuándo son implícitos, y cuándo no deberían establecerse y por qué.

(3) Un punto de especial consideración son las actitudes que el texto promueve o desaconseja. En ocasiones, Lucas describe el estado de ánimo de un personaje, o resume al final de una sección el talante con el que éste termina. Las actitudes pueden reflejarse en un monólogo, en un diálogo entre personajes, o en el modo en que éstos se dirigen directamente a Dios. También hemos de prestar atención a si el personaje se presenta como digno de confianza, o si se duda de su credibilidad. Parte de esta lectura requiere que tengamos cierta comprensión de las perspectivas y respuestas que encajan en el

---

7. El hecho de que en el v. 62 se afirme que le hicieron señas, indica que también se había quedado sordo.

contexto del primer siglo, puesto que las culturas difieren unas de otras en lo que a sus expectativas se refiere. Me propongo, por tanto, subrayar las expectativas culturales citando evidencias extrabíblicas del entorno cultural y religioso del siglo primero, a fin de obtener claves sobre el modo en que las personas veían ciertas situaciones.[8] Tales fuentes no poseen ninguna autoridad inspirada, sin embargo, sí ponen de relieve cómo vivían y veían las cosas las gentes en los tiempos bíblicos. Todas estas observaciones son una parte necesaria de la lectura de los textos narrativos y de una cuidadosa comprensión de la Historia, para que pueda apreciarse el mensaje de un texto de la Antigüedad.

Relatar la historia de la salvación tal como tuvo lugar en el pasado equivale a referir la base de lo que Dios hace hoy con la Humanidad. De modo que, el plan de Dios y el papel que desempeña Juan el Bautista son indicaciones de los detalles que Dios llevó a cabo para alcanzar a la Humanidad con su salvación. Dios no se limitó simplemente a mandar a un Salvador; envió a alguien para que le indicara el camino. Dios deja a menudo indicadores de que está obrando, y podemos verlos si tan solo mantenemos los ojos y corazones bien abiertos. Son contadas las ocasiones en que se manifiesta abiertamente. Asimismo, el Salvador no vino sencillamente para llevarnos a una buena relación con Dios e impartirnos perdón; llamó a las gentes a prepararse para recibir su venida. Quiere que abracemos una nueva forma de vida, no como base para la salvación, sino en respuesta a su bondad. El arrepentimiento, el cambio de un corazón para que se abra a Jesús, es la puerta a través de la que se ofrece la Gracia y se siembra la fe.

El relato de Juan y Zacarías es intemporal. Los hechos fundamentales que lo constituyen sirven de fundamento histórico y cimiento de nuestra fe. El Dios bíblico no es una Creación de la imaginación humana. Por el contrario, la historia refleja su verdadera participación en los asuntos más humanos de las personas. No hubo sorpresas cuando Dios envió a Juan; él lo había diseñado todo. En nuestros días, el Dios inmutable se relaciona con nosotros del mismo modo, en términos de nuestras actitudes y carácter. Nosotros mismos aprendemos a relacionarnos con Dios, aun en medio de nuestras profundas frustraciones personales. Naturalmente, podemos interrogar a Dios con respecto a aquellas acciones suyas que nos son difíciles de entender, como hacen varios de los salmistas en sus lamentos. Pero también hemos de estar dispuestos a recibir la respuesta que él nos da. Aunque puede que nuestras experiencias con Dios no sean tan dramáticas como la de Zacarías, son igual de personales. Con frecuencia las mejores lecciones nos llegan mediante nuestra interacción con Dios en situaciones de la vida real, acontecimientos que nos impulsan hacia él y sus promesas.

Como antes he observado, una de las claves de las narraciones es entender que los personajes del relato representan ciertos tipos de personas. En Zacarías y Elisabet, no

---

8. En algunos casos citaré material procedente del judaísmo tardío, de la *Mishná* (el registro escrito de la Ley oral consignada, en c. 170 d.C.), el Talmud (el comentario rabínico oficial de la *Mishná* del siglo quinto d.C.), o de los Targum y Midrashim (las traducciones y comentarios rabínicos del mismo periodo sobre la Escritura). Aunque estos textos son posteriores al periodo en cuestión y no puede, por ello, decirse que tengan una conexión directa con la cultura del primer siglo, reflejan con frecuencia el talante del judaísmo, una cultura religiosa de rica historia y tradición que, a menudo, cambió lentamente en lo que a sus sensibilidades religiosas se refiere.

solo vemos personajes históricos, sino personalidades representativas, y podemos identificarnos con sus actitudes. Podemos compadecernos de Elisabet en su dolorosa situación de esterilidad. Pero esta mujer es también un ejemplo en su manera de responder. A pesar de su frustración personal, Elisabet sirve fielmente a Dios. Y aun cuando la situación se invierte, no se olvida de Dios, sino que se regocija en lo que él ha hecho para renovarla.

Del piadoso Zacarías aprendemos también algo sobre la vida con Dios. Este Evangelio está lleno de este tipo de personajes paradigmáticos. Aquellos que nos enseñan con su ejemplo (de manera positiva o negativa) y aquellos que aprenden de sus experiencias a escuchar a Dios y a confiar en él. Más adelante analizaremos el lugar que ocupa el papel de Juan Bautista en este tipo de enseñanza a través de la caracterización.

Tanto Zacarías como Elisabet están en el centro mismo de la sección sobre la construcción de puentes entre el pasado y el presente. Es posible que nuestro dolor no lo produzca la ausencia de un hijo, sin embargo, hay miles de cosas que pueden ser causa de frustración en la vida. Sin embargo, algo a lo que ni Zacarías ni Elisabet sucumbieron fue a la amargura, aunque Elisabet sí sentía «vergüenza». Puede que esta sea una de las razones por las que Dios les llama rectos e intachables. Sin embargo, las buenas personas han de aprender a depender aún más de Dios. En ocasiones, la respuesta a su frustración no está clara. Se trate de la pérdida de un hijo por una muerte prematura, un colapso económico, el trato con un hijo afectado por una desgracia o por un pecado serio, o un desafortunado accidente, las razones y propósitos que explican las situaciones difíciles no siempre son evidentes. Dios nunca garantiza que la vida transcurrirá sin dolor y frustración. La cuestión central es cómo manejaremos estas situaciones. La amargura dará frutos de ira y frustración, y succionará el gozo de la vida. La confianza y la dependencia nos llevarán a encontrar satisfacción de maneras que de otro modo ni siquiera habríamos considerado. Por ejemplo, ¿cuántas parejas que no tienen hijos han dedicado sus vidas a otros niños, ya sea en un ministerio eclesial o mediante la adopción de un niño huérfano o abandonado por sus padres? A veces los obstáculos no son callejones sin salida, sino nuevos giros en el camino.

Cabe también observar que lo que había sido un largo vacío en la vida de esta pareja formaba parte del soberano plan de Dios, cuya intervención en la fase final del juego cambió el rumbo de pasadas decepciones. La bendición fue más dulce cuando llegó, porque cuando por fin tuvieron al niño, no tomaron este hecho a la ligera. Era evidente que aquel niño era lo que son todos los niños: un don de Dios. Al parecer, la suerte había caído sobre Zacarías de manera aleatoria, sin embargo, había sido, de hecho, diseñada por Dios para establecer el marco para su irrupción en la vida de esta pareja y también en la de la nación. El calendario de Dios, aunque en ocasiones distinto del nuestro, es infinitamente más sabio.

Significado Contemporáneo

La aplicación de este texto en términos del plan de Dios es esencial. Se convertirá en una especie de refrán por todo el Evangelio. ¿Estamos dispuestos para Dios y respondemos a su obra a través de Aquel que envió para llevarnos a él? Juan nos indicará el camino. ¿Estamos interesados en sentir nuestra necesidad de Dios y responder a aquel que nos ofrece perdón? ¿Somos humildes ante Dios, tomando el camino al que nos llama, o acaso optamos por seguir nuestros propios deseos?

Juan es alguien cuya dedicación a Dios se expresa aun en su estilo de vida. Este estilo de vida, como se le dice a Zacarías, muestra que, como representante de Dios, Juan ha de estar completamente centrado en su misión. Lleno del Espíritu desde su nacimiento, dará testimonio de Jesús ya desde la matriz de su madre (Lc 1:44). La presencia del Espíritu en Lucas va a menudo acompañada por un poderoso testimonio. Aquellos que son dirigidos por Dios en el Espíritu no dan testimonio de Dios en la privacidad de sus hogares, como se ve también en los muchos personajes llenos del Espíritu que encontramos en el libro de los Hechos. Si tenemos al Espíritu, Dios se manifestará tanto en nuestras palabras como en nuestras obras.

No obstante, hay distintas formas de hacer esto (cf. Lc 7:24–35). La grandeza de Juan no la vemos en la elección de su estilo de vida, sino en el hecho de que al entender su llamamiento, se esfuerza plenamente por llevarlo a cabo, por cumplir fielmente la voluntad de Dios. El estilo de Juan será distinto del de Jesús. Dios no hace que todas las personas le sirvan del mismo modo. Esta diversidad permite que distintos tipos de ministerio hagan impacto en distintas clases de personas. No deberíamos hacer que todos ministraran del mismo modo y con el mismo estilo. La prueba de un ministerio no está en su apariencia externa; sino que la encontramos en formas mucho menos visibles. Como siervo de Dios, Juan se convirtió en un catalizador que estimulaba a otros a vivir ante Dios de un modo que honrara al Creador. No todos respondieron a su ministerio, y esto nos muestra que el éxito no ha de medirse por los números. La misión de Juan como fuente de estímulo para que otros encuentren a Dios es algo que todos podemos procurar.

El restablecimiento de las relaciones entre padres e hijos y con Dios (v. 17) muestra lo importante que es la reconciliación dentro de la familia.[9] Colosenses 3:21 afirma claramente que el acercamiento de los padres a sus hijos puede ayudar a formar o deformar la imagen que el niño tiene de sí mismo. No obstante, lo que se necesita no es solo una relación reconciliada entre padres e hijos, sino una relación espiritual fruto de un sólido vínculo que les une con Dios. De este modo, ambas partes son reconciliadas y los desobedientes guiados «a la sabiduría de los justos» (v. 17). Solo hay que leer las

---

9. Steve Farrar ha escrito dos excelentes obras sobre el papel del hombre, especialmente en el ámbito de la familia: *Point Man* [El hombre guía] (Sisters, Ore.: Multnomah, 1990) y *Standing Tall* [Con la cabeza muy alta] (Sisters, Ore.: Multnomah, 1994). Lucas 1:5–25 pone de relieve que uno de los resultados de una buena relación con Dios es el potencial para reconciliar entre sí a los miembros de una familia.

sabias palabras del padre a su hijo en Proverbios para entender lo crucial de la relación de tres vías entre el padre, el hijo y Dios.

Podemos también aplicar las lecciones que nos enseñan Zacarías y Elisabet. En nuestra vida con Dios, no hemos de suponer que todas las luchas que enfrentamos sean una evidencia de la presencia de pecado, ni pretender que Dios vaya a bendecir todos nuestros deseos. Elisabet nos enseña a llevar a Dios nuestro dolor por las decepciones que sufrimos y, naturalmente, a llevarle también nuestra alegría.

El dilema de Elisabet es distinto de los que podemos vivir en nuestro tiempo en un sentido importante. Probablemente, ella no tenía el tipo de preocupaciones que tienen las personas de hoy con respecto a la autorrealización que supone tener un hijo. En el mundo antiguo, especialmente por los riesgos de tener hijos, este asunto estaba más relacionado con la expectativa de tener herederos y de construir una familia que pudiera compartir las responsabilidades. En el Antiguo Testamento, esto se aprecia por las costumbres como el matrimonio por levirato, cuya preocupación esencial es dar un heredero a un hombre que muere sin tener hijos. Los hijos otorgaban a las mujeres un lugar dentro de la comunidad (ver Pr 31). El sentido de vergüenza vinculado a la esterilidad tenía que ver con estos asuntos más comunitarios. Aun así, la frustración que experimentaba Elisabet era real (cf. sus comentarios en los vv. 24-25). Aunque su dolor y posterior alivio estaban arraigados en cuestiones diferentes de las que nos afectan en nuestro tiempo, estos fueron resueltos de un modo igual de decisivo por lo que Dios hizo en su Gracia.

Zacarías nos enseña que, de vez en cuando, Dios instruye a los santos por medio de situaciones difíciles.[10] En ocasiones, subestimar a Dios es tan peligroso como rebelarse contra él. Muchas veces nuestro pecado no es algo ostensiblemente malo, sino más bien una renuncia a seguir la justicia y a confiar completamente en el Señor. Cuando Dios habla, hemos de responder. A menudo, las personas mantienen ciertas relaciones personales o siguen llevando a cabo acciones que saben erróneas, muchas veces con un sentido de victimización, como si ello justificara su alejamiento de Dios. Pero podemos también hacer lo mismo de un modo más sutil, con un tipo de indiferencia que dice: «soy feliz con mi condición espiritual, de modo que no voy a seguir buscando a Dios como lo hacía un tiempo atrás». Con este acercamiento de «piloto automático» se corre el riesgo de un lento declive espiritual. Uno tiene la sensación de que Zacarías necesitaba una nueva lección de fe para detener el lento movimiento de caída espiritual.

El hecho de que Zacarías dudara de la palabra del ángel significaba que se encontraba ya en una situación de riesgo. Dios llevará a cabo lo que promete, solo que lo hará a su debido tiempo y, a veces, de maneras sorprendentes. Cuando llega el momento del cumplimiento, nos damos cuenta de que su calendario era mejor que el nuestro. Puede que a veces quisiéramos estar en la sala de juntas del Cielo, diciéndole a Dios cómo ha de hacer sus planes. Este pasaje nos llama a ver que su plan tiene un diseño concreto y un momento oportuno. El Creador del Universo sabe lo que está haciendo.

---

10. Philip Yancey, *Where Is God When It Hurts?* [¿Dónde está Dios cuando sufrimos?] (Grand Rapids: Zondervan, 1990), es una excelente exposición de esta cuestión del cristiano y el dolor.

Por último, la benevolencia y generosidad de Dios transitan por caminos aparentemente misteriosos. En ocasiones se nos priva de algo porque Dios ha preparado cosas mejores en el futuro. Cuando esperamos con paciencia en el Señor, nos da muchas veces más de lo que jamás nos hubiéramos atrevido a imaginar. Zacarías y Elisabet querían tener un hijo; lo que se les dio fue un profeta. Los caminos de Dios están ajustados a su tiempo, y con frecuencia nos llegan llenos de cosas que nos asombran y nos llenan de gozo sorpresivo.

Lucas 1:26-38

A los seis meses, Dios envió al ángel Gabriel a Nazaret, pueblo de Galilea, 27 a visitar a una joven virgen comprometida para casarse con un hombre que se llamaba José, descendiente de David. La virgen se llamaba María. 28 El ángel se acercó a ella y le dijo: —¡Te saludo, tú que has recibido el favor de Dios! El Señor está contigo. 29 Ante estas palabras, María se perturbó, y se preguntaba qué podría significar este saludo. 30 —No tengas miedo, María; Dios te ha concedido su favor —le dijo el ángel—. 31 Quedarás encinta y darás a luz un hijo, y le pondrás por nombre Jesús. 32 Él será un gran hombre, y lo llamarán Hijo del Altísimo. Dios el Señor le dará el trono de su padre David, 33 y reinará sobre el pueblo de Jacob para siempre. Su reinado no tendrá fin. 34 —¿Cómo podrá suceder esto —le preguntó María al ángel—, puesto que soy virgen? 35 —El Espíritu Santo vendrá sobre ti, y el poder del Altísimo te cubrirá con su sombra. Así que al santo niño que va a nacer lo llamarán Hijo de Dios. 36 También tu parienta Elisabet va a tener un hijo en su vejez; de hecho, la que decían que era estéril ya está en el sexto mes de embarazo. 37 Porque para Dios no hay nada imposible. 38 —Aquí tienes a la sierva del Señor —contestó María—. Que él haga conmigo como me has dicho. Con esto, el ángel la dejó.

Sentido Original

El anuncio hecho a María tiene paralelismos con el de Zacarías, sin embargo, las diferencias son también significativas. Mientras que el primer anuncio se lleva a cabo en el templo —centro de la cultura israelita—, éste se produce en una oscura aldea galilea muy al norte de la capital. La naturaleza humilde del anuncio es análoga a la humildad del nacimiento y ministerio de Jesús. Mientras que el anuncio acerca de Juan se dirige a un hombre, el de Jesús va dirigido a una mujer. Esto es significativo porque refleja la diversidad de género de estos anuncios natalicios o averiguaciones sobre nacimientos en el Antiguo Testamento (p. ej., Abraham, Rebeca, la esposa de Manoa). Además, la perspectiva difiere de Mateo, que cuenta la historia de José (Mt 1:18-25). Todo lo que se dice sobre el nacimiento recuerda a las posteriores palabras de Pablo, en el sentido de que la vida de Jesús reflejaba la humildad de «vaciarse a sí mismo» al asumir plenamente la humanidad (Fil 2:5-11).

Que el anuncio tuviera lugar en Nazaret muestra que María procedía de unas raíces humildes y rurales. Galilea no era una región respetada. No era precisamente la localidad que cabría esperar como destino de un enviado de Dios (Jn 7:41). Gabriel, el mismo ángel que le habló a Zacarías, es el portador del mensaje divino. Lucas identifica a María como a una virgen desposada con José; es decir, que le había sido prometida en matrimonio en algún momento del año anterior. El desposorio judío constaba de dos pasos: el compromiso formal, que incluía un contrato y el intercambio de un importe nupcial, y después, más o menos un año más tarde, la boda (Dt 22:23; m.

Ketub. 4:4–5).[1] No se consigna la edad de María, sin embargo, en aquella cultura era posible que la desposada fuera una adolescente de doce años. En este texto es a José a quien se vincula con la casa de David.[2]

El ángel saluda a María con la expresión, «¡tú que has recibido el favor de Dios!» (v. 28). Se trata de una recepción de la Gracia divina que tiene su raíz en la Soberanía divina. Hay siempre razones para gozarse cuando Dios decide mostrar su presencia por medio de su Gracia. Así, el Señor está con ella (v. 28). Su temor inicial se calma cuando el ángel explica la razón de su presencia. Dios le «ha concedido su favor» (v. 30): una segunda indicación de que ella es objeto de la Gracia de Dios.

A María se le habla de la grandeza del niño que nacerá de un modo que rememora los anuncios natalicios veterotestamentarios (Gn 16:11; Jue 13:5; Is 7:14). La grandeza de Jesús es superior a la de Juan: mientras que Juan «será un gran hombre delante del Señor» (v. 15), Jesús es simplemente «grande» (v. 32). Igual que en el caso de Juan, Israel está en el centro del relato, puesto que Jesús será rey sobre el trono de David su padre.

Esta promesa implica la promesa veterotestamentaria de filiación pronunciada acerca de un hijo de David, que sería hijo de Dios (2S 7:6–16). Por su condición de hijo del Altísimo, Jesús adopta una relación especial con Dios como representante de la promesa divina en la Tierra. Una vez que su reino haya sido establecido, nunca terminará. Aquel que siempre fue rey instaurará un reino en el que la presencia de su autoridad y los beneficios de la salvación se imparten a quienes se unen a él (Lc 1:67–79). El niño será «Hijo del Altísimo» (v. 32) e «Hijo de Dios» (v. 35). Lucas invertirá una buena parte de su Evangelio en explicar lo que significan estos títulos; por ahora describen a un personaje de la realeza escogido por Dios, cuyos orígenes humanos residen en una concepción sobrenatural. Lucas decide presentar su concepción de Jesús de forma gradual, llevando al lector a descubrirla paso a paso. Comienza con categorías que sus receptores entienden, como rey, regio Hijo de Dios, y Mesías. Sin embargo, el nacimiento sugiere —y el resto del Evangelio lo aclarará— que Jesús es más que un regio monarca. El dramatismo con que se desarrolla este retrato nos pasa en ocasiones desapercibido a quienes conocemos la totalidad de la historia, sin embargo, para los primeros lectores de Lucas los pasos que siguen la narración eran necesarios a fin de explicarles y darles la certeza de que Jesús era todo lo que Dios había revelado que era.

Este niño especial es beneficiario de un nacimiento único, puesto que María es virgen (v. 27). Es comprensible que María se sorprenda de que se le prometa un hijo, puesto que no ha tenido vida sexual. En la concepción de este niño se produce una especial acción creativa de Dios por medio del Espíritu Santo, de modo que al niño se le cono-

---

1. Fitzmyer, *The Gospel According to Luke I-IX* [El Evangelio según Lucas I-IX], 343
2. Esta es la lectura más natural de la palabra griega «orden» (ver *TDNT*, 4:238, n. 29). La conexión entre Jesús y la casa davídica por medio de José no es difícil de explicar, puesto que, aunque concebido de manera virginal, a Jesús se le veía como hijo de José. La herencia humana le llegaría a través de esta conexión. En el matrimonio por levirato existen precedentes de ascendencia no biológica (Dt 25:5–10).

cerá como santo e Hijo de Dios. Aunque Lucas no alude a Isaías 7:14 como hace Mateo 1:23, el escenario evoca el cuadro de este pasaje del Antiguo Testamento.³

Todos estos detalles ratifican la razón por la que, al comienzo de este pasaje, a María se la describe como aquella que ha «recibido el favor de Dios» (v. 28) y a quien éste ha «concedido su favor» (v. 30). Dios la honra, no por sus propios méritos o porque haya hecho algo que lo merezca, sino por el mero hecho de que es la vasija escogida para esta demostración de la Gracia de Dios. Dios da incluso una señal de que estos acontecimientos se están produciendo. El ángel revela que su parienta también dará a luz un hijo en su vejez, y le recuerda que «para Dios no hay nada imposible». Igual que en el caso de Zacarías, este comentario indica que Dios puede cumplir su palabra y lo hará. Su promesa es digna de confianza.

La respuesta de María pone de relieve su carácter. «Que él haga conmigo como me has dicho» (v. 38). Esto no era en absoluto un asunto sencillo. Lo que se le pide es que dé a luz un hijo siendo virgen, sin estar casada. Al defender los intereses de Dios y su poder, se convertirá probablemente en objeto de burla y sospecha. Pero María se sabe sierva de Dios, y por ello permitirá que él obre con ella como lo desee. Puede ponerla en cualquier circunstancia difícil, porque sabe que él está con ella.

Una vez más, Lucas no solo ha explicado cómo avanza el plan de Dios describiendo los detalles del anuncio del nacimiento, sino que también ha revelado el carácter de las personas que rodean el nacimiento de estos dos grandes hombres de Dios. Todos los personajes implicados son ejemplos de espiritualidad, puesto que responden a lo que Dios está haciendo entre ellos. En medio de la historia cósmica hay historias humanas. La narrativa pretende que el lector perciba ambos niveles de la Historia.

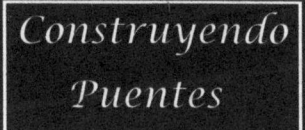

Los puentes de este pasaje son análogos a los de la sección anterior. Tenemos los detalles únicos del plan de Dios, que tratan de un nacimiento único y de un niño único. Son detalles intemporales que activan los actos redentores de Dios. Paso a paso, Lucas pone de relieve la profundidad del carácter único de Jesús. Su nacimiento poco común al comienzo del relato nos prepara para otros aspectos insólitos de su vida.

Al niño se le introduce en unos términos que todos los lectores pueden entender, como un rey para Israel. Los orígenes y el humilde escenario que rodean el nacimiento de un personaje tan regio y excepcional deberían ya alertarnos sobre el hecho de que, a menudo, Dios obra de maneras extrañas. Habrá sorpresas con Jesús. Aunque esbozado en la Escritura, el plan de Dios no puede presentarse como un producto acabado en todos sus detalles. Para ver obrar a Dios, uno ha de escucharle revelando sus proce-

---

3. Es cuestión de debate si Isaías 7:14 desempeña o no un papel importante en la descripción de Lucas. Él es sin duda menos explícito que Mateo (que cita directamente el texto, Mt 1:21–23) en su alusión a este pasaje. La cuestión aquí no es si Lucas ve o no un nacimiento virginal, puesto que el diálogo con el ángel deja claro que este es el punto de vista de Lucas. La cuestión es más bien si Lucas señaló el vínculo con el Antiguo Testamento. No hay nada en la descripción que establezca claramente la conexión, aunque no hay tampoco nada que la excluya.

dimientos. De haber sido nosotros los diseñadores del plan, la mayoría habríamos dado gran pompa y solemnidad a la llegada del rey. Sin embargo, el hecho de que su nacimiento fuera, en otros sentidos, como cualquier otro dice mucho sobre el largo camino que Dios ha recorrido para identificarse con las personas más humildes del mundo. Aunque Dios sea el Poder Supremo del Universo, no es elitista.

El carácter de María es también digno de estudio. Aunque los acontecimientos en que se ve involucrada son únicos, la narración describe sus actitudes como ejemplares y dignas de alabanza. Estas claves textuales nos ayudan a enfocar nuestra atención en los elementos centrales del relato. Así, por ejemplo, las palabras de 1:45 en la sección siguiente presentan a María como un ejemplo por su respuesta a todos estos acontecimientos. Que el carácter del himno que verbaliza sea genérico en su descripción de la clase de persona a quien, como a ella, Dios bendice, refuerza esta clase de lectura del texto.

María es un reflejo de la persona a quien, inopinadamente, Dios decide utilizar. No se presenta a la tarea con credenciales excepcionales ni vive en el centro mediático de la nación. En su currículo no se refleja sino su disponibilidad y disposición a servir. Sin embargo, estas son las características más básicas que podemos ofrecerle a Dios. De modo que él la llama como instrumento de su plan, y la lleva por un proceso para el que no ha tenido formación o preparación previas. Dios simplemente le promete estar con ella durante toda la experiencia, y ella responde con su buena disposición. El ángel, fiel en el desempeño de su tarea, solo quiere que María sepa lo favorecida que es. Respaldada por la Gracia de Dios, María sabe que puede hacer lo que Dios le pide. La descripción de María como una virgen pone de relieve que había crecido con un sentido de responsabilidad personal e íntegra.

Significado Contemporáneo

El humilde escenario del nacimiento de Jesús no solo revela la naturaleza del plan de Dios, sino que nos descubre también el carácter de su corazón. Dios ama a aquellos que son humildes de espíritu. Aun su Hijo, el Rey de Israel, el Prometido de todos los tiempos, nace de una humilde campesina. Este ejemplo de falta de pretensiones que vemos en Dios es una actitud que, como hijos suyos, también nosotros hemos de poseer. Habríamos esperado grandes cosas de parte de Dios y anticipado que utilizara a los grandes de la sociedad para llevarlas a cabo. Sin embargo, Dios muestra su grandeza sirviéndose de cualquier persona de la calle dispuesta a dejarse utilizar por él. La grandeza espiritual no es una cuestión de clase social, capacidad económica o nivel académico; es una función del corazón. El acercamiento de Dios contrasta con el tipo de credenciales que nuestro mundo busca y honra. Para él los elementos externos cuentan poco; existen asuntos mucho más importantes. Dios puede hacer grandes cosas con aquellos que dejan en sus manos los avatares del camino. Esto significa que cuando Dios muestra su camino, el creyente ha de limitarse a responder, hágase «conmigo como me has dicho».

Este pasaje sugiere otras cuatro lecciones importantes: (1) la certeza de que Dios llevará a cabo su promesa, puesto que para él nada es imposible, (2) el ejemplo de María como escogida para servir a Dios trasciende incluso a una disposición a confiar que Dios nos llevará más allá de nuestras limitaciones, (3) el significado del nacimiento virginal de nuestro Salvador, y (4) la importancia de la fidelidad sexual a lo largo de nuestras vidas.

Todas las narraciones de la infancia subrayan el cumplimiento de sus promesas por parte de Dios, porque todas las promesas a corto plazo se cumplen exactamente como se dijo. Podemos confiar que Dios llevará a cabo sus promesas. Lo hará a su tiempo y manera, pero lo prometido se cumplirá. Si Dios es así de íntegro, nosotros como hijos suyos hemos de imitar este carácter y cumplir nuestra palabra. En una cultura en la que las mentiras se ven a menudo como «verdades a medias», esta revelación de carácter es importante.

Por otra parte, María encarna la respuesta adecuada de alguien que ha sido llamado por Dios sin otras credenciales que su disponibilidad y un corazón sensible. Ella es una servidora del Señor, como lo somos también nosotros, si le conocemos. Los siervos de Dios tienen la actitud y perspectiva correctas para llevar a cabo grandes cosas para él si dicen: «Utilízame según tu voluntad. No dejaré de servir por no sentirme capacitado o utilizable». Detrás de la disponibilidad para el servicio hay una actitud que confía en la dirección y capacitación que Dios imparte. Dios ha llamado a todos los creyentes a servir al Cuerpo (Ef 4:7–16), y no nos llama a una tarea sin prepararnos primero para desarrollarla.

Con el llamamiento de Dios viene la necesidad de ser receptivos a su dirección. Someterse a la voluntad de Dios significa entender el mejor modo de recorrer el camino. Generalmente, en nuestro mundo se valora poco el servicio; preferimos que otros nos sirvan a nosotros. Esta perspectiva tiende a hacer que nos centremos en nosotros mismos y, de hecho, pone muchas veces en entredicho una de las actividades que puede darnos la mayor satisfacción. Si Dios nos ha creado para que seamos sus siervos y «vicerregentes» en la Tierra, como sugiere Génesis 1 al decir que somos creados a imagen de Dios para sojuzgar la Tierra, entonces, cuando simplemente nos servimos a nosotros mismos, estamos perdiendo de vista una parte importante de quiénes hemos de ser.

Por otra parte, con Dios no hay lugar para los complejos de inferioridad con respecto a cómo puede utilizarnos y lo que llevamos a la tarea. Más que estar dispuestos a ir donde nos lleve la voluntad de Dios se trata de entender que él puede ayudarnos a vencer cualquier limitación que llevemos a la tarea. En la fidelidad hay fortaleza espiritual. Lucas quiere, no solo que veamos a María como a la humilde madre de Jesús, sino también como un ejemplo de fe. Como Elisabet representaba a quienes se alegran al ser utilizados por Dios, María nos habla de ir dondequiera que Dios nos lleve, sabiendo que él proveerá cualquiera cosa que sea necesaria.

El nacimiento virginal pone también de relieve que Dios es nuestro Creador, y que su poder creativo es capaz de producir vida de la nada, por el influjo de su sola presencia. Si hay algo que exprese de manera especial la Soberanía de Dios, es su capacidad para crear vida. No sé si ha habido algún momento más impactante en mi vida que cuando nacieron mis hijos. Arrullar a un recién nacido reconociendo que nueve meses de milagros biológicos han dado como fruto esta vida tierna y nueva que necesita cuidados y nutrición, subraya el carácter sumamente valioso de la vida y las poderosas capacidades creativas de Dios.

Recientemente he leído un artículo en uno de los periódicos de la ciudad que ponen de relieve la importancia del nacimiento virginal.[4] Nuestra cultura tiene una fuerte tentación de negar el carácter único de Jesús. El artículo en cuestión se hacía eco de la afirmación de algunos eruditos del Seminario de Jesús en el sentido de que, realmente, no hubo ningún nacimiento virginal, y que bien pudiera ser que Belén no fuera el lugar del nacimiento de Jesús. Estas afirmaciones no son nuevas. El nacimiento solo aparece en Mateo y Lucas, pero esto se debe a que Juan comienza con Jesús como el Verbo preexistente y Marcos no consigna ningún material de la infancia. Se trata de simples decisiones literarias de los autores humanos de la Biblia. El nacimiento virginal es importante porque presenta la especial participación de Dios con Jesús desde el mismo comienzo. Reitera también el poder fundamental de Dios para remodelar la vida. Como lo expresa el Evangelio de Juan, la Palabra se hizo carne. Esta actividad sobrenatural caracteriza a Jesús como único desde el comienzo.[5] La respuesta que alguien da a la verdad de este acontecimiento sugiere también su cosmovisión sobre Dios y su capacidad de actuar en el mundo. Esta diferencia de cosmovisión tiene que ver con una imagen de Dios que le ve como espectador en la Creación en contraste con un punto de vista que le concibe como un participante creativo con nosotros en la vida.

Aunque la vida de Jesús es única y tiene un origen único, cada vida es sumamente valiosa, es un testimonio del sorprendente poder creativo de Dios. Aun la anticipación de la llegada de esta vida es especial y no debería trivializarse. Puesto que es preciosa, la concepción debería ser tratada con respeto. Tengo la sospecha de que esta es la razón por la que Dios valora la fidelidad sexual y la virginidad. Quienes se mantienen puros hasta el momento debido establecen un patrón de fidelidad, no solo para el cónyuge con quien compartirán su vida, sino también para la preciosa persona que serán responsables de tutelar después del nacimiento. La nueva vida es tan valiosa que le debemos al niño este tipo de previsión. Lamentablemente, muchas veces somos cortos de entendederas y ponemos la vida del niño en peligro, ya sea antes del nacimiento, mediante la amenaza del aborto, o después de él por el trauma que supone un divorcio por infidelidad.

---

4. Jim Jones, «The Gospel Truth?» [¿La verdad del Evangelio?], *Fort Worth Star-Telegram* (16 de dic. de 1994), portada de la sección metropolitana.
5. Aquellos que deseen considerar una obra clásica sobre el nacimiento virginal, pueden ver J. Gresham Machen, *The Virgin Birth* [El nacimiento virginal], (Grand Rapids: Baker, reimpresión de 1965).

Lucas 1:39-56

A los pocos días María emprendió el viaje y se fue de prisa a un pueblo en la región montañosa de Judea. 40 Al llegar, entró en casa de Zacarías y saludó a Elisabet. 41 Tan pronto como Elisabet oyó el saludo de María, la criatura saltó en su vientre. Entonces Elisabet, llena del Espíritu Santo, 42 exclamó: —¡Bendita tú entre las mujeres, y bendito el hijo que darás a luz! 43 Pero, ¿cómo es esto, que la madre de mi Señor venga a verme? 44 Te digo que tan pronto como llegó a mis oídos la voz de tu saludo, saltó de alegría la criatura que llevo en el vientre. 45 ¡Dichosa tú que has creído, porque lo que el Señor te ha dicho se cumplirá! 46 Entonces dijo María: —Mi alma glorifica al Señor, 47 y mi espíritu se regocija en Dios mi Salvador, 48 porque se ha dignado fijarse en su humilde sierva. Desde ahora me llamarán dichosa todas las generaciones, 49 porque el Poderoso ha hecho grandes cosas por mí. ¡Santo es su nombre! 50 De generación en generación se extiende su misericordia a los que le temen. 51 Hizo proezas con su brazo; desbarató las intrigas de los soberbios. 52 De sus tronos derrocó a los poderosos, mientras que ha exaltado a los humildes. 53 A los hambrientos los colmó de bienes, y a los ricos los despidió con las manos vacías. 54-55 Acudió en ayuda de su siervo Israel y, cumpliendo su promesa a nuestros padres, mostró su misericordia a Abraham y a su descendencia para siempre. 56 María se quedó con Elisabet unos tres meses y luego regresó a su casa.

Sentido Original

Este pasaje consta de dos partes. En primer lugar, el encuentro de María y Elisabet, que tiene lugar en la zona montañosa de Judea, en algún lugar fuera de Jerusalén, a unos tres días de viaje (entre 150 y 180 kilómetros) de Nazaret. Este encuentro demuestra la obediencia de María, puesto que refleja su deseo de presenciar la señal de la que le ha hablado el ángel en el versículo 36. María se apresura a obedecer dirigiéndose adonde Dios la está llevando. A primera vista este acontecimiento tiene poco sentido, sin embargo, para Lucas, es un importante puente literario, ya que los dos personajes principales del relato se encuentran, de manera simbólica, a través de sus madres. Juan Bautista comienza a señalar a Jesús ya desde la matriz, como se había pronosticado en 1:15-17. La segunda parte de esta sección es el himno de María: el Magnificat, un nombre que refleja la expresión latina del comienzo del himno. María derrama su alma expresando la alegría de ser parte de estos acontecimientos.

El encuentro de las dos embarazadas recuerda Génesis 25:22-26, aunque este pasaje contrasta de forma significativa con el precedente. Mientras que Jacob y Esaú lucharon por la supremacía dentro de la misma matriz, Juan se regocija en el superior papel de Jesús saltando dentro del vientre de Elisabet (Lc 1:41, 44).[1] El comentario sobre la

---

1. En el judaísmo era bien conocida la idea de niños no nacidos que expresan su reacción a ciertos acontecimientos estando todavía en la matriz. El *Targum de Salmos* 68:27, de un periodo posterior, hace un llamamiento al feto a alabar a Dios en la matriz, mientras que *Odas a Salomón* 28:2 habla de un niño que salta dentro de la matriz. El precedente de tal esperanza es Génesis 25:22.

plenitud del Espíritu de Elisabet es crucial, como indicación de que sus comentarios y emociones estaban dirigidos por Dios.[2] En una fascinante omisión, el texto no nos dice cómo sabía Elisabet que María estaba esperando este niño. Esto aumenta el misterio del acontecimiento.

La humildad que aquí refleja la madre de Juan al sentirse honrada tan solo por estar en la presencia del niño la expresa de un modo más completo su propio hijo en Juan 3:30: «A él le toca crecer, y a mí menguar». Se expresa de un modo que recuerda 2 Samuel 6:9 y 24:21. La paz reina entre quienes sirven a Dios cuando cada uno entiende su lugar dentro del plan divino.

La nota de gozo que vemos en el pasaje recuerda un tema que ya ha resonado en acontecimientos anteriores. El sentido de privilegio y Gracia al ser utilizada por Dios encuentra aquí una nueva expresión. Elisabet sabe que Dios no le debe el importante papel que le ha concedido, y está asombrada de su participación con ella. Al preguntar «¿cómo es esto, que la madre de mi Señor venga a verme?» (v. 43), entiende que ella no es más que una humilde beneficiaria de la Gracia de Dios.

Junto a su sorpresa está la lección de la bendición de María. Como dice el versículo 45, «¡Dichosa tú que has creído, porque lo que el Señor te ha dicho se cumplirá!» Esta es la primera bienaventuranza de este Evangelio.[3] Un tema fundamental de los dos primeros capítulos de Lucas es que Dios hace lo que dice. Rica es la bendición que experimentan quienes participan y creen en esta verdad. Cuando Dios irrumpe en nuestras vidas, hemos de gozarnos y confiar en que hará lo que ha prometido.

No deberíamos dejar de ver el significado del testimonio sobre los niños que nos llega a través de esta agradecida futura madre. Hay tres ideas centrales: (1) el niño de María es especialmente bendito, siendo el centro de la nueva actividad de Dios; (2) hay sorpresa al formar parte en alguna medida de estos acontecimientos sorprendentes; y (3) los que creen que Dios hace lo que dice experimentan gozo y bendición.

El himno de María, un salmo de acción de gracias, tiene dos partes. La expresión «mi alma glorifica al Señor, y mi espíritu se regocija en Dios mi Salvador» indica que se trata de un salmo de alabanza (vv. 46b–47), y se parece a la alabanza que Ana dirige a Dios (1S 2:1; cf. Sal 35:9). En Lucas 1:46–49 se consigna la alabanza personal de María por su situación específica, mientras que el resto del himno exalta la actividad de Dios en términos más generales. Un cambio de los tiempos verbales que va del presente (v. 46b) al pasado (vv. 47–48a) y al futuro (v. 48b) muestra que se amplía el ámbito de la base para la alabanza. La idea de que todas las generaciones la alabarán (v. 48b) conduce a la idea de cómo trata Dios a otros «temerosos de Dios» (vv. 49–53). Es posible que esta mención de «los que le temen [a Dios]» abra de manera especial este salmo para los receptores de Lucas, que probablemente incluía a antiguos gentiles «temerosos de Dios». Aunque el salmo se dirige claramente a Israel (vv. 54–55), la

---

En el *Talmud Palestino*, se dice que los fetos de las mujeres embarazadas durante el Éxodo expresaron reacciones durante la división del mar Rojo.
2. Friedrich, «προφήτης», *TDNT*, 6:835.
3. A. Plummer, *Luke* [Lucas] (ICC; Edimburgo: T. & T. Clark, 1896), 30.

implicación de la alabanza general en el versículo 50 abre la posibilidad de que otros fuera de la nación puedan ser también bienaventurados.

Cuando María se regocija en la acción salvífica de Dios a su favor el himno recuerda cierto lenguaje veterotestamentario (Sal 34:3; 69:30).[4] A pesar del «humilde estado» de esta mujer (2R 14:26; Sal 9:11–14; 25:16–18), Dios ha actuado a su favor en grandes cosas que manifiestan su santidad. Por esta razón, María se regocija en el Poderoso (Dt 10:21; 34:11; Sal 44:4–8; 89:8–10; 111:2, 9; Sof 3:17). Se complace en su favor, que él ejerce como su Salvador (Sal 25:5–6; Is 12:2; Miq 7:7). El Dios que se sienta en el Cielo ha mostrado su preocupación por su humilde sierva. En medio de todo lo que él lleva a cabo en la Creación, se ha fijado en ella. María dará testimonio de que Dios cuida de ella igual que de otros.

Cuando María dice que se regocija (*egalliasen*), utiliza el mismo término que aparece en 1:14. En otras palabras, este es el primer cumplimiento de las promesas hechas sobre la relevancia que ha de tener Juan Bautista. Aunque María tiene en mente los acontecimientos asociados con la conexión de Jesús, tales acontecimientos no están desvinculados de su contacto con Elisabet y Juan. Por esta asociación de palabras, Lucas imprime a su relato una atmósfera de cumplimiento desde el mismo comienzo.

María será honrada «desde ahora» por todas las generaciones, no porque sea especial, sino porque es modelo y representante de lo que significa experimentar la Gracia y Misericordia de Dios (v. 50).[5] A Lucas le gusta observar que los acontecimientos vinculados a la actividad de Dios lo cambian todo «desde ahora» (Lc 5:10; 12:52; 22:18, 69; Hch 18:6).[6]

Los sentimientos de María están claros. Dios no le debe nada, mientras que ella lo ha recibido todo de él. Pero su historia ilustra el modo en que Dios trata a las personas, de manera que ella prosigue indicando que su historia podría repetirse más de mil veces. La «misericordia» de Dios se extiende a aquellos que le temen (v. 50). Esta misericordia es su fiel amor, que en el Antiguo Testamento se expresa con el término *hesed*. Se trata de un amor leal y lleno de Gracia (Sal 103:2–6, 8–11, 13, 17).[7] Si alguien quiere ver una definición de misericordia, el rescate del humilde por parte de Dios y su abatimiento del orgulloso muestran que vela por los que confían en él (Dt 4:34; Sal 44:3; 68:1; 89:10, 13; 107:9; 118:15; 146:7; 147:6). El Amor, la Misericordia y la lealtad son atributos de la deidad estrechamente interrelacionados. Dios redimirá a quienes en su necesidad se vuelvan a él. Los hambrientos son saciados, mientras que los ricos se alejan con las manos vacías (cf. este tema en 1S 2:5; Job 15:29; Jer 17:11). La idea de la caída de los gobernantes la encontramos también en el Antiguo Testamento (1 1S 2:7; Job 5:11; 12:19).[8] Finalmente, la Misericordia de Dios se expresa en poder, redención y justicia. Así es como ha obrado con Israel, especial objeto de su amor y

---

4. Quienes deseen considerar una tabla que refleja el trasfondo veterotestamentario del himno, pueden ver, Ibíd., 30–31.
5. Fitzmyer, *The Gospel According to Luke I- IX* [El Evangelio según Lucas I-IX], 367.
6. Stählin, «νῦν», *TDNT*, 4:1111, 1113.
7. Marshall, *Commentary on Luke* [Comentario de Lucas], 83.
8. Plummer, *Luke* [Lucas], 33.

«siervo» suyo, al recordar la misericordia prometida a Abraham y sus descendientes (Is 41:8–9; 42:1–2, 21; 45:4; 48:20; 49:3). Esta referencia histórica rememora los compromisos del pacto de Dios para con su pueblo establecidos por medio de Abraham, Isaac y Jacob. De nuevo, Lucas subraya que Dios guarda su palabra. A medida que este Evangelio sigue avanzando, los compromisos con aquellos que temen a Dios se extenderán más allá de las fronteras de Israel.

Los verbos de los versículos 51–55 están en aoristo, un hecho que ha suscitado mucha discusión sobre el sentido del pasaje.[9] ¿Está María haciendo referencia a acontecimientos pasados? ¿Se trata de aoristos gnómicos (que aluden a lo que Dios hace habitualmente a lo largo del tiempo)? ¿O son acaso aoristos proféticos, que pretenden subrayar la certeza de las promesas describiendo vívidamente su cumplimiento como cosas que ya están aconteciendo? Este último sentido encaja mejor con la vanguardista introducción a estos versículos (v. 49). Aunque lo que aquí se dice se aplica a Dios en todos los tiempos, su vindicación final de los pobres es un acontecimiento que se producirá, con plena certeza, en el futuro.

Estos textos no deberían leerse como un mero compromiso sociológico de Dios para con los pobres. El principal verso del estribillo deja claro que los bienaventurados son «los que le temen [a Dios]» (v. 50). Los pobres son los «pobres piadosos», o aquellos a quienes el Antiguo Testamento llama con frecuencia los *anawim* (Sal 9:11–12, 17–20; 10:1–4; 12:1–5; 18:25–29). Los tales reconocen su necesidad y tienen, por ello, menos reservas para volverse a Dios. María expresa su esperanza por la vindicación de Israel delante de sus enemigos. Por medio de Jesús, Dios llevará a cabo ésta y otras cosas. Quienes se vuelven a Dios pueden tener la certeza de que, en el momento oportuno, él les mostrará su amor y justicia; y lo hará porque se acuerda de sus promesas (Lucas 1:54).

Construyendo Puentes

Hay dos claves para la comprensión de estos textos: (1) los papeles representativos de Elisabet y María como modelos de dos cualidades de los creyentes, y (2) la comprensión de que el himno de María no refleja tan solo su propia historia personal, sino la de todos los que temen a Dios y son objeto de su Gracia y Misericordia.

María y Elisabet evidencian la sorpresa del creyente al compartir las bendiciones de Dios. La humildad de Elisabet se destaca con su sentir de que ni siquiera merece estar donde se encuentra. Ella alaba a María (y a quienes son como ella) por creer que Dios hará lo que dice. Al generalizarse así la lección vemos el motivo de que la bendición del versículo 45 se exprese en términos generales acerca de cómo actúa Dios y no específicamente en referencia a María. El propósito de Lucas es ampliar el ámbito de la aplicación más allá de este acontecimiento.

La humildad es el producto natural de reflexionar acerca de quién es Dios. En el mundo antiguo, la relación con Dios no era una cuestión de carácter informal, como si la deidad fuera un amigable vecino. Se veía más bien como un honor, y requería un

---

9. Marshall, *Commentary on Luke* [Comentario de Lucas], 83–84.

profundo sentido de respeto, muy parecido al que suponía alojar a un famoso dignatario. No hay que olvidar que se trata del Creador, aquel que nos ha hecho formar parte de su Creación. En el judaísmo se confería tanto temor reverencial a Dios que se consideraban con gran detalle cuestiones relativas a los rituales de adoración del templo, como el recorrido exacto de los sacerdotes en su acercamiento a él.[10] En nuestro caso no se trata de reproducir tales detalles o de volver a la Ley, sino de tener en cuenta la atención y consideración que se concedía al acercamiento a Dios. Como Moisés, que en Éxodo 4 hubo de quitarse el calzado, hemos de apreciar el honor que supone conocer a Dios. Tanto María como Elisabet nos comunican el sentido de respeto que refleja el temor del Señor como principio del conocimiento (Pr 1:7).

Del mismo modo que el himno de María pasa de su situación personal al modo en que Dios procede con ciertos grupos en general, su mensaje se convierte, no solo en el suyo, sino en el de millones de otras personas. Son personas que se identifican con su alabanza, porque saben lo que significa ser rechazado por el mundo, ser humilde ante Dios, y quizás hasta incluso ser pobre. La percepción de que Dios se dirige a los pobres piadosos no debería llevarnos a ignorar el elemento sociológico de la descripción. Con frecuencia son precisamente los pobres quienes manifiestan una mayor sensibilidad hacia Dios y reconocen su necesidad de él. El canto de María nos revela el carácter y atributos de Dios no como expresiones abstractas de Santidad, Misericordia y Poder salvífico, sino en concreta relación con las personas y en su detallada actividad en sus vidas. El propósito de los atributos de Dios no es solo que los entendamos e informen nuestra adoración, sino que han de ser también experimentados, vistos en los asuntos cotidianos de la vida. De modo que, aquellos que en el mundo son en apariencia poderosos, a menudo carecen de cualquier poder ante Dios, mientras que quienes parecen desesperados y sin recursos están bajo su ojo protector.

Hay otro aspecto cultural que subyace tras este texto. Puede resumirse en el dilema de María y la antigua expresión «las buenas chicas no...». En las culturas de la Antigüedad, la virginidad era un estado al que se concedía gran honor, una insignia que acreditaba dominio propio y fidelidad moral. Para muchos de sus contemporáneos, María habría concebido a su hijo fuera del matrimonio. Su explicación de una concepción divina sería difícil de tragar (cf. Mt 1:18–25). Su pregunta sobre la falta de experiencia sexual (Lc 1:34) es también indicativa de que ella misma era muy consciente de su fidelidad en este sentido. Lamentablemente, nuestra cultura acepta la experiencia sexual antes del matrimonio casi como un hecho consumado e inevitable. Esto hace que nos sea difícil apreciar la fe que implica el proceder que se le pide a María. En medio de todo ello, no obstante, lo que la hace sentirse abrumada, no es la cuestión del «qué dirán», con su potencial riesgo para su reputación, sino el gozo del servicio y su colaboración con Dios. También nosotros debemos ser moralmente íntegros y estar bien dispuestos para servir a Dios, a pesar de los riesgos que ello pueda acarrearle a nuestra reputación. Esto contrasta con la búsqueda de una autorrealización mal encau-

---

10. Estos pormenores se detallan en el registro judío de la tradición oral que encontramos en la *Mishná*. En el tratado *Tamid* se presentan paso a paso los detalles de la adoración cotidiana, consignando incluso la dirección que hay que seguir en torno al altar cuando se presenta la ofrenda.

zada que no solo deshonrará nuestra integridad moral ante Dios, sino que probablemente añadirá también tensión a la futura relación con nuestro cónyuge.

Significado Contemporáneo

Con estos textos Lucas apunta al corazón. Los creyentes han de tomarse en serio lo que Dios ha dicho y experimentar un sentido de asombro por su participación en los detalles de sus vidas. Dios no nos debe nada; somos nosotros, los que hemos confiado en Cristo, quienes se lo debemos todo a él. Del mismo modo que el niño saltó en la matriz de Elisabet, nuestros corazones deberían también saltar en nuestro pecho cuando consideramos las muchas bendiciones de Dios que experimentamos. Dios hace lo que dice, y ha dicho muchas cosas a favor del creyente. La clave es esperar un cambio de nuestra situación y una liberación en el futuro. Sea cual sea nuestra suerte ahora en este mundo caído y pecaminoso, quienes tememos a Dios podemos esperar vindicación.

En el himno se refleja también una teología del estatus. Nuestra posición social no está determinada por los dígitos de nuestra cuenta bancaria o por el barrio en que vivimos. Tendemos a ver a los ricos y famosos como personas bendecidas, favorecidas de algún modo por Dios. No obstante, este texto deja claro que Dios honra a los humildes y pobres. Él está pendiente de ellos, mientras que nosotros a menudo les ignoramos. Este hecho tiene mucho que decir sobre el valor de todas las personas. Lo que de verdad importa a Dios no es la calle de nuestra residencia o el volumen de nuestros ingresos, sino el sello de nuestros corazones. Muchos ministerios que trabajan en esta línea pasan desapercibidos. Este tipo de labor exige mucho esfuerzo y laboriosidad. A menudo implica el derribo de años de escepticismo y desconfianza. Tales ministerios carecen del glamour de contarse entre los «grandes», pero agradan a Dios.

En *Christianity Today* apareció recientemente un reportaje sobre Kathy Dudley, una mujer anglo-americana que teniendo todo lo que la sociedad puede ofrecer se dedicaba en cuerpo y alma a ministrar a los más pobres de los pobres en los barrios marginados de la ciudad de Dallas. Se esforzaba en impartir esperanza a niños que muchas veces no tenían padres y que vivían con la amenaza cotidiana de ser agredidos o asesinados. En medio de este clima de terror urbano, ella intentaba interpretar una canción sobre el amor y cuidado de Dios. Este tipo de ministerio refleja los valores de este himno. Pinta un cuadro que reproduce el propio ministerio de Jesús, en el que los pobres eran especial objeto de atención (*Lucas* 4:18–21; 7:22–23).[11]

---

11. A menudo, uno de los obstáculos para desarrollar un ministerio efectivo en los barrios marginados de la ciudad es que no entendemos el sentir de las minorías sobre su difícil situación. Una excelente obra que esboza esta cuestión de un modo claro y directo es la de William Pannell, *The Coming Race Wars? A Cry for Reconciliation* [¿Próximas guerras raciales? Un clamor por la reconciliación], (Grand Rapids: Zondervan, 1993). A una escala más internacional puede observarse la obra de John Stott, *Involvement: Being a Responsible Christian in a Non-Christian Society,* [Participación: ser un cristiano responsable en una sociedad no cristiana], vol. 1 (Old Tappan, N.J.: Revell, 1984).

En nuestro servicio y desarrollo de una mentalidad cristiana es importante que seamos sensibles a la perspectiva de los demás. Observemos la incisiva descripción de la actual situación que hace William Pannell:

> Los recursos de mis hermanos —y algunas hermanas— son formidables tanto en términos humanos como económicos. La influencia que hay entre ellos y que son capaces de ejercer es aún más impresionante. Algunos de ellos están en una posición que les permite descolgar el teléfono en cualquier momento y hablar con el inquilino de turno de la Casa Blanca, y tengo la sospecha de que podrían conseguir entrevistarse con ex presidentes sin demasiados problemas. Con todo este acopio de influencia y favores que se les debe a estas personas, les habría sido posible predecir las explosiones urbanas que se produjeron en algunas importantes ciudades. Al fin y al cabo, los rumores circulaban; eran tan previsibles como el gran terremoto que esperan los laboratorios sísmicos de Cal Tech.

Sin embargo, no hubo advertencias, ni avisos para prepararse, no se crearon unidades de urgencia para que ayudaran a las iglesias en el supuesto de una explosión. Se seguían organizando conferencias. Algunos pastores de megacongregaciones seguían citándose en apartados centros de montaña y pronunciando sus arengas para ser irrelevantes y planificar estrategias para crecer más y mejor. Naturalmente, a estas reuniones no asistían pastores negros, aunque sus iglesias eran ya «mega» antes de que los expertos en iglecrecimiento acuñaran la expresión. La ciudad no estaba en el programa de quienes asistían a las conferencias, quizá porque sus iglesias no estaban en ciudades [...]

> Aunque estoy agradecido por la ayuda que muchos evangélicos prestan para aliviar el dolor, mis reflexiones sobre el evangelicalismo contemporáneo me llevan a la desilusión. Personalmente esperaba más porque, como sus homólogos políticamente conservadores, también ellos decían tener más que dar. Se suponía que conocían mejores respuestas porque habían aprendido a plantear mejores preguntas tras la debacle de un liberalismo gastado. Esperaba más teniendo en cuenta la aceptación general de que la teología conservadora se traduce automáticamente en políticas conservadoras y programas sociales impresionantes. A estas alturas, pensaba que mis colegas evangélicos habrían sistematizado mejor todo el asunto, habrían conseguido un maridaje de su teología con su ideología política, lo habrían considerado en el contexto de la angustia de la ciudad, y habrían ubicado algunas avanzadillas del reino.
>
> Estas avanzadillas están ahí. Sin embargo, sus dirigentes no estarán invitados a las últimas reuniones del club evangélico. Tales destacamentos están dirigidos por una nueva raza, y están todavía por descubrir. Es posible que esto tampoco sea tan malo.[12]

---

12. Pannell, *The Coming Race Wars?* [¿Las próximas guerras raciales?] 38-39. Cito esta sección en detalle para que el dolor y estado de ánimo de las observaciones sean claros.

Pannell está probablemente en lo cierto cuando afirma que nuestras prioridades están muchas veces orientadas hacia necesidades ministeriales más «románticas». Para hacer frente a tales realidades, necesitamos una «mente cristiana», según la definición de John Stott:

> «La mente renovada». «La mente de Cristo». «La mente cristiana». Harry Blamires popularizó esta tercera expresión en el libro del mismo título, que desde su publicación en 1963 ha tenido una amplia influencia. Al hablar de una «mente cristiana», Blamires no está haciendo referencia a una mente ocupada con temas específicamente «religiosos», sino a una mente ejercitada para pensar «cristianamente» incluso en las cuestiones más «profanas», es decir, considerarlas desde una perspectiva cristiana. No es la mente de un cristiano esquizoide que «va saltando dentro y fuera de su mentalidad cristiana a medida que el tema de conversación pasa de la Biblia a los temas de actualidad». No, «la mente cristiana —escribe Blamires— es una mente formada, informada y equipada para manejar datos de los debates seculares dentro de un marco de referencia configurado por presuposiciones cristianas».[13]

Solo pensar cristianamente nos ayudará a ministrar como lo hace Kathy Dudley.

Quienes conocen a Dios y su Gracia pueden hacerse eco del canto de María. No tenemos el honor de dar a luz al Salvador del mundo, pero sí la bendición de convertirnos en uno de sus hijos. Las promesas de Dios a sus hijos pobres y humildes, reveladas por María en su himno de alabanza, son promesas que compartimos. No hay hecho más poderoso o heroico que la redención de la Humanidad del pecado. No existe acción más benevolente y generosa por parte de Dios que el ofrecimiento de su Misericordia por medio de su mano, poderosa, fiel y compasiva. El mensaje de este texto implica una llamada a gozarse en el hecho de que Dios está activo e implicado en los asuntos de sus hijos. Como dice la conocida canción cristiana, que se hace eco de este himno, Dios actúa a favor de aquellos que le temen «de generación en generación».

No hay duda de que Dios espera que la Iglesia muestre compasión a los pobres, por cuanto éstos están en una posición única para entender que han de depender de Dios. Uno de los sutiles engaños de las riquezas, el poder y la posición social es que estas cosas nos llevan a pensar que podemos controlar nuestra vida. Otra ilusión es que de algún modo estamos mejor que los demás. Dios desdeña a los orgullosos y este tipo de maridaje con la pompa del mundo (Stg 4:6–10). En nuestra materialista cultura occidental, en la que, según los criterios del mundo, la mayoría de nosotros somos ricos, es fácil no ver lo materialistas que somos y la gran cantidad de cosas que creemos necesitar. Este texto nos recuerda que Dios valora el corazón, no lo que poseemos.

Por otra parte, este pasaje no es un manifiesto político que se limita a legitimar la causa de los pobres justificando con ello la lucha sociopolítica o incluso armada. Este texto se ha utilizado a menudo como fundamento de una teología de la liberación por el enérgico apoyo que el pasaje brinda a los pobres. Tales teologías se han llegado incluso

---

13. Stott, *Involvement* [Participación], 1:58.

a defender tomando las armas a favor de los pobres. Sin embargo, la vindicación que ofrece Dios no se lleva a cabo mediante la confrontación bélica, sino por medio de un corazón convertido a él. Los bienaventurados no son los pobres, sino los pobres piadosos. La diferencia es significativa, porque Dios no lucha con balas, sino con almas cambiadas.[14] Sin embargo, la Iglesia ignora a los pobres y su difícil situación por los riesgos que ello entraña. Puesto que Dios apunta claramente a los pobres, esto mismo debería hacer la Iglesia. Los ministerios en los barrios pobres de la ciudad y los programas activos de evangelización que están sintonizados con el corazón de Dios acabarán ministrando y comunicando el Amor de Dios a los pobres.

Finalmente, observemos lo que motiva la gratitud de María. En una época en la que se esperan tantas cosas por una cuestión de derechos personales o humanos, desarrollamos una actitud de que se nos debe mucho. Las cuestiones de cuánto podemos dar o servir, o del honor que supone hacerlo no ocupan un lugar relevante en nuestra lista de prioridades. Corremos incluso el riesgo de tratar a Dios más como si fuera un amigo o un vecino con el que se puede bromear o negociar, que como al Todopoderoso Creador. María entiende esta diferencia y reconoce el honor que Dios le ha concedido al implicarse activamente en su vida. Este sentido de privilegio, carente de cualquier indicio de mérito, se derrama en una cascada de alabanza y gratitud, una alabanza que nos llega fresca y reconfortante por su pasión y sentido de asombro.

---

14. Quienes deseen considerar una equilibrada evaluación de la Teología de la Liberación, pueden ver la obra de Emilio Núñez, *Liberation Theology* [Teología de la liberación] (Chicago: Moody, 1985).

Lucas 1:57-80

Cuando se le cumplió el tiempo, Elisabet dio a luz un hijo. 58 Sus vecinos y parientes se enteraron de que el Señor le había mostrado gran misericordia, y compartieron su alegría. 59 A los ocho días llevaron a circuncidar al niño. Como querían ponerle el nombre de su padre, Zacarías, 60 su madre se opuso. —¡No! —dijo ella—. Tiene que llamarse Juan. 61 —Pero si nadie en tu familia tiene ese nombre —le dijeron. 62 Entonces le hicieron señas a su padre, para saber qué nombre quería ponerle al niño. 63 Él pidió una tablilla, en la que escribió: «Su nombre es Juan.» Y todos quedaron asombrados. 64 Al instante se le desató la lengua, recuperó el habla y comenzó a alabar a Dios. 65 Todos los vecinos se llenaron de temor, y por toda la región montañosa de Judea se comentaba lo sucedido. 66 Quienes lo oían se preguntaban: «¿Qué llegará a ser este niño?» Porque la mano del Señor lo protegía. El cántico de Zacarías. 67 Entonces su padre Zacarías, lleno del Espíritu Santo, profetizó: 68 «Bendito sea el Señor, Dios de Israel, porque ha venido a redimir a su pueblo. 69 Nos envió un poderoso salvador en la casa de David su siervo 70 (como lo prometió en el pasado por medio de sus santos profetas), 71 para librarnos de nuestros enemigos y del poder de todos los que nos aborrecen; 72 para mostrar misericordia a nuestros padres al acordarse de su santo pacto. 73 Así lo juró a Abraham nuestro padre: 74 nos concedió que fuéramos libres del temor, al rescatarnos del poder de nuestros enemigos, para que le sirviéramos 75 con santidad y justicia, viviendo en su presencia todos nuestros días. 76 Y tú, hijito mío, serás llamado profeta del Altísimo, porque irás delante del Señor para prepararle el camino. 77 Darás a conocer a su pueblo la salvación mediante el perdón de sus pecados, 78 gracias a la entrañable misericordia de nuestro Dios. Así nos visitará desde el cielo el sol naciente, 79 para dar luz a los que viven en tinieblas, en la más terrible oscuridad, para guiar nuestros pasos por la senda de la paz.» 80 El niño crecía y se fortalecía en espíritu; y vivió en el desierto hasta el día en que se presentó públicamente al pueblo de Israel.

Cuando Dios actúa, nosotros hemos de escuchar. Zacarías ha aprendido esta lección. Cuando se le anunció el nacimiento de Juan, no se lo podía creer, de modo que el Señor le dio una señal para que reflexionara: quedaría mudo hasta que todo se cumpliera. De este modo conocería que Dios hace lo que dice. Este pasaje muestra el resultado de la reflexión de Zacarías. Como justo que es, ha aprendido de su error. El dolor de la disciplina le lleva a salir de la situación como un hombre de Dios más fuerte. Los arrogantes, creyendo saberlo todo, no sienten necesidad de Dios o de instrucción. Zacarías no es un hombre arrogante.

En medio de una gran alegría y el reconocimiento de que Dios ha sido misericordioso con esta familia de sacerdotes, ha llegado el momento de la circuncisión y de dar nombre al niño. Los acontecimientos de este tipo están a menudo impregnados de costumbres. La tradición dictaba que al niño se le pusiera el nombre de algún familiar, para honrar así a alguno de los padres, abuelos o algún otro pariente (1 Mac 1:1–2; Jub 11:15; Josefo, *Vida* 15).[1] Teniendo en cuenta el reciente trastorno de Zacarías, es posible que la multitud esperara que el niño se llamara Zacarías como él.[2] Pero Elisabet le pone «Juan», produciendo la sorpresa de la multitud. Los oyentes están tan convencidos de que ha habido un error —¡no hay nadie de la familia con ese nombre!—, que le preguntan por signos al padre (v. 62). Al parecer, Zacarías está mudo y también sordo. En una tabla de madera cubierta probablemente con cera, Zacarías escribe el nombre que el ángel le dio en su momento para el niño (v. 13).[3] Zacarías sabe que ha de seguir aquellas instrucciones, y por ella anuncia que el nombre del niño es «Juan».

De inmediato su lengua se desata y prorrumpe en alabanzas a Dios. El largo silencio le ha permitido reflexionar sobre lo que Dios requiere de él, y ahora está dispuesto a hacerlo. Zacarías ha asimilado que incluso los justos tienen cosas que aprender de Dios.

Este acontecimiento indica también que la insólita secuencia de acontecimientos que rodean a Juan apunta a la naturaleza excepcional de este niño. La pregunta del versículo 66: «¿qué llegará a ser este niño?» es un recurso de Lucas para conseguir que los lectores se detengan por un momento y reflexionen sobre este niño tan especial. Hoy nos cuesta en cierto modo captar el dramatismo de los acontecimientos, puesto que se trata de un relato muy conocido. Para los lectores de Lucas, toda la secuencia habría suscitado interés, teniendo en cuenta que los acontecimientos van tomando giros sorprendentes. La historia de Zacarías descubre el drama del Evangelio para sugerir que el relato comienza a ponerse interesante. Permanece a la escucha, da a entender Lucas, hay más explicaciones de lo especial que es este niño y el que viene tras él.

Recuperada la facultad del habla, Zacarías alaba ahora a Dios por lo que está haciendo. A este segundo himno se le conoce como el *Benedictus* (de nuevo, la primera palabra de la traducción latina de este pasaje). Mientras que el himno de María hablaba en términos personales y generales, este himno de alabanza anticipa y presenta una visión global de la trayectoria de los dos niños a quienes el propósito divino ha unido. Aunque el niño que acaba de nacer es Juan, el himno de Zacarías se centra en aquel a quien Juan señala: el personaje largamente prometido, enviado para redimir y bendecir a quienes se vuelven a él. Como el himno de María, este salmo de acción de gracias está lleno de imágenes literarias del Antiguo Testamento y declara que el fuerte de la casa de David será una luz para rescatar y dirigir a su pueblo. Lucas lo introduce como una respuesta a la plenitud del Espíritu de Zacarías. Como sucede muchas veces en Lucas, el Espíritu lleva a la alabanza y a un atrevido testimonio (cf. 1:41).

El tema principal del salmo aparece en los versículos 68–70, mientras que el resto del salmo es una explicación más detallada de estos tres versículos. El Señor Dios de Israel ha actuado de nuevo a favor de su pueblo visitándolo y redimiéndolo (v. 68). Como

---

1. E. Earle Ellis, *The Gospel of Luke* [El Evangelio de Lucas], (Londres: Nelson, 1966), 78. A menudo, a los hijos se les ponía nombre en el momento de su nacimiento (Gn 4:1; 25:25–26).
2. El imperfecto del versículo 59 es conativo (que expresa esfuerzo o empeño): la multitud «deseaba ponerle el nombre de» Zacarías.
3. Frederick Danker, *Jesus and the New Age* [Jesús y la Nueva Era], (Filadelfia: Fortress, 1988), 46.

deja claro 2:26–32, la visitación de Dios viene con la venida del Mesías.[4] Dios «nos envió un poderoso salvador» en la casa de David (v. 69), a través del cual se produce la visita. Los comentarios de Zacarías cumplen aquí la función de explicar el contenido de 1:31–35 de manera más detallada y literaria. La imagen del cuerno apunta a la fuerza del que ha de venir, puesto que la metáfora alude a los fuertes cuernos de un buey capaces de derrotar a sus oponentes (Dt 33:17). Representa una imagen de guerra (1S 2:10; 2S 22:3). Se invoca una imagen bélica, en la que el Hijo de David aparece, pujante, en medio del conflicto. La alusión a la casa de David deja claro que Dios está haciendo lo que los profetas habían prometido tiempo atrás.[5] Zacarías anticipa la redención mesiánica y da gracias a Dios por ello.

¿Qué pues espera Zacarías? Anticipa el rescate de Israel de sus enemigos, y de manos de todos los que detestan al pueblo de Dios (v. 71). Vislumbra a Dios mostrando misericordia —esa clase de amor leal (*hesed*) del que habló María— a los padres, cuando Dios se acuerda de sus promesas del pacto y las cumple por medio de aquel a quien envía (v. 72). Conectar «misericordia» y «pacto» no es anormal, si se tienen en cuenta los precedentes veterotestamentarios (Dt 7:9; 1R 8:23). La Misericordia de Dios no es un mero asunto de palabras, sino que se expresa en acciones concretas. Así, Zacarías describe lo que Dios hará de acuerdo con sus promesas. Estos juramentos se remontan a los antiguos días de la nación y a Abraham (v. 73). La mención de Abraham hace referencia a la primera promesa de Dios a Israel (Gn 12:1–3).

Lo que más desea Zacarías es ser rescatado de sus enemigos para poder servir a Dios toda su vida, sin temor y en justicia y santidad (vv. 74–75). Este es el credo de la persona piadosa: «quiero servirte con toda mi vida, oh Señor; capacítame para hacerlo y vindica mis esfuerzos». Zacarías está entusiasmado por el hecho de que el poderoso Mesías prometido tiene autoridad para vencer tal oposición y hacer posible un servicio sin distracciones. En el Nuevo Testamento, el término que se traduce servicio, *latreuo*, se utiliza exclusivamente para aludir al servicio que se rinde a Dios o a los dioses (Lc 2:37; 4:8; Ro 1:25).[6]

La introducción al himno, en la que se alaba al Dios de Israel, presenta claramente un enfoque nacional sobre distintos asuntos relativos a Israel (Gn 9:26; 1S 25:32; 1R 1:48; Sal 41:13; 89:52). El texto de 1 Reyes es significativo, ya que hace referencia a Salomón, otro Hijo de David. Es evidente que los verbos del himno contienen más aoristos proféticos,[7] porque está claro que los comentarios de Zacarías anticipan lo que harán Jesús y Juan.

---

4. El tema de la visita de Dios (*episkeptomai*) es importante en el judaísmo, así como en el Antiguo Testamento; Sabiduría 3:7; Salmos de Salomón 3:11; 10:4; Génesis 50: 24–25; Éxodo 3:16; 4:31; 13:19; 30:12; Isaías 23:17; Salmos 80:14; ver Nolland, *Luke 1:1–9:20* [Lucas 1:1–9:20], (Dallas: Word, 1989), 86.

5. Quienes deseen más detalles sobre la hermenéutica de la enseñanza de este pasaje, pueden ver Darrell L. Bock, «The Son of David and the Saints' Task: The Hermeneutics of Initial Fulfillment» [El Hijo de David y la tarea de los santos: la hermenéutica del cumplimiento inicial], *BibSac* 150 (1993): 440–57.

6. Strathmann, «λατρεύω», *TDNT*, 4:62–63.

7. Ver los comentarios sobre el aoristo profético en la exposición de Lucas 1:51–55.

Zacarías habla aquí como un judío justo. Anhela la vindicación de la nación, posiblemente respecto de Roma y de las fuerzas que la dirigen. Sin embargo, en el relato de Lucas, el ámbito de la esperanza del himno puede ser incluso más amplio. El evangelista mostrará que el prometido de la casa de David tiene un poder que se extiende más allá de las fuerzas políticas que sojuzgan a Israel (8:22–56). Dios ha «levantado» (cf. Dt 18:15, 18; Jue 3:9, 15; 1S 2:35; 2S 23:1) a este significativo personaje en el escenario mundial. El Hijo de David («siervo» de Dios; v. 69) se convertirá en siervo (cf. Fil 2:7). Se enfrentará con las fuerzas cósmicas que oprimen a la Humanidad y producen el dolor y sufrimiento del mundo. Cuando llegue la liberación por medio de su ministerio, el pecado y Satanás acaudillarán las líneas enemigas (Lc 4:16–30; 11:14–23). Esta es la razón por la que, cuando Zacarías pasa a comparar la trayectoria de su hijo Juan con la del niño que está por nacer, las cuestiones espirituales de su ministerio son las que dominan.

Zacarías indica que su hijo será un profeta del Dios Altísimo que preparará a un pueblo para esta visitación del Señor hablándoles de «la salvación mediante el perdón de sus pecados» (vv. 76–77). Este irá «delante del Señor»,[8] preparando el camino (cf. 1:17). Naturalmente, el camino de Dios está inseparablemente ligado a lo que hará por medio de su Mesías. El mensaje sobre la salvación y el perdón de pecados, que predica Juan, será como la comisión que Jesús da a la Iglesia en 24:43–47, con la única diferencia de que, en esa comisión posterior, ciertos acontecimientos habrán añadido algunos detalles que aquí son todavía imprecisos.[9] En este plan, la tierna Misericordia de Dios está en acción. Este retrato de Juan como precursor y profeta, un puente entre la antigua era y la nueva, se reafirma en 7:26–35.

Dios no actuará únicamente por medio de Juan sino que enviará al «sol naciente» (v. 79; lit., «la estrella de la mañana»), una probable alusión a Números 24:17 e Isaías 11:1–10.[10] Esta descripción del rey mediante la metáfora de la luz, muestra la dimensión espiritual de su gobierno e indica que no viene tan solo como un mero personaje político, sino también espiritual. La imagen de la luz es importante para Lucas (Lc 2:32; Hch 13:49; 26:17–20). Una vez la introduce en relación con el Mesías, no dejará ya de utilizarla. Así, el Hijo, que actúa como una luz resplandeciente, procede del cielo y resplandece sobre quienes habitan en oscuridad y muerte, guiándoles por el camino de la paz. Es significativo que Zacarías se sitúe entre quienes están en la oscuridad. Como hombre espiritual, sabe que la única forma de andar en justicia es seguir

---

8. Respecto al debate de si el término «Señor» alude aquí a Dios o a Jesús, ver Fitzmyer, *Luke I–IX* [Lucas I-IX], 385–86, y Danker, *Jesus and the New Age* [Jesús y la Nueva Era], 49. Danker es el que maneja aquí los mejores argumentos y cree que el término alude a Dios en este contexto literario. Sin embargo, es importante recordar lo vinculado que está Dios en este texto a su obra por medio de Jesús.
9. Sobre el perdón de pecados, ver Colin Brown, «Redemption» [Redención], *NIDNTT*, 3:212.
10. Acerca de la «estrella naciente», ver la obra de Raymond Brown, *The Birth of the Messiah* [El nacimiento del Mesías], (Garden City, N.Y.: Doubleday, 1977), 373–74. La alusión a *anatole*, que es una referencia «a aquello que brota», puede encubrir un doble sentido, a saber, una referencia al sol de la mañana y al renuevo, puesto que el término se utiliza también de este modo en la versión griega del Antiguo Testamento (Is 11:1–10; Jer 23:5; Zac 6:12).

el camino que establece Dios. Zacarías sabe que la venida del Mesías está ya cerca, y que éste será poderoso; pero más que esto, será luz.

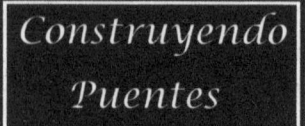

Aplicar el mensaje de los himnos o los salmos puede ser un asunto delicado. Al leer un texto de este tipo todos tenemos la sensación de que nuestra experiencia no es completamente semejante a la del salmista, ni sus preocupaciones semejantes a las nuestras. Por ejemplo, ¡Zacarías tiene preocupaciones acerca de Roma, que nosotros ya no tenemos! La lección de este pasaje no responde a que nuestra experiencia sea una réplica exacta de la del salmista, sino al hecho de que compartimos con él la misma tensión espiritual o esperanza de fe. Este himno nos invita a identificarnos con los esfuerzos del salmista por entender sus circunstancias, del mismo modo en que también nosotros procuramos entender las circunstancias que Dios trae a nuestras vidas. Por tanto, las actitudes de fe, confianza, esperanza, gozo, pena y, en ocasiones, la honestidad con que se hace frente a los problemas nos sirven de instrucción.

Igual que en los pasajes anteriores de esta sección introductoria de Lucas, el puente interpretativo lo encontramos en el personaje que representa Zacarías y en la enseñanza de su himno. Zacarías encarna las reflexiones de un hombre maduro y piadoso que tiene todavía mucho que aprender sobre la confianza en Dios. Tenemos aquí a un hombre espiritual sabedor de que la espiritualidad del pasado no es nunca una garantía de avanzar fácilmente en el presente. Mediante la señal del silencio, Dios le reveló que el tiempo de hablar había pasado. Era el momento de escuchar en silencio a Dios. Durante los meses del embarazo de Elisabet, mientras la promesa de Dios se iba cumpliendo lentamente, Zacarías aprendía que Dios hace que su promesa dé fruto a su manera y en su momento oportuno. Ha aprendido que su lección y su obediencia se convierten en algo público, que dará como fruto alabanza a Dios.

Por ello, por lo que respecta a la narración, Zacarías habla ahora como un hombre más maduro; alguien que acaba de aprender mucho de Dios durante el silencioso periodo de reflexión que éste le ha proporcionado. Éste habla ahora de su experiencia con una credibilidad que demanda nuestra reflexión. Una de las lecciones fundamentales es que, aunque todos sus vecinos no entiendan por qué Zacarías no hace las cosas como antes, él actuará según la dirección de Dios. La presión de las costumbres no será una razón para desobedecer a Dios.

Esta lección es especialmente importante. La presión social y las actitudes del mundo pueden a menudo hacernos obrar de formas que difieren de lo que Dios desea de nosotros. Se trate de valores, pasatiempos, o del modo de actuar en los negocios, los caminos del mundo no son los de Dios. Es importante que escuchemos a Dios y no a las costumbres del mundo. Hay, sin embargo, una forma más sutil de seguir la presión social cuando, en la Iglesia, las costumbres se confunden con mandamientos. He oído hablar de iglesias en las que se han suscitado tensiones por discrepancias sobre el color de la nueva moqueta, el tipo de música e himnos que van a utilizarse en la alabanza, el uso del teatro, y otras cosas que solo pueden clasificarse como neutrales. No obstante, en ocasiones, ponemos el buen gusto y la tradición al mismo nivel de una revelación procedente del Monte Sinaí. La reflexión de Zacarías y su resistencia al camino marcado por las costumbres populares muestran que él desea seguir la guía de Dios en lugar del «modo en que normalmente se hacen las cosas».

Este himno es una grandiosa visión general del cumplimiento de la promesa de salvación y liberación por parte de Dios. Su contextualización en nuestro tiempo implica una nueva expresión del carácter intemporal de los acontecimientos vinculados a Jesús y destacar la manifestación de los atributos de Dios que son evidentes en estos acontecimientos. Se alude aquí a dos grandes promesas de Dios —una a Abraham (v. 73) y una a David (vv. 69–70)— cuyo cumplimiento se hace evidente en los acontecimientos que rodean a estos dos recién nacidos. La esperanza de los santos es su rescate y redención, lo cual les capacita para un consagrado servicio a Dios, puesto que sus enemigos han sido derrotados por el poder del rey prometido. Pero el poderoso Mesías es también el rey de la luz espiritual. Él guía ahora el camino de quienes le siguen. La autopista que ha construido se llama paz. Este es el camino que prosigue al llevar a quienes le siguen fuera de los territorios de la sombra de muerte.

Significado Contemporáneo

Además de la visión general y la descripción de las trayectorias de Juan y Jesús que proporcionan el contenido fundamental de la enseñanza de este texto, hay varias actitudes clave que son centrales a la aplicación de este texto. La lección que aprende el piadoso Zacarías es importante, especialmente para aquellos que tienen un rico legado espiritual. Se trata de un hombre con una fe de toda la vida y que, sin embargo, aún tenía que crecer. Es muy fácil llegar a ver la propia vida espiritual como algo que solo requiere un poco de mantenimiento en lugar de algo que puede llegar a dominarse.

Pensando en las experiencias pasadas, a menudo somos tentados a poner nuestro bienestar espiritual en control de crucero y dormirnos en los laureles de una tradición de actividad. Me encanta ver a creyentes que encontrándose en una edad avanzada y tras haber conocido al Señor por mucho tiempo, quieren seguir conociéndole de un modo mejor y más profundo. Estas personas me son de gran ánimo como creyente más joven, porque sé que, si el Señor lo permite, tengo por delante muchos años de andar con él. Es muy estimulante saber que algunos ven su andar con Dios como un desafío constante, y que la emoción que supone participar con él en la vida cotidiana no ha decaído con el paso de los años. Hace que uno desee seguir avanzando. El ejemplo de Zacarías revela que aun los buenos hombres pueden mejorar y aprender a andar en una más profunda confianza con Dios. Esta sencilla lección se pone de relieve al ponerle a su hijo el nombre de Juan aunque otros quieren que se llame de otro modo. Dios le ha enseñado en los silenciosos momentos del periodo que media entre el anuncio del nacimiento y la llegada del niño, que su soberana voluntad debe llevarse a cabo y su misericordia, aunque obrando a veces de maneras sorprendentes, ha de seguirse.

En nuestros días tenemos también a nuestros «Zacarías», es decir, aquellos que se esfuerzan en servir a Dios de todo corazón, entendiendo que tienen mucho todavía que aprender de él, aun tras años de vivir con él. Una obra muy interesante para reflexionar al respecto es la que escribió Henri Nouwen.[11] En su autobiografía, Nouwen relata un fascinante recorrido desde la enseñanza de psicología y teología pastoral en Notre Dame, Yale y Harvard, desde los veinte años hasta el agotamiento. Llegado a este punto emprendió un ministerio en una residencia de personas con problemas mentales. Allí aprendió que el «servicio» prestado a personas que el mundo ni siquiera ve le enseñaba tanto o más de lo que había aprendido en el seminario. A veces, Dios puede enseñarnos en medio de circunstancias sorprendentes. El ministerio no consiste en poder y prestigio, sino en humilde servicio y confianza. Quienes buscan la liberación de Dios y la siguen en santidad y servicio se encuentran a veces ministrando en lugares que nunca se habrían imaginado y en formas que nunca habrían contemplado. Este es su testimonio:

> En resumen. Mi traslado de Harvard a El Arca me hizo insólitamente consciente de hasta qué punto mis ideas sobre el liderazgo cristiano habían sido afectadas por el deseo de ser relevante, el deseo de popularidad y el deseo de poder. Con mucha frecuencia consideraba ser relevante, popular, e influyente como ingredientes de un ministerio efectivo. La verdad, no obstante, es que estas cosas no son vocaciones sino tentaciones. Jesús pregunta: «¿me amas?», y nos envía a ser pastores, prometiendo una vida en la que hemos de abrir cada vez más nuestras manos y ser guiados a lugares a los que preferiríamos no ir. Él nos pide que pasemos de una preocupación por ser relevantes a una vida de oración, de un interés en la popularidad a un ministerio comunitario y mutuo, y de un liderazgo basado en el poder a otro en el que discernimos críticamente el lugar al que Dios nos conduce en compañía de las personas a las que servimos.
>
> Las personas de El Arca me están mostrando nuevos caminos. Por mi parte, aprendo con lentitud. No es fácil abandonar antiguos patrones que han demostrado ser bastante efectivos. Sin embargo, al pensar en el dirigente cristiano del próximo siglo, sí creo que aquellos de quienes menos esperaba aprender me están mostrando el camino. Espero y pido a Dios que lo que estoy aprendiendo en mi nueva vida no sea simplemente algo positivo para mí, sino algo que te ayude también a ti, a captar un destello del dirigente cristiano del futuro.

Aunque nuestro Dios es Imponente y Poderoso, su poder lo utiliza de maneras sorprendentes. Envía a un rey cuya forma inicial de dirigir no es con una espada, sino con su Palabra. Su rescate no viene con una guerra sangrienta, sino por un nuevo camino. No solo dirige con fuerza, sino también con luz: su vida y enseñanza. Cuando pensamos en la promesa de un rey, lo hacemos en términos de palacios, caballeros y un ejército pertrechado para defender a su pueblo. La majestad de Jesús no se confina en un palacio, con una mesa redonda donde se sienta la élite. Este rey anduvo entre su pueblo

---

11. Henri J.M. Nouwen, *In the Name of Jesus: Reflections on Christian Leadership* [En el nombre de Jesús: reflexiones sobre el liderazgo cristiano], (New York: Crossroads, 1994). La cita que se consigna a continuación procede de las pp. 71–72.

y vivió como ellos. Fue bautizado por aquel que le señalaba el camino, porque la vida es un reflejo de carácter y luz, no una cuestión de poder como el mundo tiende a pensar.

La razón por la que este rey, enviado por Dios, gobierna actuando como el sol de la mañana, está en que el camino de la vida y la paz no es un asunto de coacción o de la utilización del poder con fines de control. Es una cuestión de carácter. ¿Por qué si no, preparando el camino para Dios, trataría el precursor la cuestión del perdón de los pecados? ¿Por qué si no se compararía con una luz al rey que libera al pueblo de la oscuridad y la sombra de muerte? ¿Por qué si no se utilizaría como imagen literaria de la redención una metáfora de viaje como el camino de la paz? Aunque iniciar este camino es solo un momento, la salvación no es un asunto momentáneo. Es un recorrido del corazón que dura toda la vida, un viaje tutelado por la adhesión a aquel que es la Estrella de la Mañana, quien no solo va delante de nosotros sino que nos muestra que para reflejar a Dios hemos de refractar su carácter de maneras siempre nuevas.

En otras palabras, una pregunta nos interpela sin cesar: ¿Cómo definimos la vida? Lo hacemos según el criterio de ejercer poder y capacidad de «controlar» las situaciones o según el de seguir a aquel que tiene el control? El texto no deja dudas de que deberíamos seguir a aquel que es la fuente de la luz. El único camino a la justicia y a la paz, aun para alguien piadoso como Zacarías, es el de estar dispuesto a ver y seguir la luz. El texto plantea esta cuestión y la responde con notas de alabanza. Mira a la Estrella de la Mañana, Jesús, y sigue su luz en el camino de la paz. Lo que conlleva exactamente este sendero es el tema del resto del Evangelio, del cual este himno sirve de introducción. En un sentido muy real, la aplicación de este texto se encuentra en la totalidad del mensaje de este Evangelio.

Lucas 2:1-21

Por aquellos días Augusto César decretó que se levantara un censo en todo el imperio romano. 2 (Este primer censo se efectuó cuando Cirenio gobernaba en Siria.) 3 Así que iban todos a inscribirse, cada cual a su propio pueblo. 4 También José, que era descendiente del rey David, subió de Nazaret, ciudad de Galilea, a Judea. Fue a Belén, la ciudad de David, 5 para inscribirse junto con María su esposa. Ella se encontraba encinta 6 y, mientras estaban allí, se le cumplió el tiempo. 7 Así que dio a luz a su hijo primogénito. Lo envolvió en pañales y lo acostó en un pesebre, porque no había lugar para ellos en la posada. 8 En esa misma región había unos pastores que pasaban la noche en el campo, turnándose para cuidar sus rebaños. 9 Sucedió que un ángel del Señor se les apareció. La gloria del Señor los envolvió en su luz, y se llenaron de temor. 10 Pero el ángel les dijo: «No tengan miedo. Miren que les traigo buenas noticias que serán motivo de mucha alegría para todo el pueblo. 11 Hoy les ha nacido en la ciudad de David un Salvador, que es Cristo el Señor. 12 Esto les servirá de señal: Encontrarán a un niño envuelto en pañales y acostado en un pesebre.» 13 De repente, apareció una multitud de ángeles del cielo, que alababan a Dios y decían: 14 «Gloria a Dios en las alturas, y en la tierra paz a los que gozan de su buena voluntad.» 15 Cuando los ángeles se fueron al cielo, los pastores se dijeron unos a otros: «Vamos a Belén, a ver esto que ha pasado y que el Señor nos ha dado a conocer.» 16 Así que fueron de prisa y encontraron a María y a José, y al niño que estaba acostado en el pesebre. 17 Cuando vieron al niño, contaron lo que les habían dicho acerca de él, 18 y cuantos lo oyeron se asombraron de lo que los pastores decían. 19 María, por su parte, guardaba todas estas cosas en su corazón y meditaba acerca de ellas. 20 Los pastores regresaron glorificando y alabando a Dios por lo que habían visto y oído, pues todo sucedió tal como se les había dicho. 21 Cuando se cumplieron los ocho días y fueron a circuncidarlo, lo llamaron Jesús, nombre que el ángel le había puesto antes de que fuera concebido.

En el mundo antiguo, si alguien hubiera preguntado si había alguna persona más importante que César, el emperador y gobernante del inmenso Imperio Romano, la respuesta habría sido un categórico no. Sin embargo, lo que hace que los ángeles prorrumpan en alabanzas es el nacimiento de un niño en una pequeña aldea rural de Judea. Las circunstancias que rodean el nacimiento de Jesús son tan primarias y humildes que es difícil apreciar en ellas la identidad del recién nacido. La mayoría de los personajes de la realeza nacen con gran pompa y festividad. Sin embargo, no hay nada fuera de lo corriente en el nacimiento de Jesús. El lugar de su nacimiento viene en parte determinado por la realización de un censo, probablemente un medio de confeccionar un registro para el pago de impuestos.[1] El desplazamiento de todos los ciudadanos «al pueblo de donde era su familia para que anotaran sus nombres en [una] lista» parece haber sido una decisión imperial sensible con las costumbres judías que les permitía registrarse en sus pueblos o ciudades de origen.[2] De este modo, José y María se dirigen a Belén, un lugar conocido como «la ciudad de David», según la genealogía de José. Aunque María no tenía obligación de ir, va de todos modos, posiblemente porque José quería estar presente en el próximo nacimiento de su hijo.

El nacimiento se produce en circunstancias humildes, porque el niño nace en un establo o en una cueva.[3] Envolver con ropa las frágiles extremidades de los bebés era muy común en el mundo antiguo para protegerlas y propiciar un sano desarrollo. José y María se ven obligados a alojarse en esa extraña sala de partos ya que «no había lugar para ellos en la posada». Aunque algunas interpretaciones modernas añaden dramatismo a los hechos mencionando la búsqueda de una habitación, el texto los relata con excepcional brevedad. Los hospedajes que se mencionan habrían sido, o la segunda planta de un edificio que albergaba animales en la planta baja o una vivienda de una planta con un establo al lado. Puesto que no encontraron lugar en este tipo de establecimiento, la pareja se refugió donde pudo. Por consiguiente, Jesús entra en el mundo de la manera más prosaica. Las primeras horas de su existencia humana las pasa en un pesebre. El enviado de Dios vive sin pretensiones.

El testimonio que las huestes angelicales dan a los pastores del nacimiento de Jesús tiene una gran importancia. En la Creación no hay seres más misteriosos y exaltados que los ángeles, los cuales representan el testimonio celestial de lo que está sucediendo. Además, en las culturas antiguas no existen personajes más «normales» que los pastores. Representan a las personas modestas y humildes que responden al mensaje de Dios, puesto que en la Escritura su vocación se ve positivamente (Mt 18:12; Mr 6:34; Lc 15:4; Jn 10; Ef 4:11; Heb 13:2; 1P 2:25). Así, con el anuncio angélico a estos pastores, el Cielo se encuentra con la gente corriente y la saluda. El nacimiento de Jesús es más que un acontecimiento familiar.[4] El anuncio de las «buenas nuevas de gran gozo

---

1. El momento concreto de este censo es una de las cuestiones cronológico-históricas más controvertidas de este Evangelio. La mención de Cirenio en el v. 2 y de un primer censo mientras éste fue gobernador de Siria es un problema fundamental, puesto que se sabe que Cirenio elaboró un censo en el año 140 d.C. (Josefo, *Antigüedades* 17.13.2 §§ 34–44; 17.13.5 § 354; 18.1.1 §§ 1–10), unos diez años después del nacimiento de Jesús, durante el mandato del rey Herodes, quien murió en el año 4 a.C. (Ver Lc 1:5). Algunos están convencidos de que hay un error aquí (p. ej., R. Brown, *The Birth of the Messiah* [El nacimiento del Mesías], 547–56). En un detallado excurso, he defendido la historicidad de lo que en otros lugares he comentado (ver Darrell L. Bock, *Luke* [Lucas], [Baker Exegetical Commentary of the New Testament; Grand Rapids: Baker, 1994], excurso 2, «El censo de Cirenio en el tiempo de Herodes el Grande»).
2. Brown, *The Birth of the Messiah* [El nacimiento del Mesías], 549, permite esta posibilidad. Otras costumbres judías permitidas por los romanos fueron una exención de impuestos cada séptimo año y la observancia del Sabat.
3. Algo que se expresa al ponerle en un pesebre, un comedero para los animales. Sobre la palabra griega que se traduce como pesebre (*phatne*), ver Hengel, «φάτνη», *TDNT*, 9:53–54.
4. R. Tannehill, *The Narrative Unity of Luke-Acts: A Literary Interpretation* [La unidad narrativa de Lucas-Hechos: una interpretación literaria], vol. 1 (Filadelfia: Fortress, 1986), 38.

que serán para todo el pueblo» (v. 10. LBLA) indica que Dios desea hablar a todas las personas sobre la venida de Jesús, puesto que ésta tiene un impacto sobre toda la Humanidad.

El anuncio de un ángel no identificado es el tercero de este tipo que encontramos en el material de la infancia (ver Lc 1:5–25, 26–38). La narración sigue una forma normal: aparición (v. 9a), temor (v. 9b), el comentario de «no tengan miedo» (vv. 10–11), y el anuncio de una señal corroborativa (v. 12). El ángel informa a los pastores de lo que Dios está haciendo por medio de Jesús. La gloria de la presencia de Dios rodea el testimonio celestial, añadiendo dramatismo a la escena. Igual que Zacarías y María sintieron un cierto temor (1:12, 29), la presencia visible de la autoridad celestial pone también nerviosos a los pastores.

Tras calmar los temores de los pastores, el ángel declara lo que Dios está haciendo. La Humanidad no tiene nada que temer cuando Dios se mueve en su gracia. El texto alude al anuncio como «buenas nuevas», utilizando la forma verbal de la palabra que da origen al término evangelio.[5] Se trata de un término muy significativo desde un punto de vista cultural, puesto que el nacimiento del emperador Augusto se anunció como «buenas nuevas» y la llegada de un «salvador».[6] Los comentarios de Lucas pretenden expresar algo parecido sobre la grandeza de este bebé. Esta es la razón por la que todo el pueblo puede llenarse de gozo. Aunque Jesús yazca en un modesto pesebre, el cielo está presente en su nacimiento.

Los títulos que el ángel utiliza para el recién nacido son reveladores. «Salvador» (*soter*) expresa el llamamiento de Jesús a liberar a su pueblo, como habían declarado los himnos de María y Zacarías (cf. 1:46–55, 67–79). Este término es rico por lo que se refiere a sus raíces veterotestamentarias, especialmente como figura alusiva a la liberación de Dios (Dt 20:4; Jos 22:22; Sal 24:5; 25:5; Is 25:9). En la cultura griega se llamaba salvadores a todo tipo de personajes, desde médicos y gobernantes a los propios filósofos.[7] El término «Cristo» (procedente de la voz griega que significa «Ungido») es indicativo de su papel como Mesías prometido. La palabra «Mesías» («Ungido» en hebreo) es un término poco frecuente en el Antiguo Testamento. El Salmo 2:2 representa la principal utilización técnica de la palabra, y el uso de Lucas mira atrás a Lucas 1:27, 31–35, 68–72, 79; 2:4.[8] Pero, ¿qué hay de «Señor»? Este es el único de los tres títulos que queda sin explicación en este contexto. Sería fácil argumentar que el resto de este Evangelio y el libro de los Hechos se dedican a explicar la naturaleza de la autoridad y el señorío de Jesús, así como la extensión del ejercicio de su poder en su victoria sobre el pecado y las fuerzas del mal.

La revelación de una señal por parte del ángel implica que éste quería que los pastores fueran y vieran al niño por sí mismos. Reconocerán al niño al verle en la ciudad de David «envuelto en pañales, acostado en un pesebre». Como sucede en todas las declaracio-

---

5. Friedrich, «εὐαγγελίζομαι», *TDNT*, 2:710.
6. Marshall, *Commentary on Luke* [Comentario de Lucas], 109.
7. Foerster y Fohrer, «σωτήρ», *TDNT*, 7:103–21.
8. Sobre el término *ungido*, ver M. De Jonge, «The Use of the Word 'Anointed' in the Time of Jesus» [El uso del término 'Ungido' en el tiempo de Jesús], *NovT* 8 (1965–66): 132–48.

nes proféticas de una señal, el anuncio es confirmado por una realidad física y visible. Esta es la tercera señal que encontramos en el material de la infancia (1:19–20, 36).

Como si el anuncio no fuera suficiente, el coro celestial prorrumpe en alabanza a Dios, dándole honra por lo que está sucediendo. Las palabras de los ángeles constituyen un comentario sobre el flujo de los acontecimientos. Dios merece la más exaltada expresión de gloria, mientras que en la Tierra uno debería ver que este niño significa paz para aquellos «en quienes descansa su favor» (NVI, «buena voluntad para con los hombres» N. del T.). Ser objeto del favor de Dios era una forma judía de decir que alguien formaba parte del pueblo escogido de Dios, de manera similar a los «que le temen» de 1:50–53. Este comentario deja claro que la salvación y su plenitud no son cosas que se hacen automáticamente efectivas para todo el mundo. Únicamente aquellos que responden a la Gracia de Dios y siguen el camino iluminado por el sol naciente experimentarán la paz a la que conduce dicho camino (1:78–79). Jesús viene para todos los seres humanos, sin embargo, no todos responden a su venida ni se benefician de ella.

Los pastores deciden echar un vistazo a lo que Dios está haciendo. Encuentran al niño en el pesebre, exactamente como el ángel les ha dicho. De nuevo se subraya que Dios cumple su Palabra. Los pastores comparten su historia con los presentes. Responden con obediencia y no pueden dejar de atestiguar lo que Dios ha hecho al manifestarles la presencia de Jesús. Se supone que el lector de Lucas se identificará con la respuesta de estos pastores a la primera revelación divina de este nacimiento a la raza humana.

Como sucede muchas veces cuando se describe la obra de Dios, los oyentes se quedan asombrados (cf. 1:21, 63; 2:33); María, por su parte, «guardaba todas estas cosas, meditándolas en su corazón». El acontecimiento termina con el retorno de los pastores al cuidado de sus rebaños, y con la alabanza y glorificación de Dios, porque las cosas se desarrollaron exactamente como él había dicho. Dios llevará a cabo lo que ha dicho. Esta es la nota final que deja flotando el nacimiento de Jesús.[9]

Jesús es circuncidado a los ocho días de su nacimiento como cualquier otro niño judío (Gn 17:11–12; Lv 12:3) y se le da oficialmente su nombre, «Jesús». Su padres exhiben las características de quienes siguen la Ley de Dios y le obedecen (cf. 1:31). Las raíces familiares de Jesús están impregnadas de la devoción y fidelidad judía.

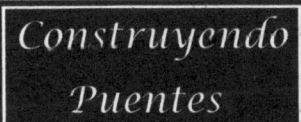

¿Cómo aprendemos de la Escritura? Una de las maneras es leer el texto y analizar su valoración de las personas y de lo que es importante en contraste con el modo en que esta misma clase de evaluación se lleva a cabo en nuestros días. Esta clase de instrucción tiende a surgir en los principales temas del pasaje en cuestión, no en sus detalles. En otras palabras, en ocasiones el retrato de la Escritura contrasta marcadamente con el modo en que nosotros hacemos las cosas. Nos pregunta si hay algo en nuestra vida o estructura de valores que requiera reflexión y revisión. El pasaje que estamos considerando es un texto de este tipo. La venida del Hijo de Dios

---

9. Esta combinación conceptual es frecuente en el Antiguo Testamento (Jos 7:19; 1Cr 16:35; Sal 66:2; 106:47).

encarnado se presta a un estudio de contrastes entre cómo procede Dios y cómo lo hubiéramos hecho nosotros.

Así, el puente clave a nuestro contexto se tiende reflexionando en los contrastes de este texto. En Lucas 1, el ángel anunció que el hijo de María sería rey de un reino eterno. Zacarías observó que el que había de venir sería como el sol naciente, que alumbraría nuestros pasos en el camino de la paz. No obstante el nacimiento del Cristo es excepcionalmente sencillo y tiene lugar en una aldea de lo más normal. Esto no es un escenario normal para el nacimiento de un rey; el nacimiento de Jesús es una paradoja de realeza y escasez. Cuando sus padres envuelven a Jesús en pañales y lo acunan en el pesebre, la humilde *kenosis* del Cristo ha dado comienzo (Fil 2:5–11). La importancia de alguien no se mide por su entorno o por el supuesto prestigio que le confieren sus posesiones, sino más bien por la función que desempeña en la obra de Dios. Lo que hace o no importante a Jesús, no es el escenario de su nacimiento, sino quién es ante Dios. Por un momento, el centro de la actividad de Dios se sitúa en un pesebre. La dignidad de este acontecimiento reside en la persona que está en el centro. En ocasiones la obra de Dios se desarrolla calladamente en lugares escondidos.

Otra nota reveladora es el sentido de comunidad y participación que Dios le da a este suceso. Aunque en un sentido se trata de un momento íntimo de María y José, en otro implica a otros, como por ejemplo pastores y ángeles. Dios no vive de manera aislada, sino que se esfuerza por implicarse con la Creación. El nacimiento del Hijo de Dios implica la respuesta de todas las partes de la Creación, desde aquellos que cuidan ovejas hasta quienes les protegen desde el cielo.

Digna de mención también es la elección de los pastores para que estén entre los primeros en oír las nuevas del nacimiento y ver al niño. Algunos comentaristas argumentan que los pastores simbolizan el encuentro de Dios con los despreciados, pero la mala reputación de los pastores que presupone esta interpretación no se produjo hasta un periodo posterior al judaísmo del primer siglo.[10] La imaginería bíblica del pastor es principalmente positiva, y la relación de los pastores con estos acontecimientos añade a la escena una imagen de la vida cotidiana. Dios se relaciona con todas las personas, no solo con las especiales o célebres. Su anuncio de la llegada del niño a personas comunes y corrientes muestra su compromiso con toda la Humanidad. La expresión «aquellos que son objeto del favor de Dios» (NVI, «buena voluntad para con los hombres») incluye a aquellos cuyo único mérito es levantarse cada día para ganarse la vida en una actitud de servicio a Dios.

Las notas de alabanza que han llenado los primeros capítulos continúan en esta sección. Vivamos en el tiempo en que vivamos, la necesidad de alabar a Dios es universal. Las notas de alabanza subrayan la importancia de verbalizar nuestro loor a Dios. Estas notas celestiales elevan el alma y nos hacen receptivos a Dios. La alabanza que se da a Dios beneficia a quienes la expresan reconfortando sus almas.

---

10. Esta es, por ejemplo, la interpretación de William Hendriksen, *Exposición del evangelio según San Lucas* (Grand Rapids, Mich: Libros Desafío, 1990), p. 149 del original en inglés. La evidencia para este punto de vista judío de los pastores es tardía, e implica al *Talmud* y el *Midrash de los Salmos*, textos producidos varios siglos más tarde.

Otra cuestión clave es la presencia en la narración de lo sobrenatural. Este detalle es difícil de digerir para muchas personas del mundo moderno, un mundo que tiene una extraña relación de amor-odio con lo sobrenatural. Muchos se sumergen en la astrología, creyendo en fuerzas cósmicas que actúan tras las estrellas y, sin embargo, adoptan una actitud escéptica cuando se trata de los ángeles. Niegan la existencia de estas fuerzas invisibles, pero solo hasta el momento en que experimentan una crisis y entonces les suplican desbordados por su impotencia. Ponen en tela de juicio la existencia del Dios de la Biblia, pero corren a las librerías para descubrir lo último sobre los espíritus de la Naturaleza, o devoran las elucubraciones del autor de turno de la Nueva Era . ¿Tiene acaso lógica esta clase de esquizofrenia?

En la Escritura los relatos o menciones de ángeles (o los demonios) son como si el cielo descorriera las cortinas para mostrarnos un mundo que se desarrolla entre bastidores. Cuando Pablo dice en Efesios 6:12 que nuestra lucha no es contra carne y sangre, sino contra principados y potestades, aprendemos algo sobre unas fuerzas invisibles pero reales con las que hemos de tratar a ciegas a menos que vivamos por la fe. Hemos de darnos cuenta de que no todas las fuerzas espirituales que operan en el mundo son poderes buenos, que nos arraigan en nuestra relación con Dios, como estos ángeles de Lucas 2 (¡ver Ef 2:2!). Hebreos 1:14 nos dice que los ángeles buenos son espíritus ministradores que sirven a Dios. No les vemos, pero obran a nuestro favor, y esto es algo en lo que podemos alegrarnos.

No obstante, no hemos de preocuparnos por la existencia de los ángeles, o de Satanás y sus demonios. Al contrario, como sostiene Efesios 6:10–18, hemos de permanecer fieles, vestidos con nuestra armadura, viviendo cerca de Dios a fin de resistir cualquier obstáculo que estas fuerzas hostiles puedan poner delante de nosotros. Cuando andamos con Dios, disponemos de abundantes recursos para resistir al diablo.

Significado Contemporáneo

El nacimiento de Jesús es una lección sobre la Fidelidad de Dios, pero también nos descubre el corazón y carácter de Dios. Porque Dios se identifica con la raza humana, y este nacimiento refleja dicha identificación. Este origen tan humilde para el personaje más exaltado muestra que los valores clave de la vida se encuentran en la vida misma, no en los atavíos que vienen con ella.

La nota de humildad que rodea el nacimiento de Jesús produce un importante desafío a nuestra cultura, donde la petulancia y las relaciones públicas para la propia promoción son con frecuencia una forma de vida. Tales tensiones nos pueden afectar en el plano personal o colectivo. Me decido a poner un ejemplo colectivo porque las aplicaciones personales sobre competitividad y celos, parecen más evidentes. En la escuela de Teología en la que desarrollo mi ministerio se nos dice que, a fin de «vender» nuestros servicios a nuestros usuarios potenciales, hemos de encontrar nuestro lugar específico, algo que diga que somos únicos. Hemos de explicar a las personas las ventajas de estudiar con nosotros. Las iglesias han de hacer frente a situaciones similares. Pero ¿cómo compaginamos estas cosas con la humildad a que somos llamados? La Escritura nos dice que todos somos especiales y tenemos un lugar específico dentro del Cuerpo. La competitividad es algo que Dios detesta. Las instituciones —universidades, escuelas teológicas, iglesias, etc.— han de presentarse como servidoras, que colaboran con otras muchas entidades que también sirven a Dios. A algunos estudiantes Dios les llama a estudiar con nosotros; a otros les llamará a otras instituciones. Ser humilde significa en esencia servir a Dios con fidelidad e integridad. Es posible tener la excelencia como meta del propio ministerio sin desarrollar una actitud de competitividad hacia el trabajo de los demás. Es cierto que los ministerios requieren una seria afirmación, sin embargo, hemos de evitar la tentación de hacernos notar de manera impropia. Dejemos que sea Dios mismo y los demás quienes den su reconocimiento. Si estamos llevando a cabo un sólido trabajo presentando y reflejando la verdad, que sean los demás quienes lo noten. Las trompetas están mejor en las manos de los ángeles que en las nuestras.

El nacimiento de Jesús muestra también que la grandeza de una persona no está en función de los dígitos de su cuenta bancaria o currículo social. La posición no es lo que hace a la persona, puesto que Dios mira sus cualidades interiores. En Jesús, naturalmente, esto era un hecho, pero Dios también enseña algo sobre la posición con el modo en que introduce a Jesús en el mundo. El modo absolutamente simple y humilde como la persona más relevante que jamás haya nacido viene a este mundo, expresa los valores divinos. La simplicidad tiene un poder divino intrínseco. Dios muestra su grandeza al caminar con nosotros en igualdad de condiciones, no distanciándose o aislándose de un modo elitista, que es a menudo el modo en que los poderosos viven en este mundo. Aprendemos a ver las cosas como las ve Dios cuando no prestamos atención a direcciones, ropa, cuentas corrientes o currículos, sino que consideramos quién honra a Dios (Stg 2:1–5).

En un sentido muy real, la historia de Jesús es la nuestra, una historia que se nos cuenta como si aquella noche hubiéramos estado entre los ángeles cerca de Belén. Lo que los ángeles anunciaron aquel día a los pastores es anunciado a favor de toda la Humanidad. El trayecto que realizaron para ver estas cosas debería ser el de cualquier persona para ver lo que Dios está llevando a cabo en Jesús. Cuando vemos que todo sucedió según lo que Dios había dicho a los pastores, todos deberíamos entender que Dios hace lo que dice. Su sorpresa debería ser la nuestra. La mejor manera de mostrar nuestra sorpresa es respondiendo mediante una vida agradecida y fiel con abundantes expresiones de alabanza.

Puede que después de casi dos mil años de publicidad sobre Jesús, la Iglesia tome un poco a la ligera la sorprendente identificación de Dios con nosotros. El mundo rara vez se toma el tiempo de detenerse a pensar sobre la verdadera identidad de Jesús. Por regla general, nunca llega más allá de la historia del niño Jesús. ¿Es acaso culpa de la Iglesia por no ser capaz de hacerle partícipe? ¿Está el mundo demasiado atareado para detenerse y tomar nota o demasiado distraído por otros planteamientos? ¿O se trata quizá de ambas cosas? Si el mundo no se para a mirar, a menudo ve a Jesús como a un maestro entre muchos. Pero la enseñanza de las huestes celestiales descarta este limitado punto de vista sobre Jesús. Él es el Salvador, Cristo el Señor. No está ya en una cuna ni confinado a un pesebre. Ahora está sentado a la diestra de Dios, sabedor de lo que hacemos y decimos (Lucas 22:69). El niño Jesús no era nada en comparación con quien es hoy. Su nacimiento y el testimonio que lo rodea nos dicen que era un niño especial. Pero su vida, ministerio y resurrección certifican el hecho de que es único. No es de extrañar que María ponderase todas estas cosas en su corazón, como nosotros también deberíamos hacer hoy. Pero ni ella ni nosotros hemos visto nada todavía. Dios solo ha comenzado a revelar la historia de su participación con nosotros por medio de Jesús.

La respuesta de los pastores y de María consiste en alabanza y obediencia. La obediencia de María se extiende al nombre del niño. Cuando Dios le habló, María escuchó. El testimonio de su obediencia es corto, pero elocuente. De igual modo, el anuncio de la señal no solo lleva a los pastores a dirigirse donde Dios les ha guiado, sino también a compartir lo que Dios les ha mostrado cuando ven el cumplimiento de la Palabra de Dios. Así, también nosotros deberíamos dirigirnos allí adonde Dios nos conduce dando testimonio con Gracia de su dirección en nuestras vidas. Cuando Dios nos lleva a experimentar pruebas, encrucijadas vocacionales o decisiones relativas a nuestra pareja, futuro, o hijos, deberíamos estar dispuestos a hablar del modo en que él ha impactado nuestras vidas. Con frecuencia, compartimos estas cosas con nuestros amigos de la Iglesia, pero no deberíamos eludir comentarlas con cualquiera que quiera escucharlas.

La variedad de reacciones ante el nacimiento de Jesús que observamos aquí no ha de sorprendernos. Las personas responden a él de distintas maneras. Algunos están asombrados, pero no se comprometen a un nivel más profundo. Otros alaban a Dios, mientras que otros ponderan lo que Jesús significa. No hay duda de que en este pasaje María y los pastores son los personajes centrales paradigmáticos, que reflejan el testimonio y la obediencia que debería caracterizar a los santos.

Todos los personajes de esta historia reciben una nueva revelación de la identidad y propósitos de Dios. Sin embargo, nunca hemos de tomar a Dios a la ligera, ni nuestra alabanza ha de convertirse en algo formal y rutinario. Conocer a Dios y verle activo en nuestras vidas es un gran honor. Para avivar la llama en nuestras vidas, hemos de volvernos a él y ser honestos en reconocer dónde estamos, pidiéndole que nos abra los ojos. En ocasiones, la reflexión que se suscita en el periodo navideño o la consideración de la historia de Jesús pueden ser suficientes para renovar nuestra relación con Dios. El Rey, el Hijo de David, el Señor, el Salvador, fue enviado desde el cielo para identificarse, relacionarse, morir y resucitar por nosotros; esta es la historia de Jesús, una historia digna de alabanza y de ser contada. No es de extrañar que Fanny Crosby, la famosa y entrañable escritora de himnos, ciega, escribiera:

> A Dios sea la gloria, ha hecho grandes cosas
> tanto amó al mundo que nos dio a su Hijo,
> quien entregó su vida como expiación por el pecado
> y abrió la puerta de la vida para que todos puedan entrar.

Aquí tenemos el testimonio de una mujer que experimentó un gran dolor y sin embargo, en su oscuridad, veía a Dios. Esta es la razón por la que la Tierra debería oír su voz en nuestro testimonio, de su Amor. Esta es la razón por la que el mundo debería ver nuestro testimonio en una vida que le honra. Esta es la razón por la que, de entre todas las gentes, nosotros somos los que tienen más razones para gozarnos en la historia de su venida.

La razón de nuestra alegría comienza con Jesús en el relato de su nacimiento, pero no se detiene ahí. Él está implicado en nuestras vidas en este mismo momento. Por el Espíritu su presencia continúa expresándose en nosotros. Vemos su mano cuidándonos y obrando en nosotros. En ocasiones, su obra consiste en remodelarnos, y tal remodelación significa dolor. Sin embargo, Dios obra siempre con la mira puesta en nuestro bien. Ahora no es ya el manso bebé que observamos tiernamente en el pesebre sino el que vela sobre nosotros como Gran Pastor. La historia del nacimiento de Jesús no termina con el bebé envuelto en pañales. A menudo, el hermoso relato de la Navidad se trata como si fuera toda la historia de Jesús, a saber, Dios revelándose en el nacimiento de un niño especial. Pero esta historia es solo el comienzo de la nueva obra de Dios. La labor divina que se inició con el nacimiento de Jesús ha continuado siglo tras siglo en nuevas generaciones de creyentes que han experimentado la bendición que supone la relación personal que él ofrece. Como creyentes formamos parte de un gran tren de testigos que se extiende a lo largo de los tiempos y que han elevado sus voces y ofrecido sus almas agradecidos por lo que este nacimiento ha significado. Un día en el Cielo, junto a hombres y mujeres de todas las generaciones y naciones, le expresaremos nuestra sentida gratitud. ¡No hay nada malo en que ahora vayamos adquiriendo un poco de práctica!

Lucas 2:22-40

Y cuando se cumplieron los días de la purificación de ellos, conforme a la Ley de Moisés, le trajeron a Jerusalén para presentarle al Señor 23 (como está escrito en la Ley del Señor: Todo varón que abriere la matriz será llamado santo al Señor), 24 y para ofrecer conforme a lo que se dice en la Ley del Señor: Un par de tórtolas, o dos palominos. 25 Y he aquí había en Jerusalén un hombre llamado Simeón, y este hombre, justo y piadoso, esperaba la consolación de Israel; y el Espíritu Santo estaba sobre él. 26 Y le había sido revelado por el Espíritu Santo, que no vería la muerte antes que viese al Ungido del Señor. 27 Y movido por el Espíritu, vino al templo. Y cuando los padres del niño Jesús lo trajeron al templo, para hacer por él conforme al rito de la Ley, 28 él le tomó en sus brazos, y bendijo a Dios, diciendo: 29 Ahora, Señor, despides a tu siervo en paz, conforme a tu palabra. 30 Porque han visto mis ojos tu salvación, 31 la cual has preparado en presencia de todos los pueblos; 32 luz para revelación a los gentiles, y gloria de tu pueblo Israel. 33 Y José y su madre estaban maravillados de todo lo que se decía de él. 34 Y los bendijo Simeón, y dijo a su madre María: He aquí, éste está puesto para caída y para levantamiento de muchos en Israel, y para señal que será contradicha 35 (y una espada traspasará tu misma alma), para que sean revelados los pensamientos de muchos corazones. 36 Estaba también allí Ana, profetisa, hija de Fanuel, de la tribu de Aser, de edad muy avanzada, pues había vivido con su marido siete años desde su virginidad, 37 y era viuda hacia ochenta y cuatro años; y no se apartaba del templo, sirviendo de noche y de día con ayunos y oraciones. 38 Esta, presentándose en la misma hora, daba gracias a Dios, y hablaba del niño a todos los que esperaban la redención en Jerusalén. 39 Después de haber cumplido con todo lo prescrito en la Ley del Señor, volvieron a Galilea, a su ciudad de Nazaret. 40 Y el niño crecía y se fortalecía, y se llenaba de sabiduría; y la Gracia de Dios era sobre él.

Sentido Original

Jesús nació en un hogar en el que se guardaban las leyes del judaísmo. En estas dos escenas, José y María observan los rituales prescritos de la purificación tras el nacimiento de un hijo y se desplazan a Jerusalén para presentar a Jesús al Señor. Estos actos de devoción muestran que las raíces de Jesús están en el judaísmo piadoso. Éste es un hecho significativo dado el posterior conflicto de Jesús con los líderes religiosos judíos. ¿Acaso les cuestiona porque creció en un hogar que no honraba la fe de sus antepasados? Es evidente que no. Jesús procedía de una familia que se esforzaba en honrar a Dios.

En la visita de los padres de Jesús al templo en Lucas 2:22–24 concurren tres de las ceremonias que se consignan en la Ley de Dios: la purificación de las mujeres cuarenta días después del nacimiento de su hijo (Lv 12:2–4, 6), la presentación del primogénito a Dios (Éx 13:2, 12, 16; 34:19; Nm 18:15-16), y la dedicación del primogénito al servicio del Señor (1S 1-2).[1] Aunque esta dedicación al servicio es como otras muchas que tuvieron lugar en Israel a lo largo de los siglos, ésta es singular por el llamamiento de este niño.

El rito de la purificación requería un holocausto y una ofrenda por el pecado. La mención de las tórtolas indica que José y María ofrecieron la ofrenda de los pobres, aunque las clases intermedias presentaban también tales sacrificios.[2] El texto se refiere a la purificación de «ellos», lo cual a primera vista parece extraño si tenemos en cuenta que, normalmente, esta clase de ofrendas las presentaba solo la mujer. No obstante, puesto que, encontrándose lejos de su pueblo, José habría sin duda ayudado en el parto de María, también él se habría contaminado ritualmente y habría tenido que presentar un sacrificio para su purificación (m. Niddah 5.1; 2.5; 1.3-5). Otra posibilidad es que en el versículo 22 Lucas esté aludiendo en general a los tres sacrificios requeridos en las tres ceremonias y que por ello utilice el plural. Todos estos sacrificios indican la seriedad con que el judaísmo contemplaba el acercamiento a Dios en adoración y la importancia que se daba a la preparación del corazón y el alma a la hora de dirigirse a Dios.

En el transcurso de sus gestiones en el templo, bien en el atrio de los gentiles o en el de las mujeres (puesto que María está presente), José y María conocen a Simeón, un piadoso anciano. No se nos dice nada sobre la vocación de Simeón; solo sabemos que era un hombre «justo y piadoso» (v. 25). Entre los «justos» (*dikaios*) del Antiguo Testamento estaban Job (Job 1:1) y muchos de los profetas. En la cultura griega la palabra «piadoso» (*eulabes*) se aplicaba a los hombres de Estado (Platón, *El Estado*, 311b); Filón utilizó esta palabra para referirse a Abraham (Filón, *Sobre quién es el heredero de las cosas divinas*. 6 § 22). Mientras que los pastores simbolizaban a la gente común y corriente, Simeón representa el testimonio de un sabio anciano que ha vivido cerca de Dios. Una parte de su sabiduría se ve en el hecho de que está aguardando la esperanza de la nación, el cumplimiento de la promesa de Dios: «la consolación de Israel» (v. 25). Los santos en contacto con el corazón de Dios esperan a menudo con expectación la consumación de las promesas de Dios. A este venerable anciano se le revela el sentido de la llegada de este niño.

Simeón, como Zacarías y María, anticipa la divina liberación de Israel. No ha dejado de creer que Dios cumplirá su promesa, y su vida en vista de esta esperanza ilumina el presente. El Espíritu, fuente de toda revelación y testimonio, le ha dicho que antes de morir, sus ojos verán «al Ungido del Señor». Y así, a la llegada del niño Jesús, él está ahí para verle, y Dios le lleva a ofrecer una nota de alabanza (conocida como el *Nunc Dimittis*, nombre que procede de las primeras palabras del himno en latín). En este canto, que incluye algunas predicciones, no todo son notas alegres, porque la trayectoria del Señor Cristo, aunque gloriosa, no está exenta de juicio y de decepciones. El escenario de la profecía de Simeón, el templo, es muy importante para los lectores judíos, puesto que este profeta está dando testimonio de Jesús en el emplazamiento más sagrado de la nación. Simeón comienza diciendo que ahora Dios ya puede lle-

---

1. Reicke, «παρίστημι», *TDNT*, 5:841, especialmente. n. 14.
2. Plummer, *Luke* [Lucas], 65; C. Brown, «Bird» [Pájaro] *NIDNTT*, 1:172.

varle, puesto que ha cumplido su llamada de ver al niño que será el Cristo. Una vez más, Lucas ha subrayado que Dios ha cumplido su palabra.

Este niño es la salvación de Dios y representa la demostración pública de la divina preocupación por las personas (vv. 30–31). Jesús es luz, un tema que ya se ha puesto de relieve en 1:78–79 y que sigue en la mente de Lucas al final del libro de los Hechos (26:22–23). Los comentarios de Simeón recuerdan a Isaías 60:1–3, donde la luz de la salvación viene acompañada de revelación y gloria como resultado. Con su salvación Jesús sirve a dos grupos, Israel y los gentiles, pero a cada uno de un modo ligeramente distinto. Es luz para «revelación a los gentiles» y «gloria para tu pueblo Israel».[3] Es una «revelación» a los gentiles, puesto que a través de su ministerio serán introducidos a la bendición de un modo que difícilmente podrían haber imaginado antes de su venida (cf. también Jn 1:3–9). Jesús es «gloria» para Israel, porque por medio de él llevarán a cabo su ministerio al mundo. Todos los ojos serán atraídos a Israel mediante los logros de su Mesías. Él es el imán que le hace grande. Cuando llegan las promesas de Dios, lo hacen a través del Prometido de Israel.

Mientras los padres se sorprenden por la nota de alabanza, se revelan las más sombrías notas de la promesa. No todo son rosas en Israel, puesto que la venida de Jesús producirá la elevación y caída de muchos en la nación. Estas imágenes literarias proceden de Isaías 8:14–15 y 28:13–16, unos textos que en el Nuevo Testamento se utilizan muchas veces para describir las reacciones suscitadas por Jesús (Lc 20:17–18; Ro 9:33; 1P 2:6–8). Jesús dividirá en dos a la nación.[4] Algunos verán en él a alguien a quien oponerse («para señal que será contradicha»). Pero su ministerio pone de relieve dónde están los pensamientos de los corazones. Como salvación de Dios y expresión de su voluntad, las reacciones hacia él revelan las reacciones hacia Dios.

La oposición que genera será una fuente de dolor para María, a quien Simeón se dirige con este comentario parentético del versículo 35a. El dolor de la madre surgirá del intenso rechazo que experimentará el niño y de sus prioridades en el ministerio. Nada puede hacerse para evitarlo. En un sentido, el cumplimiento inicial de este comentario se produce en el siguiente acontecimiento, donde el compromiso de Jesús con la tarea del Padre le lleva a quedarse en el templo, y sus padres han de regresar a Jerusalén, con la angustia que ello les acarrea. Sin embargo, esto no es más que el comienzo, puesto que la Cruz producirá en María un sufrimiento mucho mayor.

El segundo testigo profético de esta sección es Ana. Lucas se limita a presentarla resumiendo su vida. Es muy probable que Ana tenga más de cien años, habiendo servido a Dios fielmente con su adoración, oración y ayuno durante muchos años.[5] A

---

3. Sobre la sintaxis de la línea, en la que «luz» es el punto general que se aplica a todos, mientras que la «revelación» para los gentiles y la «gloria» para Israel son paralelos el uno al otro, ver Fitzmyer, *Luke* [Lucas], 428.
4. Danker, *Jesus and the New Age* [Jesús y la Nueva Era], 68.
5. Sobre la cuestión de si había sido viuda durante ochenta y cuatro años o tenía ochenta y cuatro años de edad, ver Marshall, *Commentary on Luke* [Comentario de Lucas], 123–24. Parece más probable que lo que aquí se resalta sea su viudedad. Recordemos que en el siglo primero las jóvenes se casaban cuando tenían alrededor de los trece años. Esto nos lleva a un cálculo de unos ciento cinco años de edad.

veces nuestros años más productivos en el servicio espiritual a Dios vienen después del periodo de mayor productividad y esfuerzo en las responsabilidades terrenales. Ana se había entregado plenamente a un ministerio de intercesión. Como Simeón, también ella espera «la redención de Jerusalén» (v. 38; Is 40:1; 49:13; 51:3; 57:18; 61:2) y pregona que Jesús es una razón para alabar y dar gracias a Dios (Is 40:9; 52:9; 63:4). Aunque Lucas no consigna sus palabras exactas, su testimonio comunica a todos que Dios está haciendo algo especial en este niño. Los fieles escuchan su informe y participan de su alabanza.

María y José regresan a casa después de estos días de adoración y acometen la tarea de criar a su hijo, que crece fuerte.

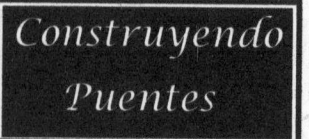

Este texto con sus comentarios sobre prácticas legales y profecías plantea preguntas acerca de cómo podemos aplicar textos que tratan de prácticas que nosotros ya no llevamos a cabo ni tenemos la responsabilidad de observar. Las cuestiones de la adoración en el templo ya no nos ocupan como cristianos, ni tampoco la observancia formal de los aspectos ceremoniales de la Ley. No obstante, estos textos siguen teniendo valor como indicadores del modo en que las personas fieles respondían a las responsabilidades que Dios les había dado en el momento en que vivían. Por ello, aunque puede que ciertas prácticas no sean ya vigentes, las actitudes que acompañan a tales prácticas bien podrían instruirnos al asumir las responsabilidades que Dios nos da hoy. Son estas actitudes las que observaremos en nuestro análisis de este pasaje.

Nosotros carecemos también del tipo de revelación especial sobre el plan salvífico de Dios que Simeón y Ana presentaron a los padres de Jesús. El equivalente más cercano que tenemos es la propia Escritura, en especial el Nuevo Testamento, que detalla que Jesús es el eje de este plan. Podemos, no obstante, aprender del modo en que éstos desempeñan su papel, puesto que funcionan como testigos creíbles del papel que Dios les ha llamado a desarrollar.

Como en los pasajes precedentes de la sección de la infancia, también en éste surgen muchos puentes clave desde los paradigmáticos personajes de estas narraciones. La fiel actitud de obediencia y adoración de María y José descubre una preocupación que da fe de las raíces terrenales de Jesús. Desde sus días más tempranos, el niño estuvo vinculado con el centro de la fe judía en el templo. Las predicciones que hace Simeón sobre la vida de Jesús aparecen más adelante en los escritos de Lucas, porque la trayectoria de nuestro Señor condujo ciertamente a la «luz… a los gentiles» y a «la gloria… de Israel». Además, la nación se dividió dolorosamente con respecto a él.

Simeón también ejemplifica el modo en que puede definirse la propia vida en términos de seguir fielmente a Dios y sirviéndole con alegría y entrega. Cuando su deber ha concluido, está dispuesto a marchar con el Señor. Ana ilustra la constancia de la fe, revelando que incluso al final de nuestras vidas Dios puede utilizarnos para el ministerio. En los relatos sobre Juan el Bautista y Jesús interactúan personas de todas las edades; aun los ancianos tienen su lugar en la Historia. Nunca es demasiado tarde para ser objeto de la obra de Dios, ni para servirle. El testimonio de estos testigos amplía el collage de voces celestiales y terrenales que han hablado a favor de Jesús.

Otro puente que a menudo se ignora es el que nos ofrece la nota sobre la devoción y los sacrificios. Puesto que el Nuevo Testamento no demanda sacrificios de quienes adoran a Dios como sí lo hace el Antiguo, tendemos a pasar por tales versículos con rapidez. Sin embargo, hay algo fundamental en la cuestión de la contaminación ritual y los sacrificios que no hemos de pasar por alto en nuestra meditación sobre acercarnos a Dios. Para allegarnos adecuadamente a Dios, hemos de estar dispuestos en cuerpo y espíritu a movernos más cerca de él (Jn 4:24). Una de las provisiones que Jesús pone a nuestro alcance por medio de su muerte es la permanente purificación que nos permite acercarnos al trono de Dios con plena libertad (Heb 10:19–25). No obstante, y aunque nosotros no ofrezcamos ya sacrificios animales, no hemos de perder de vista la prudencia y el carácter sagrado que sugieren estos versículos para acercarnos a Dios.

Este pasaje ofrece una perspectiva completa sobre la vida y el contentamiento. Aquí tenemos a dos personas cercanas al final de su vida, que siguen sirviendo a Dios a pleno ritmo. El contentamiento no es una cuestión de edad o nivel de energía, ni tampoco una función acumulativa. Se define por una actitud abierta a servir a Dios y compartirle con los demás. Esta perspectiva demanda una seria reflexión.

Significado Contemporáneo

Además de los ejemplos de fidelidad y constancia en el servicio, puede verse que el ministerio cristiano requiere persistencia y una conciencia de sus demandas. Al alabar a Jesús, Simeón no se olvida de decir que el ministerio del Mesías será difícil. Lo mismo puede decirse de sus seguidores. Ministrar a Dios en un mundo hostil puede convertirnos en objetos de la hostilidad y el vituperio. Si Jesús ha de encarar la división y el rechazo, quienes le siguen pueden esperar lo mismo. No obstante, las notas de alabanza y sorpresa nunca desaparecen porque, a pesar de todo, Jesús prevalece. Esta nota de triunfo ante la presión crea en este texto una significativa mezcla emocional. Aun en medio de la hostilidad podemos dar gracias a Dios (Hch 4:24–31).

Una clara cuestión teológica domina la aplicación. Ver a Jesús es ver la salvación de Dios. Ver a Jesús es ver la luz y la revelación de Dios. Lo que aquí dice Lucas, el Evangelio de Juan lo expresa con estas palabras: «En el principio ya existía el Verbo, y el Verbo estaba con Dios, y el Verbo era Dios». Ver a Jesús es ver a Dios y su camino revelados. Jesús no está ya con nosotros de un modo visible para que podamos verle frente a frente, sin embargo, está en el mundo mediante su cuerpo, el lugar en el que está derramando su vida para expresar su plenitud (Ef 1:23). Esto significa que en un sentido muy real nos convertimos en pequeñas encarnaciones de Jesús. Puede observarse hasta qué punto es esto cierto en el papel que Bernabé y Pablo se atribuyen a sí mismos en Hechos 13:47, donde asumen el papel de siervos de Dios como luz, un papel que Jesús ya tuvo. Naturalmente, nosotros no poseemos todas las perfecciones que adornaban a Jesús, sin embargo, nuestro testimonio de Jesús debería ser tal que la esperanza que él representa se vea en nosotros. Por medio de nuestro servicio, las personas tienen la oportunidad de ver a Jesús. En Mateo 25:40, 44-45, por ejemplo, Jesús observa que el servicio a los necesitados es servicio a Jesús. Es decir, si estuviera todavía aquí, Jesús estaría ministrando al tipo de personas que se menciona en estos versículos. Pero ahora somos nosotros quienes servimos en su lugar y en su nombre. ¡Qué honor representa para nosotros ser instrumentos de su gloria!

El sentido de identificación que tiene Simeón con hacer la voluntad de Dios y el modo en que pone en manos de Dios el momento de su muerte muestra lo comprometido que está con el programa y el tiempo de Dios. Su actitud encuentra un paralelismo en la vida de Pablo (Fil 1:21-26). Aquí tenemos a un siervo que pretende únicamente hacer aquello que Dios le ha llamado a hacer. El momento oportuno de su vida y de su muerte están en las manos de Dios.

Por otra parte, habiendo visto a Jesús y conociéndole, Simeón está en paz. En comparación, todas las demás cosas de su vida parecen nimias. Ha conocido a Jesús, y los demás aspectos de su currículo vital son irrelevantes. Una vez más, Pablo afirma algo muy parecido en Filipenses 3:1-12. El apóstol considera que todo lo que ha hecho en la vida como consumado y exitoso fariseo, no es sino basura en comparación con su conocimiento de Jesús y su servicio a él. Nuestro andar con Dios y fiel servicio a él es lo que define todo lo demás de la vida. Este servicio puede adquirir distintas formas, puesto que no todo aquel que sirve a Dios lo hace como predicador o en una iglesia local en un ministerio de plena dedicación. Como Simeón, algunos pueden ser llamados a una tarea especial de testimonio o de ánimo. Puede que otros hayan de ser el único punto de testimonio en su lugar de trabajo o en la escuela de sus hijos.

Simeón sabe que puede estar contento de su vida, por el honor de haber sido testigo de la salvación de Dios. Esta actitud es importante, puesto que sitúa los demás acontecimientos y traumas de la vida en su correcta perspectiva. Si así es como se siente Simeón, sabiendo que se acerca a la muerte, ¿cómo deberíamos sentirnos muchos de nosotros teniendo una buena parte de la vida aún por delante?

La actitud de Simeón está en marcado contraste con mucho de lo que se lleva a cabo en nuestra cultura. En la revista McCall de enero de 1995, aparecía un breve artículo sobre los buenos propósitos de Año Nuevo titulado «Diez pequeños propósitos para nuestra salud (de alta rentabilidad)». La salud y el ejercicio son importantes y deben valorarse por lo que son, pero lo interesante son las principales cuatro resoluciones que, según una encuesta de Gallup, nos hacemos: (1) mejorar la economía personal, (2) dejar de fumar, (3) perder peso, y (4) hacer más ejercicio. Si nuestras resoluciones reflejan verdaderamente nuestras preocupaciones y la dirección en que queremos mejorar, estas preferencias no reflejan metas demasiado altas que digamos. Entre nuestras metas no aparecen ni la familia ni Dios (a excepción quizá de lo relativo a la economía personal). Tendemos a definir el contentamiento de un modo privatizado, en términos de cómo marcha nuestra vida personal. Puesto que nos proponemos metas que no tienen nada que ver con las relaciones personales, muchos de nosotros nos sentimos solos y descontentos, porque Dios nos ha creado para relacionarnos con él y con otras personas. Uno de los efectos de una cultura que eleva los derechos individuales y el enfoque en lo personal como hace la nuestra es que perdemos de vista que podemos conseguir gran contentamiento relacionándonos con Dios y con otras personas.

¿Dónde están las metas relacionadas con encontrar a Dios o conocerle mejor? ¿Por qué están estas resoluciones relacionadas en su mayor parte con cuestiones externas? ¿Es acaso el alma algo tan trivial? Si el ejercicio es tan valioso para el bienestar físico, ¿es sabio matar de hambre nuestro ser interior? Si basamos nuestro contentamiento en elementos externos que lentamente se van desvaneciendo, ¿no estaremos dirigiéndonos hacia la desilusión apostando por tales metas? Simeón sugiere un camino mejor, a saber, conocer a Dios. Esto significa que podemos trascender circunstancias, porque conocerle significa haber «aprendido a estar satisfecho en cualquier situación» (Fil 4:11). Simeón puede estar contento aun al enfrentar la muerte, sabiendo que ha estado respondiendo al llamamiento del Señor. Su meta es conocer a Dios, con quien disfrutará de una relación eterna. Tener una actitud de contentamiento significa conocer la fuente de la vida que puede ayudarnos a ver incluso más allá de la muerte.

Hemos también de notar que, en Lucas 1 y 2, Dios utiliza una amplia gama de personas y una enorme variedad de trasfondos sociales para dar testimonio de Jesús: personas procedentes del mundo rural y urbano, hombres y mujeres, una pareja de jóvenes desposados y otra de ancianos piadosos, todos participan del gozo de su venida. Jesús viene por toda la Humanidad, para unirla.

Por último, la edad de Simeón y de Ana nos recuerda que, en el caso de los creyentes, hablar de los años del «retiro» puede ser un término poco apropiado. El retiro posibilita que muchas personas mayores queden libres para el ministerio de un modo que no era posible cuando estaban laboralmente activos. Me viene a la mente un grupo de ancianos de nuestra iglesia, un grupo al que llamamos cariñosamente «los barbas grises». Uno de ellos ha asumido la responsabilidad de editar el boletín de la iglesia tras años de colaborar en la edición del periódico de la escuela en la que enseñaba. Durante muchos años Dios le había preparado para tener un ministerio de comunicación dentro de nuestro Cuerpo. Otra pareja se ha implicado en varios proyectos que desarrolla una iglesia hermana sita en los barrios marginales de la ciudad; tales proyectos implican la tutela de niños procedentes de hogares desestructurados y de distinto origen étnico, o simplemente la ayuda en varios proyectos de construcción de la iglesia. Una mujer que padece de artritis crónica no puede hacer mucho más que orar con regularidad por la Iglesia. Y esta mujer podría ser una de nuestros miembros más fuertes y estar haciendo más que muchos. Encontrar el contentamiento haciendo la voluntad de Dios es una meta que puede alcanzarse cuando reflexionamos de un modo creativo sobre cómo podemos servirle mejor.

Lucas 2:41-52

Los padres de Jesús subían todos los años a Jerusalén para la fiesta de la Pascua. 42 Cuando cumplió doce años, fueron allá según era la costumbre. 43 Terminada la fiesta, emprendieron el viaje de regreso, pero el niño Jesús se había quedado en Jerusalén, sin que sus padres se dieran cuenta. 44 Ellos, pensando que él estaba entre el grupo de viajeros, hicieron un día de camino mientras lo buscaban entre los parientes y conocidos. 45 Al no encontrarlo, volvieron a Jerusalén en busca de él. 46 Al cabo de tres días lo encontraron en el templo, sentado entre los maestros, escuchándolos y haciéndoles preguntas. 47 Todos los que le oían se asombraban de su inteligencia y de sus respuestas. 48 Cuando lo vieron sus padres, se quedaron admirados. —Hijo, ¿por qué te has portado así con nosotros? —le dijo su madre—. ¡Mira que tu padre y yo te hemos estado buscando angustiados! 49 —¿Por qué me buscaban? ¿No sabían que tengo que estar en la casa de mi Padre? 50 Pero ellos no entendieron lo que les decía. 51 Así que Jesús bajó con sus padres a Nazaret y vivió sujeto a ellos. Pero su madre conservaba todas estas cosas en el corazón. 52 Jesús siguió creciendo en sabiduría y estatura, y cada vez más gozaba del favor de Dios y de toda la gente.

Técnicamente este suceso no es un relato de la infancia, puesto que Jesús tiene doce años, y le falta uno para ser considerado un muchacho judío «responsable».[1] En términos literarios, sin embargo, y teniendo en cuenta que la conclusión del pasaje en el versículo 52 es paralela a la del versículo 40, esta sección forma parte de la introducción a Jesús. Este relato representa el primer testimonio que Jesús nos ofrece sobre sí mismo, una oportuna conclusión para una sección en la que varias personas han estado hablando acerca de él.

El viaje anual con motivo de la Pascua era uno de los puntos culminantes del calendario judío, uno de los tres festivales que se celebraban cada año en la capital (Éx 23:14-17; 34:22-23; Dt 16:16; la fiesta de los Tabernáculos y Pentecostés eran los otros dos). La mayoría de las familias que vivían a cierta distancia de Jerusalén, como por ejemplo los padres de Jesús, asistían solamente a una de las fiestas. La celebración de la Pascua coincidía con el mes judío de Nisán (finales de marzo o comienzos de abril). Esta fiesta conmemoraba el nacimiento de la libertad de Israel en el Éxodo (Éx 12). Los hombres estaban obligados a asistir, pero no las mujeres (*m. Hagigah* 1.1), de modo que, el deseo de ir de María muestra la profundidad de la devoción familiar. El viaje desde Nazaret normalmente duraba tres días. El viaje se hacía en caravanas por

---

1. A los jóvenes judíos se les consideraba responsables de sus acciones a los trece años (*m. Niddah* 5.6; *m. Megillah* 4.6). A los doce años la instrucción de los muchachos se hacía más intensiva como preparación del reconocimiento de su adultez (*m. 'Abot* 5.21). El Bar Mitzvah de los tiempos modernos, no obstante, se fecha unos quinientos años más tarde del tiempo de Jesús (Fitzmyer, *Luke* [Lucas], 440).

razones de seguridad. No sabemos si los hombres andaban separados de las mujeres y los niños durante el viaje.

En esta ocasión, Jesús se queda rezagado en Jerusalén. Ha de pasar todo un día de viaje para que sus padres descubran que el muchacho no está con el grupo, al no encontrarle entre sus parientes. Habían asumido sin duda que Jesús estaba en algún lugar de la multitudinaria comitiva, aunque el texto no explica cómo pudo su ausencia pasar desapercibida durante todo un día. Para cuando finalmente encuentran a su hijo, han pasado ya tres días desde que le vieron por última vez: un día de camino con la caravana, otro día de regreso a Jerusalén, y un día buscándole. Finalmente encuentran a Jesús en el templo, entre los maestros, escuchándoles, haciéndoles preguntas y dando respuestas a las suyas. En aquellos días, era normal que los estudiantes se reunieran a los pies de los rabinos para hablar de Teología, siguiendo a menudo un formato de preguntas y respuestas.[2] Ya a esta tierna edad Jesús tiene un conocimiento sorprendente de las cosas de Dios. De hecho, aquellos que le escuchan están atónitos, una reacción que también se producirá más adelante ante la obra milagrosa de Jesús (8:56). Ya a comienzos de su vida Jesús concede un gran valor al hecho de comprender a Dios, a medida que va creciendo «en sabiduría y estatura» (2:52). Su acercamiento al conocimiento de Dios y su búsqueda de entendimiento nos enseñan que ésta ha de ser también nuestra meta, aun a una edad temprana.

Cualquier padre que lee este relato entiende lo que sucede a continuación. Los padres de Jesús se sienten abrumados por lo que ha sucedido y se dirigen a él. Una madre frustrada le pregunta a su incipiente adolescente cómo ha podido conducirse de un modo que les ha generado un importante ataque de ansiedad (*odynomenoi*, v. 48). Este término alude a una profunda angustia y dolor mental (16:24–25; Hch 20:38).

La respuesta de Jesús es igual de directa: «he de ocuparme [...] de mi Padre» (trad. lit.). Esta expresión elíptica se ha entendido de distintas maneras. Las palabras de la NVI, en el sentido de estar «en la casa de mi Padre», es la mejor opción para traducir este modismo.[3] Lo que Jesús quiere decir es que su ministerio está relacionado con la instrucción en los caminos de Dios, porque el templo no era solo un lugar de adoración, sino también de enseñanza. Jesús tiene la vocación de instruir a la nación. Aunque ahora solo tiene doce años, se acerca el día en que esta será su prioridad.

La referencia a su Padre es también algo crucial, puesto que deja entrever una íntima relación personal con Dios que le dirige (cf. 10:21–22). Jesús entiende desde el principio que ha sido llamado a llevar a cabo el trabajo de su Padre. Al decir «tengo que estar», Jesús está emprendiendo dicho camino, una ruta que un día significará su plena independencia. A Lucas le encanta señalar los dichos clave con la palabra *dei* («es

---

2. C. Schneider, «κάθημαι», *TDNT*, 3:443.
3. Existen dos opciones principales para este texto críptico. (1) «He de ocuparme de los negocios de mi Padre». La idea de Jesús es que ha de hacer la voluntad de Dios. (2) «He de estar en la casa de mi Padre». Jesús ha de implicarse en la instrucción de las cosas de Dios relativas al templo. Si se desea considerar una exposición de estas y otras opciones ver Brown, *The Birth of Messiah* [El nacimiento del Mesías], 475–77; Fitzmyer, *Luke* [Lucas], 443–44. El segundo punto de vista tiene más peso (Gn 41:51; Est 7:9; Job 18:19).

necesario») para mostrar la realidad del cumplimiento del plan de Dios (4:4; 9:22; 13:33; 17:25; 19:5; 22:37; 24:7, 26, 44). Este es el punto álgido de las narraciones de la infancia, puesto que Jesús explica su llamamiento en sus propias palabras. Hasta que llegue su hora, Jesús es obediente a sus padres.

Lo único que María puede hacer es ponderar estos acontecimientos en su corazón, algo que también le concierne al lector de Lucas. Jesús deja claro que quienes conocen a Dios tienen, en un sentido, dos familias: la biológica en la que Dios les ha puesto y la espiritual a la que pertenecen porque le conocen a él.

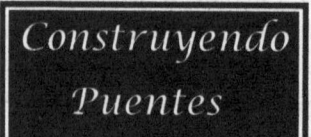

Este retrato de Jesús refleja la concepción que él tiene de sí. En este caso, el diálogo pone de relieve la idea principal del pasaje. Como a otros muchos textos de los Evangelios, a éste se le llama un relato declarativo, y la clave para entender este tipo de pasajes se encuentra en una decisiva declaración situada casi al final de la narración.

Igual que durante su ministerio neotestamentario la meta de Jesús fue dar cumplimiento al llamamiento de Dios, este sigue siendo hoy su objetivo. En el Cielo, él sigue ocupándose de las cosas de su Padre, sentado a la diestra de Dios, intercediendo y velando por nosotros. Su singular llamamiento y relación con Dios ponen de relieve la razón por la que su ministerio es tan especial. El especial acceso a Dios que tiene Jesús significa que no es un mero profeta o un gran maestro, sino aquel que traza y proclama el camino de Dios. Como Hijo, es más que un moralista o una venerada figura religiosa. Es único. En ocasiones su proceder es insólito, pero esto no es sino una señal de su autoridad.

Sin embargo, el ministerio de Jesús tiene también su momento oportuno y por ello Jesús aguarda hasta que se cumpla para iniciar su tarea. No tiene ninguna prisa por comenzar su ministerio y sabrá esperar hasta que llegue su hora. Naturalmente, ha de aguardar al precursor antes de dar comienzo a su labor. Por ello, el próximo capítulo de Lucas consigna el ministerio de Juan Bautista unos diecisiete años más tarde. Jesús no desea ni adelantarse a Dios ni rezagarse con respecto a su tiempo; lo que pretende es hacer solo lo que Dios le pide y en el momento en que se lo pide. El mejor tiempo es el de Dios. Nosotros también hemos de estar dispuestos para la voluntad de Dios, esperando el momento oportuno.

Las actitudes de Jesús por lo que respecta a su andar con Dios, su llamamiento al ministerio, y su búsqueda de intimidad con él no son un producto exclusivo de su singular filiación con Dios. Tales actitudes son un indicador de la clase de vida que todos nosotros hemos de priorizar ante Dios. En ocasiones, hemos de tomar decisiones que los demás no entienden, porque Dios nos ha llamado a establecer unas prioridades diferentes de las de aquellos que pasan por la vida sin ninguna referencia a él. Es cierto que Jesús fue una persona única con dones únicos, y sin embargo, el modo en que vivió su vida y buscó a Dios son un fiel reflejo de cómo deberíamos hacerlo también nosotros. Es posible que quienes viven según prioridades diferentes no entiendan el tiempo que pasamos delante de Dios «en el templo» o a sus pies «en la Palabra» o utilizando nuestras manos «en el ministerio». En ocasiones, nuestras decisiones serán difíciles, al no encontrarnos quizá donde a otros les gustaría que estuviéramos. Puede que las tensiones que se generan entre los compromisos seculares de nuestro trabajo y nuestro deseo de conseguir tiempo para el ministerio lleven a algunos a interpretar erróneamente las razones que nos llevan a hacer lo que hacemos. Se trata de una consecuencia lógica de nuestro andar con Dios. Dios nos llama a ser activos, como lo es Jesús, y a prepararnos para servirle con los demás.

Significado Contemporáneo

En un sentido muy real el lector está frente a un dilema parecido al que hubieron de hacer frente los padres de Jesús. ¿Quién es Jesús?, ¿Es su autoridad de tal magnitud que trasciende aun las relaciones humanas más esenciales, como la de los padres con los hijos? Nos es fácil identificarnos con la respuesta de José y María a Jesús en este incidente. No obstante, la cuestión que nos plantea con su respuesta es que su singular llamamiento y relación con Dios convierte en irrelevante la indirecta represión de sus padres. Jesús trasciende las categorías normales de evaluación. Al menos esta es la percepción que Lucas pone delante del lector. Como sucede con muchos textos de este Evangelio, la cuestión esencial es: ¿Qué piensas de la autoridad de Jesús? ¿Vas a responder a sus afirmaciones o a rechazarlas? Por la estrecha relación que Jesús tiene con el Padre, nuestra relación con Dios está determinada por la respuesta que demos a las preguntas anteriores.

Hay aquí otra implicación clave. El mundo nos pide que tratemos a Jesús como una gran figura religiosa entre muchas de la Historia. Lucas no nos da esta opción. Al contrario, como Hijo unigénito que es, Jesús tiene el derecho exclusivo de revelar el camino de Dios, y nosotros o bien lo aceptamos o rechazamos esta revelación. Cuando Jesús dice que él es el camino (Jn 14:6), una de dos: lo es o no; no existen otras alternativas. Una de las ideas por las que se recuerda a C. S. Lewis es la de permitir solo tres opciones con respecto a la identidad de Jesús: mentiroso, lunático o Señor. De hecho, la cuestión se reduce realmente a dos: O bien es el Hijo de Dios o no lo es. Jesús no le deja al mundo la opción de clasificarle simplemente entre los grandes personajes religiosos de la Historia. O bien es mucho más, o es mucho menos. El Evangelio de Lucas está empeñado en mostrarnos que es mucho más.

Muchos retratos contemporáneos se exceden en su presentación de Jesús como un hombre moderno, preocupado por la libertad individual o por la autorrealización. Recuerdo la película *La última tentación de Cristo*, que causó tanto furor hace algunos años porque intentaba describir a Jesús en términos estrictamente humanos. No obstante, el problema no estaba en el intento de batallar con la humanidad de Jesús, sino en la suposición de que él compartió las mismas luchas por la realización personal que hoy se comentan en muchos programas de entrevistas. Este hecho degradó la profundidad de la dimensión humana de Jesús. Jesús hizo gala de una humanidad que se resistió a la tentación del egoísmo que tan a menudo asedia a los humanos, un acercamiento a la vida que requiere mucha más disciplina que la que se necesita para ceder a las demandas del yo. Jesús fue único no solo en su divinidad, sino también en su humanidad, a saber, su capacidad de centrarse en la voluntad de Dios para su vida y llevarla a cabo.

En ocasiones, Jesús hizo cosas sorprendentes, que no encajaban con las costumbres de su tiempo. Sin embargo, en su autoridad tenía el derecho de hacer las cosas de manera distinta. El que a los doce años Jesús se quedara rezagado en el templo para hablar sobre las cosas de Dios fue un problema para sus padres y para la cultura de su tiempo. Pero otras veces Jesús nos lleva a ver cómo Dios hace cosas sorprendentes en el contexto de la cultura, no reescribiendo valores morales, sino llamándonos a la creatividad en cuestiones de estilo y acercamiento a la Palabra de Dios.

A veces Dios nos lleva a considerar cosas que inicialmente nos resultan sorprendentes cuando nos disponemos a servirle. Por esta razón, no tenemos por qué rechazar los esfuerzos por crear encuentros de adoración en la iglesia local orientados a los no creyentes, si la iglesia decide que quiere utilizar su tiempo comunitario tanto para la evangelización como para la edificación. Lo que hay que controlar en este tipo de cambio es que el ministerio eclesial no llegue a estar tan orientado a los no creyentes que se ignore la edificación de los creyentes. Puede que haya también ocasiones en las que sea legítimo considerar las cuestiones de estilo y tono de la adoración, la música en el servicio, o la clase de ministerio en que podemos participar. A veces conseguir formas frescas de ministerio no es un asunto de bien y mal, sino de determinar claramente la clase de ministerio que queremos tener. Otras veces, puede ser útil hacernos preguntas como: ¿Es quizá más efectivo apoyar la realización de algunas tareas ofreciendo nuestra ayuda a ministerios paraeclesiales ya existentes, en lugar de crear por nuestra cuenta un ministerio que ya existe?

A veces la iglesia ha de ser «liberada» para que su ministerio no se limite a lo que se lleva a cabo dentro de sus muros, sino que se extienda a lo que sus miembros hacen fuera de ellos.[4] Lucas 2:42–52 es la primera de varias secciones en las que Jesús mueve los límites de una práctica común para revelar que Dios está obrando de una manera nueva. Jesús ha de enseñar las cosas de Dios y, por ello, también ha de hacerlo la Iglesia. Esta enseñanza ha de ser creativa por lo que respecta a las personas a las que se dirige y a cómo se imparte. Aquí Jesús está en el templo, pero más adelante estará entre quienes tienen necesidad de escuchar la Palabra y la compartirá con ellos. Su llamamiento a estar en el templo es un reconocimiento de que desea estar en la plaza pública, impartiendo la Palabra a todo el mundo, puesto que el templo era uno de los espacios más públicos del judaísmo antiguo. Uno de los peligros que corre la Iglesia es que en su compromiso de ser el pueblo de Dios, circunscriba únicamente su enseñanza al ámbito eclesial.

La Iglesia ha de ampliar los límites de las prácticas comunes en sus esfuerzos por predicar la Palabra. En nuestra iglesia, por ejemplo, un grupo de hermanos con el

---

4. Una de las iglesias más conocidas de la década de 1980-90 fue la de Bear Creek en la zona de Denver, que desarrolló una filosofía eclesial llamada «la iglesia desprendida». La idea central de esta filosofía era que, tanto lo que sucede lejos de la iglesia madre como lo que tiene lugar dentro de sus muros, es igualmente ministerio. De manera que se esforzaban en estimular cualquier participación ministerial de sus miembros, ya fuera que el cuerpo local recibiera o no un beneficio directo o ejerciera algún papel de supervisión. Su actitud era que si el servicio ministrado era significativo y las metas, bíblicas, entonces Bear Creek ¡las alentaría y diría amén a ellas! La Iglesia necesita más comunidades como ésta que intenten trabajar para el Cuerpo de Cristo en su conjunto, y no requieran que sus miembros «se queden en casa».

deseo de servir a otros miembros del cuerpo pusieron en marcha un «servicio de mantenimiento» para las viudas y madres solteras de la iglesia. Les cambiaban el aceite del coche, estaban pendientes de sus necesidades y se ofrecían para ayudarlas con los trabajos pesados. Ni que decir tiene que este insólito ministerio de ayuda tuvo una acogida muy buena. Otros grupos de nuestra comunidad se han dedicado a servir en algunos de los centros de distribución de alimentos de la ciudad. Nuestra iglesia no pretende controlar el funcionamiento de los pequeños grupos dándole un único programa a seguir. Hemos de estar integrados en la casa de Dios para recibir la fuerza y los recursos que se requieren para la misión, pero ello no significa que toda la actividad haya de pivotar alrededor del edificio de la iglesia.

Al pasar del tiempo de Jesús al nuestro, el texto sugiere también otra tensión común, a saber, la tensión que suscita la elección entre los intereses de la comunidad y los de la familia. No es siempre fácil establecer prioridades entre Dios, familia y ministerio. En una memorable conversación con un piadoso hermano latinoamericano, éste me comentó que, hace años, durante su preparación en el seminario, él vivía en un país mientras que su esposa le esperaba en su país de origen. Puesto que estaban esperando un hijo, este estudiante hubo de hacer frente a un dilema. El reglamento del seminario prescribía ciertos requisitos de asistencia, sin embargo, él quería ir a su casa para estar con su esposa y celebrar la llegada del bebé participando de la alegría de lo que Dios estaba haciendo en su familia. Le preguntó a uno de los profesores si podía dejar algunas de sus clases para este propósito. El profesor sentía que la prioridad era darle a Dios el tiempo de su clase y que la familia venía después y por ello le negó el permiso. En respuesta, el estudiante decidió que marcharía para estar con su esposa y que aceptaría las consecuencias de su decisión, puesto que sentía que Dios quería que honrara a su esposa y a su familia; él entendía que aquella breve ausencia del seminario no iba a afectar a su preparación para el ministerio. Aunque no llegué a saber si la escuela le penalizó (¡más adelante él llegaría a ser rector de aquel seminario!), sí me dijo que nuestras instituciones son ahora más sensibles en su ayuda a los estudiantes para encontrar el equilibrio entre ministerio y familia.

Por otra parte, a veces nos sentimos culpables por experimentar una intimidad con los creyentes que no tenemos con nuestros parientes, pero no debe ser así. Es perfectamente natural que en aquellas relaciones en las que, compartiendo un mismo Dios, participamos de la más profunda comunión, sintamos un parentesco del alma que no tenemos con nuestros familiares biológicos. Lucas 12:51-53 sugiere que nuestro seguimiento de Jesús puede producir la sensación de distanciamiento de la familia que no comparte nuestros compromisos de fe. Lo que María y José sintieron en esta ocasión fueron los dolores suscitados por las prioridades de Jesús. No es muy distinto del dolor que sienten algunos padres cuando sus hijos deciden servir a Dios en el campo misionero o dedicarse al ministerio en lugar de ejercer una «verdadera profesión». En ocasiones, el dolor es un valioso recordatorio de que nuestra prioridad más elevada es servir a Dios. A veces puede ser necesario que los padres suelten a sus hijos, porque éstos están sirviendo fielmente a Dios.

Esta temprana visita de Jesús al templo nos ofrece una última aplicación. A veces pensamos que los adolescentes son incapaces de reflexiones espirituales sensatas, puesto que han entrado en una zona de penumbras que esperamos abandonen a partir de los veinte años. En una ocasión escuché esta definición de los adolescentes: «A los catorce años, pueden pensar en un momento que eres el mejor padre del mundo, ¡y al siguiente preguntarse seriamente por qué se le ocurriría a Dios crearte! A los dieciséis, toman decisiones muy poco alentadoras». A veces tratamos a Jesús como una excepción, porque era el Hijo de Dios. Pero Jesús se hizo humano para enseñarnos a vivir y andar con Dios. Encontramos aquí a un muchacho de doce años que desea conocer mejor a Dios. En ocasiones no nos damos cuenta del tipo de reflexiones de que nuestros hijos son capaces si les estimulamos.

Cuando fuimos por primera vez a Alemania, mis hijos de siete y ocho años absorbieron el alemán mucho más rápidamente que mi esposa o yo. A veces fue embarazoso, pero necesario, pasarles el teléfono para que tradujeran lo que nos decían. Los años de la adolescencia no tienen que ser forzosamente años perdidos en un inevitable exilio de la realidad. Deberíamos estimular a nuestros hijos para que se desarrollen espiritualmente, mediante su participación en la iglesia o en la exposición de temas relevantes con sus padres y otras personas. Jesús pudo sentarse con los rabinos de su tiempo; quizás nuestros hijos también puedan hacerlo, si somos sensibles a su potencial y nos relacionamos con ellos a un nivel que les permita responder.

Lucas 3:1-22

En el año quince del reinado de Tiberio César, Poncio Pilato gobernaba la provincia de Judea, Herodes era tetrarca en Galilea, su hermano Felipe en Iturea y Traconite, y Lisanias en Abilene; 2 el sumo sacerdocio lo ejercían Anás y Caifás. En aquel entonces, la palabra de Dios llegó a Juan hijo de Zacarías, en el desierto. 3 Juan recorría toda la región del Jordán predicando el bautismo de arrepentimiento para el perdón de pecados. 4 Así está escrito en el libro del profeta Isaías: «Voz de uno que grita en el desierto: Preparen el camino del Señor, háganle sendas derechas. 5 Todo valle será rellenado, toda montaña y colina será allanada. Los caminos torcidos se enderezarán, las sendas escabrosas quedarán llanas. 6 Y todo mortal verá la salvación de Dios.» 7 Muchos acudían a Juan para que los bautizara. —¡Camada de víboras! —les advirtió—. ¿Quién les dijo que podrán escapar del castigo que se acerca? 8 Produzcan frutos que demuestren arrepentimiento. Y no se pongan a pensar: «Tenemos a Abraham por padre». Porque les digo que aun de estas piedras Dios es capaz de darle hijos a Abraham. 9 Es más, el hacha ya está puesta a la raíz de los árboles, y todo árbol que no produzca buen fruto será cortado y arrojado al fuego. 10 —¿Entonces qué debemos hacer? —le preguntaba la gente. 11 —El que tiene dos camisas debe compartir con el que no tiene ninguna —les contestó Juan—, y el que tiene comida debe hacer lo mismo. 12 Llegaron también unos recaudadores de impuestos para que los bautizara. —Maestro, ¿qué debemos hacer nosotros? —le preguntaron. 13 —No cobren más de lo debido —les respondió. 14 —Y nosotros, ¿qué debemos hacer? —le preguntaron unos soldados. —No extorsionen a nadie ni hagan denuncias falsas; más bien confórmense con lo que les pagan. 15 La gente estaba a la expectativa, y todos se preguntaban si acaso Juan sería el Cristo. 16 —Yo los bautizo a ustedes con agua —les respondió Juan a todos—. Pero está por llegar uno más poderoso que yo, a quien ni siquiera merezco desatarle la correa de sus sandalias. Él los bautizará con el Espíritu Santo y con fuego. 17 Tiene el rastrillo en la mano para limpiar su era y recoger el trigo en su granero; la paja, en cambio, la quemará con fuego que nunca se apagará. 18 Y con muchas otras palabras exhortaba Juan a la gente y le anunciaba las buenas nuevas. 19 Pero cuando reprendió al tetrarca Herodes por el asunto de su cuñada Herodías, y por todas las otras maldades que había cometido, 20 Herodes llegó hasta el colmo de encerrar a Juan en la cárcel. 21 Un día en que todos acudían a Juan para que los bautizara, Jesús fue bautizado también. Y mientras oraba, se abrió el cielo, 22 y el Espíritu Santo bajó sobre él en forma de paloma. Entonces se oyó una voz del cielo que decía: «Tú eres mi Hijo amado; estoy muy complacido contigo».

La segunda sección importante del Evangelio abarca Lucas 3:1–4:13 y muestra a Juan señalando el camino a Jesús (3:1–20), el bautismo de Jesús (3:21–22), sus raíces genealógicas, que pasan por David y Abraham hasta Adán (3:23–38), y su firmeza ante las tentaciones de Satanás (4:1–13). La sección en su conjunto demuestra que Jesús está cualificado como Mesías de la nación de Israel y representante de la Humanidad.

A diferencia de los demás Evangelios Sinópticos, que tienden a intercalar sus informes sobre Juan Bautista a lo largo del texto, Lucas opta por relatar la mayor parte del ministerio de Juan y se detiene, para consignar solo un breve diálogo más en 7:18–22. Por ello, una vez terminado el relato sobre Juan, Jesús se queda permanentemente en un primer plano. Lucas comparte el relato de la tentación con Mateo, pero opta por situar la genealogía entre el bautismo y la tentación. Al hacerlo de este modo señala dos cosas: (1) que como representante de la Humanidad, Satanás pone a prueba a Jesús por lo que respecta a si es o no el Hijo de Dios, y (2) la naturaleza de las raíces de Jesús le conecta con todos los seres humanos, puesto que Lucas prolonga su genealogía hasta Adán, mientras que Mateo se detiene en Abraham. Por otra parte, Lucas también consigna las tentaciones en un orden distinto, reservando para el final la escena que se desarrolla en el templo, probablemente porque Jerusalén desempeña un papel fundamental en la parte central del Evangelio (9:51–19:44). Estas diferencias muestran que Lucas quiere dar a su retrato de Jesús algunos de sus acentos distintivos.[1]

El desarrollo de la sección es fácil de entender. Las exhortaciones éticas que establecen el escenario del ministerio de Jesús aparecen en los comentarios de Juan Bautista. La razón por la que Juan demanda arrepentimiento es que nuestra respuesta al Evangelio requiere cierto tipo de corazón. La voz divina identifica a Jesús en su bautismo en lo que probablemente es una experiencia privada, señalando su llamamiento como Mesías-Siervo. La ascendencia de Jesús encaja también con las expectativas mesiánicas. El Hijo muestra su altura moral descansando en Dios y en su palabra, a diferencia de Adán, que sucumbió a la tentación de poder que le planteó Satanás. Como Hijo de Dios, Jesús es aquello que Adán no fue. Ello le capacita para ministrar a favor de toda la Humanidad.

Una buena parte del material de 3:1–22 es exclusivo de Lucas. Solo Lucas detalla la enseñanza de Juan (3:10–14), y solo él extiende la cita de Isaías 40:4–5, que es más completa. Solo Lucas menciona el encarcelamiento de Juan en un lugar tan temprano del relato, y únicamente él sitúa el ministerio del precursor de Jesús en su marco histórico más extenso. El resto del relato tiene paralelismos en Mateo 3:7–17; Marcos 1:2–11; y Juan 1:29–34.

Esta subdivisión comienza situando a Jesús en el contexto de la historia del mundo (3:1–2) y la promesa bíblica (3:4–6). El versículo conector es la breve descripción del ministerio de Juan. Según Isaías 40, Dios liberará a su pueblo y le dará el consuelo de la salvación. Cuando los autores de los Evangelios apuntan a este texto, nos informan de que el ministerio de Juan significa que Dios está actuando de nuevo para salvar a su pueblo. Dios se está acercando a nosotros, y por ello la Creación debería desple-

---

1. Este estudio no analizará completamente tales diferencias, aunque iremos exponiendo las principales ideas a medida que vayan surgiendo. Si se desea valorar un análisis más detallado de estas cuestiones, ver Bock, *Luke* [Lucas], vols. 1–2 (Grand Rapids: Baker, 1994 y de próxima aparición). Este comentario más técnico evalúa la importancia histórica y literaria de estas diferencias para Lucas.

garse como una alfombra roja gigante para celebrar su llegada de manera solemne y festiva. Una de las evidencias de esta alfombra es la presencia de un corazón contrito (Is 57:14-17).

Lucas sitúa a Juan en la Historia, comenzando con el personaje más distante y desplazándose hasta el más próximo. El ministerio de Juan comienza entre el 28 y el 29 d.C., el décimoquinto año de Tiberio.[2] Aunque César poseía gran poder, en Palestina sus tentáculos solo se hacían sentir por medio de sus administradores, en este caso, el prefecto Poncio Pilato, y el gobernante judío Herodes, uno de los tres tetrarcas de los hijos de Herodes el Grande. Pilato era responsable de mantener la paz y recaudar los impuestos (Josefo, *Guerra de los judíos* 2.9.2 §§ 169-77). Herodes también ejercía control sobre la región, dando una apariencia de autogobierno judío, aunque su familia ejercía el poder político por la benevolencia de Roma desde el año 63 a.C., Felipe, hermano de Herodes, era el tetrarca de una región adyacente. Aparte de esta referencia sabemos muy poco sobre Lisanias.

La autoridad religiosa judía la ejercía la casa de Anás. Anás había sido sumo sacerdote entre los años 6 y 15 d.C., y sus hijos y otros parientes ocuparon el cargo de manera casi ininterrumpida durante muchos años después (Josefo, *Antigüedades* 18.2.1-2 §§ 26-35). Caifás era yerno de Anás. En Palestina, el ejercicio del poder era a menudo una cuestión de familia. El hecho de que Anás mantuviera el título de «sumo sacerdote» aunque ya no ejerciera el cargo, indica el respeto y reconocimiento de que gozaba. Juan comenzó su ministerio en un complejo escenario marcado por la interacción en los asuntos de la región de las administraciones políticas de Roma e Israel, así como la autoridad religiosa israelita (cf. Josefo, *Antigüedades* 18.5.2 §§ 115-18).

Lucas describe el ministerio de Juan como un llamamiento al arrepentimiento. La idea ética clave del Evangelio de Lucas comienza aquí. Ministrando en el desierto como cumplimiento del patrón de salvación indicado por Isaías, Juan predica un «bautismo de arrepentimiento para el perdón de pecados». Su ministerio en la región del Jordán pretende preparar al pueblo para la llegada de la salvación de Dios creando corazones abiertos para responder positivamente a la venida del Mesías (1:15-17, 76-77). Esta es la razón por la que, al citar a Isaías, Lucas menciona el allanamiento de los obstáculos en el camino de Dios. Si la Creación se inclina ante la venida de Dios, ciertamente también han de hacerlo los corazones humanos.

El rito del bautismo no tiene precedentes. En el judaísmo se practicaban repetidos bautismos para la purificación temporal, pero este era un llamamiento a prepararse para la llegada de la salvación: un solo bautismo para honrar la llegada de la era escatológica de la

---

2. Hay discusión sobre el criterio para el cómputo de los quince años. ¿Hay que contarlos desde la corregencia del año 11 d.C., desde la muerte de Augusto o desde la votación del Senado a favor de Tiberio en el 14 d.C.? ¿Hay que excluir el año de la llegada y, por tanto, iniciar el cómputo en los años 12 ó 15 d.C.? ¿Y cuál es el calendario que se utilizó (romano, judío, sirio o egipcio)? Se trata de cuestiones complejas, pero lo más probable parece ser que Lucas aluda a un año de entrada, que inicia el cómputo de quince años. Esto nos sitúa entre los años 28 y 29 d.C. (H. Hoehner, *Chronological Aspects of the Life of Christ* [Aspectos cronológicos de la vida de Cristo], [Grand Rapids: Zondervan, 1977], 29-44).

salvación.³ Curiosamente, como en el caso del llamamiento al arrepentimiento de Juan, Jesús verá más adelante su misión como la salvación de pecadores (5:31–32; 19:10), y sus discípulos llevarán un mensaje similar al compartir el Evangelio (Lucas 24:43–47).

Juan predica a la usanza de los profetas veterotestamentarios, demandando un «cambio de dirección» del corazón. Aunque la palabra griega para «arrepentimiento» (*metanoia*) significa «cambio de mente», el concepto de arrepentimiento tiene raíces veterotestamentarias en la idea de volverse a Dios (1R 8:47; 2R 23:25; Sal 78:34; Is 6:10; Ez 3:19; Am 4:6, 8; cf. los comentarios de Jesús en Lucas 24:43–47, donde se relacionan el Antiguo Testamento y el arrepentimiento). Para prepararnos para la salvación de Dios, nuestro corazón ha de abrirse a su mensaje. Cualquier duda de que esta es la idea clave de Juan puede aclararse en su exposición del arrepentimiento en Lucas 3:10–14, donde se define, no como un acto abstracto de la mente, sino como algo que se expresa en la acción. Juan es un centinela del plan de Dios que hace sonar la trompeta para anunciar que hay que prepararse para la llegada del Mesías. Con su venida toda la Humanidad verá la salvación de Dios (v. 6).

La posibilidad de la salvación implica también el acercamiento del juicio. Por ello, lo que es una oportunidad se convertirá en tragedia si no respondemos positivamente. En su preparación, Juan advierte al pueblo con su mención del hacha que pende sobre la raíz del árbol. Confiar en nuestra ascendencia y herencia no será motivo de elogio ante Dios. La salvación no es un asunto de herencia familiar; se produce por la fe, por una confiada entrega al Dios vivo.

Juan advierte claramente a las multitudes sobre el peligro de basarse en la propia ascendencia o en conexiones profesionales como garantía de la bendición divina.⁴ En Lucas 3:7–9 el Bautista subraya que el juicio está acerca, mientras que en 3:10–14 explica el modo en que hemos de responder. Lo interesante sobre esta combinación es que la percepción de nuestra responsabilidad ante Dios ha de hacernos más sensibles al modo en que tratamos a los demás. Para Juan, la dimensión ética de la vida se nutre de nuestra sensibilidad a nuestra relación horizontal con Dios.

Juan compara a la multitud con serpientes que huyen del fuego en el desierto. Cuando el calor llega a sus escondrijos, las serpientes salen reptando a toda velocidad. Las serpientes representan a menudo a los enemigos de Dios (Mt 12:34; 23:33; cf. Is 14:29; 59:5; Jer 45:22). La metáfora presenta a las personas sintiendo la proximidad del «fuego» y la necesidad de huir. Aun así, han de prestar atención a la posibilidad de la ira, el día del juicio de Dios. Esta imaginería recuerda algunos conceptos veterotestamentarios del día del Señor (Is 13:9; 30:23; Mal 3:2). En la proclamación de Juan, la buena nueva del acercamiento de la salvación tiene otra cara, la amenaza del juicio si no se responde a Dios.

---

3. Fitzmyer, *Luke* [Lucas], 460; H. Schürmann, *Das Lukasevangelium. 1 Teil. Kommentar zu Kap. 1,1–9,50* (HTKNT 3; Friburgo: Herder, 1969), 154–57; Nolland, *Luke 1:1–9:20* [Lucas 1:1–9:20], 141; especialmente R. Webb, *John the Baptizer and Prophet: A Socio-Historical Study* [Juan el bautizador y el profeta: un estudio sociohistórico], (JSNTMS 62; Sheffield: Sheffield Academic Press, 1991), 214–16, 254–348.
4. Curiosamente, el paralelismo de Mt 3:7 identifica a los receptores como los saduceos y los fariseos. Al parecer, Juan les habló a todos ellos, sin embargo, sus observaciones fueron especialmente valiosas para el liderazgo.

De hecho, Juan les está preguntando si entienden realmente el sentido de su bautismo y todo lo que está en juego, y formula un llamamiento ético en un estilo típicamente veterotestamentario. El pueblo ha de producir frutos dignos de arrepentimiento. Cuando nos volvemos a Dios, nuestra vida ha de ser distinta. Al Nuevo Testamento le encanta subrayar esta clase de «obras» (Lc 6:43–45; 13:6–9; 1Co 9:23; Col 3:17; Stg 1:19–25; 3:12–18). Volverse a Dios significa estar dispuestos a servir a los demás.

Al tener que afrontar esta decisión existe el peligro de depender de la ascendencia como criterio para acceder a la bendición. Es posible que quienes escuchaban a Juan asumieran que puesto que eran judíos e hijos de Abraham, formaban parte de la familia escogida de Dios y tenían la salvación garantizada. Juan habla de esta clase de pensamiento como algo mortal. Los judíos estaban orgullosos de su herencia (cf. 4 Esdras 6:56–58; Josefo, *Antigüedades* 3.5.3 §§ 87–88), no obstante, Juan advierte que dicha herencia no significaba nada cuando se trata de un individuo que no se vuelve de un modo personal a Dios.[5] Dios es poderoso para convertir en hijos suyos a meros objetos de la Creación, como por ejemplo piedras. Puesto que Abraham es una «roca» de la que sus hijos son cortados (Is 51:1–2), Juan está diciendo que Dios puede crear un nuevo grupo de personas. Cuenta con el poder creativo para llevar a él a quienes no son parte de la nación escogida.

El juicio está dispuesto para aquellos que no responden. De hecho, el hacha pende sobre la raíz del árbol, dispuesta para talar aquellos árboles que no dan fruto. Una vez cortados, estos árboles serán enviados al fuego (cf. Sal 74:5–6; Jer 2:21–22; 11:16; Ez 15:6–7; Os 10:1–2). Juan se sirve de las imágenes literarias del Antiguo Testamento para preparar al pueblo para la nueva era.

La multitud entiende el mensaje y pregunta lo que pueden hacer para evitar la ira venidera. La repetición de la palabra «hacer» o «producir» (*poieo*; vv. 8, 10, 12, 14) muestra la conexión entre los comentarios de Juan y la respuesta de la multitud. Los oyentes saben que lo importante no es bautizarse, sino responder a Dios con un cierto tipo de corazón y de vida.

Juan les dice que sean generosos, dándole una túnica a quienes la necesitan y comida a quienes carecen de ella. Los odiados recaudadores de impuestos también responden.[6] Este colectivo operaba según una especie de modelo piramidal, puesto que la recaudación de impuestos se otorgaba al mejor postor y las comisiones eran parte integral del sistema de recaudación. El hecho de que en el Nuevo Testamento a los «recaudadores de impuestos» se les vincule a menudo con los «pecadores» es una muestra del desdén que la sociedad judía sentía por ellos. Juan les dice que recauden únicamente lo estipulado por la Ley. Finalmente, a los soldados, que eran custodios de la paz y ejercían un gran poder, se les dice que no utilicen esa fuerza para extorsionar o acusar falsamente a

---

5. Tannehill, *The Narrative Unity of Luke-Acts* [La unidad narrativa de Lucas-Hechos], 50–145.
6. Donahue, «Tax Collectors and Sinners» [Recaudadores de impuestos y pecadores], *CBQ* 33 (1971): 39–61, detalla el funcionamiento de la recaudación de impuestos y lo muy odiados que eran estos judíos por trabajar para Roma. En el mundo antiguo los impuestos cubrían entre un 20 y un 30% de los ingresos propios.

las personas, y que se contenten con su paga.[7] Este último punto es importante, puesto que, teniendo en cuenta que el salario de los soldados era muy reducido, la presión económica podía llevarles a ver la extorsión como una alternativa. La palabra que se traduce como «extorsionar» (*diaseio*) es particularmente descriptiva, puesto que significa «sacudir con violencia».

Juan predica la preparación personal, pero también apunta a Jesús (3:15–17). Cuando se plantea la cuestión de si Juan es o no el Mesías, él niega las especulaciones y explica cómo pueden saber que ha venido el Cristo. Existe de hecho tanta diferencia entre ambos que Juan no se siente digno de realizar la más insignificante de las tareas que un esclavo puede llevar a cabo, a saber, desatar la correa de las sandalias de aquel que ha de venir.[8] Sabrán que el Cristo ha venido comparando su bautismo con el de Juan. Este último bautiza con agua, sin embargo, el Cristo traerá consigo el bautismo del Espíritu.

La idea de ser bautizado con el Espíritu y con fuego representa una presencia y una purificación que divide (Is 4:4–5).[9] En el Antiguo Testamento a la venida del Espíritu se la vincula a menudo con el tiempo del fin (Is 32:15; 44:3; Ez 36:25–27; Joel 2:28–32). Una evidencia de que este texto alude a la presencia y purificación la encontramos en el versículo 17, donde se dice que el «rastrillo» está dispuesto para limpiar la era. La imagen de la cosecha hace referencia a una horca de madera que se utilizaba para aventar el trigo, de modo que el viento se llevaba la paja y el grano caía al suelo para su recolección (Pr 20:28; Jer 15:7; Is 34:8–10). El bautismo del Espíritu reunirá a algunos, mientras que otros se alejarán por la fuerza del viento (cf. también Lc 12:49–53; 17:29–30).

Lucas observa que la enseñanza de las «buenas nuevas» con la que Juan exhortaba al pueblo era mucho más extensa (v. 18). Es interesante observar el modo en que Lucas yuxtapone las buenas nuevas y el juicio, una combinación que en nuestro tiempo rara vez observamos. El texto es honesto con respecto al juicio de Dios y la vindicación de la justicia que éste representa. Esta es la razón por la que el juicio puede formar parte de las buenas nuevas. Donde hay juicio, está también la oferta de misericordia.

El mensaje de Juan llega al escalón más elevado de la sociedad, y nadie escapa a su penetrante llamamiento al arrepentimiento. El Bautista censura a Herodes por su matrimonio con Herodías, un matrimonio por el que ambos dejaron a sus cónyuges. Además, Herodías había estado casada con el medio hermano de Herodes, una relación que según la Ley judía le impedía ser esposa de Herodes (Lv 18:16; 20:21).[10] Pero este es solo uno de los asuntos morales que Juan aborda. Herodes responde a esto con la típica reacción de un pecador empedernido, a saber, devolviendo el golpe y ence-

---

7. Sobre los soldados, ver Marshall, *Commentary on Luke* [Comentario de Lucas], 143; Heiland, «ὀψώνιον», *TDNT*, 5:592; Josefo, *Antigüedades* 17.8.3 §§ 198–99.
8. Tan baja era esta tarea que se exhortaba a los esclavos judíos a que no la realizaran (*Mekilta del Rabino Ismael* sobre Éx 21:2).
9. J.D.G. Dunn, *Baptism in the Holy Spirit* [El bautismo en el Espíritu Santo], (Londres: SCM, 1970).
10. Sobre Herodes, ver Hoehner, *Herod Antipas: A Contemporary of Jesus Christ* [Herodes Antipas: contemporáneo de Jesucristo], (Cambridge: Cambridge Univ. Press, 1972).

rrando a Juan en la cárcel. Ante la elección de arrepentirse o negar el pecado, el gobernante opta por quitar de en medio al que le llama a rendir cuentas. Lucas desplaza más adelante el relato de este encarcelamiento, de modo que cuando pasa a hablar de Jesús puede desarrollar la narración de su ministerio de manera ininterrumpida.[11]

Cuando pasamos a considerar el bautismo de Jesús, hay pocos momentos tan importantes como cuando el cielo habla (en este acontecimiento y en la Transfiguración). Este suceso tiene tres ideas significativas. (1) A Jesús se le identifica con el ministerio de Juan.[12] Aunque Mateo 3:13–17 lo expresa de manera más explícita, Jesús acepta el bautismo para poder identificarse con el mensaje de Juan.[13] Cuando Jesús se somete a este lavamiento, está afirmando que el mensaje de Juan es verdadero y que las personas han de prepararse para recibir la salvación.

(2) En una nota que Lucas consigna en exclusividad, Jesús está orando cuando el Espíritu desciende como una paloma sobre él. A Lucas le encanta mencionar que Jesús impregna su vida de oración (6:12; 9:18, 29; 11:1; 22:41). Este respaldo de Dios se produce en medio de una dulce comunión entre el Padre y el Hijo.

(3) Algo que con frecuencia se pasa por alto en este relato es que esta es probablemente una experiencia privada de Jesús. La voz le habla directamente a él; Lucas no registra ninguna reacción o respuesta de la multitud, como sucede en otros casos en los que tales acontecimientos tienen lugar de un modo más público (p. ej., Hch 9). Tanto Marcos como Lucas redactan el texto con la voz dirigiéndose directamente a Jesús (utilizando el pronombre «tú»), mientras que Mateo resume la importancia del comentario diciendo: «Este es mi hijo amado». El Evangelio de Juan observa únicamente que el Bautista vio descender a la paloma.

Lo más importante es que la «unción» se produce (cf. Lc 4:16–18). El Espíritu desciende como una paloma sobre Jesús. El simbolismo de la paloma es difícil de constatar. Al Espíritu se le asocia con la presencia de Dios en su tareas creativas y en la presencia de su Gracia (Gn 1:2; 8:8–12).[14]

El rasgo más importante del texto es la propia refrendación: Dios identifica a Jesús como Hijo suyo al tiempo que le unge para el ministerio. Este acontecimiento confirma el llamamiento de Jesús y da nombre a su función. El comentario: «Tú eres mi Hijo amado; estoy muy complacido contigo» aúna y entrelaza tres alusiones veterotes-

---

11. Lucas ha dispuesto claramente este comentario por razones literarias, puesto que en el siguiente acontecimiento se presenta a Juan bautizando a Jesús, un suceso que precede evidentemente al arresto de Juan. Los paralelismos del arresto son Mt 14:3–5 y Mr 6:17–20.
12. En Lucas 7:26–35; Hechos 10:37–38; 13:23–25 se consignan comentarios sobre el significado del ministerio de Juan.
13. Más parecido a Lucas es el otro paralelismo de Marcos 1:9–11. Juan 1:29–34 presenta el acontecimiento desde la perspectiva del Bautista. Mateo y Marcos observan que Jesús vino a Juan desde Galilea.
14. Aquellos que deseen ver resúmenes de las opciones pueden ver, Marshall, *Commentary on Luke* [Comentario de Lucas], 153–54.

tamentarias.¹⁵ (1) En Salmos 2:7 se identifica a Jesús como el Hijo mesiánico. Como hemos observado en Lucas 1:31–35, en el judaísmo el título «Hijo» es una alusión al Hijo de Dios. Las raíces de este título se remontan al pacto davídico, en el que Dios acordó tratar a los descendientes de David como un padre trata a un hijo (2S 7:7–16). En Salmos 2, el salmista explica la importancia de la Soberanía del Hijo aun en medio de la oposición y el rechazo. De modo que, cuando Dios utiliza este título aquí en Lucas, está señalando a Jesús como rey soberano.

(2) La siguiente alusión procede de Isaías 42:1, un pasaje que trata del Siervo (Mt 12:18). La identidad del «Siervo» en el Antiguo Testamento es objeto de debate. ¿Se trata de un personaje mesiánico o profético? El retrato que Isaías hace del Siervo le atribuye muchas cualidades proféticas, y el uso de un texto conceptualmente paralelo a Isaías 61:1–2 en Lucas 4:16–30 también muestra estas cualidades más proféticas. Más adelante, en los cantos del Siervo, surgen sus cualidades más singulares y mesiánicas de sufrimiento; parece sin embargo, que al hablar de Jesús como aquel en quien «estoy muy complacido», la voz alude a las cualidades proféticas de Jesús, combinando el reconocimiento de su autoridad con la presencia en él de verdad revelada.

(3) Se debate si hay una tercera alusión en la expresión «a quien amo» (NIV). Algunos citan Génesis 22:12, 16 como trasfondo y ven esta referencia como una descripción de Jesús en su condición de Hijo unigénito de Dios.¹⁶ Es posible que esto sea correcto, sin embargo, para interpretar este texto como una alusión al Hijo hemos de asumir dos sentidos a la vez: uno que apela a la imaginería de la realeza, y el otro a la tipología de Isaa.C. Otra opción más probable es considerarlo como una alusión a Isaías 41:8, donde se alinean las ideas de un Siervo escogido y una persona amada. El acento aquí está en la naturaleza de la posición del Hijo como escogido y en su especial relación con Dios.

Este acontecimiento «corona» el ministerio de Jesús, no haciendo de él algo que no era antes, sino reconociendo que ahora el hijo amado inicia el activo ejercicio de la autoridad que posee.

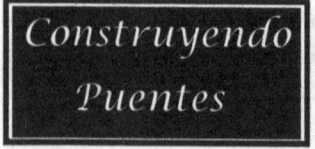

La mayor parte de esta sección de Lucas trata del ministerio de Juan Bautista. En este ministerio se incluye el bautismo de Jesús. Vamos a contextualizar estas dos unidades por separado.

Ministerio de Juan Bautista

Juan tiene un ministerio singular, puesto que hay un solo precursor con la tarea de prepararnos para la venida de Cristo; sin embargo, su ministerio refleja a los profe-

---

15. D. Bock, *Proclamation From Prophecy and Pattern: Lucan Old Testament Christology* [Proclamación desde la profecía y el patrón: cristología lucana veterotestamentaria] (JSNTMS 12; (Sheffield: JSOT Press, 1987), 100–105.
16. Por ejemplo, W.R. Stegner, *Narrative Theology in Early Jewish Christianity* [Teología narrativa en el cristianismo judío de la Antigüedad] (Louisville: Westminster/John Knox Press, 1989), 15–31.

tas del Antiguo Testamento en general. Este punto de conexión nos ayuda a cruzar los contextos. La profecía del Antiguo Testamento, aunque dirigida a Israel, el pueblo del pacto, refleja los valores éticos de Dios. De modo que estos textos son útiles «para reprender, para corregir y para instruir en la justicia» (2Ti 3:16–17). Aparte de esto, hoy tenemos también un ministerio que presenta a Cristo en vista de lo que ha hecho. La clase de preparación que demanda Juan («arrepentimiento») es similar al mensaje que Jesús pide que sus discípulos lleven al mundo (Lc 24:47). De modo que este pasaje descubre la clase de corazón que Dios desea.

Este pasaje muestra también una evidente mezcla entre la historia secular y la sagrada. En un sentido, no podemos distinguirlas, puesto que Dios participa en ambas. En nuestro tiempo tendemos a separar lo profano de lo sagrado. El profeta Juan está tan interesado en anunciar la venida de Jesús como en cuestionar a Herodes. Su papel profético es hablar del pecado o de la bendición dondequiera que surja cualquiera de las dos cosas. Hoy, en un tiempo en que los evangélicos están entrando de nuevo en la arena política, existe un peligro, y es que se confunda el partido con la Iglesia, haciendo de la política la respuesta a cosas que requieren más que una mayoría de votos o el crudo e inteligente ejercicio del poder político. Corremos el riesgo de ser selectivos en nuestra confrontación con el pecado, atacando la pereza de quienes abusan de las prestaciones sociales, mientras ignoramos las verdaderas injusticias que hacen que las personas crezcan en la pobreza o en medio de horrible violencia. El materialismo y la indulgencia, los pecados de Herodes, son igual de perniciosos desde un punto de vista espiritual que la pereza. Aprobar leyes sin la fibra moral para valorar la razón que las hace necesarias es únicamente un parche para la verdadera reforma del carácter.

Muchos de los conceptos que encontramos en este pasaje representan respuestas teológicas fundamentales a la revelación de Dios, por ejemplo, arrepentimiento contra el juicio y desconfianza en la herencia como base para acceder a la bendición. De hecho, tratar de serpientes a quienes descansan en las glorias del pasado es una muestra del grado de aversión que Dios siente hacia este tipo de presunción. Él solo honra la auténtica búsqueda de perdón.

Por ello deberíamos tener cuidado al leer este tipo de pasajes y asumir una forma de permanente vacunación genealógica de las consecuencias del pecado. Es cierto que, cuando confiamos en Cristo, recibimos el perdón de todos nuestros pecados, pero esto no significa que tengamos licencia para hacer lo que nos venga en gana. Dios aborrece el pecado, tanto si lo comete un creyente como alguien que no lo es. Sigue siendo necesario llevar el pecado ante él en sincera confesión y contrición. El Antiguo Testamento describe este tipo de reconocimiento anticipando la obra de Jesús en la ofrenda por el pecado. Si es cierto que Jesús murió por los pecados que cometemos antes de entregar nuestra vida a él, lo es también que ha pagado un alto precio por los que cometemos después.

En un sentido muy real, este pasaje se aplica a otro grupo, que yo llamo «tweeners» (término coloquial que alude a alguien que se sitúa entre dos opciones, confuso respecto a su identidad. N. del T.) Los «tweeners» son personas que consideran estar «en» relación con Dios, pero que en realidad no tienen comunión con él, porque no le han confiado sus vidas. Parecen estar dentro, pero de hecho están fuera; están situados en algún lugar entre lo que profesan y la realidad, de un modo distinto a alguien que rechaza abiertamente a Dios. Muchos de los judíos a quienes Juan se dirige consideraban tener una buena relación con Dios por causa de sus antepasados o por un cierto sentido de relación que experimentaban con él. Juan subraya que la relación con Dios no se basa en un derecho adquirido, sino en un corazón convertido conscientemente a él, y que busca su perdón. Esto significa que algunos de los oyentes de Juan, aunque creían estar «dentro», podían en realidad estar «fuera». Una de las verdades más fundamentales de la vida cristiana es la percepción de que nuestra salvación en Cristo no se basa en ningún derecho inherente que tengamos.

Ningún humano puede reclamar a Dios por este concepto (Ro 3:9–19; Ef 2:8–10). La verdad es que solo somos suyos porque conocemos nuestra necesidad de su Gracia, y por ello él puede hacer de nosotros la clase de personas que nos llama a ser. Solo él puede ayudarnos a manejar nuestro pecado heredado. Para que se manifiesten en esta vida el perdón y la justicia, han de venir por la Gracia de Dios, y el don de la nueva vida que él imparte a quienes se vuelven a Cristo con un corazón consciente de su necesidad. Nuestros avances en la vida cristiana vienen con el constante reconocimiento de que sin él y su Gracia, somos proclives al pecado. Por ello, el mensaje de Juan, aunque es una advertencia a los no creyentes y a los *tweeners*, también nos recuerda a los creyentes que la vida de Dios que poseemos es nuestra por su Gracia, de cuya riqueza tomamos una y otra vez para sustentarnos. A medida que recurrimos a esta Gracia, Dios producirá en nosotros frutos dignos de arrepentimiento. La Gracia de Dios existe para que podamos volvernos a él y convertirnos en personas dedicadas «a hacer el bien», como afirma Pablo en Tito 2:11–14. Tales frutos son una evidencia de que la Gracia de Dios está activa en nuestra vida.

El valor ético fundamental de tratar bien a los demás tiene también un valor intemporal. Esta manera de tratar a los demás surge de nuestra apreciación de Dios y de su Creación. Las advertencias de Juan se dirigen al mundo y a las personas que viven en él. Un mundo donde la autoridad se ejerce con un poder tan descontrolado que la posibilidad de abusos es casi un hecho. En Lucas 3:10–14 se consigna el llamamiento de Juan a los recaudadores de impuestos y a los soldados a no cometer abusos en el ejercicio de su poder. La aplicación de tales textos en muchos contextos del Tercer Mundo implica una radical redefinición del uso de los poderes. En el Tercer Mundo, los abusos de poder se producen a menudo de un modo visible y automático con el ejercicio del poder. Naturalmente, existen otras clases de abusos en el ámbito de la autoridad o las prácticas comerciales que son más sutiles que la extorsión o los impuestos excesivos. En los países desarrollados, los abusos suponen a menudo exigir a las personas más de lo que es saludable para sus familias, priorizando los requisitos del negocio. Los abusos de los países desarrollados pueden consistir en no remunerar a los obreros con pagas coherentes con su aportación, mientras que quienes ocupan los cargos superiores toman más de lo que merecen. En las iglesias de los países desarrollados existe una forma de abuso que consiste en utilizar constantemente el servicio de bienintencionados voluntarios sin ni siquiera detenerse a darles gracias de manera genuina o expresarles alguna forma de reconocimiento por su labor. En los países desarrollados los abusos a nivel social pueden concretarse en dar poca voz a los que no tienen dinero, mientras que quienes tienen recursos económicos pueden cabildear con los ricos y poderosos. Si Juan condena las prácticas del mundo romano que aquí se consignan, condena también por extensión las formas más sutiles de abuso de posición.

En el análisis de este pasaje no hemos de pasar por alto la idea de que todos somos responsables de la calidad moral de nuestra conducta. Es posible que, por su posición, Herodes se considerara por encima de la Ley moral de Dios, pero Juan no lo ve de este modo. Independientemente de la autoridad que Herodes pueda ejercer contra el profeta, Dios le sigue considerando responsable de sus decisiones morales.

La fidelidad de Juan como profeta se expresa en una competencia para tratar de manera directa las cuestiones del pecado y el juicio. Aunque es arriesgado e impopular, Juan es consciente de las demandas morales de su llamamiento. Conoce también los límites de su responsabilidad con respecto al juicio. No le toca a él blandir el hacha; el profeta solo puede señalar a Dios, que es quien, en el último análisis, asestará el golpe.

El bautismo de Jesús

El bautismo de Jesús tiene dos puntos de contacto esenciales con el presente. (1) Aquel bautismo daba su apoyo al ministerio de Juan. Todo lo dicho sobre Juan en Lucas 3:1–20 se confirma cuando Jesús da un paso al frente para recibir su bautismo. Sin embargo, lo que lo hace importante no es el rito en sí, sino lo que éste representa. Todo lo relativo a la preparación para la llegada de la salvación de Dios en Jesús en el siglo primero, a saber, la respuesta de nuestro corazón, es igualmente válida en nuestro tiempo. Para acercarnos a Jesús hemos de sentir la necesidad del perdón de nuestros pecados.

(2) Jesús aparece como plenamente aprobado por el Padre. Como Hijo prometido tiene soberana autoridad sobre las bendiciones de la salvación. Es una figura profética que revela el camino de Dios. Ha sido escogido para la tarea y es singular objeto del amor de Dios. Todo esto trasciende al cuadro de Jesús que presenta nuestra cultura.

El método de comunicación de Dios en el bautismo de Jesús difiere del modo en que normalmente nos habla a nosotros. Es muy raro (si es que sucede alguna vez), que Dios hable desde el cielo en voz audible. Lo más normal es que seamos dirigidos por la presencia del Espíritu en nuestro interior, en especial cuando buscamos la dirección de Dios en oración y consulta de las Escrituras. Asimismo, Dios puede hablarnos por las palabras de otros creyentes que se preocupan de nosotros. Esta es la razón por la que, allí donde se produce la comunión del Espíritu entre los santos, la comunidad es tan importante.

Significado Contemporáneo

Como en el apartado «Construyendo puentes», la mayor parte de esta sección trata del ministerio de Juan Bautista. Sin embargo, en este ministerio se incluye el bautismo de Jesús. Vamos, pues, a proceder aplicando estas dos unidades por separado.

Ministerio de Juan Bautista

Juan ilustra el modo en que han de llevar a cabo su tarea los heraldos de la Palabra. El predicador ha de proclamar el mensaje de las Buenas Nuevas y también exponer el pecado. Algunos predicadores del pasado tendían a subrayar tanto el pecado que uno se preguntaba dónde estaba la Gracia. Hoy nuestro problema es el contrario, a saber, confrontar a las personas con su responsabilidad y culpabilidad ante Dios. Los predicadores del mensaje de Dios han de ser equilibrados en la exposición de ambas realidades. El perdón no puede producirse sino donde se entiende la propia responsabilidad por el pecado y hay arrepentimiento.

Reconocer que somos responsables ante Dios puede ser asfixiante o liberador. Nos asfixia cuando insistimos en seguir pecando, agudizando nuestra culpabilidad. Nos libera cuando nos volvemos a Dios en busca de perdón y experimentamos la bendición de encontrarlo en abundancia. Para el creyente toda esta dinámica es igual de importante, por cuanto el perdón obtenido en la Cruz cuando nos entregamos a Jesús cubre todo pecado. Aunque quienes han recibido el perdón no serán castigados eternamente si siguen pecando, sufrirán las consecuencias que el pecado trae inevitablemente consigo. Por otra parte, tener el deseo de ser perdonado quiere decir que podemos reclamar la realidad del perdón que Jesús ha hecho posible de una vez y para siempre.

El perdón tiene otra derivación. Cuando, tras volvernos a Dios, somos perdonados, este perdón ha de producir un carácter transformado como respuesta a la Gracia. Juan da por sentado que el arrepentimiento tendrá unos frutos. En este mismo Evangelio Jesús dirá después que aquel a quien se le perdona mucho amará mucho al Señor (7:47). Ser profundamente conscientes de haber sido perdonados sirve de impulso a la conciencia de nuestra necesidad de cambio. Cuando nos damos cuenta de lo que el pecado nos cuesta a nosotros y a Dios, estamos más preparados para apartarnos de él.

Si alguien pregunta cuál es el aspecto externo de una vida transformada, la sencilla respuesta es que aquí implica tratar a las personas con generosidad, satisfacer sus necesidades y negarnos a abusar de la autoridad que podamos tener sobre los demás (3:10–14). En otras palabras, una vida transformada modifica nuestra forma de relacionarnos con los demás. Las personas no han de ser ignoradas, utilizadas, ni objeto de abuso. Dios honra a quienes honran a los demás. Esta es la razón por la que en el Padrenuestro pedimos que se nos perdonen los pecados como nosotros perdonamos a quienes pecan contra nosotros. La persona perdonada ha de convertirse en perdonadora, y la liberada en liberadora. Del mismo modo que el Padre nos ha mostrado su buena voluntad, nosotros hemos de mostrársela también a los demás.

Otra importante nota de este texto es la idea de que las conexiones culturales no son ninguna garantía de salvación. Nacer en un «país cristiano», crecer en un «hogar cristiano», asistir a una «iglesia cristiana», y vivir según la «moral cristiana» no significa nada, si no hemos respondido personalmente a la oferta de perdón que se nos hace cuando acudimos a Jesús. Ningún bautismo, grado de asistencia a una iglesia o pasado cristiano de nuestra familia puede sustituir al hecho de que nos volvamos personalmnte a Jesús con una clara conciencia de que él es quien perdona nuestros pecados. No hay mejor aplicación del mensaje del precursor que volvernos a aquel más poderoso que él a quien señaló como portador de la salvación de Dios. Confiar en Jesús como aquel que imparte el perdón de pecados es aplicar este texto en su forma más fundamental.

Lo que convierte en un imperativo la respuesta a esta cuestión es la importancia de la venida de Jesús como divisor de la Humanidad. Jesús es mucho mayor que cualquier profeta; no es simplemente un moralista como nuestra cultura tiende a representarle. Como portador del Espíritu y quien separa el trigo de la paja, es evidente que todo el mundo tiene una participación en la venida de Jesús. Nadie puede soslayar su responsabilidad ante él. Él es quien empuña el bieldo, y todos nosotros seremos aventados y evaluados por el modo en que hemos respondido a él.

La represión de Herodes remacha aún más esta cuestión. Aun aquellos posicionados en las clases sociales más elevadas y que ejercen el grado más elevado de poder secular están sujetos a las demandas morales de Jesús. Los poderosos se sienten a veces más inmunes con respecto a su responsabilidad ante Dios y pueden desarrollar un falso sentido de independencia. La represión de Juan indica que aunque él no puede forzar el arrepentimiento de Herodes, éste es responsable ante Dios de su conducta. Nadie está por encima de las normas de Dios. Cuando se trata de él, todos estamos sujetos a las mismas reglas.

La respuesta de Herodes nos ofrece otra lección. A veces, los pecadores responden con hostilidad cuando al pecado se le llama por su nombre. Herodes intentó ahogar la molesta presencia de una conciencia humana encarcelando a Juan. No obstante, nada de lo que Herodes pueda hacer inhabilita su responsabilidad.

La fidelidad de Juan nos lleva a una última observación. En ocasiones, hacer la voluntad de Dios no es popular; puede implicar un riesgo personal. Juan habla y ha de sufrir las consecuencias de su posición pública. Describe al pecado tal como es y llama a las personas a responder a Dios por él, sin embargo, muestra asimismo el modo de escapar de sus siniestras garras. La Iglesia de nuestro tiempo ha de hacer lo mismo. Hemos de hablar con honestidad del coste que la Cruz tuvo para Dios, puesto que el pecado es costoso para la Humanidad. También hemos de tener claro que nosotros no estamos exentos de la confesión del pecado que proclamamos a otros. Jesús no salva a personas perfectas, sino perdonadas; gente cuyo pecado adquiere muchas formas, pero que ha recibido un mismo perdón ofrecido por la grandeza del dador. Advertir sobre el juicio sin proclamar el Evangelio es tan desequilibrado como predicar el Evangelio sin transmitir una idea de la culpabilidad que viene con el pecado. El mensaje de la Iglesia ha de mantener un equilibrio entre el pecado y el perdón. El puente que cruza la sima del pecado es el reconocimiento de que con el arrepentimiento viene el perdón. Entender la profundidad de la bondad de Dios genera la fe que salva.

El bautismo de Jesús

No ha de pasarse por alto el hecho de que el bautismo de Jesús aparece enmarcado por la oración. Si el amado Hijo de Dios tiene comunión con él por medio de la oración solicitando dirección para la vida, ¡cuánto más deberíamos tenerla nosotros! Mantener un tiempo regular de oración es una cuerda de salvamento en nuestra relación con Dios. No orar es como querer vivir el matrimonio sin hablar con tu cónyuge. Se hace casi imposible estar en verdadera sintonía el uno con el otro al enfrentar los desafíos de la vida. Por ello, la Escritura nos insta a orar sin cesar (cf. Lc 18:1; 1Ts 5:17).

La principal aplicación de este texto está en su cristología. En nuestra cultura muchos respetan a Jesús, considerándole un maestro religioso muy importante, y distinguiéndole incluso entre los maestros religiosos más relevantes de todos los tiempos. Otros hasta le reconocen como profeta, concediéndole un lugar de privilegio dentro del reducido club de reveladores de la divinidad. Sin embargo, por elevadas que sean estas notas de honor y respeto, son insignificantes si las comparamos con el retrato bíblico. Lucas muestra que Jesús no tiene paralelo, ni antes ni después de su venida. El Salón de la Fama en el que se le sitúa contiene un solo retrato que es el suyo. Ha habido otros grandes maestros, profetas y reyes, pero solo hay uno que haya combinado estos roles como el Hijo de Dios.

La relevancia de esta realidad es que cuando uno se acerca a Jesús, no se acerca a una verdad entre muchas. La religión no es como la barra libre de un bufé, donde cada cual elige la comida que le apetece. El mensaje de Jesús es único. El camino al Padre es él mismo (Jn 14:6; Hch 4:12). La fe religiosa del mundo no es tampoco como una enorme red viaria internacional en la que muchas carreteras llevan a Dios. Jesús está al alcance de toda la Humanidad, de modo que su oferta no es exclusiva. Sin embargo, para conocer al Padre, hemos conocer al Hijo. Es posible que este mensaje vaya contracorriente de nuestro actual pluralismo cultural, sin embargo, ciertamente refleja que Jesús es único: «Tú eres mi Hijo amado; estoy muy complacido contigo». Con este respaldo divino, no podemos sino escucharle con atención.

Lamentablemente, en nuestros días incluso algunos evangélicos se cuestionan hasta qué punto es exclusivo y necesario el reconocimiento de la fe en Jesús. Afirman que hemos de estar «abiertos a Dios» y defienden la posibilidad de que, en virtud de la obra de Jesús, Dios salve a algunos que están fuera de él.[17] Sin embargo, este acento no concuerda con la clase de llamamientos que Pablo hizo a los judíos, que conocían a Yahveh y eran completamente sinceros por lo que a sus creencias se refiere (Ro 9:33–10:4). Si quienes no han oído pueden ser salvos sin Jesús, ¿por qué predicarles el Evangelio y ponerles en peligro? El unigénito Hijo de Dios tenía una misión singular. Él es el camino, la verdad y la vida; nadie viene al Padre sino por él (Jn 14:6). Esta verdad bíblica fundamental no puede ser objeto de revisión, por difícil de digerir que sea para nuestra concepción pluralista del mundo. En un ensayo anterior, resumí esta cuestión del modo siguiente:

> La ignorancia y la «devoción de quienes temen a Dios» no ofrecen en sí mismas ninguna esperanza de poder entrar en la presencia de Dios fuera de

---

17. Aquellos que deseen dar un vistazo a este debate, pueden ver William V. Crockett y James G. Sigountos, ed., *Through No Fault of Their Own? The Fate of Those Who Have Not Heard* [¿Sin culpa propia? El destino de los que no han oído], (Grand Rapids: Baker, 1991); Ramesh P. Richard, *The Population of Heaven* [La población del cielo], (Chicago: Moody, 1994); Roger Olson, «Has God Been Held Hostage by Philosophy?» [¿Es acaso Dios rehén de la Filosofía?], *CT* 39 (9 de enero de 1995), que es uno de los varios estudios sobre los aspectos más recientes de este debate.

Jesús, como muestra el Nuevo Testamento. La devoción a Dios ha de ser guiada por el conocimiento. En otras palabras, hemos de creer en la justicia que procede de Dios por medio de la fe en Jesús. Puede que Hechos 17:30–31 lo exprese con más claridad: «Pero Dios, habiendo pasado por alto los tiempos de esta ignorancia, ahora manda a todos los hombres en todo lugar que se arrepientan; por cuanto ha establecido un día en el cual juzgará al mundo con justicia, por aquel varón a quien designó, dando fe a todos con haberle levantado de los muertos» (RV60). Para conocer a Dios hemos de conocer a aquel que ha sido designado por él. En pocas palabras, para formar parte del reino, hemos de conocer al Rey.[18]

---

18. Darrell Bock, «Athenians Who Have Never Heard» [Los atenienses que no habían oído], en Crockett y Sigountos, *Through No Fault of Their Own*? 124.

Lucas 3:23-38

Jesús tenía unos treinta años cuando comenzó su ministerio. Era hijo, según se creía, de José, hijo de Elí, 24 hijo de Matat, hijo de Leví, hijo de Melquí, hijo de Janay, hijo de José, 25 hijo de Matatías, hijo de Amós, hijo de Nahúm, hijo de Eslí, hijo de Nagay, 26 hijo de Máat, hijo de Matatías, hijo de Semeí, hijo de Josec, hijo de Judá, 27 hijo de Yojanán, hijo de Resa, hijo de Zorobabel, hijo de Salatiel, hijo de Neri, 28 hijo de Melquí, hijo de Adí, hijo de Cosán, hijo de Elmadán, hijo de Er, 29 hijo de Josué, hijo de Eliezer, hijo de Jorín, hijo de Matat, hijo de Leví, 30 hijo de Simeón, hijo de Judá, hijo de José, hijo de Jonán, hijo de Eliaquín, 31 hijo de Melea, hijo de Mainán, hijo de Matata, hijo de Natán, hijo de David, 32 hijo de Isaí, hijo de Obed, hijo de Booz, hijo de Salmón,[e] hijo de Naasón, 33 hijo de Aminadab, hijo de Aram, hijo de Jezrón, hijo de Fares, hijo de Judá, 34 hijo de Jacob, hijo de Isaac, hijo de Abraham, hijo de Téraj, hijo de Najor, 35 hijo de Serug, hijo de Ragau, hijo de Péleg, hijo de Éber, hijo de Selaj, 36 hijo de Cainán, hijo de Arfaxad, hijo de Sem, hijo de Noé, hijo de Lamec, 37 hijo de Matusalén, hijo de Enoc, hijo de Jared, hijo de Malalel, hijo de Cainán, 38 hijo de Enós, hijo de Set, hijo de Adán, hijo de Dios.

Sentido Original

Mantener registros genealógicos era una práctica muy popular en el judaísmo. Solo hay que leer Génesis 4-5; 10; o 1 Crónicas 1-9 para ver lo importante que era en el pensamiento judío poder trazar la línea de la propia ascendencia.[1] Los griegos también eran muy aficionados a trazar sus raíces (Diógenes Laercio, *Vida de Platón* 3.1-2; Plutarco, *Vidas paralelas*, Alejandro 2.1).[2] Por ello, cuando Lucas consignó un registro de los antepasados de Jesús, los lectores habrían entendido muy bien lo que estaba haciendo.

La ascendencia de alguien puede ser muy reveladora, y en el caso de Jesús lo es de manera especial. Si comparamos la genealogía de Lucas con Mateo 1:1-17 se ponen de relieve varios rasgos sobresalientes. (1) Lucas ubica su genealogía en un lugar distinto que Mateo. Mateo comienza el libro con su lista, mientras que Lucas la sitúa entre el bautismo de Jesús como Hijo y las tentaciones que le ponen a prueba. Lucas está respondiendo a la pregunta: ¿Cumple Jesús los requisitos del prometido Hijo de Dios? (2) La genealogía de Lucas sigue un orden contrario a la de Mateo, y se dirige desde el presente al pasado. (3) La lista de Lucas va más lejos que la de Mateo. Mateo se detiene al llegar a Abraham, mientras que Lucas continúa hasta llegar a Adán. Con este toque, Lucas indica que la historia de Jesús es la de la Humanidad.

(4) Hay también algunas diferencias en los listados, un asunto cuya explicación no está del todo clara. Mateo traza la línea de Jesús a través de Salomón, mientras que

---

1. Josefo observa la importancia que tenía la ascendencia para los judíos en *Vida* §§ 3-6; *Contra Apión* 1.7 §§ 30-36.
2. L.T. Johnson, *Luke* [Lucas] (Sacra Pagina 3; Collegeville, Minn.: Liturgical Press, 1991), 72.

Lucas la hace pasar por Natán. En Mateo, al abuelo de Jesús se le llama Jacob, sin embargo, en Lucas es Elí.[3] Algunos piensan que estas diferencias no pueden reconciliarse, mientras que otras opinan que sí. Algunos sostienen que Lucas nos presenta la línea de María, mientras que Mateo tiene la de José, puesto que Lucas cuenta la historia desde la perspectiva de María. El problema de este acercamiento es que partir de María para la genealogía sería algo sin precedente, especialmente teniendo en cuenta que en la línea no aparece ninguna otra mujer. Otros sugieren que la línea de José se traza de dos formas distintas: Mateo nos presentaría la línea natural, mientras que Lucas trazaría la real. Otros hacen esta misma distinción, pero argumentan que va por el otro camino. Están también los que establecen la distinción entre la línea física y la legal, observando la presencia de algunos matrimonios leviráticos en la lista (Dt 25:5–10), especialmente en el nivel de los abuelos. Nolland sugiere que quizá Elí no tuvo hijos y adoptó a José, de modo que la lista de Lucas reflejaría una adopción.[4] Es posible que la línea de Lucas sea también una línea legal por la maldición de Jeconías (Jer 22:30), puesto que Mateo le menciona y Lucas no. No hay forma de establecer la superioridad de alguna de estas opciones sobre las demás, pero cabe observar que existen distintas formas de reconciliar las diferencias de las listas.

La intención general de la enumeración de Lucas está clara, a saber, mostrar la conexión de Jesús con David, Abraham y Adán. Cada una de estas conexiones permite decir algo sobre la identidad de Jesús y sus cualificaciones para servir. La conexión con David establece sus derechos como heredero real; Jesús puede ser rey de Israel.[5] Ser «Hijo de Dios» en este sentido conlleva el derecho a gobernar como el Prometido, el Hijo de David (1:31–35; cf. 2S 7:6–16). La conexión con Abraham vincula a Jesús con la promesa y esperanza de la nación. El nexo con Adán le permite a Lucas argumentar que Jesús representa a toda la Humanidad. De manera que, en Jesús, Dios ha diseñado cuidadosamente las cosas para que, como Hijo, Jesús pueda materializar tanto la esperanza del Antiguo Testamento como la de la Creación.

Cuando Lucas introduce su genealogía, consigna la edad de Jesús al comienzo de su ministerio que era de treinta años (3:23). El evangelista observa también que éste era hijo «según se creía» de José, ratificando sus declaraciones precedentes sobre su nacimiento milagroso por medio de María. A pesar de esta salvedad, la paternidad legal seguía siendo la fuente de las antiguas genealogías, de modo que se trata probablemente de la línea de José. Es esta distinción lo que hace de la línea de Lucas una línea «legal».

---

3. R.H. Stein, *Luke* [Lucas], (The New American Commentary; Nashville: Broadman, 1992), 141.
4. Nolland, *Luke 1:1–9:20* [Lucas 1:1–9:20], 170–72.
5. Algunos sostienen que la elección por parte de Lucas de Natán como hijo de David indica un enfoque profético, no regio; así lo considera M. Johnson, *The Purpose of Biblical Genealogies* [El propósito de las genealogías bíblicas], (SNTSMS 8; Cambridge: Cambridge Univ. Press, 1988), 234–52. Pero Fitzmyer (*Lucas*, 497) sostiene correctamente que esta alternativa requiere que Natán, el hijo de David, sea la misma persona que Natán el profeta, una identificación que no puede establecerse. De modo que es poco verosímil que haya un acento profético. Aun si tuviéramos que defender la línea de Natán, tendríamos una genealogía con un acento regio.

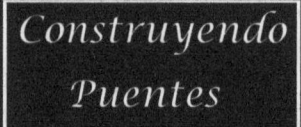

Construyendo Puentes

Es evidente que la genealogía de Lucas sirve para autenticar el derecho de Jesús a servir a Dios como mediador de la Humanidad. Teniendo en cuenta que esta ascendencia es única y solo se aplica a él, no se requiere mucha contextualización. Solo hemos de reflexionar sobre este pasaje que muestra la gran riqueza de los orígenes de la familia de Jesús.

El hecho de que esta genealogía se extienda hasta Adán nos dice algo fundamental. El prometido rey de Israel es también cabeza de la raza humana. La promesa de Dios a Israel llega a ser nuestra promesa en Cristo. Los gentiles han sido injertados en la bendición junto a los judíos que creen en Jesús. Cualquiera que confía en Jesús se convierte en hijo de Abraham (Ro 4; 11; Gá 3:26–29) y forma parte de esta línea de la promesa. Esta enumeración de nombres que se extiende a lo largo de los siglos declara que Dios va a hacer algo especial, único, en su Creación. La relación con Jesús y la promesa es una oportunidad de bendición que a Dios le llevó siglos preparar.

Es importante apreciar el carácter único de esta lista. Todos nosotros tenemos genealogías, pero ninguna de ellas nos otorga las credenciales para ser el Hijo escogido de Dios. Es a través de él como recibimos nuestro papel en la familia de Dios. En un sentido, la única genealogía que cuenta para nosotros es la que nos conecta con Jesús, puesto que su obra hace que nuestras raíces biológicas sean menos relevantes. Dios engendra a sus hijos entre judíos y gentiles, hombres y mujeres, negros y blancos, croatas y serbios (Gá 3:29).

Significado Contemporáneo

Lo que nos muestran las genealogías de este tipo es que nadie es una isla para sí mismo. Llegamos al mundo reflejando un legado y representando a alguien. Jesús no es ninguna excepción. Además de David, Abraham y Adán, su familia está llena de importantes personajes históricos: por ejemplo, Zorobabel, Isaí, Boaz, Judá, Jacob, Isaac, Sem, Noé y Enoc. En esta lista hay algunos que anduvieron en estrecha relación con Dios y otros que lo hicieron de un modo irregular. En un sentido, Jesús les representa, de un modo muy parecido a como lo hace con nosotros. En la lista hay también personajes muy variados. Algunos de ellos son personas muy conocidas en el Antiguo Testamento que dejaron una gran impronta; a otros solo les conocemos por su presencia en esta lista. Jesús representa tanto a los famosos del mundo como a los desconocidos.

Las iglesias reflejan esta verdad. Algunos que se mueven dentro de la comunidad cristiana reciben mucha atención pública; a otros apenas se les conoce. No obstante, Dios les conoce a todos y honra la fidelidad de todos, independientemente de la notoriedad pública que alcance tal fidelidad. Uno de los grandes ejemplos de esta verdad lo encontramos en el testimonio de grandes santos, cuando afirman que Dios les habló decisivamente por medio de un abuelo, pariente o amigo que pasó desapercibido para el mundo. A menudo, la obra de Dios pasa por vicisitudes y da giros inesperados y misteriosos.

En el último análisis, las raíces de Jesús se remontan a Adán, el personaje que nos une a todos. En un tiempo en que la diversidad y odios étnicos se elevan a niveles casi religiosos, es sano reflexionar y ver que a pesar de nuestra gran disparidad la Humanidad es una. En su provision para la Humanidad, Jesús nos representa a todos. Es fácil que nuestra nacionalidad, raza o posición social puedan cegarnos para no ver esta verdad fundamental. Como seres humanos no solo compartimos un planeta, sino también una relación los unos con los otros. Hay algo que trasciende todo esto y es el hecho de que Jesús, como Hijo, nos ofrece la oportunidad a todos por igual de participar en la rica bendición de Dios.

Jesús vino para reconciliarnos el uno con el otro (Ef 2:11–22), y está en una posición singular para llevar a cabo esta meta. El plan salvífico de Dios revela que no pretendía ser un dios tribal de un solo pueblo o región. Vino para todos.

Lucas 4:1-13

Jesús, lleno del Espíritu Santo, volvió del Jordán y fue llevado por el Espíritu al desierto. 2 Allí estuvo cuarenta días y fue tentado por el diablo. No comió nada durante esos días, pasados los cuales tuvo hambre. 3 —Si eres el Hijo de Dios —le propuso el diablo—, dile a esta piedra que se convierta en pan. 4 Jesús le respondió: —Escrito está: «No sólo de pan vive el hombre». 5 Entonces el diablo lo llevó a un lugar alto y le mostró en un instante todos los reinos del mundo. 6 —Sobre estos reinos y todo su esplendor —le dijo—, te daré la autoridad, porque a mí me ha sido entregada, y puedo dársela a quien yo quiera. 7 Así que, si me adoras, todo será tuyo. Jesús le contestó: 8 —Escrito está: «Adora al Señor tu Dios y sírvele solamente a él». 9 El diablo lo llevó luego a Jerusalén e hizo que se pusiera de pie en la parte más alta del templo, y le dijo: —Si eres el Hijo de Dios, ¡tírate de aquí! 10 Pues escrito está: «Ordenará que sus ángeles te cuiden. Te sostendrán en sus manos 11 para que no tropieces con piedra alguna». 12 —También está escrito: «No pongas a prueba al Señor tu Dios» —le replicó Jesús. 13 Así que el diablo, habiendo agotado todo recurso de tentación, lo dejó hasta otra oportunidad.

Sentido Original

Antes de comenzar su ministerio, Jesús hace frente a Satanás tras ser llevado por el Espíritu al desierto.[1] Lucas subraya doblemente la guía del Espíritu observando que Jesús estaba «lleno del Espíritu Santo» y que «fue llevado por el Espíritu al desierto». Por consiguiente, lo que aquí sucede tiene lugar bajo la dirección de Dios. Algo importante también para trazar el trasfondo de este suceso es el hecho de que se produce tras cuarenta días de ayuno. En la Biblia, el número cuarenta es muy significativo (Gn 7:4; Lv 12:1-4; Nm 14:33; Dt 25:3; Ez 4:6; sobre el ayuno, ver Éx 34:28; Dt 9:9; 1R 19:8).[2] Este ayuno consistía probablemente en no ingerir sino mínimas cantidades de bebida. El comentario es importante, puesto que la prueba de Jesús se lleva a cabo en un ambiente radicalmente distinto al de Adán.

La conclusión de la anterior genealogía «hijo de Adán, hijo de Dios» (3:38) sugiere la comparación con Adán. El enfrentamiento cósmico de Jesús con Satanás rememora

---

1. Este suceso tiene dos paralelismos. Marcos 1:12-13 se limita a resumir brevemente este suceso. Mateo 4:1-13 es paralelo, a excepción del orden de las tentaciones que difiere (la tercera tentación de Lucas es la segunda de Mateo). Lo más probable es que Lucas haya alterado el orden para que la tentación que tiene lugar en Jerusalén sea la culminante, puesto que Jerusalén es muy importante para el relato de Lucas. La falta de claros indicadores temporales en el texto de Lucas y la ausencia de cualquier nota sobre el cese de Satanás apoyan esta conclusión. Para otras posibles explicaciones, ver C. Kimball, *Jesus' Exposition of the Old Testament in Luke's Gospel* [La exposición que Jesús hace del Antiguo Testamento en el Evangelio de Lucas], (JSNTMS 94; Sheffield: Sheffield Academic Press. 8.
2. Marshall, *Commentary on Luke* [Comentario de Lucas], 169.

aquel encuentro anterior que tuvo consecuencias tan terribles para la Humanidad. Otro importante acontecimiento bíblico que aflora en este pasaje es el del Éxodo, puesto que Jesús utiliza el libro de Deuteronomio para responder a todas y cada una de las tentaciones satánicas.

El victorioso encuentro de Jesús con el diablo pone de relieve la completa dedicación de aquel a la voluntad y llamamiento de Dios. Jesús tomará únicamente el camino que Dios le señala. Prescindirá de cualquier atajo. Sabe que el éxito de nuestro andar con Dios pasa por ir solo allí donde el Padre nos guía.

El acontecimiento gira en torno a tres tentaciones diferentes. Dos de ellas se centran específicamente en la filiación de Jesús como blanco del ataque (vv. 3, 9). Satanás argumenta con intensidad, utilizando una cláusula condicional en la que la palabra «si» (*ei*) presenta la condición como si fuera un hecho, aunque esconde motivos más siniestros. Tienta a Jesús para que actúe de un modo que demuestre su condición de Hijo. Naturalmente, la meta que persigue tras estas tentaciones es exactamente lo contrario: Seducir a Jesús para que actúe de manera independiente del Padre y crear así una forma de filiación rebelde. En todos los casos, Jesús se sirve de la Escritura para rebatir los intentos de Satanás.

La primera tentación cuestiona la provision y cuidado de Dios. La premisa de Satanás es que la filiación de Jesús ha de significar que Dios no quiere que pase hambre en el desierto, por tanto, el poderoso Hijo solo tiene que convertir algunas piedras en pan y satisfacer así, por medio de su poder, sus necesidades esenciales. Pero Jesús entiende que tal petición no supone un reto para que demuestre su poder, sino para que actúe de un modo independiente. Esta independencia es debilidad y lleva al fracaso. La respuesta de Jesús procede de Deuteronomio 8:3b, y su argumento es que la vida requiere más que comida. De hecho, si nos atenemos a las prioridades, la vida no se define en absoluto por el pan, sino por la práctica de la voluntad de Dios y la dependencia de su guía. En la cita de Deuteronomio, la línea siguiente alude a vivir de toda palabra que sale de la boca del Señor. Seguir a Dios es vivir.

La segunda tentación es una invitación a adorar a Satanás abandonando la lealtad al Padre, un desafío directo al primer mandamiento (Éx 20:3). Satanás muestra a Jesús todos los reinos del mundo y le promete autoridad sobre todos ellos si le adora.[3] Lo que de hecho le propone es una alianza con él. La tentación no consiste solo en que se una a Satanás, sino en que Jesús renuncie al programa del ministerio que tiene por delante. Puede evitar el rechazo y el sufrimiento y conseguir un rápido acceso al poder.

Aunque Satanás posee una gran autoridad (Jn 12:31; 14:30; 16:11; 2Co 4:4; Ef 2:2), no está realmente en condiciones de cumplir lo que ofrece a Jesús. La propuesta en cuestión no es más que delirio y mentira, como todos los intentos de Satanás para apartarnos del camino. La respuesta de Jesús deja claro que sabe cuál es el camino verdadero. Transitar el camino de Satanás no es un medio para conseguir poder,

---

3. El griego es particularmente sorprendente aquí. Literalmente, el orden de las palabras reza, «*A ti* te daré toda esta autoridad y su gloria». En otras palabras, la petición se expresa en términos indulgentes.

sino para perderlo. No existen caminos rápidos y fáciles para la gloria mesiánica o para la supervivencia espiritual en un mundo hostil. Jesús opta por recibir del Padre lo que solo el Padre está autorizado para dar. Por consiguiente, Jesús replica con Deuteronomio 6:13. Hay un solo ser digno de adoración: el Señor Dios. Este texto procede de una porción que sigue a la *Shemá* (Dt 6:4–9), que los judíos recitaban a diario. Este versículo presenta otra importante realidad, a saber, que con la adoración viene el servicio. El verdadero servicio significa permanecer unido a Dios.

La tercera tentación, como la segunda, implica la experiencia de algún tipo de visión. Jesús es llevado al templo de Jerusalén, probablemente al Pórtico Real del costado suroriental del templo, que se asoma a un precipicio y al valle de Cedrón que discurre unos 150 metros por debajo.[4] Josefo menciona que con solo asomarse al borde de este barranco las personas se mareaban (*Antigüedades* 15.11.5 §§ 411–12). Arrojarse desde un lugar tan alto y sobrevivir requeriría la intervención de Dios. Aludir al templo pone probablemente de relieve la idea de la presencia de Dios como ayuda en el trance. No hay indicaciones de que esta tentación se produjera llevando físicamente a Jesús al pináculo del templo.[5] Da más bien la impresión de que fue una creativa representación de una situación «potencial».

El tentador añade otro elemento a la seducción con una cita de la Escritura, en concreto Salmos 91:11–12, un texto que promete la protección de Dios a los suyos. La premisa es, «si Dios protege a los suyos y tú eres su Hijo, puedes entonces saltar sin preocuparte; puedes arrojarte por el precipicio y salir ileso». Sugiere que esta milagrosa protección realzará la singular dependencia de Jesús al lanzarse sobre los protectores brazos de Dios. Por otra parte, no hay duda de que Dios no permitirá que los suyos sufran.

Aunque suene muy espiritual, Jesús reconoce en este comentario una presuntuosa prueba del cuidado de Dios. Dios no le ha pedido a Jesús que lleve a cabo tal acción, y ésta crea de manera artificial la necesidad de que Dios actúe. Puesto que sitúa a Dios en una posición forzada, esta acción supone realmente una falta de fe y compromete a Dios con una prueba arbitraria. Los hijos de Dios no han de plantearle esta clase de pruebas. Así pues, Jesús replica con Deuteronomio 6:16, un texto que reprendía a Israel por poner a Dios a prueba en lugares como Masá (Éx 17:1–7). Jesús no quiere probar a Dios o distinguir su ministerio con un llamativo alarde sobrenatural con propósitos egoístas; su ministerio mesiánico no será un espectáculo itinerante de milagros.

Después de estos tres fracasos, Satanás se aleja por un tiempo. Su alejamiento no es muy prolongado, puesto que en 4:31–44 vuelve a producirse un enfrentamiento con los demonios. La superación de toda esta prueba, muestra la fidelidad de Jesús, poniendo de relieve aquellas cualidades que hacen de él un hijo digno y ejemplar.

---

4. Plummer, *Luke* [Lucas], 113.
5. B. Gerhardsson, *The Testing of God's Son* [La prueba del Hijo de Dios], (Lund: Gleerup, 1966), 56–58.

Construyendo Puentes

Este texto pone de relieve tanto el procedimiento de Satanás en la tentación como el modo en que Jesús la resiste. Como se ha dicho anteriormente, en cada caso Satanás utiliza la táctica de apelar al egoísmo para justificar la acción que quiere que Jesús lleve a cabo: «No hay duda de que has de alimentarte, Jesús»; «Sin duda el Padre quiere que tengas autoridad, de manera que solo tienes que darme tu lealtad»; «Es evidente que Dios protegerá a su Hijo, ¿que hay, pues, de malo en ponerle a prueba?» Esta clase de independencia de Dios es la esencia de la apostasía y la deserción espiritual, y evoca las primeras tentaciones de Génesis 3:1, 5: «¿Es verdad que Dios les dijo...?» y, «Dios sabe muy bien que, cuando coman de ese árbol [...] llegarán a ser como Dios».

Aunque las tentaciones de Jesús son únicas, no lo son, sin embargo, los retos y ataques satánicos a nuestra lealtad. Es posible que Satanás no reproduzca exactamente las mismas tentaciones con nosotros, especialmente teniendo en cuenta que no somos el Hijo único de Dios, no obstante sí utiliza la misma cuestión clave, a saber, poner a prueba nuestra fidelidad. Su propósito es sabotear nuestro andar con Dios proponiéndonos lo que parecen atajos a la espiritualidad, pero que en realidad no son sino callejones sin salida. En respuesta, hemos de depender de Dios y, en algunos casos, seguirle en tramos difíciles. Cualquier cosa que hacemos sin contar con el Señor expresa una falta de conexión con él. Igual que Jesús muestra su lealtad como Hijo, hemos de mostrarla también nosotros.

El conocimiento que tiene Jesús de la Palabra de Dios es un puente. Aquí tenemos un medio por el que llegamos a entender la voluntad y la dirección de Dios. Ser leales a él implica serlo a su Palabra, y esta clase de lealtad es primordial. Dios utiliza pruebas en nuestras vidas para mostrarnos cuál es nuestra situación delante de él. Las tentaciones de Jesús muestran que su posición ante Dios es firme. Por nuestra parte, deberíamos resistir las tentaciones de tal manera que pusiéramos de manifiesto un carácter parecido.

Una última cuestión clave surge al considerar el modo en que Jesús trata estas tentaciones. No busca excusas o racionalizaciones que le permitan eludir su acatamiento de la voluntad de Dios. Hubiera podido fácilmente pensar que Dios no quería que su Hijo pasara hambre, sufriera rechazo, o muriera. Además, de todos modos, el reino iba a ser suyo, ¿qué pues importaba el modo en que llegara a sus manos? Sin embargo, en sus respuestas a las sutiles y destructivas propuestas de Satanás, Jesús evita este tipo de razonamiento basado en la filosofía de que «el fin justifica los medios». Hemos de tener cuidado de que los atajos que a menudo se presentan en la vida no sean en realidad racionalizaciones para eludir la voluntad de Dios.

Significado Contemporáneo

La primera aplicación que emerge de este acontecimiento tiene que ver con la propia tentación. Las pruebas de la vida no son malas; de hecho, en ocasiones es Dios mismo quien las envía (Stg 1:2-4). Lo más importante es cómo respondo a ellas. ¿Lo hago buscando la guía de Dios para superarla con éxito? ¿Confío en él, o le pongo a prueba? ¿Cómo respondo a las luchas personales que experimento? ¿Me indigno? ¿Me esfuerzo en reafirmar mi control (¡aun cuando sé que no puedo controlar los acontecimientos!)? ¿O descanso en fe, buscando la mano de Dios, y pidiéndole que me enseñe lo que he de aprender en la situación que estoy viviendo? Aunque me gustaría poder decir que siempre hago esto último, sé que no estoy en condiciones de afirmarlo, pero ciertamente esta debería ser mi meta. Si quiero crecer espiritualmente, he de esperar pruebas, y he de buscar a Dios en medio de ellas.

Esta clase de confianza puede extenderse al asunto de la provisión de nuestras necesidades. Aunque Satanás puso a prueba a Jesús con el pan, la más esencial de las necesidades, nosotros deseamos en ocasiones «alimentarnos» con cosas que consideramos esenciales para la vida. Sin embargo, estas «cosas esenciales» son frecuentemente una casa más grande, más aparatos, los mejores electrodomésticos, la ropa más cara, y una gran cantidad de otras posesiones materiales que indican éxito en la vida. Sin embargo, la vida no halla su definición en lo material, sino más bien en el ámbito relacional y espiritual, en términos de nuestro conocimiento de Dios y nuestro servicio en el contexto de su voluntad. En ocasiones, la ofrenda de nuestros recursos para el ministerio puede requerir que renunciemos a algunos placeres materiales.

El logro de metas materiales puede llegar a ser una fuerza impulsora en nuestras vidas. Pero ¿dónde quedan la Palabra de Dios y su guía? ¿Tendrá éxito Satanás en sus propuestas de que comamos un pan que Dios no nos pide que comamos, mientras ignoramos la más esencial de las comidas, a saber, su voluntad? A veces Dios provee maravillosamente cuando ha habido un sacrificio hecho por su voluntad. Proponerse tener menos desde un punto de vista material puede significar tener mucho más.

Otra forma en que mostramos falta de confianza es apropiándonos de un poder que no es nuestro o aceptándolo de un modo indebido. Satanás nos tienta a deslizarnos en la idolatría de un modo tan directo como lo hizo aquí con Jesús, utilizando sutiles sustitutos. Puede que adoremos nuestro trabajo, prestigio, posesiones, familia, o cualquier otro elemento inadecuado que se interpone en el camino del conocimiento de Dios. Puede que nos lleve por el camino fácil del «crecimiento» sin sufrir o ser rechazados por nuestro compromiso con Jesús o con los valores divinos. En ocasiones, optar por el bienestar significa vender nuestra alma al príncipe de este mundo. Por supuesto, Dios desea bendecirnos ricamente, incluso compartir los beneficios de su autoridad, sin embargo, adorar a Satanás y seguir su camino para conseguirlo es perder el acceso que podamos poseer a la bendición.

Las implicaciones de esta toma de poder se extienden al modo en que ejercemos la autoridad en el hogar, nos conducimos en nuestros negocios, y nos relacionamos con otros. La mejor autoridad es la que se no se ejerce bajo amenaza, sino por un respeto bien ganado. La autoridad más genuina no es la que se ejerce de un modo forzado, sino la que se recibe del Dios que honra la fidelidad.

Una última manera en que tendemos a mostrar nuestra falta de confianza en Dios es intentar forzarle a actuar a nuestro favor. En las pruebas que a menudo le planteamos, queremos ver si está por o contra nosotros. En este tipo de apuestas espirituales no pretendemos arrojarnos al vacío desde edificios altos, sino entrar en situaciones en las que de hecho decimos: «Señor, si realmente te preocupas por mí, entonces esta situación se desarrollará de este modo». Ponemos a prueba el «sistema de radiodifusión urgente» de la presencia de Dios y hacemos conjeturas sobre cómo debería reaccionar. Esta clase de prueba supone un intento de controlar a Dios, no de seguir su dirección. Con esta actitud vamos camino de la desilusión, puesto que bien podría ser más provechoso para nosotros que los acontecimientos se desarrollaran en una dirección distinta de la que deseamos.

Otra forma en la que podemos detectar un problema en estas cuestiones es cuando, ante el sufrimiento, culpamos a Dios, al menos de manera indirecta. Podemos sentir que nos ha abandonado, cuando, en realidad, puede que esté llamando nuestra atención, revelándonos un camino mejor o pidiéndonos que nos encontremos con él en medio de la adversidad. Pienso en lo que debió de sentir Elisabeth Elliot cuando perdió a su marido Jim, asesinado por indígenas latinoamericanos cuando pretendía llevarles el Evangelio a mediados de la década de 1950.[6] Sin embargo, la Sra. Elliot convirtió su descorazonadora experiencia en una oportunidad de escuchar a Dios en medio de la incertidumbre, y de aquella vivencia surgió un nuevo y profundo ministerio de testimonio explicando el modo en que Dios la cuidó a lo largo de todo aquel infortunio. Ella no abandonó a Dios ni le puso a prueba, sino que aceptó el desconocido viaje que él la llamaba a emprender. Naturalmente, aquel viaje solo era desconocido para ella, no para el Dios que caminaba a su lado durante todo el trayecto. Del mismo modo que Jesús rechazó a Satanás y decidió conscientemente seguir a Dios por el difícil camino de su ministerio, también nosotros hemos de estar dispuestos a andar por donde nos lleve su dirección, incluso allí donde el resultado no esté claro.

---

6. Ver su libro *Portales de esplendor* (Grand Rapids, Mich: Editorial Portavoz, Kregel Publications, 1959).

Lucas 4:14-30

Jesús regresó a Galilea en el poder del Espíritu, y se extendió su fama por toda aquella región. 15 Enseñaba en las sinagogas, y todos lo admiraban. 16 Fue a Nazaret, donde se había criado, y un sábado entró en la sinagoga, como era su costumbre. Se levantó para hacer la lectura, 17 y le entregaron el libro del profeta Isaías. Al desenrollarlo, encontró el lugar donde está escrito: 18 «El Espíritu del Señor está sobre mí, por cuanto me ha ungido para anunciar buenas nuevas a los pobres. Me ha enviado a proclamar libertad a los cautivos y dar vista a los ciegos, a poner en libertad a los oprimidos, 19 a pregonar el año del favor del Señor». 20 Luego enrolló el libro, se lo devolvió al ayudante y se sentó. Todos los que estaban en la sinagoga lo miraban detenidamente, 21 y él comenzó a hablarles: «Hoy se cumple esta Escritura en presencia de ustedes.» 22 Todos dieron su aprobación, impresionados por las hermosas palabras que salían de su boca. «¿No es éste el hijo de José?», se preguntaban. 23 Jesús continuó: «Seguramente ustedes me van a citar el proverbio: "¡Médico, cúrate a ti mismo! Haz aquí en tu tierra lo que hemos oído que hiciste en Capernaúm". 24 Pues bien, les aseguro que a ningún profeta lo aceptan en su propia tierra. 25 No cabe duda de que en tiempos de Elías, cuando el cielo se cerró por tres años y medio, de manera que hubo una gran hambre en toda la tierra, muchas viudas vivían en Israel. 26 Sin embargo, Elías no fue enviado a ninguna de ellas, sino a una viuda de Sarepta, en los alrededores de Sidón. 27 Asimismo, había en Israel muchos enfermos de lepra en tiempos del profeta Eliseo, pero ninguno de ellos fue sanado, sino Naamán el sirio». 28 Al oír esto, todos los que estaban en la sinagoga se enfurecieron. 29 Se levantaron, lo expulsaron del pueblo y lo llevaron hasta la cumbre de la colina sobre la que estaba construido el pueblo, para tirarlo por el precipicio. 30 Pero él pasó por en medio de ellos y se fue.

Sentido Original

La siguiente gran sección del Evangelio de Lucas (4:14–9:50) describe el ministerio de Jesús. Está dominada por la enseñanza y los milagros. A lo largo de la sección la principal pregunta que se plantea es: «¿Quién es Jesús?» Contestando a esta pregunta surgen varias respuestas, como maestro y profeta. Estos títulos definen solo algunos aspectos de su identidad porque Jesús es mucho más de lo que sugieren. La respuesta clave la da Pedro en 9:18–20: Jesús es «el Cristo de Dios». Lucas desarrolla el sentido de este papel mesiánico en los versículos que siguen a esta confesión. Se levantará una fuerte oposición contra Jesús y sus seguidores, y él será rechazado como Mesías. En medio de dicha oposición, Jesús comienza a instruir a los discípulos sobre la naturaleza del amor que han de tener: ha de ser un amor distinto del de los pecadores, puesto que han de amar a sus enemigos.

Lucas 4:14–44 resume la poderosa enseñanza y ministerio sanador de Jesús. En 4:14–15, tras observar que ese ministerio está llamando la atención, Lucas consigna un día ejemplar en la sinagoga, en el que Jesús declara que su persona y ministerio representan el cumplimiento de la promesa (4:16-30). A continuación siguen una serie de milagros que muestran su competencia para echar fuera demonios y sanar (4:31-44). Los vecinos de Capernaúm quieren que se quede, pero su llamamiento requiere que también otros oigan el mensaje del reino de Dios. En esta sección se muestra la extensión de las afirmaciones y autoridad de Jesús.

Lucas 4:14-15 (cf. Mt 4:13-17; Mr 1:14-15) introduce y resume el carácter general del ministerio de Jesús durante su etapa temprana en Galilea. Puesto que Jesús creció en esa región, no es de extrañar que su ministerio se inicie en ella. La selección apostólica requería que Jesús se diera a conocer en Galilea (Hch 1:21-22), de manera que este periodo es fundamental para la formación de una base de discípulos.

Como sucedió en el caso de sus tentaciones, Jesús está bajo la dirección del Espíritu. A Lucas le gusta resaltar que Jesús es sensible a la guía de Dios. A medida que va desarrollando su ministerio, su fama se va extendiendo.[1] En el mundo antiguo, la información circulaba de boca en boca. Es objeto de debate si la referencia al poder del Espíritu alude también a la actividad milagrosa de Jesús.[2] Sin embargo, Lucas deja claro que es así cuando habla de los milagros de Jesús (5:17; 6:19; 8:46). Lo que capta el interés de las gentes es su enseñanza, tanto es así que le «alaban». Esta palabra (*doxazo*) se reserva normalmente para hacer referencia a la alabanza a Dios.[3]

Lucas prosigue ilustrando su argumento (4:16-30). Cuando Jesús predica en la sinagoga de Nazaret, los asistentes quedan impresionados con él, aunque no necesariamente convencidos. En este importante pasaje, vemos un destello sobre la predicación de Jesús en las sinagogas y lo que tiene que decir sobre sí mismo y sus actividades. A diferencia del Sermón del Llano (6:20-48), donde el tema es la ética del discípulo, Jesús describe aquí su misión.

Este relato del ministerio docente de Jesús debería considerarse junto con Lucas 4:31-44, que subraya su ministerio de milagros. Jesús combina palabra y acción. Su ministerio de compasión respalda su mensaje de amor. Lucas ha transferido aquí el acontecimiento de la sinagoga que Mateo (13:53-58) y Marcos (6:1-6a)[4] sitúan más adelante. El relato lucano detalla la naturaleza del enfrentamiento en la sinagoga de Nazaret, de manera que sabemos mucho más sobre esta escena de lo que sabemos por los otros sinópticos; esto indica su importancia y carácter representativo. Este suceso se convierte en una instantánea de lo que será todo el ministerio de Jesús en Galilea: las gentes se asombrarán ante su enseñanza y pretensiones, pero no se congregan a su alrededor.

---

1. La palabra griega que se traduce como «noticias» (*feme*) es el término del que deriva la palabra inglesa «fame». En griego alude a las noticias que van de boca en boca.
2. Defendido por Nolland, *Lucas 1:1-9:20* [Lucas 1:1-9:20], 187.
3. Schürmann, *Das Lukasevangelium*, 223. Obsérvese también Lucas 2:13, 20, 28; 7:16.
4. Marshall, *Commentary on Luke* [Comentario de Lucas], 177-80; D. Hill, «The Rejection of Jesus at Nazareth» [El rechazo de Jesús en Nazaret] *NovT* 13 (1971): 161-68; C. J. Schrenk, «The Nazareth Pericope: Luke 4,16-30 in Recent Study» [La perícopa de Nazaret: Lucas 4,16-30 en estudios recientes] en *L'évangile de Luc* [El Evangelio de Lucas], ed. F. Neirynck (BETL 32; Leuven: Leuven: Univ. Press, 1989), 397-471.

El mensaje de libertad de este pasaje es tan específico que se ha convertido un texto central para un movimiento teológico conocido como «teología de la liberación».[5] Esta teología enseña que Jesús se pone del lado de los pobres. En sus formas más radicales, defiende el uso de cualquier perturbación que sirva para que quienes ejercen el poder aflojen la asfixiante opresión de las estructuras sociales, para que los pobres puedan verse libres de las limitaciones de su posición social. Ve en el mensaje de Jesús un fuerte contenido y tono político. Solo una cuidadosa evaluación del propio pasaje puede responder si este acento está realmente presente y, en caso afirmativo, en qué forma lo está.

Según su costumbre, el sábado Jesús asiste a la sinagoga, con lo cual refleja su respeto por la adoración de Dios. Para apreciar lo que sucede, hemos de entender el orden del servicio de la sinagoga. La información que tenemos al respecto procede de antiguas fuentes judías como la *Mishná*, la codificación realizada por los judíos de su Ley oral.[6] Para que pudiera celebrarse un servicio, tenía que haber diez hombres. La congregación recitaba la *Shemá*, la confesión que se consigna en Deuteronomio 6:4–9. A continuación hay una oración colectiva y algunos de ellos recitaban plegarias como la *Tefilah* (llamada también *Shemoné Esré* y las dieciocho bendiciones). A ello le seguía una lectura de la Ley de Dios, la Torá, acompañada por una lectura de los profetas. Estos textos se leían en hebreo y se traducían al arameo, el idioma dominante de la región. Después había una exposición que por regla general aunaba las lecturas, y el servicio terminaba con una bendición.

Según parece, Jesús pronunció sus palabras durante la sección de la exposición de este servicio. Esto podría explicar una peculiaridad de su cita, puesto que no solo cita Isaías 61:1–2, sino que introduce una alusión a Isaías 58:6.[7] Esta mezcla de varios textos bien podría representar un resumen de una lectura más extensa o serie de comentarios.

El texto comienza certificando que el Espíritu está sobre el que habla. En el contexto de Isaías, los comentarios anticipan una figura profética que declara la llegada de la salvación de Dios a la nación. No se trata explícitamente de un pasaje de los Cantos del Siervo, pero sí expresa muchos de los temas de esta serie de cantos. Puesto que Jesús habla de sí mismo como cumplimiento de este texto, lo que afirma se aplica a él (v. 21). El texto habla explícitamente de ser ungido por el Espíritu, por lo cual esta unción mira atrás a la concesión del Espíritu a Jesús al ser bautizado por Juan (3:21–22).

La tarea de Jesús va unida a un mensaje, y este mensaje tiene unos receptores específicos: los pobres. No puede negarse que «pobre» alude aquí a personas que viven en

---

5. Quienes deseen considerar una cuidadosa valoración de este movimiento, pueden ver la obra de E. Nuñez, *Teología de la liberación* (San José, Costa Rica: Caribe, 1986).
6. La *Mishná* fue recopilada en h. 170 d.C., pero es probable que muchas de sus costumbres, especialmente las prácticas relacionadas con la adoración en la sinagoga, reflejen usos más antiguos, puesto que las liturgias religiosas tienden a cambiar con lentitud. Los servicios de la sinagoga se describen en *Megillah* 3–4 y *Berakoth* 2.
7. Tanto en el Antiguo Testamento hebreo como en el griego existen ciertas variaciones menores en estos textos, sin embargo, tales variaciones no influyen en el sentido esencial del pasaje; para más detalles ver Bock, *Proclamation from Prophecy and Pattern* [Proclamación desde la profecía y el patrón], 106–7.

un ambiente de limitaciones sociales y económicas. Sin embargo, teniendo en cuenta el uso de este término en el Antiguo Testamento y en Lucas, éste no es únicamente el sentido que tiene aquí. El trasfondo veterotestamentario apunta a los *anawim*, los «pobres piadosos», los afligidos (2S 22:28; Sal 14:6; 22:24; 25:16; 34:6; 40:17; 69:29; Am 8:4; Is 3:14–15).[8] Estos son los humildes a quienes Dios exaltará (Lc 1:51–53) y que, como los profetas, sufren por estar abiertos a Dios (6:20–23; cf. la descripción de 1Co 1:26–29; Stg 2:5). Están abiertos a Dios y a su camino, puesto que frecuentemente son los primeros en reconocer lo mucho que le necesitan.

A estas personas espiritualmente abiertas, Jesús les proclama liberación, recuperación de la vista y libertad de la opresión. El trasfondo de estas imágenes literarias es el Año del Jubileo, en el que se declaraba la remisión de todas las deudas (Lv 25:8–17). Igual que el Año del Jubileo representaba un nuevo comienzo, así Jesús proclama un nuevo inicio por medio de su oferta de liberación divina. Él proclama dicha liberación y la lleva a cabo. Probablemente, esta liberación de los ciegos alude tanto a su obra milagrosa con aquellos que eran ciegos físicamente como a su obra de salvación espiritual, puesto que Jesús trae luz a quienes están en la oscuridad (ver Lc 1:78–79).

La idea de que Jesús imparte libertad y no solo la proclama alude a Isaías 58:6. De hecho, Jesús utiliza este texto contrastándolo con el sentido que tenía en su contexto original. En Isaías 58, Dios se queja contra la nación de Israel por no vivir a la altura de su llamamiento a la adoración sabática. Ha puesto a un lado su vocación de ser fuente de libertad para los oprimidos. La reprensión y el llamamiento están especialmente claros en 58:13–14. Por consiguiente, allí donde Israel ha fracasado Jesús cumplirá las expectativas: él llevará a cabo la salvación de Dios y liberará a quienes sufren la opresión que forma parte de la vida (cf. también Lucas 11:14–23, 31–32; 18:38–39; 19:37–38). Esta es la razón por la que Jesús habla de la llegada del «año del favor del Señor», una expresión que alude explícitamente a la liberación que se producía el Año del Jubileo.[9]

En resumidas cuentas, Jesús dice aquí tres cosas: (1) ha sido ungido por el Espíritu para llevar a cabo un ministerio específico; (2) es una figura profética que declara la llegada de la nueva era; y (3) cumplirá de manera efectiva la liberación que proclama. Esta combinación significa que Jesús funciona como profeta y Mesías a un tiempo.[10] Esta combinación es importante, porque los siguientes versículos comparan a Jesús con los profetas Elías y Eliseo, pero su unción evoca más bien su función mesiánica.

Jesús concluye sus comentarios diciéndoles a sus receptores que lo que están viendo es el cumplimiento de estas palabras de Isaías. Cualquier judío sabe que a Isaías 61 se le relacionaba con la decisiva salvación divina del tiempo del fin, que Jesús introdu-

---

8. Bammel, «πτωχός», *TDNT*, 6:888.
9. Sobre este tema, R.B. Sloan, *The Favorable Year of the Lord* [El año favorable del Señor], (Austin: Scholars Press, 1977).
10. Hay mucho debate con respecto al papel de Jesús que se subraya en Lucas 4, ¿es el papel profético, o acaso el regio y mesiánico? De hecho, ambos tienen su lugar. Dentro de Lucas 4 y sus ilustraciones, se destaca a Jesús como profeta. Pero en vista del bautismo y la naturaleza de la unción de Jesús, el retrato incorpora el acento mesiánico.

cirá. Este programa se va a desarrollar por fases, como se dejará claro en el resto de Lucas, sin embargo, Jesús observa aquí que su cumplimiento ha comenzado.

La multitud reacciona con sorpresa por las palabras de gracia pronunciadas por Jesús y se siente abrumada por el contenido de su mensaje. Sin embargo, hay una evaluación posterior. La genealogía de Jesús plantea ciertas preguntas: es hijo de José, ¿cómo, pues, puede un personaje tan humilde ser todas las cosas que declara Isaías? No pueden armonizar la ascendencia de Jesús con sus afirmaciones.[11] A pesar de su sorpresa, son escépticos.

Jesús responde con tres ideas. (1) Cita el proverbio «Médico, cúrate a ti mismo» como una demanda a Jesús de que haga en su tierra las obras que ha realizado en otros lugares, demostrando que sus pretensiones están justificadas.[12] Las gentes de Nazaret quieren que exhiba sus aptitudes. Hay otra posible implicación en su elección de este proverbio. Puede sugerir que, aunque Jesús se presenta como alguien capaz de sanar, ellos creen irónicamente que, en cierto sentido, él mismo está enfermo. En sus pretensiones de cumplir la Escritura hay algo que no es del todo correcto. Hay algo en Jesús que requiere tratamiento, a no ser que pueda demostrar lo contrario.

(2) Jesús observa que a los profetas suele negárseles el honor en su tierra. Jesús sabe que muchos de los profetas de Israel en el Antiguo Testamento no fueron bien recibidos: un tema que Lucas observa en otros pasajes (11:49–52; 13:32–35; 20:10–12; Hch 7:51–53). El mensaje de Dios encuentra muchas veces rechazo.

(3) Después de esto, Jesús pasa a ser más específico, con una alusión al periodo de Elías y Eliseo, uno de los más bajos y con un mayor índice de apostasía de la historia de la nación (1R 17–18; 2R 5:1–14). Recuerda al pueblo que, durante aquel tiempo, los profetas no ministraron a la nación pero, en cambio ¡sí sanaron a dos personas gentiles! Este comentario es fuerte por dos razones: (a) compara aquel tiempo con uno de los periodos menos espirituales de la historia de Israel, y (b) sugiere que los gentiles, que tanta aversión suscitaban entre los judíos, eran más dignos de ministerio que ellos. Jesús está advirtiendo a sus receptores que su reacción recuerda a algunos de los años más innobles del pasado de Israel. La persona de Jesús plantea una decisión, y elegir erróneamente significa perder la oportunidad de bendición. En este sentido, el mensaje de Jesús es como la advertencia de Juan Bautista. La oportunidad de bendición implica también la posibilidad de juicio, si se toma la decisión errónea.

El comentario de Jesús enfurece a la multitud, que pretende matarle arrojándole por un precipicio (posiblemente una referencia a su percepción de que es un falso profeta digno del rechazo más completo [Dt 13:5–6]). Sin embargo, Jesús simplemente se aleja de allí. La oportunidad de bendición se ha convertido en la de la pérdida del Paraíso.

---

11. La construcción griega del versículo 22 espera una respuesta positiva a la pregunta sobre la conexión de Jesús con José.
12. Este versículo lleva a muchos a sospechar que en Lucas este acontecimiento se ha ubicado en un momento posterior. Jesús no ha estado en Capernaúm (ver Lc 4:31–44), sin embargo, al parecer ha hecho ya obras allí.

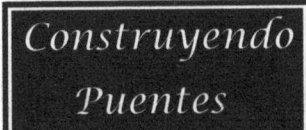

Construyendo Puentes

Esta sección comienza con una instantánea de la importancia de la enseñanza en el ministerio de Jesús. Para responder a Dios, hemos de conocer lo que desea y su modo de ver las cosas. Por ello, la enseñanza sobre Dios es un elemento central de su ministerio. Lo que hace sobresaliente a la enseñanza de Jesús es la autoridad con que la imparte, como dejará claro este Evangelio.

Cuando analizamos la escena de su predicación en la sinagoga, se hace evidente que su misión es única. La nota de cumplimiento que suscita tiene en su base el mensaje de liberación. Prácticamente todos los aspectos del mensaje y ministerio de Jesús tienen relevancia para nosotros. Por ejemplo, cuando Pablo y Bernabé predican en Hechos 13, se llaman a sí mismos «luz» (Hch 13:47), utilizando la misma imagen que aquí se aplica a Jesús. El mensaje de ellos es paralelo al suyo, y su llamamiento una consecuencia natural de él. Por consiguiente, Jesús puede decir a quienes escuchan la predicación del Evangelio: oírles a ellos es oírme a mí.

La clase de reacción que suscita Jesús muestra que no encaja en nuestras expectativas con respecto a los orígenes que debería tener el agente decisivo de Dios. Algunas personas nunca superan el trasfondo de Jesús. ¿Acaso el Dios del Universo manifestará su glorioso mensaje en alguien de raíces tan humildes? En parte, la respuesta está en el propio mensaje de Jesús. Él predica a los pobres piadosos, de modo que al tenderles la mano puede identificarse con ellos. La mayoría esperaba el cuadro de un Mesías grandioso, regio y elitista. El hecho de que Jesús sea un mero hijo de José es demasiado para ellos. Como expresa la queja de Juan 1:46: «¿Acaso de allí [de Nazaret] puede salir algo bueno?» Como ya hemos notado en el material de la infancia, Dios nos sorprende a veces por su forma de obrar y de revelarse a sí mismo.

La naturaleza de la crítica de Jesús y la reacción de la multitud son también cuestiones importantes. Jesús advierte que la negativa a responder positivamente a su ministerio por parte de la generación incrédula supone que ésta se equiparará a los peores días de la Historia de Israel. Aquellos, pues, que son objeto de tales críticas y advertencias responden con irritación. En nuestros días necesitamos escuchar tanto la advertencia como la respuesta.

Es posible que algunos se pregunten si el hecho de que Jesús pronuncie sus palabras en una sinagoga y lo haga sirviéndose de Isaías significa que sus comentarios van dirigidos únicamente a Israel. En un sentido, Jesús está invitando a esta audiencia específica a participar como «remanente» fiel dentro del plan de Dios. Más adelante, Jesús explicará que quienes rechazan la invitación se pierden algo que se ofrece a los demás (14:15-24). La fiesta no se retrasará ni pospondrá, sino que la invitación a participar de la celebración se extenderá a otros. Lo que aquí se ofrece sigue siendo parte de la promesa que Jesús ofrece a todos, tanto a la nación de Israel como a quienes no forman parte de ella (Ef 2:11-22).

Significado Contemporáneo

Es importante apreciar cuán esencial es para el ministerio la buena enseñanza. En un tiempo en que se concede tanto valor a los sentimientos y a las relaciones personales, es sabio reflexionar sobre por qué Jesús pasó tanto tiempo instruyendo a las personas. Una de las suposiciones bíblicas fundamentales es que las culturas humanas distorsionan la realidad. Nuestra mente necesita remodelación y renovación, para que nuestros sentimientos y reacciones sean más como Dios desea (Ro 12:1–2).[13] En un provocativo resumen, Walsh y Middleton han analizado de este modo el compromiso total de nuestra cultura con la ciencia, la tecnología y la economía:

> Estamos viviendo en los «últimos días» bajo la economía de la profana trinidad. La tierra prometida está a la vuelta de la esquina, y estamos en la última etapa de la «historia de la redención» secular. Igual que Dios Padre envió al Hijo para que llevara a cabo nuestra salvación, y que el Espíritu Santo habita ahora con nosotros para aplicar esa salvación a nuestras vidas, así sucede en la historia redentora del secularismo. La absolutización de la ciencia durante el Renacimiento produjo una inmensa tecnología generadora de salvación, y la bendición y presencia de estas deidades humanistas nos son hoy mediadas mediante la sociedad de consumidores en que vivimos y nos movemos y somos. El dios supremo del cientificismo concibió un plan en su omnisciencia y envió al hijo del dominio tecnológico a fin de sojuzgar a la naturaleza para nuestro beneficio. La razón divina se hizo carne en la conquista científica y tecnológica del mundo natural.
>
> Cuando los discípulos de la nueva religión se reunieron en la revolución industrial, se derramó sobre ellos el espíritu del capitalismo. Y ahora en estos últimos días estamos llenos de este espíritu y vigorizados para llevar a cabo poderosos actos de producción y consumo, esperando y apresurando el día en que la mano invisible hará que las bendiciones de la era economicista se derramen sobre todas las naciones. Y en aquel día, todos, grandes y pequeños, tendrán prosperidad. Desde el comienzo del tiempo nunca ha habido un periodo así; las riquezas cubrirán la Tierra, y ya no habrá más llanto ni dolor.
>
> En palabras del cantautor canadiense Bruce Cockburn, nuestros profetas modernos nos han ofrecido
>
> > algo a cambio de nada, nuevas lámparas por viejas,
> > y las calles serán de platino, o de oro, no importa.

---

13. Quienes deseen considerar un análisis sólido, pero popular, sobre el modo en que nuestra cultura hace estas cosas, ver la obra de James Sire, *Chris Christman Goes to College* [Chris Christman va a la Universidad] (Downers Grove, Ill.: InterVarsity, 1993), y *El universo de al lado* (Gran Rapids, Mi.: Desafío). Sire analiza cuidadosamente los distintos «ismos» que existen a nivel filosófico en nuestra cultura y los valora desde un punto de vista cristiano. Aborda los «ismos» del individualismo, el pluralismo, el relativismo y la privatización en las pp. 20–27.

Pero como sigue diciendo Cockburn:

> Bien, pásalo.
> Pon la fe en un lugar erróneo y el hombre de caramelo se acabó.
>
> ¡Cómo se hace añicos la visión! La era de expansión económica ilimitada se está acercando a un final abrupto. Estamos tocando los límites de la Creación. Las maldiciones del pacto de Dios nos están cayendo encima por nuestra desobediencia idolátrica. Los dioses seculares no han liberado a nadie. Cuando los dioses de una cultura fracasan, es un buen momento para una seria reconsideración de nuestra visión del mundo.[14]

Es necesario desarrollar un cuidadoso discernimiento cultural para responder a las sutilezas con que nuestra cultura nos alimenta.

Teniendo en cuenta que Jesús construyó su ministerio alrededor de su enseñanza y que mostró que la voluntad de Dios no era lo que ofrecía la cultura religiosa de su tiempo, ¡cuán cuidadosos deberíamos ser para asegurarnos de que nuestras comunidades están bien instruidas y fundamentadas en la verdad de Dios! Esta instrucción significa una cuidadosa elaboración pastoral de los mensajes, lo cual incluye conceder al pastor tiempo suficiente para esta tarea y desarrollar instituciones docentes centradas en las materias importantes. Debería estimularse la financiación de estudiantes que desean prepararse para el ministerio, no pensando tanto en la rapidez con que puedan finalizar su formación, sino en la profundidad del fundamento que han de adquirir para entrar en el ministerio. Un colega mío se preguntaba quién se sentiría orgulloso y consolado al saber que el cardiocirujano que le lleva al quirófano consiguió el título en uno o dos años. ¡Cuánto más cuando se trata de quienes ministran al alma! Si la enseñanza es esencial para el efectivo ministerio de la Iglesia, debería ser prioritario impartir una sólida formación. ¿Es acaso accidental que Jesús dedicara más de tres años a la formación de sus discípulos para su papel de apóstoles?

No es solo una cuestión de enseñar doctrina y hechos, sino también de relacionar esta enseñanza con la vida y encarnarla. Con frecuencia les digo a mis estudiantes que el ministerio consiste tanto en exhortación y ánimo como en pura enseñanza. Hablamos al corazón de las personas, no solo a sus mentes. Pero ha de haber contenido que mandar al corazón, o de lo contrario estaremos solo ministrando con lo que se puede obtener en la sección de estilos de vida de la librería o con lo que pueden recibir en los centros de información ciudadana.

La aplicación fundamental que surge de la escena en la que Jesús predica en la sinagoga tiene que ver con la naturaleza de su misión. El llamamiento de la Iglesia no es sino una extensión de la misión de Jesús. El cumplimiento que proclama Jesús es parte del que proclama la Iglesia. Los valores reflejados en esta misión deberían reflejarse en el ministerio externo de la Iglesia. Por ejemplo, la Iglesia ha de llevar a cabo su predicación y tarea evangelizadora con una comprensión de que el mensaje del Evangelio es

---

14. Brian J. Walsh y J. Richard Middleton, *The Transforming Vision: Shaping a Christian World View* [La visión transformadora: definiendo una cosmovisión cristiana], (Downers Grove, Ill.: InterVarsity, 1984), 139–40.

más adecuado para los pobres y aquellos que ya viven en un contexto de dependencia. Las personas independientes y de buena posición tienen a menudo un falso sentido de seguridad sobre la vida, como si ésta estuviera realmente dentro de su control. Nuestra cultura les dice a las personas que tomen el control de sus vidas, como si pudieran ponerse al volante y llevarla por donde quieren. Sin embargo, los pobres no viven con esas falsas ilusiones y, por regla general, están más dispuestos a volverse a Dios.

A pesar de esta potencial apertura de los pobres y de la idoneidad del Evangelio para ellos, los grupos de ministerio se dirigen con frecuencia a los ricos. Los ministerios en los barrios marginados de la ciudad o en localidades menos visibles son a menudo difíciles de poner en marcha y de mantener funcionando. Naturalmente, la Iglesia ha sido llamada a ofrecer el Evangelio a todas las personas, así que no es erróneo ministrar a estos otros grupos sociales. Sin embargo, el texto plantea la cuestión de si no deberían hacerse más esfuerzos por ministrar a aquellos grupos en los que el Evangelio puede ser mejor recibido.

Deberíamos también plantear cuál es la mejor forma de expresar nuestra preocupación y compasión por los necesitados. En ocasiones, en lugar de pronuciar una frase evangelizadora introductoria como «Dios te ama y tiene un plan para tu vida», una acción de compasión ilustraría mejor lo que representamos. Es cierto que el Evangelio no es principalmente un compromiso para cambiar la sociedad, sino los corazones. No obstante, cuando los corazones cambian, aparece la compasión y la sociedad es transformada. Expresar preocupación por las personas puede llegar a ser una poderosa herramienta en la evangelización. Jesús comunicaba este sentido de la redención a conocidos pecadores y a quienes estaban en extrema necesidad. El hecho de relacionarse con el dolor de las personas tenía mucho que ver con ello. Las gentes no solo oían su mensaje de arrepentimiento, perdón, liberación y cumplimiento de la promesa, sino que también veían su compasión y atenciones.

Otra aplicación fundamental de este pasaje tiene que ver con la naturaleza de la salvación. La metáfora que domina la declaración de cumplimiento que hace Jesús es la liberación. El cuadro del jubileo, que anticipa la total liberación de todos los enemigos y deudas, describe de un modo asombroso la esencia de la salvación. Los libros de cuentas quedan limpios; todas las obligaciones legales quedan suprimidas por medio de la Gracia que trae Jesús. Además, hay una nueva forma de ver las cosas, de manera que la vida desde la antigua perspectiva se entiende ahora como oscuridad y ceguera. Solo hay que observar el compasivo ministerio de Jesús a través de sus milagros para ver el sentido de liberación que tantos experimentaron a partir de lo que hizo. Estos milagros, como en breve defenderé, representan un audiovisual de realidades más profundas que están en el centro de su obra.

Según este pasaje, la Iglesia ha de ocuparse de los oprimidos. En nuestros días se habla mucho de la incapacidad de nuestra cultura para asumir la responsabilidad de sus acciones, lo cual la convierte en una cultura de víctimas en la que las personas culpan a todos los demás por sus problemas sin reconocer el propio pecado y responsabilidad por la situación presente. La idea prevalente en nuestra cultura es que soy quien soy porque una serie de fuerzas externas me determinan; puede tratarse de unos padres perniciosos, personas del otro género, haber crecido en una atmósfera de pobreza, o algún otro factor de coacción externo.

Esta lectura cultural refleja una gran ceguera. Porque aunque reconoce la profunda presencia del pecado en el mundo, pasa por alto mi aportación personal a esta mezcolanza. El pecado está en todas partes menos en mí. Esta distorsionada perspectiva de la realidad no puede ayudarnos a abordar aquello que está realmente mal en nuestro mundo, puesto que la persona a la que todos tenemos un acceso más completo es nuestra propia alma. Sin embargo, Jesús no se preocupa tanto de cambiar las estructuras sociales, sino al individuo mismo. Las estructuras no pueden cambiar hasta que cambien las personas que las forman. El mundo del «yo quiero» acaba aplastando a quienes se cruzan en su camino. Una actitud honesta sobre el pecado y compasiva hacia los demás genera la posibilidad de invertir la opresión que reina en el mundo.

Una parte de la libertad del Evangelio consiste en acercarnos al Padre reconociendo que él nos brinda lo que realmente necesitamos para liberarnos de perspectivas que nos esclavizan y nos llevan a maltratar a otras personas. Esta es la razón por la que en otros textos en los que Jesús describe su misión, deja claro que consiste en llamar pecadores al arrepentimiento y buscar a los perdidos (5:31–32; 19:10). El modo de arreglar los problemas del mundo comienza trabajando con nosotros mismos. Solo entonces seremos capaces de ver qué podemos aportar para resolver los problemas que a menudo hacen del mundo un doloroso lugar de desencuentros crónicos.

Cuando la Iglesia llama a las personas a analizarse a sí mismas, siguiendo el modelo de Jesús cuando comparó a su generación con el pueblo espiritualmente vacío de los días de Elías y Eliseo, ésta ha de entender también que muchos no responderán con alegría al espejo que se pone delante de su rostro. A veces, el rechazo es más una señal de éxito que de fracaso. Esto se debe a que el Evangelio no halaga el oído de sus oyentes con cumplidos. Puede ser muy duro reconocer la imagen que nos devuelve el espejo.

La Iglesia tiene una difícil tarea. Por una parte, para hablar de redención y liberación hemos de mencionar el pecado. Por otra parte, la oferta del Evangelio es en última instancia positiva, de modo que no se trata de transmitir un mensaje catastrofista sino de esperanza. Es cierto que el Evangelio requiere una decisión, sin embargo, la oferta se extiende a cualquiera que desee entrar. Dios tiene una puerta abierta para cualquier corazón sincero. El peligro de la Iglesia es ser selectivos en nuestra elección de pecados o desarrollar un tono claramente negativo, corriendo el riesgo de ponernos a la defensiva ante una cultura hostil. El aborto o la homosexualidad son malos, sin embargo, el divorcio, la avaricia, la crueldad mental o el abuso de poder son, de algún modo, tolerables. Si queremos tener credibilidad en nuestra identificación del pecado, la lista no puede ser selectiva o jerarquizada de tal manera que algunos pecados se consideren menos peligrosos o más dignos que otros.

Aunque Jesús presenta aquí un bosquejo de su misión, la aplicación surge cuando reflexionamos en toda su trayectoria que refleja los valores de su ministerio divinamente encomendado. Al considerar el ministerio de Jesús en su conjunto siempre me llama la atención que, aunque él se opuso a todos los pecados, tendía sin embargo, a hablar más claramente en sus comentarios sobre los pecados más sutiles que tendemos a minimizar. Estas ideas y aplicaciones reflejan lo que significa conseguir libertad y adoptar la nueva perspectiva que el Evangelio nos llama a poseer.

Una nota final. En ocasiones la bendición aflora en lugares sorprendentes. Si al iniciar su ministerio alguien les hubiera dicho a Elías y Eliseo que sus principales milagros los realizarían en una viuda gentil y un leproso sirio, habrían quedado atónitos, puesto que ninguna de tales personas representaba a los receptores a quienes iba dirigida su tarea. En otras palabras, este pasaje nos previene sobre el peligro de procurar anticipar los movimientos de Dios. La referencia a Elías y Eliseo ilustra que algunos de aquellos a quienes Dios bendice (gentiles) no estaban entre quienes cabría esperar que bendijera (Israel), teniendo en cuenta la naturaleza de la promesa del principio. Hemos de permanecer abiertos a que Dios dirija nuestros ministerios en direcciones que no anticipamos. A veces, una puerta que se cierra en un campo representa otra que se abre a una nueva oportunidad.

Esta clase de cambios puede adoptar varias formas. Sé de muchas personas que ante una oportunidad de ministrar dicen: «¡No tengo ninguna experiencia en este campo!» No se dan cuenta de que podrían estar rechazando algo nuevo que Dios quiere hacer. Obsérvese que cuando, en el libro de los Hechos, Dios abrió el Evangelio a los gentiles hubo de convencer a la Iglesia de que aquella nueva dirección era posible (Hch 10–11). Hubo de revelar y apoyar aquella revelación con su constante dirección. Únicamente cuando la Iglesia se deje guiar en este camino para alcanzar a las personas —no cambiando la esencia del mensaje, sino analizando detenidamente las diferentes formas en que Dios puede alcanzar a los necesitados— conseguirá introducirse en los diferentes grupos de perdidos que nos llama a alcanzar.

Lucas 4:31–44

Jesús pasó a Capernaúm, un pueblo de Galilea, y el día sábado enseñaba a la gente. 32 Estaban asombrados de su enseñanza, porque les hablaba con autoridad. 33 Había en la sinagoga un hombre que estaba poseído por un espíritu maligno, quien gritó con todas sus fuerzas: 34 —¡Ah! ¿Por qué te entrometes, Jesús de Nazaret? ¿Has venido a destruirnos? Yo sé quién eres tú: ¡el Santo de Dios! 35 —¡Cállate! —lo reprendió Jesús—. ¡Sal de ese hombre! Entonces el demonio derribó al hombre en medio de la gente y salió de él sin hacerle ningún daño. 36 Todos se asustaron y se decían unos a otros: «¿Qué clase de palabra es ésta? ¡Con autoridad y poder les da órdenes a los espíritus malignos, y salen!» 37 Y se extendió su fama por todo aquel lugar. 38 Cuando Jesús salió de la sinagoga, se fue a casa de Simón, cuya suegra estaba enferma con una fiebre muy alta. Le pidieron a Jesús que la ayudara, 39 así que se inclinó sobre ella y reprendió a la fiebre, la cual se le quitó. Ella se levantó en seguida y se puso a servirles. 40 Al ponerse el sol, la gente le llevó a Jesús todos los que padecían de diversas enfermedades; él puso las manos sobre cada uno de ellos y los sanó. 41 Además, de muchas personas salían demonios que gritaban: «¡Tú eres el Hijo de Dios!» Pero él los reprendía y no los dejaba hablar porque sabían que él era el Cristo. 42 Cuando amaneció, Jesús salió y se fue a un lugar solitario. La gente andaba buscándolo, y cuando llegaron adonde él estaba, procuraban detenerlo para que no se fuera. 43 Pero él les dijo: «Es preciso que anuncie también a los demás pueblos las buenas nuevas del reino de Dios, porque para esto fui enviado». 44 Y siguió predicando en las sinagogas de los judíos.

Sentido Original

Esta sección resume varios acontecimientos que se producen en Capernaúm, la antigua ciudad en la que Jesús establece su base de operaciones. Esta ciudad estaba ubicada en la ribera noroeste del Mar de Galilea, a unos 200 metros bajo el nivel del mar. Era un importante enclave judío de la región, con un comercio centrado en la pesca y la agricultura (Josefo, *Vida* 72 § 403; *Guerra de los judíos* 3.10.8 § 519).[1]

Esta sección de Lucas presenta una clara división: una introducción (4:31–32), un exorcismo (4:33–37), la sanidad de la suegra de Simón (4:38–39), otro encuentro con un demonio (4:40–41), y una conclusiva declaración de misión (4:42–44). Hay tres relatos de milagros que dominan esta descripción de la actividad de Jesús. Su ministerio refleja la compasión que vino a expresar.

Lucas introduce aquí dos de las cinco ocasiones que consigna en las que Jesús llevó a cabo milagros en sábado (ver 4:31–37, 38–39; 6:6–11; 13:10–17; 14:1–6). Acaba de declarar el cumplimiento de la promesa de Dios en una sinagoga de Nazaret durante la celebración del sábado. Ahora muestra la presencia de este cumplimiento. Igual

---

1. Marshall, *Commentary on Luke* [Comentario de Lucas], 191.

que hace Marcos en 1:21-39, Lucas está trabajando con una serie de acontecimientos que funcionan como una instantánea de las actividades que acompañan al ministerio de Jesús. Marcos tiende a enfocar los milagros en sí, mientras que Lucas equilibra su retrato consignando enseñanza, exorcismo y sanidad. Para Lucas, palabras y obras forman una unidad.

Hay variedad en el ministerio de Jesús. Él trata con individuos y multitudes; sana a hombres y a mujeres; enseña y ejerce autoridad. Es posible que sus milagros no nos sorprendan, puesto que estamos muy familiarizados con estos relatos de la obra de Jesús. No obstante, no hemos de perder de vista que en el mundo antiguo, este tipo de acciones, aunque quizá más aceptadas, eran también fuera de lo común y producían asombro y sorpresa.

Aunque los milagros son muy importantes como acontecimientos de la vida de Jesús, actúan también como indicaciones visuales de realidades más profundas. Puede que el ejemplo más claro de esta función esté en 5:1-11, donde pescar peces se convierte en la base del llamamiento de Jesús a «pescar hombres». Todos los milagros de Jesús reflejan de algún modo una representación visual de alguna realidad espiritual significativa (a menudo la profundidad de la lucha cósmica asociada con su ministerio). Puesto que su obra representa la poderosa llegada de la fuerza de la justicia al mundo de Dios, no es de extrañar que Jesús haya de entrar en un combate cuerpo a cuerpo con las fuerzas del mal. En un sentido muy real, los milagros descorren un velo que permite ver a las fuerzas cósmicas que actúan dentro de la Creación.

El rasgo más importante del resumen del ministerio de Jesús en los versículos 31-32 es el reconocimiento de la autoridad inherente en su enseñanza. Si las obras rabínicas de algunos siglos después del tiempo de Jesús indican algo, la mayoría de los argumentos rabínicos empleaban un acercamiento antológico a la enseñanza, según el cual las opiniones de los rabinos sobre un asunto concreto se consignaban en una especie de lista y la verdad equivalía con frecuencia a establecer un precedente para una idea. Jesús no enseña de este modo, sino que declara directamente la voluntad de Dios, llevando incluso su utilización directa de la Escritura a algunas situaciones limitadas. Las multitudes reconocen su especial acercamiento a la enseñanza y están atónitos ante él.

El primer milagro de este Evangelio es un exorcismo. Los principales oponentes en el ministerio de Jesús son las fuerzas espirituales del mal. En este Evangelio se alude a los demonios veintitrés veces, y catorce de ellas se producen desde este punto y hasta 9:50 en la sección del ministerio galileo. El judaísmo creía que en el período mesiánico el poder diabólico sería aplastado.[2] Jesús ya se ha encontrado con Satanás, y ahora confronta a sus cohortes.

En la sinagoga, hay un hombre poseído por «un inmundo espíritu de maldad» (trad. lit.), una intencionada concentración de calificativos que muestra la seriedad de la situación. Lucas distingue la posesión diabólica de la enfermedad física, como se ve

---

2. Testamento de Zabulón 9:8; Asunción [Testamento] de Moisés 10:1. Para el punto de vista judío de los demonios, ver Josefo, *Guerra de los Judíos* 7.6.3. § 185; 1 Enoc 19:1; Jubileos 10:5; Testamento de Benjamín 5:2; Foerster, «δαίμων», *TDNT*, 2:8-9.

también en el resto del Nuevo Testamento (Mt 4:24; Lc 4:40–41; 7:21; 9:1; 13:32), aunque en ocasiones estos conceptos se traslapan (cf. Lc 8:29; 9:39; 11:14–20; 13:11, 16, donde los síntomas de la presencia de un demonio tienen la apariencia de una enfermedad). Un rasgo distintivo de la posesión diabólica es una conducta errática o severa alteración física (Mr 5:1–20; Lc 8:29; 9:39, 42; 11:14; 13:10–17).

La presencia de Jesús pone nervioso al demonio, que clama a través del hombre, preguntándole cuáles son sus planes. ¿Quiere destruirle? En el griego la pregunta del versículo 34 es un modismo que significa: «¿Por qué quieres molestarnos?»[3] Este comentario es revelador, puesto que indica tanto la autoridad inherente que posee Jesús como la percepción que el demonio tiene de ese poder. Además, el demonio hace una confesión: Jesús es «el Santo de Dios» (cf. 1:31–35). Le reconoce como especialmente escogido para desempeñar un servicio a Dios. El título recuerda a personajes como Aarón (Sal 106:16), Sansón (Jue 13:7) y Eliseo (2R 4:9).

Jesús reprende al espíritu maligno, e inmediatamente el hombre es restaurado. También le ordena silencio. Al parecer, Jesús no quiere tener nada que ver con las confesiones públicas de los demonios. La razón no está clara, aunque quizá el judaísmo esperaba que el Mesías fuera proclamado de maneras muy específicas y el título mismo podía producir unas expectativas que Jesús tendría que corregir.[4] Aun el intento diabólico de dañar al hombre arrojándole al suelo queda sin resultados. Las tendencias destructivas del mal son vencidas por la autoridad que posee Jesús para liberar a la Humanidad del dominio de los demonios.

Este sorprendente suceso y la lección que lleva consigo no pasan desapercibidos para la multitud, que inmediatamente comienza a hacerse la pregunta esencial: «¿Qué mensaje es éste?» El pueblo reconoce que las fuerzas diabólicas han sido subyugadas por su palabra. Jesús tiene tanto autoridad como poder. El lector de Lucas se queda reflexionando sobre la pregunta planteada por la multitud. El relato de este suceso se extiende por toda la región.

La siguiente sanidad es menos impresionante, pero igual de significativa. Jesús se encuentra a la suegra de Pedro en casa de éste, aquejada de una fiebre alta. Si se trataba de una típica casa de la antigua Palestina, sería entonces una vivienda de una sola habitación. Jesús actúa en contra de otra clara amenaza para la vida. Lo mismo que acaba de hacer con el demonio, lo hace ahora con la enfermedad: la reprende; y hecho esto, la mujer es restaurada a la vida y comienza a servirles. Este comentario no es solo un testimonio de su recuperación, sino que refleja también su gratitud.

Las nuevas se extienden con rapidez, y Jesús se encuentra entre gentes que acuden a él con toda clase de dolencias. Las sanidades siguen produciéndose sin interrupción. En su ministerio no hay irregularidad. Su autoridad es un factor constante que fluye sin cesar. Una autoridad que se manifiesta en una constante expulsión de demonios. Éstos confiesan que Jesús es el Hijo de Dios, y con ello quieren decir que le reconocen como

---

3. Danker, *Jesus and the New Age* [Jesús y la Nueva Era], 111; Seesemann lo llama «una fórmula defensiva», *TDNT*, 5:117–18.

4. R. Longenecker, *The Christology of Early Jewish Christianity* [La cristología del cristianismo judío primitivo], (Londres: SCM, 1970), 71–74; R.H. Stein, *Luke* [Lucas], 163.

el Cristo. El Ungido está evidenciando su singular llamamiento. Como ha hecho antes, Jesús silencia cualquier intento de confesión diabólica.

En ocasiones Jesús se retira para periodos de oración privada, pero las gentes le buscan. Los habitantes de Capernaúm quieren que se quede, pero la misión de Jesús no se limita a una provincia. Jesús ha sido llamado a predicar el reino de Dios en otros lugares, ha de ir, pues, donde es enviado. Esto significa que Jesús ha de predicar en otras sinagogas de todo el territorio. Su mensaje del «reino de Dios» es como el que predicó en Nazaret (4:16–21): una palabra de liberación y cumplimiento. En este texto, Lucas no especifica o define lo que es el reino. El mensaje de liberación de Lucas 4 sugiere su naturaleza como lugar de emancipación, donde las fuerzas del mal pueden ser vencidas. Otros textos desarrollarán esta idea de un modo más claro.

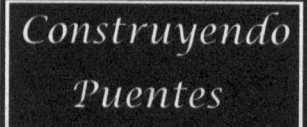

Un asunto esencial en la contextualización de este pasaje es la presencia de los milagros en el ministerio de Jesús. Esto introduce una cuestión particularmente polémica, puesto que dentro de la Iglesia existen hoy dos acercamientos básicos a la existencia de los milagros, y fuera de ella un gran escepticismo al respecto.

Comencemos con la perspectiva de los milagros que predomina fuera de la Iglesia. Desde los tiempos de la Ilustración, siempre ha habido una numerosa corriente que ha rechazado la realidad de los milagros. Tras este rechazo está la idea de que Dios no existe o de que, si existe, se ha distanciado de la Creación. Las cuestiones esenciales son, por tanto, su existencia y participación en los asuntos del mundo.[5] En el centro de este debate está la resurrección de Jesús. El cristianismo proclama a un Salvador vivo que fue crucificado. Para que esto sea cierto, la resurrección ha de ser una realidad, y ello requiere una cosmovisión que cuenta con los milagros, al menos hasta el punto de aceptar que una persona muerta puede volver a la vida. Quienes niegan los milagros, han de explicar el nacimiento de la Iglesia Primitiva y su defensa y proclamación de un Señor resucitado cincuenta y dos días después de su muerte, pagando por ello con sus propias vidas. Algo debió de haber hecho cambiar su manera de pensar. Los argumentos en el sentido de que los discípulos se inventaron la doctrina no pueden explicar que éstos estuvieran dispuestos a morir por algo que sabían ser mentira. Podría argumentarse que se produjo una alucinación, sin embargo, ello obligaría a defender también que se produjo una alucinación múltiple, puesto que muchos discípulos arriesgaron la vida por defender su creencia.

Tras la cuestión de los milagros subyacen preguntas sobre la existencia y actividad de Dios. Si Dios existe, ¿deberíamos acaso esperar que estuviera completamente

---

5. Puede que la mejor defensa contemporánea conocida de los milagros sea la obra de C.S. Lewis, *Los Milagros* (Madrid: Ediciones Encuentro, 2009). Quienes deseen considerar una declaración católica sobre los milagros sin conceder el principio de analogía (ayer fue como hoy, de modo que, ayer no hubo milagros), ver J.P. Meier, *A Marginal Jew* [Un judío marginal], vol. 2 (New York: Doubleday, 1994), 528–29 y n. 24. Otra obra clave es la de C. Brown, *Miracles and the Critical Mind* [Los milagros y la mente crítica], (Grand Rapids: Eerdmans, 1984).

desvinculado de su Creación? ¿Hemos de verle realmente como a un espectador que observa a distancia el mundo creado mientras disfruta del espectáculo comiendo palomitas de maíz? Es difícil sostener que no existan evidencias de la poderosa obra de Dios en la Creación. La experiencia da a menudo testimonio de lo contrario, puesto que la mayoría de las comunidades han vivido acontecimientos en los que alguien ha salvado la vida en circunstancias que solo pueden explicarse por una intervención divina.

Volviendo a asuntos internos de la Iglesia, algunos sostienen que, aunque en nuestro tiempo Dios sigue realizando milagros de vez en cuando, los dones de milagros no están vigentes, o sea, nadie lleva a cabo milagros como lo hicieron Jesús o sus apóstoles. A esta posición se la conoce como cesacionismo. Otros argumentan que el don de milagros sigue vigente en nuestro tiempo y que existen, por tanto, ministerios como el de Jesús.[6] El debate es complejo y ha adquirido a menudo temperaturas muy elevadas.

Puede ser útil considerar primero los puntos de acuerdo de ambas posiciones. Desde las dos posturas se afirma que Dios puede intervenir milagrosamente cuando así lo decide soberanamente. En otras palabras, la discusión no es si Dios realiza o no milagros. El desacuerdo está más bien en si Dios imparte a personas concretas la facultad de sanar y si desea que existan ministerios centrados en la sanidad milagrosa. Quienes sostienen que en nuestros días Dios no actúa mediante el don de milagros creen que los dones de sanidad fueron concedidos durante un limitado periodo de tiempo para introducir la llegada de la nueva era (p. ej., ver Heb 2:3–4, que trata la obra confirmatoria del Espíritu como algo del pasado). Observan también que Jesús no subrayó sus milagros por temor a que las gentes no se centraran en él, sino en las señales (Mt 12:38–42; Lc 11:29). Quienes sí creen en la vigencia y funcionamiento de los dones hoy, defienden la realidad de un ministerio semejante al de Jesús.

Mi cautelosa opinión es que hoy el don de milagros no está en vigor. Ni la variedad ni los índices de sanidad que vemos en nuestro tiempo nos permiten tratar los ejemplos contemporáneos como semejantes a los que se evidenciaron durante el ministerio de Jesús. Uno de los defensores de la vigencia, por ejemplo, ha reconocido que el índice actual de respuesta positiva a las peticiones de sanidad es de un dos por ciento más o menos. Se trata de una proporción sustancialmente distinta de la que manejamos en relación con Jesús o los discípulos. Este porcentaje parece indicar que se trata más de ejemplos de la soberana actividad de Dios que de dones permanentes, cuyo índice de respuesta positiva sería más elevado. En otras palabras, aunque Dios sigue

---

6. La obra clásica que defiende el cese de estos dones es la de B.B. Warfield, *Counterfeit Miracles* [Milagros falsos], (Londres: Banner of Truth, 1972; reimpr. de la ed. de 1918). En días más recientes está el argumento cesacionista por parte de T. Edger, *Miraculous Gifts: Are They for Today?* [Los dones milagrosos: ¿son para nuestro tiempo?], (Neptune, N.J.: Loizeaux Brothers, 1983). Una obra que defiende la presencia de estos dones es la de Jack Deere, *Sorprendido Por El Poder Del Espíritu* (Miami, Fl: Editorial Carisma, 1996). Deere interactúa directamente con Warfield, pero se esfuerza en explicar por qué en nuestro tiempo los dones no se presentan de manera tan frecuente y sistemática como en días de los apóstoles. Más conciliador es D.A. Carson, *Manifestaciones Del Espíritu: Una Exposición Teológica De 1 Corintios 12-14* (Barcelona: Publicaciones Andamio, 2000).

sanando, por mi parte no espero que hoy se reproduzcan sanidades con la misma consistencia que en el ministerio de Jesús. La cuestión de los exorcismos la trataría de un modo parecido. Tales limitaciones con respecto a la sanidad no evidencian una falta de confianza en el modo de actuar de Dios, puesto que se sigue afirmando su soberano derecho a sanar. Lo que sí cuestionan es si Dios sigue impartiendo dones de sanidad a individuos que actúan de intermediarios en la sanidad de otras personas.

Uno de los principales puentes para el presente es el carácter y la meta del ministerio. Las acciones de Jesús muestran un compromiso con el servicio y la compasión, aun en medio de los enfrentamientos. Los milagros ponen de relieve dónde está la verdadera batalla por la Humanidad y que Jesús tiene autoridad para vencer ese tipo de obstáculos. Cuando Jesús actúa echando fuera demonios y curando enfermedades, tanto las fuerzas cósmicas como las enfermedades se sujetan a su voluntad. El hecho de que Jesús posea una autoridad tan absoluta debería fascinarnos y llevarnos a pensar que él es capaz de cumplir sus promesas de salvación. Dicha autoridad implica también su capacidad de guiarnos de tal manera que tales fuerzas no puedan nunca superarnos completamente. Es posible que las fuerzas hostiles intenten destruirnos, pero él tiene la capacidad de ayudarnos a resistir. Los obstáculos de la vida que nos amenazan como seres humanos no son tan grandes o poderosos que Jesús no pueda vencerlos. De hecho, es precisamente lo contrario.

Significado Contemporáneo

En primer lugar es importante observar que las obras que Jesús realiza autentican su singular condición de escogido de Dios. El mejor comentario de estos acontecimientos es Hechos 10:38–42.

Del tipo de ministerio que desarrolla Jesús surge por implicación otra importante aplicación. En nuestra historia reciente, muchas organizaciones misioneras e iglesias han organizado ministerios de beneficencia y hospitales como expresiones del tipo de servicio compasivo que Jesús lleva a cabo aquí. Tal conexión está justificada. Lo que muestran las sanidades y los exorcismos es el poder de Dios y su preocupación por la Humanidad. La Iglesia no debería mostrar menos compasión en nuestros días. Cuando nos enfrentamos a los estragos de la enfermedad o mostramos nuestra preocupación por los que sufren, estamos reflejando la clase de amor que Dios tiene por las personas que viven en un mundo caído.

En el área del asesoramiento surge otra aplicación. Podemos servir a las personas ayudándolas a batallar con la presencia del pecado y la caída en sus vidas, mediante una asesoría bíblica comprometida a entender quién es el ser humano y por qué sufre. No estoy diciendo que el tratamiento mental y los exorcismos sean una misma cosa, porque no lo son. Sí sugiero, sin embargo, que el tipo de compasión que llevó a Jesús y sus discípulos a practicar exorcismos se parece al que se requiere para ministrar a un alma que sufre, afligida por un trastorno mental.

Lo que se requiere es un buen servicio de consejo, que integre la verdad de la Escritura sobre el carácter del pecado y el estado caído de nuestro mundo y medio ambiente, con un estudio y análisis de los síntomas y causas de nuestras luchas. Ignorar cualquiera de estos aspectos, ya sea rehuyendo la aceptación de la responsabilidad personal por nuestro estado o exacerbando el sentido de culpa, es un error. Nuestra escuela ha iniciado un esfuerzo para que teólogos y consejeros trabajen juntos equilibrando esta combinación de aspectos en un esfuerzo saludable por integrarlos y hablar de ellos. Muy a menudo se deja solos a los consejeros, y los teólogos no se dan cuenta de los distintos factores que delatan raíces pecaminosas y actúan en las personas que viven en peligro emocional.

En el ministerio de Jesús vemos el activo ejercicio de todos los recursos que tenía para ayudar a quienes estaban afligidos por las fuerzas que atacan a la Humanidad y la debilitan. Aunque hoy este ministerio puede adoptar formas distintas, la compasión que motiva esta clase de servicio sigue siendo la misma.

Lucas 5:1-32

Un día estaba Jesús a orillas del lago de Genesaret, y la gente lo apretujaba para escuchar el mensaje de Dios. 2 Entonces vio dos barcas que los pescadores habían dejado en la playa mientras lavaban las redes. 3 Subió a una de las barcas, que pertenecía a Simón, y le pidió que la alejara un poco de la orilla. Luego se sentó, y enseñaba a la gente desde la barca. 4 Cuando acabó de hablar, le dijo a Simón: —Lleva la barca hacia aguas más profundas, y echen allí las redes para pescar. 5 —Maestro, hemos estado trabajando duro toda la noche y no hemos pescado nada —le contestó Simón—. Pero como tú me lo mandas, echaré las redes. 6 Así lo hicieron, y recogieron una cantidad tan grande de peces que las redes se les rompían. 7 Entonces llamaron por señas a sus compañeros de la otra barca para que los ayudaran. Ellos se acercaron y llenaron tanto las dos barcas que comenzaron a hundirse. 8 Al ver esto, Simón Pedro cayó de rodillas delante de Jesús y le dijo: —¡Apártate de mí, Señor; soy un pecador! 9 Es que él y todos sus compañeros estaban asombrados ante la pesca que habían hecho, 10 como también lo estaban Jacobo y Juan, hijos de Zebedeo, que eran socios de Simón. —No temas; desde ahora serás pescador de hombres —le dijo Jesús a Simón. 11 Así que llevaron las barcas a tierra y, dejándolo todo, siguieron a Jesús. 12 En otra ocasión, cuando Jesús estaba en un pueblo, se presentó un hombre cubierto de lepra. Al ver a Jesús, cayó rostro en tierra y le suplicó: —Señor, si quieres, puedes limpiarme. 13 Jesús extendió la mano y tocó al hombre. —Sí quiero —le dijo—. ¡Queda limpio! Y al instante se le quitó la lepra. 14 —No se lo digas a nadie —le ordenó Jesús—; sólo ve, preséntate al sacerdote y lleva por tu purificación lo que ordenó Moisés, para que sirva de testimonio. 15 Sin embargo, la fama de Jesús se extendía cada vez más, de modo que acudían a él multitudes para oírlo y para que los sanara de sus enfermedades. 16 Él, por su parte, solía retirarse a lugares solitarios para orar. 17 Un día, mientras enseñaba, estaban sentados allí algunos fariseos y maestros de la Ley que habían venido de todas las aldeas de Galilea y Judea, y también de Jerusalén. Y el poder del Señor estaba con él para sanar a los enfermos. 18 Entonces llegaron unos hombres que llevaban en una camilla a un paralítico. Procuraron entrar para ponerlo delante de Jesús, 19 pero no pudieron a causa de la multitud. Así que subieron a la azotea y, separando las tejas, lo bajaron en la camilla hasta ponerlo en medio de la gente, frente a Jesús. 20 Al ver la fe de ellos, Jesús dijo: —Amigo, tus pecados quedan perdonados. 21 Los fariseos y los maestros de la ley comenzaron a pensar: «¿Quién es éste que dice blasfemias? ¿Quién puede perdonar pecados sino sólo Dios?» 22 Pero Jesús supo lo que estaban pensando y les dijo: —¿Por qué razonan así? 23 ¿Qué es más fácil decir: «Tus pecados quedan perdonados», o «Levántate y anda«? 24 Pues para que sepan que el Hijo del hombre tiene autoridad en la tierra para perdonar pecados —se dirigió entonces al paralítico—: A ti te digo, levántate, toma tu camilla y vete a tu casa. 25 Al instante se levantó a la vista de todos, tomó la camilla en que había estado acostado, y se fue a su casa alabando a Dios. 26 Todos quedaron asombrados y ellos también alababan a Dios. Estaban llenos de temor y decían: «Hoy hemos visto maravillas.» 27 Después de esto salió Jesús y se fijó en un recaudador de impuestos llamado Leví, sentado a la mesa donde cobraba. —Sígueme —le dijo Jesús. 28 Y Leví se levantó, lo dejó todo y lo siguió. 29 Luego Leví le ofreció a Jesús un gran banquete en su casa, y había allí un grupo numeroso de recaudadores de impuestos y otras personas que estaban comiendo con ellos. 30 Pero los fariseos y los maestros de la ley que eran de la misma secta les reclamaban a los discípulos de Jesús: —¿Por qué comen y beben ustedes con recaudadores de impuestos y pecadores? 31 —No son los sanos los que necesitan médico sino los enfermos —les contestó Jesús—. 32 No he venido a llamar a justos sino a pecadores para que se arrepientan.»

Esta extensa sección lucana describe a Jesús reuniendo a un grupo de seguidores, los discípulos (palabra que significa «aprendices»), a quienes él instruirá y adiestrará. Proceden de distintos trasfondos: pescadores, recaudadores de impuestos, zelotes políticos y personas corrientes. En estas «escenas de llamamiento», Jesús toma a pecadores y los transforma en instrumentos para los propósitos de Dios.[1] Jesús sigue también ejerciendo su autoridad, en especial perdonando pecados y haciendo obras de misericordia en sábado, unas acciones que suscitan oposición a su ministerio.

Llamamiento de los primeros discípulos

El primer llamamiento se consigna en Lucas 5:1–11. En ocasiones el servicio a Jesús comienza de un modo más bien inocente. Si no, que se lo pregunten a Pedro. En un texto que narra probablemente un acontecimiento distinto del de Mateo 4:18–22 y Marcos 1:16–20, Jesús llama a Pedro y a algunos de sus compañeros a un ministerio que se desarrollará en el futuro.[2]

Todo el episodio es sorprendente y revelador a un tiempo. Las multitudes se arremolinan alrededor de Jesús en el Mar de Genesaret (Mar de Galilea). En la orilla hay algunos pescadores que limpian sus redes. Jesús decide subirse a la barca de Simón y apartarse un poco de la ribera a fin de evitar los agobios de la multitud y poder dirigirse al pueblo. La enseñanza de Jesús se ha popularizado. Si se tratara de una típica barca de pesca de aquel tiempo, habría sido una embarcación de entre seis y nueve metros de eslora.[3]

---

1. En 5:1–11, 27–39; 6:12–16 se describen escenas de llamamientos.
2. La relación de este pasaje con los llamamientos de Mateo y Marcos no está del todo clara. El acontecimiento lucano parece ser un suceso distinto y confirmatorio, puesto que la actividad de los pescadores difiere ligeramente (lavan las redes en lugar de remendarlas), las redes que se describen son posiblemente distintas (Lucas se refiere a redes para pescar en lugares profundos, mientras que Marcos alude a redes de pesca para aguas poco profundas), y a Andrés no se le menciona. El relato más minucioso de Lucas sí indica por qué sentían los discípulos de Jesús que su llamamiento era persuasivo.
3. Stein, *Luke* [Lucas], 169; S. Wachsmann, «The Galilee Boat —2,000-Year-Old Hull Recovered Intact» [La barca galilea: recuperado intacto un casco de 2000 años de antigüedad] *BAR* 14 (1988): 18–33.

Después de la enseñanza, Jesús le pide a Pedro que desatraque y vaya a pescar. Obsérvese la ironía. ¡Aquí tenemos al hijo de un carpintero y predicador itinerante diciéndole a un pescador que es hora de pescar! No hay duda de que —como observa Pedro—, las condiciones no eran las más propicias para pescar. No es solo que aún sea de día, puesto que Jesús acaba de terminar su predicación, sino que la pesca de la noche anterior ha sido desastrosa. No obstante, puesto que Jesús se lo pide, Pedro accede a echar las redes al agua. Esto revela el potencial de Pedro, puesto que responde a la dirección de Jesús.

El esfuerzo da un fruto casi excesivo. La barca queda tan llena de pescado que comienza a hundirse. Pedro llama a Santiago y a Juan para que les ayuden. Las redes se están rompiendo y la pesca se derrama por todas partes. En medio de todo ese ajetreo, Pedro entiende una verdad profunda. Lo que ha sucedido no es ningún accidente; solo un agente de Dios podría haber producido una pesca como aquella a plena luz del día.

Dejando la tarea de salvar su barca y recoger el pescado, Pedro se postra delante de Jesús. Con palabras llenas de respeto y asombro, le pide a Jesús que se aparte de él. Tras este comentario de Pedro está, sin duda, la idea de que un hombre de Dios no querrá tener nada que ver con un pecador común y corriente. Pedro no se siente digno de la bendición de Jesús o de su amistad. Cree que Dios trabaja solo con los piadosos y los utiliza solo a ellos. Ser pecador y estar en la presencia de Dios es algo demasiado peligroso.

Pedro no se da cuenta de que admitir la propia incapacidad y pecado es la condición previa necesaria para el servicio, puesto que entonces uno puede depender de Dios. La confesión de Pedro se convierte en su currículo para el servicio. La humildad es el ascensor que nos eleva a la grandeza espiritual. De modo que Jesús replica diciéndole a Pedro que no tema. Una cosa es ser pecador y negarlo, y otra saber quién eres delante de Dios y doblegarte humildemente ante él.

Acto seguido, Jesús observa que Pedro se dedicará a pescar hombres. Con este comentario Jesús hace dos cosas. (1) Llama a Pedro a concentrarse en el proceso de rescatar personas del peligro de un mundo caído. A diferencia de los peces que se capturan para el consumo humano, Pedro tratará con personas y las llevará a la vida. Sus herramientas de trabajo no serán ya barcas y redes, sino la Palabra de Dios. Jesús invierte una figura de lenguaje normalmente negativa y la convierte en positiva, del mismo modo que transforma el papel del servicio de Pedro. Para Jesús, solo los pecadores que se saben pecadores necesitados de ayuda pueden entrar en su servicio. Pedro no solo no es indigno, sino que está capacitado para servir junto a él.

(2) La pesca milagrosa indica que los milagros son imágenes o metáforas de las realidades espirituales. La pesca milagrosa introduce el llamamiento metafórico a pescar personas. La dirección y percepción profética de Jesús ilustran poderosamente su llamada, indicando gráficamente la misión que Pedro tiene ante sí.

Los discípulos responden al llamamiento de Jesús dejándolo todo y siguiéndole. Aquella fue la última ocasión en que trabajaron como meros pescadores. Jesús cambia las prioridades de las personas. El llamamiento al ministerio trasciende a su vocación anterior.

Dos milagros de sanidad

Tras este llamamiento inicial, Lucas relata dos milagros que nos ofrecen nuevos detalles sobre la autoridad y compasión de Jesús (5:12–26). Al trabajar con un leproso y un paralítico, Jesús muestra que puede sanar dolencias físicas y restaurar a las personas para que vivan con Dios. Ambos relatos milagrosos ilustran las metas redentoras de la obra de Jesús, reforzando su enseñanza. En esta sección también se consigna la primera oposición organizada al liderazgo de Jesús, que se centra en su declaración de perdonar pecados. Puesto que solo Dios puede hacer tales afirmaciones, la cuestión de la autoridad de Jesús se hace más importante para el flujo de acontecimientos de este Evangelio. Por otra parte, igual que los milagros de 4:31–44 plantean la respuesta de Pedro en 5:1–11, estos milagros sirven de telón de fondo al llamamiento de Leví en 5:27–32.[4] El ministerio de Jesús hace que las personas se abran y respondan positivamente a él. Por último, en este pasaje, el ministerio de Jesús ilustra también la naturaleza del periodo que ha irrumpido con él, puesto que el judaísmo creía que la sanidad acompañaría a los tiempos mesiánicos.[5]

Lucas introduce la primera sanidad mencionando que Jesús se encontraba «en un pueblo». Se está aventurando a otros lugares de Galilea, como dijo tener que hacer (4:43–44). Un hombre cubierto de lepra se acerca a él. El término lepra puede aludir a una amplia variedad de enfermedades.[6] Produce lesiones o inflamaciones en la piel. En ocasiones ataca al sistema nervioso. La palabra comprende no solo la enfermedad de Hansen, sino la psoriasis, el lupus, la dermatofitosis y el favo. En el Antiguo Testamento se consignan instrucciones específicas para identificar su presencia y poder declarar limpios a quienes se recuperaban de esta enfermedad (Lv 13–14). Padecer esta dolencia significaba el ostracismo (Lv 13:45–46; 2R 7:3), puesto que cualquier persona que la tuviera tenía que anunciarlo a los demás gritando: «¡Inmundo! ¡Inmundo!». Quienes sufrían la lepra experimentaban un aislamiento social parecido al que viven en nuestros días algunos enfermos de SIDA. Por consiguiente, el ministerio de Jesús a un leproso pone de relieve su atención a los parias de la sociedad, demostrando que tales personas pueden tener acceso a la bendición de Dios.

Este hombre se acerca a Jesús con humildad, inclinándose delante de él. Su petición plantea la cuestión de si Jesús está o no dispuesto a sanar, no si es o no capaz de ello.[7] De hecho, el leproso da por sentado que Jesús puede hacerlo. Puede que se sienta fuera del alcance de la misericordia de Dios, y por ello se expresa con timidez. Solo el hecho de acercarse a Jesús y hablarle ha demandado un gran valor.

---

4. C. Talbert, *Reading Luke: A Literary and Theological Commentary on the Third Gospel* [Leer a Lucas: un comentario literario y teológico del Tercer Evangelio] (Nueva York: Crossroad, 1982), 63. Los pasajes paralelos de estas sanidades son Mateo 8:1–4 y Marcos 1:40–45 (del leproso) y Mateo 9:1–8 y Marcos 2:1–12 (del paralítico).
5. Schürmann, *Das Lukasevangelium*, 276; Jubileos 23:26–30; 1 Enoc 5:8–9; 96:3; 2 Esdras 7:123; 2 Baruc 29:7.
6. Michaelis, «λέπρα», *TDNT*, 4:233–34.
7. Lucas utiliza una condición griega de tercera clase al final del versículo 12 para expresar la incertidumbre del hombre respecto a si Jesús podía o no actuar.

Jesús responde a la petición del leproso afirmando que quiere limpiarle y anunciando que está limpio. Jesús también le toca, mostrando el tierno toque de compasión y aceptación a un hombre a quien los demás no podían tocar (cf. Lv 14:46; cf. *Mishná, Nega'im* 3:1; 11:1; 12:1; 13:6–12), y es sanado de inmediato. No ha de pasarnos desapercibido el cuadro de la redención que aquí se plantea. Quienes acuden a Jesús para ser limpiados, lo son porque él lo hace de buena gana.

Jesús le pide a este hombre que se presente al sacerdote y que no diga nada a nadie. Es comprensible que el hombre haya de seguir los requisitos legales de Levítico 14, pero no está claro el sentido de la orden de guardar silencio. Puede que Jesús no quiera que se diga nada hasta que se cumplan los requisitos ante el sacerdote, y que quiera desanimar una atención indebida a su obra milagrosa (Lc 4:35, 41; 8:56; ver también Mt 9:30; 12:16; Mr 1:34; 3:12; 5:43; 7:36; 8:26).[8] Según la Ley, este testimonio delante del sacerdote llevaría una semana. Este ritual representaba la purificación y remoción del pecado, de manera que aun el programa de seguimiento para el leproso refuerza el mensaje de lo que Jesús ha hecho. No es sorprendente que el testimonio se dirija a los sacerdotes si se tiene en cuenta su necesidad de entender lo que representa Jesús.

Sin embargo, a pesar de los esfuerzos de Jesús por controlar las noticias, estas se extienden de todos modos, a lo largo del territorio. Aunque Jesús está en Galilea, las noticias llegan a lugares tan distantes como Judea y Jerusalén. Estos informes explican que algunos dirigentes judíos hagan acto de presencia en el siguiente acontecimiento.

Lucas enlaza los dos relatos de milagros y el ritmo frenético del programa de Jesús observando que éste se detiene para orar (5:16). Con la quietud que acompaña a la privacidad tras una rápida sucesión de acontecimientos, viene también el consuelo y el logro de la perspectiva que mantiene a Jesús cerca de Dios. Lucas observa constantemente esta dedicación a la oración (3:21; 6:12; 9:18, 28–29; 11:1; 23:46).[9]

La siguiente sanidad es la de un hombre paralítico (5:17–26). Marcos 2:1 nos dice que este milagro se produjo en Capernaúm. Los fariseos y los maestros de la Ley (mejor conocidos como escribas) se han unido a la multitud. Los fariseos eran uno de los cuatro partidos religiosos del judaísmo (los otros eran los saduceos, los zelotes y los esenios). Los fariseos constituían un movimiento no sacerdotal, laico y separatista que intentaba ser fiel a la ley mosaica. Desarrollaron muchas tradiciones y leyes orales para establecer el modo en que la Ley debería aplicarse en su generación. Los encargados de formular tales juicios eran escribas profesionales que formaban parte de la secta.[10] Estos dirigentes son los que ahora observan a Jesús.

El Señor tiene poder para sanar (v. 17b). Esta pequeña nota narrativa prepara a los lectores de Lucas para lo que se acerca. Mientras Jesús está enseñando, un grupo de hombres se esfuerza por llevar ante él a un paralítico para que le sane, pero la multitud que le escucha es demasiado numerosa y ello les impide acercarse a él. Por ello,

---

8. Marshall, *Commentary on Luke* [Comentario de Lucas], 209; Plummer, *Luke* [Lucas, 149–50].
9. A. Leaney, *A Commentary on the Gospel According to St. Luke* [Un comentario sobre el Evangelio según San Lucas], (Nueva York: Harper, 1958), 124.
10. Marshall, *Commentary on Luke* [Comentario de Lucas], 212; Fitzmyer, *Luke* [Lucas], 581.

los portadores del paralítico ascienden al tejado, bien sirviéndose de una escalera de mano, o por los escalones de obra que en las casas de la Antigüedad permitían acceder al tejado.[11] Descubriendo algunas tejas, descuelgan al paralítico y lo ponen delante de Jesús. Para realizar una abertura en el tejado habría habido que retirar una capa de barro que cubría las vigas.[12]

Jesús ve «la fe de ellos», un comentario fácil de pasar por alto. En este texto, la palabra fe ha de significar la expresión visible de ésta, no una simple actitud, puesto que Jesús la ve en las acciones de estos hombres. Por ello, Jesús actúa, dándole al hombre mucho más de lo que buscaba. Él declara que sus pecados le han sido perdonados.

Esta afirmación suscita una reacción en cadena. Los fariseos y escribas comienzan a pensar en las implicaciones teológicas de lo que Jesús acaba de decir. Saben que solo Dios perdona el pecado; de modo que pretender hacer lo que únicamente Dios puede hacer es una blasfemia, una calumnia contra Dios.[13]

Por regla general, siempre que Lucas menciona lo que alguien está pensando, consigna alguna instrucción de Jesús. Jesús pide a los fariseos que ponderen una pregunta que es realmente un dilema. ¿Qué es más fácil, declarar que los pecados de alguien han sido perdonados o decirle a un paralítico que se levante y ande? La lógica nos dice que es más fácil afirmar el perdón de los pecados, puesto que tal aseveración no puede verse; pero de hecho es más difícil, puesto que quien hace tal afirmación ha de tener la autoridad para ello. A continuación, Jesús conecta ambas cosas. Le pide al paralítico que ande para que los presentes puedan saber que el Hijo del Hombre tiene autoridad para perdonar pecados.[14] Hace realidad lo difícil —que un paralítico se levante y ande— para demostrar lo que es aún más difícil, a saber, el poder para perdonar pecados.

El hombre se levanta y anda. Si Dios solo sana a quienes están libres de pecado, y si no se manifiesta a través de quienes tienen falsas pretensiones, ¿por qué, entonces, se levantó este hombre? Esta es la pregunta que le plantea a la audiencia el hecho de que

---

11. S. Safrai, *The Jewish People in the First Century* [El pueblo judío en el siglo primero], sec. 1, vol. 2 (Filadelfia: Fortress, 1976), 730–32.
12. Plummer, *Luke* [Lucas], 153.
13. No nos ha llegado ningún texto judío que muestre a alguien perdonando el pecado. A este respecto en ocasiones se presenta *La oración de Nabónido* de Qumrán (4QprNab 1.4). Sin embargo, este texto no ha de interpretarse con el sentido de que el exorcista que se menciona en el texto perdona el pecado. Ver el trabajo de D. Bock, «The Son of Man in Luke 5:24» [El Hijo del Hombre en Lucas 5:24], *BBR* 1 (1991): 109–21, en especial 117, n. 26.
14. Un texto judío posterior del Talmud, *Nedarim* 41a dice: «Nadie se levanta de su lecho de enfermedad hasta que todos sus pecados hayan sido perdonados». El sentido del título «Hijo del Hombre» es objeto de debate y comporta una serie de complejas cuestiones. En este momento tan temprano del ministerio de Jesús, la expresión es solo una forma en que Jesús alude a sí mismo. Es el título que Jesús prefiere para describirse a sí mismo, probablemente porque se refiere a una figura humana que posee autoridad sobrenatural. Más adelante pondrá de relieve que esta imaginería procede de Daniel 7:13–14. Quienes deseen más información sobre el título Hijo del Hombre, pueden ver Bock, *Luke 1:1–9:50* [Lucas 1:1–9:50], excurso 6. En Daniel, la imagen del Hijo del Hombre representa a un personaje humano que ejerce autoridad divina y que, como Dios, cabalga sobre las nubes.

el paralítico se levantara y anduviera. El milagro ha reducido las opciones. La multitud alaba a Dios y reconoce que ha visto cosas maravillosas y sorprendentes a través de Jesús.

Este suceso pone de relieve una idea más. La capacidad del paralítico para retomar su capacidad de andar en la vida es una imagen de lo que Jesús hace cuando salva. Su mensaje es liberador.

El llamamiento de Leví

Lucas 5:27–32 revela de nuevo un patrón del ministerio de Jesús: éste alcanza a quienes se encuentran excluidos de la sociedad. En 5:12–26 eran los que sufrían limitaciones físicas. Ahora se trata de aquellos que son considerados como parias de la sociedad. Jesús llama a un despreciado recaudador de impuestos, una acción que produce una reacción de parte de los funcionarios religiosos. En nuestro comentario de Lucas 3:10–14 consideramos que en la cultura judía se veía a los recaudadores de impuestos como disidentes de Israel y pecadores notorios. La cuestión que aquí se plantea es si Jesús y sus discípulos han de practicar un tipo de separatismo como el de los fariseos. Este es un asunto que en Lucas plantea una tensión constante (15:1–32; 18:9–14; 19:1–10; también Mt 20:13–16).[15] Leví representa el fruto de un llamamiento al arrepentimiento que se resume en el comentario del pasaje (5:31–32).[16]

En algún momento posterior a la sanidad del paralítico, Jesús encuentra a un recaudador de impuestos sentado ante su mesa, cuya tarea consiste en cobrar una sobretasa a quienes se trasladan de una ciudad a otra. Jesús toma la iniciativa en este encuentro, un punto revelador, puesto que tomar la iniciativa con tales personas suscita controversias. Le pide a Leví que le «siga», un llamamiento frecuente de Jesús (9:23, 59; 18:22; cf. 5:10–11). En efecto, Jesús le está pidiendo que se haga uno de sus discípulos. Como los pecadores (5:10–11), también los recaudadores de impuestos pueden acceder a una relación íntima con Dios. En otras palabras, cualquiera que responda a Jesús puede recibir su bendición. Leví responde a la invitación, dejando atrás su profesión y seguridad económica para seguir a Jesús.

Acto seguido, Leví ofrece a Jesús «un gran banquete», una fiesta.[17] A su mesa se sienta el círculo de sus amigos, «recaudadores de impuestos y otras personas» a quien los fariseos llaman pecadores en el versículo 30. Leví utiliza ahora sus recursos materiales para dar a conocer a sus amigos su nueva relación con Jesús. Les señala a este distinto tipo de dirigente religioso que busca a aquellos que se han separado de Dios.

---

15. Fitzmyer, *Luke* [Lucas], 589; Michel, «τελώνης», *TDNT*, 8:105. Fitzmyer detalla que los fariseos veían con desprecio este tipo de asociaciones.
16. Entre los pasajes paralelos de este texto están Mateo 9:9–13 y Marcos 2:13–17. El recaudador de impuestos de Mateo se llama Mateo. Esto ha planteado la cuestión de si se trata o no del mismo suceso. La mayoría identifican entre sí a estos dos personajes, dado el alto grado de concordancia de los detalles, y considerando que, de los Doce, solo Mateo-Leví es recaudador de impuestos. Los nombres dobles son también muy comunes en esta cultura; Hch 1:23; 4:36; 12:25; 13:9; Josefo, *Antigüedades* 18.2.2 § 35.
17. Sobre el término «banquete», ver Gn 21:8; 26:30; Est 1:3; Lc 14:13; Grundmann, «δοχή», *TDNT*, 2:54.

Las relaciones personales que Jesús establece llevan a otros personajes religiosos a plantear preguntas. Llevan sus quejas a los discípulos. El término griego *egongyzon* («les reclamaban») es una palabra de carácter onomatopéyico, incluso emotivo, cuyo sonido recrea las quejas.[18] La recriminación es clara y directa: «¿Por qué comen y beben ustedes con recaudadores de impuestos y pecadores?». En las culturas de la Antigüedad, sentarse a la mesa con alguien comunicaba aceptación y, por ello, Jesús era susceptible de acusación y frecuente objeto de ella (5:33; 7:33-34). Por otra parte, los fariseos evitaban a los pecadores para eludir cualquier posible indicación de que les apoyaran. Ambas perspectivas no pueden ser más contrarias. Los fariseos prefieren mantenerse a distancia de los pecadores, mientras que Jesús apunta a su rehabilitación. Su acción sugiere que el separacionismo por el que abogan los fariseos no honra a Dios.

A continuación, Jesús ofrece las razones teológicas y misiológicas de sus acciones. La imagen que utiliza es fundamental para señalar estas cuestiones. Jesús observa que no son las personas saludables quienes van en busca del médico, sino las enfermas; así, la misión de Jesús no es llamar a los sanos sino a los enfermos «al arrepentimiento». La figura de un médico es una conocida metáfora de la Antigüedad (2Cr 16:12; Is 3:7; Jer 8:22; Eclo 10:10; 38:1-15).[19]

La imagen es fuerte. Cuando voy al médico, sé varias cosas: estoy enfermo, necesito ayuda y no puedo ayudarme a mí mismo. En otras palabras, el llamamiento de Jesús se dirige a quienes se dan cuenta de que necesitan ayuda. Ir en busca de los pecadores es dirigirse a personas que reconocen no ser todo lo que pueden ser. Pero Jesús no ofrece placebos; les llama a arrepentirse. Como hemos visto en 3:7-14, arrepentimiento significa cambio de dirección, un giro que pone de relieve una diferencia. Así, Jesús convoca a quienes no están bien para que se restablezcan, acercándose a la Gracia que Dios les ofrece. Si desean conocer a Dios, el Señor no les rechaza, sino que inicia el proceso de su restauración.

Jesús se acerca a los pecadores porque ve el potencial para ser renovados por medio de la Gracia de Dios. Jesús sabe que este tipo de cambio no se produce cuando quienes buscan a los pecadores se aíslan. Su misión es recobrar a los perdidos, yendo a ellos como hace aquí con Leví.

Construyendo Puentes

Las respuestas que Jesús recibe en este pasaje constituyen el meollo de su enseñanza. Comencemos con la respuesta de Pedro a la petición del Señor de echar sus redes. Aunque humilde de carácter, no entiende correctamente cómo obra Dios con quienes entienden sus fracasos y se vuelven a él. Siente que como pecador no tiene nada que hacer con Dios. Jesús le hace ver que es precisamente este sentido de indignidad ante Dios y de falta de santidad lo que le permite obrar en una vida. Lo importante es lo que sucede cuando alguien experimenta esta sensación de

---

18. La versión griega del Antiguo Testamento utilizó también esta palabra para referirse a las quejas de Israel en el desierto (Éx 15:24; 16:7-8; Nm 14:2, 26-35; 16:11).
19. Schrenk, «δίκαιος», *TDNT*, 2:189; Priesker, «μισθός», *TDNT*, 4:717.

impotencia al situarse frente a Dios. ¡Nadie puede ser discípulo, «aprendiz» de Jesús hasta que esta persona entiende que hay mucho que aprender!

El llamamiento y misión de Pedro no son distintos del llamamiento y misión de la Iglesia o de los individuos que la integran. En este contexto Pedro es mucho más el discípulo representativo que uno de los doce. Aunque el llamamiento se dirige a Pedro, todos los presentes abandonan sus barcas (v. 11). El cambio de persona verbal de «serás pescador de hombres» a «llevaron las barcas a tierra» indica que el llamamiento no se dirige en exclusiva a Pedro.

La respuesta de dejarlo todo, sin embargo, implica otra pregunta: ¿Acaso han de dejar todos los discípulos su profesión para servir a Jesús? ¿De qué modo es el llamamiento a los creyentes igual y distinto de este llamamiento a Pedro? La respuesta a esta pregunta se expresa a lo largo de la historia de la Iglesia. Como muestran las cartas del Nuevo Testamento, no todos son llamados a un ministerio de plena dedicación. De hecho, el propio Pablo siguió trabajando como fabricante de tiendas mientras desarrollaba su ministerio. El elemento importante es que nuestro llamamiento a andar con Jesús adquiere un carácter prioritario, de modo que estamos dispuestos a ser cualquier cosa que Dios desee o a estar dondequiera que él nos llame. Para algunos, como el endemoniado gadareno sanado, esto significa permanecer en su mismo entorno para dar testimonio de Jesús (8:38–39). Para otros, implica viajar con Jesús. Para algunos, puede significar el campo de misión; para otros, el ámbito misionero de su propio trabajo diario o un ministerio paraeclesial. La misión es «pescar hombres». En ocasiones el ámbito laboral es el mejor lugar para encontrar peces, mientras que la Iglesia no lo es.

La importancia de las tres respuestas de Pedro en el transcurso de la pesca refleja emociones que se extienden a lo largo de los siglos: echar las redes, postrarse delante de Jesús y dejarlo todo para seguirle. Pedro muestra el camino a una respuesta fructífera al llamamiento y presencia de Jesús. Deberíamos considerar sus respuestas con atención. La idea de un pescador aceptando instrucciones sobre pesca de un maestro religioso sería divertida si los sorprendentes resultados no acabaran siendo tan abrumadores. Es especialmente interesante investigar por qué Pedro se sintió pecador cuando se evidenció la pesca. ¿Fue porque, aunque echó las redes, lo hizo sin fe de que realmente se produjera ninguna captura? Es difícil estar seguros, sin embargo, para honra de Pedro, siguió la dirección del Señor. Deberíamos estar dispuestos a seguir la dirección del Señor, aunque a primera vista parezca una tarea difícil e infructuosa.

El texto pone también de relieve la especial percepción y dones de Jesús. Este entiende y controla la misión que va a poner en marcha. No tiene necesidad de personas que le dirijan, sino que le sirvan. Además, Jesús puede guiarles a maneras en que pueden servirle mejor. Si puede dirigir a los discípulos, es ciertamente capaz de dirigirnos a nosotros por su Espíritu cuando dependemos de él (Ef 6:18–20).

La metáfora de la pesca es apropiada para la evangelización. La pesca no es en modo alguno una tarea automática, como pone de relieve lo que le sucedió a Pedro la noche anterior. Se requiere mucha preparación, y mucho trabajo, especialmente en el mundo antiguo, donde los pescadores faenaban con grandes redes. A menudo, la clase de pesca que Pedro practicaba requería un organizado trabajo de equipo. No es casual que nuestro Señor escogiera esta metáfora para describir la tarea.

Respecto a los dos milagros de Lucas 5:12–26 ya hemos explicado (4:31–44) que, en nuestro tiempo, llevar a cabo milagros no es condición indispensable para el desarrollo de un ministerio legítimo. No obstante, la compasión que se expresa aquí a través de estos milagros sí ofrece un puente significativo. Jesús sana a personas que están fuera de sus círculos y elogia la fe de aquellos a quienes sana. Es decir, Jesús ministra a un amplio segmento de la población, y entre ellos a los excluidos por la sociedad en general. Además, aunque Jesús no explica por qué perdona su pecado al paralítico, el texto descubre que la fe que expresan quienes se acercan a él le estimulan a actuar. Este texto es el primero de varios que subrayarán la importancia de la fe. Ésta no es aquí mera confianza intelectual ni simple actitud; se expresa en la determinación de acercarse a Jesús.

Una preocupación fundamental de los milagros es la cuestión de la identidad de Jesús. Lo que es revelador es el modo en que Jesús clasifica las opciones. Su argumento es que el milagro demuestra su autoridad para perdonar el pecado. Sus oponentes insisten en que la prerrogativa de perdonar pecados es solo de Dios. Si el hombre se levanta y su pecado es verdaderamente perdonado, ¿qué supone esto en relación con Jesús? Tanto aquí como en 11:14–23 las opciones se restringen. Dios es deshonrado cuando alguien afirma hacer algo en su nombre que finalmente no se cumple, pero ¿qué sucede si Dios vindica la pretensión?

Las cuestiones relacionadas con la sanidad eran importantes en el siglo primero, puesto que la capacidad para cuidar a los enfermos era bastante limitada, dada la ausencia de atención médica de calidad. Los casos serios apelaban a menudo a la ayuda de un profeta como Jesús. Curiosamente, dentro del judaísmo se reflexionaba sobre la atención de los médicos. ¿Era acaso una afrenta para la fe buscar la atención de los médicos? El antiguo libro judío de Eclesiástico 38:1–4 afirma lo siguiente:

> Honra a los médicos por sus servicios, porque el Señor los creó; porque su don de sanar procede del Altísimo, y son recompensados por el rey. Las habilidades de los médicos les distinguen, y en la presencia de los grandes son admirados. El Señor creó medicamentos de la tierra, y los sensatos no los menospreciarán. (NRSV)

Sin embargo, en un pasaje posterior de este mismo capítulo el texto (vv. 9–15) introduce cuestiones espirituales:

> Hijo mío, cuando estés enfermo, no tardes, ora al Señor, y él te sanará. Abandona tus yerros, dirige correctamente tus manos, y limpia tu corazón de todo pecado. Ofrece un dulce sacrificio de olor grato, y una porción conmemorativa de harina escogida, y esparce tanto aceite sobre tu ofrenda como puedas permitirte. Después, dale al médico su lugar, porque el Señor lo creó; no prescindas de él, porque lo necesitas. Puede llegar el momento en que tu recuperación esté en manos de los médicos, porque también ellos oran al Señor para que les dé éxito en el diagnóstico y en

la sanidad, a fin de preservar la vida. El que peca contra su Creador será desafiante con el médico. (NRSV)

Así pues, parece que en el judaísmo se veía una interrelación entre pecado y tratamiento médico. La sanidad procedía del Señor, sin embargo, un importante agente para llevarla a cabo era el médico. Cuando la sanidad se producía de un modo más directo e instantáneo, se constataba la presencia de un profeta. Teniendo en cuenta este trasfondo, no es de extrañar que a Jesús se le considere un profeta y que el asunto del paralítico plantee el tema del pecado.

La mortalidad es fruto de la Caída, tanto según el punto de vista bíblico como en el judaísmo, y la enfermedad puede relacionarse con el pecado. En nuestros días tendemos a dejar al pecado fuera de la ecuación de la salud, viéndola principalmente como un asunto químico o biológico. Aunque es cierto que Juan 9 nos advierte sobre los peligros de establecer una permanente ecuación pecado-salud, en ocasiones no estamos bien porque hemos vivido con poca sabiduría. En última instancia, la presencia de la culpa y la evasión mediante sustancias químicas son síntomas de cuestiones más profundas que nos llevan a una salud enfermiza. Aun así, la liberación de ciertas condiciones, como esta sanidad de Jesús, viene solo por medio de la Gracia y de la soberana obra de Dios.

El llamamiento de Leví en 5:27–32 ofrece un puente más directo hasta nuestro tiempo que cualquier otro texto del Evangelio de Lucas. La misión de Jesús era la evangelización, y también lo es la de la Iglesia. Igual que Jesús tenía un mensaje de salvación y sanidad para los pecadores al restaurar su relación con Dios, lo tiene también la Iglesia. Es crucial que ésta llegue a ver la importancia de alcanzar a otras personas y de tomar la iniciativa en el contacto. Podemos aprender del modo en que Jesús trató con los pecadores, de cómo estos reaccionaron ante él, y de cómo el liderazgo judío lo hizo ante ambos.

Es importante preocuparnos por mantener una separación apropiada con el mundo, sin embargo, textos como Efesios 5:7–14 nos ayudan a aclarar cómo tiene lugar la separación adecuada. Hemos de separarnos de las «obras infructuosas de la oscuridad», de los actos de pecado, pero no hemos de aislarnos de los pecadores. La función de la luz es brillar en medio de la oscuridad. El propio Jesús tenía comunión de mesa con los pecadores, una importante forma de relación en las culturas de la Antigüedad. De hecho, los fariseos se quejarían más adelante de que el Señor mantuviera este tipo de relaciones con los pecadores (15:1–2).

El texto nos enseña también acerca de la humildad. Uno de los peligros de la devoción es el separatismo. Una forma excesiva de separatismo, como la que exigían los fariseos, puede matar a la misión. Esta es la razón por la que Jesús responde al liderazgo judío como lo hace. No hay duda de que nadie está más preocupado por vivir una vida de justicia e integridad moral que nuestro Señor, sin embargo, Jesús se niega a encasillarse en un tipo de «apariencia de mal» que le impida relacionarse con los pecadores en contextos en los que tales asociaciones no produzcan componendas morales. De hecho, Jesús toma la iniciativa buscando a los pecadores y llamándoles a Dios. De igual manera, también nosotros deberíamos ser proactivos en la búsqueda de los perdidos.

Significado Contemporáneo

La principal aplicación del milagro de la pesca gira alrededor de las instrucciones de Jesús y las respuestas de Pedro. En medio de su ministerio general de enseñanza a las multitudes, Jesús llama a algunos a un servicio más concreto. Pedro es un ejemplo de dicho llamamiento. Cada creyente tiene un ministerio, y todos son iguales ante Dios, sin embargo, algunos son llamados a servirle directamente. Pedro tiene las tres cualidades necesarias que Jesús está buscando. Está dispuesto a ir donde Jesús le lleva, es humilde, y está completamente comprometido.

(1) En su disposición a echar las redes, la respuesta de Pedro se basa únicamente en la palabra de Jesús (v. 5). El conocimiento de su profesión le decía que no había ninguna posibilidad de conseguir una buena pesca bajo aquellas circunstancias, sin embargo, Pedro sabía al parecer lo suficiente sobre Jesús como para poner este conocimiento por encima del suyo. En ocasiones, esta disposición a ir donde Jesús nos dirija puede llevarnos en sentido contrario a la cultura, costumbres o sabiduría popular. A veces Dios nos lleva de maneras sorprendentes a lugares sorprendentes para ampliar nuestra visión y experiencia.

Hace varios años me tomé un periodo sabático en Alemania. Nadie se preocupaba por mí o por mi esposa, pero todo el mundo preguntaba: «¿Qué harán con los niños?» Detrás de esta pregunta estaba la idea de que nadie debería tomar a niños de ocho, siete y cinco años y sumergirlos en una nueva cultura en una etapa tan incipiente de su educación, aunque Dios nos llamara a vivir en ella por un tiempo. Nuestra posición era distinta. Dios nos había llamado a Alemania, en parte para experimentar la vida en este país. De modo que no buscamos una escuela de habla inglesa. Confiamos en que Dios nos cuidaría en un contexto nuevo. No estoy diciendo esto para afirmar que todo aquel que viaja al extranjero ha de adquirir esta clase de compromiso cultural, sino solo que nosotros sentíamos que Dios nos estaba dirigiendo en esta decisión.

Fue sorprendente ver la provisión de Dios. En la pequeña escuela elemental del pueblo de cinco mil personas donde vivíamos, había una clase de segundo idioma, de modo que mis hijos no solo asistían a la escuela con niños alemanes, sino también de otros ocho países: todos ellos aprendiendo alemán partiendo del mismo punto. Llegamos en un momento en que llegaban muchos refugiados de la Europa del Este. Esas clases eran una nueva aventura para aquella comunidad. En la clase de mi hija mediana había un niño de una familia bilingüe, de madre inglesa y padre alemán. ¡Su maestra era la única de todos los docentes que tuvieron nuestros hijos que no sabía nada de inglés! Pero Dios proporcionó un traductor, un niño bilingüe de ocho años, que podía iniciar las cosas hasta que mi hija pudiera salir adelante por sí misma. Por otra parte, mi hija mayor hubo de arreglárselas por sí misma. Dios no suplió del mismo modo para cada una de ellas, y sin embargo las cuidó a ambas. En resumidas cuentas, cuando fuimos donde Dios nos guiaba, completamente comprometidos (bueno, casi por completo) a confiar en él, Dios se ocupó de nosotros de maneras diferentes. Como consecuencia de esta experiencia, que no fue fácil pero nos enseñó mucho sobre la fe, mis hijos han desarrollado una fascinación por personas de distintos trasfondos culturales, algo que les beneficiará en su futuro servicio a Dios.

(2) La humildad de Pedro es también ejemplar. Dios pudo utilizar a Pedro porque éste era consciente de necesitar a Dios, no al revés. Algunas personas que están en el ministerio cristiano dan la impresión de que Dios tendría un difícil problema si no fuera por ellos. Pero, como dice la canción de Eliza al profesor Higgins en *My Fair Lady* (Mi bella dama), «El mundo seguirá ahí sin ti». Pedro entendía que, por su condición de pecador, no podía aportar sino aquello que permitía que Dios dirigiera. Este hecho no restaba valor a Pedro; su fuerza procedía del conocimiento de su debilidad y de permitir que Dios dirigiera la obra. Pablo expresa una actitud parecida en Filipenses 2:1-11, donde cita al Señor como modelo de una humildad que estaba dispuesta a servir.

(3) Pedro está dispuesto a dejarlo todo por seguir a Jesús. Conozco a muchos seminaristas que han abandonado lo que a primera vista parece mucho para poder entrar en el ministerio. Algunos han dejado atrás lucrativas profesiones, otros han vendido su casa para financiar su formación teológica, y están también los que han viajado miles de kilómetros para estar mejor equipados cuando suban al púlpito. En cada caso, su prioridad es servir a Dios y responder a su llamada fielmente. Cuando los pescadores dejan sus redes para convertirse en discípulos, emprenden un intensivo programa de prácticas de tres años, en el que Dios les dirige y suple para sus necesidades. Muchas veces me he preguntado qué consejo le habría dado a Pedro un hipotético contable de su empresa pesquera. ¿Le habría gustado a su contador público autorizado ver las barcas de pesca amarradas en la playa?

Pedro entendió que no existe mayor llamamiento que echar las redes en el nombre de Jesús y servir a quienes encuentran la salvación del Evangelio. Cuando tuvo su primer encuentro con el poder de Dios, pensó que Jesús tenía que apartarse de él, porque el maestro estaba en medio de pecadores. Jesús le enseñó a Pedro que los pecadores que se vuelven a Dios son las personas que Dios más puede utilizar. De modo que Pedro sencillamente siguió a Jesús.

La lección más significativa que nos brinda el relato de la purificación del leproso es que aun las personas marginadas pueden experimentar la Gracia sanadora de Dios. Con este ejemplo se llama a la Iglesia a tender la mano a quienes se encuentran en los aledaños de la sociedad. En aquel tiempo, la lepra se consideraba un reflejo de la presencia del pecado y, por ello, lo que aquí se nos presenta es la evangelización de los pecadores. A menudo siento vergüenza ante la reacción de muchas personas de la Iglesia hacia los enfermos de SIDA —la enfermedad de nuestro tiempo que más se parece a la lepra—, que actúan como si estos enfermos estuvieran fuera del alcance de Dios. No es ninguna excusa válida alegar que las víctimas del SIDA practican a menudo pecados especialmente graves; Jesús vino para impartir salvación del pecado; de cualquier clase de pecado, por serio que sea. Así, el ministerio de compasión que aquí se nos revela debería contar con los esfuerzos de la Iglesia hacia aquellos que la mayor parte de la sociedad ha abandonado. Es interesante que las agencias misioneras que operan en zonas remotas del mundo aceptan este principio como fundamento para su trabajo inicial de alcanzar a los perdidos, mientras que nosotros los ignoramos en nuestros países de origen.

La sanidad del leproso describe a Jesús limpiando a alguien del pecado. Tendemos a tratar a los leprosos como algo desagradable, sin embargo, nuestro pecado lo excusamos como un hecho consumado. Este texto nos advierte a no tomar a la ligera ningún pecado, puesto que nos hace inmundos. Dios se tomó el pecado tan en serio que dio a su Hijo para purificarnos de su estigma. Aunque nos encontremos al otro lado del perdón, habiendo sido purificados por la obra de Jesús, deberíamos meditar sobre las implicaciones de este texto sobre el pecado y la disposición de Jesús a perdonar a cualquiera que se acerca a él con la actitud que dice: «si quieres, puedes limpiarme».

El retiro de Jesús para orar es una importante nota en este momento de su ministerio. Nos enseña cuán importante es tener comunión con Dios, especialmente cuando tendemos a ignorarle presionados por nuestras apretadas agendas. En ocasiones, lo mejor que podemos hacer en medio del ajetreo de la vida es sosegarnos y escuchar a Dios. Nos equivocamos seriamente si argumentamos que no tenemos tiempo, porque lo que realmente necesitamos cuando nos encontramos bajo presión es la presencia de Dios y su calmante interacción en nuestras vidas.

La sanidad del paralítico pone de relieve que la fe se expresa en una diligente confianza. Esto es lo que muestran los amigos del paralítico y lo que Jesús elogia. Se trata de una fe activa y que recorre un largo camino para buscar la presencia de Jesús. Esta clase de fe llama la atención de Jesús y toca el corazón de Dios.

El desafío de los fariseos pone de relieve una cuestión que comienza a manifestarse en este Evangelio. Uno siente que han venido a «examinar a Jesús». Y ésta acaba siendo sin duda su actitud. Corren el riesgo de cerrarse a la revelación de Dios por medio de Jesús juzgándole con demasiada rapidez. Aunque en este texto no se nos describe su reacción, pasajes posteriores indican que no se toman en serio lo que sucede en esta sanidad. Parece incluso que vayan a este encuentro con una idea preconcebida. Este es uno de los posibles efectos de la dureza de corazón. Puede hacernos precipitados en nuestra valoración de lo que Dios está haciendo.

Las notas de alabanza y asombro que aparecen en los versículos 25-26 recuerdan comentarios parecidos de las narraciones de la infancia. La obra de Dios es sorprendente, y hemos de alegrarnos de participar en ella, aunque en ocasiones el acceso sea difícil y esté lleno de obstáculos.

Del encuentro de Jesús con Leví en los versículos 27-32 surgen varias aplicaciones. Observemos, por ejemplo, la respuesta de Leví tanto al seguir a Jesús como ofreciéndole un banquete. Aquí tenemos a un pecador cuya vida da un giro completo por causa de Jesús, y que está ansioso por compartir a Cristo con sus antiguos amigos. Con frecuencia, los nuevos cristianos se dedican a la evangelización de manera más intensa durante los dos años que siguen a la conversión. Después el cambio de círculo de amigos reduce más las oportunidades. Aunque Jesús nunca vivió en estos círculos, vemos que se acerca a otras personas para que puedan oír su mensaje. Es posible que, movidos por una sensibilidad excesiva hacia el potencial efecto corruptor que puede tener sobre el justo la relación con el mundo, nos aislemos como hacían los piadosos fariseos y perdamos la oportunidad de ver cambiar la vida de alguien, como en el caso de Leví.

La iniciativa de Jesús es también reveladora. Él busca a los pecadores, les observa con benevolencia y hace una prioridad de alcanzarles con el Evangelio. He conocido suficientes iglesias para saber que con frecuencia los cristianos evitan a los pecadores. En lugar de buscarles, huimos de ellos, llenos a menudo de temor por las cuestiones que pueden suscitarse, o por el tipo de situaciones en que podemos vernos involucrados. La evangelización es un ejercicio contracultural que producirá momentos embarazosos.[20] En ocasiones el lenguaje o las bromas no serán del mejor tono. Es posible que los temas de conversación resulten incómodos. Puede que las actividades preferidas de los perdidos generen invitaciones para participar en cosas que debamos declinar con tacto. Aun así, hay muchas oportunidades de dar testimonio que no son tan incómodas. Esta es la razón por la que admiro el trabajo de muchos ministerios paraeclesiales, como Campus Crusade, los Navegantes, GBU, GBE y otros que se esfuerzan por alcanzar a los perdidos, ya sea a los jóvenes en los Institutos o las Universidades o a los hombres y mujeres de negocios. Estas organizaciones hacen un trabajo estupendo tomando la iniciativa para alcanzar a los perdidos y desarrollar relaciones personales significativas con ellos. Para que la evangelización sea efectiva, hay que tomar la iniciativa hacia los no creyentes, puesto que éstos no se están planteando precisamente incorporarse a la Iglesia.

Muchos debaten hoy el valor de las reuniones orientadas hacia los no creyentes, pero una cosa puede decirse a favor de este movimiento (El autor alude al tipo de reuniones que se proponen desde un movimiento innovador que se ha dado en llamar «seeker-friendly» o «seeker-sensitive». Esencialmente, este movimiento pretende reformar el modelo eclesial para acercar la Iglesia a los no creyentes. N. del T.). Ha sensibilizado a toda la Iglesia ante la necesidad de introducir la creatividad en el ámbito de la evangelización y la importancia de tomar la iniciativa para alcanzar a los perdidos. Desde este esfuerzo se analiza detenidamente cómo construir puentes hacia los no creyentes y desarrollar intereses que pueden convertirse en oportunidades para la evangelización. La meta de tales ministerios se acerca al deseo que Dios tiene de que todos funcionemos como indicadores del camino al Gran Médico. Algunas iglesias orientadas hacia tales audiencias benefician al Cuerpo en general y ayudan al cumplimiento de la Gran Comisión.

En contraste, en este texto la actitud de los fariseos recibe una censura. Están tan preocupados por las apariencias que las personas acaban siendo atropelladas o ignoradas. La pureza a expensas de servir a las personas no es pureza, sino aislacionismo, y pecado. Jesús está en contra de este acercamiento para atraer al mundo. Aunque los

---

20. Una obra sobre este tema que destaca por su utilidad, equilibrio y sabiduría es la de Joseph C. Aldrich, *Life-Style Evangelism: Crossing Traditional Boundaries to Reach the Unbelieving World* [Evangelización como estilo vida: cruzando fronteras tradicionales para alcanzar al mundo incrédulo], (Portland: Multnomah, 1981).

fariseos tienen una forma de piedad, se trata de una piedad destructiva que pasa por alto las necesidades de las personas.

Por último, nuestra misión implica un llamamiento al arrepentimiento de los pecadores. Hemos de tener cuidado de no dirigirnos solo a las personas que nos son atractivas, aquellas que parecen estar más o menos bien, sino también a los excluidos y rechazados, como Jesús hace con Leví. Algunos de los ministerios más olvidados desarrollan su trabajo en las oscuras sombras de los barrios marginados de la ciudad entre las personas más anónimas. Sin embargo, a quienesquiera que queramos alcanzar, hemos de ofrecerles la esperanza del llamamiento del Evangelio. La proclamación de este llamamiento requiere humildad en dos formas. (1) A la persona que lo anuncia se le recuerda que la Gracia de Dios es una acción quirúrgica que se extiende al que cree; aquel que comparte a Jesús sabe lo que significa estar donde están los perdidos. Este hecho debería crear un sentido de empatía y humildad en nuestros esfuerzos por estimular a otras personas a que encuentren al Señor.

(2) Sin embargo, la humildad es también necesaria en el receptor, ya que acercarnos a Dios en busca de sanidad espiritual significa reconocer, por un lado, la propia necesidad y, por otro, la incapacidad de sanarse a uno mismo. La invitación del mundo para que tomemos el control de nuestras vidas es diametralmente opuesta al llamamiento de Dios que nos insta a darle a él el control para que dirija y restaure nuestras vidas. Muchas veces, cuando nos esforzamos en tomar las cosas en nuestras manos, agravamos los problemas, porque esta toma del control refleja motivos egoístas. A su vez, estos motivos indican que no somos sensibles ni nos preocupamos por los demás. Cuando Dios nos imparte su gracia salvífica y comienza a obrar en nuestras vidas, quiere convertirnos en personas más orientadas hacia el servicio y entregadas a otras personas. Nuestra preocupación no ha de ser ya controlar la situación, sino amar a los demás. La respuesta de Leví a Jesús muestra este cambio de dirección. El banquete que ofrece a Jesús no es solo una expresión de gratitud, sino un reconocimiento de que, puesto que Dios da generosamente, también deberíamos hacerlo nosotros (Ef 4:30–5:2).

Lucas 5:33–6:5

Algunos dijeron a Jesús: —Los discípulos de Juan ayunan y oran con frecuencia, lo mismo que los discípulos de los fariseos, pero los tuyos se la pasan comiendo y bebiendo. 34 Jesús les replicó: —¿Acaso pueden obligar a los invitados del novio a que ayunen mientras él está con ellos? 35 Llegará el día en que se les quitará el novio; en aquellos días sí ayunarán. 36 Les contó esta parábola: —Nadie quita un retazo de un vestido nuevo para remendar un vestido viejo. De hacerlo así, habrá rasgado el vestido nuevo, y el retazo nuevo no hará juego con el vestido viejo. 37 Ni echa nadie vino nuevo en odres viejos. De hacerlo así, el vino nuevo hará reventar los odres, se derramará el vino y los odres se arruinarán. 38 Más bien, el vino nuevo debe echarse en odres nuevos. 39 Y nadie que haya bebido vino añejo quiere el nuevo, porque dice: «El añejo es mejor.» 1 Un sábado, al pasar Jesús por los sembrados, sus discípulos se pusieron a arrancar unas espigas de trigo, y las desgranaban para comérselas. 2 Por eso algunos de los fariseos les dijeron: —¿Por qué hacen ustedes lo que está prohibido hacer en sábado? 3 Jesús les contestó: —¿Nunca han leído lo que hizo David en aquella ocasión en que él y sus compañeros tuvieron hambre? 4 Entró en la casa de Dios y, tomando los panes consagrados a Dios, comió lo que sólo a los sacerdotes les es permitido comer. Y les dio también a sus compañeros. 5 Entonces añadió: —El Hijo del hombre es Señor del sábado.

En 5:33–6:11 Lucas describe una serie de controversias que explica la clase de oposición que recibe el ministerio de Jesús. La primera polémica tiene que ver con el ayuno, mientras que las dos siguientes tratan del sábado. En todos los casos, la autoridad de Jesús queda expresada de manera implícita o explícita, ya sea por su identidad o porque refleja la nueva era que él trae consigo. Tras estas controversias, los dirigentes judíos comienzan a considerar lo que pueden hacer con Jesús, mostrando que la oposición se ha enconado.

Jesús hace las cosas de manera distinta a lo habitual. En Lucas 5:33–39 se consigna un ejemplo: sus discípulos no ayunan.[1] En el judaísmo, el ayuno era un rito esencial de la piedad. Muy respetado como acto de adoración, el ayuno se practicaba durante las principales celebraciones del calendario judío, como el Día de la Expiación (Lv 16:29, 31). Un ayuno de cuatro días acompañaba a la conmemoración de la caída de Jerusalén (Zac 7:3, 5; 8:19). Por regla general, los ayunos expresaban penitencia, luto o una petición de liberación. Los fariseos ayunaban dos veces a la semana (Lc 8:12).[2] Por regla general, el ayuno era de un día. No obstante, un ayuno podía prolongarse por espacio

---

1. Los pasajes paralelos de este texto son Mateo 9:14–17 y Marcos 2:18–22. La colocación de Marcos en su Evangelio es paralela a la de Lucas. Mateo la sitúa en una sección de su Evangelio orientada con un criterio más temático.
2. Behm, «νῆστις», *TDNT*, 4:928–29.

de tres días o incluso de tres semanas (Est 4:16; Dn 10:2–3). En el judaísmo del tiempo de Jesús, el ayuno era considerado como una virtud (Testamento de José 3:4–5; 1 Enoc 108:7–9). El que los discípulos de Jesús no practicaran el ayuno podía entenderse como una falta de respeto hacia Dios, una importante falta de piedad.

El relato de Lucas asume que quienes interpelan a Jesús acerca del ayuno son los mismos que murmuraban por sus relaciones con los pecadores en 5:30. Teniendo en cuenta el respeto de los judíos por el ayuno, ¿por qué no practicaban sus discípulos esta disciplina espiritual? Jesús no solo explica por qué no ayuna, sino también el profundo significado de su negativa a hacerlo. La imagen que utiliza es la de una boda: un símbolo que a menudo describe la relación de Dios con su pueblo (Is 54:5–6; 62:4–5; Jer 2:2; Ez 16).[3] Puesto que el novio está ahora presente y se está celebrando la boda, no hay necesidad de lamentarse o buscar liberación. Pero en el futuro, el novio les será quitado; entonces será apropiado ayunar. Tenemos aquí el primer indicio del sufrimiento que aguarda a Jesús. No es casual que Jesús haga esta afirmación cuando surge la oposición. Cuando el novio esté ausente, entonces el pueblo de Dios anhelará la plenitud de la redención (Ro 8:17–30; 1Co 15:20–28). Aunque no se da ninguna normativa sobre la frecuencia del ayuno, entonces será de nuevo apropiado.[4]

Jesús no solo ha respondido la pregunta, sino que desarrolla su respuesta sirviéndose de tres imágenes que utilizan la palabra «nadie» para desarrollar su argumento (vv. 36, 37, 39). Ha llegado una nueva era con nuevas perspectivas. (1) El tiempo que trae Jesús es como un retazo de ropa nueva. No es apropiado tomar un retal nuevo y coserlo en un vestido viejo. No es hacer un buen uso de lo nuevo. Jesús sabe que si se lleva a cabo este tipo de remiendo, con el lavado el retazo nuevo encogerá y tirará del viejo, lo cual producirá rasgaduras y el consiguiente desperdicio de ambos tejidos. Lo que Jesús quiere decir es sencillo: no se puede mezclar lo que él trae con los antiguos caminos sin crear una mescolanza destructiva. El nuevo camino que él propone requiere nuevas formas de hacer las cosas.

(2) La era de Jesús es también como odres que por regla general se fabricaban con pellejos de oveja o de cabra. La obertura del odre se realizaba aprovechando la forma del cuello del animal. Una vez que se eliminaba el pelo de la piel y ésta se curtía, podía utilizarse para guardar vino. Poner vino nuevo en odres viejos es otro desastroso error de juicio que nadie comete. El vino nuevo está fermentando, y el odre viejo ha perdido la facultad de ensancharse con la fermentación. Con el tiempo el cuero se hace frágil y vulnerable a la fuerza del vino nuevo que lo rompe y derrama. La narración está impregnada de un sentimiento de desperdicio. La cuestión es de nuevo que la nueva era traerá nuevas formas que, por consiguiente, habrán de tener nuevos marcos. Jesús es más que un reformador del judaísmo; ha venido para convertirlo en algo nuevo.

(3) La última imagen considera el modo en que los judíos tradicionalistas podían ver los cambios que traía Jesús. Éste se sirve de un proverbio común.[5] Quienes gustan del

---

3. Para esta imagen dentro del judaísmo, ver Jeremias, «νύμφη», *TDNT*, 4:1101–3.
4. Danker, *Jesus and the New Age* [Jesús y la Nueva Era], 128.
5. Marshall, *Commentary on Luke* [Comentario de Lucas], 228; cf., Eclesiástico 9:10; *Mishná, Aboth* 4:20.

vino añejo no prueban el nuevo; están ya convencidos de que «el añejo es mejor». Así pues, Jesús espera que muchos no reaccionen positivamente a su nuevo camino. Se sienten cómodos con la vida y la piedad tal como es. El comentario de Jesús es tanto una descripción como una advertencia. Juan el Bautista anunció al pueblo que se había acercado una nueva era con sus cambios, pero Jesús sabe que algunos no quieren cambiar.

Lucas pasa inmediatamente a relatar el siguiente suceso en que los discípulos arrancan espigas en sábado (6:1–5). Un sábado en que los discípulos pasaban por unos campos de cereales,[6] éstos se pusieron a arrancar unas espigas de trigo, y a desgranarlas para comérselas. A primera vista parece un acto completamente inocente. El hecho en sí de que arrancaran las espigas no es un problema, puesto que en Israel una porción del campo tenía que dejarse para uso de los necesitados (Dt 23:25). Pero esto sucede en sábado, el santo día de descanso. La tradición judía establecía lo que podía o no hacerse durante el Sabat. La *Mishná* (un antiguo reglamento judío), contenía instrucciones sobre prácticas sabáticas. En *Shabbath* 7:2 se enumeran treinta y nueve actividades prohibidas conocidas como las «cuarenta menos una».[7] Los judíos, conscientes de lo particulares que eran estas costumbres, decían que «las reglas sobre el Sabat . . . son como montes que cuelgan de un pelo, porque la Escritura es escasa y las reglas muchas». (*Mishná*, *Hagigah* 1:8). Según esta lista, los discípulos habrían cometido múltiples violaciones: éstos serían culpables de cosechar, desgranar, aventar y preparar comida.

Algunos fariseos estaban —¡mira por dónde!— observando a los discípulos de Jesús. El texto no nos dice la razón, pero el hecho de que los fariseos sepan lo que los discípulos están haciendo muestra con qué atención están siendo vigilados. Les preguntan: «¿Por qué hacen ustedes lo que está prohibido hacer en sábado?». La pregunta es específica, ya que utiliza el término legal *exestin*, que alude a lo legalmente permitido. Según el punto de vista judío, deberían haber preparado una comida con anterioridad a fin de estar preparados para el Sabat.

Jesús defiende las acciones de sus colegas citando la Escritura. Comienza con el desafiante comentario: «¿Nunca han leído [...]?». Jesús sabe que los fariseos han leído 1 Samuel 21:1-7 y 22:8-9, pero argumenta que lo han malentendido. De modo que su respuesta comienza con una represión implícita. En este pasaje David toma los panes de la proposición del tabernáculo y come de ellos junto con sus hombres, una clara violación de la Ley.[8] Jesús observa explícitamente que lo que hicieron no era legal (utilizando de nuevo el término jurídico *exestin*). David y sus hombres comieron «los panes consagrados» («el pan de la presencia», Éx 25:30) que la Ley prescribía solo para el uso de los sacerdotes. Si consideramos que David no fue disciplinado por el sumo sacerdote de aquel tiempo, el Antiguo Testamento sugiere que lo que hizo era apro-

---

6. Los pasajes paralelos de este texto son Mateo 12:1–8 y Marcos 2:23–28. Lucas consigna este acontecimiento en una secuencia que recuerda el relato de Marcos. Mateo lo sitúa en una sección en que trabaja con un criterio más temático resumiendo el ministerio de Jesús.
7. Lohse, «σάββατον», *TDNT*, 7:12–13.
8. Que David se encuentra en el tabernáculo lo sugiere el comentario de 1 Samuel 21:7 en el sentido de que estaba delante del Señor. Por otra parte, la petición de cinco hogazas de pan sugiere que también dio de comer a otros.

piado. La respuesta de Jesús plantea un dilema a los fariseos. Si le condenan a él por este asunto, critican también a David.⁹

La respuesta de Jesús se limita a establecer una comparación entre David y él. Se han sugerido dos opciones para explicar el argumento. (1) Jesús está defendiendo que la Ley de Dios nunca pretendió impedir que las personas pudieran satisfacer necesidades esenciales como comer, de manera que David se convierte en un ejemplo de la verdadera intención de la Ley, o (2) su argumento es que en ciertas situaciones de necesidad, la Ley puede ser superada. El propio texto no deja claro cuál de estas opciones está tras el comentario de Jesús. Sin embargo, no es casual que este texto siga al pasaje anterior acerca del nuevo camino que Jesús trae, porque este suceso muestra un acercamiento distinto al Sabat que las tradiciones que los dirigentes judíos consideraban normativas. El vino nuevo se está depositando en odres nuevos.

Pero Jesús no ha terminado, sino que añade una nota sobre su autoridad, explicando que el Hijo del Hombre es Señor del Sabat. Este argumento va un un paso más allá que el paralelismo con David. Jesús es el Hijo del Hombre, el comisionado agente de Dios, y esto significa que tiene derecho a regular lo que sucede en el Sabat. Este comentario subraya su singular posición. Lo que está en juego no son sus acciones, sino su autoridad. Jesús regula la aplicación de uno de los Diez Mandamientos. La pregunta que todos han de ponderar es: «¿Es o no Jesús el autorizado revelador del camino de Dios?». La última afirmación del pasaje implica que el lector de Lucas ha de considerar la respuesta con atención.

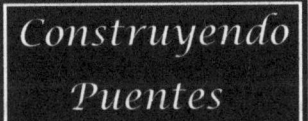

Jesús habla aquí de un cambio de eras administrativas dentro del plan de Dios. Se inicia una nueva dispensación, en la que las cosas se harán de manera distinta, aunque Jesús no explica con exactitud cómo funcionarán. Las cartas del Nuevo Testamento dejan claro que la dinámica de la presencia del Espíritu ha producido cambios importantes en el modo en que Dios obra con nosotros (2Co 3–4; Heb 8–10). La fe sigue siendo lo que salva y Dios sigue buscando la fidelidad, sin embargo, algunas de las reglamentaciones de la adoración han cambiado con la venida de Jesús. Por ello, no vamos a la iglesia con sacrificios de animales, ni nos preocupamos de los alimentos que ingerimos con criterios de pureza o impureza rituales. Los varones creyentes no tienen ya que circuncidarse. Han desaparecido las extensas y detalladas reglamentaciones para la práctica de la adoración, como las que llenan las páginas de la *Mishná*, aunque en el tiempo de Jesús y de la Iglesia Primitiva, eran objeto de intensa discusión y controversia (ver Mr 7:1–22; Hch 10–11 para el asunto de los alimentos limpios o inmundos; Hechos 15 para el tema de la circuncisión).

El camino de Jesús es revolucionario por la dinámica que demanda del pueblo de Dios; tan revolucionario que nos sentimos tentados a volver a acercarnos a Dios por medio de reglas y regulaciones, como si la espiritualidad fuera un asunto de actividades que pueden ser separadas de las cuestiones del corazón. El puente hacia el presente que se presenta en este pasaje es una de las pasarelas espirituales más esenciales que

---

9. Danker, *Jesus and the New Age* [Jesús y la Nueva Era], 131.

nos ofrece la Biblia. Jesús está introduciendo la nueva era de la que hoy participamos; abre una puerta que nos lleva a Dios. El nuevo camino significa el fin del antiguo. El cristianismo tiene sus raíces en Israel y en la expectativa judía; sin embargo, las cosas viejas han pasado y han llegado las nuevas.

En la Iglesia Primitiva, este nuevo camino adquirió un carácter muy concreto que debería seguir presente en nuestras comunidades. Había menos interés en los elementos externos de la relación con Dios y una preocupación más seria por alimentar el corazón y el trato con los demás, tanto en la comunidad como fuera de ella. La privatizada forma de religión que promueve nuestra cultura puede ralentizar el reconocimiento de que la presencia de Jesús ha de producir un impacto en el modo en que nos relacionamos con los demás. En ocasiones, evaluamos nuestra vida espiritual en términos de nuestros sentimientos sobre Dios o el número de actividades en que estamos implicados, y no en evaluar la calidad de nuestras relaciones personales con los demás o la de nuestro tiempo personal con Dios.

Cierto, Dios quiere ser adorado y alabado, sin embargo, esto sucede principalmente por medio de la actividad edificadora de la Iglesia. Secciones como Romanos 12–16 y Efesios 4–6 muestran que las aplicaciones de Pablo se centran especialmente en el carácter, no en los ritos (cf. también 1 Pedro, con su llamamiento a vivir vidas santas en una tierra extranjera). Las palabras de Cristo en este pasaje nos advierten de que lo que cuenta es lo que hay en nuestro interior. Lo importante no es la actividad externa, ni el mero cumplimiento de ciertos ejercicios religiosos ni la asistencia a un cierto número de reuniones. Dios anhela un corazón que celebra su presencia, respondiendo a él y preocupándose por los demás.

Los fariseos nos hacen ver lo reacios que podemos ser para aceptar que las cosas se hagan de un modo distinto según los propósitos de Dios. La presencia de Jesús demanda que reflexionemos sobre el modo en que nos guía a manifestar nuestra piedad. Nuestro Señor no apoya la práctica del rito por el rito. Sus discípulos podrían haber seguido ayunando como muestra de pietismo, pero Jesús quiere que reflexionen sobre el tiempo especial que señala su presencia. Habrá de nuevo tiempo para el ayuno después de su partida, sin embargo, durante el periodo inaugural de la nueva era, es lo menos indicado.

Por lo que respecta a la aplicación del pasaje en que los discípulos arrancan espigas en sábado hay dos aspectos centrales. (1) La autoridad de Jesús sobre algo tan fundamental como la ley del Sabat judío indica cuán central es su papel en el plan de Dios. Esa ley había sido la principal fuerza reguladora para la vida en Israel a lo largo de los siglos. Jesús reivindica ahora su derecho a ejercer autoridad sobre ella. Se trata de una importante reivindicación, puesto que fue el mismo Yahveh quien había establecido la Ley.

(2) En cuanto a la función de la Ley —aunque el texto no deja claro cuál es exactamente la lógica que presupone la respuesta de Jesús por lo que se refiere a su ámbito—, la utilización de Jesús pone de relieve que ésta no debe aplicarse de un modo casuístico, en el que cada excepción a la letra de la Ley representa automáticamente una violación. No hay duda de que los hombres de David hicieron algo que estaba prohibido. Aunque no podemos saber exactamente lo que Jesús quiere decir aquí con este

ejemplo, no hay duda de que su intención es mostrar que, en el caso de David o los discípulos, lo que a primera vista parecía una violación, no lo era en realidad.

El pasaje nos dice, pues, algo sobre el modo en que la Ley funciona en la nueva era. La sencilla respuesta teológica es que la Ley ha caído en desuso. Sin embargo, la manera en que Jesús trata estas cuestiones sugiere una respuesta más fundamental a medida que entendemos lo que la Ley pretendía conseguir. Como se verá en los conflictos posteriores sobre la celebración del Sabat, siempre hay que brindar compasión a las personas. La aplicación rigurosa de ciertas leyes específicas no siempre es correcta, porque éstas no pretendían que las personas dejaran de comer o impedir que socorrieran a alguien necesitado. La ley del sábado pretendía liberar al hombre para que descansara y disfrutara de Dios, no poner trabas a su servicio a los demás o impedir que se supliran sus necesidades básicas.

Sin embargo, tampoco es una invitación al libertinaje. Éste consiste en no preocuparse en absoluto por la Ley y argumentar que uno puede hacer lo que le venga en gana. Jesús está afirmando que la Ley desea estimular la justicia y una saludable implicación con las personas, no la creación de un montón de reglas. El Señor explica estas cosas al tiempo que señala su autoridad, para que quede claro que su idea de la Ley explica el diseño original de su funcionamiento.

Significado Contemporáneo

El cristiano está «entre dos eras». Compartimos los beneficios que trae Jesús, pero esperamos todavía su plena redención. Jesús ya no nos pide que ayunemos con regularidad en ciertos días establecidos por la Ley, no obstante ensalza aquellos actos de adoración que anticipan su futura venida y nuestra plena redención. El novio nos ha sido quitado, y anhelamos su regreso. No solo podemos celebrar esta realidad por medio del ayuno, sino que la rememoramos siempre que participamos de la Mesa del Señor, un testimonio no solo de nuestra relación con Jesús sino también de nuestra pertenencia a la misma confesión (1Co 11:23-26). Todo esto nos hace conscientes de que, aunque compartimos los beneficios iniciales de la nueva era, no hemos experimentado aún todo lo que Dios tiene para nosotros, y la vida en esta tierra no es sino una etapa preliminar en lo que Dios está haciendo.

Este pasaje también nos advierte contra el sincretismo entre el cristianismo y cualquier otra religión. Si el sincretismo fuera posible, cabría pensar que el judaísmo sería el mejor candidato: era más antiguo, adoraba al mismo Dios, compartía una misma esperanza en el Mesías, y oraba por la misma liberación. Jesús deja claro que aunque él sea el cumplimiento de la promesa, el nuevo camino que introduce no debe mezclarse con el antiguo. Las antiguas formas de adoración y sacrificio no son ya necesarias, ni lo son tampoco los antiguos signos de piedad. Podemos participar de ellos, como hacían algunos cristianos de origen judío en el Nuevo Testamento y siguen haciendo en nuestros días, pero no por necesidad moral. Si el cristianismo no puede mezclarse con el judaísmo, su primo más cercano, sin duda no puede hacerlo con ninguna otra fe que podamos encontrar en el bufé de las religiones del mundo. Hacerlo destruiría tanto al cristianismo como a la otra creencia.

Aprendemos también que las personas se resisten a los cambios, aun a los dirigidos por Dios. La mayoría está contenta con que las cosas sean como son. El liderazgo judío se conformaba con la vida religiosa bajo la Ley, de modo que los retos de Jesús a su religiosidad se consideraban amenazas. Contentos con las limitaciones del antiguo sistema, ni siquiera consideraron las realidades de la nueva era. Los cristianos también podemos caer hoy en los mismos surcos de contentamiento ritual, dando por sentado que todo el mundo ha de adorar a Dios del mismo modo que nosotros. Esta clase de problema es más sutil que el directo desafío de Jesús que expresaban los fariseos, ya que lo que en un contexto determinado puede ser una práctica buena y significativa, puede que no deba reproducirse en otros lugares exactamente del mismo modo. Ciertos estilos musicales y algunas prácticas eclesiales se elevan al nivel de lo necesario, en lugar de considerarse como medios para un fin.

Recuerdo, por ejemplo, las exhortaciones en el sentido de que el tiempo devocional ha de ser siempre lo primero que hagamos por la mañana. El resultado ha sido que algunas personas, que disfrutaban de un tiempo devocional satisfactorio en un momento posterior del día, sentían remordimientos porque no daban a Dios el primer tiempo de la mañana. El momento del acto de adoración llegaba a ser más importante que el hecho en sí de tenerlo y convertirlo en una experiencia espiritual positiva. Hemos de tener cuidado de no hacer una ley de aquello que la Escritura no ordena.

El rechazo puede producirse de muchas formas. Mientras que algunos se resisten porque son hostiles a la obra de Jesús, otros lo hacen porque están satisfechos con la vida tal como es. Deberíamos ser sensibles a esta diferencia en nuestros intentos de compartir a Jesús. Es difícil convencer a alguien que está contento de no ser esto o aquello; éstas son a menudo las personas más difíciles de alcanzar. Lo mejor que puede hacerse es ofrecerles la esperanza de que la vida puede ser aún mejor. Pero si el vino añejo parece bueno, a menudo tales personas no están interesadas en dar siquiera un sorbo del nuevo. Su seguridad e identidad están tan claramente vinculadas a otras cosas que ni se plantean probar el nuevo camino que Dios pueda poner delante de ellos. En ocasiones hemos de aceptar que ahí es donde están algunas personas.

La principal aplicación que surge de que los discípulos arranquen espigas en sábado, como sucede con tantos otros textos de esta sección de Lucas, tiene que ver con la autoridad de Jesús. En el último análisis, lo correcto o erróneo de lo que Jesús hace con sus discípulos descansa en sus pretensiones. ¿Tiene acaso autoridad como Hijo del Hombre, de modo que su análisis del Antiguo Testamento y de la presente situación están por encima de la Ley? De ser así, ¿quién es entonces Jesús? Esta es la pregunta fundamental que se plantea en este texto. Los fariseos no creen que Jesús tenga autoridad para afirmar lo que está afirmando. En nuestros días las personas siguen desafiando la autoridad de Jesús; pero si es el autorizado intérprete de la Ley, ha de ser entonces escuchado porque nos descubre el camino a Dios.

Existe también una aplicación acerca de la Ley. Dios nunca pretendió que fuera observada de tal manera que impidiera la satisfacción de necesidades básicas como comer. Nunca fue la intención divina que su Ley se aplicara de un modo tan rudo. La relación de la Ley con los cristianos en esta nueva era sigue siendo un asunto controvertido.¹⁰ Incluso este texto no deja claro cuál es exactamente el argumento. Sin embargo, sea cual sea el acercamiento que adoptemos, queda claro que los discípulos no violan los requisitos morales de Dios al comer aquellas espigas en sábado.

Recibimos una impresión más clara de cómo han cambiado las cosas cuando consideramos el modo en que manejó la Iglesia Primitiva el asunto de la circuncisión de los gentiles. Esta cuestión nos muestra que lo que era una ordenanza fundamental relativa a la identificación como pueblo de Dios, no se aplica a quienes entran a la fe cristiana. Es cierto que este ejemplo no alude a una necesidad esencial, sin embargo, sí muestra que Dios reexaminó la función de la Ley en la nueva era, donde algunas leyes que antes eran fundamentales dejaron de tener relevancia. La marca esencial del cristiano no era ya la circuncisión, sino el Espíritu que moraba en él (Hch 15:1–21). Esta presencia del Espíritu en el creyente se veía como equivalente a la circuncisión física, porque implicaba la circuncisión del corazón (Fil 3:1–3). En otras palabras, este cambio indica que en la nueva era el acercamiento a las cuestiones de la Ley es distinto. Jesús tiene autoridad para explicar y justificar este cambio de enfoque.

---

10. Quienes deseen considerar una exposición detallada de las opciones, observando las cinco perspectivas distintas, pueden ver *The Law, the Gospel, and the Modern Christian* [La Ley, el Evangelio y el cristiano moderno], de G. Bahnsen, W. Kaiser, D. Moo, W. Strickland, y W. VanGemeren (Grand Rapids: Zondervan, 1992). Según estas perspectivas, la Ley puede verse como (1) «el perfeccionamiento de la justicia en Cristo Jesús», (2) «plenamente aplicable todavía», (3) «la guía de Dios para la promoción de la santidad», (4) «reemplazada por la Ley y el Evangelio de Cristo», y (5) «encuentra su cumplimiento en la Ley de Cristo». Todos estos puntos de vista coinciden en que, de algún modo, Cristo es la representación de lo que la Ley pretendía, pero disienten sobre la forma en que esto se produce y en las partes de la Ley aplicables en nuestros días. La Teonomía ve más aspectos de la Ley aplicables a nuestro tiempo que ningún otro acercamiento. Otros enfoques, o bien explican que a través del Espíritu las demandas de la Ley pueden cumplirse internamente de modo que siguen teniendo mérito, o sostienen que se trata de una ilustración de la clase de justicia que Dios requiere, que sus demandas morales tienen todavía que cumplirse, o que la Ley del amor en Cristo deviene el cumplimiento de los requisitos de la Ley. El asunto de la Ley es complejo y no puede resolverse aquí. El Nuevo Testamento valora al Antiguo como instructivo (2Ti 3–4; Heb 7–10).

Lucas 6:6-16

Otro sábado entró en la sinagoga y comenzó a enseñar. Había allí un hombre que tenía la mano derecha paralizada; 7 así que los maestros de la ley y los fariseos, buscando un motivo para acusar a Jesús, no le quitaban la vista de encima para ver si sanaría en sábado. 8 Pero Jesús, que sabía lo que estaban pensando, le dijo al hombre de la mano paralizada: —Levántate y ponte frente a todos. Así que el hombre se puso de pie. Entonces Jesús dijo a los otros: 9 —Voy a hacerles una pregunta: ¿Qué está permitido hacer en sábado: hacer el bien o el mal, salvar una vida o destruirla? 10 Jesús se quedó mirando a todos los que lo rodeaban, y le dijo al hombre: —Extiende la mano. Así lo hizo, y la mano le quedó restablecida. 11 Pero ellos se enfurecieron y comenzaron a discutir qué podrían hacer contra Jesús. 12 Por aquel tiempo se fue Jesús a la montaña a orar, y pasó toda la noche en oración a Dios. 13 Al llegar la mañana, llamó a sus discípulos y escogió a doce de ellos, a los que nombró apóstoles: 14 Simón (a quien llamó Pedro), su hermano Andrés, Jacobo, Juan, Felipe, Bartolomé, 15 Mateo, Tomás, Jacobo hijo de Alfeo, Simón, al que llamaban el zelote, 16 Judas hijo de Jacobo, y Judas Iscariote, que llegó a ser el traidor.

El incidente que se consigna en los versículos 6–11 es el tercero de una serie de controversias en las que Jesús se ve implicado. Una vez más, los hechos se producen en sábado.[1] Durante una sesión de enseñanza en la sinagoga, Jesús ve a una persona necesitada. Se trata de un hombre que tiene la mano derecha paralizada, y Jesús toma la iniciativa para sanarle. Esta clase de lesión impediría al hombre el desarrollo normal de una profesión. En otras palabras, aunque no se encuentra en peligro mortal, este hombre experimenta importantes limitaciones en su actividad.

Los escribas y los fariseos observan a Jesús. La palabra griega que la NVI traduce como «no le quitaban la vista de encima» significa «espiar» o «mirar por el rabillo del ojo» (cf. Sal 36:12 LXX).[2] Quieren hacer una acusación contra Jesús. Esta actitud surge de lo que se está convirtiendo en una oposición que va en aumento. Según el punto de vista judío, una persona que no está en peligro mortal puede esperar sanación.[3]

Antes de pasar a la acción, Jesús plantea una pregunta fundamental porque conoce los pensamientos de los fariseos. Él pide al hombre que se ponga en pie delante de él y le pregunta: «¿Qué está permitido hacer en sábado: hacer el bien o el mal, salvar una vida o destruirla?» Esta pregunta tiene un aspecto irónico, porque Jesús está considerando el sábado desde una perspectiva relacional. De hecho, con este planteamiento, la

---

1. Los pasajes paralelos de este texto son Mateo 12:9–14 y Marcos 3:1–6. Las razones para la posterior ubicación de este acontecimiento por parte de Mateo son parecidas a las que explican lo sucedido con los paralelos de Lucas 6:1–5.
2. Reisenfeld, «παρτηρέω», *TDNT*, 8:147.
3. *Mishná*, *Yoma* 8:6.

pregunta casi sugiere que una negativa a actuar sería obrar mal. Por otra parte, los dirigentes están conspirando.

Esta acción se convierte en una prueba. ¿Permitirá Dios que se produzca la sanidad? ¿Vindicará acaso a Jesús y dará respuesta a su pregunta? Jesús mira a los presentes y actúa. Le pide al hombre que extienda la mano, y éste consigue hacerlo, indicando que se ha producido la sanación. Sin embargo, en lugar de alegrarse por la curación, los dirigentes se indignan con Jesús. La palabra que se traduce como «enfurecieron» es un término enérgico, que describe un enfado de carácter irracional, patológico incluso.[4] Se ha llegado a un momento decisivo. Las autoridades han de hacer algo para detener a Jesús, y dan comienzo a sus planes. Negándose a aceptar las pruebas que Jesús ha puesto ante ellos, ponen de relieve su dureza de corazón y expresan su oposición contra Jesús.

El aumento de la oposición significa que Jesús ha de organizar a sus seguidores. Su selección de los doce (vv. 12–16) es una preparación para las misiones que seguirán (9:1–6; 10:1–12), y una anticipación de su futura partida a través de la muerte.[5] En la parte superior de este grupo organizado de discípulos están estos doce hombres. A excepción de Judas Iscariote, todos ellos llegarán a tener un papel esencial en el desarrollo de la Iglesia Primitiva.

El escenario de la selección de Jesús no es accidental. Ha estado en oración toda la noche anterior. Su selección se lleva, pues, a cabo en un contexto de comunión con Dios. Este es el único lugar del Nuevo Testamento en el que se menciona una vigilia de oración que dura toda la noche. Jesús aparta a doce hombres. Con este número sugiere un paralelismo con Israel (cf. 22:29–30; Mt 19:28). Solo Lucas llama «apóstoles» a este grupo al consignar sus nombres. Este título señala su papel como representantes comisionados de Jesús para el mensaje del reino.[6]

Hay tres hechos que se destacan al comparar esta enumeración con sus pasajes paralelos: (1) el nombre de Pedro encabeza siempre la relación; (2) los cuatro primeros son Pedro, Andrés, Jacobo y Juan (aunque en ocasiones en orden distinto); y (3) existen tres grupos de cuatro, encabezados respectivamente por Pedro, Felipe y Jacobo hijo de Alfeo.[7]

Pedro es una figura clave. Con frecuencia habla por los discípulos y adopta un papel clave dentro del grupo. De su hermano Andrés apenas se habla aparte de estas enumeraciones. Los hijos de Zebedeo, Jacobo y Juan, completan el grupo inicial y la secuencia de cuatro pescadores. En el segundo grupo, a Felipe se le menciona por separado solo algunas veces en Juan. Podría ser que Bartolomé fuera el mismo discípulo que en Juan 1:45 se llama Natanael, puesto que muchos judíos tenían dos nombres.[8] Mateo es probablemente Leví, el recaudador de impuestos.[9] Tomás es el discípulo que tendrá

---

4. Behm, «ἄνοια», *TDNT*, 4:963.
5. Los pasajes paralelos de este texto son Mateo 10:1–4 y Marcos 3:13–19. Una vez más, Marcos y Lucas se acercan por lo que respecta a la ubicación relativa de este acontecimiento. Mateo mantiene su lista hasta la exposición de la misión de los Doce.
6. Fitzmyer, *Luke* [Lucas], 617; Marshall, *Commentary on Luke* [Comentario de Lucas], 238–39.
7. Plummer, *Luke* [Lucas], 172.
8. Plummer, *Luke* [Lucas], 173.
9. Ver la exposición sobre Leví en Lucas 5:27–32.

que ser convencido de la resurrección de Jesús (Juan 20:24–29). En el tercer grupo, sabemos muy poco sobre Jacobo hijo de Alfeo. Simón el zelote era un político nacionalista antes de conocer a Jesús.[10] Por su perfil habría odiado a alguien como Mateo, quien, como recaudador de impuestos, representaba al despreciado Estado romano. Judas, hijo de Jacobo (no el Iscariote), podría ser el Tadeo de otras listas. Judas Iscariote pasará a la posteridad como el infame que traicionó a Jesús. Este diverso grupo de doce hombres de la calle forma el núcleo dirigente de Jesús.

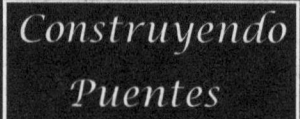

Este pasaje revela de nuevo la voluntad de Dios explorando lo que puede hacerse en sábado. Aunque la cuestión de la Ley judía no es ya una preocupación para la Iglesia, el asunto de cómo se trata a otras personas, aun en el día de reposo, sí lo es. Jesús muestra que Dios no pretende que dejemos de obrar de manera amorosa y misericordiosa siempre que tengamos ocasión. Vemos aquí en acción «la Ley del Amor».

Los cristianos siguen aún hablando de lo que implica un día como el sábado (nuestro domingo). Cada tradición tiene distintos acentos.[11] Algunos, que sostienen la validez permanente de los Diez Mandamientos, consideran todavía en vigor el principio del día de descanso. A este punto de vista se le ha llamado posición «sabatista» y tiene sus raíces en Agustín y Tomás de Aquino. Propone un estilo de vida durante el domingo que limita deliberadamente la actividad y el ámbito del tiempo libre para que este día pueda dedicarse al descanso y al Señor. Otras tradiciones argumentan que Cristo es el fin de la Ley, que en el Nuevo Testamento el principio del sábado no se reafirma en ninguna parte, y que todos los días son santos (cf. Ro 14:5–8). Estas tradiciones son menos específicas sobre lo que puede o no hacerse en domingo. Personalmente me inclino por este último punto de vista, por las razones que Justino Mártir resumió en el siglo segundo en sus *Diálogos* 12:3:

> La nueva Ley requiere que vivas en un Sabat perpetuo, y tú, por cuanto estás ocioso en el día primero, supones que eres piadoso […] El Señor Dios no se complace en tales observancias; si hay algún perjuro o ladrón entre ustedes, que deje de serlo; si algún adúltero, que se arrepienta; entonces habrá guardado el dulce y verdadero Sabat de Dios.

Los valores que se expresan en esta cita reflejan los que Jesús nos presenta aquí. La observancia en sí no tiene valor, y tampoco lo tiene el debate sobre el día si en la vida cotidiana no se estiman las actitudes de servicio y fidelidad. El Salmo 118:24 lo expresa mejor, al considerar cualquier día como del Señor: «Este es el día que el Señor ha hecho; regocijémonos y alegrémonos en él» (LBLA).

---

10. Aunque es probable que el partido zelote que provocó la caída de Jerusalén en el año 70 d.C. no existiera todavía formalmente, las tendencias nacionalistas que se asociaron con aquel movimiento posterior se reflejan probablemente en el apodo de Simón.
11. Quienes deseen considerar un estudio exhaustivo de esta cuestión, pueden ver el trabajo de D. A. Carson, ed., *From Sabbath to Lord's Day: A Biblical, Historical, and Theological Investigation* [Del Sabat al Día del Señor: una investigación bíblica, histórica y teológica], (Grand Rapids: Zondervan, 1982), especialmente el último ensayo de A. T. Lincoln (pp. 343–412).

Dios vindica a Jesús por medio de esta sanación que describe la liberación de Dios. Aquí hay más evidencias de que Dios está detrás de Jesús. Si él rechazara lo que Jesús estaba haciendo, podría haber cerrado la puerta e impedido la sanación. Las pretensiones de Jesús adquieren más relevancia porque Dios actúa por medio de él. Esta combinación de palabra y hecho forma un poderoso testimonio a favor de Jesús.

El pasaje enfoca la oposición que se suscita contra el Señor. A pesar de todas las señales del favor de Dios que rodean la actividad de Jesús, el liderazgo judío adopta una actitud cada vez más hostil. Jesús acusa de legalismo a los fariseos, es decir, de excederse hasta tal punto en la aplicación de la Ley que las personas acaban siendo destruidas o ignoradas. La soberanía de una inflexible reglamentación se convierte en un yugo demasiado pesado (cf. Hch 15:10). Incluso en nuestros días, en nuestros esfuerzos por defender la Ley, a veces la quebrantamos. Durante el tiempo que estuve en el seminario recuerdo historias de una iglesia en la que se estaba librando una feroz batalla acerca del orden del culto, en la que cada parte defendía acérrimamente una cierta secuencia para programar los himnos, los anuncios y el mensaje bíblico. Aunque este es un ejemplo escandaloso, todos somos culpables de maneras más sutiles de insistir en que nuestra forma de hacer algo es la única. Con demasiada frecuencia cuando hablamos de cuestiones de forma o estilo, adoptamos un enfoque legalista en lugar de considerar su corrección o incorrección desde una óptica explícitamente moral o teológica. En este tipo de temas «neutrales», hemos de aprender a practicar la tolerancia y la deferencia porque cada parte es responsable ante Dios de sus acciones y del desarrollo de una clara conciencia delante de él (Ro 14–15).

La elección de los Doce por parte de Jesús nos hace ver un grupo singular y diverso. Él no seleccionó un conjunto homogéneo. Había pescadores, recaudadores de impuestos, una persona con un talante marcadamente político, y otros cuyas identidades no nos son reveladas. Son personas comunes y corrientes que nos muestran el carácter popular del ministerio de Jesús. ¡Qué contraste con el tipo de selección que tendemos a hacer en nuestra cultura, donde el dinero, el prestigio y el poder son elementos decisivos para que alguien sea considerado para una posición de liderazgo! Quiero insistir en el valor de escoger a un tipo de dirigente que responda a las cuestiones clave de carácter e integridad más que de posición. ¿Cuántas iglesias han sufrido perjuicios porque sus dirigentes han sido seleccionados entre personas que carecen de las cualificaciones espirituales necesarias, y cuyo estilo de vida, valores e idea del poder les haría aptos para aparecer en la revista Forbes?

Significado Contemporáneo

Este pasaje demuestra la prioridad que tiene para Dios la expresión de la misericordia. Él es compasivo y quiere que ayudemos a los demás siempre que nos sea posible. Ni siquiera un día de descanso, como el sábado, es una buena razón para decidirnos a no hacer el bien. Jesús hace todo lo que puede para mostrar a sus oponentes que así es como Dios desea que tratemos a los demás. Él se dedicó a servir a otros, especialmente a los necesitados. Uno observa incluso en Jesús un sentido de urgencia que le lleva a ofrecer su ayuda lo antes posible. Aunque esta sanación en concreto podría haber esperado hasta después del sábado, con lo cual Jesús se habría ahorrado la iracunda reacción de los dirigentes, él actuó a la primera oportunidad. También nuestra respuesta ha de coincidir con la suya.

El acento fundamental de este pasaje está en la creciente oposición a Jesús y en su naturaleza fría e irracional. Esta reacción a Jesús es análoga a la oposición de nuestros días y no debería sorprender a los creyentes porque evidencia una pecaminosa reacción a la misericordia de Dios. Los dirigentes judíos ignoraron la sanación de la mano del hombre, porque solo eran capaces de ver una violación del Sabat. En ocasiones, quienes rechazan a Jesús reaccionan como si el desarrollo de un estilo de vida moralmente sensible y servicial representara la presencia de un elemento criminal. Se trata de un ejemplo del desbarajuste moral que se vive en el mundo. Conozco, por ejemplo, a creyentes que ministran en la parte «oculta» de la ciudad, y que se visten de un modo que no está fuera de lugar en tales ambientes. No participan de las actividades pecaminosas de aquellas personas que desean alcanzar, pero les aman lo suficiente como para identificarse con su forma de vestir, su estilo de música, etcétera. A veces a tales personas se les juzga como pecadores que se relacionan con pecadores, ¡una acusación igual a la que tuvo que oír Jesús! Sin embargo, hemos de considerar la clara evidencia de compasión que acompaña a tales ministerios, motivados por un sincero y justo deseo de servir a Dios.

Jesús hizo frente a este tipo de oposición ignorándola, y siguiendo en su amoroso servicio hacia aquellos que necesitaban compasión. Vemos aquí su corazón en contraste con otro que no responde al llamamiento moral de Dios a servir en todo momento. Pablo llama a esto «la Ley de Cristo» (1Co 9:21) y Santiago «la ley suprema» (Stg 2:8). Aun cuando tienen que hacer frente a una fuerte oposición, aquellos que andan con Jesús son llamados a un ministerio de servicio y amor.

Si consideramos la selección de los doce discípulos, Jesús escogió conscientemente un grupo de personas diverso, probablemente para dar equilibrio a su equipo ministerial. Su vínculo central era él mismo. La nueva comunidad que Jesús construye hoy es exactamente igual de diversa, y hemos de gozarnos en dicha diversidad. Jesús no espera que todos seamos semejantes. Nuestras diferencias no han de ser un impedimento para que alrededor de este núcleo se forme una unidad, llevada a cabo por la unión de Jesús.

La inclusión de un Judas en el grupo tiene también su lección. No todo el mundo sigue jugando en el equipo, y la deserción puede producirse aún en los círculos más íntimos. Una estrecha relación con Jesús no revela necesariamente el verdadero estado del corazón. Aunque Juan llama «diablo» a Judas (Jn 6:70–71), durante varios años se le consideró uno de los colaboradores más cercanos de Jesús. Al final se muestran claramente la infidelidad y la negación, sin embargo, durante un significativo periodo de tiempo es difícil ver dónde está Judas realmente.

Hay una última cuestión que surge de esta selección. ¿De qué modo escogemos a nuestros dirigentes? ¿Qué criterios utilizamos? ¿Cuenta mucho el carácter? ¿Tenemos en cuenta a quienes tienen una buena reputación tanto fuera de la comunidad como dentro de ella (1Ti 3:7)? ¿Se selecciona acaso a alguien para que forme parte del Consejo eclesial por el mero hecho de que tal persona está bien relacionada y puede ayudarnos a establecer buenos contactos? ¿Se escoge a alguien porque puede aportar mucho desde un punto de vista financiero? Jesús estaba buscando a algunos hombres buenos y les escogió con la esperanza de hacerles madurar para que pudieran llegar a dirigir la Iglesia que un día habría de dejar.

Esta meta enseña otra cuestión clave sobre los dirigentes. El mejor dirigente es aquel que prepara de tal modo a su comunidad para el futuro, que cuando ha de abandonarla, apenas se nota su ausencia, porque hay dirigentes maduros para reemplazarle. Este principio nos advierte sobre los peligros de que una comunidad sea dirigida por el fuerte liderazgo de una sola persona, que a menudo siembra las semillas de una destrucción posterior. El mejor liderazgo se ve con frecuencia, no en lo que sucede mientras la persona está presente, sino en lo que sucede después de su partida. Si se valora a los Doce como grupo según este modelo de liderazgo, entonces la elección de sucesores por parte de Jesús fue estratégica, puesto que este grupo sacudió y transformó el mundo.

Lucas 6:17-49

Luego bajó con ellos y se detuvo en un llano. Había allí una gran multitud de sus discípulos y mucha gente de toda Judea, de Jerusalén y de la costa de Tiro y Sidón, 18 que habían llegado para oírlo y para que los sanara de sus enfermedades. Los que eran atormentados por espíritus malignos quedaban liberados; 19 así que toda la gente procuraba tocarlo, porque de él salía poder que sanaba a todos. 20 Él entonces dirigió la mirada a sus discípulos y dijo: «Dichosos ustedes los pobres, porque el reino de Dios les pertenece. 21 Dichosos ustedes que ahora pasan hambre, porque serán saciados. Dichosos ustedes que ahora lloran, porque luego habrán de reír. 22 Dichosos ustedes cuando los odien, cuando los discriminen, los insulten y los desprestigien por causa del Hijo del hombre. 23 Alégrense en aquel día y salten de gozo, pues miren que les espera una gran recompensa en el cielo. Dense cuenta de que los antepasados de esta gente trataron así a los profetas. 24 Pero ¡ay de ustedes los ricos, porque ya han recibido su consuelo! 25 ¡Ay de ustedes los que ahora están saciados, porque sabrán lo que es pasar hambre! ¡Ay de ustedes los que ahora ríen, porque sabrán lo que es derramar lágrimas! 26 ¡Ay de ustedes cuando todos los elogien! Dense cuenta de que los antepasados de esta gente trataron así a los falsos profetas. 27 Pero a ustedes que me escuchan les digo: Amen a sus enemigos, hagan bien a quienes los odian, 28 bendigan a quienes los maldicen, oren por quienes los maltratan. 29 Si alguien te pega en una mejilla, vuélvele también la otra. Si alguien te quita la camisa, no le impidas que se lleve también la capa. 30 Dale a todo el que te pida, y si alguien se lleva lo que es tuyo, no se lo reclames. 31 Traten a los demás tal y como quieren que ellos los traten a ustedes. 32 ¿Qué mérito tienen ustedes al amar a quienes los aman? Aun los pecadores lo hacen así. 33 ¿Y qué mérito tienen ustedes al hacer bien a quienes les hacen bien? Aun los pecadores actúan así. 34 ¿Y qué mérito tienen ustedes al dar prestado a quienes pueden corresponderles? Aun los pecadores se prestan entre sí, esperando recibir el mismo trato. 35 Ustedes, por el contrario, amen a sus enemigos, háganles bien y denles prestado sin esperar nada a cambio. Así tendrán una gran recompensa y serán hijos del Altísimo, porque él es bondadoso con los ingratos y malvados. 36 Sean compasivos, así como su Padre es compasivo. 37 No juzguen, y no se les juzgará. No condenen, y no se les condenará. Perdonen, y se les perdonará. 38 Den, y se les dará: se les echará en el regazo una medida llena, apretada, sacudida y desbordante. Porque con la medida que midan a otros, se les medirá a ustedes.» 39 También les contó esta parábola: «¿Acaso puede un ciego guiar a otro ciego? ¿No caerán ambos en el hoyo? 40 El discípulo no está por encima de su maestro, pero todo el que haya completado su aprendizaje, a lo sumo llega al nivel de su maestro. 41 ¿Por qué te fijas en la astilla que tiene tu hermano en el ojo y no le das importancia a la viga que tienes en el tuyo? 42 ¿Cómo puedes decirle a tu hermano: "Hermano, déjame sacarte la astilla del ojo", cuando tú mismo no te das cuenta de la viga en el tuyo? ¡Hipócrita!

Saca primero la viga de tu propio ojo, y entonces verás con claridad para sacar la astilla del ojo de tu hermano. 43 Ningún árbol bueno da fruto malo; tampoco da buen fruto el árbol malo. 44 A cada árbol se le reconoce por su propio fruto. No se recogen higos de los espinos ni se cosechan uvas de las zarzas. 45 El que es bueno, de la bondad que atesora en el corazón produce el bien; pero el que es malo, de su maldad produce el mal, porque de lo que abunda en el corazón habla la boca. 46 ¿Por qué me llaman ustedes "Señor, Señor", y no hacen lo que les digo? 47 Voy a decirles a quién se parece todo el que viene a mí, y oye mis palabras y las pone en práctica: 48 Se parece a un hombre que, al construir una casa, cavó bien hondo y puso el cimiento sobre la roca. De manera que cuando vino una inundación, el torrente azotó aquella casa, pero no pudo ni siquiera hacerla tambalear porque estaba bien construida. 49 Pero el que oye mis palabras y no las pone en práctica se parece a un hombre que construyó una casa sobre tierra y sin cimientos. Tan pronto como la azotó el torrente, la casa se derrumbó, y el desastre fue terrible.»

Sentido Original

Si Lucas 4:16–30 resume la nota del cumplimiento profético de la enseñanza de Jesús, el presente discurso subraya sus expectativas éticas para con sus seguidores. El Sermón de la Llanura es el equivalente de Lucas al Sermón del Monte de Mateo. Lucas presenta este sermón sin los elementos legales que trató Mateo, probablemente porque sus receptores son gentiles.[1] El hecho de que Lucas pueda resumir para sus receptores gentiles lo que Jesús dijo inicialmente para una audiencia judía muestra el carácter fundamental e intemporal que el evangelista veía en esta ética, que él entendía dirigida a la comunidad cristiana. Este punto de vista es válido sea el sermón una antología de comentarios de Jesús o palabras pronunciadas en una sola ocasión. Los paralelismos conceptuales con Mateo muestran que los discípulos de Jesús de nuestro tiempo hemos de seguir tomándonos en serio lo que Jesús enseñó aquí, aunque algunos de los ejemplos legales específicos consignados en Mateo se omitieran por no tener una relevancia directa.[2]

---

1. El asunto de la relación entre este sermón y el Sermón del Monte es complejo. Personalmente considero este sermón como el resumen del sermón que consigna Mateo. Para más detalles, comparaciones y una exposición del papel ético y teológico del Sermón del Monte y el Sermón del Llano, ver el trabajo de D. Bock, *Luke 1:1–9:50* [Lucas 1:1–9:50], excurso 7: «The Sermon on the Plain in Luke». También se analiza en detalle si las palabras de este sermón fueron pronunciadas en una única ocasión, o si representan una antología de la enseñanza ética de Jesús. Cualquiera de las dos opciones es posible, aunque yo prefiero ver en ellas un acontecimiento específico. Considero menos verosímil que Lucas utilizara Mateo. El evangelista parece más bien conocer una tradición del sermón como la que encontramos en Mateo.
2. Esto puede parecernos extraño, pero algunas expresiones de teología dispensacionalista de la primera mitad del este siglo defendían que el Sermón del Monte trataba cuestiones del reino futuro y que, por ello, no eran directamente relevantes para nuestro tiempo. Muchos evangélicos siguen creyendo que esta es la posición dominante dentro de esta tradición, sin embargo, se equivocan. Quienes deseen considerar una exposición de este asunto desde una óptica dispensacionalista y una corta historia de la interpretación dispensacionalista, Ver C. Blaising y D. Bock, ed., *Dispensationalism, Israel, and the Church: A Search for Definition* [Dispensacionalismo, Israel y

La sección comienza con una introducción sumaria del ministerio docente de Jesús (vv. 17–19), el cuarto resumen de este tipo que aparece en Lucas (cf. 4:14–15, 31–32, 40–41). Después de dicha introducción viene el sermón propiamente dicho (6:20–49), cuyo tema fundamental es el llamamiento a un amor excepcional en vista de la generosa y gratuita bendición que Dios ofrece. Jesús esboza lo que desea de sus seguidores, especialmente lo que se refiere a sus relaciones personales fuera de la comunidad, incluso con aquellos que se les oponen.

Jesús se dirige a tres grupos: los apóstoles, «una gran multitud de sus discípulos» y «mucha gente de toda Judea, de Jerusalén y de la costa de Tiro y Sidón». El escenario del mensaje es «un llano». Podría tratarse de una llanura en medio de una región más montañosa (Is 13:2; Jer 21:13).[3] Las gentes se reúnen con dos propósitos: escuchar la enseñanza de Jesús y ser sanados por él. La enseñanza y el servicio compasivo se combinan para llegar a las personas. Jesús apoya con sus acciones el mensaje de la bondad de Dios que presenta. Las sanaciones que se producen son tanto enfermedades como exorcismos. El poder que procede de Jesús indica la autoridad con que actúa.

El sermón se divide en tres partes: las bendiciones proféticas y los ayes (vv. 20–26), una exposición sobre el amor excepcional, la misericordia y la prudencia para juzgar (vv. 27–38), y comentarios sobre la justicia, el fruto y la sabiduría para edificar (vv. 39–49).

Llamamiento a las Bendiciones y Ayes. El sermón comienza con un llamamiento profético: una invitación y advertencia a quienes lo escuchan. La primera parte trata sobre la Gracia de Dios que bendice a quienes se identifican con él. En contraste, los ayes, consignados solo por Lucas, muestran el desagrado de Dios hacia los que se oponen a la bendición que imparte Jesús, y que persiguen por ello a sus discípulos.

Dios se compromete con sus discípulos en el presente y les bendecirá ricamente en el futuro. Las cuatro descripciones de los justos que contienen los versículos 20–22 no han de verse como alusiones a grupos separados, sino como elementos de un retrato que describe a aquellos de quienes Dios tiene compasión.[4] Las bendiciones del prometido reino de Dios pertenecen a quienes son como ellos.

En primer lugar, se habla de los «pobres». Este término recuerda a los comentarios de Jesús en 4:16–20. Como en ese pasaje, los pobres son los pobres piadosos, que son bienaventurados por su posición en el reino de Dios, allí donde rige su liberadora presencia. Estos pobres son especial objeto del ministerio de Jesús, como Lucas menciona

---

la Iglesia: una búsqueda de definición], (Grand Rapids, Zondervan, 1992), esp. el artículo de John Martin, «Christ, the Fulfillment of the Law in the Sermon on the Mount» [Cristo, cumplimiento de la Ley en el Sermón del Monte] 248–63.

3. Esta explicación significa que no hay problema en identificar este acontecimiento y el sermón de Mateo como una misma cosa.

4. Decir que los pobres son una preocupación especial de Jesús no significa afirmar que excluya a los ricos, puesto que en Lucas 19:1–10 Zaqueo es bendecido. Sin embargo, una nota sistemática indica que Jesús presta una atención especial a este grupo. Este texto no debería espiritualizarse para que los pobres dejen de estar en el centro de atención. Jesús escoge a propósito esta descripción de sus receptores. Muy a menudo ignoramos que en esta descripción hay un elemento sociológico, aunque tenga también un elemento religioso.

repetidamente (1:52–53; 4:16–20; 7:22; 14:13, 21). Las raíces de esta idea aparecen en los Salmos y en profetas como Isaías (Sal 25:9; 34:2; Is 42:1–18; 61:1).[5] Jesús predica y sirve a todos los pobres como una forma de encontrar a los que de entre ellos son sensibles y piadosos, dispuestos a recibir la Gracia de Dios. Tales personas entienden que han de depender de Dios, porque la vida trasciende a su control.

A quienes ahora tienen hambre se les promete satisfacción en el futuro. El hambre es un resultado de la persecución religiosa y el maltrato de quienes ostentan el poder y se aprovechan de los demás. El hambre es una de las consecuencias de la pobreza (cf. Is 32:6–7; 58:6–7, 9–10; Ez 18:7, 16). Es posible que estas personas carezcan de bienes materiales, sin embargo, han confiado el cuidado de su vida a Dios, y él velará por ellos y les satisfará. La bendición que recibirán trasciende a cualquier carencia que puedan tener ahora.

Aquellos que son pobres y tienen hambre están también tristes por las tensiones de la vida, pero llegará el día en que reirán. Dios ve sus lágrimas, y éstas se convertirán en sonrisas. La desilusión y el dolor darán paso al gozo. El llanto como imagen de quienes sufren injustamente está también presente en el Antiguo Testamento (Sal 126:5–6; 137:1; Is 40:1–2). Los que lloran han pagado el precio del doloroso rechazo por ponerse del lado de Dios.[6]

La última sección es el comentario clave de la secuencia de bendición, porque presenta las dimensiones religiosas de aquellos que son bienaventurados. Estas personas sufren el odio, los insultos, el rechazo y la exclusión de la comunidad judía. Esta comunidad habla mal de ellos porque se han acercado al Hijo del Hombre, es decir, a Jesús. Estos comentarios presuponen claramente una vida que ha tenido que hacer frente a la persecución religiosa, y los cuatro verbos describen una escalada de reacciones negativas a su relación con Jesús. En la Antigüedad, las convicciones religiosas no eran un asunto privado, algo parecido a lo que sucede hoy en muchos países fuera del Oeste. Tomar la decisión de seguir a Jesús significaba la pérdida de la comunión familiar, la expulsión de la sinagoga y el ostracismo social. A quienes eran excluidos de la sinagoga se les consideraba personas inmundas. Sin embargo, a pesar de tales circunstancias, los discípulos debían gozarse, puesto que Dios ve su situación y les bendecirá. Tienen antepasados, los grandes profetas de antaño, a quienes se les trató de manera similar. El mandamiento a «gozarse» es el único que se consigna entre las bendiciones; todo lo demás son promesas. La Gracia de Dios les ayudará a vencer su sufrimiento por la fe.

Los cuatro ayes coinciden y contrastan con las cuatro bendiciones, revelando el desagrado de Jesús con quienes no se preocupan por los que les rodean y se muestran insensibles hacia Dios. Como sucede con las bendiciones, las cuatro descripciones no aluden a cuatro grupos distintos, sino al perfil de una clase de persona. Los ayes proféticos son mensajes de compasión y dolor por quienes van a sufrir desgracia o juicio.[7]

A los «ricos» se les señala porque a menudo se aprovechan de la situación de los pobres (Stg 2:1–7; 5:1–6). Naturalmente, este comentario es una generalización puesto

---

5. Guelich, *The Sermon on the Mount* [el Sermón del Monte], (Waco, Tex.: Word, 1982), 67–72.
6. Rengstorf, «γελάω», *TDNT*, 1:660; «κλαίω», 3:722–23.
7. Danker, *Jesus and the New Age* [Jesús y la Nueva Era], 142.

que algunos ricos responden de manera positiva al Evangelio. Sin embargo, la advertencia es seria, puesto que las riquezas pueden crear un sentido de independencia que genera distanciamiento de Dios e insensibilidad hacia los demás (1Ti 6:6–18).[8] El «consuelo» de éstos está en su prosperidad, que no pueden llevarse consigo.

El siguiente ay va contra aquellos «que ahora están saciados». Según la inversión clásica, éstos tendrán hambre en el día del juicio, una advertencia que recuerda al Antiguo Testamento (Is 5:22; 6:13; Am 8:11).[9] Aquellos que ignoran a Dios y ponen sus esperanzas únicamente en vivir aquí una vida agradable tienen poco consuelo para el futuro. Quienes «ahora ríen» sabrán algún día lo que es derramar lágrimas (cf. Is 65:14); están demasiado embelesados con las cosas de la vida para ocuparse de cualquier otra cosa.

El último ay pone de relieve la depravación espiritual de estas personas: los demás hablan bien de ellas, como sucedía con los falsos profetas de antaño. Se han decidido por una forma de ver la vida que les lleva a no cambiar nada. Creen erróneamente que no tendrán que dar cuentas a Dios.

Esta serie de cuatro ayes muestra el serio estado espiritual de estas personas, que creen estar en la cima del mundo. Como pone de manifiesto esta secuencia de bendiciones y ayes, las apariencias engañan.

Llamamiento al amor y la misericordia. Tras pronunciar la estimulante invitación y la palabra de advertencia, Jesús pasa a tratar ahora el carácter y llamamiento ético del discípulo (vv. 27–38). Un aspecto fundamental de la ética es el amor, no se trata de un amor como el del mundo, sino un persistente amor único en su clase. Estas exhortaciones se expresan en relación con los enemigos en los versículos 27–28, desde una perspectiva humana en el versículo 31, y como un modelo divino en el versículo 35. La exhortación recibe el respaldo de dos series de ilustraciones (vv. 29–30, 32–34). El amor se expresa en compasión, como sucede con el Padre (v. 36), y el resultado de ello es el desarrollo de la prudencia a la hora de juzgar y una disposición a perdonar (v. 37). Este concepto tiene ricas raíces veterotestamentarias (Sal 86:15; 103:4; 112:4).

Cuatro exhortaciones en los versículos 27 y 28 desarrollan la idea clave. Los especiales objetos de amor son los propios enemigos. El amor que Jesús ordena no es un sentimiento abstracto, oculto en los recovecos más íntimos de la persona, sino un amor que se demuestra en acciones concretas. Los discípulos han de hacer bien a quienes les detestan, bendecir a quienes les maldicen, y orar por aquellos que de algún modo les maltratan. Las exhortaciones esperan acción, no solo una privada expresión de asentimiento ante Dios. En un contexto de rechazo, Jesús demanda una extraordinaria confianza en Dios. Los discípulos han de reflejar sin cesar esta clase de amor.

Y para que no haya duda alguna de que Jesús llama a sus seguidores a expresar un amor activo y visible a sus enemigos, cuatro ilustraciones garantizan que este es su enfoque. La imagen de volver la mejilla describe a una persona que recibe una bofetada como muestra de rechazo. Esta acción implica un insulto que bien podría

---

8. W.E. Pilgrim, *Good News to the Poor* [Buenas Nuevas a los pobres], (Minneapolis: Augsburg, 1981., 1981) es un libro excelente sobre este tema.
9. Plummer, *Luke* [Lucas], 182.

asociarse con la expulsión de la sinagoga.[10] En el libro de los Hechos aparecen numerosos ejemplos de esta clase de violencia (18:17; 21:32; 23:2). No obstante, la Iglesia Primitiva volvió sistemáticamente la otra mejilla al seguir compartiendo el Evangelio con aquellos que les rechazaban. Nunca se defendió con las mismas armas, sino que intentó vencer el mal con el bien.

La segunda ilustración sigue trazando el mismo cuadro de hacerse vulnerables. A quienes demandan la túnica debe dárseles también la ropa interior. Lo que Jesús quiere decir aquí no es que tengamos que plantarnos en alguna esquina para que nos roben, sino que en un contexto de rechazo, el ministerio cristiano, que incluye el aislamiento económico, requiere que seamos vulnerables una y otra vez. El trabajo misionero puede exponernos al peligro, pero esto no debería disuadirnos de seguir haciendo esfuerzos por ganar a las personas para el Evangelio.[11]

El discípulo ha de ser también compasivo y generoso, y dar a los necesitados. Dar limosna a los pobres era una parte importante de la devoción judía. Estas palabras de Jesús encajan en este trasfondo,[12] como muchos textos del Antiguo Testamento (Dt 15:7–8; Sal 37:21, 26; Pr 19:17; 21:26b). Esta clase de compasión representa una expresión fundamental de amor.

La ilustración final tiene que ver con la restitución de lo que ha sido sustraído. Jesús no quiere que sus discípulos exijan que se les devuelva lo que se les ha quitado. Esta exhortación implica una sorprendente restricción. Pablo parece ser consciente de esto en sus comentarios de 1 Corintios 6:1–8.[13] Es mejor ser defraudado que causa de oprobio para el nombre de Jesús. Quienes se oponen activamente a los discípulos deberían recibir un trato distinto de parte de ellos.

Todas estas exhortaciones dan por sentado que el discípulo entiende que Dios está velando por él. Cualquier vindicación debe dejarse en sus manos. La mayor vindicación de todas es transformar al enemigo en amigo de Dios mediante el ejemplo del amor. Saulo es quizá el ejemplo bíblico más sobresaliente. Desempeñó un activo papel en el martirio de Esteban, y fue transformado en respuesta a la oración de éste para que Dios perdonara a quienes le estaban apedreando (Hch 7, especialmente el v. 60; 9:1–19).

La exhortación se repite, solo que ahora el llamamiento ético se basa en la norma humana de lo que se espera (v. 31). Este comentario, conocido como «la regla de oro», se ve a menudo como la cúspide de la enseñanza ética de Jesús, aunque refleja un tema ético común en la cultura de aquel entonces.[14] Jesús no declara aquí ningún motivo oculto. La esencia del amor consiste en una sensibilidad hacia las necesidades de los demás que acepta el modo en que estos prefieren ser tratados. Esta clase de

---

10. 1 Esdras 4:30; Stählin, «τύπτω», *TDNT*, 8:263, n. 23–24.
11. Ellis, *Luke* [Lucas], 114–15.
12. Guelich, *The Sermon on the Mount* [El Sermón del Monte], 223.
13. Ver también 1 Pedro 2:21–24.
14. D. Bock, *Luke 1:1–9:50* [Lucas 1:1–9:50], sobre Lucas 6:31. En la exposición de este texto se citan once paralelismos culturales. Entre los más asequibles están Eclesiástico 31:15; Tobías 4:15; 2 Enoc 61:7. No obstante, debe observarse que la versión de Jesús es la forma más categórica.

amor requiere una gran sensibilidad y un espíritu dispuesto a escuchar la opinión de los demás; es otra manera de mostrarles respeto.

Jesús explica convincentemente lo que quiere decir con una serie de preguntas (vv. 32–34), radicalizando las positivas exhortaciones de los versículos 29–30. El punto fundamental es que amar solo a quienes son amables con nosotros, no requiere un esfuerzo especial (2 Clemente 13:4). Aun los pecadores aman de este modo. Al discípulo se le llama a un amor mayor, diferente, un amor que es único en el mundo.

Este amor implica incluso la utilización de nuestros propios recursos para satisfacer las necesidades de otras personas. Cuando prestamos no deberíamos esperar una devolución. Jesús alude aquí a principios del Antiguo Testamento (Éx 22:25; Lv 25:35–37; Dt 15:7–11): el hecho de que se acercara el año de remisión de las deudas, no debía hacer al judío más reticente a prestar, pensando que pronto se haría borrón y cuenta nueva. No tenían que ser tacaños y duros de corazón, sino magnánimos con los necesitados. La negativa a prestar significaba que el que necesitaba el dinero podía clamar a Dios en contra del prestador. Así, Jesús argumenta en especie: nadie ha de prestar esperando que, a cambio, la persona que se beneficia de su préstamo le devolverá el favor algún día.[15] Deberíamos ser simplemente generosos y esforzarnos por satisfacer necesidades humanas. Prestar de cualquier otro modo es hacerlo como los pecadores.

A continuación Jesús repite de nuevo la exhortación: Amen a sus enemigos, hagan el bien, presten sin esperar nada, y esperen su recompensa del Dios que mora en el cielo (v. 35). Los discípulos de Jesús han de amar con un amor excepcional, un amor tan distinto que se haga visible en el mundo. Esta clase de amor recibirá su recompensa porque señala la presencia de los hijos de Dios, que reflejan el carácter de Dios. El propio Dios es bondadoso para con los ingratos y egoístas. Ser hijo suyo es manifestar el carácter del Padre (cf. Sal 112:4–5).

En otras palabras, el modelo para la conducta del discípulo es el misericordioso carácter de Dios (v. 36). Una vez más, Jesús se hace eco de las descripciones de Dios que hace el Antiguo Testamento (Éx 34:6; Is 63:15; Jon 4:2). Ser su hijo no es solo participar de una relación caracterizada por el perdón de Dios, sino el comienzo de un proceso en el que reflejamos al mundo el carácter generoso, misericordioso y perdonador de Dios. A medida que lo hacemos, expresamos nuestro llamamiento a ser como él, a reflejar su imagen. «La semejanza moral demuestra la ascendencia».[16]

Imitando también a Dios, el discípulo debería ser prudente en sus juicios (v. 37).[17] El amor a nuestros enemigos nos lleva a no formarnos opiniones inamovibles sobre ellos. Hemos de tener en cuenta además, que la medida con que medimos a los demás es la misma con que Dios nos medirá a nosotros. Si no juzgamos, él no nos juzgará. Si no condenamos, no nos condenará. Si damos, él nos dará una «medida llena». La imagen de la medida llena, apretada, sacudida y desbordante refleja lo que sucedía en los mer-

---

15. Marshall, *Commentary on Luke* [Comentario de Lucas], 263.
16. Plummer, *Luke* [Lucas], 189.
17. El judaísmo compartía este punto de vista en una parte de su literatura. *Mishná 'Abot* 1:6 dice: «Cuando juzgues, inclina la balanza a su favor»; *Sota* 1:7 afirma: «con la medida con que el hombre mide, se le volverá a medir.»

cados de la Antigüedad, donde los vendedores llenaban de grano un recipiente; una vez lleno, lo sacudían para que el grano se asentara y admitiera más cereal en la misma medida. Así es como Dios mide a los generosos y a los que dan. De hecho, llena el recipiente hasta que se desborda. Esta abundante medida Dios la derrama en el «regazo» o pliegue de la túnica del dador. Dios honra a los espíritus compasivos. Jesús pone de relieve el contraste entre esta actitud y la del fariseo de 18:11–14, cuya soberbia le lleva a juzgar a los demás por las apariencias.[18]

Llamamiento a la justicia, fruto, y sabiduría para edificar. Jesús comienza la última sección con una advertencia que llama a los discípulos a prestar atención a los maestros que siguen. Los dirigentes ciegos solo conseguirán llevar a sus seguidores a un hoyo. En la construcción griega, la pregunta «¿Acaso puede un ciego guiar a otro ciego?» espera una respuesta negativa, mientras que la segunda, «¿No caerán ambos en el hoyo?» supone una respuesta afirmativa. Lo que Jesús quiere decir es que el discípulo es como el maestro, de modo que, si el maestro está ciego, también lo estará el estudiante. La ceguera es una figura común para aludir a la invidencia espiritual (Sal 25:5; 86:11; 119:35);[19] así, Jesús está aquí advirtiendo sobre los peligros del liderazgo religioso. Hemos de seguir al maestro correcto y no concedernos demasiada autoridad a nosotros mismos. En el contexto de este discurso, solo existe un maestro así: Jesús. Los discípulos no han de intentar superarle.

Jesús sigue atacando al espíritu censurador, como el que muestran los fariseos, mencionando la rapidez con que nos apresuramos a detectar las pequeñas faltas de otras personas, pero ignoramos la viga que tenemos en nuestro ojo.[20] Según Jesús, hay que tener desfachatez para reprocharle a alguien sus pequeñas faltas pretendiendo que por nuestra parte no tenemos ninguna. Jesús no nos absuelve, sin embargo, de nuestra responsabilidad comunitaria. El modo de asumirla es prestar primero atención a nuestras faltas y enfrentarnos completamente a ellas antes de volver nuestra atención a las pequeñas fallas de los demás (cf. Gá 6:1–5).

Dejando el tema de la responsabilidad, Jesús pasa a considerar el asunto del carácter (vv. 43–45). ¿Cómo puede conocerse el carácter de una persona? Jesús dice que echemos un vistazo al fruto. Los buenos árboles dan buen fruto, no malo, y viceversa; a cada árbol se le conoce por su fruto. Un mal árbol no puede dar buen fruto, ni un buen árbol puede darlo malo. Las ilustraciones del ámbito de la agricultura, procedentes de la vida cotidiana palestina, describen a las personas. Las buenas personas producen buenas obras que surgen de un buen corazón, mientras que las malas llevan a cabo malas obras que surgen de un mal corazón. Jesús destaca aquí el asunto del lenguaje: «Porque de lo que abunda en el corazón habla la boca». Santiago hace comentarios parecidos (Stg 3:1–12). La lengua es la prueba definitiva del alma, y el producto

---

18. Ellis, *Luke* [Lucas], 116.
19. Michaelis, «ὁδηγός, ὁδηγέω», *TDNT*, 5:100.
20. La referencia a la viga alude a la gran traviesa de un edificio. La palabra hipócrita en griego alude a un «actor itinerante», alguien cuyo carácter era distinto de su conducta; Danker, *Luke* [Lucas], p. 154.

de nuestra vida lo es del corazón. En este sentido, cada uno ha de examinar su propio ser, no el de los demás.

Finalmente, Jesús regresa a la cuestión de su autoridad (vv. 46–49). Cualquier discípulo que respeta a Jesús ha de hacer lo que él dice. ¿Cómo puede alguien llamarle «Señor» y no hacer lo que dice? Esto es hipocresía. Este es uno de los varios textos que subrayan la necesidad de oír y hacer. Para remachar esta cuestión, Jesús acaba su sermón con una parábola. Escuchar a Jesús y hacer lo que dice es como edificar una casa con cimientos sólidos. Una casa así construida se mantendrá en pie ante las inundaciones de la vida. Las embravecidas aguas pueden precipitarse contra la casa, pero no se moverá, porque está bien edificada. En contraste, la persona que no sigue lo que Jesús dice se convierte en una figura trágica. Es como una casa construida sin cimiento. Cuando los problemas de la vida crecen y las tensiones se desbordan, arrastran la casa consigo. Las raíces de la imaginería de Jesús proceden de Ezequiel 13:10–16. Si recordamos las imágenes de las inundaciones del Mississippi en 1993, podemos sentir el impacto del devastador retrato que traza Jesús.

Es, pues, una necedad construir una casa sin un buen fundamento, y un disparate parecido no escuchar a Jesús. Deberíamos prestar atención a su invitación a entrar en la Gracia de Dios y experimentar la certeza que él nos ofrece. Deberíamos seguir su llamada a amar de un modo distinto al del mundo, ser misericordiosos y generosos con los demás, ocuparnos de nuestras faltas en lugar de mirar las de los demás, y obedecer las palabras de Jesús. Como maestro que es de la luz, no va a permitir que sus seguidores acaben en el hoyo. Para Lucas solo hay uno que es digno de nuestro seguimiento: su nombre es Jesús.

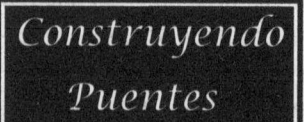

Respecto a los versículos 17–19, el ministerio de Jesús consistía tanto en predicar como en satisfacer las necesidades de las personas. No se vanaglorió ante sus oyentes con meras palabras; también mostró su compasión preocupándose por los demás. En nuestros días, el ministerio de la Iglesia también debe tender a las gentes manos compasivas.

Una clave fundamental para determinar la importancia de esta versión del sermón de Jesús es compararlo con su pasaje paralelo, el Sermón del Monte. Mateo consigna 137 versículos; Lucas, 30. Lucas omite los textos que tratan las cuestiones legales tan oportunas para los receptores judíos de Mateo. Esta comparación es importante, al poner de relieve que Lucas presenta el núcleo del sermón de Jesús a sus receptores gentiles. Este hecho significa que el núcleo ético del sermón es para todos los seguidores de Jesús, hasta el tiempo presente.

Bendiciones y ayes. Las bendiciones y los ayes reflejan los valores éticos esenciales de Dios y su Gracia para con aquellos que se ponen de su lado, pagando por ello un gran coste. Dios conoce a quienes le pertenecen y se ponen de su lado. Jesús ofrece bendiciones, un tema muy popular en nuestros días. Nos gusta considerar que Dios nos acoge tiernamente. Pero ¿qué hay de sus amenazas de juicio? En un intento de hacer que Jesús sea más atractivo dentro del moderno contexto multicultural, muchos argumentan que los temas del juicio han sido añadidos al retrato de Jesús por algún editor posterior. El popular Seminario de Jesús asume esta posición en la mayoría de los textos en que Jesús habla de juicio. No obstante, tales afirmaciones son inconsistentes con el reconocimiento de que Jesús predicó como un profeta de antaño. ¿Cuál de los profetas de Israel hizo un llamamiento a la justicia sin advertir también sobre el juicio? No deberíamos suavizar los textos difíciles como los que advierten a los ricos y populares de que Dios observa su falta de atención a él en su falta de atención a los demás.

Llamamiento al amor y la misericordia. Para muchos es difícil aplicar a ciertos contextos culturales de nuestro tiempo las cuestiones relacionadas con la persecución que se plantean en este sermón. No obstante, no hemos de olvidar que hay partes del mundo de hoy, como zonas de Oriente Medio, Asia y África, donde la persecución y el riesgo de perder la vida por Cristo son muy reales. Además, en una buena parte del mundo occidental la persecución es sutil, adoptando un estilo más indirecto y menos físico. Puede que no se agreda físicamente a los creyentes, pero quizá en muchas universidades se les denigre por no estar «al día» o ser un poco «raros» o «mojigatos» por mantener ciertas normas éticas. Es posible que aquellas prácticas comerciales que expresan un compromiso con la integridad se vean como poco solidarias con nuestro equipo de trabajo y tengamos que pagar un elevado precio por ellas. Pero independientemente de lo que tengamos que soportar por nuestros compromisos de fe, hemos de seguir amando, sirviendo y mostrando misericordia hacia quienes se nos oponen.

Otro asunto discutible en la comprensión de este texto y su contextualización en nuestro mundo es la fuerza de las figuras literarias. ¿Está Jesús hablando de manera hiperbólica cuando se refiere al abuso que sufren los cristianos en el contexto de la persecución religiosa? Naturalmente, la hipérbole no es un recurso retórico poco común en las declaraciones proféticas. Reconocer la presencia de esta figura literaria nos permite centrarnos en la aplicación central y concreta que subyace tras la imagen. ¿Cómo, pues, podemos saber cuándo hay hipérbole? Existen al menos dos claves para identificar esta figura literaria: (1) ¿Conduce a un resultado absurdo la aplicación estricta y literal del comentario? Y (2), ¿hay algún ejemplo en la Iglesia Primitiva que ilustre más concretamente la deseada aplicación?

Veamos cómo se aplica esto. (1) Cuando, pongamos por ejemplo, Jesús sugiere que a alguien que le pide a un discípulo la capa éste le entregue también la túnica, parece claro que no pretende decirnos que los discípulos han de estar dispuestos a dejarse quitar toda la ropa literalmente y ¡a seguir adelante desnudos! La cuestión tiene que ver con aceptar el riesgo de ser completamente vulnerables, hasta el punto de que alguien pueda aprovecharse de nosotros. (2) Podemos observar que aunque Pablo se expuso constantemente a grandes peligros por el Evangelio, hubo ocasiones en que las iglesias le sacaron de una zona peligrosa para protegerle (p. ej., Hch 16:40; 17:10, 13–14). A veces, pues, era prudente protegerse de la persecución llevando un ministerio a otros lugares. Por otra parte, Esteban perdonó a sus enemigos cuando le estaban lapidando, igual que Jesús había hecho desde la Cruz (Hch 7:60). En ocasiones Dios nos llama a entregar aun nuestras vidas.

Vivimos en un mundo a menudo hostil al Evangelio, de modo que compartimos el contexto antiguo con los discípulos que se convirtieron a Jesús. Puede que nuestro sufrimiento adopte o no la misma forma que en el tiempo de Jesús (eso va a depender de dónde vivamos), sin embargo, nuestro llamamiento a amar a los demás con un amor excepcional sigue vigente. Dios promete que aquellos que responden con misericordia recibirán mucho de parte de Dios, quizás no las mismas cosas que el mundo ve como valiosas, sino verdaderas bendiciones que proceden de Dios. El que perdona recibe perdón, y al que da le llegan dones de la mano de Dios.

Llamamiento a la justicia, fruto, y sabiduría para edificar. La advertencia de no seguir a nadie más que a Jesús (v. 39) refleja un valor fundamental de la Iglesia. Jesús es el centro de la fe. Los apóstoles que él comisionó son llamados a revelar su camino. De ahí la importancia de seguir al maestro correcto. Hemos de escuchar a Jesús, porque él es el único eje de la fe cristiana, el mediador de nuestra relación con Dios. Esta reivindicación de exclusividad es la ofensa del Evangelio, y lo que hace que compartir a Cristo sea especialmente difícil en un mundo que compara la religión con una enorme red viaria internacional en la que todas las carreteras llevan a Dios. Jesús no se presentó como un camino entre muchos, sino como *el* Camino. De hecho, fue esta misma sección del Sermón del Monte la que, cuando aún no era creyente, me llevó a considerar más seriamente las afirmaciones del Señor. Después de leer estos textos, me pareció evidente que Jesús no se limitaba a enseñar una forma de sabiduría, sino que pretendía mostrar cómo conocer a Dios. El reto de construir con sabiduría respondiendo a Jesús es lo que me llevó a él hace años.

Hoy existe también una gran necesidad de productividad en nuestro testimonio de Cristo. Con demasiada frecuencia los perdidos se niegan a escuchar las afirmaciones de Jesús porque conocen a cristianos que son hipócritas. Ante este tipo de acusación, es correcto señalar que los cristianos no son perfectos, sino pecadores perdonados; sin embargo, esto, que es cierto, solo es válido hasta cierto punto. La Iglesia necesita a personas que conozcan a Dios y anden con él de tal manera que las raíces de su relación resplandezcan como la luz. Lo que pondrá de manifiesto esta realidad es su fecundidad.

En resumidas cuentas, este sermón es un bosquejo ético intemporal que describe el benévolo carácter de Dios que los creyentes han de imitar como hijos suyos. La misericordia, el amor y la gracia han de dominar nuestro carácter, aunque ello requiera un gran riesgo personal.

Significado Contemporáneo

La sección que resume el pasaje (vv. 17–19) ofrece importantes aplicaciones, porque describe los diversos elementos del ministerio de Jesús. Cualquier ministerio que se precie ha de reflejar compasión y no ser solo un ministerio de palabras. Jesús mostró que Dios se preocupa por las personas que ama. Si Dios ama a aquellos a quienes la Iglesia proclama su mensaje, no hay entonces duda de que sus siervos deberían mostrarles ese amor. Estos versículos ponen también de relieve la autoridad de Jesús. Las gentes sabían que tenía acceso al poder de Dios. María se daba cuenta de que Jesús mediaba el poder y el perdón de Dios. Lo que hizo por el pecado en la Cruz, Jesús lo representó en su ministerio sanador.

Bendiciones y ayes. Las bendiciones y los ayes tienen dos ideas principales. (1) Dios sabe lo que estamos pasando y promete vindicar a los fieles. Quienes pertenecemos al reino podemos tener la seguridad de que nuestro Señor nos concederá la bendición de la restauración y la recompensa eternas. Es fundamental comenzar aquí, porque la ética de Jesús demanda sacrificio y paciencia. Cuando alguien ama de un modo distinto al del mundo corre el riesgo de ser malentendido. Solo quienes descansan en los cuidados de Dios y tienen la certeza de su bendición pueden soportar este difícil camino. Estas bendiciones nos estimulan, pues, a permanecer fuertes ante el mundo en medio de la debilidad. No es necesario que busquemos nuestra propia vindicación, podemos volver la mejilla y ser generosos con quienes no responderán con generosidad. Nuestra aceptación procede del Padre, a quien deseamos imitar. Por ello, la aceptación de los demás es menos importante.

(2) Las bendiciones y ayes reflejan también los valores de Dios. ¿A quiénes honra Dios? Se manifiesta a los pobres, los hambrientos, los que sufren y los que son rechazados. Estas categorías ponen de relieve a un gran colectivo al que ofrece la esperanza del Evangelio. Sin embargo, son también descripciones sociales de la condición de aquellos que son bienaventurados. Por mi parte era insensible a este aspecto del texto hasta que comencé a ministrar periódicamente en Guatemala. Fue allí donde me hice mis primeras preguntas serias sobre ciertos valores estadounidenses como el materialismo y empecé a considerar la necesidad de ser sensible a los pobres. En el mundo occidental, esta clase de preguntas también nos interpelan en algunos de nuestros trastornados centros urbanos. Dios se preocupa por personas como esas, y no solo de salvar sus almas, sino de llevarlas a una comunidad que evidencie su cuidado de ellos en términos de satisfacer sus necesidades esenciales.

Es apropiado preguntarse: ¿Por qué escoge Dios a los pobres y a los que sufren y dirige advertencias tan severas a los ricos? Sin duda, Dios está afirmando la dignidad de las personas a las que el mundo trata como basura. Si Dios se preocupa por tales personas, ¿no ha de hacer acaso lo mismo su Iglesia? De nada sirve dirigirse al texto de Mateo para neutralizar las palabras de Lucas en el versículo 20. Lo que dice Mateo sobre los «pobres de espíritu» (Mt 5:3) es cierto, pero también lo es la nota que plantea Lucas. Dios ha diseñado el reino para los pobres; pobres como aquellos a quienes predicó Jesús. Fue nuestro Señor quien les invitó a formar parte de lo que Dios estaba haciendo. Dios extiende a los pobres la esperanza de su bendición.

Esta clase de textos me llevan a hacer un alto cuando pienso en los ministerios dirigidos a alcanzar a los ricos o poderosos. No es que crea que este tipo de ministerios sean erróneos, puesto que Dios ama a todos los seres humanos, sin embargo, la cuestión sigue siendo: ¿Por qué escoge Dios a los necesitados? Si la Iglesia tiene un llamamiento a tender una mano compasiva, amorosa y servicial a los necesitados, ¿qué mejor audiencia que los pobres para poner de manifiesto este don? Los discípulos deberían ser sensibles con aquellos a quienes Jesús mostró sensibilidad. De hecho, 1 Corintios 1:26–31 subraya este contraste al considerar la composición de la iglesia de

Corinto. El compromiso de alcanzar con el Evangelio a quienes el mundo olvida, pone de relieve que para Dios todas las personas son importantes, aunque el mundo las considere insignificantes.

Esto sugiere que la Iglesia ha de implicarse más en los ministerios que reflejan esta prioridad. Esta clase de acento no representa la aceptación de un evangelio social, puesto que esta perspectiva carece del mensaje redentor tan esencial a la obra salvífica de Dios. Pero lo que sí representa es el reconocimiento de que Dios desea redimir a toda la persona y crear una comunidad interesada en todas las dimensiones de la vida para quienes son salvos. Hay evangélicos en otros lugares del mundo que tienen mucho que enseñarnos en este asunto. Deberíamos escucharles con más atención y humildad.[21]

Llamamiento al amor y la misericordia. Ejemplificar el amor en un mundo hostil es difícil. Requiere una perspectiva sobrenatural y un cambio de pensamiento. El mundo está habituado a tratar con las personas sobre alguna de las bases siguientes: poder, utilidad, o intercambio en igualdad de condiciones. Las ideas del simple servicio y el amor incondicional no están precisamente en boga. Cuando Jesús nos llama a amar a nuestros enemigos, me cuesta mucho ver este amor en el modo en que nos comunicamos con quienes sostienen distintos valores que los nuestros. Hemos de mantener nuestras convicciones al tiempo que comunicamos un interés sensible y bondadoso por tales personas. Es posible que el mundo nos entienda erróneamente, sin embargo, ello no es razón para que, por nuestra parte, seamos insensibles o dejemos de esforzarnos en ser objetivos.

Cuando se habla de amar, hacer bien, bendecir y orar por nuestros enemigos se presupone también otra realidad, a saber, que estamos en contacto relacional con el mundo exterior. La posibilidad de ser golpeados en la mejilla significa que estamos a una distancia que lo permite y que hemos hecho el esfuerzo y aceptado el riesgo que supone tener contacto con las personas. La mentalidad de fortificación que a veces invade a la Iglesia es una forma de retirada, y una negación de lo que Jesús demanda de sus discípulos en este sermón. Tal concepción supone el abandono del mismo terreno relacional que puede convertir a un Saulo en un Pablo. Dar a quienes piden supone que sabemos dónde encontrarles. Amar como deseamos ser amados significa reconocer la dignidad de los demás como personas creadas a imagen de Dios. Amar sin esperar una cierta compensación personal, es ofrecer al mundo una clase distinta de amor que no se basa en lo que recibe el yo sino en lo que podemos dar. Es amar de un modo distinto del de los pecadores.

Tristemente, muchas veces no conseguimos amar de este modo tan desinteresado ni siquiera dentro de la comunidad de Dios, mucho menos, pues, a nuestros enemigos. Fracasar en el amor supone no conseguir manifestar el amoroso y misericordioso carácter de Dios. Puede que una de las razones por las que falla la evangelización es que

---

21. Una obra de este tipo es *Crisis and Hope in Latin America: An Evangelical Perspective* [Crisis y esperanza en América Latina: una perspectiva evangélica], por Emilio A. Núñez y William D. Taylor (Pasadena, Calif.: William Carey, 1995). Esta obra evidencia una preocupación por entender la cultura en la que sirven los latinoamericanos al tiempo que trata las cuestiones trascendentales que enfrentan a diario.

quienes no creen no ven la Gracia de Dios evidenciada en las relaciones personales de los cristianos dentro de la Iglesia. Llevar a cabo esta clase de ministerio a los no creyentes, y evidenciar este tipo de amor significa depender completamente del Padre, quien recompensará a aquellos que reflejen su carácter a un mundo necesitado pero hostil.

No hay que pasar por alto la conexión entre la bendición de Dios y nuestra competencia para amar. La bendición de Dios sobre nuestra vida y nuestra gratitud y reconocimiento hacia él, nos capacita para amar a los demás. Puesto que él dio, nosotros también podemos hacerlo. El gozo de recibir de él, nos motiva a dar a los demás. Las acciones que Jesús demanda en este sermón implican aplicar a otros lo que él nos ha aplicado ya a nosotros. Cuanto más profundos sean nuestro entendimiento y apreciación de lo que Dios ha hecho, mejor preparados estaremos para reflejar su carácter a otras personas.

Hemos también de desarrollar otras actitudes. El Señor observa que la abundancia de la bendición recae sobre aquellos que son lentos para condenar y prontos a perdonar. El espíritu censurador no está abierto a amar, puesto que está constantemente evaluando a todas las personas y situaciones de su entorno. Hemos de dejar el juicio en manos de Dios, y su juicio será correcto (cf. Ro 12:17–21). Esto no significa que la comunidad carezca de responsabilidad, puesto que Jesús plantea esta cuestión en los versículos 41–42. Lo que significa es las personas tienen la tendencia de ser muy duros con los demás y negligentes con respecto a sí mismos. Lo que debería motivarnos es la revelación de cómo Dios nos transforma, no la perversa satisfacción de encontrar faltas en los demás. Como personas que han sido perdonadas y que descansan en la reconciliación que la bondad de Dios nos imparte, deberíamos ser prontos a reflejar esta clase de bondad a otras personas.

Llamamiento a la justicia, fruto, y sabiduría para edificar. La inversión ética que demanda Jesús significa que deberíamos prestar atención al asunto de a qué maestros seguimos. Muchos de quienes enseñan sobre el carácter pretenden desarrollarlo con un enfoque centrado en ellos mismos, priorizando la consecución de nuestras metas o tomando el camino más fácil. Esta clase de programa llevó a los fariseos a intentar controlar la conducta de las personas. Eran muy celosos, pero estaban ciegos. Intentar desarrollar el carácter al tiempo que nos centramos de manera egocéntrica en nosotros mismos es la esencia de la ceguera. Deberíamos elegir cuidadosamente nuestros modelos, siguiendo a quienes están claramente decididos a seguir a Jesús: el único maestro digno de nuestra lealtad y seguimiento.

Si ha de haber responsabilidad, ésta ha de comenzar con nosotros. A menudo advertimos las pequeñas faltas de otras personas, como nuestros hijos o cónyuges, y aludimos a ellas mientras que nos mostramos reticentes a enfrentarnos a nuestras grandes deficiencias. A estas prioridades Jesús las llama hipocresía. Cristo llama a sus discípulos a rendirse cuentas a sí mismos. Los más eficientes en la restauración de otras personas son aquellos que son capaces de restaurarse a sí mismos. Esto implica estar dispuestos a aceptar la represión y ser honestos delante del Señor para poder deshacernos de nuestra viga. Solo entonces estaremos preparados para ayudar a un hermano o hermana en la fe a sacarse la mota del ojo.

Las prioridades éticas de Jesús también indican que somos lo que producimos, en especial cuando se trata de lo que decimos. Nuestras palabras son una prueba definitiva de quiénes somos desde un punto de vista espiritual. Si evaluáramos el carácter y el tono de nuestra manera de hablar cotidiana ¿se reflejaría como lo hace el ácido en el papel de tornasol o expresaría acaso la dulzura de alguien seguro de los cuidados de Dios? Como indica Santiago, hemos de aprender a controlar la lengua (Stg 3:1–12). Solo los maduros son capaces de hacerlo.

En el último análisis, la cuestión de nuestra lealtad como discípulos se concreta en cómo respondemos a Jesús en nuestra conducta. Su represión de quienes le llaman «Señor, Señor», pero ignoran lo que dice, indica hasta qué punto se toma en serio una respuesta concreta. De hecho, no podemos decir que hayamos entendido realmente un texto bíblico o un aviso de Jesús hasta que los hayamos aplicado. El discípulo que responde a Jesús y hace lo que él demanda podrá mantenerse firme en las duras realidades de la vida en un mundo caído. El discípulo que aprende a ver el mundo y a actuar en él como Jesús desea podrá resistir el embate de los torrentes, es decir, las decepciones y heridas que a menudo encontramos en la vida. Por el contrario, ignorar su enseñanza es encaminarse a sufrir una trágica pérdida. Es muy triste perder la casa en una inundación, pero lo es mucho más ver que la propia vida queda asolada por ignorar el llamamiento y consejo de Dios. Así, la última palabra del sermón de Jesús al discípulo es: «concéntrate en aplicar mi enseñanza; es una sabiduría que permanece cuando las cosas se ponen difíciles».

Los comentarios que aluden a conocer a los árboles por sus frutos plantea una de las cuestiones pastorales más espinosas del pasaje. ¿Puedo determinar la posición espiritual de una persona por el fruto que veo en su vida? A fin de cuentas hay multitud de «buenas» personas que realizan muchas buenas obras pero quizá no conocen a Dios. Por otra parte, algunos que pretenden ser cristianos muestran dificultades para conseguir vivir de un modo digno de Dios.

Hay que decir tres cosas sobre la imaginería de los frutos y el modo en que tratamos esta cuestión. (1) Los comentarios que Jesús hace aquí no pretenden analizar momentos concretos de una vida con Dios, sino el patrón de toda una trayectoria. Se trata de un punto importante, porque todos pecamos o hasta pasamos por períodos de pecado. Es posible que, más adelante, tales personas se lamenten profundamente por su fracaso, pero se pregunten si sus «frutos» hacen que sea imposible decir que conocen a Dios. Hace poco recibí un correo electrónico de un consejero que me preguntaba cómo debía tratar a tres adolescentes que experimentaban un mismo problema. Estaban convencidos de que habían cometido un pecado tan importante que su relación con Jesús se había cortado irremisiblemente, por mucho que lo lamentaran. Una aplicación desproporcionada de este tipo de texto a un pecado específico puede hacer mucho daño, en especial a alguien que reacciona con una gran sensibilidad a su fracaso espiritual.

(2) El texto indica que aunque es posible que el fruto no sea un indicador seguro, puede ser sugerente. En el caso de los corintios, Pablo estaba tan preocupado por la ausencia de fruto que, después de un largo periodo, les pidió que se examinaran a sí mismos para ver si estaban en la fe (2Co 13:5). Lo que suscitó la pregunta del apóstol

fue la evidente incongruencia entre el andar de los corintios y su pretensión de tener un corazón regenerado. Observemos, sin embargo, cómo plantea Pablo la cuestión. Como alguien que solo puede ver las cosas desde afuera, el apóstol no pretende conocer la respuesta, sino que propone la cuestión para la propia reflexión de los corintios. Tenemos aquí importantes lecciones pastorales acerca de cómo hemos de proceder con estos casos «difíciles». Sin duda algunos creyentes viven «como simples hombres», y no es que ello sea encomiable o aceptable, pero sucede porque se apartan de Dios durante un tiempo (1 Co 3:1–3). Este tipo de situaciones no puede aceptarse, sin embargo, tengamos en cuenta que en este sermón Jesús nos advierte que, al tratar con alguien que se encuentra en esta condición, no debemos juzgarle.

(3) Ciertamente, la Escritura parece dejar claro que las personas regeneradas producen alguna forma de fruto. Una ausencia total de fruto, especialmente de amor, plantea dudas sobre la presencia de regeneración y fe (Ro 8:1–16; Stg 2:14–26; 1Jn 3:1–9). No estamos aquí confundiendo la salvación por la fe con la salvación por obras. No estamos diciendo que las obras salven. La salvación es por la fe por medio de la Gracia, sin embargo, esta Gracia imparte un nuevo corazón que acepta a Dios como Padre y responde, al menos hasta cierto punto, a su presencia. Si la semilla de la nueva fe está ahí, brotará, aunque en grados distintos en cada persona. Jesús está instando a sus seguidores a que crezcan en él, a que le escuchen. Quienes lo hagan no tienen que preocuparse por el fruto; su Gracia se encargará de ello.

Lucas 7:1-17

Cuando terminó de hablar al pueblo, Jesús entró en Capernaúm. 2 Había allí un centurión, cuyo siervo, a quien él estimaba mucho, estaba enfermo, a punto de morir. 3 Como oyó hablar de Jesús, el centurión mandó a unos dirigentes de los judíos a pedirle que fuera a sanar a su siervo. 4 Cuando llegaron ante Jesús, le rogaron con insistencia: —Este hombre merece que le concedas lo que te pide: 5 aprecia tanto a nuestra nación, que nos ha construido una sinagoga. 6 Así que Jesús fue con ellos. No estaba lejos de la casa cuando el centurión mandó unos amigos a decirle: —Señor, no te tomes tanta molestia, pues no merezco que entres bajo mi techo. 7 Por eso ni siquiera me atreví a presentarme ante ti. Pero con una sola palabra que digas, quedará sano mi siervo. 8 Yo mismo obedezco órdenes superiores y, además, tengo soldados bajo mi autoridad. Le digo a uno: «Ve», y va, y al otro: «Ven», y viene. Le digo a mi siervo: «Haz esto», y lo hace. 9 Al oírlo, Jesús se asombró de él y, volviéndose a la multitud que lo seguía, comentó: —Les digo que ni siquiera en Israel he encontrado una fe tan grande. 10 Al regresar a casa, los enviados encontraron sano al siervo. 11 Poco después Jesús, en compañía de sus discípulos y de una gran multitud, se dirigió a un pueblo llamado Naín. 12 Cuando ya se acercaba a las puertas del pueblo, vio que sacaban de allí a un muerto, hijo único de madre viuda. La acompañaba un grupo grande de la población. 13 Al verla, el Señor se compadeció de ella y le dijo: —No llores. 14 Entonces se acercó y tocó el féretro. Los que lo llevaban se detuvieron, y Jesús dijo: —Joven, ¡te ordeno que te levantes! 15 El muerto se incorporó y comenzó a hablar, y Jesús se lo entregó a su madre. 16 Todos se llenaron de temor y alababan a Dios. —Ha surgido entre nosotros un gran profeta —decían—. Dios ha venido en ayuda de su pueblo. 17 Así que esta noticia acerca de Jesús se divulgó por toda Judea y por todas las regiones vecinas.

Los asuntos que surgen en Lucas 7:1–8:3 rodean el llamamiento a la fe y las preguntas sobre la identidad de Jesús. El Señor sana, pero al mismo tiempo perdona el pecado y resucita de entre los muertos a una persona, de modo que surge la cuestión de su identidad. El pueblo anticipa un oficio profético, pero las acciones de Jesús sugieren más. La identidad de Jesús plantea el asunto de cuál es la respuesta adecuada a él. La fe es un rasgo esencial en los relatos del centurión y de la mujer pecadora. Mientras que la relación entre Juan Bautista y Jesús muestra que el calendario divino ha alcanzado un momento decisivo, Jesús lleva a cabo la obra de la era del cumplimiento.

La sanación del siervo del centurión en 7:1–10 es otro de los milagros de Jesús que revelan realidades espirituales. Lo que hace que esta historia sea distinta es que el personaje fundamental es gentil, un centurión romano, aunque no aparece directamente en el pasaje.¹ El tema fundamental de la sanación es la fe desde el punto de vista de la autoridad de Jesús. Surge también un segundo tema de Lucas: judíos y gentiles pueden llevarse bien y respetarse mutuamente. La unidad de judíos y gentiles en Cristo se subraya de manera más explícita en el libro de los Hechos y en la carta de Pablo a los Efesios (Ef 2:11–22).

Jesús está ahora en Capernaúm, una de las pocas notas geográficas específicas en este Evangelio. En este texto aparece el mismo patrón de palabra y hechos que vimos en 4:16–44. Jesús habla de su autoridad en 6:20–49 y a continuación la demuestra en 7:1–17. El centurión,² quien por su condición de militar estaría entre los ricos de la sociedad, ha llegado a apreciar lo que Jesús ha estado haciendo. Aunque no conocemos su trasfondo nacional, sí sabemos que no es judío. Puede que sea un potencial prosélito o, más probablemente, un soldado que sigue la costumbre romana de respetar la religión como una fuerza socialmente saludable para el Imperio.³

Uno de los esclavos de este centurión está al borde de la muerte, y éste envía a una delegación de ancianos judíos para que le pidan a Jesús que sane al siervo. No se trata probablemente de dirigentes de la sinagoga, sino de responsables de la administración civil judía.⁴ Los emisarios no solo presentan la petición a Jesús, sino que también intentan influir favorablemente en él argumentando que es digno de ayuda. Ha contribuido a la construcción de la sinagoga local. Tales actos de generosidad cuentan con antiguos precedentes.⁵ Ese hombre ama a Israel, lo cual puede significar que ha mostrado respeto por la nación. La cuestión que aquí se plantea es importante por dos razones: ¿Va Jesús a ministrar a un no judío, que además es rico?

Jesús está camino de la casa del oficial romano cuando llega una segunda delegación. Sus integrantes comunican la respuesta del centurión en primera persona, indicando que hablan en su nombre. En el mensaje, éste declara que no es digno de que Jesús entre en su casa. No quiere crearle problemas al maestro, sino solo que su esclavo sea sanado. Este hombre entiende la autoridad de Jesús, y sabe que si éste da la orden, la sanación se producirá. Para explicar lo que quiere decir, el centurión ilustra la idea haciendo referencia a su papel como hombre que ejerce autoridad. Como centurión, solo tiene que dar una orden y ésta es inmediatamente obedecida.

Estos comentarios sorprenden a Jesús, en el sentido de que un gentil tenga esta clase de fe. De hecho, la fe de este hombre es más sagaz y sensible que cualquier expresión

---

1. Lucas consigna varias escenas en las que el personaje fundamental no habla directamente: ver 7:36–50 (la pecadora), 10:38–42 (María), y 16:19–31 (Lázaro). El pasaje paralelo de este relato es Mateo 8:5–13. Es muy probable que Mateo haya abreviado el registro de este acontecimiento, puesto que en su relato el centurión se dirige directamente a Jesús. Sin embargo, en las culturas de la Antigüedad las palabras de una persona comisionada para hablar en nombre de alguien se equiparan con las de la persona que la envía, de modo que al condensar el relato, Mateo no hace sino simplificarlo. Lo que la edición más detallada de Lucas le permite mostrar es que la cooperación entre judíos y gentiles es posible.
2. Los centuriones podían ser soldados mercenarios o soldados que ayudaban en la recaudación de impuestos; cf. Fitzmyer, *Luke* [Lucas], 651.
3. Josefo, *Antigüedades* 16.6.2 §§ 162–65; 19.6.3 §§ 300–301.
4. Marshall, *Commentary on Luke* [Comentario de Lucas], 280.
5. Fitzmyer, *Luke* [Lucas], 652.

que Jesús haya visto en Israel. Lo que le impresiona es tanto la humildad del centurión como la comprensión que tiene de su poder (su capacidad de sanar a distancia). Puede sostenerse que la esencia de la fe es la humildad: el reconocimiento de la singularidad del poder de Dios y nuestra indignidad ante él, al tiempo que confiamos en el cuidado divino. En una nota conclusiva, el texto afirma que la sanación se lleva a cabo exactamente como el centurión ha anticipado. El poder de Jesús y la presencia de la fe forman una poderosa combinación.

La resucitación del hijo único de una viuda en 7:11–17 plantea dos preguntas básicas sobre Jesús: ¿Qué clase de idea tiene de él el público israelita, y por qué piensa de este modo? La resucitación del muchacho requiere la compasiva implicación de Jesús con esta viuda, pero también evoca los ministerios veterotestamentarios de Elías y Eliseo (1R 17:17–24; 2R 4:8–37).[6] Esta conexión nos ayuda a ver por qué el pueblo respondió como lo hizo.

El acontecimiento se inicia en la pequeña aldea de Naín. No conocemos con seguridad la ubicación de este pueblo, pero probablemente se encontraba a unos cinco kilómetros al oeste de Endor y a más de treinta kilómetros al sudoeste de Capernaúm.[7] Al pasar Jesús por el pueblo, se encuentra con la comitiva fúnebre que va a sepultar al hijo único de una viuda. Este detalle es importante, porque en aquella cultura una viuda sin hijos estaba sola y necesitada de protección. En el Antiguo Testamento se considera a las viudas y los huérfanos como las personas más desprotegidas, y se utiliza la figura del luto por la muerte de un hijo único como emblema de una pérdida dolorosa (Jer 6:26; Am 8:10; Zac 12:10). Probablemente, la muerte se había producido aquel mismo día, puesto que, por regla general, los judíos sepultaban a sus muertos inmediatamente.[8] El cadáver descansaba sobre una tabla mortuoria, no sobre un ataúd cerrado, aunque se le habría envuelto con lienzos. Algunas plañideras seguían a los portadores del cadáver mientras la comunidad compartía el dolor de la viuda.[9]

Jesús detiene la procesión a la salida de la ciudad y toca el féretro. Este acto le hace ceremonialmente inmundo (Nm 19:11), pero expresa también su compasiva preocupación. Jesús se limita a decirle al cadáver del joven que se levante, un comentario cruel, a no ser que tenga el poder de hacer realidad su petición. El muerto —o mejor, el que estaba muerto— se incorpora. A diferencia de Elías, que hubo de tenderse tres veces sobre el cadáver (1R 17:21), y de Eliseo, que tocó a un niño con una vara extendida sobre él (2R 4:31, 34–35), Jesús se limita a pronunciar una palabra. Hecho esto, entrega al muchacho a su madre utilizando un lenguaje que recuerda a 1 Reyes 17:23. Jesús ha restaurado la relación previamente rota entre esta madre y su hijo impartiendo nueva vida.

---

6. C. A. Evans y J. A. Sanders, *Luke and Scripture: The Function of Sacred Tradition in Luke-Acts* [Lucas y la Escritura: la función de la tradición sagrada en Lucas-Hechos], (Minneapolis: Fortress, 1993), 223–24.
7. Marshall, *Commentary on Luke* [Comentario de Lucas], 284.
8. *Mishná, Sanedrín* 6:5; 23:4–5; cf. Hch 5:1–11.
9. *Mishná, Megillah* 4:3.

La multitud concluye que Jesús es «un gran profeta»; son sin duda los paralelismos bíblicos los que suscitan esta conclusión. Le respetan, aunque en el contexto total de la historia de Jesús, Lucas mostrará que conceder a Jesús una posición de profeta no basta. La multitud entiende también que Dios está visitando a su pueblo, porque esta clase de milagros no son asuntos comunes y corrientes. Las gentes de la Antigüedad reconocían con frecuencia que los acontecimientos poco corrientes indicaban que Dios estaba entre ellos. La multitud ve aquí una conexión entre Dios y Jesús. Así, la noticia se extiende por todos los rincones de Judea y las zonas rurales.

Construyendo Puentes

El milagro de la sanación del siervo del centurión es menos el relato de un milagro y más un estudio de carácter. La mayor parte del suceso se centra en el pensamiento del centurión. Él es el personaje central, y hemos de concentrarnos en lo que se dice acerca de él. Se trata de un personaje ejemplar, aunque desde una perspectiva étnica sea un extranjero y se encuentre sin duda entre los ricos. Representa el carácter universal del Evangelio. Tenemos también aquí a un soldado con compasión, que refleja el tipo de persona que Juan Bautista describe en 3:14. Desde un punto de vista cultural, este hombre ocupa tres posiciones que podrían haberle hecho indiferente y apático, y sin embargo, muestra una gran sensibilidad y capacidad de respuesta. Jesús puede decir cosas acerca de él que no puede afirmar de ningún integrante de Israel. Por ello, cualquier aplicación de este texto ha de basarse en una consideración de su carácter.

El pasaje contiene otro rasgo crucial, a saber, las diferentes combinaciones que están representadas en el encuentro de Jesús con el centurión. Tenemos la superación de las fronteras étnicas en el encuentro de un soldado gentil y un maestro y profeta judío. Está también la superación de las fronteras sociales cuando el soldado, que cuenta con medios suficientes para contribuir para la construcción de una sinagoga, conoce a un profeta que sirve casi siempre entre los pobres. Tenemos la superación de las fronteras de la comunidad creyente, cuando Jesús, el que trae el camino a la salvación y a Dios, ministra a una persona que está interesada en apoyar ideales religiosos, pero que todavía no se ha comprometido a nivel personal.

Todos los elementos anteriores tienen su aplicación en nuestro mundo. Jesús no rechaza a este hombre por ser de una raza diferente. ¿Tenemos alguna cláusula excluyente de este tipo en nuestros ministerios? Jesús no se preocupa por categorizar a las personas. ¿Hacemos nosotros tales distinciones en la planificación de nuestro ministerio? Jesús tampoco defiende un tipo de separación que afirma que el centurión no forma parte del pueblo de Dios, de modo que no puede ser objeto de ministerio. En ocasiones subestimamos el poder del testimonio del Evangelio para salvar diferencias étnicas, sociales, o incluso ideológicas. A veces lo que atrae a las personas a Dios es la indicación de que puede cruzar esta clase de fronteras para tocar y cambiar un corazón.

Además, aunque para el mundo Jesús está en la posición menos valorada socialmente, lo que tiene que ofrecer es de un valor muy superior a lo que está en condiciones de proporcionarle aquel a quien ayuda. A veces permitimos que los factores externos afecten el modo en que vemos las cosas. Por ejemplo, cuando interactuamos con cristianos de otras culturas, podemos asumir que aquellos que se encuentran en la posición «superior» desde una perspectiva cultural, tecnológica o educativa tienen más que ofrecer. Esta clase de tendencias son sutiles, pero muy reales. No obstante, las mismas circunstancias en las que frecuentemente han vivido aquellos creyentes socialmente más humildes, les hacen más sensibles a toda una serie de cuestiones que nosotros solo entendemos con mucha lentitud.

Quiero mencionar dos situaciones personales que me parecen relevantes en este sentido, una en América Latina y la otra en la Europa del Este tras la caída del comunismo. He viajado por estas zonas con creyentes, y he aprendido mucho del modo en que entienden la pobreza, el sufrimiento, la persecución y otras circunstancias en que algunos han vivido bajo severas limitaciones que apenas entiendo. Me encontré sentado a sus pies, aprendiendo de sus reflexiones sobre lo que el Señor les había enseñado a través de aquellas experiencias y de sus consideraciones sobre la Escritura, y haciéndoles preguntas sobre predicar de Jesús en tales circunstancias. Otros creyentes que han estado en estas partes del mundo me han hablado de experiencias similares. Me ha sucedido algo similar observando a algunos de mis hermanos y hermanas en Cristo, ministrando en los barrios marginados de la ciudad. ¡El maestro no siempre procede de una condición social más elevada o tiene mayores credenciales académicas!

El milagro de la resucitación de Naín revela muchas cosas sobre la compasión de Jesús y sobre el ámbito de su autoridad. Es posible que a menudo sintamos preocupación por el dolor o el sufrimiento de otra persona ¿pero qué hacemos para remediarlo? A veces el primer paso es un tanto embarazoso, ya que experimentamos una tensión pensando en cómo se interpretará nuestro esfuerzo por ayudar, o nos preguntamos si sacando a colación el tema doloroso sólo conseguiremos que el dolor sea más agudo. Pero a veces el ministerio más efectivo se produce en un pequeño acto de compasión, no cuando procuramos resolver el dolor. En este caso Jesús hizo más de lo que nosotros podemos hacer, sin embargo, el modo en que actuó es importante. El hecho de tocar el féretro demostró su disposición a identificarse con aquella situación en lugar de alejarse de ella. Puede que lo mejor que podamos hacer sea ofrecer nuestra empatía para escuchar. Pero esta clase de «toque» llega con frecuencia a lo más íntimo y consigue aliviar el dolor de un corazón magullado.

Como ya hemos visto, los milagros de Jesús son audiovisuales de grandes verdades, y no hay verdad más fundamental que su autoridad para vencer a la muerte. El que era el más trágico de los momentos, el de la pérdida de un hijo único, Jesús lo convierte en un encuentro. La narración conecta con la sensación de tragedia que uno siente ante la muerte y muestra que Jesús tiene el poder de hacer retroceder su presencia. Nuestro ministerio en el Evangelio debería ofrecer la esperanza de que en Jesús la muerte puede ser vencida.

El último punto de conexión está en la especulación de la multitud sobre la relevancia de Jesús. Se trata de un personaje tan crucial en la historia social que todas las personas han de decidir cuál es su lugar. La multitud expresa su opinión, y nosotros también hemos de hacerlo. Pero, personalmente, yo me pregunto si acaso las luchas de aquella multitud no eran diferentes de las nuestras. La concurrencia de aquel día no lucha con el asunto del milagro de Jesús, porque está allí y lo presencia. Su lucha está más bien en entender su gran autoridad. Hoy, la batalla por comprender a Jesús es más completa, por la gran distancia temporal a que nos encontramos de los testigos de su ministerio. Podemos aceptarle como un gran maestro religioso y puede que le demos el respeto de un profeta. Sin embargo, la realidad de sus milagros, especialmente de uno tan impresionante como éste, se cuestiona muchas veces.

Las grandes afirmaciones que Jesús hizo sobre su identidad se ponen hoy en tela de juicio. La distancia que nos separa de Jesús permite que la neblina se instale en la atmósfera. Muchas personas hablan sobre Jesús sin saber lo que la Escritura enseña sobre él. Otros ponen en entredicho la descripción que ésta hace de él. Pero si la Escritura no nos ayuda a entender correctamente a Jesús, ¿cómo, pues, podemos saber algo sobre él? Sus obras armonizan con sus palabras, lo mismo que el retrato que nos brinda la Escritura. Aunque las personas de nuestro tiempo no pueden verle como la multitud de Naín, han de verle en nosotros u oírle en el testimonio de la Escritura.

Significado Contemporáneo

El primer punto de aplicación con respecto al centurión es que, aunque era extranjero, había desarrollado una buena reputación ante personas de otros trasfondos. Esto evoca la exhortación sobre los ancianos de las iglesias en el sentido de que éstos han de contar con el respeto de quienes están fuera de la comunidad de la fe (1Ti 3:7). Este hombre consiguió esta reputación por cuanto mostró respeto hacia los judíos y sus costumbres. Aunque no era todavía creyente, el hecho de que apoyara el ministerio de la sinagoga muestra su sensibilidad ante las actitudes de los demás. Los judíos, por su parte, respondieron positivamente, indicando que el respeto mutuo es un medio de vencer las barreras culturales y étnicas. En este pasaje Lucas señala que judíos y gentiles pueden respetarse si cada parte hace el necesario esfuerzo, especialmente cuando cada grupo está abierto a transitar el camino de Dios.

Esto me recuerda cómo actúan los misioneros cuando ministran en un país extranjero o cómo podemos acercarnos a un entorno multicultural. La respuesta natural es dar prioridad a las propias costumbres culturales y mantenerse dentro del propio círculo. En ocasiones, los misioneros lo hacen relacionándose principalmente con otros misioneros. Sin embargo, en un contexto multicultural, esto es una forma de aislamiento. Ministramos de manera menos efectiva a personas de distinto trasfondo y ralentizamos el proceso de aprender a amarles, respetarles y entenderles a no ser que hagamos un esfuerzo concertado por entrar en su mundo e intentar apreciar su cultura. En nuestro país, a medida que la sociedad se hace más diversa, los cristianos tendremos que desarrollar cierta sensibilidad cultural si esperamos compartir el Evangelio en todos los contextos posibles. La Biblia comunica un respeto por quienes temen a Dios como Cornelio (Hch 10) y este centurión. Si desarrollamos una actitud abierta seremos capaces de construir nuevos puentes para el Evangelio allí donde en otro tiempo habríamos podido aislarnos por temor o ignorancia.

Otra aplicación es que una posición de poder y riqueza puede utilizarse de un modo en que no nos sirvamos de las personas, sino que las ayudemos. Aquí tenemos a un hombre rico que utiliza sus recursos y poder para beneficio de quienes le rodean, y que parece abierto a adorar a Dios.

El mensaje que se desprende de dos estadísticas sobre los hábitos de ofrendar en los Estados Unidos es sobrecogedor. Aunque consume más del veinte por ciento de los recursos de la Tierra, el estadounidense normal da menos de un cinco por ciento de sus ingresos a obras de caridad o a otras causas. Uno se pregunta si los porcentajes que se manejan en la Iglesia son muy distintos. Según las normas del mundo, la mayoría de los cristianos de este país son ricos. La cuestión es, sin embargo, ¿utilizamos nuestra privilegiada posición para nosotros mismos o para otros, en especial los de la familia de la fe? Los judíos argumentaban que el centurión era digno de la atención de Jesús. Parte de la razón era su ejemplar generosidad y su actitud abierta al pueblo de Dios a quien Jesús había venido a ministrar. ¿Debemos acaso nosotros que le conocemos ser distintos?

La principal lección del relato del centurión está en la naturaleza de la fe de este hombre. Su humildad había propiciado que otros le honraran como un hombre digno, sin embargo, ante la presencia del mensajero de Dios, entendió que Dios no le debía nada; ni siquiera se sentía digno de ser visitado por su enviado. No obstante, entendía también la autoridad de Dios para sanar y su compasión. Creía que Jesús era capaz de sanar con solo pronunciar una soberana palabra, aun encontrándose a distancia del enfermo (una situación que se aplica todavía más en nuestros días teniendo en cuenta la presencia de Jesús en el Cielo). Este hombre sabía, además, que Jesús era tan compasivo que deseaba hacerlo. Esta clase de fe y de humildad al acercarse al poder de Dios era lo que asombraba a Jesús. Este pasaje nos llama a poseer una fe similar. Dios no nos debe nada, y sin embargo, nos hace objeto de su compasión. Dios nos honra con su Gracia, no porque la merezcamos, sino porque se preocupa por nosotros (1Jn 4:9–10).

En la historia de la resucitación del hijo de la viuda vemos la poderosa victoria sobre la muerte. Jesús trata aquí con el obstáculo más importante al que tendremos que hacer frente. Si la muerte fuera el final de todo, no habría entonces esperanza ni en esta vida ni después de ella (1Co 15:12–19). El juicio de Dios no tendría sentido, ni tampoco su pretensión de restaurarnos y redimirnos. Por ello, este milagro da testimonio de un aspecto central de la esperanza cristiana. La conmovedora imagen que nos brinda nos recuerda que la renovación y la reunión no son un sueño imposible. Dios promete restaurar a la vida a quienes conocen su toque. En Jesús, Dios toma la iniciativa para llevar a cabo esta renovación.

Recuerdo el funeral de uno de mis antiguos profesores. Durante el tiempo en que fui estudiante, nuestra escuela había celebrado el cincuentenario de su conversión. En aquella ocasión mi profesor habló de su esperanza en Jesús, que había sido sembrada en su corazón en la década de 1920-30, siendo él un muchacho. En el funeral, y a medida que diferentes personas expresaban su alegría y gratitud por el ministerio de su vida y por el hecho de que ahora estaba presente con el Señor, yo pensaba en la gran esperanza de vencer a la muerte que tenemos los cristianos, una esperanza que este milagro describe de manera especialmente vívida.

Mientras escribo esta obra, una niña de seis años está muriendo de leucemia en el hospital, después de recaer tras una mejoría temporal que parecía muy alentadora. Nuestra iglesia, junto con muchas otras congregaciones de nuestra ciudad, ha estado intercediendo delante del Señor durante más de dieciocho meses para que él la sane. Por una parte, me pregunto: «¿Por qué, Señor la estás llamando a tu presencia siendo tan joven y lo estás haciendo tan lentamente? ¿Por qué todo ese dolor, especialmente para sus padres?» Por otra parte, este texto me recuerda que en última instancia Dios tiene el control para impartir nueva vida tras la muerte, y que una día, quizá pronto, si no se recupera, esta niña se verá libre de su dolor y morará con el Señor.

Lo que me dice esta doble reflexión sobre estos dos queridos creyentes es que, ya sea que un cristiano muera anciano, tras años de testimonio, o que encuentre su fin en este mundo de manera trágica mientras es todavía joven, la esperanza que expresa el milagro del hijo de la viuda sigue vigorosamente viva. La muerte no es el fin para quienes conocen a Jesús. Esta representa una transferencia a un nivel de vida no conocido en esta Tierra. Aunque este milagro nos recuerda nuestra levedad y mortalidad, nos habla también a gritos del poder que Dios tiene para resucitar y transformar. No es de extrañar que la multitud que presenció este milagro se llenara de temor. A nosotros nos tendría que pasar lo mismo al contemplar su poder creativo y compasión en acción.

Lucas 7:18-35

Los discípulos de Juan le contaron todo esto. Él llamó a dos de ellos 19 y los envió al Señor a preguntarle: —¿Eres tú el que ha de venir, o debemos esperar a otro? 20 Cuando se acercaron a Jesús, ellos le dijeron: —Juan el Bautista nos ha enviado a preguntarte: «¿Eres tú el que ha de venir, o debemos esperar a otro?» 21 En ese mismo momento Jesús sanó a muchos que tenían enfermedades, dolencias y espíritus malignos, y les dio la vista a muchos ciegos. 22 Entonces les respondió a los enviados: —Vayan y cuéntenle a Juan lo que han visto y oído: Los ciegos ven, los cojos andan, los que tienen lepra son sanados, los sordos oyen, los muertos resucitan y a los pobres se les anuncian las buenas nuevas. 23 Dichoso el que no tropieza por causa mía. 24 Cuando se fueron los enviados, Jesús comenzó a hablarle a la multitud acerca de Juan: «¿Qué salieron a ver al desierto? ¿Una caña sacudida por el viento? 25 Si no, ¿qué salieron a ver? ¿A un hombre vestido con ropa fina? Claro que no, pues los que se visten ostentosamente y llevan una vida de lujo están en los palacios reales. 26 Entonces, ¿qué salieron a ver? ¿A un profeta? Sí, les digo, y más que profeta. 27 Éste es de quien está escrito: «Yo estoy por enviar a mi mensajero delante de ti, el cual preparará el camino». 28 Les digo que entre los mortales no ha habido nadie más grande que Juan; sin embargo, el más pequeño en el reino de Dios es más grande que él.» 29 Al oír esto, todo el pueblo, y hasta los recaudadores de impuestos, reconocieron que el camino de Dios era justo, y fueron bautizados por Juan. 30 Pero los fariseos y los expertos en la Ley no se hicieron bautizar por Juan, rechazando así el propósito de Dios respecto a ellos. 31 «Entonces, ¿con qué puedo comparar a la gente de esta generación? ¿A quién se parecen ellos? 32 Se parecen a niños sentados en la plaza que se gritan unos a otros: Tocamos la flauta, y ustedes no bailaron; entonamos un canto fúnebre, y ustedes no lloraron. 33 Porque vino Juan el Bautista, que no comía pan ni bebía vino, y ustedes dicen: Tiene un demonio. 34 Vino el Hijo del hombre, que come y bebe, y ustedes dicen: Éste es un glotón y un borracho, amigo de recaudadores de impuestos y de pecadores. 35 Pero la sabiduría queda demostrada por los que la siguen.»

Sentido Original

Este pasaje tiene tres subunidades: la pregunta de Juan a Jesús (vv. 18–23), la idea que Jesús tiene de Juan (vv. 24–30), y la represión de Jesús mediante una parábola (vv. 31–35). La pregunta que Juan plantea en el versículo 19 es significativa porque indica que aun el precursor de Jesús tiene luchas por entender la naturaleza del ministerio de Jesús. Jesús no es el tipo de enviado que Juan estaba esperando, de modo que envía emisarios a Jesús para asegurarse de que ha comprendido bien.[1] El restablecimiento de la certeza de Juan por parte de Jesús hace del primero una figura como Teófilo (1:4). La pregunta

---

1. El pasaje paralelo de esta sección es Mateo 11:2–19.

de Juan es también significativa por cuanto sigue inmediatamente al reconocimiento por parte de la multitud de que Jesús es un gran profeta. Cuando el Bautista pregunta si Jesús es «el que ha de venir», su consulta pone de manifiesto lo inadecuado de la idea popular. Las percepciones populares son con frecuencia erróneas. En el caso de Jesús, están también fuera de contexto.

La pregunta de Juan surge porque sus discípulos le informan sobre lo que Jesús está haciendo. Sus milagros indican que Jesús es un personaje importante, sin embargo, hay algo que todavía no encaja correctamente. ¿Dónde está el juez poderoso y soberano que predijo Juan (3:7–9)? Desde la cárcel, Juan envía a dos de sus seguidores para que le pregunten a Jesús si es realmente el que había de venir. El envío de dos mensajeros certificará que la respuesta llega fielmente a Juan (Dt 19:15).[2]

La pregunta que plantea el Bautista escandaliza a algunos estudiantes de la Escritura, que no pueden aceptar el hecho de que dude de Jesús.[3] Su consulta es muy específica. Juan no se pregunta si Jesús ha sido o no enviado por Dios; solo quiere una confirmación de que su ministerio es el prometido ministerio de la liberación. Aun el mejor de los siervos de Dios necesita una confirmación de vez en cuando. La referencia al «más fuerte que ha de venir» recuerda a las propias palabras del Bautista en 3:15–16. De modo que Juan está preguntando si Jesús es el Mesías.

Los delegados plantean la cuestión con las mismas palabras que Juan pronunció. La respuesta de Jesús no es directa, sino que demanda una deducción. Antes de consignar la respuesta, Lucas inserta un recordatorio sobre el ámbito del ministerio de Jesús; ha consistido en sanidades, exorcismos, e incluso en la devolución de la vista a los ciegos.[4] El ministerio de Jesús ha «agraciado» a muchos con el restablecimiento de facultades perdidas. Los enviados han de limitarse a informar sobre lo que han visto, utilizando un collage de expresiones veterotestamentarias del libro de Isaías (35:5–6; 26:19; 29:18–19; 61:1), que aluden todas ellas al periodo venidero de la decisiva liberación. El ministerio de Jesús indica el cumplimiento de estas profecías. La respuesta finaliza con una bienaventuranza que demanda fe. La persona que no halle tropiezo en Jesús será bendecida. Puede que su ministerio no esté determinado por el poderoso estilo de la posición y el prestigio que el mundo espera, sin embargo, ha sido enviado por Dios.

A continuación, Jesús plantea a la multitud la pregunta sobre Juan. El Señor observa que quienes iban al desierto para ver a Juan no lo hacían para ver cañas o hermosas vestiduras. La referencia a las cañas puede ser una alusión al paisaje en que Juan desarrollaba su ministerio, o una referencia figurativa e irónica a Juan como un hombre falto de carácter. Cualquiera de las dos opciones es posible, sin embargo, puesto que la siguiente declaración sobre la ropa delicada debe entenderse de manera literal, la referencia a las cañas probablemente también es literal. ¡La gente no iba a ver a Juan por el

---

2. Danker, *Jesus and the New Age* [Jesús y la Nueva Era], 163.
3. Así, por ejemplo, W.F. Arndt, *Luke* [Lucas] (St. Louis: Concordia, 1956), 209, quien sostiene que Juan solo pretende tranquilizar a sus discípulos.
4. En este versículo el uso de dos términos alusivos a la enfermedad sugiere una escalada de las dolencias simples a enfermedades más graves.

paisaje de la cuenca del Jordán o para enterarse de las últimas tendencias de la moda! Se desplazaban por otra razón: para ver a un profeta.

De hecho, Juan era más que un profeta. Hasta el momento de su nacimiento no había habido nadie más grande que Juan, puesto que éste representaba el final de una era y apuntaba a la aurora de otra en la que el plan de Dios hallaría cumplimiento. Las palabras del versículo 27 tomadas de Malaquías 3:1 apuntan a su papel como precursor. Como Elías que predicó con audacia a la nación, Juan declaraba al pueblo la voluntad de Dios y ayudaba a prepararles para la nueva era. La imaginería de Juan caminando delante del pueblo[5] recuerda también al lenguaje del Éxodo, donde la *Sekiná* guiaba y dirigía a Israel en el desierto (Éx 23:20). Dios estaba indicando el camino por medio de este precursor, un testigo del próximo cumplimiento de la promesa.

No obstante, la grandeza de Juan no es nada en comparación con la participación de las bendiciones y beneficios de la nueva era. El comentario de Jesús en el versículo 28 es una de las afirmaciones más sublimes de la Escritura sobre la posición del creyente. Formar parte del reino representa un enorme privilegio. Juan es el puente entre las dos eras, sin embargo, aquellos que siguen las indicaciones del Bautista entran en una relación más cercana e íntima con Dios que trasciende aun a lo mejor que ofrecía la antigua era. Esta es la medida de la grandeza de la obra de Jesús en esta nueva era.

En una digresión, Lucas observa de nuevo las distintas respuestas a Juan estableciendo el fundamento para la parábola que sigue. El pueblo y los recaudadores de impuestos están reconociendo la obra de Dios y responden al bautismo de Juan, sin embargo, los dirigentes siguen indecisos. No reconocen su necesidad de arrepentirse y rechazan así el consejo de Dios. Esta inversión del grupo en el que cabía esperar devoción indica otra sorpresa en los acontecimientos que dan cumplimiento a la profecía.

Por consiguiente, Jesús advierte a aquella generación de líderes religiosos sobre el error de su respuesta a Juan. Lo hace por medio de una parábola, como sucede a menudo cuando quiere hablar del Reino o del plan de Dios (Mt 13:24; 18:23; 22:2; 25:1; Lc 13:8). Les compara con un grupo de niños que juegan;[6] una comparación a la que podría llamarse «parábola de los chavales». La cuestión es si se trata de dos grupos que discuten, o de un solo grupo de niños enfadados. También se debate quiénes son los que se quejan, ¿los mensajeros de Dios o los judíos que rechazan el Reino? La segunda pregunta es más fácil que la primera, puesto que Jesús está comparando claramente a los niños que se quejan con esta generación, es decir, con los judíos que se oponen (Lc 7:33–34). La parábola se cuenta desde su perspectiva; ellos son los niños que se sientan y se niegan a jugar, quejándose de que Juan y Jesús no bailan al ritmo que les marcan. Ya sea que toquen una dulce melodía con la flauta o un canto fúnebre, estos dos hombres no siguen los deseos de los dirigentes judíos. Acusan a Juan de

---

5. Se puede argumentar que la referencia en segunda persona de la cita de Malaquías 3:1 es una alusión indirecta a Jesús. En este caso significa que Juan va delante de Jesús. Pero el contexto de estos versículos subraya la respuesta de las gentes, y el tema refleja lo que enseñaba Lucas 1:17. De modo que es más probable que se trate de una referencia a ir delante del pueblo.
6. Marshall, *Commentary on Luke* [Comentario de Lucas], 300; Nolland, *Luke 1:1–9:20* [Lucas 1:1–9:20], 344.

agente diabólico y a Jesús de glotón y de tener amistades dudosas. El abierto esfuerzo de Jesús por alcanzar a los pecadores representa un repudio del acercamiento más separatista de los dirigentes (5:31–32; 15:1–32).

Se contrasta a quienes responden —los hijos de la sabiduría—, con aquellos que no lo hacen, como en la comparación de los versículos 29–30.[7] Algunos han tomado nota de las amistades de Jesús y del llamamiento de Juan. La presencia de personas, restauradas vindica el camino de Dios, poniendo de relieve su sabiduría. El divino esfuerzo de alcanzar a los pecadores significa que no hay que ignorar a este tipo de personas, sino ir en busca de ellas. La represión que expresa la parábola es otra manera de decir que los dirigentes son duros de corazón al rechazar el camino de Dios.

Construyendo Puentes

Las características principales de este pasaje son los detalles que nos ofrece sobre los ministerios de Jesús y de Juan, la naturaleza de la reacción de éste ante la persona de Jesús, y la importancia de la nueva era. Aunque tanto Juan como Jesús son personajes únicos dentro del plan de Dios, algunas de las características de sus ministerios son esenciales para cualquier esfuerzo evangelizador. De hecho, uno de los aspectos más fascinantes de este pasaje es que refleja distintos estilos para conseguir una misma meta, a saber, llevar pecadores a Dios. El asunto fundamental en la evangelización no está en el estilo o forma en que se lleva a cabo, sino en el compromiso de llevar a las personas a Dios. Tanto Juan, el asceta que se retira al desierto, como Jesús, el «glotón» amigo de recaudadores de impuestos y pecadores, dan igualmente cumplimiento a la voluntad de Dios. En nuestros ministerios hemos de especializarnos no en cuestiones de estilo, sino en sustancia.

Los asuntos de estilo siguen siendo relevantes en nuestro tiempo. Desde mi adolescencia y durante varios años asistí a los encuentros de *Young Life* (organización cristiana interdenominacional que trabaja entre jóvenes y adolescentes. N. del T.). Las de Young Life eran casi las únicas reuniones religiosas que podía tolerar. Las canciones eran divertidas, las representaciones siempre ocurrentes y graciosas, y el orador expresaba el mensaje a un nivel que me era comprensible y me estimulaba a pensar en lo que se había dicho. Sé que algunos vilipendian este relajado estilo de evangelización por considerarlo carente de sustancia. Sin embargo, era un lugar perfecto para que mis amigos creyentes me llevaran a mí, que todavía no lo era. No estoy seguro de dónde me encontraría hoy de no haber existido un ministerio como el de Young Life.

Por mi condición de adulto que sirve en la iglesia, de vez en cuando me veo en la necesidad de recordarme a mí mismo cómo era ser adolescente, especialmente cuando observo los ministerios para jóvenes haciendo cosas que pueden parecerme extrañas. Mi propia experiencia pasada me ha enseñado a ser más paciente acerca de lo que veo, y a no mezclar estilo con sustancia. Esto no significa que en ocasiones estos esfuerzos no vayan demasiado lejos, pero me advierte de que, como adulto que soy, a veces mi valoración de lo que se está haciendo se basa más en cuestiones de gusto que en obje-

---

7. Sobre la figura de los hijos de la sabiduría, ver Eclesiástico 4:11; Proverbios 8:32–33; Nolland, *Luke 1:1–9:20* [Lucas 1:1–9:20], 346.

ciones verdaderas y objetivas. Muchos responsables de jóvenes saben lo que es ser acusados de rebajar las normas para desarrollar su ministerio. La mayoría necesitan que se les de un voto de confianza y se les deje tranquilos en sus esfuerzos por alcanzar a unos adolescentes con los que han de desarrollar una relación personal como medio para que se planteen andar con Dios.

En este pasaje, otra cuestión clave de tono es que la falta de brillo mesiánico de Jesús no significa que su ministerio carezca de autenticidad. Juan plantea preguntas porque su esquema preconcebido del modo en que han de desarrollarse las cosas no cuadra. Jesús impacta a las personas no mediante pretensiones y aparatosidad, sino por medio de un ministerio sustantivo. Lo que cuenta no es lo «que se ve» sino lo que hay en el corazón. El estilo nos dice muy poco en comparación con la sustancia.

Hemos de cuidarnos de no confundir nuestras expectativas con la variedad de estilos que Dios utiliza en el ministerio para alcanzar a una amplia gama de tipos de personas. A veces Dios está haciendo algo grande, pero nos lo perdemos por nuestras rígidas expectativas de lo que suponemos que debería hacer y cómo debería hacerlo. Juan creía que el camino de Jesús a la gloria sería instantáneo. Cuando se dio cuenta de que no iba a ser así, surgieron preguntas. ¡Cuán a menudo caemos en la misma trampa! En ocasiones esperamos que Dios haga algo de un cierto modo, y cuando no lo hace, creemos que ha fracasado. Esta clase de expectativas pueden aplicarse a distintas situaciones, desde que Dios ha de hacer prosperar cierta situación laboral, hasta que él ha prometido sanarnos de una enfermedad, pasando por nuestra expectativa general de que la vida cristiana estará libre de penurias. Cualquier idea previa de cómo Dios ha de obrar puede volverse contra nosotros cuando él decida formar nuestro carácter llevándonos por un camino más difícil.

Por otra parte, en ocasiones también nosotros ponemos la misma clase de expectativas en aquellos que nos ministran. Si no nos llevan por un camino agradable y estimulante, concluimos que Dios no está obrando por medio de ellos. En ocasiones hay que explicar la verdad de que la vida con Dios no es siempre un camino de prosperidad. Sin duda, Dios puede bendecir en medio de dificultades, y lo hace. ¿Estamos dispuestos a oír este mensaje si procede del Señor? ¿Podemos ver a Dios en acontecimientos que se desarrollan de manera distinta de la que habríamos esperado o planeado de haber tenido el poder para hacerlo?

Junto al mensaje de realidad que Jesús transmite a Juan sobre la naturaleza sorprendentemente difícil y humilde de su ministerio, hay también una exhortación que casi no podemos entender. Ser un creyente de esta era significa tener una ventaja espiritual que los santos de antaño habrían deseado tener (cf. 10:23–24). Nuestro descanso en el perdón de Jesús, que ahora recibimos de una vez y para siempre, y nuestro acceso permanente a Dios por medio del Espíritu son beneficios de los que carecían los creyentes de la era anterior. Mientras esperamos el resto de lo que Dios va a hacer, tenemos la tendencia de subestimar o no apreciar suficientemente lo que ya ha hecho. En materia de acceso a la Gracia de Dios, Juan el Bautista no dispone de mayores privilegios que nosotros. Aunque creer es difícil, nosotros estamos en una posición mejor que la suya cuando ministraba como precursor de Jesús.

Significado Contemporáneo

Los principales asuntos de este texto son la relación de Juan con Jesús y las cuestiones relativas al estilo y la respuesta en el ministerio. Desde un punto de vista teológico, la subordinación de Juan a Jesús es de lo más evidente. Lo sorprendente es la subordinación del profeta Juan a cualquiera que forme parte del reino (v. 28). Es decir, con la llegada de Jesús se produjo una ruptura muy específica en el plan salvífico de Dios (16:16). La bendición de quienes están en el reino es mayor que cualquier cosa que un profeta de la antigua era pudiera poner sobre la mesa.

Esta observación es importante, porque muchas veces pensamos que los profetas de la Antigüedad tenían todas las ventajas. Pensamos en lo estupendo que habría sido estar con Moisés, Isaías o Juan el Bautista. ¡Qué maravilloso ver a Dios orar «realmente»! Sin embargo, este pasaje indica que cualquiera que conoce verdaderamente a Jesús tiene mayores bendiciones. A aquellos profetas del Antiguo Testamento les habría encantado experimentar lo que nosotros tenemos como creyentes (1P 1:10–22). Es fácil tomar a la ligera nuestras bendiciones. Los recursos de que disponemos son muy grandes. Solo hemos de pensar que tenemos al Espíritu de Dios dentro de nosotros y de nuestras comunidades. En virtud de la obra de Jesús consumada en la Cruz poseemos un perdón completo. Nuestras bendiciones son mayores que las concesiones más temporales e individualizadas de la antigua era. Pablo pone de relieve que el ministerio de la era presente tiene una nueva y mayor profundidad que los del pasado (2Co 3–4). Dios ha dado a la Iglesia todos los dones que necesitamos para ser efectivos en el ministerio, siempre que cada uno haga su parte (Ro 12; 1Co 12; Ef 4:7–16).

En su ministerio, Jesús no se limita a afirmar cosas, sino que imparte sustancia. Cuando Juan le preguntó directamente acerca de su identidad, la única respuesta de Jesús fue señalar sus obras. El Salvador se negó a pregonar por todas partes sus pretensiones. En una era en que la publicidad nos llama con frecuencia a jactarnos de nuestros logros y nuestra hoja de servicio, Jesús presenta una perspectiva diferente. Formular pretensiones no cuesta nada, pero un ministerio minucioso es muy revelador. Jesús se limitó a permitir que el propio Juan dedujera su identidad basándose en sus obras. Éstas indican que Jesús es el Mesías prometido en el Antiguo Testamento. Nuestros ministerios deberían tener una sustancia parecida que señalen el camino a su origen.

Para Lucas, Jesús es de nuevo el asunto central. Todas las otras aplicaciones son irrelevantes si uno no ha respondido a él. Como Jesús le dijo a Juan: «Dichoso el que no tropieza por causa mía».

No deberíamos pasar por alto el valor de la lucha de Juan. Aquí tenemos a un hombre de Dios que necesita una confirmación de que Jesús es verdaderamente aquel que ha de venir. A veces pensamos que los grandes santos nunca tuvieron dudas. Al hacerlo, negamos que fueran seres humanos normales. La Escritura es honesta y abierta con respecto a tales luchas y dudas, y así debería ser la Comunidad Cristiana de nuestro tiempo. El modo de tratar con ellas es expresándolas, como hizo Juan. Sin embargo, junto a esta expresión de nuestras dudas debería haber también una actitud abierta y receptiva dispuesta a escuchar la respuesta. La diferencia entre una duda saludable y otra destructiva no está en la declaración de nuestra incertidumbre sino en la respuesta que le sigue. Los lamentos del salterio nos enseñan que los santos pueden ser brutalmente honestos expresando sus sentimientos acerca de Dios, sin embargo, nos enseñan también que después de declarar su queja ante el Señor, éstos esperan humildemente su respuesta. La desilusión es a menudo una voz que nos llama a un andar con Dios más profundo y menos egocéntrico.[8]

La respuesta a los recaudadores de impuestos y pecadores sugiere también que cabe esperar sorpresas cuando se trata de quienes pueden responder al Evangelio. De hecho, algunos de quienes menos lo esperaríamos, responderán. Por ello, nunca podemos predecir a qué personas puede Dios llevar a su conocimiento por medio de nosotros. Hemos de estar dispuestos a compartir el Evangelio con cualquier persona, incluso con aquellos que en un principio pueden parecernos casos imposibles.

Las diferencias de estilo contribuyen también a este acento. Uno de mis mejores amigos y yo llegamos al Señor por caminos muy distintos. En mi caso llegué a conocer al Señor a través de un discreto estilo de evangelización y tras un periodo de cinco años. Mi amigo no escuchó el Evangelio hasta que llegó a la Universidad, y a las pocas semanas de oírlo por primera vez, se convirtió. Él se sintió impactado por un evangelismo de confrontación que a mí me hubiera ahuyentado. Muchas veces nos reímos cuando hablamos de los distintos medios que Dios utilizó para llevarnos a él. Por mi parte necesitaba un proceso largo y lento; ¡su situación requería en cambio una ofensiva más contundente! Las diferencias de estilo que vemos en Juan y en Jesús nos recuerdan que alcanzar a personas diferentes requiere formas distintas.

Este texto nos dice también algo sobre quienes rechazan a Jesús. La parábola de los muchachos indica que en ocasiones las personas superficialmente piadosas pretenden poner condiciones en su acercamiento a Dios. Quieren que Dios baile al son que tocan, en lugar de ser ellos quienes sigan el ritmo de Dios. A menudo las personas se sienten incómodas ante la necesidad de responder a un llamamiento de Dios que les obliga a acercarse a él reconociendo su necesidad de Gracia y Perdón. Qué hacemos, ¿servir a Dios o esperar que él nos sirva a nosotros? En última instancia este pasaje deja claro que Jesús es el único camino. La bendición de ser más que un profeta solo se consigue siguiendo su llamamiento a entrar en la Gracia de Dios y bailar con la música del divino intérprete.

---

8. Quienes deseen considerar un estudio serio de este asunto, pueden ver Philip Yancey, *Desilusión Con Dios* (Miami, Fl: Vida, 1990).

Lucas 7:36-8:3

Uno de los fariseos invitó a Jesús a comer, así que fue a la casa del fariseo y se sentó a la mesa. 37 Ahora bien, vivía en aquel pueblo una mujer que tenía fama de pecadora. Cuando ella se enteró de que Jesús estaba comiendo en casa del fariseo, se presentó con un frasco de alabastro lleno de perfume. 38 Llorando, se arrojó a los pies de Jesús, de manera que se los bañaba en lágrimas. Luego se los secó con los cabellos; también se los besaba y se los ungía con el perfume. 39 Al ver esto, el fariseo que lo había invitado dijo para sí: «Si este hombre fuera profeta, sabría quién es la que lo está tocando, y qué clase de mujer es: una pecadora.» 40 Entonces Jesús le dijo a manera de respuesta: —Simón, tengo algo que decirte. —Dime, Maestro —respondió. 41 —Dos hombres le debían dinero a cierto prestamista. Uno le debía quinientas monedas de plata, y el otro cincuenta. 42 Como no tenían con qué pagarle, les perdonó la deuda a los dos. Ahora bien, ¿cuál de los dos lo amará más? 43 —Supongo que aquel a quien más le perdonó —contestó Simón. —Has juzgado bien —le dijo Jesús. 44 Luego se volvió hacia la mujer y le dijo a Simón: —¿Ves a esta mujer? Cuando entré en tu casa, no me diste agua para los pies, pero ella me ha bañado los pies en lágrimas y me los ha secado con sus cabellos. 45 Tú no me besaste, pero ella, desde que entré, no ha dejado de besarme los pies. 46 Tú no me ungiste la cabeza con aceite, pero ella me ungió los pies con perfume. 47 Por esto te digo: si ella ha amado mucho, es que sus muchos pecados le han sido perdonados. Pero a quien poco se le perdona, poco ama. 48 Entonces le dijo Jesús a ella: —Tus pecados quedan perdonados. 49 Los otros invitados comenzaron a decir entre sí: «¿Quién es éste, que hasta perdona pecados?» 50 —Tu fe te ha salvado —le dijo Jesús a la mujer—; vete en paz. 1 Después de esto, Jesús estuvo recorriendo los pueblos y las aldeas, proclamando las buenas nuevas del reino de Dios. Lo acompañaban los doce, 2 y también algunas mujeres que habían sido sanadas de espíritus malignos y de enfermedades: María, a la que llamaban Magdalena, y de la que habían salido siete demonios; 3 Juana, esposa de Cuza, el administrador de Herodes; Susana y muchas más que los ayudaban con sus propios recursos.

Los pecadores respondían a Juan, y también a Jesús. Las razones de su respuesta se hacen claras en este pasaje, donde el acercamiento de Jesús a los pecadores establece un sorprendente contraste con el de los fariseos. Este pasaje es también el primero de dos que elogian la respuesta de fe de las mujeres a Jesús. Así, en el relato de Lucas el asunto de la fe sigue en un primer plano.

Los temas centrales de este relato están ligados a sus personajes principales.[1] Esta mujer ilustra la gratitud, la audacia y la humildad de la fe. El fariseo ejemplifica el separatismo confrontado por Jesús. Jesús explica por qué necesitan los pecadores su mensaje. Pone también de relieve el poder transformador del perdón.

Jesús recibe y acepta una invitación a comer. Aunque los fariseos se le oponen, él acepta la oportunidad de visitar a algunos de ellos. Como era habitual en el mundo antiguo, los huéspedes se reclinaban en almohadones junto a la mesa. Es probable que la puerta de la casa permanezca abierta para que, siendo Jesús un personaje público, quienes estén interesados en escucharle puedan entrar y sentarse en un extremo de la habitación. La represión del versículo 39 no se produce porque la mujer hubiera hecho acto de presencia en la comida, sino porque no se quedó en el lugar reservado para los observadores.

La narración no consigna ninguna palabra de parte de la mujer, sin embargo, sus acciones suscitan una amplia gama de cuestiones.[2] No se especifica cuál es su pecado. Puede que su mala reputación se debiera a su promiscuidad o a que ejerciera la prostitución. Sin embargo, esta mujer entra con audacia en la habitación y unge los pies de Jesús con un frasco de costoso perfume. Esta acción refleja un gran sacrificio, porque el precio del perfume en cuestión era muy elevado. Si se trataba de un ungüento de nardo, por ejemplo, el coste habría sido de unos 300 denarios la libra, ¡un salario normal de todo un año! Esta clase de perfume, como la mirra, se utilizaba para ungir a los fallecidos o para la purificación de los sacerdotes (Éx 30:25–30).[3] El uso de este perfume indica que la mujer trata a Jesús como un importante invitado. Conmovida, esta mujer llora mientras unge a Jesús y le besa los pies, una acción que refleja su humildad, pero que resulta sorprendente para el anfitrión de Jesús. Tomado por sorpresa, el fariseo comienza a pensar para sí que Jesús no debe de ser profeta, ya que permite que la mujer le toque. Este texto utiliza una cláusula condicional de segunda clase «contraria a los hechos» para presentar el comentario del fariseo, de modo que el dirigente pone claramente en duda las credenciales proféticas de Jesús. Irónicamente, Jesús lee sus pensamientos y cuenta una parábola que explica sus acciones.

La parábola representa a dos deudores: uno de ellos adeuda cincuenta denarios y el otro quinientos (el salario de dos meses de trabajo frente al de veinte meses). El acreedor descubre que ninguno de los dos puede pagar. Sin embargo, en lugar de presionarles, que es lo que hubiera hecho la mayoría de los acreedores, les perdona la deuda a ambos. Jesús plantea una pregunta, ¿cuál de los dos amará más al prestamista? Simón da una respuesta perspicaz: «Supongo que aquel a quien más le perdonó». Aquí está la médula de la ética relacional de Jesús. A diferencia del fariseo, que solo consigue pensar en los actos pasados del pecador, Jesús prefiere ver el potencial del amor y el perdón para cambiar el corazón de la persona. El Señor señala, pues, que la mujer le

---

1. Este pasaje solo lo consigna Lucas. Aunque algunos lo equiparan con Mateo 26:6-13; Marcos 14:3-9; Juan 12:1-8, es realmente un relato distinto. En estos otros pasajes, la mujer no es una conocida pecadora, ni el anfitrión es un fariseo.
2. El nombre de esta mujer no se menciona. No se trata de María Magdalena, a quien se introduce en el siguiente episodio. Los esfuerzos de vincularlas son tardíos.
3. Ver también la obra de Josefo, *Antigüedades* 3.8.6 § 205; 19.9.1 § 358.

brindó unas atenciones que su anfitrión había pasado por alto, como el lavado de los pies, el saludo que implicaban sus besos en los pies, y la unción de éstos con perfume. Según el protocolo, ninguna de aquellas acciones era obligatoria para el anfitrión, sin embargo, el hecho de que la mujer hubiera querido llevarlas a cabo muestra que ésta había querido agasajarlo de un modo especial.[4]

Su amor responde a una razón: sus muchos pecados han sido perdonados (v. 47). Por otra parte, aquel a quien poco se le perdona, poco ama. Para entender lo que Jesús quiere decir es necesario aunar la parábola y los comentarios. Según la parábola, la base del amor es un perdón previo que produce una respuesta de amor. Jesús indica, pues, que las acciones de la mujer reflejan su experiencia de perdón. La declaración del Señor en el sentido de que sus pecados han sido perdonados sirve para confirmar lo que la parábola ya ha indicado. Hay también una advertencia implícita de parte de Jesús al fariseo, que probablemente se considera «poco pecador»: «Puede que no ames mucho, porque no has entendido bien la profundidad del perdón que Dios ha puesto a tu alcance. En lugar de ello, juzgas a esta mujer para sentirte bien comparándote con ella». Jesús cuestiona esta manera de considerar el pecado.

Las palabras de Jesús sobre el perdón son también significativas. Antes el fariseo había suscitado la pregunta de si Jesús era profeta (7:30; cf. también 7:16). Pero aquí está perdonando pecados, una acción que solo Dios puede llevar a cabo, como bien saben los fariseos (v. 49). Como en 5:24, esta acción llama la atención de los expertos en Teología. Saben que Jesús se está situando en el nivel máximo de la autoridad. Pero esto no detiene a Jesús, que se dirige a la mujer en medio de las objeciones y le dice que se vaya en paz porque su fe la ha salvado.

Este último comentario es muy revelador, ya que hasta este punto el asunto ha sido la presencia del amor. El comentario de Jesús descubre una secuencia teológica crucial: primero una oferta de perdón por parte de Dios, después viene la fe que salva. Esta fe se manifiesta en sus expresiones de amor hacia Jesús. Este es el ciclo fundamental de relación que existe entre Dios y el creyente. Lo que Jesús persigue al acercarse con insistencia a los pecadores es la posibilidad de establecer una saludable relación con ellos. El Señor no adopta la actitud más distante y crítica de los fariseos. El potencial transformador que tienen el perdón y la fe es lo que impulsa a Cristo a tender la mano a los pecadores y a procurar relaciones personales con ellos (5:31–32; 15:1–31; 18:9–14).

En 8:1–3, un pasaje exclusivo de Lucas, el evangelista observa la obra de tres mujeres de fe. A medida que se va desarrollando el ministerio de Jesús, éste atrae seguidores procedentes de una gran variedad de trasfondos. María Magdalena se une al grupo de Jesús tras ser liberada por él de siete demonios. La presencia de Juana, esposa de Cuza, administrador de Herodes, es una evidencia de que el mensaje de Jesús ha llegado hasta el palacio. Cuando estas y otras mujeres abrazan la fe, comienzan inmediatamente a ofrecer sus recursos para que el ministerio de Jesús siga adelante. Es una nota importante, al establecer que el origen de quienes contribuyen al sostenimiento del ministerio de Jesús trasciende a cualquier consideración de género o clase social. La ejemplar respuesta de estas mujeres pone de relieve el patrón del deseo de servir que

---

4. Marshall, *Commentary on Luke* [Comentario de Lucas], 311–12.

sigue a la recepción de la Gracia de Dios. El ministerio de estas mujeres se produce en dos niveles: una implicación personal y la aportación de recursos materiales. Ambos niveles de participación son importantes para un ministerio efectivo.

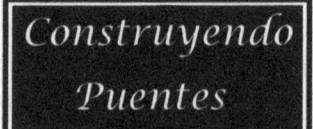

El contraste de actitudes que se evidencia en el texto manifiesta un paradigma fundamental para relacionarse con el mundo. El fariseo, en su deseo de pureza, se aparta de cualquier asociación con los pecadores. Se mantiene a gran distancia de cualquier mujer como la que se acerca a Jesús, y con ello deja claro que no está de acuerdo con su estilo de vida. Jesús habla y predica sobre el pecado, pero no se aísla de los pecadores. Sabe que para que la luz pueda resplandecer en la oscuridad, ha de interactuar con ella.

Cuando se trata de considerar el ministerio de la Iglesia en el mundo, éste es un contraste intemporal. En el mundo siempre ha habido pecadores, incluso algunos notoriamente célebres. Cuando enseño sobre este pasaje —uno de los que más hondo me llegan de Lucas— me siento tentado a preguntar: «¿Cómo responderíamos si un personaje de nuestro tiempo como Madonna, una mujer con una notoria reputación de pecadora, se acercara al Señor? ¿Cuál sería nuestra reacción si estuviéramos presentes en la situación que describe el texto y una mujer como Madonna se sentara a los pies del Señor?»[5] Esta es la difícil pregunta que plantea este texto. ¿Cómo vemos a los pecadores? ¿Les consideramos por lo que han sido? ¿O por lo que Dios puede hacer de ellos? Si la Iglesia cree tener algo que ofrecer, entonces, igual que Jesús, ha de mostrar interés por los pecadores y proclamar el potencial de relacionarnos con Dios de una manera nueva.

Los principios teológicos que operan en este asunto se extienden a nuestra era. Fundamentalmente, Dios transforma a las personas por medio de su oferta de Gracia y Perdón. Sin la posibilidad de restaurar relaciones rotas, el camino de vuelta a Dios está cortado. Algunas personas desean comenzar de nuevo, pero no están seguras de que sea posible. Mediante este ejemplo de la mujer pecadora Jesús muestra que no hay hoyo demasiado profundo al que no pueda llegar la compasiva y liberadora mano de Dios. Esto significa que, al tratar con personas cuyas vidas están completamente fuera de contacto con Dios, hemos de ser pacientes, entendiendo que sin él no podemos esperar nada distinto de ellas. El Evangelio no solo les ofrece lo que necesitan, sino que les aporta también lo que les falta. En ocasiones, queremos poner el carro delante del caballo y hacer que la limpieza de la vida se produzca antes que nada, pero lo que Dios promete es que, por su Gracia, él establecerá la relación personal que limpiará la vida. Solo estaremos en condiciones de relacionarnos sensiblemente con quienes necesitan a Dios en la medida en que creamos de manera consistente en la actividad de Dios. Es muy importante recordar dónde estábamos antes de experimentar su Gracia, que es el fundamento de nuestra transformación. Es él quien nos hace distintos, no nosotros mismos. Esta es precisamente la razón por la que todos hemos de acudir a él.

---

5. Lee Strobel presenta de manera imaginativa a Jesús atrayendo a Madonna y otros personajes famosos de la actualidad en, *What Would Jesus Say?* [¿Qué diría Jesús?] (Grand Rapids: Zondervan, 1994).

En resumidas cuentas, para estudiar adecuadamente este pasaje hemos de hacerlo a través de la perspectiva de los personajes de la narración. El fariseo nos revela cómo no acercarnos a la cuestión del trato con los pecadores. Jesús rechaza esta perspectiva. La mujer representa a una pecadora que responde de manera ejemplar, con fe y con audacia. Ilustra la esperanza de que los pecadores, incluso aquellos que tienen fama de serlo, pueden encontrar a Dios. Jesús aporta el comentario de lo que ha sucedido, tanto desde un punto de vista relacional como teológico.

El patrón fundamental del servicio como respuesta a la Gracia es el tema sobresaliente de 8:1–3. Aquellos que entran a formar parte de la comunidad no son meros espectadores, sino que han de utilizar sus dones y recursos para servir a Jesús. Liberadas del poder de los demonios o procedentes del entorno de la Corte, estas mujeres ofrendan para posibilitar un ministerio efectivo. Parte de su ministerio consiste en servir a otras personas que están ministrando, un papel clave en cualquier comunidad. Los textos de este tipo —que afirman el papel de las mujeres en una cultura del primer siglo donde se las consideraba como efectos personales o se las relegaba a un rol casi invisible—, son muy reveladores, porque muestran que las mujeres desempeñaban un papel fundamental contribuyendo al ministerio de la Iglesia.

En nuestros días la perspectiva que se tiene de las mujeres difiere sustancialmente de la del primer siglo. Muchas están tan formadas y capacitadas como pueda estarlo cualquier hombre para desarrollar varios roles, y muchas de ellas sirven con excelencia en distintas posiciones. En vista de las distinciones más tradicionales que la Iglesia ha establecido entre el papel de los hombres y el de las mujeres, este texto ha suscitado muchas preguntas respecto a si las mujeres pueden desempeñar todas las responsabilidades dentro de la Iglesia, incluyendo las tareas del pastorado principal y el papel de anciano, unos oficios que en el Nuevo Testamento se limitan a los hombres. En todo este debate sobre el papel de la mujer, nunca hemos de perder de vista una cosa, y es que todos hemos sido llamados a servir a Cristo el Señor, sirviéndonos los unos a los otros. Algo que hay que deplorar en el actual debate sobre el papel de la mujer es que la discusión se ha centrado en la cuestión del poder, incentivada más por criterios culturales que de servicio bíblico. Incluso aquellos textos que afirman el liderazgo del varón lo hacen apuntando al servicio, no al insensible ejercicio del poder puro y duro (p. ej., Ef 5:23–33). Prestar más atención a estos temas reduciría los enfrentamientos con respecto a otras cuestiones.[6]

---

6. Quienes deseen considerar una defensa más tradicional de la concepción del papel de las mujeres, pueden ver la obra de John Piper y Wayne Grudem, *Recovering Biblical Manhood and Womanhood: A Response to Evangelical Feminism* [Recuperando la masculinidad y feminidad bíblicas: una respuesta al feminismo evangélico], (Wheaton, Ill.: Crossway, 1991), y Stephen B. Clark, *Man and Woman in Christ: An Examination of Roles of Men and Women in Light of Scripture and the Social Sciences* [Hombre y mujer en Cristo: un examen de los roles de hombres y mujeres en vista de la Escritura y las Ciencias Sociales], (Ann Arbor: Servant Books, 1980). Quienes deseen considerar un acercamiento más igualitario que defiende el ministerio de las mujeres en todos los papeles de la vida eclesial, pueden ver la obra de Gretchen Gaebelein Hull, *Equal to Serve* [Igual para servir], (Old Tappan, N.J.: Revell, 1987), y Craig Keener, *Paul, Women, and Wives: Marriage and Women's Ministry in the Letters of Paul* [Pablo, las mujeres, y las mujeres casadas: matrimonio y ministerio de la mujer en las cartas de Pablo], (Peabody, Mass:

Significado Contemporáneo

Las aplicaciones de la enseñanza de Jesús están abiertas. Esencialmente, los creyentes han de seguir abiertos a mantener relaciones personales con quienes están fuera de la fe. La separación en los términos que la plantea el fariseo ha de ser rechazada de plano. De hecho, una cuestión que debe analizarse es por qué aquellos que están fuera del círculo de la fe, como los recaudadores de impuestos y los pecadores, se sentían tan atraídos a Jesús. ¿Qué es lo que percibían en él que les hacía su mensaje tan atractivo? ¿No debería acaso la Iglesia, que sustenta la verdad y el carácter de Dios, estar igualmente abierta a quienes están fuera de sus círculos?

En nuestro tiempo, hay mucho debate en torno a las iglesias de nuevo corte que orientan abiertamente sus actividades para atraer a los no creyentes. En esta controversia afloran importantes cuestiones, como por ejemplo si la Iglesia ha de ministrar principalmente a los creyentes o si la verdad tendría que suavizarse cuando se interactúa con personas que no son creyentes. En estos asuntos hay peligros que requieren seria reflexión.[7] Sin embargo, hemos de fijarnos en el estilo de enseñanza de Jesús y considerar cómo llevó a cabo su misión. Él se sirvió de ilustraciones del mundo del comercio y la agricultura, integrando las actividades de la vida corriente que todos —también los no creyentes— experimentaban. Nos veríamos en apuros para encontrar a Jesús dirigiéndose al público en jerga técnica teológica.

Esto no quiere decir que la Iglesia no haya de esforzarse en servir a los creyentes o que la enseñanza profunda de la verdad teológica no forme parte de su llamamiento. Personalmente no hubiera dedicado mi vida a esta clase de formación si no hubiera creído que Dios desea que su Iglesia la reciba. Pero no deberíamos juzgar con dureza a quienes se sienten llamados a ganar a los que todavía no han llegado a la fe. La Iglesia necesita más obreros en los campos.[8] Para cosechar, uno debe no solo plantar, sino

---

Hendricksen, 1992). Personalmente sigo estando más convencido de que el que Pablo apele a la creación apunta a roles diferentes en términos de cabeza y ayuda idónea como parte del diseño inicial de Dios y no es un reflejo de ciertas limitaciones culturales impuestas como consecuencia de vivir en una cultura patriarcal del primer siglo (especialmente 1Co 11:7–9; 1Ti 2:11–15). A pesar de sostener un acercamiento más tradicional, me alegro de que el feminismo evangélico nos haya llevado a todos a estudiar con más detenimiento el asunto del papel de las mujeres y de que haya propiciado una consideración y afirmación de su ministerio, aunque estoy de acuerdo con quienes piensan que algunos pasos han llevado las cosas demasiado lejos. En este debate, aquellos que sostienen un punto de vista más tradicional han sido propensos a abusar de las metáforas relacionadas con el poder. Dos excelentes obras prácticas sobre ser mujer y su ministerio son: Vickie Kraft, *The Influential Woman* [La mujer influyente], (Dallas: Word, 1992), y Mary Farrer, *Choices: For Women Who Long to Discover Life's Best* [Decisiones: para mujeres que desean descubrir lo mejor de la vida], (Sisters, Ore.: Multnomah, 1994).

7. Ver las advertencias en Os Guinness, *Dining with the Devil: The Modern Church Movement Flirts With Modernity* [Cena con el Diablo: el movimiento de la Iglesia moderna coquetea con la modernidad], (Grand Rapids: Baker, 1993).
8. Lee Strobel presenta una obra instructiva y práctica para ayudarnos a entender cómo piensan los perdidos, *Inside the Mind of Unchurched Harry and Mary* [En la mente de los escépticos Harry y María] (Grand Rapids: Zondervan, 1993).

también laborar en los campos. La actitud de Jesús estimula esta apertura para extender la mano con esperanza a aquellos que por su pasado podría parecer que están fuera del alcance de Dios. Strobel resume de este modo la importancia de permanecer en contacto:

> Tus dudas para dar pasos adelante pueden emanar de tus propias incertidumbres sobre los secularizados Harry y Mary. Puede que te preguntes si realmente les entiendes lo bastante bien como para saber cómo llevarles el Evangelio de un modo amoroso, sensible y poderoso. Quizás pienses que ya ha pasado mucho tiempo desde los días en que vivías un estilo de vida secular (o puede que nunca lo hayas vivido).
>
> Quizá desde que te convertiste, tus amigos no cristianos han ido alejándose a medida que tú te has ido integrando cada vez más en la red social de la Iglesia. Se ha dicho que dos años después de la conversión, la mayoría de los creyentes han perdido ya las relaciones personales que tenían con personas fuera del ámbito de la fe. Sin frecuentes conversaciones íntimas con personas no creyentes, es fácil olvidar cómo piensan [...]
>
> Francamente [...] algunos de mis mejores amigos son, de hecho, paganos camino del infierno, y mi pasión es verles transformados por la misma sublime Gracia que cambió radicalmente la trayectoria de mi vida.[9]

Es importante amar a los perdidos, no aprobando su estilo de vida equivocado, sino con la esperanza de que la maravillosa Gracia de Dios pueda interrumpir su camino.

La mujer pecadora de 7:36–50 ilustra algunas verdades esenciales sobre la fe y el amor. En términos de la fe, esta mujer demuestra una gran capacidad para vencer barreras, como por ejemplo las percepciones populares sobre ella. Como mujer, incluso plantearse la posibilidad de acercarse públicamente a Jesús era un riesgo, puesto que en aquella cultura las mujeres no hacían estas cosas. El que fuera una conocida pecadora solo acrecentaba el riesgo, puesto que un personaje religioso como Jesús podía rechazarla. Sin embargo, su gratitud y humildad eran tan grandes que lo único que le importaba era conseguir acercarse a Jesús. Contaba el coste y consideraba que Jesús respondería positivamente a su humilde acercamiento a él. Su fe fue honrada. Me pregunto cuántos de nosotros seríamos hoy tan atrevidos como para dar un paso al frente e identificarnos con Jesús siendo conscientes del rechazo público que provocaría nuestro acercamiento a él.

Aquella mujer no se expresó a viva voz, sino por medio de una acción silenciosa y serena. En esta historia no pronuncia ni una sola palabra, y sin embargo, sus actos de devoción a Jesús lo dicen todo. Su testimonio habla por sí solo. Puede que algunos lo malentendieran y hasta lo pusieran en duda, sin embargo, Dios veía su corazón y la declaró limpia. El testimonio de la Iglesia requiere menos ruido y más devoción y servicio sinceros.

---

9. Ibíd., 15.

Respecto a la respuesta del fariseo, ¿cuántas comunidades de creyentes son culpables de pensar sobre los pecadores y relacionarse con ellos igual que lo hizo este fariseo? Es muy fácil levantar barreras ante las personas, dando sutilmente la impresión de que están fuera del alcance de Dios, en lugar de intentar llevarlas sinceramente a la esfera de su perdón. En el debate público sobre las grandes cuestiones morales de nuestros días, la Iglesia no puede caer en posiciones ortodoxas defendidas de manera errónea, utilizando la misma política de poder y presión que maneja el mundo. Esta clase de actitud no dará el fruto del perdón, especialmente si al comunicar su mensaje la Iglesia no ofrece nunca oportunidades de perdón ni expresa el mismo tono del divino amor que llevó a Cristo a morir por los pecadores. En nuestro deseo de establecer valores morales en nuestras comunidades, no hemos de perder nunca la capacidad de comunicar el valor más importante, a saber, el amor de Dios expresado en la oferta de perdón. Cuando defendemos enfervorizadamente la justicia sin compasión por el pecador, estamos olvidando que todos hemos comenzado en el mismo lugar, necesitados del perdón divino. Nuestra gratitud a Dios ha de traducirse en una disposición a ofrecer a otras personas la misma compasión que él nos ha dado a nosotros (6:27–36).

Es Jesús, no nosotros, quien tiene el derecho de perdonar el pecado. Él es quien solicita un cambio de corazón. Nosotros, como creyentes, le servimos y apuntamos hacia él. Cualquier justicia que podamos poseer se debe a su obra en nuestras vidas. No la hemos ganado, sino recibido por su Gracia. Todos compartimos la misma posición de la mujer a los pies de Jesús. No hemos de olvidar nunca esta verdad, para poder mostrar a otros el camino a sus pies.

Por último, la historia de la mujer pecadora nos enseña una lección crucial sobre el desarrollo de un profundo amor a Dios. Cuanto mayor sea nuestra percepción de que Dios nos ha tratado con misericordia, mayor será el amor que le tendremos. Si nuestro amor a Dios es frío, bien podría ser que hayamos llegado a pensar que nos lo debe, no que pagó nuestra deuda. El Evangelio es como un banquero que viene a nosotros cuando no podemos pagar la hipoteca; en lugar de ejecutarla y recurrir a los tribunales, extiende un cheque y liquida la deuda. Si conocieras a un banquero así, le estarías siempre agradecido y hablarías de él a tus amigos. Dios es ese banquero espiritual, que ha pagado la deuda de nuestro pecado por medio de Jesús. Cuanto más profunda sea nuestra apreciación de que Dios nos ha tratado con misericordia a pesar de nuestra desobediencia, mayor será nuestra respuesta de amor. Es muy peligroso creer que somos «pecadores de poca monta» como en el caso del fariseo. Por el contrario, como la mujer, deberíamos vernos como indignos objetos de la rica Gracia de Dios.[10]

En Lucas 8:1–3 se destaca a tres mujeres que servían con sus recursos. Cuando se trata de ministerio y recursos materiales, podemos propugnar dos desequilibrios igualmente peligrosos. (1) Podemos ver el ministerio como un mero asunto de aportar dinero para una necesidad específica. Sin embargo, para Dios, un ministerio sin corazón, aunque esté bien financiado, no es verdadero ministerio. Aunque un ministerio esté dotado con

---

10. Quienes deseen considerar una buena exposición del asunto de la autoestima, la soberbia y la humildad, pueden ver la obra de Joseph M. Stowell, *Perilous Pursuits* [Búsquedas peligrosas] (Chicago: Moody, 1994).

el mejor equipamiento, instalaciones y una extensa lista de correo, no estará haciendo la obra de Dios con calidad si las personas no son lo más importante. La excelencia definida por criterios de apariencia no es excelencia para Dios. He visto cómo ciertas organizaciones perdían efectividad en su testimonio por haber desarrollado la reputación de conceder más valor a los programas y edificios que a las personas. También he colaborado en algunos ministerios, especialmente en los países más pobres del mundo, donde los edificios e instalaciones dejaban mucho que desear, pero se trabajaba con el corazón y, por ello, se cuidaba a las personas como asunto prioritario. Aportar dinero a un ministerio y pagar para que otras personas hagan el trabajo de la Iglesia, aunque parece hermoso, no es un ministerio delante de Dios.

(2) El error contrario consiste en argumentar que la cuestión de los recursos carece de importancia y no hablar del tema. Este pasaje, el comentario de Jesús sobre el donativo de la viuda en 21:1–4, y las exposiciones de Pablo sobre esta cuestión (ver 1Co 16:1–4; 2Co 8–9; 1Ti 6) muestran que el dinero es un importante aspecto de la mayordomía ministerial del creyente. Me asombra el caso de muchas iglesias que durante muchos años han recibido pastores de una misma escuela bíblica y que, sin embargo, no tienen al seminario en cuestión entre los ministerios que están apoyando. Estas escuelas están preparando a la siguiente generación de ministros, y la iglesia local es la beneficiaria fundamental de este tipo de ministerio. En las denominaciones existe por regla general una manera formal de suplir las necesidades de tales instituciones, sin embargo, en círculos independientes tal reconocimiento y responsabilidad se ignora muchas veces. El ministro es digno de su salario, y también lo son aquellas instituciones que sirven a la iglesia. Aquellos que reciben la Gracia han de darla como contrapartida (1Co 9:11). Por otra parte, con mucha frecuencia existe una actitud sutilmente antojadiza hacia quienes están en el ministerio: a mí me es lícito esperar y procurar lo mejor para mi familia, sin embargo, mi pastor ha de vivir de un modo que le haga completamente dependiente de Dios. Esta doble moral no es bíblica. Todos nosotros hemos de ser generosos, y si de algún modo el Antiguo Testamento ha de servirnos de guía, quienes ministran en el templo han de estar bien abastecidos, de manera que puedan concentrarse en la tarea del ministerio. Una de las razones por las que Jesús y los Doce fueron tan efectivos en sus ministerios fue que tras ellos había discípulos como estas mujeres dándoles su apoyo ferviente.

Lucas 8:4-21

De cada pueblo salía gente para ver a Jesús, y cuando se reunió una gran multitud, él les contó esta parábola: 5 Un sembrador salió a sembrar. Al esparcir la semilla, una parte cayó junto al camino; fue pisoteada, y los pájaros se la comieron. 6 Otra parte cayó sobre las piedras y, cuando brotó, las plantas se secaron por falta de humedad. 7 Otra parte cayó entre espinos que, al crecer junto con la semilla, la ahogaron. 8 Pero otra parte cayó en buen terreno; así que brotó y produjo una cosecha del ciento por uno. Dicho esto, exclamó: «El que tenga oídos para oír, que oiga.» 9 Sus discípulos le preguntaron cuál era el significado de esta parábola.10 «A ustedes se les ha concedido que conozcan los secretos del reino de Dios —les contestó—; pero a los demás se les habla por medio de parábolas para que aunque miren, no vean; aunque oigan, no entiendan» . 11 Éste es el significado de la parábola: La semilla es la palabra de Dios.12 Los que están junto al camino son los que oyen, pero luego viene el diablo y les quita la palabra del corazón, no sea que crean y se salven. 13 Los que están sobre las piedras son los que reciben la palabra con alegría cuando la oyen, pero no tienen raíz. Éstos creen por algún tiempo, pero se apartan cuando llega la prueba. 14 La parte que cayó entre espinos son los que oyen, pero, con el correr del tiempo, los ahogan las preocupaciones, las riquezas y los placeres de esta vida, y no maduran. 15 Pero la parte que cayó en buen terreno son los que oyen la palabra con corazón noble y bueno, y la retienen; y como perseveran, producen una buena cosecha.16 Nadie enciende una lámpara para después cubrirla con una vasija o ponerla debajo de la cama, sino para ponerla en una repisa, a fin de que los que entren tengan luz. 17 No hay nada escondido que no llegue a descubrirse, ni nada oculto que no llegue a conocerse públicamente.18 Por lo tanto, pongan mucha atención. Al que tiene, se le dará más; al que no tiene, hasta lo que cree tener se le quitará. La madre y los hermanos de Jesús fueron a verlo, pero como había mucha gente, no lograban acercársele. 20 —Tu madre y tus hermanos están afuera y quieren verte —le avisaron. 21 Pero él les contestó: —Mi madre y mis hermanos son los que oyen la palabra de Dios y la ponen en práctica.

Sentido Original

En Lucas 8:4–9:17 se considera la naturaleza de la fe mediante un llamamiento a los discípulos a asirse de la Palabra de Dios (8:4-21). La parábola del sembrador solo elogia a la tierra que retiene con paciencia la Palabra. Jesús prosigue declarando que su familia son aquellos que obedecen la Palabra de Dios, un mensaje que describe simplemente como luz que no ha de cubrirse. En 8:22–56, sigue una serie de milagros que muestran el poder de Jesús sobre la Naturaleza, los demonios, la enfermedad y la muerte, y que representan un completo análisis de su autoridad. Acto seguido, en 9:1–17, Jesús comienza a mostrarles a los Doce cómo van ellos a compartir su ministerio por medio de su misión y la alimentación de los cinco mil. Los discípulos (8:25) y Herodes (9:7–9) se interpelan sobre la identidad de Jesús. Toda esta sección establece un momento decisivo en el Evangelio, a saber, la confesión de Pedro en 9:18-20.

A medida que Jesús hace más discípulos y genera oposición, aflora la cuestión de cómo responden las gentes a su mensaje. La parábola del sembrador (8:4-15) es la única que Lucas decide narrar en este momento. A diferencia de Marcos 4 y Mateo 13, donde se dedican capítulos enteros a la enseñanza sobre el reino por medio de parábolas, Lucas se concentra en el tema de la fe tanto aquí como en los dos cortos pasajes que siguen (8:16-21). Existen muchos obstáculos para la fe, y sin embargo, ésta es, junto con la obediencia, un elemento crucial de nuestra respuesta a Dios. Como explica la parábola, el mero hecho de que Jesús sea el agente escogido de Dios no significa que las personas respondan a él de manera automática. Existe una notable diversidad en la respuesta, aunque ello no se debe a una variación en la enseñanza. Es enteramente una cuestión del suelo, es decir, del corazón del oyente.

Jesús relata la parábola a «una gran multitud». En Lucas las menciones de las multitudes van a menudo acompañadas de una advertencia a no dejarse llevar (cf. 12:1-2). La parábola del sembrador es un relato sobre la siembra de mucha semilla de la cual, no obstante, solo da fruto una pequeña porción. La imaginería se basa en las prácticas agrarias palestinas corrientes. La siembra se llevaba a cabo desde finales de octubre hasta los primeros días de diciembre. El sembrador llevaba una bolsa de grano —por regla general colgada al hombro— y arrojaba la semilla en hileras. Es objeto de debate si la semilla se sembraba primero y a continuación se labraba la tierra o viceversa, sin embargo, este asunto no afecta el sentido de la parábola.[1]

Jesús detalla cuatro tipos distintos de suelo sobre los que cae la semilla: junto al camino, entre piedras, entre espinos y buena tierra. La semilla que cae junto al camino no solo no tiene oportunidad de penetrar en la tierra y absorber los nutrientes del suelo, sino que también es pisoteada. El suelo de pedregales, al menos en Palestina, es difícil de ver, puesto que en la zona montañosa la capa superficial del suelo cubre muchas veces una base de piedra caliza. Las malas hierbas son también abundantes, y algunas de ellas consiguen alcanzar casi los dos metros de altura. La parábola habla también de un rendimiento de la semilla de cien por uno, que no está nada mal en una cultura que esperaba rendimientos más modestos de siete a diez por uno (aunque en Babilonia se hablaba de rendimientos de trescientos por uno).[2] Todos estos factores naturales de la vida agrícola diaria añaden frescura a la imaginería de Jesús. Cualquiera que trabajara en los campos o anduviera por ellos conocería los riesgos de la siembra.

Jesús narra la parábola sin explicarla y a continuación hace un llamamiento a sus oyentes a pensar con atención en lo que se ha dicho (v. 8b). Lucas menciona este tipo de llamamiento a escuchar con atención en otros pasajes (9:44; 14:35). A continuación los discípulos le preguntan a Jesús por qué habla en parábolas sin comentarios. Su respuesta pone de relieve una doble razón para esta forma de enseñanza. (1) Por un lado, los discípulos se benefician de la instrucción parabólica, por cuanto están recibiendo la revelación de los misterios del reino. El concepto de misterio (*mys*-

---
1. Fitzmyer, *Luke I–IX* [Lucas I–IX], 703.
2. Nolland, *Luke 1:1–9:20* [Lucas 1:1–9:20], 371-72.

terion) es una idea clave en el Nuevo Testamento. En el Antiguo Testamento denotaba una revelación de Dios que se descubre con más claridad. Puede aludir a una nueva revelación o a la clarificación de algo ya revelado. Por ejemplo, al interpretar sueños y otras señales, Daniel revelaba misterios divinos. Por ello, el término misterio denota la clarificación de una revelación divina. Los discípulos reciben parábolas como un don profético de la Gracia de Dios. (2) Por otra parte, para los no creyentes, la presencia de parábolas es una forma de juicio, una revelación oculta que impide la comprensión. En este sentido, Jesús cita Isaías 6:9–10, un pasaje en que el profeta proclamaba juicio a un pueblo que mostraba señales de obstinación.

El tema fundamental de las parábolas de Jesús es el reino de Dios, otro concepto clave del Nuevo Testamento. El reino alude a la manifestación del prometido gobierno de Dios. Cuando Juan Bautista anunció que éste se había acercado (Mt 3:2; Mr 1:14–15), estaba proclamando el acercamiento del gobierno de Dios a través del Mesías prometido en el Antiguo Testamento. Con el ministerio de Jesús, ha llegado esta era (Lc 4:16–30; 7:28; 11:19–20; 16:16; 17:20–21), aunque en el Nuevo Testamento llega por fases. Jesús prepara la venida del reino a través de su ministerio y por su obra en la Cruz. Esta obra hace posible que la promesa del nuevo pacto del perdón de pecados ocupe su lugar y permite que los discípulos comiencen a proclamar su oferta a todos (22:20; 24:43–47). La señal de la venida del reino es la llegada del Espíritu (Lc 3:15–17; Hch 2:16–36). Pero el reino va más allá de la bendición espiritual, puesto que algún día Jesús ejercerá su autoridad sobre toda la tierra en la futura manifestación del reino (Hch 3:14–23). Su predicación alude a este programa del reino prometido, puesto que como Mesías él era y es el rey. Las parábolas abordan la vida en el reino en la era presente y en la futura.

De este modo, Jesús explica a sus discípulos que la semilla es la Palabra de Dios, es decir, el mensaje profético del reino que sale al mundo a medida que Jesús, el sembrador, esparce la semilla. El tema de la parábola son los diferentes tipos de terreno, no la semilla, puesto que ésta obtiene cuatro reacciones distintas. La semilla que cae junto al camino no llega a tener la oportunidad de germinar, puesto que Satanás aparece y se lleva cualquier simiente que no haya sido todavía pisoteada. En estos casos, las personas no tienen ocasión de escuchar, creer y salvarse. La semilla del terreno pedregoso tiene un buen comienzo, como un tipo de fe de corta duración que permite que la semilla germine. Sin embargo, la raíz no consigue un arraigo profundo, y cuando vienen las presiones, estas personas se apartan. Las semillas que caen entre espinos tienen que disputarse los nutrientes con otros organismos, y los espinos la ahogan. Esto alude a las preocupaciones, y a los intereses materiales y hedonistas de una vida en que las cuestiones espirituales no son una prioridad. La semilla fructífera es la que encuentra una buena tierra. La simiente va a parar a un corazón bueno y recto, que oye el mensaje, lo retiene y se aferra a él con persistencia.

El fruto no se produce nunca de la noche a la mañana. Requiere una tarea de cultivo. La enseñanza de Jesús no hace, pues, referencia a una reacción puntual a la Palabra de Dios, sino a una actitud durante un prolongado período de tiempo, lo cual podría ser la razón para la utilización de la analogía de la siembra. Dar fruto lleva su tiempo, como también lo lleva que las malas hierbas ahoguen la semilla, o que la falta de raíz de una planta se haga evidente. Lo que Jesús quiere decir es que la respuesta a la Palabra es el final de un proceso. Solo un tipo de tierra, la cuarta, cumple la meta por la que se plantó la semilla.

Esta observación plantea una cuestión interpretativa que lamentablemente es con frecuencia el principal acercamiento de esta parábola: ¿qué tipo de tierra representa a las personas que «se salvan»? No cabe duda de que las personas representadas en el primer tipo de tierra no son salvas, mientras que sí lo son con seguridad las del cuarto. El debate surge con quienes representan el segundo y tercer tipos de tierra, especialmente teniendo en cuenta que Lucas observa que los del segundo tienen fe, al menos durante un tiempo. La dificultad está en lo que se dice de que «se apartan» (v. 13) y en el hecho de que solo un tipo de tierra llega a dar fruto. Mi opinión personal es que la parábola es deliberadamente ambigua en esta cuestión.

He de hacer, no obstante, una observación más. La situación del segundo y tercer tipos de tierra se ve como algo trágico, puesto que no se ha alcanzado la meta de la siembra. No solo no hay consuelo para las personas que representan estos tipos de tierra, sino que su situación es lamentable. Se trata de una cuestión importante, porque uno de los efectos de afirmar confiadamente que el segundo y tercer tipos de tierra son salvos es que ofrece consuelo a quienes encajan en estas descripciones. En términos literarios la parábola no ofrece este consuelo. En el contexto de la parábola, «apartarse» significa alejarse de la Palabra de Dios y llegar a un punto en que ya no hay fe. La fe que aparece por un corto tiempo no puede realmente considerarse como tal, puesto que otros textos del Nuevo Testamento sugieren que la fe genuina nunca se suelta de Jesús (Jn 15:1–6; Col 1:21–23; 2Jn 9). Aunque el retrato del texto no es explícito en este asunto ya que la cuestión que trata es otra, la principal idea literaria del segundo tipo de tierra pone en tela de juicio que el estatus de las personas representadas sea saludable. Lo mismo puede decirse del tercer tipo, en el que no se menciona la presencia de fe.

Lucas 8:16–18 llama a las personas a responder a la luz en vista de las terribles consecuencias de no hacerlo. El mensaje de Jesús se presenta como luz. Él mismo observa que las lámparas no se encienden para esconderse luego, sino para que su luz sea provechosa poniéndola en un candelabro. La función de la luz es hacer visible aquello que antes estaba oculto en la oscuridad. Esto es lo que sucederá con el mensaje de Jesús. Todo aquello que está escondido se dará a conocer, y todos los secretos serán llevados a la luz. Hemos, por tanto, de escuchar con atención, puesto que todos somos responsables. Hay mucho en juego, porque el que tiene, en términos de responder a la revelación, tendrá más. Por otra parte, aquellos que no tienen porque se niegan a responder con fe, perderán lo que parecían tener y acabarán sin nada.

Lucas 8:19–21 pone también de relieve la importancia de responder a la Palabra de Dios. La familia de Jesús quiere verle, pero la multitud que le rodea se lo pone difícil. Cuando se le dice a Jesús que le están buscando, responde con un comentario de estilo proverbial indicando quiénes son su familia, a saber, aquellos que oyen la Palabra de Dios y la hacen. Este hincapié en oír y hacer aparece con frecuencia (6:47–49; Stg

1:22–25). Este comentario refuerza por un lado Lucas 8:14–15 y por otro el cuadro de su mensaje como luz en 8:16–18.

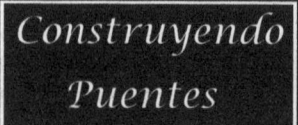

Hoy se sigue predicando la palabra del reino, y continúa también dándose el flujo constante de reacciones. Por tanto, esta parábola tiene todavía mucha vigencia con respecto a los diferentes factores que afectan nuestra respuesta a la Palabra de Dios. Las distracciones de la vida continúan obstaculizando el crecimiento y el fruto, y la persecución, aunque con distintas formas, sigue siendo habitual. La vida sigue probándonos por medio de toda una serie de circunstancias: demandas vocacionales, la necesidad de sostener una familia, de pasar tiempo con nuestros hijos y cumplir con las demás obligaciones de la vida y, en ocasiones, la tensión que supone mantenernos en un buen estado de salud. Nuestra sociedad sigue tentándonos en términos de nuestros valores y opiniones éticas. Efesios 5:15 nos pide que tengamos cuidado de nuestra manera de vivir, porque los días son malos. Como personas que viven en el siglo veintiuno, no hace falta mucha imaginación para darnos cuenta de que existen oportunidades de pecar en cada etapa de la vida.

En nuestros días, el sembrador no es ya Jesús, al menos no lo es en el mismo sentido que cuando predicaba físicamente en la Palestina del siglo primero. Ahora lleva a cabo su obra por medio de sus representantes que predican la palabra en su nombre. Sin embargo, Satanás sigue rondando por el mundo, procurando arrebatar la semilla antes de que ésta eche raíces. En otras palabras, todas las dimensiones de este texto siguen siendo vigentes. Lo único que ha cambiado es la forma de los distintos factores que nos llevan a ignorar su Palabra.

Cuando nos acercamos a este texto, tendemos a presentar su enseñanza como una respuesta puntual: «¿Qué clase de tierra representa hoy tu vida?» Pero la cuestión es más completa: «¿Qué clase de tierra representa tu vida cuando piensas en tu recorrido espiritual hasta el día de hoy?» La parábola contempla la respuesta de toda una vida, como queda claro cuando uno considera que la buena tierra produce varias medidas de fruto. Naturalmente, esta evaluación se basa en momentos determinados, sin embargo, se requiere una respuesta mucho más amplia para considerar el aspecto de nuestra alma en relación con el lento desarrollo de un cultivo. Las plantas no brotan de la noche a la mañana y tampoco la cosecha del corazón.

El papel de Satanás en un texto de este tipo es difícil de aceptar para el lector moderno. Puesto que es un ser invisible, tendemos a olvidarnos de él. Sin embargo, está claro que la Escritura achaca en parte el fracaso de que la Palabra penetre en algunos corazones a su actividad. Por otra parte, algunas personas son excesivamente sensibles a la presencia de Satanás. Es cierto, por supuesto, que ciertas fuerzas de nuestra cultura son diabólicas. ¿Es acaso accidental que algunos de los más violentos y conspicuos grupos de rock contemporáneos sean especialmente aficionados a los símbolos satánicos? ¿No podría ser que algunas obsesiones reflejen una dominación del alma que solo puede romperse mediante una liberación igualmente radical por parte de las fuerzas divinas? La presencia y el poder de Dios pueden vencer las fuerzas de Satanás. El príncipe de la oscuridad no es tan fuerte que Jesús no pueda desbaratar sus estrategias y artimañas. Pero es importante observar que solo uno de los obstáculos para que haya una próspera respuesta a la Palabra de Dios es Satanás. Nuestra propia respuesta a la revelación de Dios y las circunstancias de la vida configuran dos de los tipos de tierra. Ignorar a Satanás es infravalorarle, pero darle una importancia excesiva exagera su poder. Deberíamos tener cuidado de no conceder a Satanás más consideración de la que merece.

Los traumas personales, el temor a ser rechazados, o las influencias de la búsqueda del bienestar desempeñan a menudo un papel dominante en nuestras vidas. Si tuviéramos que responder honestamente cuánto de nuestro tiempo y energía se nos van en estas cuestiones la mayoría de nosotros admitiríamos que consumen la mayor parte de nuestra energías. Sin embargo, con demasiada frecuencia aceptamos su impacto en nosotros como un hecho inevitable. Es fácil ver por qué Jesús nombra precisamente estas cosas como obstáculos a nuestra fructificación. En todo caso, una vida dominada por tales cuestiones no se dirige al rendimiento espiritual. En mis días de universitario se hizo muy popular un folleto titulado «la tiranía de lo urgente». En él se argumentaba que a menudo nuestras vidas son dirigidas por cosas que irrumpen en ellas y demandan que les prestemos atención y las resolvamos. Entretanto, el cultivo del alma y la búsqueda del desarrollo y ministerio espiritual a largo plazo se queda en un segundo plano. Si no tenemos cuidado, estas cuestiones quedan por completo fuera de nuestros objetivos reales. La advertencia que Jesús nos hace en esta parábola es absolutamente vigente en nuestro tiempo. La Palabra de Dios solo puede dar fruto en aquellos que se aferran a ella con firme perseverancia y corazón constante: un corazón convencido de que su tarea más urgente es andar por la vida con todos sus traumas y firmemente sujeto a Dios y a su Palabra.

Lucas 8:16–18 trata de la necesidad fundamental de responder positivamente a la enseñanza de Dios. Rechazar la luz significa acabar en la oscuridad. Dios nos hace responsables de cómo respondemos a su Palabra. La advertencia que Jesús nos hace aquí es, pues, seria, especialmente si se tiene en cuenta la posibilidad de quedarnos sin nada. Pese a la tendencia de nuestra cultura a tratar todas las palabras religiosas como palabras de Dios, o al menos palabras del hombre acerca de Dios, este pasaje nos advierte de que hay que hacer distinciones. La promesa divina se cumple solo en Jesús. Solo su mensaje es luz. Por arrogante que suene, es reconfortante saber que Dios ha hablado con toda claridad y autoridad a través de Jesús. Esta afirmación ha de tomarse en serio.

En 8:19–21 los comentarios de Jesús ponen de relieve la permanente importancia de responder concretamente a la Palabra, no solo tratando de entenderla de un modo intelectual. La Biblia sostiene que aquellos que quieren andar con Dios han de renovar su pensamiento según las líneas expresadas en ella. Instintivamente no sabemos cómo responder a la vida (Ef 4:17–24). Jesús toca aquí de manera gráfica la necesidad de escuchar la Palabra y ponerla en práctica. Él se siente más cercano de aquellos que hacen la voluntad de Dios. La familia de Jesús conoce la importancia de responder a la Palabra de Dios mediada por aquel a quien Dios ha enviado.

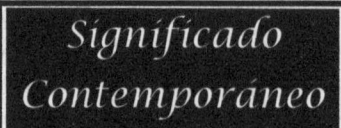

Significado Contemporáneo

Hay muchas cosas que pueden obstaculizar nuestra respuesta a Jesús. Algunas personas nunca parecen interesadas; son como el primer tipo de terreno. O si muestran cierto interés en la Palabra de Dios, solo se sienten atraídos por las cuestiones más estrambóticas. Es difícil alcanzar a personas en quienes la semilla nunca ha echado raíz.

Otros se sienten atraídos inicialmente por la Palabra de Dios, sin embargo, a medida que se van haciendo claras las dificultades de ser cristiano en un mundo que no entiende la devoción a Cristo, su interés se desvanece, y abandonan. No llega a entenderse el asunto de nuestra identidad con Cristo. Estos son como el segundo tipo de tierra, personas que se mueven en los límites de la Iglesia, que nunca parecen avanzar aunque hayan entendido ciertas cosas. Puede que algunos nunca hayan sido salvos. En un principio se sintieron atraídos por la Iglesia, sin embargo, su posterior alejamiento refleja dónde estaba realmente su corazón. Es trágico estar tan cerca y tan lejos al mismo tiempo. Solo Dios conoce el verdadero estado de corazón de las personas que responden de este modo.

Están también los que parecen querer seguir a Jesús, sin embargo, la vida es demasiado tentadora o demasiado exigente para que respondan de un modo coherente. Probablemente, el mundo en que hoy vivimos ofrece más distracciones que en el tiempo de Jesús. Es justo decir que la mayoría de nosotros nos esforzamos en no permitir que los asuntos de la vida diaria y la tiranía de sus demandas cotidianas nos agobien. La diferencia entre las personas que encarnan el tercer y el cuarto tipo de tierra parece ser el estado de su corazón. Un corazón saludable se aferra a la Palabra de Dios; late emocionado por él y le obedece. En cambio, un corazón dañado no consigue verle por encima de las distracciones y atracciones de otras cosas. Ciertamente, para vivir una vida fructífera se requiere un constante escuchar a Dios y aferrarse a su Palabra. No podemos responder adecuadamente a Dios activando una especie de control de crucero espiritual en que las cosas suceden automáticamente, respondiendo de manera instintiva a las cosas de Dios. Centrarnos en Dios y sus caminos para dar fruto de manera consistente requiere un esfuerzo consciente.

Jesús quiere que sus discípulos entiendan esta verdad. Dar fruto demanda paciencia, igual que para el labrador que siembra su semilla. Cuando siembra no conoce la calidad o estado de la tierra donde cae la simiente. Es la misma semilla, pero no el mismo terreno. En nuestro esfuerzo por sembrar la semilla del reino, hemos de recordar que es inevitable que se produzcan distintas respuestas. También hemos de hablar con claridad del gran número de escollos que hay que salvar para dar fruto. El camino a una vida fructífera está lleno de agujeros negros capaces de engullir cualquier progreso hacia la vitalidad espiritual: las riquezas, la fama, el éxito, el deseo de ser aceptado, la búsqueda del placer o el bienestar, o el temor de permitir que Dios controle nuestra vida.[3] Como dijo Jesús: «El que tenga oídos para oír, que oiga».

---

3. Puede que nadie haya tratado esta cuestión de un modo tan efectivo como J.I. Packer en sus obras *Hacia El Conocimiento De Dios* (Miami, Fl: Logoi, 1979) y *Hot Tub Religion* [Religión de hidromasaje], (Wheaton: Tyndale, 1987) son análisis positivos y negativos de estos temas.

En Lucas 8:16–18, Jesús subraya la importancia de prestar seria atención a la enseñanza de Dios. En un contexto contemporáneo en que la adoración ocupa un lugar sobresaliente y en que, culturalmente, se concede tanto valor a los sentimientos, existe una tendencia a no tomarse muy en serio el mensaje de Dios. Sin embargo, Dios nos hace responsables delante de su Palabra, y es por tanto crucial que enseñarla y escucharla con atención sea primordial. La misma responsabilidad cae sobre los no creyentes. A las personas adultas nos es fácil pensar que solo somos responsables ante nosotros mismos, pero Jesús advierte que esta idea es un grave error. Todos somos responsables ante Dios, en especial por el modo en que respondemos a su revelación. Una revelación que él ha puesto en un candelabro donde es visible. Por tanto, todos hemos de prestar atención para que su verdad nos descubra dónde estamos y lo que estamos haciendo. Esto comporta muchas veces un llamamiento a cambiar el modo en que estamos respondiendo a Dios y a buscar nuevas áreas de nuestras vidas en las que él pueda obrar.

Esta sección presenta otra implicación. Si lo que Jesús enseña es luz y nosotros somos hoy sus representantes, nuestra vocación es entonces enseñar la luz y reflejarla (Jesús les dice exactamente esto a sus discípulos en Mt 5:12–14). Ser luz significa que hemos de estar llenos de luz (Lc 11:33–36). La parábola del sembrador nos dice que esto sucede por medio del paciente estudio y aplicación de la semilla de la Palabra de Dios. Por ello es tan importante la enseñanza que nos desafía a vivir de un modo distinto y de acuerdo con la Biblia. Con la esperanza de no ofender a sus asistentes, algunas iglesias han dejado de hablar del pecado (una situación sorprendente teniendo en cuenta que incluso las revistas seculares de nuestro tiempo se hacen la pregunta: «¿Qué ha sucedido con el pecado?»)[4] Si los pastores no están predicando bíblicamente sobre cómo es la vida cuando vamos en pos de la justicia, no se estará preparando a los miembros de las iglesias para vivir vidas que iluminen. Para que podamos crecer, nuestros caminos han de ser puestos bajo la luz, con lo cual podremos ser un mejor reflejo de la clase de personas que él quiere que seamos. El verdadero crecimiento implica transformación y cambio. La madurez no se produce permaneciendo inamovibles en nuestras ideas. Esta clase de transformación se produce mediante un cuidadoso estudio de la Palabra de Dios y a través de los juiciosos comentarios y críticas de otras personas. La meta de la brillante luz de Dios es hacernos luz, para que podamos resplandecer para él.

La aplicación de 8:19–21 es muy sencilla: no te limites simplemente a escuchar la Palabra de Dios o a estudiarla, ¡aplícala! El camino de la fe no requiere que conozcamos los intrincados matices del debate teológico. Lo que sí demanda, no obstante, es que enfrentemos la vida encarnando el carácter de Dios tal como se revela en su enseñanza. La voluntad de Dios para nuestra vida es que seamos tan sensibles a él que reflejemos su carácter. Esto es ser conformados a la imagen de Cristo, lo cual es la misión del creyente.

---

4. En su número del 6 de febrero de 1995, la revista *Newsweek* presentó un estudio sobre la vergüenza, nuestra cultura y el asunto de la culpa. Uno de los artículos de aquel número tenía este título (p. 23).

Es también instructivo el sentido de la prioridad de Jesús en nuestro compromiso de seguir a Dios. Esto puede significar el dolor de la separación de la familia. La parte más difícil de mi ministerio son los frecuentes viajes que me demanda. Significa pasar fines de semana lejos de mi esposa e hijos, perdiéndome actividades en las que a ellos les gustaría estar conmigo. Para mí, escuchar la Palabra significa amar a mi esposa y criar a mis hijos en la disciplina e instrucción del Señor, y también responder a mi llamamiento. Equilibrar estas dos cosas no es siempre fácil. El sentido común me dice que no debo hacer juicios en esta área, puesto que para mí es muy difícil evaluar estas cosas objetivamente; por esta razón, mi esposa tiene carta blanca para plantear estas cuestiones. Esta tensión entre llamamiento y familia requiere una constante valoración de lo que honra más a Dios. Significa también —al menos esto sería lo ideal— que cuando estoy a disposición de mi familia, lo estoy verdaderamente. Menciono este asunto porque creo que la mayoría de quienes trabajan, hombres o mujeres, se enfrentan con este tipo de tensiones. Cuando he de tomar esta clase de decisiones difíciles utilizo dos pruebas. (1) ¿Me guía Dios a que participe en esto? (2) ¿Siente también mi esposa que esto es lo que Dios desea? Dios solo puede darnos a mi esposa y a mí la fortaleza para seguir las demandas de su llamamiento cuando buscamos juntos su voluntad.

Lucas 8:22-25

Un día subió Jesús con sus discípulos a una barca. —Crucemos al otro lado del lago —les dijo. Así que partieron, 23 y mientras navegaban, él se durmió. Entonces se desató una tormenta sobre el lago, de modo que la barca comenzó a inundarse y corrían gran peligro. 24 Los discípulos fueron a despertarlo. —¡Maestro, Maestro, nos vamos a ahogar! —gritaron. Él se levantó y reprendió al viento y a las olas; la tormenta se apaciguó y todo quedó tranquilo. 25 —¿Dónde está la fe de ustedes? —les dijo a sus discípulos. Con temor y asombro ellos se decían unos a otros: «¿Quién es éste, que manda aun a los vientos y al agua, y le obedecen?»

Sentido Original

El segundo milagro de la Naturaleza que encontramos en el Evangelio de Lucas desarrolla sus preocupaciones cristológicas.[1] Obsérvese especialmente la pregunta final: «¿Quién es éste?». Hay una cierta ironía en esta revelación cristológica, puesto que un grupo de pescadores profesionales ha de recurrir a un maestro de la verdad de Dios para que les rescate de una tormenta en el mar. La ironía que supone su desesperación y el modo en que se resuelve el asunto pone de relieve que Jesús no es un maestro corriente.

El escenario del suceso es una travesía del Mar de Galilea. Este lago se encuentra a más de doscientos metros bajo el nivel del mar y está rodeado de montañas. En la parte oriental hay una serie de montes particularmente escarpados. No es anormal que los vientos fríos penetren por las hendiduras y choquen con el aire cálido que circula sobre el lago en un patrón meteorológico que cualquier experto consideraría peligroso.

Mientras Jesús descansa, se produce precisamente este ciclo atmosférico. Antes de que los discípulos tengan tiempo de reaccionar, surge un torbellino, y de repente se ven en peligro. Las olas barren la cubierta y amenazan con hacer zozobrar la barca. Conscientes del peligro, los discípulos suplican a Jesús que les libre de la catástrofe que se cierne sobre ellos. ¿Puede acaso hacer algo? Jesús se incorpora y reprende al viento, e inmediatamente se hace la calma. A continuación, les hace una pregunta crucial, «¿Dónde está la fe de ustedes?» ¿Es que no confían en que Dios les ve y vela por ellos? El diálogo se detiene aquí, para que este acontecimiento pueda ser objeto de reflexión.

Lucas sigue describiendo las reacciones de los discípulos: temor y asombro. Se hacen una pregunta crucial: «¿Quién es éste, que manda aun a los vientos y al agua, y le obedecen?» Se trata de una pregunta decisiva, porque el Antiguo Testamento deja claro quién

---

1. Lucas 5:1–11 fue el primer milagro de la Naturaleza, y sirvió de base para un llamamiento al discipulado. Este texto tiene paralelos en Mateo 8:23–25 y Marcos 4:35–41. Este racimo de cuatro milagros en Lucas 8:22–56 es paralelo a Marcos 4:35–5:43. Tras la sección que subraya la Palabra de Dios en 8:4–21, tenemos de nuevo un patrón de palabra y hechos (cf. 4:16–44).

es el que tiene autoridad sobre la naturaleza: Dios (Sal 104:3; 107:23–30; cf. también Sabiduría 14:3–5). Aunque en otros relatos bíblicos aparecen importantes personajes implorando a Dios o el pueblo de Dios experimentando protección ante fenómenos meteorológicos catastróficos, Jesús opera aquí directamente.[2] La redacción de Lucas deja deliberadamente la cuestión de la identidad y singularidad de Jesús ante sus lectores. Los discípulos están comenzando a darse cuenta de lo extraordinario que es Jesús.

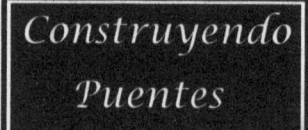

El enfoque fundamental de este pasaje está en la lucha de fe de los discípulos y en su diálogo sobre la autoridad de Jesús. También nosotros podemos tener los mismos sentimientos desesperados que ellos. Especialmente cuando experimentamos situaciones que exceden a nuestro control, sentimos a menudo que Dios no se da cuenta o no está velando por nosotros, que se ha quedado dormido al volante y hemos de despertarle para que pueda cuidarnos. Jesús pide a los discípulos que reflexionen sobre el cuidado de Dios. No tienen por qué asustarse; más bien han de entender que, sin lugar a dudas, Dios vela por ellos y les cuida.

Los discípulos han de percatarse de que el ámbito de la autoridad de su maestro se extiende al funcionamiento del Cosmos (cf. las palabras de Pablo en Col 1:15–20). La Soberanía de Jesús le convierte en mucho más que un profeta o instructor moral. Confesar a Jesús como Señor significa creer que él controla la Naturaleza con todas sus fuerzas. En un mundo como el nuestro, que a menudo personifica a la Naturaleza como su propia fuerza cósmica con una identidad independiente, el recordatorio de quién es realmente la fuerza que subyace tras la creación es especialmente relevante.

Al construir puentes entre ambos contextos, nuestro sentido de impotencia no tiene por qué limitarse a situaciones en que nos sentimos en peligro en escenarios de la Naturaleza. Las tormentas de hoy pueden producirse en una avalancha de circunstancias que exceden a nuestro control. El punto de conexión no es la situación exacta que enfrentan los discípulos en la barca, sino los sentimientos de impotencia que experimentan con respecto a las circunstancias a que Jesús les ha llevado. En ocasiones algunos acontecimientos de nuestras vidas nos hacen sentir en peligro, puede ser una situación laboral que demanda que adoptemos una posición difícil, la grave enfermedad de un ser querido, una inesperada tragedia, o la ruptura de una relación. Cualquiera de estas cosas puede ser una tormenta en la que dudamos de la bondad de Dios. Podemos sentir que Dios nos ha dejado para que nos las arreglemos por nuestra cuenta.

El Dr. Larry Crabb nos ofrece un sincero esbozo biográfico contemporáneo de este agitado viaje.[3] Crabb cuenta la dolorosa historia de la pérdida de su hermano en un accidente de aviación el 3 de marzo de 1991. En su relato consigna las diferentes etapas de su reacción a medida que va descubriendo una nueva profundidad en su rela-

---

2. Podemos pensar en Jonás (Jon 1) o en Pablo (Hch 27:8–44). En el judaísmo, 2 Macabeos 9:8 menciona la afirmación de Antíoco Epifanes IV en el sentido de poder calmar el mar. En la tradición judía existen dos ejemplos en los que Dios fue invocado en oración y se hizo la calma (ver Bock, *Luke 1:1–9:50* [Lucas 1:1–9:50], 757).
3. Larry Crabb, *Finding God* [Encontrar a Dios], (Grand Rapids: Zondervan, 1993).

ción con Dios. Crabb observa cinco pasos en su andar con Dios: te necesito; te detesto; me detesto; sobreviviré; así es como sobreviviré. Por regla general, antes de que la luz alumbre nuestra situación, estamos en oscuridad. Lo fundamental es confiar en Dios y no dudar de él. Dios no ha prometido nunca que nuestras vidas estarían libres de dolor, desilusión, o tormentas. Quien diga lo contrario no está hablando del verdadero andar con Dios. Lo que Dios sí promete es que nos dará los recursos para que podamos atravesar las embravecidas aguas. Como en el caso de los discípulos que suplican en 8:22–25, o en el de Larry Crabb, tras la tormenta se produce la calma.

Significado Contemporáneo

Este pasaje es una llamada a experimentar una fe más profunda y confiada, aun en medio de circunstancias que escapan a nuestro control. Es evidente que, por su condición de antiguos pescadores, algunos de los discípulos habrían experimentado innumerables tormentas mientras faenaban en el lago. Sin embargo, estaba claro que su experiencia no les hacía menos impotentes para enfrentarse a tales fuerzas. Aunque su fe era débil, obraron correctamente al dirigirse a Jesús en busca de ayuda. Solo se equivocaron al gritar que iban a ahogarse. De haber entendido que Dios les cuidaba, se habrían dado cuenta de que él no se toma descansos, aun cuando nos lleve a navegar por aguas turbulentas. El llamamiento de Jesús a la fe lo es también a renovar la certeza de que Dios está al corriente de cualquier tormenta que podamos estar atravesando, y vela por nosotros.

Uno de los grandes himnos de la fe se escribió en respuesta a una de tales tormentas. En el siglo XIX, Horatio G. Spafford perdió a sus cuatro hijas cuando el buque en que viajaban se hundió en el Atlántico; solo su esposa sobrevivió, y envió a su marido un cable que decía: «Única superviviente».[4] Fue un golpe que al parecer le dejó abrumado. Sin embargo, ¿qué escribió este creyente al considerar lo que había sucedido? La primera estrofa y el estribillo de este conocido himno son muy elocuentes.

> Cuando mi camino es paz como un río,
> O el dolor me azota como olas de mar
> Cualquiera mi suerte, me has enseñado a decir,
> Está bien, mi alma está satisfecha.

Por regla general, quienes cantamos este himno no somos conscientes de las circunstancias tan difíciles bajo las que se escribieron estas palabras. Aquí tenemos a un hombre que aprendió a confiar en Dios en medio de la tormenta.

La segunda pregunta del texto tiene que ver con una consideración más avanzada sobre la identidad de Jesús. Lucas cuenta la historia de Jesús desde el principio. Comienza con un retrato de él como maestro, profeta y rey antes de desarrollar sus cualidades más trascendentes. Esta clase de acercamiento permite a los lectores de Lucas avanzar paso a paso en su percepción de quién es esta persona. Nuestra prisa por predicar al Jesús exaltado y nuestro conocimiento del resto de la historia hacen que muchas veces perdamos de vista que Lucas va desarrollando su relato de manera gradual. No

---

4. Ver William J. Reynolds, *Companion to Baptist Hymnal* [Compañero del Himnario Bautista], (Nashville: Broadman, 1976), 241–42.

obstante, este texto es crucial para tender un puente hacia una concepción más celestial de nuestro Salvador. Quienes pretenden relegar a Jesús a la categoría de sabio o maestro no tienen en cuenta textos como éste. A medida que vivían con Jesús y le veían actuar, los discípulos llegaron a entender que no estaban siguiendo a un rabino corriente. Lucas pone en boca de los discípulos la pregunta: «¿Quién es éste?» y el resto de su Evangelio muestra la respuesta a esta pregunta.

Esta respuesta es un asunto crucial para la vida: él es el unigénito Hijo de Dios; un Salvador que tiene el poder de redimir y traer vida de la muerte. Pienso en Efesios 1:15–23, donde Pablo pide especialmente que los creyentes de Éfeso lleguen a entender que el poder que actúa en nosotros es como el que levantó a Jesús de entre los muertos y le exaltó sobre toda fuerza de la creación, tanto en este mundo como en el venidero. Aquel que tiene esta clase de poder es capaz de liberarnos, si así lo decide, de cualquier contingencia que hayamos de enfrentar. Lo único que nos pide es que, a medida que vamos avanzando, confiemos en él. Es también poderoso para liberarnos en última instancia de cualquier cosa que nos abrume en esta vida, un poder que es quizá el más crucial de todos. Los discípulos están simplemente comenzando a entender el poder singular de aquel con quien han estado conviviendo durante casi tres años. También nosotros hemos de sentarnos a sus pies por algún tiempo antes de poder comprender realmente la grandeza de Jesús y el vasto alcance de su redención.

Lucas 8:26-39

Navegaron hasta la región de los gerasenos, que está al otro lado del lago, frente a Galilea. 27 Al desembarcar Jesús, un endemoniado que venía del pueblo le salió al encuentro. Hacía mucho tiempo que este hombre no se vestía; tampoco vivía en una casa sino en los sepulcros. 28 Cuando vio a Jesús, dio un grito y se arrojó a sus pies. Entonces exclamó con fuerza: —¿Por qué te entrometes, Jesús, Hijo del Dios Altísimo? ¡Te ruego que no me atormentes! 29 Es que Jesús le había ordenado al espíritu maligno que saliera del hombre. Se había apoderado de él muchas veces y, aunque le sujetaban los pies y las manos con cadenas y lo mantenían bajo custodia, rompía las cadenas y el demonio lo arrastraba a lugares solitarios. 30 —¿Cómo te llamas? —le preguntó Jesús. —Legión —respondió, ya que habían entrado en él muchos demonios. 31 Y éstos le suplicaban a Jesús que no los mandara al abismo. 32 Como había una manada grande de cerdos paciendo en la colina, le rogaron a Jesús que los dejara entrar en ellos. Así que él les dio permiso. 33 Y cuando los demonios salieron del hombre, entraron en los cerdos, y la manada se precipitó al lago por el despeñadero y se ahogó. 34 Al ver lo sucedido, los que cuidaban los cerdos huyeron y dieron la noticia en el pueblo y por los campos, 35 y la gente salió a ver lo que había pasado. Llegaron adonde estaba Jesús y encontraron, sentado a sus pies, al hombre de quien habían salido los demonios. Cuando lo vieron vestido y en su sano juicio, tuvieron miedo. 36 Los que habían presenciado estas cosas le contaron a la gente cómo el endemoniado había sido sanado. 37 Entonces toda la gente de la región de los gerasenos le pidió a Jesús que se fuera de allí, porque les había entrado mucho miedo. Así que él subió a la barca para irse. 38 Ahora bien, el hombre de quien habían salido los demonios le rogaba que le permitiera acompañarlo, pero Jesús lo despidió y le dijo: 39 —Vuelve a tu casa y cuenta todo lo que Dios ha hecho por ti. Así que el hombre se fue y proclamó por todo el pueblo lo mucho que Jesús había hecho por él.

Jesús ya ha llevado a cabo exorcismos en este Evangelio (4:31–36, 40–41; 6:18; 8:2), ¿por qué entonces narra Lucas otro más en este pasaje? Esta liberación tiene ciertas características singulares que la hacen digna de mención. (1) Es el primer exorcismo que se lleva a cabo en territorio gentil, puesto que Gerasa se encuentra al este del Jordán.[1] Ello muestra que el ministerio de Jesús expande su campo de acción. (2) Este exorcismo pone de relieve la realidad de una posesión múltiple, y representa un encuentro más

---

1. La exacta ubicación de Gerasa es objeto de debate. Algunos la sitúan en el lado oriental del Mar de Galilea, mientras que otros la han ubicado en la región de Decápolis, al este del Jordán y más de treinta kilómetros al sur del Mar. Otro factor que complica el asunto es que Mateo y Marcos sitúan el exorcismo en Gadara, otra ciudad de Decápolis, a unos ocho kilómetros al sudeste del Mar. Es probable que una referencia a una ubicación rural produjera distintas referencias que dan al acontecimiento un escenario general.

intenso que los anteriores. (3) En este relato se consigna además toda una serie de respuestas a los milagros de Jesús, desde la petición de los vecinos de que se vaya de su territorio a la transformación del poseído en un testigo del Señor. (4) Este milagro continúa la secuencia de otros cuatro en 8:22–56, en los que cada uno representa una esfera de actividad distinta (Naturaleza, demonios, enfermedad, muerte). (5) Por último, este milagro es el único en el que, aparte de personas, intervienen otras criaturas terrenales. Los cerdos desempeñan una importante función, puesto que su destrucción describe la clase de devastación inherente a la actividad diabólica. Aunque los demonios son invisibles, el efecto de su presencia en los cerdos viene a ilustrar lo peligrosos que pueden ser.

El relato procede según un orden típico en las narraciones de milagros: escenario, súplica, exorcismo, efecto, reacción y conclusión.[2] La detallada descripción del endemoniado muestra el poder destructivo de los demonios, ya que el hombre ha quedado completamente apartado de la sociedad y vive desnudo entre los sepulcros. Se nos cuenta que se le había intentado sujetar muchas veces con cuerdas, cadenas, o ambas cosas. Pero él las había roto y no podía ser sujetado.

Este hombre cae delante de Jesús al tiempo que los demonios le confiesan como «Hijo del Dios Altísimo», y él le pide a Jesús que no le atormente. El nombre del demonio es Legión, indicando que toda una hueste de demonios habitaba en aquel hombre. En el mundo romano, una legión era una compañía de miles de soldados.[3] En otras palabras, Jesús está aquí librando una importante batalla. Los enemigos le superan en número, pero no le dominan.

Los demonios piden que se les mande a un hato de cerdos en lugar de al abismo.[4] Esta petición ha suscitado muchas especulaciones, ninguna de las cuales cuenta con un claro apoyo del texto. Lo que sí indica el incidente de los cerdos es el verdadero impacto de la presencia e influencia diabólica, a saber, la destrucción de la vida. Cuando Jesús da la orden, los demonios abandonan al hombre y entran en los cerdos. Esto hace que los animales sean presa del pánico, se precipiten al mar por un despeñadero y se ahoguen. Al parecer, el esfuerzo de los demonios por seguir presentes en aquel lugar fracasa.

Las noticias se extienden con rapidez cuando los que cuidaban a los cerdos corren a la ciudad y cuentan lo sucedido por toda la zona. Lo más sorprendente es que, quienes salen a ver lo que ha pasado, se encuentran con que el antes poseído manifiesta un nuevo carácter. Está quietamente sentado a los pies de Jesús, restaurado, vestido y en su sano juicio. Jesús le ha rescatado de su vida entre los sepulcros y le ha llevado de nuevo al mundo real. La escena es una expresión de la nueva vida.

No obstante, los vecinos no sienten interés por la obra de Jesús. Lucas nos dice únicamente que sienten temor y no indica exactamente por qué le piden que se vaya, sin embargo, Marcos 5:16 deja claro que Jesús ha tenido un impacto económico negativo

---

2. Los pasajes paralelos son Mateo 8:28–34 y Marcos 5:1–20. El relato de Marcos es sin lugar a dudas el más detallado, mientras que el de Mateo es el más conciso, como sucede con frecuencia.
3. Preisker, «λεγιών», *TDNT*, 4:68.
4. El abismo alude probablemente a la morada de los muertos y un lugar de juicio; ver Jeremías, «ἄβυσσος», *TDNT*, 1:9–10.

en la región. No quieren perder más ganado. Su temor se ha convertido en rechazo y en el deseo de no tener nada más que ver con la presencia de la autoridad divina.

El hombre sanado quiere unirse al grupo itinerante de discípulos de Jesús, pero éste tiene otro llamamiento para él. Alguien ha de quedarse en aquella zona como testigo de lo que Dios ha hecho. Esta será su tarea, y la lleva a cabo con creces, predicando y proclamando lo que Jesús ha hecho por él. Aquellos cuyas vidas son transformadas de manera más radical acaban siendo muchas veces los testigos más fuertes de Jesús.

Construyendo Puentes

Este milagro aglutina un maravilloso collage de respuestas a Jesús, la de los demonios, los vecinos, o el hombre que se beneficia de la obra de Jesús. Los demonios reconocen el poder de Jesús, sin embargo, esto no detiene sus intentos de causar estragos entre quienes les rodean. Incluso un ejército que sabe que está perdiendo una guerra puede intentar infligir todo el daño posible antes de caer. Los vecinos ven el poder de Jesús y no quieren tener mucho que ver con él. Tienen demasiado temor del poder y presencia de Dios. Este hombre indica lo impotentes que podemos llegar a ser sin Jesús, en especial cuando fuerzas más poderosas que nosotros nos encadenan y despojan de la cordura. No obstante, su dramático cambio atestigua el sorprendente contraste que se pone de relieve cuando uno es libertado de esta esclavitud externa. Este milagro no trata solo del asunto de los exorcismos, sino especialmente de la liberación de un alma.

Como hemos visto en otras secciones, los milagros representan audiovisuales de la actividad espiritual. El incidente de los cerdos indica de manera vívida, trágica incluso, cuán letales son las fuerzas del mal. La presencia del mal y de lo diabólico no debería tomarse a la ligera. Es probable que Jesús protagonice este incidente para demostrar de un modo doloroso que la presencia del mal acaba en la muerte. Esto nos recuerda que la entrada del pecado en la raza humana requirió su muerte como pago.

Aunque rara vez nos encontramos con casos manifiestos de posesión diabólica, este hecho no ha de impedir que entendamos el impacto que lo diabólico tiene sobre nosotros a diario. No está del todo claro por qué la posesión diabólica es tan poco frecuente en el mundo occidental. Aquellos que trabajan en otras culturas donde lo diabólico se acepta más abiertamente hablan claramente de su presencia y ven más casos de posesión diabólica que nosotros. ¿Es acaso que nosotros subestimamos su presencia? ¿O quizás Satanás tiene menos necesidad de manifestarse abiertamente en una cultura que niega su existencia? Sospecho que se trata de una combinación de ambas cosas. La Escritura deja claro que nuestro mundo caído está influenciado por la presencia del pecado y de Satanás, y que lo seguirá estando hasta que el regreso del Señor culmine lo que esta sanación representa (Ro 8:18–39).

El puente, pues, hacia nuestro contexto es la presencia y amenaza constantes de influencias diabólicas en nuestro mundo. No es difícil detectar sus síntomas. Puede que los demonios no posean el alma de manera tan vívida como se observa en este ejemplo, sin embargo, hacen ciertamente que las personas lleven a cabo acciones destructivas y siguen teniendo un poder casi abrumador. Las personas atrapadas en los excesos del alcohol, las drogas, o la lujuria reflejan un mundo en el que la indulgencia destructiva inflige un dolor terrible, no solo a quienes viven a merced de tales adicciones, sino también a los que les rodean. Aunque las fuerzas que acabamos de mencionar son de orden químico o psicológico, no hay duda de que representan vestigios de un mundo caído que Satanás explota (cf. Ef 4:17–19). En vista de esta perspectiva bíblica, podría ser que Satanás estuviera mucho más activo de lo que aceptamos normalmente en nuestros días.

Significado Contemporáneo

En lugar de tomarse en serio a las fuerzas espirituales, nuestro mundo juega con ellas. La atracción por el diablo y lo diabólico ha adoptado recientemente un aire vanguardista. Una parte de la música que impregna nuestra cultura está cargada de insinuaciones y sugerencias sobre el mundo de los espíritus. Uno tiene la sensación de que quienes participan de estas prácticas se divierten e intentan ser simpáticos. Es una manera de expresar rebeldía. Sin embargo, existe un aspecto serio de esta realidad. Recuerdo mi sorpresa cuando uno de mis parientes me contó que habían ido a ver una casa que estaba en venta y descubrieron que en el sótano algunas personas se habían instalado temporalmente y habían llevado a cabo un sacrificio de animales. Los medios de comunicación emiten ocasionalmente relatos espeluznantes de violencia, heridas y muerte en grupos que realizan rituales diabólicos. El exorcismo de Lucas 8 no es sino una imagen del peligroso carácter de esta actividad. Los encuentros con los demonios no son misiones neutrales.

Sin embargo, hemos de tener cuidado de no reaccionar de manera exagerada. Algunas personas ven demonios por todas partes, mientras que nuestra cultura, sintiéndose culta y bien informada, comete a menudo el error contrario de desechar estas cuestiones como el reflejo de una cosmovisión primitiva. Ambos acercamientos son una victoria para el mundo de las tinieblas. Nunca nos enfrentamos contra lo que creemos que no existe. Por otra parte, estar preocupado por lo diabólico puede producir un tipo de fijación desequilibrada que nos impide asumir nuestra responsabilidad espiritual. La idea que expresa la frase «el diablo me llevó a hacerlo», puede convertir a los pecadores en víctimas que no controlan sus decisiones. El poder de Jesús sobre tales fuerzas debería librarnos de cualquier tendencia a atribuir demasiado al poder diabólico (Ef 1:15–23).

Los textos que hablan de demonios son difíciles para muchas personas de nuestro tiempo, porque nos piden que nos movamos en categorías de cuestiones intangibles para los sentidos. Sin embargo, cuando vemos el horrible y destructivo carácter de nuestra cultura y lo terriblemente que podemos tratarnos los unos a los otros, es difícil no reconocer la presencia del mal diabólico en nuestro mundo. Invertir los efectos de su presencia requiere algo más que nuestros esfuerzos personales. Esta realidad también se presenta en este acontecimiento. Nuestros esfuerzos son tan efectivos como los de los lugareños del relato cuando pretendían encadenar al endemoniado para sujetarle. Necesitamos el poder de Jesús.

Recuerdo el caso de un buen amigo mío, adicto a las drogas desde muy joven y distanciado de su familia, había dejado los estudios en varias ocasiones y se le llevó a un psiquiatra para que le tratara. No sirvió de nada. Más adelante conoció al Señor. Su vida fue limpiada y su conducta cambió. La relación con su familia fue restaurada. Su psiquiatra estaba asombrado, igual que sus padres. Si le preguntaras a él qué es lo que produjo este cambio, te diría que no fue la religión, aunque este fue el término culturalmente más neutro que utilizaron muchos de sus parientes no creyentes. Tampoco fue que «maduró», otra popular respuesta secular. Fue, pura y sencillamente, Jesús. La Gracia de Dios le dio un nuevo corazón. Él te diría que Satanás le tenía bien subyugado hasta que se encontró cara a cara con Jesús. Mi amigo se identifica mucho con esta historia de Lucas 8, porque Jesús le liberó de las cosas que le estaban llevando a la autodestrucción.

En este texto aparece una significativa característica humana. Las gentes que le piden a Jesús que abandone su región reconocen su poder, pero tienen miedo de estar demasiado cerca de él. Muchos temen tener que dar cuentas a Dios, y prefieren que se les deje a su propia cuenta y riesgo. Consideran que el cristianismo es una especie de muleta, sin embargo, yo me pregunto si lo que sucede en realidad no es que no se percibe dónde está la verdadera debilidad. Los lugareños estaban tan preocupados con sus cosas que no fueron capaces de valorar en toda su dimensión la liberación que se había producido delante de sus ojos. Puede que la mayor tragedia sea ver a Dios en acción y mirar para otro lado.

El hombre que fue liberado nos ofrece una última aplicación. No todo el mundo está llamado a un ministerio itinerante para compartir a Jesús. Es decir, no todo el mundo está llamado a trabajar en un campo de misión lejos de su casa. A veces Jesús quiere que quienes han experimentado su bondad hablen de él allí donde viven. Algunos son llamados a salir a los lejanos campos de misión; otros son llamados a quedarse. Este hombre que acababa de experimentar la sanidad y transformación de Jesús no hubo de buscar apoyo económico para trasladarse a su campo de misión; solo tenía que comenzar a compartir su experiencia, y esto fue lo que hizo. No podía relatar la obra de Dios en su vida sin hablar de Jesús.

Lucas 8:40-56

Cuando Jesús regresó, la multitud se alegró de verlo, pues todos estaban esperándolo. 41 En esto llegó un hombre llamado Jairo, que era un jefe de la sinagoga. Arrojándose a los pies de Jesús, le suplicaba que fuera a su casa, 42 porque su única hija, de unos doce años, se estaba muriendo. Jesús se puso en camino y las multitudes lo apretujaban. 43 Había entre la gente una mujer que hacía doce años padecía de hemorragias, sin que nadie pudiera sanarla. 44 Ella se le acercó por detrás y le tocó el borde del manto, y al instante cesó su hemorragia. 45 —¿Quién me ha tocado? —preguntó Jesús. Como todos negaban haberlo tocado, Pedro le dijo: —Maestro, son multitudes las que te aprietan y te oprimen. 46 —No, alguien me ha tocado —replicó Jesús—; yo sé que de mí ha salido poder. 47 La mujer, al ver que no podía pasar inadvertida, se acercó temblando y se arrojó a sus pies. En presencia de toda la gente, contó por qué lo había tocado y cómo había sido sanada al instante. 48 —Hija, tu fe te ha sanado —le dijo Jesús—. Vete en paz. 49 Todavía estaba hablando Jesús, cuando alguien llegó de la casa de Jairo, jefe de la sinagoga, para decirle: —Tu hija ha muerto. No molestes más al Maestro. 50 Al oír esto, Jesús le dijo a Jairo: —No tengas miedo; cree nada más, y ella será sanada. 51 Cuando llegó a la casa de Jairo, no dejó que nadie entrara con él, excepto Pedro, Juan y Jacobo, y el padre y la madre de la niña. 52 Todos estaban llorando, muy afligidos por ella. —Dejen de llorar —les dijo Jesús—. No está muerta sino dormida. 53 Entonces ellos empezaron a burlarse de él porque sabían que estaba muerta. 54 Pero él la tomó de la mano y le dijo: —¡Niña, levántate! 55 Recobró la vida y al instante se levantó. Jesús mandó darle de comer. 56 Los padres se quedaron atónitos, pero él les advirtió que no contaran a nadie lo que había sucedido.

El último milagro de la secuencia de Lucas 8 es el único de los Evangelios en que se entrecruzan dos hechos milagrosos.[1] En una breve sucesión de acontecimientos, Jesús se enfrenta a la enfermedad y a la muerte. Estos dos milagros se relatan en detalle para que el drama de esta combinación pueda ser plenamente evidente. Como sucede con los otros milagros, el acento está en la autoridad de Jesús. No obstante, esta combinación plantea también el tema de la fe. Tanto la mujer como Jairo reflejan distintos aspectos del crecimiento en la fe.

La primera escena es muy conmovedora. Jesús se encuentra en medio de una multitud, que ha estado esperándole con expectación. Entre ellos está Jairo, un dirigente de la sinagoga, un hombre encargado de organizar el servicio y el progreso de la adoración.[2] Todo el mundo le conoce. Cuando Jesús se acerca, Jairo se postra ante Jesús

---
1. Los pasajes paralelos de este texto son Mateo 9:18–26 y Marcos 5:21–43.
2. Schrage, «ἀρχισυνάγωγος», *TDNT*, 7:847.

y le pide que le acompañe a su casa donde su hija única, una niña de doce años, está al borde de la muerte. No se nos dice la naturaleza de su dolencia, solo que no queda mucho tiempo.

[3]Si quiere sanarla tendrá que actuar con prontitud.

Jesús comienza a dirigirse a su casa, sin embargo, por el camino hay otra persona que también necesita a Jesús. Una mujer, que ha padecido hemorragias durante doce años quiere que Jesús la sane. No se trata solo de una condición descorazonadora, sino que también la hace ceremonialmente inmunda, aislándola de la vida religiosa judía. Ni siquiera los médicos han conseguido ayudarla. Es comprensible que quiera pasar desapercibida; lo único que quiere es tocar a Jesús, una acción que, espera, la sanará. Se pone en posición, y le toca cuando pasa; inmediatamente es sanada. No es un acto de magia, puesto que no hay ensalmos ni pociones.[4] Esta mujer cree simplemente que Jesús posee un gran poder.

Lo que sucede a continuación no parece muy lógico, pero lo cierto es que la siguiente acción de Jesús pone a Jairo contra la espada y la pared. Jesús se detiene para descubrir lo que acaba de suceder. Se dirige a la enorme multitud que se apiña a su alrededor y le pregunta: «¿Quién me ha tocado?». Huelga decir que Pedro queda estupefacto. ¿Cómo puede Jesús hacer esta pregunta cuando un ingente número de personas está intentando tener contacto con él? Jesús insiste. Sabe que de él ha salido poder. Su pregunta no pretende descubrir a alguien que le ha tocado físicamente sino a una persona que suplicaba ayuda y la encontró. La silenciosa fe de la mujer ha de salir a la luz.

La mujer entiende que Jesús sabe lo que ha hecho. Su acción no ha pasado desapercibida. De manera que con gran temor, pasa adelante revelando así lo razonable de la extraña pregunta de Jesús. Ella se postra delante de él y cuenta su historia. Jesús la elogia, observando que su fe la ha salvado. Este comentario es importante, porque en ocasiones se censura a esta mujer por acercarse a Jesús «por la puerta de atrás». Pero no hay nada en la forma en que Jesús la trata que indique represión. Lo que la mujer necesita es certeza y confianza de que sus acciones no tienen por qué seguir siendo secretas. Como señala un comentarista: el «pábilo humeante» de su fe ha de convertirse en llama.[5] En vista de la situación, la mujer reúne todo su valor y da testimonio de su fe, que ahora es más rica.

Cabe imaginar la desesperada frustración que siente Jairo ante aquella dilación, provocada por la pregunta de Jesús. Las cosas se ponen aún peor. Alguien del entorno de Jairo llega y le dice que ya es tarde; que no moleste más a Jesús: su hija acaba de morir. Sospecho que con este anuncio el dolor, la frustración y la ira inundaron el alma de Jairo. Sin embargo, Jesús tiene palabras de consuelo para el dirigente de la sinagoga, a quien le dice que no tema, sino que crea solamente. Mientras que la fe de la mujer

---

3. En la versión de Mateo, que es condensada, la secuencia temporal se viene abajo y el oficial declara de entrada que su hija acaba de morir. Mateo acorta con frecuencia sus relatos de este modo.
4. Arndt, *Luke* [Lucas], 256.
5. Liefeld, «Luke» [Lucas] en *The Expositor's Bible Commentary*, 8:916.

tenía que ser fortalecida porque era un tanto apocada, la de Jairo ha de sosegarse, persistir y confiar.

Cuando Jesús llega a la casa, solo permite que la familia cercana, Pedro, Juan y Jacobo entren en la habitación donde yace el cadáver. Fuera, se han reunido las plañideras. Solo se las llama cuando se constata la muerte.[6] En medio de una atmósfera de duelo, Jesús pide a quienes lloran que dejen de hacerlo, porque la muchacha «no está muerta sino dormida». El agente de Dios procederá a revelar la extensión de su poder sobre las fuerzas que ponen de manifiesto la mortalidad humana.

La petición de Jesús provoca las burlas de los presentes. Sin duda, nadie es capaz de resucitar a un muerto. A menudo consideramos crédulas a las gentes de la Antigüedad, sin embargo, la reacción de este grupo muestra que podían tener una mentalidad tan empírica como la mayoría de las personas de nuestro tiempo. Una vez dentro, Jesús toma a la muchacha de la mano y le pide que se levante. De nuevo, no hay pociones ni ensalmos, ni invocación de poderes externos. Solo la tierna mano de Jesús. La niña se incorpora, su espíritu revive en su interior. Inmediatamente, alguien le da comida. Sus padres están asombrados. El llamamiento a la fe que Jesús hizo a Jairo ha recibido ahora su respuesta.

El relato concluye con el encargo de parte de Jesús de no contar a nadie lo sucedido. Se trata de un mandamiento extraño porque, obviamente, al ver a la niña andando de nuevo por la calle, todo el mundo iba a saber lo que Jesús había hecho. Lo que Jesús parece querer decir es que no quiere que se preste una atención indebida a lo que ha hecho. Proclamar por todas partes la noticia de esta sanación le convertiría en un milagrero, y haría que toda la atención pública se centrara en este aspecto de su ministerio. Jesús quiere que la atención se dirija en otra dirección, a su enseñanza, y no tendrá nada que ver con la promoción de acciones que ponen el acento en un lugar equivocado (ver 4:41; 5:14). Los milagros señalan realidades más fundamentales. Jesús quiere centrarse en las cuestiones realmente importantes.

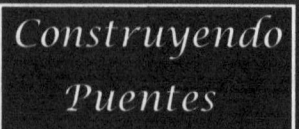

Como sucede con todos los milagros, uno de los puntos fundamentales que cruza a nuestro tiempo está relacionado con la autoridad de Jesús. Su poder sobre la enfermedad y la muerte muestra su soberanía sobre la propia vida, no solo la vida física, sino de ésta en todas sus facetas. Esta soberanía es un aspecto fundamental de la esperanza cristiana, puesto que la vida después de la muerte representa una característica esencial de la expectativa cristiana. La resurrección de la hija de Jairo, que requería una gran fe, nos recuerda a la fe que hemos de tener en que el poder de Dios nos llevará a él después de la muerte. En el centro de este encuentro, esperando a levantarnos si se lo pedimos, está Jesús.

En este pasaje hay también lecciones fundamentales sobre la fe y el momento oportuno de Dios. Se ha observado ya que la mujer y Jairo ilustran distintos aspectos de la fe. A ella se le pidió que sacara su fe del caparazón; a él que siguiera creyendo pacien-

---

6. Stählin, «κοπετός», *TDNT* 3:844–45; Rengstorf, «κλαίω», *TDNT*, 3:724–25.

temente. Ambas características son importantes cualidades de la fe. Lo que es aún más iluminador es la yuxtaposición de ambas cosas. Sin duda, Jairo hubo de experimentar una enorme frustración viendo cómo se escapaba la vida de su hija mientras Jesús trataba un problema menor, que no era ninguna urgencia. Muchas veces luchamos por entender el momento oportuno de Dios. De hecho, una buena parte de la fe tiene que ver con aceptar el tiempo de Dios para los acontecimientos.

Significado Contemporáneo

Sucede con frecuencia que cosas que creemos que Dios debería hacer ahora, decide hacerlas más adelante, mientras que lo que nosotros aplazaríamos, él decide acometerlo ipso facto. En un sentido, la unión de estos dos milagros es un ejercicio de gestión del tiempo, en el que todo está al revés. La crucial situación de vida o muerte ha de esperar una sanación y un testimonio que hubiera podido llevarse a cabo bajo circunstancias menos difíciles. A Jairo se le pide, no solo que crea que Dios es poderoso para solucionar el problema de su hija recién fallecida, sino también que descanse en medio de la traumática situación creada por el retraso. En última instancia, confiar en el cuidado de Dios significa aceptar su cronología de los acontecimientos.

Ha habido muchos momentos de mi vida en que me hubiera gustado poder sentarme ante el Consejo Celestial y presentar mis argumentos a favor de una cronología de acontecimientos que yo habría preferido, pero que no coincidía con la que Dios había decretado. Lo sorprendente es que, a menudo, tras reflexionar y con la perspectiva de una serie más extensa de acontecimientos, la secuencia que Dios aplicó a mi vida tenía mucha más lógica que la que en su momento yo habría defendido a capa y espada.

El testimonio de la antes tímida mujer es también instructivo. Se le pide que explique su embarazosa situación y el modo en que Dios la sanó. No solo era anormal que una mujer hablara en público en aquella cultura, sino que la naturaleza de su problema lo hacía incluso más difícil. No obstante, cuando Jesús le pidió que diera un paso al frente, lo hizo. El texto deja claro que la mujer «se acercó temblando». A veces puede resultar aterrador expresarse a favor del Señor, sin embargo, esta mujer encontró fuerza en la Gracia de Dios para vencer sus temores y contar lo que Jesús había hecho por ella. Una fe tímida puede transformarse en osada en el testimonio de lo que Dios ha hecho. Él anhela que contemos su bondad para con nosotros.

La lección más fundamental de este pasaje es la combinación de características vinculadas a la fe. Ésta debería tomar la iniciativa para actuar en dependencia de Dios y hablar de él; no obstante, en ocasiones ha de ser paciente. En un sentido, la fe se mueve hacia delante a toda velocidad, mientras que en otro está esperando en el Señor. Nuestras vidas requieren una vibrante aplicación de la fe a los asuntos cotidianos, pero también una paciente espera en el Señor, porque, ciertamente, el Padre sabe mejor lo que nos conviene.

Lucas 9:1-9

Habiendo reunido a los doce, Jesús les dio poder y autoridad para expulsar a todos los demonios y para sanar enfermedades. 2 Entonces los envió a predicar el reino de Dios y a sanar a los enfermos. 3 «No lleven nada para el camino: ni bastón, ni bolsa, ni pan, ni dinero, ni dos mudas de ropa —les dijo—. 4 En cualquier casa que entren, quédense allí hasta que salgan del pueblo. 5 Si no los reciben bien, al salir de ese pueblo, sacúdanse el polvo de los pies como un testimonio contra sus habitantes.» 6 Así que partieron y fueron por todas partes de pueblo en pueblo, predicando el evangelio y sanando a la gente. 7 Herodes el tetrarca se enteró de todo lo que estaba sucediendo. Estaba perplejo porque algunos decían que Juan había resucitado; 8 otros, que se había aparecido Elías; y otros, en fin, que había resucitado alguno de los antiguos profetas. 9 Pero Herodes dijo: «A Juan mandé que le cortaran la cabeza; ¿quién es, entonces, éste de quien oigo tales cosas?» Y procuraba verlo.

Jesús pretende que el mensaje de la esperanza del reino se extienda por toda la nación de Israel.[1] Para llevar esto a cabo, comisiona a los doce para que ministren en los pueblos y aldeas de la nación. Les envía con la misma autoridad que él mismo ha ejercido, que incluye el poder para sanar y echar fuera demonios.[2] Han de predicar el reino y sanar a los enfermos. Esta combinación es un reflejo del ministerio de Jesús en palabra y obra, vinculando la proclamación de la esperanza del prometido reino de Dios con la manifestación de compasión. Los discípulos han de ministrar de tal manera que nunca haya dudas de su preocupación por servir a las necesidades sentidas de las personas.

Los discípulos no han de actuar como los profesionales de la religión de su cultura, que esperaban una remuneración por sus esfuerzos y pedían limosna de casa en casa para sostenerse.[3] Jesús les insta a confiar en Dios. Han de viajar con poco equipaje, sin llevar nada superfluo, ni siquiera dos túnicas.[4] Han de alojarse en un solo lugar, no ir de casa en casa. Su ministerio no ha de ser una carga, sino un alivio para aquellos a

---

1. Quienes deseen más detalles sobre la esperanza del reino, pueden ver la exposición al respecto en Lucas 10:1-24.
2. Hay paralelismos conceptuales de este relato en Mateo 10:1-14 y Marcos 6:6b-13, aunque el texto de Mateo es realmente parte de una misión más extensa que encuentra paralelos en Lucas 10:1-24.
3. Danker, *Jesus and the New Age* [Jesús y la Nueva Era], 190. Más tarde, esto llegó a ser un problema de tal magnitud en la Iglesia que la *Didajé* 11-12 ofrece instrucciones detalladas sobre cómo tratar a los misioneros itinerantes. Hoy puede seguir siendo un problema saber si alguien que habla sistemáticamente de necesidades financieras representa verdaderamente a la Iglesia.
4. La diferencia de redacción entre los diferentes pasajes paralelos sobre si existen instrucciones o no de tomar un bastón podría resolverse reconociendo que Jesús habla de viajar con poco equipaje, de modo que no se requieren cláusulas adicionales. Aunque uno de los Evangelios habla de no llevar bastón (Mt 10:9-10) mientras que otro lo permite (Mr 6:8-9), ambos podrían estar

quienes sirven. Dondequiera que sean acogidos, han de quedarse y ministrar; si no son bien recibidos, han de marcharse, sacudiéndose el polvo de los pies y dando a entender que Dios les rechaza por rechazar a sus mensajeros.[5] Los discípulos emprenden esta misión, predicando las buenas nuevas y sanando.

Es importante notar un vínculo que se establece en este pasaje. En el versículo 2 los discípulos han de «predicar el reino de Dios», mientras que en el versículo 6 lo que predican es «el evangelio». En otras palabras, el Evangelio anuncia la llegada de bendición por medio de Jesús que trae el reino de Dios. Las sanaciones hacen evidente la presencia del reino de Dios (8:22–56; 11:14–23). Dios tiene el poder de liberar a la Humanidad de las fuerzas que le son hostiles, como Lucas acaba de consignar en los cuatro milagros anteriores. En tales actos, el poder y la preocupación de Dios se han puesto públicamente de manifiesto.

Lucas 9:7–9 sigue planteando una pregunta esencial en este Evangelio: «¿Quién es Jesús?».[6] En esta ocasión el interrogante se suscita en la corte de Herodes. El gobernante quiere ver a Jesús porque ha oído hablar de él. Lo que le interesa a Herodes son los milagros (23:8); desea ver el espectáculo. Las especulaciones sobre quién puede llevar a cabo este tipo de obras giran alrededor de algunas opciones: (1) Jesús es un profeta; (2) puede vérsele como a Juan Bautista «resucitado» porque ha hecho suya la causa de éste; (3) o se trata quizá de un profeta escatológico como Elías, que anuncia la proximidad del fin. La perplejidad de Herodes indica que aun en los círculos sociales más elevados había desconcierto sobre la identidad de Jesús. La mayor parte de las opiniones limitaban a Jesús a categorías proféticas, como se vio en la resucitación de Naín (7:16; 9:19). Su actividad sanadora y su invitación a andar con Dios recuerdan el ministerio de muchos profetas de la Antigüedad. Sin embargo, la oferta del reino significa que su ministerio brinda algo más.

Construyendo Puentes

Las dos líneas fundamentales de ministerio que se hacen evidentes en este pasaje cruzan las fronteras temporales entre el contexto original y el nuestro. Predicar la Palabra de Dios y llevar a cabo obras de compasivo servicio se complementan entre sí. Enseñar que Dios ama a los pecadores significa evidenciar esta compasión mediante la capacidad de suplir las necesidades humanas. Cuando los discípulos no reciben respuesta, han de abandonar el lugar y anunciar que su rechazo significa el advenimiento del juicio.

El llamamiento a viajar con poco equipaje plantea preguntas sobre el modo en que ministramos en nuestro tiempo. Hemos de tener cuidado de no equiparar el ministerio itinerante que suponen estas breves giras con los esfuerzos misioneros más perma-

---

comunicando la idea de que no es necesario llevar un cayado de repuesto, ya que hay que viajar con poco equipaje.
5. En el contexto cultural judío, la acción de sacudirse el polvo del calzado era una forma simbólica de quitarse la inmundicia de los pies mientras alguien decía «adiós, muy buenas», a quienes vivían en ambientes paganos; Liefeld, «Luke» [Lucas], 8:919.
6. Los pasajes paralelos de este texto son Mateo 14:1–2 y Marcos 6:14–16.

nentes de hoy. Podemos pensar que los misioneros han de adoptar el acercamiento más espartano al ministerio, sin embargo, esto no es demasiado apropiado para quienes se trasladan a residir a una zona. Viajar con poco equipaje es más apropiado para alguien que se dirige a una zona para llevar a cabo una breve campaña ministerial. Sin embargo, aquellos a quienes Dios llama a vivir en una zona durante algún tiempo, han de establecerse de un modo que les permita ministrar lo mejor posible y ser buenos anfitriones y vecinos. Tanto los ministros como los misioneros son ambos dignos de su salario.

En 9:7–9, las especulaciones sobre Jesús provenientes de la casa de Herodes no son muy distintas de las que observamos en nuestros días, solo que las contemporáneas tienden a no conceder a Jesús tanto respeto como las opiniones de la Antigüedad. La actividad de Jesús se veía principalmente como un trabajo de naturaleza profética, por las sanaciones e invitaciones a arrepentirse. Nuestra distancia de estos acontecimientos y nuestro pluralismo inherente hacen que hoy muchos sitúen a Jesús entre los grandes maestros religiosos de todos los tiempos, aunque cuestionen su poder milagroso. Esta clasificación no ofende las sensibilidades religiosas de hoy, y es segura desde un punto de vista cultural. Sin embargo, es una categoría inadecuada por lo que a Lucas se refiere, y éste utiliza todo su Evangelio para explicarnos por qué. La reivindicación de Jesús no es una más entre otras muchas. Con él viene un periodo singular de cumplimiento del plan salvífico de Dios que demanda una decisión.

Significado Contemporáneo

Uno de los grandes peligros de la Iglesia es que el temor nos ha hecho perder el deseo de ministrar de formas concretas en nuestros esfuerzos por compartir la Palabra de Dios. Mucha de la evangelización de nuestro tiempo puede categorizarse como ataques guerrilleros en los que nos aventuramos en rápidas incursiones evangelizadoras para replegarnos enseguida al seguro territorio de nuestros hogares. Cuando Jesús envió a sus discípulos, éstos tenían que confiar en la provisión de Dios y comprometerse directamente con aquellos a quienes estaban ministrando. Esta es la razón por la que tenían que buscar una casa donde alojarse. No utilizaron tácticas de guerrilla, incursionando de repente en territorio enemigo y desapareciendo después con la misma rapidez, sino que siguieron más bien una estrategia de infiltración, en la que su presencia sería evidente.

La evangelización requiere un compromiso. A menudo es tan necesario servir a las personas, como predicarles. Predicarles a los no creyentes la realidad de un Dios que se preocupa por las personas debería ser confirmado con evidencias de dicha preocupación. Aunque el servicio de los discípulos fue acompañado por actividad milagrosa para demostrar el poder de Dios en la nueva era, esto no significa que hoy sea necesario un ministerio milagroso para dar testimonio del Evangelio. La clave para entender la actividad de los discípulos es la combinación de compasión y mensaje, y esta misma mezcla de palabra y hechos es la que debería mostrarse en el campo de misión. Dios puede expresarse con una soberana demostración de poder y en ocasiones lo hace así, sin embargo, por regla general nuestro ministerio de evangelización requiere un acercamiento más prosaico, pero que es igual de significativo. Subrayar un ministerio de milagros, como hacen algunos grupos del que se ha dado en llamar evangelismo de poder, sitúa el acento en un aspecto erróneo.[7] Esta misión de los doce introduce el reino. Nuestro llamamiento en este tiempo es reflejar su presencia en el servicio.

La mayoría de las iglesias omiten esta fase de la evangelización, practicando únicamente un acercamiento apresurado y puntual. Aunque muchos seminarios sobre evangelización son excelentes, a menudo carecen de una dimensión ministerial específica. La meta es meramente conseguir pasar un tratado o cuestionario. Estos acercamientos no son erróneos, sin embargo, permiten que las iglesias creen ministerios centrados en el propio crecimiento y en las necesidades de la comunidad eclesial. Se necesitan más programas basados en el compromiso, en los que la Iglesia «viaja con poco equipaje» y se compromete con la sociedad con actos de servicio y no solo con palabras. Esta clase de ministerios intensivos de evangelización son los más difíciles de producir y sostener, porque requiere mucho trabajo conseguir que sean efectivos. Tienen, no obstante, el potencial de comunicar el Evangelio con más claridad de lo que lo hacen las meras palabras. Los actos que reflejan preocupación y solidaridad por los demás refuerzan la afirmación de que Dios se interesa por los seres humanos, dando forma a esta afirmación.

Respecto al pasaje de Herodes, las cuestiones religiosas no se resuelven aceptando la opinión de la mayoría. A las personas les encanta especular sobre lo que sucede, también en las esferas religiosas, sin embargo, ello no hace que su juicio sea correcto. Todas las opciones que se consideraban en el palacio de Herodes no conseguían explicar quién era Jesús. La actitud tan corriente en nuestro tiempo de ver respetuosamente a Jesús como un personaje profético no es suficiente. Hemos de aceptarle como portador del camino de Dios tal y como él afirma. Es cierto que el Islam y otras religiones del mundo respetan a Jesús como hombre de Dios, sin embargo, niegan sus afirmaciones de llevarnos al Padre. Si la enseñanza de Jesús se considera buena, ¿puede acaso ignorarse su afirmación más esencial? ¿Es posible honrar a Jesús y rechazar su singular afirmación de ser el prometido portador de perdón (24:47)?

Al parecer, el interés de Herodes por Jesús es mera curiosidad. Anhela verle, pero únicamente porque ha oído hablar mucho de él. Esta no es la mejor forma de acercarse a Jesús. Su ministerio no es una cuestión de investigación popular y sociológica, como si se tratara de un personaje de los tabloides. Al contrario, hay que tomarse en serio la afirmación de que Jesús fue enviado por Dios como Mesías y nos muestra el camino a Dios (9:18–20). Herodes representa un personaje que de manera casi trágica trivializa a Jesús y su ministerio.

---

7. Hay más comentarios sobre el papel de los milagros en nuestros días en la exposición de Lucas 4:31–44, donde hemos hablado del movimiento denominado «evangelización de poder», vinculado a los ministerios introducidos por John Wimber y Peter Wagner.

Lucas 9:10–17

Cuando regresaron los apóstoles, le relataron a Jesús lo que habían hecho. Él se los llevó consigo y se retiraron solos a un pueblo llamado Betsaida, 11 pero la gente se enteró y lo siguió. Él los recibió y les habló del reino de Dios. También sanó a los que lo necesitaban. 12 Al atardecer se le acercaron los doce y le dijeron: —Despide a la gente, para que vaya a buscar alojamiento y comida en los campos y pueblos cercanos, pues donde estamos no hay nada. 13 —Denles ustedes mismos de comer —les dijo Jesús. —No tenemos más que cinco panes y dos pescados, a menos que vayamos a comprar comida para toda esta gente —objetaron ellos, 14 porque había allí unos cinco mil hombres. Pero Jesús dijo a sus discípulos: —Hagan que se sienten en grupos como de cincuenta cada uno. 15 Así lo hicieron los discípulos, y se sentaron todos. 16 Entonces Jesús tomó los cinco panes y los dos pescados, y mirando al cielo, los bendijo. Luego los partió y se los dio a los discípulos para que se los repartieran a la gente. 17 Todos comieron hasta quedar satisfechos, y de los pedazos que sobraron se recogieron doce canastas.

Lucas consigna ahora el único milagro que aparece en los cuatro Evangelios: la alimentación de los cinco mil (Mt. 14:13–21; Mr 6:32–44; Jn 6:1–15). Este milagro de provisión indica, obviamente, que Jesús suple necesidades. Pero en este suceso hay una segunda clave, en el sentido de que esta provisión se produce por medio de los discípulos. Jesús acaba de comisionarles a proclamar el mensaje del reino (9:1–6). Han de ser conscientes de lo que pueden hacer por medio de Cristo. Jesús les muestra que tienen acceso a su autoridad por medio de su capacitación.

Hay otras dos imágenes impactantes en este suceso. La provisión de alimentos es conceptualmente similar a dos importantes acontecimientos del Antiguo Testamento, el suministro de codornices en el desierto y la provisión de pan de cebada en días de Eliseo (Nm 11; 2R 4:42–44).[1] El cuadro de la comunión de mesa evoca también imágenes del banquete mesiánico, en las que el pueblo de Dios disfruta la comunión ofrecida por la benévola provisión del Mesías.

Este milagro presenta un rico tapiz de temas fundamentales que se entretejen a lo largo del ministerio de Jesús: compasión, control sobre la Creación, y la capacidad de proveer para la vida. En un sentido, es un retrato de la Gracia de Dios y de la oferta de su presencia en una mesa donde él suple las necesidades de sus hijos.

Los discípulos han regresado de su misión y dan un informe a Jesús de todo lo que han hecho. No se dan detalles, aunque el resumen de una misión posterior es sin duda similar (10:17). No es accidental que este informe sea el escenario del milagro. Lucas está indicando la importancia que concede Jesús al concepto de que él va a ministrar a través de sus siervos. Éstos realizarán grandes cosas por medio de su poder capacitador.

---

1. Marshall, *Commentary on Luke* [Comentario de Lucas], 357.

Los discípulos se retiran con Jesús a Betsaida, una ciudad ubicada en la costa occidental del Mar de Galilea. Como siempre, una multitud les sigue. Una vez más Jesús predica el reino y sana a las multitudes. Pero el Sol se está poniendo y el día llega a su fin. Los discípulos, siempre proclives a ver las cuestiones prácticas, comienzan a preguntarse dónde y cómo conseguirán alimentar a una multitud de cinco mil hombres. Sin duda ha llegado el momento de dar por acabada la jornada. Debería despedirse a la multitud para que ellos puedan encontrar comida y alojamiento por su cuenta.

Jesús sorprende a sus discípulos pidiéndoles que sean ellos quienes les den de comer. Los contables del grupo hacen un inventario: cinco panes y dos peces. Es imposible alimentar a cinco mil personas con esta irrisoria cantidad. Conseguir una cantidad de comida suficiente para esta multitud sería una pesadilla logística, aun para un grupo de doce hombres. ¡Sin duda Jesús ha de reconsiderar sus palabras!

Y lo hace. Les pide que agrupen a la multitud en unidades de cincuenta. Acto seguido, toma los cinco panes y los dos peces e invoca la bendición de Dios. Parte el pan y lo entrega a los discípulos para que lo distribuyan. Su vínculo con Jesús permite a los discípulos abastecer a todos los presentes, y recoger doce canastas de sobras. No se dan detalles sobre cómo se produce la multiplicación de los panes y los peces. Lucas subraya más bien la provisión en sí. Como sucedió con Israel en el desierto o en el tiempo del profeta Eliseo, el ministerio de Jesús puede satisfacer nuestras necesidades más fundamentales. Además, los discípulos pueden realizar todo lo necesario para su ministerio por medio de Cristo que les capacita. En un sentido, Jesús se está preparando para pasarles a ellos la antorcha del ministerio. De manera que hay lecciones, tanto para aquellos que reciben la provisión como para quienes, por medio de Jesús, la reparten.

Construyendo Puentes

Las dinámicas de un ministerio próspero son intemporales. Los discípulos pueden abastecerse de la capacitación que Jesús ofrece. Su llamamiento para que sirvamos y proveamos a los demás movidos por la compasión, requiere que no pensemos en nosotros mismos, sino en el modo de alcanzar a otros. Este tipo de ministerio va en sentido contrario al funcionamiento corriente de las personas que, con frecuencia, vemos la provisión de las propias necesidades y deseos como lo normal. El ministerio de la Iglesia comporta un llamamiento a ministrar por medio de Jesús y para él. Aunque la aplicación de este texto en nuestros días puede implicar más que la provisión de comida, la dinámica es la misma. Ministrar aparte de los recursos de Jesús no es un verdadero ministerio. Por otra parte, descansar en él significa estar en contacto con aquel que puede impartir todo lo necesario para desempeñar un ministerio efectivo.

Los discípulos han de entender que, por medio de su relación con Jesús, pueden conseguir cosas que nunca soñaron hacer. Lo único que puede impedir que avancen en su ministerio son los límites de su visión. Hoy forman parte de algo en lo que nunca antes se habían planteado poder participar. Nunca serán los mismos, porque el curso de instrucción que Jesús comienza aquí con ellos les enseña las importantes lecciones que necesitan para un ministerio efectivo. Puede que necesiten cierto tiempo para entender el asunto, como a menudo nos sucede a nosotros. Pero finalmente acaban entendiendo y haciendo uso del poder de Jesús.

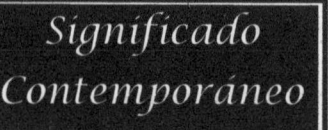

Cuando se trata del ministerio, hay dos frases mortales: «esto nunca lo hemos hecho» o, «no lo podremos hacer». Se pronuncian por regla general en contextos de orden práctico, o cuando se pretende mantener la manera tradicional en que se ha hecho algo determinado. El precio de esta actitud es la pérdida de grandes ideas. Aunque no es del todo sorprendente, los discípulos no entienden que Jesús desee abastecer de aquel modo a la multitud. No obstante, su presencia cambia la ecuación de lo que es posible. Este milagro muestra que los siervos que están en contacto con Jesús pueden proveer de maneras sorprendentes para las necesidades de otras personas. Apoyarse creativamente en él lleva a los doce a nuevas fronteras de ministerio. Jesús puede ahora llevarles a ver que a través de él se recibe sostenimiento espiritual.

El comentario que el propio Jesús hace con respecto a este suceso en Juan 6 indica que él es «el pan de vida», la fuente de provisión y dirección espiritual. En Hechos 3–4, la Iglesia ha aprendido la lección de que para ser efectivos en el ministerio, han de recurrir a lo que Jesús provee; a lo largo del libro de los Hechos, la Iglesia va aprendiendo imaginativamente que en dependencia de Jesús el ministerio se hace posible.

No hay una sola manera de alcanzar a las personas. El ministerio de la provisión adquiere muchas formas. Sin embargo, hay una dinámica que es constante: para que podamos ser efectivos, Jesús es el que ha de estipular la provisión. Ya sea que el ministerio en cuestión consista en visitar a alguien en un hospital, abastecer de comida a una familia que tiene necesidad, o sencillamente escuchar a alguien que nos hace partícipes de sus heridas emocionales, aquellos que nos esforzamos en proveer lo que Jesús ofrece expresamos la compasión de Dios para con aquellos a quienes servimos.

Este suceso nos ofrece otra nota importante. La sencilla escena de la multitud dividiéndose en grupos de comunión traza una imagen de la comunidad que Jesús desea ofrecer. A medida que la comida iba siendo distribuida y llegaba a sus destinatarios se respiraba la sensación de que Jesús había ministrado a todos, puesto que los alimentos eran más que suficientes para que todos los presentes se saciaran. Este trasfondo es una declaración contra una religión privatizada en la que mi única preocupación es lo que Dios está haciendo conmigo. Jesús nos enseña a ministrar a las multitudes y a agruparlas como una comunidad. Más adelante, Jesús insta a la unidad de sus discípulos para mostrar así al mundo que se aman los unos a los otros (Jn 13:34–35). Cuando estamos en la presencia del Señor debemos poner a un lado nuestros proyectos personales.

Jesús instituyó más adelante la Mesa del Señor para expresar este mismo punto. La comida de comunión que disfrutamos a los pies de Jesús significa que todos estamos sentados a la misma mesa. En nuestro ministerio hemos de ser conscientes de que tanto la mesa como la comida que él provee son suyas. Esta es la razón por la que 1 Corintios 10:16–17 y 11:23–27 subrayan la importancia de la unidad en la Mesa, ya que todos participamos de un mismo pan y una misma copa y proclamamos conjuntamente nuestra adhesión a Jesús.

Lucas 9:18-22

Un día cuando Jesús estaba orando para sí, estando allí sus discípulos, les preguntó: —¿Quién dice la gente que soy yo? 19 —Unos dicen que Juan el Bautista, otros que Elías, y otros que uno de los antiguos profetas ha resucitado —respondieron. 20 —Y ustedes, ¿quién dicen que soy yo? —El Cristo de Dios —afirmó Pedro. 21 Jesús les ordenó terminantemente que no dijeran esto a nadie. Y les dijo: 22 —El Hijo del hombre tiene que sufrir muchas cosas y ser rechazado por los ancianos, los jefes de los sacerdotes y los maestros de la Ley. Es necesario que lo maten y que resucite al tercer día.

El Evangelio de Lucas alcanza un punto decisivo en 9:18–22 cuando Pedro confiesa a Jesús como el Cristo. Dicha confesión abre la puerta para una exposición detallada sobre el discipulado en 9:23–50. El reconocimiento de Jesús como el Cristo es un aspecto fundamental de nuestra respuesta a él, sin embargo, ésta ha de ser complementada por una explicación de su actividad mesiánica. Ciertamente, Jesús desarrollará un período de glorioso gobierno cuando regrese a la Tierra para ejercer su autoridad de un modo visible. Entonces juzgará a los impíos y vindicará a los que le pertenecen. Pero antes de la gloria viene el sufrimiento, y sus discípulos habrán de recorrer el mismo camino. Por ello, tras la confesión de Pedro, Jesús ha de enseñar a los discípulos sobre el Mesías. Deben escucharle (v. 35) para poder entender el plan de Dios. A fin de ministrar de manera efectiva han de cambiar sus puntos de vista. Seguir sus impulsos no será una guía adecuada para negociar el recorrido de su camino por el discipulado que nos llama a sufrir y a servir, y no solo a gobernar.

Lucas ha estado considerando la cuestión de la identidad de Jesús en varios pasajes (4:14–30; 7:16; 8:25; 9:7–9). Ahora la afirmación de los discípulos suscita una respuesta positiva de parte de Jesús.[1] Pedro sabe que Jesús es más que un profeta. Han estado con él y saben que no es un simple maestro de las Escrituras, o un instrumento cualquiera de Dios; se trata del prometido libertador enviado por Dios.

La confesión emerge de forma gradual. Jesús se interesa primero por saber lo que las gentes piensan sobre su identidad. La respuesta que obtiene se corresponde con las especulaciones de 9:7–9. La multitud cree que Jesús es algún tipo de profeta o la reaparición de Juan el Bautista. En contraste con esto, Pedro confiesa a Jesús como el Mesías. Es importante notar la diferencia de lo que afirma Pedro. Él ve en Jesús al prometido gobernante de Dios, aunque catalogarlo así es poco menos que una confesión de su deidad. Tras pasar más tiempo con Jesús y reflexionar más sobre el significado de su resurrección se producirá una comprensión más profunda de su identidad y función mesiánica.

---

1. Los pasajes paralelos de este texto son Mateo 16:13–23 y Marcos 8:27–33. El relato se presenta con algunas variaciones, pero el punto fundamental de cada texto es el mismo: una confesión de Jesús como Mesías.

La confesión de Pedro puede llevar a un entendimiento erróneo de lo que aguarda a Jesús, de modo que éste pasa inmediatamente a corregir esta posibilidad. Los discípulos anticipan una ruta directa a la gloria. Creen que quienes se han vinculado a él recibirán poder y privilegios. Pero tienen mucho que aprender sobre el camino que transita el Mesías. Jesús predice el sufrimiento del Hijo del Hombre en su rechazo, muerte y resurrección. Estas cosas «han de» suceder; Lucas se sirve de la palabra griega *dei* para indicar que el designio divino está implicado en el llamamiento a sufrir. Este es el primer dicho sobre el Hijo del Hombre en Lucas que alude al sufrimiento.

Se ha debatido mucho el trasfondo veterotestamentario sobre la necesidad de dicho sufrimiento.[2] Algunos sostienen que esta predicción tiene todo el aspecto de profecía a posteriori, y que Jesús no hizo este tipo de vaticinios. Pero este planteamiento subestima la aportación del Antiguo Testamento de temas relacionados con el sufrimiento, la vindicación y la victoria. Una combinación de enseñanzas del Antiguo Testamento establecen claramente esta relación: las imágenes literarias del siervo sufriente (Is 52:13–53:12) y la idea del sufrimiento de los justos en el salterio (Sal 16; 22; 31; 69; 118). Estos dos temas enseñan que el sufrimiento precede a la gloria. Es este sorprendente recorrido a la gloria lo que mueve a Jesús a pedir silencio con respecto a las confesiones precedentes de él como Mesías, ya que al Mesías se le consideraba un personaje triunfante desvinculado por completo de cualquier sufrimiento. Los discípulos han de ser instruidos en el verdadero plan de Dios antes de poder compartirlo con los demás.

A pesar de que necesitan más enseñanza al respecto, la confesión de Pedro representa un momento decisivo. Al reconocer a Jesús como el Mesías prometido de Dios, el apóstol se da cuenta de que Jesús es único. Este elemento es un aspecto fundamental para entender el plan redentor de Dios y su cumplimiento por medio de Jesús. Mientras que la categoría de «profeta» le quedaba corta a Jesús, la de «Mesías» le sitúa como el prometido libertador de Dios. Esta es la razón por la que en la versión que Mateo consigna de esta confesión, Jesús observa que «sobre esta roca» —es decir, sobre la confesión y sobre personas como Pedro que entienden quién es Jesús— se edificará la Iglesia (Mt 16:18). Ser cristiano es entender este singular papel de Jesús. No hay otro como él en el plan de Dios. Es el único fundamento posible para construir la casa de Dios (1Co 3:11).

Construyendo Puentes

El significado de esta predicción tiene implicaciones para el camino del creyente a la bendición. Jesús transita un camino que sus discípulos están llamados a seguir, aunque este sufrimiento bien podría adoptar una forma distinta en el siglo primero. En aquel tiempo, las familias se separaban por cuestiones religiosas, y ello generaba aislamiento. En nuestros días sigue habiendo culturas en las que se dan tales consecuencias por confiar en Jesús; sin embargo, en aquellas culturas en las que hay tolerancia religiosa, el sufrimiento es más sutil. Es posible que no se entienda a los creyentes cuando, por ejemplo, conceden más valor a la familia que a una promoción en su trabajo. Puede no entenderse que deseen viajar a lugares remotos para ministrar

---

2. Nolland, *Luke 9:21–18:34* [Lucas 9:21–18:34], 468–74.

el Evangelio a otras personas en lugar de dedicarse plenamente a una «profesión normal». Es incluso posible que la familia inmediata no entienda este tipo de decisiones (ver 9:57–62). Los discípulos están llamados a expresar unos valores diferentes mediante las decisiones que toman en la vida.

La elección individual no es el valor más elevado cuando se trata de tomar decisiones; por ello el derecho de los no nacidos a la vida es muy relevante, y por la misma razón sería lógico rechazar una promoción laboral si ella impide que seamos efectivos en nuestro servicio a Dios. Es posible que este tipo de decisiones audaces generen malentendidos. Puede que esta clase de sufrimiento no sea el mismo tipo de persecución física a la que Jesús alude aquí, sin embargo, es una forma de rechazo que surge por nuestra lealtad al camino de Dios. Así pues, aunque el martirio es menos probable en ciertas partes del planeta, el sufrimiento sigue siendo una realidad para muchos que intentan enfrentarse al mundo, guiados por su compromiso con Jesús.

Significado Contemporáneo

La relevancia fundamental de este texto es su reconocimiento de la identidad de Cristo. No hay mayor tragedia o error de juicio en la vida que subestimarle. Pasar por alto a aquel que posee el don de la vida es pasar por alto la vida misma. Si afirmamos que es el Cristo sin comprender quién es realmente el Mesías, nuestra concepción de Jesús se queda corta. Esta es la razón por la que, en 20:41–44, Jesús pregunta por qué David llama «Señor» al Mesías y no «hijo». En el plan de Dios existe una jerarquía, y Jesús está en la parte superior del organigrama, obrando para Dios y a nuestro favor desde su posición a la diestra del Padre. En aquel momento, los discípulos no entendían esto acerca de Jesús, aunque ciertos acontecimientos posteriores lo dejarán claro.

Muchos retratos contemporáneos de Jesús no llegan a comprender quién es realmente. Algunos intentan aceptarle como un maestro religioso, miembro de la galería de personajes famosos, pero no le ven como alguien único. Esta forma de ver a Jesús es muy popular en nuestra cultura, por tratarse de una postura tolerante que no impone a nadie su singularidad. Lamentablemente, es también un punto de vista que niega una de las afirmaciones más fundamentales del gran maestro, a saber, que él representaba de un modo único el cumplimiento de todas las promesas divinas y que mostraba, de manera igualmente singular, el camino a Dios. Ya sea que consideremos el retrato de Jesús que trazan los sinópticos como cumplimiento de la promesa de Isaías (61:1–2), o su representación joanina como «el camino, la verdad y la vida» (Jn 14:6), la cuestión es que Jesús no es solo un profeta, como creían muchas personas de su tiempo, sino mucho más que eso. El intento que hace nuestra cultura de relativizar una de las afirmaciones fundamentales de Jesús no es consistente con su forma de categorizarle como un gran maestro. ¿Cómo puede respetarse la grandeza religiosa de Jesús como maestro y, acto seguido, rechazar o relativizar su reivindicación más fundamental de ser el unigénito Hijo de Dios? Ambas cosas son incompatibles. O bien Jesús era único en su cumplimiento de las promesas de Dios, o sus afirmaciones eran entonces una distorsión de la verdad, y esto sería difícilmente compatible con las credenciales de un maestro religioso de prestigio.

En ciertos ámbitos de los estudios del Nuevo Testamento han aparecido recientemente otros intentos más sutiles de relativizar la afirmación de Jesús. Se pretende separar lo que Jesús enseñó de lo que los Evangelios presentan como su enseñanza. Lo que se afirma es que el Cristo de la fe no es el mismo que el Jesús de la Historia. Se ponen de relieve las diferencias en los retratos de los Evangelios como una prueba de que la Iglesia amplió sus enseñanzas sobre Jesús. De este modo, las exaltadas afirmaciones de Jesús se ven como mensajes de la Iglesia Primitiva, y las más extravagantes son precisamente las que ponen en su boca los evangelistas. Quienes fomentan esta posición reivindican un Jesús culturalmente aceptable explicando que su singularidad fue producto de sus devotos seguidores, que le dieron una posición que él mismo nunca pretendió.[3] Pero este tipo de crítica no explica que Jesús pudiera ser crucificado y que los discípulos dieran sus vidas por tales creencias. También subestima el hecho de que la tradición comunicara de manera resumida la vida y enseñanza de Jesús. Se niega a reconocer la posibilidad de que, en sus relatos, los autores de los Evangelios hubieran podido acceder a hechos frescos y fidedignos acerca de Jesús. Tampoco reconoce que los evangelistas no solo citaban, sino que muchas veces resumían la idea general de la enseñanza de Jesús con una cierta variedad de expresiones. Y todo esto lo hicieron sin distorsionar el retrato fundamental de quién era y lo que hizo. Este acercamiento altamente crítico a Jesús es una forma moderna de intentar tratarle como a un mero profeta y no como el Mesías prometido de Dios, algo que queda muy por debajo de la confesión de Pedro. Un Jesús que es solo un profeta reduce la fe cristiana a un sistema ético entre otros muchos, algo que nunca pretende ser. La confesión de Pedro es crucial porque reivindica que Jesús lleva a cabo de manera singular la esperanza de la promesa de Dios.

Este pasaje también deja claro que la bendición no siempre llega por medio de un camino de prosperidad. La espiritualidad implica a menudo un coste elevado y dolor (ver 9:23–27). Por ello, hemos de estar dispuestos a enfrentar la misma clase de reacción que Jesús hubo de soportar. Una buena parte de Lucas 9–19 está dedicada a describir exactamente lo que este camino puede implicar; aquí tenemos solo los primeros indicios de lo que se acerca. Los creyentes de algunas partes del mundo tienen una comprensión intrínsecamente mejor de esta parte del andar con Cristo de la que existe en el mundo occidental. Una de las ventajas de ministrar en un seminario con estudiantes de todo el mundo es que uno tiene noticias directas de las distintas situaciones que los creyentes han de enfrentar por confesar a Jesús. No es poco común oír que alguien ha perdido una promoción o un trabajo, o que se ha visto forzado a trabajar en domingo por el mero hecho de que se ha sabido que es creyente. Algunos han tenido que ir a la cárcel por sus creencias. En algunos contextos, confesar a Jesús ha significado literalmente sufrimiento. Para quienes vivimos en sociedades donde hablar de Jesús no es ilegal, estos testimonios han de estimularnos a ser atrevidos.

---

3. Hay una crítica completa de este acercamiento a Jesús en la obra de J. P. Moreland, Michael Wilkins, *Jesús bajo sospecha: una respuesta a los ataques contra el Jesus histórico*, Colección Teológica Contemporánea, (Clie, Terrassa, 2003).

Lucas 9:23-27

Dirigiéndose a todos, declaró: —Si alguien quiere ser mi discípulo, que se niegue a sí mismo, lleve su cruz cada día y me siga. 24 Porque el que quiera salvar su vida, la perderá; pero el que pierda su vida por mi causa, la salvará. 25 ¿De qué le sirve a uno ganar el mundo entero si se pierde o se destruye a sí mismo? 26 Si alguien se avergüenza de mí y de mis palabras, el Hijo del hombre se avergonzará de él cuando venga en su gloria y en la gloria del Padre y de los santos ángeles. 27 Además, les aseguro que algunos de los aquí presentes no sufrirán la muerte sin antes haber visto el reino de Dios.

Llevar la cruz es una vigorosa imagen de la Antigüedad.[1] El meollo de esta figura es el rechazo y también la responsabilidad para con el Estado.[2] El portador de la cruz había cometido un grave delito y tenía que ser eliminado. Camino de su ejecución, los criminales llevaban la cruz en la que iban a morir. Por tanto, para un cristiano llevar la cruz es estar dispuesto a enfrentar el rechazo y la muerte, al tiempo que es responsable ante Dios del camino en que anda. Llevar la cruz significa que uno ha muerto al mundo, se ha separado de sus valores y estilo de vida (Gá 6:14).

En Lucas 9:23 hay una interesante secuencia de tiempos verbales. Los tres verbos están en imperativo, sin embargo, mientras que los llamamientos a negarse a uno mismo y a llevar la cruz[3] están en aoristo, el mandamiento de seguir a Jesús está en presente. Esto significa que el discipulado comporta un compromiso esencial de negarse a uno mismo y de llevar la propia cruz, mientras que nuestro seguimiento de Jesús es algo constante, que surge de los compromisos de base. Por consiguiente, el discipulado requiere un cambio esencial de orientación, ajustando nuestras vidas a la voluntad de Dios mediante una humilde renuncia a nuestros propios planes. En el contexto de llevar la cruz, negarnos a nosotros mismos significa que el mundo puede «matarnos» por andar fuera de sus caminos, pero que estamos dispuestos a aceptarlo, porque Dios nos ha llamado a andar por un camino distinto.

El versículo 24 resume con precisión este asunto. Si te esfuerzas en salvar tu vida preservándote de la oposición del mundo o acomodándote a él, el resultado será la pérdida de la vida verdadera. Por otra parte, si estás dispuesto a perder tu vida por las cosas de Dios, lo que encontrarás es la verdadera vida. En el mundo antiguo, escoger

---

1. Los pasajes paralelos de este texto son Mateo 16:24–28 y Marcos 8:34–9:1. Estos textos ocupan la misma posición relativa en cada uno de los Evangelios Sinópticos. Sobre la crucifixión, ver M. Hengel, *Crucifixion in the Ancient World and the Folly of the Message of the Cross* [La crucifixión en el mundo antiguo y la insensatez del mensaje de la Cruz] (Filadelfia: Fortress, 1977).
2. J. Schneider, «σταυρός», *TDNT*, 7:578–79; Fitzmyer, *Luke I–IX* [Lucas I–X], 787; Marshall, *Commentary on Luke* [Comentario de Lucas], 373.
3. Solo Lucas añade la expresión «cada día» a la idea de tomar la propia cruz.

el camino de Jesús significaba cierta oposición de las personas del mundo. Esta oposición puede expresarse en el tipo de burlas que Jesús sufrió, la clase de ridiculización a la que la Iglesia Primitiva hubo de hacer frente, las flagelaciones que experimentó Pablo, o incluso una muerte como la de Esteban. La fe cristiana era nueva y, en su contexto judío, constituía una amenaza para ciertas tradiciones muy arraigadas. Si alguien deseaba popularidad y aceptación, la persona en cuestión no aceptaba a Cristo. Sin embargo, el coste de este reconocimiento popular era enorme, puesto que tal elección significaba perder la oportunidad de la salvación. Solo aquellos que estaban dispuestos a ponerse del lado de Dios y enfrentar el rechazo popular responderían al Evangelio y entrarían en la vida. Por tanto, desde el mismo comienzo, quienes elegían a Jesús eran plenamente conscientes de estar tomando un camino distinto.

La pregunta retórica de Jesús en el versículo 25 aclara la cuestión. «Ganar todo el mundo» significa tener todo lo que ofrece el mundo en términos de seguridad, poder y cosas materiales. Para Jesús no tiene ningún sentido vivir de este modo, puesto que conduce al fracaso con respecto a la vida verdadera. Lo que aquí se describe como un proverbio, para Jesús había sido antes una tentación. En 4:5–8, hubo de hacer frente a una elección entre andar por el camino que Dios había puesto ante él o aceptar los reinos del mundo postrándose delante de Satanás. Naturalmente, Jesús sabía que no se trataba de una elección verdadera, puesto que Satanás no podía darle lo mismo que Dios. Por tanto, Jesús llama aquí a sus discípulos a seguir el ejemplo que él ya ha establecido. Ganar el mundo a expensas de la propia alma es una mala inversión y una propuesta absurda.

¿Qué beneficio proporciona tal sacrificio? Jesús utiliza una imagen negativa para responder esta cuestión. Quienes se avergüencen o tengan miedo de confesar al Hijo del Hombre (i.e., a Jesús) sufrirán su rechazo cuando éste regrese con toda la gloria del Cielo. Tendrán aquello que han escogido: vivir separados de él. Jesús habla de sí mismo como el juez escatológico, un tema que Lucas desarrolla en otros pasajes (Hch 10:40–43; 17:30–31). Nuestro Señor no aceptará a nadie que le haya pedido que no forme parte de su vida. Pero se trata de un cuadro trágico, porque cuando reaparezca, su posición y privilegio serán evidentes para todos. Ser excluido será un acontecimiento público; hacer frente a una eternidad sin Dios y saberlo es la más trágica de todas las posiciones en la vida. Por otra parte, por implicación, quienes se comprometen con Jesús experimentarán el reino de Dios.

Jesús concluye sus comentarios con una nota en el sentido de que algunos de los que están con él no sufrirán la muerte hasta haber visto el reino de Dios. Este comentario parece tener dos puntos de referencia. (1) Algunos de los doce subirán con Jesús al monte y vivirán la experiencia de la transfiguración de Jesús (9:28–36), en la que tendrán un destello o avance de su futura gloria. Verán el futuro reino de Dios. (2) Esta referencia bien podría también anticipar el tipo de bendición que descenderá sobre la Iglesia en Pentecostés, puesto que allí el poder del Jesús resucitado se manifiesta en la distribución del Espíritu (Hch 2:14–39). Con el Espíritu se inicia el cumplimiento de la promesa de la bendición mesiánica, y Dios comienza a expresar su presencia y gobierno desde dentro de su pueblo (Lc 3:15–17; 24:49; Hch 1:5–8). Así, Jesús observa que con el difícil camino del discipulado experimentamos la rica bendición de formar parte del reino de Dios.

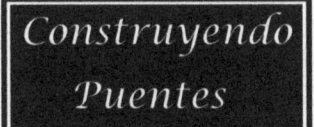

En nuestro tiempo nos es difícil reflexionar sobre el significado de estos textos, puesto que llevar la cruz en el antiguo sentido de dirigirse hacia la propia muerte es algo que rara vez les sucede a los cristianos de hoy. El discipulado no va acompañado del sentido casi automático de coste que llevaba consigo en aquel entonces. En nuestro tiempo, tomar la decisión de seguir a Jesús no acarrea automáticamente rechazo. En todo caso, sufrimos una situación contraria. Podemos movernos en círculos cristianos tan cerrados que no tenemos contacto con el mundo exterior y no experimentamos, por tanto, el rechazo del mundo que en este pasaje se asume como normal. Es posible vivir una institucionalizada forma de cristianismo que asume que uno es creyente por haber nacido en el seno de la Iglesia, o que se mantiene tan enclaustrado para proteger la propia identidad moral que nunca se involucra con las personas del mundo. Este cristianismo nunca experimentará las tensiones de discipulado que Jesús describe aquí. Pero esta clase de discipulado protegido no es la que Jesús demanda de sus seguidores cuando les llama a llevar su cruz cada día. Jesús asume que aquellos que le pertenecen, ciertamente, le representarán en el mundo. Sabe también que el mundo responderá. Sin embargo, aun quienes sí emprenden fielmente su misión en nuestro tiempo, a menudo no experimentan la misma persecución que hubieron de soportar los primeros cristianos.

No obstante, observar que a menudo la fe no implica persecución en nuestro tiempo no significa que el discipulado carezca de coste o deje de existir. El mundo tiene hoy la misma fuerza que entonces y está igual de presente. El llamamiento a andar de manera distinta del mundo es un aspecto del discipulado tan esencial en nuestros días como lo era entonces. Como en el tiempo de Jesús, también hoy deberíamos vivir vidas íntegras, puras, fieles y caracterizadas por un servicio humilde. Si nos sentimos demasiado cómodos en el mundo y nadie puede decir que nuestras vidas sean distintas, es posible que no nos estemos tomando el discipulado tan plenamente como Cristo nos llama a hacerlo. Esto no significa que hayamos de hacer sonar la trompeta para llamar la atención sobre nuestra manera de vivir distinta. Debería surgir de manera natural, como las luces brillan en la oscuridad.

El camino del servicio no es el mismo que el de la autorrealización que proclama el mundo. El primero comporta un tipo de negación de uno mismo en el que uno se esfuerza rigurosamente por satisfacer las necesidades básicas y espirituales de otras personas. En un mundo en el que los derechos individuales se consideran casi sagrados, estas actitudes desinteresadas van contracorriente. Llevar la cruz significa poner a un lado los proyectos personales y esforzarse en servir y seguir a Dios, sirviendo también a los demás y dando testimonio de la divina compasión hacia todos nosotros. Esto no es nunca popular en un mundo que exalta el derecho a la propia realización.

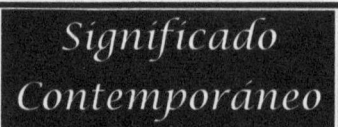

Significado Contemporáneo

Nuestro andar con Dios no se lleva a cabo en «piloto automático». Para muchos, el cristianismo es meramente un billete garantizado al Cielo. Pero Jesús nunca conceptualizó la fe como una experiencia de una sola ocasión. Esta sección sobre seguir a Jesús deja claro lo exigente que es el discipulado. Requiere una manera completamente nueva de pensar y de orientarse en la vida. Seguir a Jesús requiere trabajo espiritual, llevar la cruz cada día. Jesús pone de relieve el hecho de que para llevar la cruz uno ha de negarse a sí mismo. Los planes cambian cuando uno sigue a Jesús, puesto que él ha marcado ya el camino.

Negarse a uno mismo significa cosas diferentes en contextos distintos. Para un padre, significa que no ha de procurar satisfacer sus propios deseos, sino servir a sus hijos, para su bien, invirtiendo tiempo y energía en la tarea. Cuando se trata del cónyuge, significa considerar cómo puede uno serle verdaderamente de ayuda. En el caso de los vecinos, tomar la cruz quiere decir considerar cómo podemos serles útiles y mostrarles nuestra preocupación en los asuntos de la vida. En relación con los compañeros de trabajo, tomar la cruz puede significar ver cómo puedes serles útiles en lugar de centrarte exclusivamente en el mero desempeño de tus responsabilidades. Y lo más importante, por lo que a Dios se refiere, quiere decir buscar su voluntad y pasar tiempo delante de él, para que pueda conducirte y guiarte en el camino en que debes andar. El discipulado significa ser un aprendiz, un seguidor. Significa que nuestra atención se concentra en seguir a Jesús, no en hacer que él nos siga a nosotros.

Esto implica que estamos buscando su reino, no el nuestro. El materialismo y la búsqueda de poder, independencia y seguridad son probablemente los obstáculos más importantes para el avance espiritual. En nuestra cultura, todo —desde los anuncios publicitarios hasta la educación que recibimos— nos empuja a mejorar nuestra posición material y nuestro grado de bienestar. Tomar la cruz significa andar contracorriente de los valores culturales, de modo que nuestras expectativas y necesidades personales pasan a un segundo plano en favor del llamamiento de Dios. Es posible que hayamos de renunciar a ciertas cosas consideradas como nuestras por derecho natural, puesto que representan una sutil forma de idolatría. El Espíritu nos guía a ver las cosas de manera distinta de como las considerábamos antes. Llevar la cruz puede significar dejar atrás unos sueños centrados en esta era, que nosotros mismos hicimos nuestros, tiempo atrás, y a los que ahora negamos cualquier vigencia.

Así pues, el discipulado requiere una renovación de la mente (Ro 12:1-2) y un compromiso del corazón con esta renovación. Significará una intensa implicación en la Palabra de Dios y con otros creyentes dedicados a crecer en la fe. Los discípulos nunca se estancan y nunca viven su experiencia espiritual de un modo en que Dios no pueda desafiarles a una forma de andar más profunda. Como observó Jesús, es una ofrenda del propio ser en servicio al Hijo del Hombre.

Finalmente, Jesús nos salvó para el discipulado. Su meta era crear un pueblo deseoso de ser su pueblo (Tit 2:11-14). La idea del billete al Cielo no fue nunca su meta; esto es, en el mejor de los casos, un mero subproducto. Tener vida eterna es una enorme bendición porque significa que conocemos a Dios y disfrutaremos eternamente de su presencia (Jn 17:3). Vivir eternamente sería algo inútil si Dios no formara parte de dicha vida. Pero la salvación es más que el Cielo. Él nos salvó para cambiarnos, para hacernos distintos de lo que éramos antes de conocerle. Esta es la razón por la que la persona espiritual está llamada a seguirle dondequiera que nos lleve. Por medio de su dirección nos transforma para que seamos más como él. El discipulado es, pues, una ocupación de tiempo completo, no un pasatiempo de fin de semana. Como estilo de vida y compromiso, nunca se toma vacaciones. Esta es la razón por la que Jesús dice que hemos de tomar nuestra cruz cada día.

Lucas 9:28-36

Unos ocho días después de decir esto, Jesús, acompañado de Pedro, Juan y Jacobo, subió a una montaña a orar. 29 Mientras oraba, su rostro se transformó, y su ropa se tornó blanca y radiante. 30 Y aparecieron dos personajes —Moisés y Elías— que conversaban con Jesús. 31 Tenían un aspecto glorioso, y hablaban de la partida de Jesús, que él estaba por llevar a cabo en Jerusalén. 32 Pedro y sus compañeros estaban rendidos de sueño, pero cuando se despabilaron, vieron su gloria y a los dos personajes que estaban con él. 33 Mientras éstos se apartaban de Jesús, Pedro, sin saber lo que estaba diciendo, propuso: —Maestro, ¡qué bien que estemos aquí! Podemos levantar tres albergues: uno para ti, otro para Moisés y otro para Elías. 34 Estaba hablando todavía cuando apareció una nube que los envolvió, de modo que se asustaron. 35 Entonces salió de la nube una voz que dijo: «Éste es mi Hijo, mi escogido; escúchenlo.» 36 Después de oírse la voz, Jesús quedó solo. Los discípulos guardaron esto en secreto, y por algún tiempo a nadie contaron nada de lo que habían visto.

Este singular acontecimiento de la Transfiguración es uno de los dos incidentes en los que el «cielo» habla directamente acerca de Jesús. La voz que les pide a los discípulos que escuchen a Jesús recuerda al espaldarazo celestial que éste recibió con motivo de su bautismo (3:21–22). La presencia de Moisés y Elías añade también una nota de singularidad. En ningún otro suceso de los Evangelios se dan cita personajes relevantes del pasado. La visible glorificación de Jesús es también un elemento singular. Ni siquiera en sus apariciones tras la resurrección se le describe con el fulgor que aquí exhibe.[1]

Jesús acaba de decir a los discípulos que seguirle implicará un radical cambio de perspectiva. La vida del discípulo es distinta de la del mundo, o incluso de la que el mundo espera que vivan. Sin embargo, los discípulos tienen muchas lecciones que aprender. Por ello esta escena subraya la necesidad de escuchar a Jesús. Los demás acontecimientos de este capítulo indican que los impulsos iniciales de los discípulos sobre cómo reaccionar a ciertos acontecimientos son erróneos. Tendrán que escuchar con atención para corregir sus caminos.

Jesús decide ir a un monte a orar y toma con él a Pedro, Juan y Jacobo. No se menciona el nombre del monte en cuestión, pero podría tratarse del Hermón cerca de Cesarea de Filipos, del Monte Tabor al sur de Galilea o del Monte Merón al noroeste del Mar de Galilea. La tradición concede un gran apoyo al Tabor.[2] El hecho de que no se mencione el nombre sugiere que no es relevante conocer la exacta ubicación de este acontecimiento. Sin embargo, el que Jesús se encontrara en el norte de Palestina indica

---

1. Los pasajes paralelos de este suceso son Mateo 17:1–9 y Marcos 9:2–10, donde el acontecimiento se sitúa en una zona parecida.
2. Arndt, *Luke* [Lucas], 262; Fitzmyer, *Luke I–IX* [Lucas I–IX], 798.

que su ministerio principal se lleva a cabo fuera de Jerusalén, lejos de los caminos más concurridos.

Durante su oración Jesús se transfigura en un ser glorioso que resplandece como un relámpago. Su gloria recuerda a la descripción de Moisés cuando estuvo en el monte en Éxodo 34:29–34. Jesús no está solo, ya que Moisés y Elías se le unen. La presencia de estos dos personajes veterotestamentarios ha suscitado mucha discusión. ¿A qué se debe su presencia? ¿Se representan a sí mismos, o acaso a un grupo más extenso?[3] Aunque se trata de dos grandes figuras, es difícil creer que se les selecciona por meras razones personales. Ambos representan dos periodos clave de la historia de Israel. Igual que sucede con personajes como Abraham, Isaac, o Jacob, siempre que se menciona a Moisés y Elías, aflora toda una serie de asociaciones. Moisés representa el tipo de oficio profético que Jesús desempeñará, sobre todo porque la voz del cielo aludirá a Deuteronomio 18:15 (cf. v. 35). Elías representa el profeta del *eschaton* (cf. Mal 4:5), de manera que describe un compromiso con la llegada de la era del cumplimiento. Estos dos testigos del Antiguo Testamento subrayan que Jesús representa el cumplimiento de la esperanza veterotestamentaria, puesto que ambos personajes cubren también el periodo antiguo y tardío de la historia del Antiguo Testamento. Moisés y Elías hablan de la «partida» de Jesús (gr. *exodos*). Lucas es el único Evangelio que menciona este tema de conversación. El «éxodo» alude al viaje que Jesús está emprendiendo, cuyo momento decisivo es su muerte en Jerusalén. Una buena parte del Evangelio de Lucas a partir de aquí y hasta el capítulo 19 hace referencia a la preparación de los discípulos para el ministerio en vista de dicha partida.

Los discípulos son rendidos por el sueño, pero cuando despiertan son testigos de este diálogo (v. 32). En su entusiasmo, Pedro le pregunta a Jesús si no deberían construir tres enramadas, una alusión a la Fiesta de los Tabernáculos, que mira adelante al tiempo del fin rememorando la provisión de Dios en el desierto (Éx 23:16; 34:22; Lv 23:34; Dt 16:13).[4] Pedro entiende correctamente que Moisés y Elías representan la esperanza y el cumplimiento, sin embargo, quiere levantar tres enramadas que pongan a la par a los tres personajes. Lucas indica que Pedro hablaba con ignorancia, sin saber lo que está diciendo (v. 33b).

Antes de que llegue la respuesta, una nube les envuelve a los tres y desde ella se escucha un comentario. La presencia de la nube recuerda a la *Sekiná* de la presencia de Dios en el Éxodo. A los discípulos les invade el temor, pero han de limitarse a escuchar la voz que elogia a su Hijo, el escogido, a quien deben escuchar. Estos comentarios actúan como un respaldo político, solo que en esta ocasión dicho respaldo procede de Dios mismo. El uso de la primera persona «mi Hijo» indica quién es el que está hablando. Estas palabras son prácticamente análogas a las pronunciadas en el bautismo de Jesús. También allí se menciona al Hijo, a quien Dios ama aunque existe, sin embargo, una añadidura y un cambio. (1) La expresión «mi escogido» amplía el

---

3. Quienes deseen considerar estas sugerencias, pueden ver Jeremias, «Ηλείας», *TDNT*, 2:938–39; Danker, *Jesus and the New Age* [Jesús y la Nueva Era], 199; Marshall, *Commentary on Luke* [Comentario de Lucas], 384.
4. Marshall, *Commentary on Luke* [Comentario de Lucas], 386; Michaelis, «σκηνή», *TDNT*, 7:370; ver también la *Mishná*, *Sukka* 3:9; 4:5.

sentido de la expresión «mi hijo amado» en la escena del bautismo. La frase pone de relieve el hecho de que la elección de Jesús por parte de Dios es una decisión consciente y le hace singular. Él es el escogido, llamado a ser el libertador y un personaje profético como Moisés, que reveló el camino de Dios mediante la ley y fundó un pueblo al que llevó a una nueva existencia.

(2) La añadidura de la expresión «escúchenlo» subraya la responsabilidad de los discípulos. Han de prestar atención a lo que Jesús está diciendo, porque tienen mucho que aprender. La expresión procede de Deuteronomio 18:15 y distingue a Jesús como un profeta semejante a Moisés. A medida que guía y dirige al pueblo de Dios, hará de ellos una comunidad recién constituida. No hay necesidad de tres enramadas; han de escuchar solo una voz: la de Jesús.

Después del respaldo solo queda Jesús. El acontecimiento es tan sorprendente que los discípulos no hablan de ello por algún tiempo. Es mejor guardar silencio hasta entenderlo con mayor claridad. Sin duda, llevará cierto tiempo desarrollar las implicaciones de lo sucedido. En 2 Pedro 1:16–18 el apóstol nos proporciona un comentario que expresa una reflexión posterior sobre este suceso. No es anormal que los acontecimientos sobrecogedores vayan acompañados de un período de silencio (Dn 10:15). Ciertos acaecimientos requieren meditación antes de poder ser comentados de manera adecuada.

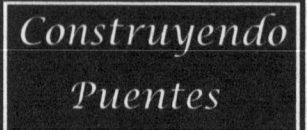

Este suceso nos hace pensar en la gloria que Jesús poseerá. Él acaba de mencionar el glorioso regreso del Hijo del Hombre (vv. 26–27). Ahora se manifiesta en un avance preliminar de lo que el plan de Dios le reserva. Pero antes de la gloria ha de producirse el «éxodo» del sufrimiento.

Como en muchos textos de Lucas, el rasgo fundamental de este pasaje es su enseñanza cristológica: Jesús es el escogido mesiánico que funciona como Moisés y Elías. En las páginas de la Historia divina aparecen muchos personajes célebres, pero Moisés y Elías están entre los más ilustres. No obstante, en la presencia de Jesús, no son sino simples testigos. En la sala de los grandes personajes bíblicos, nadie ocupa un espacio junto a Jesús; él es único y singular.

El llamamiento a escuchar a Jesús es también intemporal. La Iglesia de nuestro tiempo ha de prestar especial atención a lo que él dice aquí sobre el discipulado y el ministerio. Esto se aplica especialmente a los valores que la Iglesia debería tener cuando ministra (cf. 6:20–49 y los capítulos 9–19, que funcionan como un comentario de la expresión «escúchenlo»). Los requisitos éticos para un ministerio próspero nunca cambian. Los discípulos han de entender que seguir a Jesús significa transitar un camino distinto del que recorre el mundo. No es la senda de la conveniencia, sino la de la integridad. El ministerio no está vinculado a las ganancias materiales; es un llamamiento a servir a los demás.

Significado Contemporáneo

La aplicación fundamental de este pasaje pone de relieve el carácter único de Jesús. Aunque en el sentido de la resurrección y la renovación Jesús es «el primogénito entre muchos hermanos» (Ro 8:29), él es también el unigénito Hijo de Dios, el Hijo de David que se manifestará pronto con poder por medio de su resurrección (Ro 1:2-4). Nadie pone sobre la mesa promesas como las suyas. Dos mil años más tarde, la sorprendente naturaleza de esta afirmación se nos escapa un poco, porque las relaciones públicas de la Iglesia dentro de la sociedad han sido muy efectivas. Sin embargo, en su momento, la afirmación de superioridad de Jesús sobre Moisés fue revolucionaria.

Irónicamente, no obstante, esta singular declaración sobre Jesús es exactamente igual de revolucionaria en nuestros días. En nuestra cultura pluralista, anhelamos ejemplos espirituales, y como Pedro, queremos construir el mayor número posible de enramadas que ponen al mismo nivel a quienes las ocupan. Nuestra cultura desea erigir una sala con los personajes religiosos ilustres procedentes de todas las tradiciones religiosas posibles, todo en honor a nuestro compromiso con la tolerancia religiosa. Pero Jesús no pide un espacio junto a los demás. La voz celestial observa que él trasciende a todas las culturas y ha sido llamado a ministrar a toda la Humanidad como siervo escogido de Dios. Él es el personaje multicultural por excelencia que llama a sí a cada ser humano en una convocatoria definitiva, en igualdad de oportunidades. Lo que el mundo necesita no es una confrontación entre personajes religiosos, sino un Salvador para toda la Humanidad. La Transfiguración representa la declaración divina de que este singular personaje existe, y de que el mundo ha de escucharle. Cualquier devaluación de Jesús deforma su verdadera identidad.

Este acontecimiento sirve también de ayuda para que estos privilegiados discípulos comprendan adónde se dirige el plan de Dios. Jesús no es simplemente un manso maestro galileo, y no debería vérsele como alguien que se limita a pedirnos que nos amemos los unos a los otros, que es quizá la imagen más popular de Jesús en este tiempo. No está en el mismo plano que Moisés, Mahoma o José Smith. Estas concepciones actuales de Jesús representan una distorsión fundamental de su identidad. Él es aquel a quien Dios ha glorificado y escogido, y que un día se manifestará con toda la gloria que se puso de relieve en la escena del monte.

El episodio de la Transfiguración me lleva a pensar en Apocalipsis 4-5 y su gloriosa descripción del salón del trono celestial, donde Dios se sienta en la gloria con el «Cordero», quien es digno de revelar el plan de Dios que consignan los rollos sellados. No es de extrañar que la Iglesia sienta el deseo de adorar a este singular personaje. No es de extrañar que Dios nos llame a la adoración como un recordatorio del carácter único de Jesús y del honor que supone participar de sus bendiciones. Ni es extraño que aquellos discípulos, que vivieron este acontecimiento, guardaran silencio por largo tiempo sobre lo que había sucedido. Ni es tampoco raro que en la Iglesia cantemos con frecuencia: «¡Digno es el Cordero, que ha sido sacrificado, de recibir el poder, la riqueza y la sabiduría, la fortaleza y la honra, la gloria y la alabanza!» Esta clase de himnos no surgen de la nada; reflejan el latido de una comunidad que entiende quién es el Señor a quien sirven. Entender la Transfiguración requiere algo más que palabras; demanda un nuevo corazón que nos lleva a sentarnos a los pies de Jesús, dispuestos a aprender y a escuchar.

En nuestro tiempo tan proclive a exaltar los sentimientos, es difícil acentuar la importancia de una cuidadosa instrucción religiosa. Lo que aquí se subraya no es la pedante memorización de hechos religiosos, o la capacidad de reconocer el carácter bíblicamente fundamentado de una determinada enseñanza, sino la realidad de una reflexiva interacción con la Escritura y de una vida vivida cerca de Dios. Esta dinámica entre la Palabra de Dios y la vida hace posible que el creyente se relacione sabiamente con la cultura que le rodea y las personas que Dios trae a su vida.

Nuestra vida con Dios requiere una manera distinta de evaluar el mundo y espera una perspectiva distinta de los valores morales. Significa que los cónyuges se tratan con respeto el uno al otro y que las cuestiones de poder se disuelven ante un amor y preocupación recíprocos. Significa que la palabra dada es confiable. Significa que el poderoso y hermoso don de la sexualidad no se degrada ofreciéndose a cualquiera, sino que se guarda como un tesoro sumamente valioso que ha de utilizarse según el propósito de Dios en un contexto de amor y compromiso. Significa que ha de honrarse la vida y su preservación. A nivel social, significa denunciar y tratar de solventar las injusticias de que son objeto quienes carecen de poder y corren el riesgo de verse deshumanizados. Significa también que se concede prioridad a la teología y a una perspectiva moral de la Escritura, por más que ello ponga en jaque a una ideología o un partido político determinados. Significa que las decisiones éticas, aun las relacionadas con cuestiones de medicina y salud, se meditan detenidamente, y no solo según criterios de conveniencia.[5]

Estas perspectivas distintas no surgen de manera meramente instintiva, ni se desarrollan de la noche a la mañana. Los discípulos necesitaron varios años de intensiva instrucción sobre la vida, de parte del Señor para adquirir una clara comprensión del llamamiento divino. La Iglesia de hoy necesita una saturación similar de exposición a la voz de Dios. Aquellos discípulos que desean conocer a Dios no solo se esforzarán en adorarle sino que también se sentarán a sus pies para escuchar su voz constantemente.

Al analizar nuestra secularizada cultura, Os Guinness observa el callejón sin salida al que ésta llega, a diferencia de lo que sucede con la perspectiva del Dios vivo:

> Aquellos norteamericanos que funcionan con un punto de vista puramente secular de la vida, tienen un exceso de cosas para vivir, y un déficit de ellas por las que hacerlo. Todo es lícito, y nada importante. Sin embargo, una vez que el crecimiento y la prosperidad dejan de ser su razón de existir, tales personas se ven obligadas a hacerse preguntas sobre el propósito y significado de sus vidas: ¿De dónde? ¿A dónde? ¿Por qué? Y para esta clase de preguntas el secularismo no tiene respuestas que hasta el

---

5. Quienes deseen considerar dos obras clave que cubren distintos aspectos de estas cuestiones, pueden ver Os Guinness, *The American Hour: A Time of Reckoning and the Once and Future Role of Faith* [La hora de América: tiempo de hacer cuentas y de considerar el papel pasado y futuro de la fe], (Nueva York: Free Press, 1993); John S. Feinberg and Paul D. Feinberg, *Ethics for a Brave New World* [Ética para un audaz Nuevo Mundo], (Wheaton: Crossway, 1993).

momento hayan demostrado ser satisfactorias en la práctica. Pocos de los grandes pensadores del siglo XX han permanecido leales al humanismo secular. En su forma más sofisticada, el secularismo rara vez florece fuera de los centros intelectuales donde la mente es el centro organizativo de la vida. En su versión más «popular» o marxista, goza de mala salud y se está desvaneciendo. La propia vaciedad de nuestra sociedad secularizada es su relevancia espiritual más profunda.

Es incluso concebible pensar que nuestra generación se encuentra ante el umbral de una recuperación de proporciones históricas. El colapso de las grandes ideologías —el fracaso del freudianismo en recodificar el mundo privado y del marxismo en hacerlo con el público— quita de en medio el mayor obstáculo para esta posibilidad. Las negaciones filosóficas de la fe se han convertido en afirmaciones que han de ser desmentidas. La permisividad social se ha traducido en restricciones de las que necesitamos ser liberados. Las iconoclasias seculares se han transformado en ídolos que han de ser desenmascarados. Las inversiones morales han llegado a ser ortodoxias ciegas contra las que necesitamos nuevas herejías. La deconstrucción crítica ha devenido una actitud destructiva contra la necesidad de construir y reconstruir. Incluso el humanismo secular resulta ser, no el espectro que temen sus enemigos, sino un oxímoron que sus defensores lamentan; porque el humanismo no surge del secularismo, sino que requiere el sobrenaturalismo.[6]

Esta es la razón por la que volver a Dios y permitir que sus valores dirijan la vida no es solo crucial para una existencia saludable, sino esencial también para poder servir bien a los demás.

---

6. Guinness, *The American Hour* [La hora de América], 398.

Lucas 9:37-50

Al día siguiente, cuando bajaron de la montaña, le salió al encuentro mucha gente. 38 Y un hombre de entre la multitud exclamó: —Maestro, te ruego que atiendas a mi hijo, pues es el único que tengo. 39 Resulta que un espíritu se posesiona de él, y de repente el muchacho se pone a gritar; también lo sacude con violencia y hace que eche espumarajos. Cuando lo atormenta, a duras penas lo suelta. 40 Ya les rogué a tus discípulos que lo expulsaran, pero no pudieron. 41 —¡Ah, generación incrédula y perversa! —respondió Jesús—. ¿Hasta cuándo tendré que estar con ustedes y soportarlos? Trae acá a tu hijo. 42 Estaba acercándose el muchacho cuando el demonio lo derribó con una convulsión. Pero Jesús reprendió al espíritu maligno, sanó al muchacho y se lo devolvió al padre. 43 Y todos se quedaron asombrados de la grandeza de Dios. En medio de tanta admiración por todo lo que hacía, Jesús dijo a sus discípulos: 44 —Presten mucha atención a lo que les voy a decir: El Hijo del hombre va a ser entregado en manos de los hombres. 45 Pero ellos no entendían lo que quería decir con esto. Les estaba encubierto para que no lo comprendieran, y no se atrevían a preguntárselo. 46 Surgió entre los discípulos una discusión sobre quién de ellos sería el más importante. 47 Como Jesús sabía bien lo que pensaban, tomó a un niño y lo puso a su lado. 48 —El que recibe en mi nombre a este niño —les dijo—, me recibe a mí; y el que me recibe a mí, recibe al que me envió. El que es más insignificante entre todos ustedes, ése es el más importante. 49 —Maestro —intervino Juan—, vimos a un hombre que expulsaba demonios en tu nombre; pero como no anda con nosotros, tratamos de impedírselo. 50 —No se lo impidan —les replicó Jesús—, porque el que no está contra ustedes está a favor de ustedes.

Sentido Original

Los discípulos tienen todavía mucho que aprender de Jesús. Nada lo hace más evidente que el fracaso de nueve de ellos en sus esfuerzos por sanar a un muchacho poseído, mientras Pedro, Jacobo y Juan están en el monte con un Jesús transfigurado, escuchando la voz de Dios. Su impotencia para actuar por sí mismos se manifiesta vívidamente en este episodio.[1] Este es también el primero de una serie de pasajes, que se extienden hasta 9:56, en que los discípulos precisan seria corrección. Como dijo la voz que habló desde la nube, los discípulos han de escuchar a Jesús.

Jesús encuentra a un hombre que tiene a su hijo único en una situación desesperada.[2] Está poseído por un espíritu maligno que le produce convulsiones y le deja magullado. Muchos ven aquí un cuadro de epilepsia, especialmente teniendo en cuenta que

---

1. Este es también el último de una secuencia de trece milagros que Lucas describe en la sección galilea de su Evangelio.
2. Esto recuerda al hijo único de la viuda de Naín en 7:11-17 y la única hija de Jairo en 8:40-56.

en Mateo 17:15 se afirma que el muchacho «tiene ataques», lo cual es una descripción de la enfermedad por sus síntomas. El judaísmo veía esta condición con gran temor.[3]

La respuesta de Jesús a la petición de sanación de este hombre indica que algo va mal, porque describe a aquella generación como «incrédula y perversa». Una parte de la Humanidad transita por caminos deshonestos, forzando la paciencia de Dios (Is 46:4). De repente, el espíritu arroja al suelo al muchacho, y Jesús le ordena que salga de él. La represión produce su efecto. No solo hace que el demonio abandone al muchacho, sino también que éste salga indemne del lance. La protección de Jesús es total. La multitud se queda ponderando la majestad (1:49) y poder de un Dios que es capaz de vencer situaciones aterradoras.

Ante la admiración de la multitud, Jesús ha de recordar a sus seguidores que este tipo de respuesta es de corta duración. Acto seguido hace una segunda predicción de su próxima pasión,[4] reiterando que, en breve, el Hijo del Hombre será traicionado. Solo Lucas observa que los discípulos no entienden el sentido de las palabras de Jesús, puesto que éste les había sido encubierto, y tampoco se atrevían a preguntárselo. El que tuvieran miedo de preguntarle pone de relieve que sin duda habían entendido sus palabras. Lo que no entendían era que alguien a quien se había reconocido como Mesías pudiera ser objeto de traición. ¿Cómo podía sufrir este popular personaje escogido por Dios? ¿Puede acaso ser rechazada la obra de Dios? No obstante, como Jesús acaba de observar, la Humanidad puede ser ciega y deshonesta.

El texto es también impreciso acerca de quién les ha «ocultado» la verdad (v. 45). ¿Se trata de Dios en el contexto de su plan de la salvación? ¿O es obra de Satanás? En cualquier caso, en su Soberanía, Dios permite la presencia del obstáculo para que los discípulos comprendan plenamente estas cosas; si bien hacia el final del Evangelio, las anteojeras que limitan su visión serán quitadas. Sin duda, Dios desempeña un papel muy activo en la desaparición de estos obstáculos, como muestra la escena de Emaús en 24:13-35.

Dos breves incidentes concluyen el resumen de Lucas sobre el ministerio en Galilea.[5] En el primero de ellos, los discípulos se enzarzan en una discusión respecto a quién ocuparía una posición mayor entre los discípulos. Jesús está al corriente de su mezquina disputa, de modo que toma a un niño y señala a sus discípulos el valor de recibirle (desde un punto de vista cultural se consideraba a los niños irrelevantes y carentes de poder). Aquel que recibe al niño, recibe también al que le envió. La relevancia de una persona no depende de la percepción popular, sino simplemente del hecho de ser humano. Aun los niños, a quienes normalmente no se presta mucha atención, son importantes. Convertir en mayor al menor es hacer importantes a todos. No existen personas sin importancia.

---

3. H. van der Loos, *The Miracles of Jesus* [Los milagros de Jesús], 401–5. Se veía como una dolencia especialmente difícil de curar. Algunos judíos atribuían esta enfermedad a Balaam y a Saúl (Nm 24:4; 1S 19:24).
4. Los pasajes paralelos son Mateo 17:22–23 y Marcos 9:30–32.
5. Los pasajes paralelos del primer incidente son Mateo 18:1–5 y Marcos 9:33–37. El pasaje paralelo del segundo incidente es Marcos 9:49–50.

En segundo lugar, el ministerio tampoco es un monopolio protegido por el derecho de autor. Los discípulos han visto a alguien que expulsaba demonios en el nombre de Jesús. Puesto que esta persona no pertenece a la élite, han intentado detenerle. Jesús les dice a los discípulos que están equivocados. Cualquiera que no esté contra ellos, está de su parte. El ministerio no ha de limitarse a un grupo selecto y minoritario. A diferencia de los marines, que se conforman con «algunos hombres buenos», Jesús quiere que todos le sirvan y anima a todos para que lo hagan. Su comentario en el sentido de que «el que no está contra ustedes está a favor de ustedes» refleja la sabiduría proverbial de la cultura judía,[6] como sucedió en la actitud de Moisés hacia Eldad y Medad (Nm 11:26–30). Moisés estaba contento de que Dios estuviera llevando a otras personas a hacer su obra. El ministerio no debería limitarse a un grupo, una denominación, o una tradición teológica. Todo aquel que sirve fielmente al Señor merece nuestro apoyo.

Construyendo Puentes

En esta sección se tratan toda una serie de temas fundamentales para una vida con Dios, como la dependencia, la fe, el rechazo, el valor de la humanidad y el elitismo en el ministerio, que representan lecciones para el servicio. Aunque puede que en nuestros días lo importante no sea la competencia para realizar un exorcismo, sin embargo, la necesidad de confiar en Dios convencidos de que el mal puede ser vencido es tan grande en nuestro tiempo como en cualquier otro. Siempre que el mal es derrotado, podemos admirar la grandeza de Dios. La dependencia y la fe se yerguen ante la oposición espiritual que nos sale al encuentro en la vida. Y lo hacen sirviéndose de los poderosos recursos que Dios proporciona para enfrentar a las fuerzas cósmicas de las tinieblas. Efesios 6:10–18 convierte esta batalla en una imagen desarrollada de la armadura de Dios, que simboliza la justicia ética, la integridad, la unidad, el Espíritu, la Palabra de Dios y la oración. Por medio de estos recursos podemos ser fieles en la batalla. El debate actual sobre las disciplinas espirituales intenta renovar el enfoque de la Iglesia sobre tales cuestiones.[7]

Sin embargo, más que limitarnos simplemente a maravillarnos en la poderosa Palabra de Dios, hemos de defender sus intereses. A algunas personas esto no les gustará. Por ello, igual que Jesús fue entregado y rechazado, sus seguidores pueden esperar lo mismo. En ocasiones, transitar este difícil camino no parece tener mucho sentido, y no entendemos que Dios haga las cosas del modo en que las hace. Sin embargo, del mismo modo que los discípulos aprenden que han de confiar en el plan de Dios para Jesús, así también nosotros podemos aprender a confiar en su camino para nosotros. A veces el camino del rechazo da giros sorprendentes, como vemos en la Cruz, que fue la antesala de la resurrección.

Aunque podamos pensar que los pueblos de la Antigüedad eran muy distintos de nosotros, una mirada a la tendencia de los discípulos a competir entre sí y a intentar

---

6. Fitzmyer, *Luke I–IX* [Lucas I–IX], 821.
7. R. Kent Hughes, *Disciplines of a Godly Man* [Disciplinas del hombre piadoso], (Wheaton: Crossway, 1991); Stuart y Jill Briscoe, *Life, Liberty, and the Pursuit of Holiness* [Vida, libertad, y la búsqueda de la santidad], (Wheaton: Scripture Press, 1993).

construir un ministerio de élite, nos hace ver que eran muy semejantes a nosotros. A nuestra cultura le encanta competir y limitar el acceso al ministerio. Jesús deja claro que este tipo de acento deforma el llamamiento de Dios. Todos son importantes, y el ministerio está abierto a todos los que abrazan a Cristo. Hemos de ver a las personas como las ve Dios y responder a ellas de conformidad con esta perspectiva. A medida que Jesús se va acercando al momento de su rechazo, sabe que la compleja realidad de su ministerio futuro requiere que los discípulos aprecien la necesidad de que muchos obreros participen en las labores del reino.

Significado Contemporáneo

El pecado es una poderosa fuerza en nuestras vidas. Satanás es un fuerte adversario, y los oponentes de la justicia en el mundo son colosales. Cuando Jesús reprende a la «generación incrédula y perversa», está declarando la guerra a las actitudes que se niegan a considerar el carácter destructivo del mal y el modo en que éste nos ciega a la voluntad de Dios.

Sin embargo, en ocasiones el poder de las fuerzas del mal se exagera, y creemos carecer de los recursos para combatir el daño que estas pueden infligirnos. Con demasiada rapidez excusamos nuestro pecado con expresiones como por ejemplo «el diablo me llevó a hacerlo» o «soy un simple ser humano». Sintiéndonos impotentes en manos del mal, acabamos heridos y magullados en la vida cristiana, igual que el muchacho epiléptico. Jesús está en contra de virtuosos pusilánimes que piensan que Satanás y el mal son invencibles Goliats. Mayor es el que está en nosotros que el que está en el mundo. Esto es lo que este milagro pretende revelar. Jesús demanda una fe convencida de que la justicia es más fuerte que el mal. Ningún pecado ha de quedar invicto, ni ha de concedérsele a Satanás más importancia de la que merece.

Con todos los recursos de que disponemos en Cristo, no hay razón para que el pecado prevalezca, para que nuestra humanidad nos lleve al fracaso, ni para que las fuerzas diabólicas permanezcan en control (Ef 1:15–23). Nuestros fracasos se deben a que no hemos utilizado lo que Dios ha puesto a nuestro alcance. No recurrir a tales recursos es negligencia espiritual, como utilizar una bicicleta para atravesar el país cuando disponemos de un avión para hacerlo. El que la multitud se maravillara de la majestad de Dios durante este exorcismo se debió a que la liberación puso claramente de relieve la superioridad de su poder.

Dios no acumula sus recursos; los dispensa. Recurrir a tales recursos es experimentar la realidad de exorcizar la presencia del mal sin sufrir daños. Puede que esto no signifique más que encaminarnos con gran resolución en la dirección que Dios nos marca, aunque implique riesgo e incertidumbre. También implica aplicar los dones espirituales que él pone a nuestro alcance y andar en la luz que él nos imparte. Podemos asimismo encontrar ánimo en otros santos que comparten nuestra tarea.

Una de las grandes luchas de nuestro andar como cristianos se produce cuando Dios nos lleva por un camino marcado como «desconocido». Jesús está dirigiendo a sus discípulos por este tipo de sendero cuando hace referencia a su próximo sufrimiento (v.

44). Sus palabras suscitan preguntas. No tienen ni idea de adónde les está llevando o por qué, pero tienen temor de preguntarle. A los discípulos se les pide a menudo que transiten caminos desconocidos. En ocasiones, Dios nos da una tarea ministerial dentro de la iglesia que a primera vista no tiene ningún sentido, y sin embargo, al cabo de un tiempo vemos que la utiliza para enseñarnos cosas nuevas. En el desarrollo de mi tarea como anciano he experimentado muchas veces que alguien que en un principio no se sentía llamado, por ejemplo, a enseñar a los jóvenes, tras haber aceptado la tarea tenía la sensación de: «¿por qué no lo habré hecho antes?». Puede que nos sintamos sin preparación ni formación, pero Dios está diciéndonos: «limítate a confiar en mí con respecto a la dirección en que te estoy llevando». Él nos lleva a nuestro destino y quiere que nos dejemos llevar con confianza, sabiendo que caminar con él no siempre significa que vayamos a entender todo lo que está haciendo. Él tiene sus razones, aunque puede que el único resultado que descubramos es que le conocemos mejor.

Los discípulos continúan andando con Jesús, aunque tengan preguntas. Esta es la esencia de la fe. Si la fe fuera algo seguro, ¿sería acaso fe? Recuerdo un comentario que escuché sobre el discurso inaugural de Richard Mouw, del Seminario Fuller, en el que se refirió al «cristiano desasosegado». La expresión parece un oxímoron, pero, en realidad, no lo es. Bajo la renovación de Dios, el cristiano está en el proceso de descubrir, con cada día que pasa, la gran cantidad de cambios que Dios se compromete a realizar en la vida de los suyos.

Sentimos la tensión de vivir en este mundo aunque somos ciudadanos del cielo. Experimentamos también la angustia de querer ser justos y santos, al tiempo que nos damos cuenta de que no tenemos todavía cuerpos glorificados y purificados del pecado. Vivimos como extranjeros en tierra extraña, al menos si somos sensibles a nuestro llamamiento. La fe se mueve sabiendo que las manos de Dios están bajo nuestros pies; se arriesga a tomar un camino determinado, no porque siempre entienda las razones de los giros que adopta la vida, sino porque él ha dicho: «gira aquí». Jesús llama a los discípulos a emprender este recorrido de fe en preparación a lo que va a suceder en Jerusalén. A pesar de su temor a preguntarle sobre su rechazo, le siguen. Aunque es difícil, no les falta la fe (cf. 22:28–30).

Respecto al deseo de los discípulos de ser el mayor, a menudo nos gusta hacer distinciones, entre personas majas y desagradables, dotadas y problemáticas, importantes y el resto de la Humanidad. Pensar de este modo es parodiar la imagen de Dios presente en cada ser humano. Aunque existen peligros en la utilización del término «humanista» —que frecuentemente significa relativista—, puede defenderse que la Biblia llama a los cristianos a ser los mayores humanistas. A fin de cuentas, ¿qué otorga más dignidad a un ser humano sino afirmar que está formado a imagen de Dios y destinado a ser su vicegerente en la Tierra? ¿Qué nos conecta con el Cosmos de manera más significativa que estar vinculados a su Creador y Sustentador? ¿Qué otorga más valor a cada vida humana sino entender que todas ellas poseen de manera inherente un mérito por ser obra del Dios del Universo? Pablo llega a decirle a una audiencia pagana que todos somos descendientes de Dios (Hch 17:24–28). Jesús detestaba la clase de categorización en términos de competitividad y méritos a la que los discípulos parecen tan aficionados.

Al destacar el valor de un niño, Jesús eleva la importancia de cada ser humano. Si los humildes han de ser bien recibidos en el nombre de Jesús, todos entonces han de serlo. Todos somos importantes para nuestro Señor. Si él murió por nuestros pecados, ha elevado entonces la importancia potencial de todas las personas que le sirven, puesto que el perdón y la restauración plena están fundamentados en la fe en él. Acoger a un niño es acoger a Jesús, lo cual significa a su vez acoger al Dios que ha enviado a ambos. Cuando el más pequeño es el mayor, todos son entonces importantes y la búsqueda de grandeza se hace innecesaria.

Por último, una enfermedad que acosa al ministerio es la creencia de que somos imprescindibles, que solo nosotros podemos llevar a cabo una determinada tarea. Pero el ministerio no es una franquicia con una licencia exclusiva. Los discípulos han de aprender que para poder cubrir el mundo, se requieren muchos obreros, y Jesús alista a muchos en las filas del ministerio. Los esfuerzos por elevar ciertos ministerios por encima de los demás o ciertas esferas de servicio como más importantes que otras niegan la variedad que constituye la belleza del Cuerpo de Cristo. Cuando Pablo considera este tema en 1 Corintios 12, habla de dar mayor honor a las partes menos honorables, de modo que todos puedan sentir la aceptación de su papel dentro del cuerpo (1Co 12:21–26). Jesús quiere que sus discípulos valoren el derecho que tienen otras personas a ministrar. Nadie lleva a cabo su cometido en la Iglesia como un llanero solitario. Los que no están contra nosotros están a nuestro favor; y necesitamos a todos y cada uno de nuestros posibles aliados.

Lucas 9:51-62

Como se acercaba el tiempo de que fuera llevado al cielo, Jesús se hizo el firme propósito de ir a Jerusalén. 52 Envió por delante mensajeros, que entraron en un pueblo samaritano para prepararle alojamiento; 53 pero allí la gente no quiso recibirlo porque se dirigía a Jerusalén. 54 Cuando los discípulos Jacobo y Juan vieron esto, le preguntaron: —Señor, ¿quieres que hagamos caer fuego del cielo para que los destruya? 55 Pero Jesús se volvió a ellos y los reprendió. 56 Luego siguieron la jornada a otra aldea. 57 Iban por el camino cuando alguien le dijo: —Te seguiré a dondequiera que vayas. 58 —Las zorras tienen madrigueras y las aves tienen nidos —le respondió Jesús—, pero el Hijo del hombre no tiene dónde recostar la cabeza. 59 A otro le dijo: —Sígueme. —Señor —le contestó—, primero déjame ir a enterrar a mi padre. 60 —Deja que los muertos entierren a sus propios muertos, pero tú ve y proclama el reino de Dios —le replicó Jesús. 61 Otro afirmó: —Te seguiré, Señor; pero primero déjame despedirme de mi familia. 62 Jesús le respondió: —Nadie que mire atrás después de poner la mano en el arado es apto para el reino de Dios.

La sección clave del Evangelio de Lucas (9:51–19:44) nos muestra el rechazo que experimenta Jesús y la preparación de sus discípulos que éste lleva a cabo en vista de su próxima partida. Dos temas dominan esta sección. (1) Lucas traza cuidadosamente la oposición a Jesús que va en aumento y la profunda hostilidad que surge entre los dirigentes judíos. Mucho de lo que hay en los capítulos 9–14 es un doloroso relato de este cisma. (2) Una extensa enseñanza sobre el discipulado domina esta sección, especialmente en los capítulos 14–19. Jesús subraya el compromiso total que demanda el discipulado efectivo, la generosa utilización de los recursos, la dependencia de Dios y el amor por los pecadores. Así como la sección anterior estaba dominada por los milagros, los elementos narrativos clave de esta sección son las parábolas y la enseñanza. Hacia el final de este bloque, Jesús entra llorando a Jerusalén, porque Israel no ha sabido discernir la visitación de su Mesías. Sin embargo, el plan y reino de Dios siguen su avance para bendecir a quienes se vuelven a Jesús.

En el pasaje inicial de esta sección (9:51–10:24) se subraya el fracaso seguido por el éxito. Los discípulos no consiguen responder de manera apropiada a su rechazo (9:51-56), mientras que los posibles seguidores tienen mucho que aprender sobre el compromiso (9:57–62). Pero la misión de 10:1–24 es un éxito total, y sirve para exponer a los discípulos a las alegrías y privilegios del ministerio. Su ministerio no es un tiempo de juicio, sino de invitación. El rechazo de esta invitación hace a uno responsable ante Dios, sin embargo, el mensaje del discípulo está dominado por la oferta de esperanza y perdón. Es un periodo especial en el que anhelaban participar reyes y profetas. El ministerio representa un gran honor, sin embargo, el mayor de los privilegios es el conocimiento de Dios.

Esta sección se inicia con el comentario de que Jesús afirma su rostro para ir a Jerusalén. El modismo «afirmar el rostro» es una expresión veterotestamentaria para señalar la idea de «tomar una determinación» (Gn 31:21; Jer 21:10; 44:12).[1] Jesús emprende este viaje en un momento en que se acercan los días cuando ha de ser recibido arriba. No obstante, el viaje no hace un recorrido directo, porque en 10:38–42 Jesús se encuentra en Betania, cerca de Jerusalén, en el sur (cf. Jn 12:1), mientras que más adelante, en Lucas 17:11, viaja por el norte entre Samaria y Galilea. Lucas nos presenta un viaje trascendental, que tiene como destino la capital de Israel. Así, Jerusalén se convierte en una ciudad de muerte y desenlace, en la que encuentra su cumplimiento el plan de Dios y el rechazo del profeta (13:31–35). Lucas subraya estos temas mediante el tema del viaje de un modo singular y que no encontramos en los otros Evangelios.

El viaje comienza con la extensión del ministerio de Jesús a territorio samaritano. Los judíos consideraban a esta raza un grupo de traidores, un linaje de mestizos. El nombre de la región procedía de la capital del separatista reino del norte de Israel, Samaria, en un gobierno fundado por Omri (1R 16:21–24). Los samaritanos se mezclaron con las naciones paganas y por ello se les veía como infieles a la nación de Israel.[2] El hecho de que Jesús extienda a ellos su mensaje indica su deseo de ampliar su ministerio.

Siguiendo el mismo patrón que en la anterior misión de los Doce (Lc 9:1–6), Jesús envía mensajeros delante de él para que le preparen el camino. Pero tanto ellos como él solo encuentran rechazo. Lucas declara la razón con toda claridad, a saber, que Jesús «se dirigía a Jerusalén». En otras palabras, por lo que a Lucas se refiere, el rechazo de Jesús se extenderá fuera de Jerusalén.

Los discípulos están molestos con la falta de respuesta que encuentran en Samaria y le preguntan a Jesús si no habrían de hacer «caer fuego del cielo para que los destruya», como hiciera Elías en 2 Reyes 1. Sin duda, rechazar la venida de Dios merece una venganza y destrucción instantáneas. Pero Jesús les reprende. ¿Por qué? Lucas no consigna las palabras que pronuncia Jesús. La comitiva se limita a seguir avanzando, y no se produce ninguna ejecución de juicio. Es evidente que no es el momento para el juicio, sino para ofrecer la Gracia y advertir sobre la responsabilidad que conlleva la recepción de dicha oferta. El acento de este texto es parecido al de Lucas 4:16–19, donde la cita de Isaías 61:1–2 se consigna sin la referencia a la venganza. El silencio de Jesús no es el único, porque también calla el Cielo ante el deseo de juicio expresado por los discípulos.

---

1. Lohse, «πρόσωπον, κτλ.,», *TDNT*, 6:776, n. 45.
2. Quienes deseen considerar descripciones de esta hostilidad desde la óptica del primer siglo pueden ver Josefo, *Guerra de los judíos* 2.12.3 §§ 232–33; *Antigüedades* 20.6.1 §§ 118–23. En Eclesiástico 50:25–26 y Jubileos 30:5–6, 23 se habla de esta cuestión con la perspectiva de periodos anteriores. Curiosamente, este es el único pasaje de Lucas en que se describe a los samaritanos de un modo negativo.

El discipulado no es para Jesús una cuestión incidental, como se certifica en 9:57–62. En una serie de tres encuentros, Jesús muestra la alta prioridad que él concede al discipulado.[3] No es casual que este texto siga a un pasaje que subraya el rechazo. Parte de lo que hace del discipulado una empresa tan exigente es el hecho de que el creyente sabe que ha de contar con cierto tipo de rechazo. El discipulado demanda un compromiso especialmente concentrado. Lucas deja claro que lo urgente es la predicación del reino, puesto que dos de los tres llamamientos mencionan el reino de Dios (sobre el reino, ver 10:1–24; 11:14–23; 17:20–21).

La palabra clave de esta sección es «seguir» (vv. 57, 59, 61). Como sucede en el triple llamamiento de Eliseo, el texto subraya repetidamente este punto esencial, aunque con una diferencia crucial: lo que en el Antiguo Testamento fue un llamamiento triple dirigido a una sola figura, en el Nuevo se convierte en un único llamamiento dirigido a tres personajes distintos (2R 2:1–6).[4] En los tres casos que aquí se presentan, el discípulo inicia el encuentro en dos de ellos (el primero y el tercero) mientras que Jesús lo hace en uno. Sin embargo, la cuestión es la misma en cada caso: en la vida, el discipulado ha de ser lo primero.

El primer diálogo comienza con una confiada afirmación por parte de un hombre en el sentido de que seguirá a Jesús dondequiera que vaya. Este comentario requiere una reflexión, y por ello Jesús advierte a este hombre lo que esta decisión requerirá exactamente. Es probable que el candidato tenga en mente el ejemplo de los estudiantes que siguen a un rabino, en el que éstos aprenden de su maestro. Seguir a un rabino no significaba sino caminar tras él, y sugería también la sumisión del estudiante al maestro. Sin embargo, seguir a Jesús implica una forma distinta de discipulado. Es más como seguir a un profeta.[5] El profeta era un maestro itinerante, no formaba parte de una comunidad establecida. Tenía una existencia incierta y vivía de los donativos de aquellos que respondían al ministerio.

Seguir a Jesús es, por consiguiente, seguir a un profeta que nos llama a ser fieles a Dios. La prioridad es dirigir toda la atención a la presencia y llegada del reino de Dios. Requiere que veamos este camino con una dedicación total, sobre todo porque el Hijo del Hombre no va a tener un hogar que pueda llamar suyo. A diferencia de las zorras y aves, que tienen sus madrigueras y nidos, el Hijo del Hombre no tiene hogar. Es un extranjero peregrinando durante un tiempo por tierra extraña. El rechazo será un

---

3. El pasaje paralelo de este texto es Mateo 8:18–22, que describe los dos primeros incidentes. Solo Lucas consigna el tercer diálogo. Mateo sitúa este suceso después de un texto resumen en el que Jesús sana a muchas personas y antes del aquietamiento de la tormenta y las sanidades en Gerasa. Por ello, el llamamiento al discipulado está insertado en medio de un período de intenso ministerio milagroso. Los discípulos pueden confiar en el poder de Dios. Lucas consigna este acontecimiento tras el fracaso en Samaria y antes de la misión más extensa, en un contexto de rechazo. Mateo observa que uno de los personajes del relato es un escriba. Lucas, fiel a su patrón, no concreta las identidades. Una última diferencia es que Lucas subraya el reino en la segunda y tercera réplicas, un detalle que falta en Mateo. La versión de Lucas es, pues, más explícita respecto a la urgencia del reino.
4. L. Johnson, *Luke* [Lucas], 162.
5. M. Hengel, *The Charismatic Leader and His Followers* [El dirigente carismático y sus seguidores], (New York: Crossroad, 1981).

hecho, y encontrar un lugar amigo de acogida puede ser difícil. Jesús está preparando a su posible seguidor para los tiempos que se avecinan.

En el segundo caso, un posible seguidor desea enterrar a su padre antes de unirse al grupo. La petición parece razonable, puesto que en el judaísmo sepultar a un miembro de la familia era una prioridad (1R 19:19–21).[6] De hecho, para un oído judío la respuesta de Jesús habría sonado como algo casi escandaloso. Sin embargo, cosas que eran toleradas en la antigua era, en la nueva y más urgente han de dejarse atrás. Sorprendentemente, Jesús le dice a este hombre: «Deja que los muertos entierren a sus propios muertos». Esta respuesta, aparentemente áspera, es de carácter retórico, sin embargo, sirve para explicar que el discipulado y el propio compromiso con el reino tienen prioridad aun sobre cuestiones de orden familiar. Este dicho es parecido a otros textos de Jesús que hablan de aborrecer a los padres, y que significa que si hubiera de hacerse una elección de este tipo, Dios ha de tener preferencia. Ocuparse de los rituales funerarios de un miembro de la familia es una prioridad inferior. En lugar de ello, este hombre ha de ir y proclamar el Evangelio. Más importante que preocuparse por los muertos es predicar la oferta de vida. Los discípulos han de moverse hacia adelante, a suplir esta necesidad, no conmemorar lo que ha pasado.

En el tercer encuentro surge una petición parecida. Aquí un hombre quiere decirle adiós a su familia (cf. Eliseo en 1 Reyes 19:19–20). Una vez más, Jesús afirma algo que a primera vista parece una severa advertencia: Quienes miran atrás no son aptos para el reino. Los comentarios de Jesús tienen un precedente veterotestamentario. La esposa de Lot prefería Sodoma y miró atrás. Los israelitas anhelaban volver a Egipto y se quejaban porque Dios les había liberado y les había hecho andar por el desierto. Quienes se aferran a la vida en la Tierra tal como es no están dispuestos a la reforma que implica la salvación. Jesús no solo nos salva para concedernos un lugar en el Cielo, sino también para transformarnos aquí y ahora en un nuevo pueblo, separado del mundo (2Co 5:17; Gá 2:20; 6:14; Tit 2:11–14). El discípulo no puede aferrarse a la antigua vida y estar preparado para los rigores del discipulado. Jesús quiere que esta verdad quede clara desde el comienzo. La salvación no es un camino de comodidad, porque la verdadera espiritualidad requiere disciplina.

La imagen de mirar atrás mientras se ara es apropiada, puesto que en Palestina el terreno es accidentado. Mirar atrás mientras se araba llevaba a cometer errores en la preparación del campo. La tarea requería una mirada concentrada en lo que había por delante. El discipulado demanda, pues, atención a la peligrosa ruta que tenemos por delante. Mirar atrás supone correr el riesgo de salirnos del camino.

Construyendo Puentes

Es evidente que en nuestros días existe un rechazo del Evangelio parecido al que había en el tiempo de Jesús. Esta clase de rechazo es difícil de asumir. Pero la negativa de Jesús a ejecutar juicio es un patrón consistente para el ministerio. Como se mencionó en la primera sección, ahora no es tiempo de juicio. Jesús destaca aquí que la era actual de su ministerio es un periodo de oportunidad e

---

6. Ver Eclesiástico 38:16; Tobías 4:3–4; 12:12.

invitación. Es cierto que Jesús habla abiertamente de juicio, sin embargo, éste se producirá en la era futura, cuando el Hijo del Hombre regresará para mostrar su autoridad (9:26; 12:8–10; 17:26–37; 21:25). Hay que considerar también 2 Pedro 3:9, que explica el retraso del juicio por parte del Señor como una expresión de su amor y paciencia. La oportunidad de responder a la oferta del Evangelio sigue abierta hasta que llegue el juicio.

Esta perspectiva indica el modo en que la Iglesia ha de hacer frente al rechazo. Puesto que Dios impartirá justicia en un punto determinado del futuro, ahora no es el momento de la vindicación. Durante la era de la Gracia, la Iglesia ha de seguir ministrando y ofreciendo su mensaje de esperanza. Ser siervos del Evangelio no es subrayar el juicio o anhelar su ejecución, sino esforzarnos por salvar vidas mientras Dios lo permita.

Lucas 9:57–62 pone de relieve el compromiso fundamental que entraña ser un discípulo (cf. 9:23–27). La prioridad del discipulado es la misma ayer, hoy y mañana, a saber, el desarrollo de nuestra relación con Dios. A fin de evitar los errores propios de nuestro instinto, hemos de considerar el desarrollo del discipulado como una prioridad, entendiendo que el mundo no comprenderá que vayamos en una dirección distinta de la que marcan ciertas expectativas culturales.

Más sutil puede ser el modo en que en nuestras propias comunidades eclesiales nos piden que nos adaptemos a las expectativas del mundo o incluso a las del mundo cristiano que nos rodea. Puede que se nos pida que no planteemos a nuestro pueblo el desafío profético de vivir de un modo distinto, puesto que ello podría ser nocivo para nuestra autoestima o crear una reacción. A veces, someternos a un análisis bíblico demanda que nos miremos con detenimiento y honestidad en el espejo y que hagamos cambios. La franqueza de Jesús y la sorprendente calidad de sus comentarios en este texto muestran lo en serio que se toma el llamamiento al discipulado. El camino para seguir a Jesús no se puede transitar con una dedicación a tiempo parcial; se trata de un deber perpetuo. Puesto que el discipulado comporta una respuesta tanto a las personas como a Dios, no hay ningún momento en el que podamos «estar de vacaciones», por así decirlo. Quienes se acercan a la espiritualidad como *hobby* no descubrirán su bendición. Jesús deja clara esta verdad mostrando que incluso los compromisos más elevados con la familia están en un segundo lugar. Puede que se nos pida que ministremos en lugares que impliquen no estar cerca de nuestras familias. Puede que se nos pida que asumamos riesgos por el Evangelio que una persona «sensata» no correría. Es posible que tengamos que mantenernos íntegros en situaciones que pueden costarnos un precio muy alto.

Significado Contemporáneo

La Iglesia ha de hacer frente al rechazo del mundo. Muchas veces el mundo ve nuestro compromiso con Jesús como un exclusivismo ciego y arrogante, cuando de hecho representa una invitación a compartir las ricas bendiciones de Dios. ¿Cómo debería responder la Iglesia a esta hostilidad? Muchos reaccionan de manera visceral contra la preocupación de la Iglesia por el carácter moral de nuestra cultura considerándola un intento dogmático de controlar a los demás. Esta interpretación no puede ser más errónea. Al advertir contra la conducta inmoral, la Iglesia está previniendo contra aquello que es en última instancia auto destructivo, no solo para el individuo que participa de ello, sino también para la sociedad en general.

¿Pero cómo hemos de responder a este rechazo? Los discípulos responden a los samaritanos a partir de un instinto natural: «Borremos a esta gente estúpida de la faz de la tierra». Sin embargo, el camino de Jesús no pasa por un ejercicio caprichoso del poder. Lo que él demanda es un constante acercamiento y ministerio a las personas. No hacerlo no es indicación de que no vaya a haber juicio. Como se ve en 10:13–15 y 11:37–52, Jesús es capaz de pronunciar serias advertencias sobre las consecuencias de rechazarle. No obstante, la meta de la Iglesia es ministrar ininterrumpidamente, proclamando el mensaje del Evangelio y alcanzando a otras personas por medio de su mensaje y sus acciones.

Cuando pienso en este texto y en la reprensión de Jesús, considero lo indignados que se muestran muchos cristianos cuando se dirigen al mundo. En nuestros días es bastante frecuente ver indignados rostros cristianos por televisión, expresando cierta forma de condenación sobre nuestra sociedad en general. Se enarbolan como estandarte la verdad, la justicia y el camino de Dios, y para quienes andan de manera distinta solo quedan palabras de juicio. Algunos han recurrido incluso a la fuerza bruta o a la violencia para intentar detener el pecado. ¿Es esta nuestra opción?

Cuando Jesús entra en Jerusalén anticipando su rechazo (19:41–44), no está indignado. Más bien llora por ella. Esto no significa que ciertas cosas no le indignaran (cf. la purificación del templo). Sin embargo, su ira iba dirigida a una hipocresía religiosa que bloqueaba el acceso a Dios. Aquellos a quienes la sociedad excluía con mayor rigor recibían a menudo un trato sorprendente por parte de Jesús, como la mujer sorprendida en adulterio (Jn 7:53–8:11). Cuando Jesús estaba en la Cruz soportando el atroz dolor de los clavos como evidencia del rechazo nacional, no estaba indignado con sus enemigos, sino que intercedía por ellos. Cuando los judíos apedreaban a Esteban por identificarse con Jesús, tampoco él estaba indignado, sino que oró por su perdón. Un día el juicio llegará, la justa ira de Dios se manifestará a los corazones endurecidos; sin embargo, en este tiempo, la Iglesia está llamada a amar y seguir intercediendo por aquellos que rechazan el Evangelio. Esto no significa que no vaya a haber enfrentamientos, pero hay un modo de confrontar que sigue extendiendo la invitación de un perdón asequible mediante un cambio de corazón. Como sucedió con Saulo, custodio de las ropas de Esteban mientras le ejecutaban, un poco de perdón puede sembrar una semilla que dará fruto para el Señor.

¿Qué clase de siervo desea Jesús, según 9:57–62? ¿Qué tipo de servicio espera? En este punto surgen varias analogías. Durante el periodo en que los soldados se forman para el servicio, la administración de las fuerzas armadas requiere a menudo que estos se ausenten mucho tiempo del hogar. Se encuentren en un campamento militar o en servicio activo en algún lugar del mundo, no hay tiempo para enterrar a los muertos o para tener contacto con la familia. Como sucede con el compromiso de servir a la nación, el discipulado es un llamamiento para servir a Dios. Los proyectos personales quedan a un lado cuando se ponen junto a las necesidades nacionales. Jesús dice que el llamamiento al discipulado es algo así.

Menos elocuente, aunque igual de ilustrativo, es lo que sucede en las concentraciones de pretemporada que realizan los deportistas. Durante este tiempo a los jugadores se les aparta de la familia y amigos para forjar una unidad, un equipo. Dos agotadores entrenamientos al día muestran lo dedicados que han de estar los atletas para mantenerse en forma. Nada puede obstaculizar esta vital preparación para una nueva temporada. Con el discipulado sucede lo mismo, pero con una diferencia. Aquí la concentración de pretemporada es la iglesia, y el entrenamiento nunca cesa. Los discípulos han de estar siempre en forma. Si la concentración va bien, los amigos y la familia participarán en la preparación.

Otra analogía puede ser el matrimonio. Hasta que me caso, estoy sujeto a mis padres, pero el establecimiento de un nuevo hogar suscita una nueva serie de relaciones personales que tienen prioridad. Hacer justicia a mi nueva familia requiere una disponibilidad total. El discipulado es así. Mi relación con Dios se convierte en la prioridad que me define y el criterio con el que veo todo lo demás.

Es posible que haya una importante diferencia entre el discipulado en el tiempo de Jesús y en nuestros días, después de dos mil años de Historia de la Iglesia. En el tiempo de Jesús, quienes tomaban la decisión de seguir al Señor, a menudo tenían que dejar a la familia. El rechazo de los judíos era tan fuerte que decidirse por Jesús significaba hacerlo contra la propia familia. En nuestros días muchas personas crecen en hogares cristianos en los que la decisión de seguir a Jesús se recibe con alegría. Ser discípulo significa formarnos junto a nuestros seres queridos. Mantenernos en buena forma requiere que todos nos entreguemos completamente a la tarea. Hacerlo con otros que recorren el mismo camino que nosotros es un estímulo. Esta es la razón por la que algunos de los discipulados más efectivos se llevan a cabo en grupos pequeños. No es casual que Jesús formara a los Doce y a otros grupos de discípulos que compartían la tarea con él. Aunque el discipulado sea un llamamiento a salir del mundo, Jesús nunca pretendió que fuera un ejercicio realizado en solitario.

Sin embargo, como discípulos en el mundo, haríamos bien en prepararnos. Dios puede llamarnos a un lugar donde el consuelo es incierto, porque el Hijo del Hombre no tiene lugar donde recostar su cabeza. La incertidumbre hace que uno no pueda permitir que las preocupaciones cotidianas neutralicen la demanda del discipulado, puesto que los muertos han de enterrar a los muertos. El discipulado lleva aparejada una urgencia que debería convertirlo en una prioridad absoluta. Y una vez que nos hayamos puesto en marcha, no podemos mirar atrás. Dios no nos llama a su servicio por una temporada, sino para toda la vida. El servicio en el reino comienza en el momento en que recibimos a Jesús y continúa hasta que el Padre nos llama a su presencia. ¿Qué aspecto tiene este llamamiento? En sus detalles, es distinto para cada persona. Algunos son llamados a servir donde han crecido. Otros han de recorrer miles de kilómetros hasta el lugar de su ministerio. Algunos viven en situaciones muy difíciles y pierden su vida por la fe, como fue el caso de Pedro, mientras que otros viven una vida larga, como Juan que, según parece, murió a una edad muy avanzada. Sin embargo, lo que es igual para todos es que el llamamiento al discipulado debe tener prioridad sobre todo lo demás.

Lucas 10:1-24

Después de esto, el Señor escogió a otros setenta y dos para enviarlos de dos en dos delante de él a todo pueblo y lugar adonde él pensaba ir. 2 «Es abundante la cosecha —les dijo—, pero son pocos los obreros. Pídanle, por tanto, al Señor de la cosecha que mande obreros a su campo. 3 ¡Vayan ustedes! Miren que los envío como corderos en medio de lobos. 4 No lleven monedero ni bolsa ni sandalias; ni se detengan a saludar a nadie por el camino. 5 Cuando entren en una casa, digan primero: "Paz a esta casa". 6 Si hay allí alguien digno de paz, gozará de ella; y si no, la bendición no se cumplirá. 7 Quédense en esa casa, y coman y beban de lo que ellos tengan, porque el trabajador tiene derecho a su sueldo. No anden de casa en casa. 8 Cuando entren en un pueblo y los reciban, coman lo que les sirvan. 9 Sanen a los enfermos que encuentren allí y díganles: "El reino de Dios ya está cerca de ustedes." 10 Pero cuando entren en un pueblo donde no los reciban, salgan a las plazas y digan: 11 Aun el polvo de este pueblo, que se nos ha pegado a los pies, nos lo sacudimos en protesta contra ustedes. Pero tengan por seguro que ya está cerca el reino de Dios. 12 Les digo que en aquel día será más tolerable el castigo para Sodoma que para ese pueblo. 13 ¡Ay de ti, Corazín! ¡Ay de ti, Betsaida! Si se hubieran hecho en Tiro y en Sidón los milagros que se hicieron en medio de ustedes, ya hace tiempo que se habrían arrepentido con grandes lamentos. 14 Pero en el juicio será más tolerable el castigo para Tiro y Sidón que para ustedes. 15 Y tú, Capernaúm, ¿acaso serás levantada hasta el cielo? No, sino que descenderás hasta el abismo. 16 El que los escucha a ustedes, me escucha a mí; el que los rechaza a ustedes, me rechaza a mí; y el que me rechaza a mí, rechaza al que me envió.» 17 Cuando los setenta y dos regresaron, dijeron contentos: —Señor, hasta los demonios se nos someten en tu nombre. 18 —Yo veía a Satanás caer del cielo como un rayo —respondió él—. 19 Sí, les he dado autoridad a ustedes para pisotear serpientes y escorpiones y vencer todo el poder del enemigo; nada les podrá hacer daño. 20 Sin embargo, no se alegren de que puedan someter a los espíritus, sino alégrense de que sus nombres están escritos en el cielo. 21 En aquel momento Jesús, lleno de alegría por el Espíritu Santo, dijo: «Te alabo, Padre, Señor del cielo y de la tierra, porque habiendo escondido estas cosas de los sabios e instruidos, se las has revelado a los que son como niños. Sí, Padre, porque esa fue tu buena voluntad.» 22 Mi Padre me ha entregado todas las cosas. Nadie sabe quién es el Hijo, sino el Padre, y nadie sabe quién es el Padre, sino el Hijo y aquel a quien el Hijo quiera revelárselo.» 23 Volviéndose a sus discípulos, les dijo aparte: «Dichosos los ojos que ven lo que ustedes ven. 24 Les digo que muchos profetas y reyes quisieron ver lo que ustedes ven, pero no lo vieron; y oír lo que ustedes oyen, pero no lo oyeron.»

 **Sentido Original**

Como quedó claro en Lucas 9:49-50, el ministerio va más allá de los Doce. Jesús envía otro grupo misionero que en esta ocasión consta de setenta y dos.¹ Es posible que los Doce también formaran parte de esta misión (cf. 22:35), aunque a ellos no se les cuenta en este número, puesto que el texto afirma explícitamente que se trata de «otros setenta y dos».

Jesús les envía de dos en dos. Lo que ellos hacen es solo el comienzo, ya que han de rogar para que más obreros sean mandados a la mies. La utilización de imaginería agrícola para aludir a la cosecha espiritual era algo común en el judaísmo (ver Is 27:11-12; Os 6:11; Jl 3:13; también Lc 10:10-16; Jn 4:31-38; Ro 11:16-24; 1Co 3:6-7).² Con la conversión viene también la responsabilidad de unirse a la tarea de compartir las buenas nuevas. El que estos obreros surjan como consecuencia de la intercesión subraya que Dios es la fuente soberana de esta bendición. Él es el Señor de la cosecha, dirige la misión y es responsable de «enviar» obreros a la mies. Las misiones no son un asunto de mercadotecnia. Los esfuerzos misioneros nacen de la dirección del Señor, quien lleva a su pueblo a compartir fielmente la Gracia que han experimentado.

Este ministerio no es fácil, porque los obreros son enviados «como corderos en medio de lobos.» Hay peligro y hostilidad por todas partes (cf. 9:51-56). En el judaísmo, los lobos representaban a menudo a quienes acababan con sus enemigos.³ A pesar del peligro, los discípulos han de avanzar en el cumplimiento de su llamamiento.

Este peligro requiere que los obreros viajen con poco equipaje. Las instrucciones son similares pero algo más detalladas que las que encontramos en 9:1-6. No han de llevar monedero ni bolsa ni sandalias. No han de detenerse a saludar a nadie en el camino, porque su misión es urgente. Tampoco han de preocuparse con los asuntos normales de la vida como los demás, porque su prioridad es el ministerio. Han de descansar sabiendo que Dios proveerá para sus necesidades, puesto que «el trabajador tiene derecho a su sueldo».

Cuando lleguen a un pueblo, han de permanecer en un mismo lugar, no andar de casa en casa. Han de pronunciar una bendición de paz en aquellos hogares donde se les reciba, una invocación de la buena voluntad de Dios.⁴ En aquellas casas donde no se les acoja, la bendición no permanecerá (Mt 25:31-46). Como huéspedes, los discípulos han de comer lo que se les ponga delante aceptándolo como lo que Dios provee

---

1. Este pasaje tiene un buen número de puntos paralelos de contacto en los Sinópticos: Mateo 9:37-10:16 es como Lucas 10:1-12; Lucas 10:13-15 es como Mateo 11:20-24; Lucas 11:17-20 no tiene paralelos; y Lucas 10:21-24 es como Mateo 11:25-27 y 13:16-17. Los paralelos de Mateo solo mencionan a los doce. En Lucas la misión de los setenta y dos tiene los mismos principios que la de los Doce. Otro asunto del pasaje es determinar si los enviados fueron setenta o setenta y dos. Este problema implica una diferencia en la tradición lucana de los manuscritos griegos. Cualquiera de las dos cifras podría ser correcta, pero por lo que a los manuscritos se refiere los datos parecen favorecer un poco más la elección del número setenta y dos.
2. En la literatura extrabíblica, ver 1QS 8:5-6; CD 1:7; 1QH 8:4-11; *Odas de Salomón* 38:17-21.
3. En Salmos de Salomón 8:23, 30 se alude a las naciones como lobos rapaces que devoran a Israel.
4. *Mishná, 'Aboth* 4:15.

para ellos. Su principal responsabilidad es sanar a los enfermos y proclamar la llegada del reino de Dios.

La mención del reino de Dios es central, porque estos discípulos reflejan el acercamiento de la nueva era que trae Jesús. El poder liberador de Dios se acerca. La referencia en los versículos 9 y 11 al acercamiento del «reino de Dios» ha sido objeto de mucha discusión entre los eruditos. ¿Significa acaso que el reino se acerca hasta un punto, pero se detiene antes de llegar plenamente? ¿O es este acercamiento una manera de anunciar su llegada? La clave de la respuesta no está en la idea griega de acercarse que aparece en el versículo 11, sino en la combinación de la preposición con el concepto de acercarse: ha llegado a ustedes, en el versículo 9, como aparece también en un dicho paralelo a éste en 11:20. Este texto posterior es un comentario sobre la actividad de Jesús que explica el significado de su ministerio. Es una reafirmación de lo que Jesús dice en 10:9. La actividad de Jesús no solo se está acercando; ha llegado «a ustedes» (literalmente, sobre ustedes). Este modismo también aparece en Daniel 4:24, 28 en la traducción griega del Antiguo Testamento vinculada a Teodosión, y en este texto la idea es claramente de llegada. La preposición expresa localidad y es evidente que habla de algo más que mera proximidad.

Los versículos 17–18 confirman esta idea representando el ministerio de la misión como evidencia de la caída de Satanás.[5] Anunciar el reino no quiere decir que todo lo relacionado con la autoridad de Jesús se vaya a manifestar ahora, porque él enseñó también que hay cosas que llevará a cabo a su regreso. Pero el gobierno de Dios por medio de Jesús ha comenzado. El poder liberador del dominio de Satanás ha comenzado a actuar en la Historia y entre la Humanidad. Las obras del ministerio apoyan esta afirmación mostrando que las fuerzas del mal y la presencia de la muerte no pueden resistir a la autoridad de Jesús.

Si los discípulos son rechazados, han de sacudirse el polvo de sus pies y seguir adelante. Esta acción declara una separación entre Dios y la ciudad que rechaza a sus mensajeros, haciendo patente la responsabilidad que tiene por su decisión (Lc 9:5; Hch 13:51; 19:6). Rechazar una invitación tan benévola es peligroso, como revela Lucas 10:13–15. Aun Tiro y Sidon, dos ciudades gentiles con muy mala reputación, van a salir mejor paradas en el juicio que las localidades galileas de Corazín, Betsaida y Capernaúm. Este tipo de lamento amenazador cuenta con precedentes en el Antiguo Testamento (Is 23; Jer 25:22; 47:4; Ez 26:3–28:24; Jl 3:4–8; Am 1:9–10). En otras palabras, la era actual es tan importante que hasta las ciudades más perversas de entre los gentiles habrían respondido a la oferta de Jesús arrepintiéndose en cilicio y cenizas (1R 20:31–32; 2R 19:1; 1Cr 21:16; Jl 1:13; Am 8:10). El destino de quienes rechazan el mensaje del reino es «las profundidades» (la palabra griega se translitera como Hades). En otras palabras, el riesgo del rechazo es eterno.

Lo que muchas veces no se valora suficientemente es la inquebrantable conexión que Jesús establece entre él mismo y sus mensajeros. Éstos son comisionados de tal manera que le representan. Escucharles a ellos es lo mismo que oír a Jesús; rechazarles

---

5. Obsérvese también 11:14–23, donde el ministerio de Jesús evidencia la derrota de Satanás ante un enemigo más fuerte.

a ellos, lo mismo que rechazar a Jesús. No se puede separar a Jesús de quienes llevan su mensaje, y esta conexión se extiende más allá de los Doce a todos los que predican fielmente su mensaje. Este tipo de vinculación se parece mucho a la autoridad que en nuestro tiempo se concede a un embajador. El embajador representa a su país, y lo que dice cuenta con todo el apoyo del gobierno.

La misión es un éxito, puesto que los discípulos regresan llenos de entusiasmo por el poder que poseen. En el nombre de Jesús, ¡hasta los demonios se les han sometido! Ha sido apasionante contemplar este poder en acción.

Jesús responde describiendo la caída de Satanás. El desmoronamiento de Satanás, su pérdida de poder, se ha hecho evidente por lo que ha sucedido. El texto alude a la imaginería de Isaías 14:12. El judaísmo asociaba el final de Satanás con la venida del Mesías.[6] Jesús ha otorgado a los setenta y dos autoridad para vencer todo tipo de poder y manifestaciones malignas. Más adelante, en Lucas 11:20–23, Jesús describe su propia actividad como la irrupción de uno más fuerte que Satanás y que saquea sus dominios. Teniendo en cuenta el poder que actúa en ellos, no hay nada que pueda dañarles, una verdad que Jesús expresa con gran intensidad mediante las partículas griegas *ou me*. No obstante, el verdadero fundamento de su alegría no ha de ser este poder. Es decir, la sumisión de los malos espíritus no es nada en comparación con el hecho de que sus nombres están inscritos entre los salvos, en el Libro de la Vida. Aquí está la verdadera causa de gozo. De hecho, es una causa constante de gozo, ya que Jesús utiliza un imperativo presente (*chairete*) para explicar esta cuestión. El Libro de la Vida es el gran censo de Dios en el que se consignará a los benditos.[7] La vida verdadera y perpetua con el Dios eterno es la esencia de la bendición.

Para resaltar esta cuestión Jesús intercede con una nota de alabanza a Dios. La Soberanía de Dios concede estas bendiciones a «los que son como niños» y no a los sabios y entendidos. Los que han llegado a ver la bendición de Dios son los poseedores de una fe sencilla, no los que se apoyan en su propia sabiduría (1Co 1:25–31). Él honra a quienes, con sencillez de corazón, dependen de él.

Pero hay otra conexión fundamental que mantiene unida la cadena. El Padre deposita su autoridad en el Hijo. Sin embargo, es el Hijo quien, por su parte, descubre el Padre a otras personas. Aquellos que se acercan a Dios tienen al Hijo como fuente de dicha revelación. Como Jesús dijo en el Evangelio de Juan: «Yo soy el camino, la verdad y la vida. Nadie llega al Padre sino por mí» (Jn 14:6). Hay una cadena de revelación que se extiende desde Dios por medio del Hijo a quienes responden al mensaje de éste y son portadores de él. Esta es la razón por la que esta misión era tan importante, y por la que conocerle a él es tan crucial.

Participar de la tarea del Hijo imparte la bendición especial de la aprobación divina. Así, Jesús concluye con una bienaventuranza para quienes ven lo que han visto los setenta y dos. Reyes y profetas anhelaron experimentar lo que ellos están experimen-

---

6. 1 Enoc 55:1; Jubileos 23:29; Testamento de Simeón 6:6; Testamento de Judá 23:3.
7. Ver Éxodo 32:32; Salmos 69:28; Isaías 4:3; Daniel 7:10; 12:1; Filipenses 4:3; Apocalipsis 3:5; 20:12, 15; 21:27.

tando, pero no obtuvieron este honor especial (1P 1:10-12). Aunque los periodos de Moisés, David e Isaías fueron épocas gloriosas, no son nada en comparación con la del Mesías.

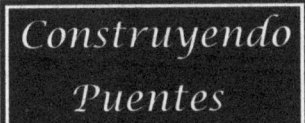

Esta misión es singular, teniendo en cuenta la directa implicación con Jesús y el tipo de autoridad que poseen los setenta y dos para anunciar la llegada del reino. Sin embargo, en 22:35-38, Jesús altera algunas de las instrucciones que se dan aquí. En lugar de confiar en la bondad de las gentes, los discípulos del futuro han de estar mejor preparados para el rechazo y para depender más directamente de sus propios recursos. Es cierto que, siendo la situación social más hostil en el siglo primero, los discípulos tenían que ser más cuidadosos. Esta distinción sugiere la necesidad de distintos acercamientos al ministerio dependiendo de la naturaleza de las circunstancias. Cuando el ambiente es abierto y libre, podemos confiar en la bondad de otras personas. Sin embargo, en atmósferas cerradas y hostiles, hemos de movernos con discreción. En nuestro tiempo, la diferencia se ve más fácilmente en el estilo ministerial que se requiere en los estados occidentales más abiertos en contraste con el que debe utilizarse en zonas musulmanas o en ciertas partes de Asia. Los contextos más hostiles requieren más cuidado en el modo de reunirse. Jesús dice algo aquí que se repite en 1 Timoteo 5:18: El obrero merece su salario.

En la tarea misionera Dios sigue siendo Soberano, y el mundo sigue necesitando más obreros para la cosecha. En un mundo poblado por miles de millones de personas, aun la presencia de varios millones de cristianos no es suficiente para alcanzar a todos. Los recursos han de utilizarse sabiamente. ¿Es necesario que cada tradición cristiana tenga su propia agencia misionera en una región determinada, o podría ser que unos esfuerzos más conjuntados permitan una utilización de los recursos más coordinada y efectiva? ¿Es acaso siempre lo mejor mandar más misioneros extranjeros a una región, o deberían gastarse los recursos en desarrollar a más dirigentes locales? Hemos de ser sabios en el modo en que utilizamos a los obreros que Dios da para la tarea.

Se requiere una sabiduría especial tanto para alcanzar a los que no han oído el Evangelio como para llegar a quienes están expuestos a él. Los obreros fieles al mensaje esencial de Jesús son necesarios tanto en aquellas partes del mundo en que el Dios de Abraham, Isaac y Jacob no es muy conocido, como en otras en que se le conoce tan bien que se le ha rechazado como irrelevante. No obstante, estos han de compartir este mensaje con una gran sensibilidad hacia la singular cultura en la que sirven. Es decir, han de entender dicha cultura de tal modo que puedan comunicar el Evangelio claramente y que ministre a las necesidades de las personas. La forma del mensaje y estilo ministerial de quienes sirven en un barrio de América Latina serán, sin duda, distintos de los que se utilizarán en un importante centro urbano para alcanzar a los magnates de los negocios.

Los principios de viajar con poco equipaje y con un sentido de urgencia son intemporales. El Evangelio nunca debe ser una carga para aquellos a quienes les está siendo predicado. También hay que tener cuidado con la sutileza de suavizar el mensaje para ganar un salario. Nunca hemos de negar el carácter único del mensaje, y la Iglesia ha de evitar la tentación de recibir ayuda económica porque el mensaje se haya hecho culturalmente aceptable. Cuando los recursos dirigen el mensaje, por regla general éste se pierde. Esto puede ser un peligro tanto para las iglesias como para organizaciones misioneras, seminarios o ministerios paraeclesiales. El mensaje de la propia necesidad de Cristo ha de seguir siendo primordial. La Iglesia ha de apoyar sus distintos ministerios con suficiente solvencia como para que su necesidad de supervivencia no dicte una política.

Lo que está en juego es el destino de todos los que oyen el Evangelio. No cabe la sugerencia de que uno no tiene necesidad del perdón que Jesús ofrece o de que, de algún modo, el pecado está pasado de moda. Por ello, Jesús pide a sus mensajeros que dejen muy claro que lo que está en juego es el rechazo de la bendición de Dios. Esta es también la razón por la que Jesús pronuncia ayes sobre aquellas ciudades galileas que rechazan el mensaje. El Evangelio no puede convertirse en la expresión informal y privada de una opinión religiosa, que es una opción entre otras muchas. Es la revelación de Dios. Muchas personas de nuestro tiempo dudan de que Dios hable o haya hablado, con lo cual se complica el problema de su respuesta al mensaje. Además, predicar que Jesús es el único camino significa que el evangelista se arriesga a ser tachado de intolerante, dogmático, o de querer controlar a los demás. Pero estos obstáculos no nos eximen de la responsabilidad de declarar en amor y con lágrimas lo que hay en juego en las decisiones que Dios requiere de nosotros.

Se está librando una batalla cósmica con el Evangelio. Es una antigua conflagración que sigue activa en nuestro tiempo, aunque la victoria se decidió ya en la Cruz del Calvario. Lo que vemos en los setenta y dos son los primeros momentos de triunfo, algo muy parecido a lo que fue el Día D para los aliados en la Segunda Guerra Mundial. La guerra duró todavía mucho tiempo después de aquella batalla, sin embargo, el resultado se había decidido en esencia durante aquellos primeros días. Nuestro ministerio por Cristo expresa en la práctica este conflicto cósmico, y nosotros nos gozamos y compartimos a Jesús porque en él está la verdad que hace que nuestro nombre aparezca en el Libro de la Vida.

Considera la bendición que supone participar en la cosecha. Estamos en la línea de una herencia ministerial de dos mil años. Participamos en una batalla para revertir la presencia del mal en el mundo. Participamos en una relación con el Señor del Cielo y la Tierra. Experimentamos la bendición del perdón que solo él ofrece, una bendición para aquellos que ven a Jesús. Puede que hayan pasado dos mil años, sin embargo, la grandeza y singularidad de aquella bendición nunca se desvanece.

Significado Contemporáneo

Las aplicaciones de este texto son innumerables. El ministerio cristiano sigue precisando obreros. Este trabajo no es para las personas individualistas. Hay un sentido de colaboración, responsabilidad mutua y protección de la integridad en el hecho de que los setenta y dos viajaran de dos en dos. Esta clase de ministerio compartido evita un acercamiento autoritario al ministerio y ayuda a asegurar la veracidad de los participantes. Hay sabiduría en un ministerio que no va por libre.

La misión ha de seguir construyéndose sobre la dependencia de Dios. Esta clase de dependencia comienza con la oración y termina con un sentido del gozo que supone formar parte de una misión tan sublime y antigua. Cuando voy a Europa, experimento algo casi místico cuando asisto a una universidad que fue fundada en el siglo XV o vivo en una localidad donde el Señor ha sido adorado ininterrumpidamente desde el año 750 d.C. No obstante, la misión cristiana que se describe en Lucas 10 hace que todos estos esfuerzos parezcan jóvenes. Desde los días de Jesús, Dios ha estado llamando a obreros para que trabajen los campos, siempre sembrados con vida emergente que ha de ser cosechada para él.

A través de la oración, los esfuerzos sabios y la fortaleza para hacer frente al rechazo, cada generación confía en la dirección de Dios para que suministre obreros a la tarea de la evangelización. Aunque la historia de la fe es muy rica, es lo que se predica lo que hace que la tarea sea tan valiosa. El llamamiento a participar en la bendición de Dios es la mayor vocación que puede poseerse. Cada comunidad de fe ha de subrayar la importancia de esta tarea y enseñar a quienes la forman a participar de ella. Algunos recorrerán grandes distancias; otros compartirán el mensaje con amigos y vecinos. Sin embargo, todos son llamados a hacer algo. Jesús no dejó el ministerio solo en manos de los Doce. En nuestros días, tampoco son los pastores los únicos llamados a compartir las bendiciones de Dios con los demás.

Curiosamente, Jesús dice poco sobre métodos, y no ofrece a sus seguidores un mensaje bien desarrollado. Su ministerio consiste en servir a las necesidades, manifestar el poder de Dios y explicar de dónde procede. Muchos se sienten intimidados cuando se trata de compartir a Jesús porque sienten que no saben qué decir. Jesús envía a los setenta y dos y les dice simplemente que se den a los demás y que anuncien la presencia de Dios. A veces hacemos de la evangelización algo más difícil de lo que debe ser.

No debería haber ninguna duda, no obstante, de que para Jesús la cuestión se centra en la vida y la muerte eternas. Nuestra cultura se ha especializado en trivializar las opiniones religiosas, como si se tratara de escoger un helado en una heladería. Dios no es tan desapasionado como para dejar que estas importantes cuestiones queden a merced del antojo humano. Al ofrecer a su Hijo, Dios ha ejecutado a la vida verdadera, para que los seres humanos puedan experimentar la vida. Con la muerte, la vida verdadera ha erradicado cualquier obstáculo que pudiera obstaculizar la relación con Dios. Por extraño que pueda parecernos, con frecuencia el mundo acusa a Dios de estrechez de miras por haber abierto la puerta de un modo tan amplio por medio de su Hijo. Lo que parece un camino estrecho en Jesús es de hecho una puerta que se abre a un enorme campo de bendición. En 13:24, Jesús describirá su mensaje como una puerta estrecha. Los discípulos saben que lo importante no es la anchura de la puerta, sino el lugar donde ésta conduce.

Lo que Dios le pide a cada ser humano es que reconozca ante él que no ha vivido de un modo honroso y que debe, por consiguiente, abrazar el perdón y la relación que él desea darle por medio de Jesús. Dios da prueba de su buena fe ofreciendo todo lo que necesitamos para participar de esta bendición. Solo hemos de volvernos a él con buena fe y abrazar el don que él ha provisto. Por lo que respecta al elemento esencial de volvernos a Dios para obtener perdón en Cristo, el Evangelio es tan sencillo que para muchos se hace muy difícil de entender y más aún de aceptar. Sin embargo, es esta misma simplicidad lo que llevó a Jesús a comparar a quienes entienden y abrazan el Evangelio con niños. Cuando se trata del Evangelio, los caminos de Dios no han de entenderse. Porque lo que Jesús ofrece son cosas que profetas y reyes anhelaron experimentar. Quienes conocen a Jesús residen en un palacio cuyos muros nunca se convertirán en un museo.

Lucas 10:25-37

En esto se presentó un experto en la ley y, para poner a prueba a Jesús, le hizo esta pregunta: —Maestro, ¿qué tengo que hacer para heredar la vida eterna? 26 Jesús replicó: —¿Qué está escrito en la ley? ¿Cómo la interpretas tú? 27 Como respuesta el hombre citó: —«Ama al Señor tu Dios con todo tu corazón, con todo tu ser, con todas tus fuerzas y con toda tu mente», y: «Ama a tu prójimo como a ti mismo.» 28 —Bien contestado —le dijo Jesús—. Haz eso y vivirás. 29 Pero él quería justificarse, así que le preguntó a Jesús: —¿Y quién es mi prójimo? 30 Jesús respondió: —Bajaba un hombre de Jerusalén a Jericó, y cayó en manos de unos ladrones. Le quitaron la ropa, lo golpearon y se fueron, dejándolo medio muerto. 31 Resulta que viajaba por el mismo camino un sacerdote quien, al verlo, se desvió y siguió de largo. 32 Así también llegó a aquel lugar un levita, y al verlo, se desvió y siguió de largo. 33 Pero un samaritano que iba de viaje llegó adonde estaba el hombre y, viéndolo, se compadeció de él. 34 Se acercó, le curó las heridas con vino y aceite, y se las vendó. Luego lo montó sobre su propia cabalgadura, lo llevó a un alojamiento y lo cuidó. 35 Al día siguiente, sacó dos monedas de plata y se las dio al dueño del alojamiento. «Cuídemelo —le dijo—, y lo que gaste usted de más, se lo pagaré cuando yo vuelva.» 36 ¿Cuál de estos tres piensas que demostró ser el prójimo del que cayó en manos de los ladrones? 37 —El que se compadeció de él —contestó el experto en la ley. —Anda entonces y haz tú lo mismo —concluyó Jesús.

Sentido Original

El discipulado es uno de los temas más importantes de este Evangelio. Lucas 10:25–11:13 trata este asunto destacando las relaciones a tres niveles fundamentales: con el prójimo (10:25–37), con Jesús (10:38–42), y con Dios por medio de la oración (11:1–13). La estrecha yuxtaposición de estas relaciones sugiere el aspecto vertical-horizontal de la espiritualidad que Pablo planteó en textos como Filemón 6 y Colosenses 1:3–5. La ética no es un asunto de reflexión abstracta sobre ciertas situaciones; es el reflejo de un carácter que combina escuchar a Dios con un servicio sensible a las personas.

Lucas 10:25–37 ilustra de un modo asombroso la capacidad de Jesús para traducir una abstracta exposición teológica en un discurso sobre asuntos de la vida real. Su encuentro con este experto de la ley pone de relieve que Jesús no se permite distinciones en su trato con las personas. No es fácil eludir nuestro fracaso cuando se trata de servir y de ser un prójimo.[1]

---

1. Los pasajes paralelos de éste son objeto de debate. Solo Lucas consigna la parábola, pero su introducción se parece a Mateo 22:34–40 y Marcos 12:28–34. Mateo y Marcos son claramente paralelos, pero la conexión con Lucas es menos cierta. El acontecimiento lucano parece un incidente distinto que cubre un tema similar. Ver R. Stein, Luke [Lucas], 314–15, especialmente n. 39.

El incidente comienza de un modo muy inocente. Sabiendo que el Antiguo Testamento alude a la «herencia eterna» que uno puede poseer (Sal 36:18, LXX; Dn 12:2), un jurista, experto en la tradición judía, le pregunta a Jesús lo que ha de hacer para heredar la vida eterna. ¿Qué ha de hacer para tener parte en la resurrección de los justos? Cuando llegue el momento de la futura bendición, ¿cómo puede él saber que la recibirá?

Jesús le responde con una pregunta. Se dirige a la Ley, y le pregunta al intérprete qué es lo que él cree que dice al respecto. El escriba responde aludiendo a una parte de la *Shemá* consignada en Deuteronomio 6:5; se trata de esa parte de la Ley que los judíos recitaban a diario y que insta a la nación a amar a Dios con todo el ser. Cita también la parte de Levítico 19:18 que exhorta a amar al prójimo. Esta combinación se conocía como el «gran mandamiento».[2]

Jesús elogia la respuesta observando que, si cumple con estas demandas, vivirá. Algunos han interpretado esta respuesta como basada en una premisa «legal», que ya no es aplicable en esta era. Este punto de vista pasa por alto lo que Jesús está diciendo. El Señor no pone ninguna limitación dispensacional a su elogio de la respuesta, sino que declara la demanda ética fundamental de Dios: amarle y responder a los demás en vista de ese amor. Situada en el contexto literario de 10:21–24, esta respuesta significa que aquellos que aman a Dios escucharán a Jesús, se acercarán y responderán a él, y recibirán sus beneficios. Como más adelante deja claro el propio Jesús, tales personas recibirán, no solo el perdón sino el Espíritu de Dios, que hace posible que los creyentes lleguen a ser personas distintas (Lc 24:47, 49; Hch 2:38). Una persona que ama a Dios y que responde a él como un niño escuchará el llamamiento de Dios. Por ello Jesús dice acertadamente, «haz eso y vivirás».

El escriba entiende que la respuesta no es lo bastante explícita. «¿Cuál es el ámbito de este mandamiento a amar al prójimo? ¿Son acaso todos mi prójimo? ¿He cumplido yo este mandamiento?» Lucas nos dice que el intérprete quiere «justificarse». De modo que le pregunta a Jesús «¿Quién es mi prójimo?» ¿Pretende quizá limitar el ámbito de aplicación del mandamiento para poder decir que lo ha cumplido? Esta pregunta tiene un trasfondo cultural específico. Un antiguo libro sapiencial judío, Eclesiástico 12:1–4, dice a sus lectores que no ayuden a los pecadores. Por tanto, la pregunta del escriba pretende establecer una distinción, arguyendo que algunas personas son prójimos y otras no, y que nuestra única responsabilidad es amar al pueblo de Dios. En este relato, Jesús responde a la sugerencia de que algunas personas quedan fuera de la esfera del «prójimo».

Jesús escoge a un samaritano como elemento notable de la historia puesto que, para el escriba, una persona de esa región no sería un «prójimo». En nuestros días, esta historia de Jesús ha perdido parte del poder que tuvo en su momento, puesto que carecemos de los presupuestos culturales que hicieron de ella un relato tan sorprendente. Los postulados que subyacen en la narración son que el sacerdote y el levita son los buenos, aquellos de quienes cabría esperar que ayudarían al viajero herido; sin embargo, de un samaritano —un mestizo y renegado— sería la última persona de quien se podría

---

2. G. Schenk, «δόξα», *TDNT*, 2:249–50. La respuesta encuentra paralelismos dentro del judaísmo: En Testamento de Isacar 5:1–2 se alude a amar al Señor y al prójimo, mientras que el Testamento de Dan 5:3 habla de tener amor a Dios y los unos por los otros.

esperar compasión (sobre las ideas judías de los samaritanos, ver los comentarios sobre 9:51–56).

Hay otro importante detalle cultural a tener en cuenta. Jesús toma el peligroso camino de Jericó a Jerusalén como escenario del incidente. Este trayecto de veintisiete kilómetros era muy conocido por su peligro. En nuestros días, el equivalente cultural puede ser un recorrido nocturno por los barrios marginados de la ciudad. Aquel camino era muy peligroso, como descubre el hombre que cae en manos de los ladrones. Los ladrones se escondían en las innumerables cuevas que había junto al camino que serpenteaba por el desierto,[3] y tendían emboscadas a los viajeros. Esto es lo que le sucede a este hombre, a quien le quitan la ropa, le apalean y le roban. Dándole por muerto, le arrojan a un lado del camino.

Aparecen luego dos posibles auxiliadores. Sin embargo, tanto el sacerdote como el levita, por piadosos que puedan ser, pasan por el otro lado del camino para no prestar ayuda a este hombre que la necesita con desesperación. Es probable que al ver aparecer a estos hombres «justos» por el camino, el herido pensara, «aquí llega, sin duda, mi ayuda». Sin embargo, en ambos casos este hombre sufre una desilusión, porque los dos pasan de largo ignorando el sufrimiento que encuentran en su camino. ¿Pero, por qué pasan de largo? Puede que no quieran quedar inmundos por tocar lo que parece un cadáver (Lv 21:1–3; Nm 5:2; 19:2–13; Ez 44:25–27), aunque la ley oral permitía ciertas excepciones en el caso de los sacerdotes cuando no estaba presente ningún miembro de la familia (*Mishná, Nazir* 6:5; 7:1). Pero en el texto no se menciona ningún motivo, y es mejor no especular.

A continuación pasa un samaritano. Es un giro sorprendente, puesto que cabría esperar que ahora apareciera un laico judío, no este «mestizo». Sin embargo, el samaritano sí tiene compasión del viajero herido. Sirviéndose de una serie de verbos, Jesús detalla la actividad de este hombre a favor de su prójimo: se acerca a él; lava y unge sus heridas con aceite y vino y las venda; lo monta sobre su asno, le lleva a la posada, y lo cuida, hasta el punto de dejarle al posadero suficiente dinero para que le albergue durante dos semanas para facilitar su recuperación. Le dice además al posadero que anote todos los gastos ocasionados por el herido y que a su regreso él los pagará. Tenemos aquí un ministerio que financia de principio a fin la recuperación de la víctima. No es de extrañar que los eruditos llamen a esta parábola una «historia ejemplar», porque esto es exactamente lo que es el samaritano: un ejemplo.

A continuación, Jesús plantea una sencilla pregunta: «¿Cuál de estos tres piensas que demostró ser el prójimo del que cayó en manos de los ladrones?» El escriba no puede identificarle por su raza. Para un judío la idea de un samaritano bueno era un oxímoron. Por tanto dice: «el que se compadeció de él». Jesús concluye: «Anda entonces y haz tú lo mismo».

La cuestión es evidente. El escriba quiere saber si puede ser prójimo de un grupo selecto y reducido. Con el ejemplo del samaritano Jesús le está diciendo: «sé tú el prójimo». En lugar de preocuparse de si alguien es o no mi prójimo, Jesús nos llama

---

3. W. Michaelis, «λῃστής», *TDNT*, 4:257–59, 261.

a ser prójimos de quienes están en necesidad. Al invertir la perspectiva Jesús cambia tanto la pregunta como la respuesta. No se trata ya de evaluar a los demás, sino de ser un determinado tipo de persona en el desarrollo de nuestra actividad.

De esta parábola surge otra cuestión. Al hacer del samaritano el ejemplo a seguir, Jesús señala que el prójimo puede aparecer en lugares sorprendentes. El intento del escriba de limitar el ámbito de su prójimo puede de hecho estar limitando la procedencia de la comunión. Aquellos que hacen pasar a las personas por un tamiz para determinar con quiénes van a relacionarse limitan su capacidad de tener amistades significativas.

El principal puente contextual de esta historia es fácil de cruzar, puesto que el llamamiento ético a ser una persona que responde a las necesidades de los demás es un elemento esencial del discipulado con su mandamiento a amar a Dios y al prójimo.

El aspecto más comentado de este texto es la respuesta de Jesús a la pregunta sobre heredar la vida eterna. ¿Por qué no habla más directamente de sí mismo en respuesta a esta pregunta? Antes hemos explicado que la respuesta de Jesús es tan bíblica como cualquier cosa que Jesús pudiera decir en nuestros días. Amar a Dios es responder a él a todos los niveles. Jesús acaba de observar en la sección anterior que responder a Dios significa responder al mensaje del reino que, en su nombre, han proclamado sus siervos. En el plano ético, esto se traduce en el tipo de amorosa preocupación que muestra el samaritano. Para Jesús el asunto de responder con amor es una consecuencia natural de lo que Dios ofrece cuando las personas se vuelven a él.

La respuesta de Jesús posee una característica concreta que aparece sistemáticamente en su enseñanza. Como dijo anteriormente, su familia son aquellos que oyen su palabra y la ponen en práctica (8:19–21). Sin embargo, en este texto no habla de la obra del Espíritu Santo que hace posible que este tipo de amor pueda expresarse. Obsérvese que, en la carta de Pablo a los Gálatas, el fruto del Espíritu se expresa en términos relacionales (Gá 5:22–23). Aquellos que tienen vida, la obtienen a través del Espíritu que Jesús provee. Quienes se acercan a Dios en amor reciben el beneficio de su amor mediante la generosa provisión del Espíritu (ver Lc 24:49; Hch 1:8; 1Co 12:13).

Otro asunto práctico es que la satisfacción de las necesidades básicas ha de llevarse a cabo de un modo personal y compasivo; no se trata simplemente de echar dinero en un problema esperando que se resuelva por sí solo. El samaritano no solo contribuye con sus recursos, sino que se ocupa personalmente de que otras personas involucradas en el proceso conozcan su deseo de que la víctima se recupere completamente. El cuidado de la persona se deja en manos responsables que se encargarán de completar la tarea.

Significado Contemporáneo

¿Cómo se puede ser prójimo? Para ello se requieren ojos, oídos y un corazón compasivo. La principal diferencia entre el sacerdote y el levita por un lado, y el samaritano por otra no es lo que ven y oyen, sino lo que hacen con esta información. Únicamente el samaritano se compadece. Solo él tiene entrañas. Los prójimos son personas con un corazón que no se limita a bombear sangre. Son personas que ven, sienten y sirven.

A menudo se oye que la tarea de aliviar el dolor del mundo es tan ingente que no sabemos por dónde empezar o cómo podemos ni siquiera tener la esperanza de paliarlo en lo más mínimo. Esta forma de pensar puede convertirse en una excusa para la inactividad. Si no sé dónde comenzar, ni siquiera comenzaré a ayudar, porque si lo hago, me sentiré abrumado. Una mejor actitud es la de ponerse a trabajar allí donde uno siente que puede ser de ayuda. Es posible que no pueda ayudar en todas partes, pero sí puedo hacerlo en algún ministerio procurando aportar algo significativo. Ser un buen prójimo no requiere que me esfuerce en satisfacer todas las necesidades de que soy consciente, sino que me convierta en pieza de un gran puzzle que presta significativamente su ayuda en un contexto específico.

En este sentido, las iglesias deberían esforzarse en ofrecer todo un abanico de ministerios. Las iglesias de los barrios marginados de la ciudad o los suburbios tienen una oportunidad única de servir en el ámbito público ayudando a niños de las escuelas locales que necesitan clases particulares o paternidad adoptiva. La iglesia a la que asisto —una comunidad suburbana de la ciudad de Dallas— ha estado ministrando en una de las zonas más pobres de Dallas, donde algunas mujeres de nuestra iglesia han ayudado con clases privadas a niños de distintos trasfondos étnicos que carecen de conocimientos básicos. Este tipo de ministerio equivale a vendar a los heridos de nuestras calles. Los niños que carecen de un buen ejemplo y apoyo por parte de sus padres lo encuentran en la atención y preocupación de la Iglesia. La Iglesia ha de analizar con detenimiento y creatividad nuevas posibilidades y formas de ministerios.

Otro ministerio que nuestra iglesia ha puesto recientemente en marcha es la salida del día de la madre, para que las madres jóvenes puedan tener un respiro que, en ocasiones, necesitan como el aire. Otras personas de nuestra iglesia se han sentido llamados a ejercer de padres adoptivos durante algunos días, semanas o meses hasta que se inicia el proceso de adopción del niño o la niña en cuestión . Otros han optado por ejercer este mismo papel con adolescentes huérfanos o huidos de sus hogares que han de reinsertarse en la sociedad. Por regla general, esta clase de ministerios son sacrificados, pero constituyen extraordinarios ejemplos de amor al prójimo. Y naturalmente, a veces actuar como prójimo significa sencillamente estar junto a las personas cuando surge una situación dolorosa. Este sentido de la fraternidad hacia nuestros congéneres adopta toda clase de formas y dimensiones. Solo se ve limitado por nuestra negativa a ver, sentir y responder.

Lucas 10:38-42

Mientras iba de camino con sus discípulos, Jesús entró en una aldea, y una mujer llamada Marta lo recibió en su casa. 39 Tenía ella una hermana llamada María que, sentada a los pies del Señor, escuchaba lo que él decía. 40 Marta, por su parte, se sentía abrumada porque tenía mucho que hacer. Así que se acercó a él y le dijo: —Señor, ¿no te importa que mi hermana me haya dejado sirviendo sola? ¡Dile que me ayude! 41 —Marta, Marta —le contestó Jesús—, estás inquieta y preocupada por muchas cosas, 42 pero sólo una es necesaria. María ha escogido la mejor, y nadie se la quitará.

Sentido Original

Solo Lucas consigna este breve pasaje, que cobra especial significado con las prioridades que Jesús establece comentando la tensión suscitada por el hecho de que María no ayude a Marta. Esta historia puede considerarse desde dos puntos de vista. En primer lugar tenemos la perspectiva de Marta, que está a todas luces molesta porque María no le ayuda con los preparativos de la comida para Jesús. Cualquiera que haya observado episodios de rivalidad entre hermanos puede captar el tono desafiante de sus palabras a Jesús: «Señor, ¿no te importa que mi hermana me haya dejado sirviendo sola?» La construcción de la frase en griego deja claro que Marta anticipa una respuesta positiva a la pregunta. Ella espera que Jesús le brinde su ayuda. Marta está llevando a cabo una tarea digna de encomio, sin embargo, está demasiado pendiente de lo que hacen otras personas. Jesús no la critica por lo que está haciendo, sino por preocuparse por las actividades de los demás.

Al considerar el relato desde el punto de vista de María, se nos plantea el ejemplo de alguien que está dispuesto a sentarse a los pies de Jesús y tener comunión con él como discípulo suyo. En lo que hace María hay un tono apacible. En medio del ajetreo de la vida, a menudo necesitamos hacer una pausa para tener un momento de tranquila reflexión delante del Señor. La emotiva respuesta de Jesús a Marta, pronunciando dos veces su nombre, indica lo apropiado de que su hermana se siente a sus pies. María ha escogido algo necesario y bueno, que tendrá su recompensa como un tiempo bien invertido con Jesús. En ocasiones, el discipulado requiere que las tareas queden aparcadas para conseguir mantener la comunión.

Construyendo Puentes

Este texto es muy revelador tanto por lo que respecta al argumento de Lucas, como por el ejemplo que éste utiliza para hacer una afirmación sobre el discipulado. Se presenta en una serie de tres pasajes, cada uno de los cuales trata un aspecto clave distinto de nuestra relación con Dios: cómo nos relacionamos con los demás (10:25–37), cómo dialogamos con Dios (11:1–13) y cómo nos vemos unos a otros y nuestro tiempo con el Señor (10:38–42). El ejemplo que Jesús encomia es el de alguien que no dice una palabra, a saber, el de la devota María sentada a sus pies. Su silencioso testimonio produce una profunda impresión, en su representación de una buena elección. Algo también significativo —especialmente en una cultura del primer siglo que a menudo consideraba impropio que las mujeres recibieran instrucción— es el hecho de que Lucas describa a una mujer desde una óptica tan positiva, como digna de sentarse a los pies del Maestro. La Gracia no conoce fronteras de género. La actitud del Señor, tan abierta para cruzar barreras sociales y de género es muy instructiva para nosotros, porque muchas veces esta clase de barreras se convierten en obstáculos para un potencial ministerio. El Señor estaba dispuesto a enseñar a cualquier persona, y nosotros también deberíamos estarlo. La instrucción en las cosas del Señor debería estar abierta a todos.

Este pasaje es también un texto clave sobre el discipulado, no por la comparación entre las tareas de Marta y María, sino por el modo erróneo en que Marta ha juzgado la inacción de María, y su excesiva preocupación por lo que hacen otras personas. El texto tiene dos acentos distintos: la obcecación de Marta por evaluar a otras personas mientras desarrolla su tarea, y la sabiduría de María al querer pasar tiempo a los pies de Jesús. Ambas cualidades, una negativa y otra positiva, se encuentran en el corazón del discipulado.

Significado Contemporáneo

Como hemos observado, este texto no trata directamente sobre el papel o posición de las mujeres, sino del discipulado. No obstante, el hecho de que Jesús presente a las mujeres como discípulas suyas muestra implícitamente que se las trata con respeto, como personas y como discípulos de pleno derecho. En una cultura que tendía a considerar a las mujeres como poco más que a los niños, este es un aspecto significativo. Lucas consigna varios relatos que subrayan el valor de la mujer para la causa de Jesús (ver cap. 1 y 8:1–3). En nuestros días las batallas de género se libran con frecuencia de un modo distinto, en el marco de unas oportunidades para las mujeres que eran impensables en el siglo primero. Los hombres y las mujeres están casi en guerra. Esta situación es muy desafortunada, porque Jesús anticipó un tiempo en que hombres y mujeres contribuirían por igual a la causa de Cristo, trabajando juntos en lugar de luchar por el poder. Cuando el servicio se eleva a su debido lugar en el discipulado, las batallas por el poder pierden relevancia. Por tanto, el que María se siente a los pies de Jesús describe a una persona dispuesta a aprender de él, mientras que el ajetreo de Marta representa a alguien que le sirve. Para los discípulos ambas cosas son necesarias.

En otras palabras, el discipulado es una equilibrada combinación de dos cosas: servicio y reflexión. María muestra la importancia de reflexionar sobre lo que enseña Jesús. En nuestro tiempo esto se traduce en una inversión de tiempo en la Palabra y en una instrucción de los discípulos por parte de la iglesia sobre su papel en el mundo. Ello puede implicar momentos de silencio ante Dios en oración, escuchando su voz. Servir a expensas de ser alimentado espiritualmente es una gran tentación. Esto es lo que significa el comentario de Jesús a Marta. Algunas actividades pueden esperar. Hay un tiempo para trabajar y un tiempo para escuchar.

Lamentablemente, en tiempos de especial ajetreo, con frecuencia, lo primero que sufre es nuestro tiempo con el Señor. Los ancianos con quienes sirvo en una iglesia local nos hemos comprometido solemnemente los unos con los otros a ser los primeros en vivir vidas de oración. Esto nos ha llevado a vernos cada martes por la mañana de 6:30 a 8:00 para desayunar juntos y orar por las necesidades de nuestra iglesia siguiendo las peticiones semanales que se presentan en nuestra reunión de oración. Según mis cálculos, invertimos unas tres veces más de tiempo orando o preparándonos para orar que abordando directamente asuntos de la iglesia en grupos de discusión. Pero aun el modo en que he planteado esta cuestión puede inducir al error, puesto que cuando oramos, estamos ejerciendo el liderazgo de la iglesia. Antes de que cualquier actividad pueda ser significativa y realizada con sensibilidad, debería impregnarse de oración. Tengo la sospecha de que muchos de nosotros deberíamos incorporar a nuestras vidas un poco más del ejemplo de María y un poco menos del de Marta.

Parte del problema de Marta era que se preocupaba excesivamente por lo que hacían otras personas. Al pedirle a Jesús que compartiera su queja, asumía que su evaluación de la elección de María era correcta. El hecho de que Jesús no secunde a Marta muestra que, aunque ésta llevaba a cabo una valiosa tarea, tenía que preocuparse menos de las decisiones de María. Muchas veces pasamos demasiado tiempo valorando el andar de otras personas y muy poco considerando nuestras propias acciones en el servicio de Jesús. Pensemos en lo mucho que aumentaría la efectividad de la Iglesia si invirtiéramos la mitad de la energía que a menudo se nos va en evaluar la vida de otras personas considerando nuestro propio andar. Una comunidad se asfixia cuando toda su energía se invierte en juzgarse los unos a los otros. Lo que es realmente crucial para la existencia de una comunidad efectiva es que cada uno de los miembros asuma la responsabilidad de su propia forma de vivir y puedan así ministrarse mutuamente de un modo positivo y alentador. Esto no significa que tengamos que ignorar el pecado que pueda haber en la comunidad, pero sí que hemos de ser lentos en valorar aquellas áreas que no tienen nada que ver con el pecado. Marta cruzó esta línea. El Señor se negó a escuchar su queja. La elección de María era digna de encomio.

Lucas 11:1-13

Un día estaba Jesús orando en cierto lugar. Cuando terminó, le dijo uno de sus discípulos: —Señor, enséñanos a orar, así como Juan enseñó a sus discípulos. 2 Él les dijo: —Cuando oren, digan: «Padre, santificado sea tu nombre. Venga tu reino. 3 Danos cada día nuestro pan cotidiano. 4 Perdónanos nuestros pecados, porque también nosotros perdonamos a todos los que nos ofenden. Y no nos metas en tentación. 5 Supongamos —continuó— que uno de ustedes tiene un amigo, y a medianoche va y le dice: "Amigo, préstame tres panes, 6 pues se me ha presentado un amigo recién llegado de viaje, y no tengo nada que ofrecerle." 7 Y el que está adentro le contesta: "No me molestes. Ya está cerrada la puerta, y mis hijos y yo estamos acostados. No puedo levantarme a darte nada." 8 Les digo que, aunque no se levante a darle pan por ser amigo suyo, sí se levantará por su impertinencia y le dará cuanto necesite. 9 Así que yo les digo: Pidan, y se les dará; busquen, y encontrarán; llamen, y se les abrirá la puerta. 10 Porque todo el que pide, recibe; el que busca, encuentra; y al que llama, se le abre. 11 ¿Quién de ustedes que sea padre, si su hijo le pide un pescado, le dará en cambio una serpiente? 12 ¿O si le pide un huevo, le dará un escorpión? 13 Pues si ustedes, aun siendo malos, saben dar cosas buenas a sus hijos, ¡cuánto más el Padre celestial dará el Espíritu Santo a quienes se lo pidan!

Sentido Original

Una vez más, Lucas ordena el material de manera distinta que los demás evangelistas que mencionan el mismo acontecimiento. El Padrenuestro aparece en el Sermón del Monte, el extenso sermón sinóptico de Mateo, mientras que en su versión, Lucas lo consigna en medio de una sección de enseñanza concluyendo una secuencia de textos clave sobre relacionarse correctamente con Dios. Este texto precede también a la disputa sobre el origen de la autoridad de Jesús. En otras palabras, Jesús instruye a los discípulos sobre la naturaleza de su andar en un contexto en que se cuestiona la naturaleza de su ministerio. Vivir con Dios es la mejor manera de estar preparado para hacer frente a esta presión.

Este pasaje tiene tres partes: El Padrenuestro (vv. 1–4), una breve parábola instando a una atrevida persistencia en la oración (vv. 5–8); y una exhortación en dos partes a la oración (vv. 9–13).[1] Esta exposición sobre la oración también completa una exposición en tres pasos sobre el discipulado que se remonta a 10:25; aquí el tema es la rela-

---

1. Los pasajes paralelos de este texto están diseminados a lo largo de los Sinópticos y plantean difíciles preguntas sobre si el traslape representa el mismo suceso o se trata de meros paralelismos conceptuales. Lucas 11:1–4 se parece a Mateo 6:9–13, pero la versión de Lucas es más corta que la de Mateo y se produce en un contexto distinto. Solo Lucas consigna el material de 11:5–8, mientras que Lucas 11:9–13 es conceptualmente similar a Mateo 7:7–11, aunque en un escenario distinto. Muchos hablan aquí de auténticos paralelos, pero personalmente, prefiero ver distintos acontecimientos pedagógicos que cubren temas parecidos.

ción con Dios. El discurso se inicia con una petición de los discípulos sobre la oración. La petición de que Jesús les enseñe a orar como Juan Bautista lo hacía con su grupo de seguidores indica que los discípulos se están convirtiendo en una comunidad identificable.[2] Por ello, esta sección es también un testimonio del crecimiento de la identidad personal de los discípulos.

La petición de instrucción sobre la oración lleva a Jesús a enseñarles una versión de lo que se conoce como la Oración del Señor o Padrenuestro. Ambas expresiones la describen a medias. Se le llama Oración del Señor porque procede de él, sin embargo, se trata realmente de la oración de los discípulos, que expresan sus necesidades comunes y sentido de compañerismo; el término Padrenuestro expresaría mejor este aspecto. Aquí tenemos a una comunidad unida en oración delante de Dios y que depende de él aun para las necesidades más básicas de la vida. Los discípulos que están en contacto con Dios no dan nada por sentado de manera rutinaria.

De modo que la oración comienza dirigiéndose al «Padre». Aunque el término que usa Lucas no es el íntimo «papá» que según algunos significa la palabra aramea Abba, sí indica un acercamiento a Dios como a un padre amante que se preocupa por nosotros.[3] Los discípulos son llamados a ejercer la confianza de un niño, no a una intimidad superficial y pueril. La verdadera intimidad con Dios no se construye sobre un fundamento sentimental, ni tampoco sobre una idea de lo que el Padre puede hacer por mí, sino sobre un reconocimiento de la verdadera naturaleza de la relación del creyente con Dios. Éste se dirige a él en busca de protección y cuidados. Aunque Dios es un Ser singular y grandioso, no es inaccesible. La insistencia de Jesús en la proximidad de Dios y el acceso que a él tienen los creyentes para su provisión y atención, hacen que su idea de Dios sea hondamente personal (Ef 2:17–18).

Por último, Jesús quiere que sus discípulos oren como grupo, utilizando la segunda persona del plural. Se trata de una oración de la que toda la comunidad participa y que eleva como cuerpo. La expresión «orar como el Señor nos enseñó» como introducción a una repetición colectiva del Padrenuestro tiene aquí un buen precedente.

Un acercamiento que desarrolla una estrecha relación no es incompatible con el respeto. Así, la primera petición que se dirige al Padre es que su nombre sea «santificado», es decir, guardado santo (Sal 111:9; Is 5:16; 29:23; Ez 20:41; 28:22, 25; 38:23; 1P 3:15). Dios es único y distinguido en carácter. Cuando oramos a él, reconocemos que no nos estamos comunicando con un igual. Al contrario, nos acercamos humildemente a un ser sin parangón en el Universo. Por mucho respeto que sintamos por quienes ostentan posiciones de honor en la Tierra, nada es comparable a la deferencia que debemos a Dios. Por ello, el primer comentario establece un tono adecuado para nuestro espíritu al iniciar la oración.

---

2. Al parecer la comunidad de Juan tenía una oración distintiva. Los judíos tenían también una famosa oración comunitaria conocida como las Dieciocho Bendiciones. Esta clase de oraciones daban a una comunidad un sentido de identidad compartida. Aunque muchas tradiciones de nuestro tiempo menosprecian la liturgia, compartir una forma de intercesión como Cuerpo es algo que tiene un valor especial.
3. J. Barr, «Abba Isn't Daddy» [Abba no es papá], *JTS* ns 39 (1988): 28–47.

A continuación viene la petición de que su reino venga. Pedimos que el justo gobierno de Dios se manifieste completamente en la Tierra. En el siglo primero, los creyentes anhelaban que Dios mostrara la plenitud de su poder y que vindicara a su pueblo (cf. la oración de Zacarías en 1:67–75). Vivimos en una creación caída y desfigurada. Con frecuencia los creyentes sufren en sus manos, pero saben que un día Dios se manifestará en poder y gobernará en gloria. Esta petición es una anhelante expresión de esta esperanza. La vida se vive de manera más efectiva cuando uno aprecia hacia dónde se dirige la Historia. En el contexto de la eternidad, nuestras peticiones temporales cobran más sentido.

También reconocemos que la provisión de nuestras necesidades más básicas procede de Dios. Por ello, el tercer comentario contiene una petición a Dios para que nos proporcione los alimentos que necesitamos cada día. El significado de la palabra «cotidiano» es objeto de debate. ¿Alude a la comida del día en curso, o es una referencia a la provisión de comida para el día siguiente?[4] Puesto que el término griego solo aparece en este texto, es difícil asegurar cuál es el sentido exacto; no obstante, el significado general es el mismo en cualquiera de los dos casos. Se expresa un reconocimiento de que Dios es nuestro proveedor y la expectativa de que nos suministrará aun la comida que nos sostiene cada día. Si la tierra no produjera alimentos, ¿de dónde vendría nuestra alimentación y sostenimiento? El discípulo reconoce los cuidados de Dios a este nivel esencial (12:22–31).

El discípulo solicita también el perdón de sus pecados, sin embargo, lo hace reconociendo que, como contrapartida, él mismo ha de impartir a otros lo que pide de Dios. Por tanto, no solo se ruega que nuestros «pecados» sean perdonados, sino que estemos dispuestos a perdonar a otras personas que están en deuda con nosotros (Mt 18:23–25; Lc 7:41–43).[5] Es erróneo pedirle a Dios lo que nosotros no estamos dispuestos a conceder a los demás. En el judaísmo también se reconocía esta conexión: «Perdona a tu prójimo el mal que ha hecho, y entonces tus pecados serán perdonados cuando ores» (Sirach 28:2). Hemos de ser un ejemplo de lo que pedimos.

En la última petición se solicita protección espiritual. Esta petición es a menudo malentendida. ¿Por qué hemos de pedirle a Dios: «no nos metas en tentación»? Sin duda él desea sinceramente nuestro bien y no quiere que seamos tentados. ¿No? Esta petición refleja un reconocimiento fundamental sobre nosotros mismos. Si queremos ser protegidos de la tentación, hemos de depender estrechamente de Dios.[6] Esta frase viene a decir, «no permitas que sucumbamos a la tentación».[7] La integridad es resultado de

---

4. Quienes deseen considerar las opciones y exposición, ver Foerster, «ἐπιούσιος», *TDNT*, 2:592–95.
5. Ver nota textual de la NVI. Cf. Fitzmyer, *The Gospel According to Luke I-IX* [El Evangelio según Lucas I-IX], (AB 28A; Garden City, N.J.: Doubleday, 1985), 906. En Qumrán también se utilizaba la metáfora de la deuda para ilustrar el pecado (4QMess en 2:17).
6. Los judíos compartían este punto de vista. *El Talmud, Berakoth* 60b, dice: «No me metas en el poder del pecado, ni de la culpa, ni de la tentación». El Talmud fue escrito después del tiempo de Jesús, pero expresa un reconocimiento de que el modo de evitar el pecado es la dependencia de Dios.
7. Marshall, *Commentary on Luke* [Comentario de Lucas], 462.

reconocer que sin la guía de Dios nos dirigiríamos directamente al pecado. Por ello esta petición refleja también una profunda sensibilidad espiritual, una clara conciencia de nuestra propensión al pecado, si no buscamos el rostro de Dios.

La oración en su conjunto refleja la total dependencia del discípulo que está en manos de Dios y sus cuidados. Se trate de las circunstancias que conducen a su control de la Historia, de la provisión de necesidades básicas como la comida, o de la protección espiritual, el discípulo sabe que la presencia de Dios es una necesidad absoluta. Este reconocimiento está en el corazón de esta oración. De este modo, la oración vincula al discípulo con Dios, reconociendo que en los asuntos de la vida, o bien andamos solos o lo hacemos tomados de su mano. La oración de los discípulos reconoce que nuestra necesidad es andar de la mano de Dios.

¿Cómo, pues, hemos de acercarnos a la oración? Jesús nos ha dicho lo que hemos de pedir, pero ¿cómo deberíamos acercarnos al trono de la Gracia? Puesto que Dios es Santo y Creador del Universo, ¿deberíamos quizá acercarnos a él solo en contadas ocasiones, en momentos de extrema necesidad? Esta clase de pensamiento es completamente erróneo. Deberíamos orar con un espíritu de dependencia y humildad, buscando la benévola y misericordiosa provisión de Dios. Por consiguiente, Jesús prosigue presentando una parábola que subraya que Dios es accesible, misericordioso, generoso y está dispuesto a escuchar nuestras peticiones.

Para entender esta parábola, hemos de apreciar ciertos aspectos sobre las expectativas culturales del primer siglo. (1) La comida no era tan fácil de conseguir como en nuestros días; el tiempo en que las tiendas están abiertas las veinticuatro horas es nuevo. Cada día se cocía pan para las necesidades diarias. (2) En aquellas culturas, la hospitalidad se tenía en gran consideración, siendo casi un deber. Los invitados tenían que ser bien recibidos y cuidados, independientemente de la hora de su llegada. Aquí tenemos entonces un dilema: un huésped que llega a horas intempestivas y encuentra al anfitrión sin comida que ofrecerle. ¿Qué va a hacer éste? En el trasfondo de este breve relato subyace también la realidad de que la mayoría de las casas de la Antigüedad tenían solo una habitación. Llamar a la puerta de un vecino significaba correr el riesgo de despertar a toda su familia. ¿Hasta dónde llegaría el atrevimiento del anfitrión?[8]

Jesús plantea el dilema y a continuación pregunta: «¿Quién de vosotros que tenga un amigo, va a él a medianoche y le dice: Amigo, préstame tres panes» (RV 60) Tres panes serían suficientes para resolver el problema, siempre que el vecino los tuviera. La respuesta muestra la tensión. El vecino contesta que no le moleste, porque sus hijos están ya acostados y no quiere arriesgarse a que se despierten. Cualquiera que haya puesto

---

8. Existe un cierto debate sobre el mecanismo de la parábola, puesto que en griego la sintaxis de los versículos 5-8 es difícil. Algunos ven la enseñanza de la parábola en la comparación del prójimo con Dios. Dios, como el prójimo, responderá para evitar la vergüenza, es decir, para preservar su honra. Pero esta lectura hace violencia al enfoque contextual sobre el postulante, que es la idea que Jesús ha venido desarrollando hasta el v. 13. A Dios no hay que estimularle para que salve su honor. Por tanto, la perspectiva del versículo 8 es la del postulante, como se muestra al hablar de «su» amigo y de «su» audacia. Por tanto, la cuestión no gira alrededor de Dios, sino de la perspectiva del Señor que tiene el postulante.

niños a dormir entenderá lo que quiere decir el vecino. De hecho, la naturalidad de la respuesta es parte del encanto de esta parábola.

Acto seguido, Jesús llega a la principal idea que desea resaltar. El vecino responde, no porque se trate de un amigo, sino por su «impertinencia» (*anaideian*). Este término griego es difícil de traducir al español. Combina dos características: audacia y desfachatez. Este hombre tiene la osadía de plantear su petición. En reconocimiento de su audacia, el vecino le da lo que pide (cf. Heb 10:19–22).[9]

El requisito de estas peticiones aplicadas a las necesidades espirituales básicas lo encontramos en los versículos finales de la sección (vv. 9–10), donde Jesús hace un llamamiento a «pedir», «buscar» y «llamar». Ante el discípulo se pone la promesa de una puerta abierta, lo cual ha de estimularle a pedir sin cortedad. Acto seguido, Jesús ofrece otra ilustración. Si un hijo pide alimentos a su padre ¿acaso éste le dará en respuesta algo peligroso, como una serpiente o un escorpión? ¿Qué padre haría algo así? Ninguno. De manera que Jesús concluye: «Pues si ustedes, aun siendo malos, saben dar cosas buenas a sus hijos, ¡cuánto más el Padre celestial dará el Espíritu Santo a quienes se lo pidan!»

La idea que transmite Lucas difiere del modo en que Mateo utiliza esta imaginería. Mateo habla en general de las cosas buenas que Dios imparte, una categoría más amplia del favor divino. Sin embargo, Lucas trata en concreto de la capacitación espiritual. Algunos ven el cumplimiento de esta petición en Hechos 2 y la limitan a la nueva era del reino, pero probablemente se trata de algo más amplio, teniendo en cuenta que lo que se considera es la vida espiritual en su totalidad. Podemos recurrir a los recursos del Espíritu en cualquier punto de nuestro andar, no solo en sus inicios. El Padre se deleita en impartir las provisiones espirituales básicas que el discípulo encuentra en su caminar. Si alguien necesita fortaleza o discernimiento de parte de Dios, él le dará lo que precisa, con la única condición de que se lo pida.

Para Lucas el Espíritu es aquel que imparte capacitación (Hch 1:8). Por ello, la dependencia que se expresa en esta oración debería también llevar a los discípulos a confiar completamente en Dios, incluyendo el derecho a acercarse a él con osadía para recibir discernimiento espiritual. Incluso las relaciones personales básicas como las que tenemos con nuestros vecinos e hijos ilustran esta cuestión. En momentos de necesidad podemos solicitar la ayuda de un vecino, o un hijo puede pedírsela a uno de sus padres. Sin duda, la más íntima de las relaciones personales, nuestro vínculo con Dios, se produce en el contexto de un cuidado similar, que nos permite descansar sabiendo que él se preocupa por nosotros y nos oye.

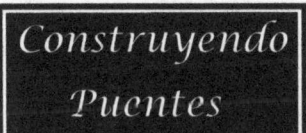

Estamos hablando de características espirituales elementales. En la vida de cada creyente la dependencia y la oración son cuestiones centrales. Para construir un puente entre una antigua oración que se presenta como un modelo, hemos de reflexionar tanto en las peticiones como en las actitudes subyacentes.

La oración nos vincula adecuadamente con Dios y nos pone en diálogo con él. No orar es un poco como ir al altar matrimonial, pronunciar nuestros votos ante nuestro

---

9. La parábola de Lucas 18:1–8 añade la idea de que la oración debe ser persistente.

cónyuge, para luego enmudecer en nuestra relación personal día a día. No se puede desarrollar una conexión más profunda sin conversar. De hecho, sin ese contacto tan esencial, la relación no solo no avanza, sino que va hacia atrás. Esta es sin duda una de las razones por las que Jesús y Lucas subrayan tanto la oración.

Una dimensión del Padrenuestro que se pasa más por alto es su fuerza colectiva. No se trata de mi oración individual, sino de una que se eleva como comunidad, pronunciada a una sola voz. En otras palabras, los discípulos oran por las mismas cosas, como parte de una gran familia. En nuestros días, este sentido de comunidad se desarrolla de un modo limitado. Los creyentes no sienten, y las iglesias muchas veces no fomentan, nuestro sentido de conexión el uno con el otro. Se nos tiene que recordar que compartimos las mismas metas espirituales y tenemos las mismas necesidades. Por regla general, las aplicaciones del Padrenuestro se hacen en términos muy individuales, rara vez se abordan desde una óptica colectiva. Podemos experimentar cierta comunión dentro de las congregaciones locales, y de manera más esporádica a nivel denominacional, sin embargo, Jesús ve a toda la comunidad de la fe como una unidad (ver Jn 17).

Un importante fundamento para la unidad cristiana es la capacidad para orar juntos. Los grupos de oración que Joe Aldrich formó en el noroeste de los Estados Unidos y que se han extendido a otras zonas del país son un paso en la buena dirección. El que grandes grupos de creyentes se fortalezcan entre sí orando juntos por objetivos espirituales, como ha sucedido hace poco en el movimiento de los *Promise Keepers* (Guardadores de Promesas), provoca la sonrisa de Dios y cuando esta intercesión unificada llega a sus oídos su corazón se alegra.

En el Padrenuestro no solo se nos pide que oremos juntos, sino que nos perdonemos los unos a los otros. Si nuestra disposición a perdonar es una parte de lo que Dios responde en nuestras oraciones, entonces una clave para la unidad es la capacidad para perdonar, evitando que las relaciones personales sean destruidas por las fracturas que el pecado es tan capaz de generar. La tragedia de la Iglesia es que, a pesar de ser una comunidad construida sobre el principio de la reconciliación basada en la sangre derramada por Cristo, es a menudo incapaz de demostrar ni siquiera un poco de compasión tanto a quienes están dentro de ella como fuera.

La oración es un intemporal elemento de la espiritualidad. Un vistazo a los Salmos pone de relieve que esta clase de intercesión —parte de la cual está impregnada de una gran honestidad y dolor—, ha formado parte durante largo tiempo de la vida con Dios de la comunidad. Todos nosotros necesitamos andar y hablar con Dios. Tendemos a buscarle en momentos de necesidad y dependencia; pero si somos sabios, reconoceremos que le necesitamos siempre. Él es plenamente consciente de nuestras peticiones y sensible a ellas. Quiere que oremos sin cesar e intercedamos los unos por los otros. Cuando se trata de esta clase de peticiones espirituales, Dios espera audacia de parte de sus hijos. Sin embargo, es también importante observar que en este pasaje el carácter de las peticiones no es ilimitado (i.e., pedir lo que queramos). Dios no promete darnos cualquier cosa que deseemos, sino solo lo que necesitamos.

Significado Contemporáneo

Aparte del concepto de colectividad que subyace tras esta oración, en ella se expresan otras ideas importantes. Una de las más fundamentales es el sentido de intimidad que se asume que los creyentes poseen con Dios. Esta intimidad no es un asunto de sentimientos. Se fundamenta en la realidad de una relación sólida y bien establecida. No se trata de sentir intimidad, sino de entender y valorar nuestra necesidad de dependencia y confianza. Esta cuestión es especialmente difícil de explicar en un mundo en el que muchas personas crecen sin haber conocido a sus padres, sin haberse sentido cerca de ellos, o haberse llevado bien con ellos. Es difícil confiar en un Padre al que no vemos físicamente cuando el que hemos tenido es un ser ausente, distante, o cruel.

Pero Dios no es un malhumorado cósmico. Él nos ama y se preocupa por nosotros, lo cual le lleva a desearnos lo mejor. El alcance de su compromiso con nosotros ha quedado claramente expresado en el sacrificio de Jesús (Ro 8:30–39). Nada puede separarnos de una estrecha conexión con él sino nosotros mismos y nuestra negativa a aceptar el interés, provisión y relación que nos ofrece. Una relación personal requiere algo más que palabras reivindicando su presencia; ha de cultivarse mediante tiempo y esfuerzo. Esta es la razón por la que la oración es tan crucial para el andar cristiano. Si Jesús se tomó el tiempo de enseñarnos a orar y nos instó a hacerlo con una actitud audaz, entonces nos toca a nosotros dedicarle tiempo.

La dedicación a la disciplina espiritual es hoy objeto de renovada atención. Se trata de un interés correcto. Nuestro mundo es tan frenético que a menudo pensamos que solo tenemos tiempo de realizar un rápido «trámite» con el Padre celestial. El hecho es, sin embargo, que cuanto más frenético es el ritmo de nuestra vida, más le necesitamos. En la vida de Jesús, Lucas le ve orando en momentos en que las circunstancias se hacían más ajetreadas. Oró cuando fue bautizado, antes de escoger a los Doce, tras la confesión de Pedro, en la Transfiguración, mientras se preparaba para encaminarse a Jerusalén y en el Huerto de Getsemaní, oró incluso cuando los guardias se le acercaron para llevarle prisionero, y hasta durante su crucifixión. Cuando se sentía rodeado por los acontecimientos, Jesús se refugiaba en la presencia de Dios. Probablemente, los discípulos se sintieron retados por este hecho, puesto que este es uno de los pocos lugares en los que hacen una petición específica de que se les enseñe algo. La aplicación es simple: encuentra tiempo para ver su rostro.

Hay otra idea que surge al yuxtaponer la intimidad con el respeto por el carácter único de Dios. Dios no es un «colega», sino Padre y Señor. El postulante que reconoce su singularidad valora también el privilegio de entrar en su presencia. Arrodillarse delante del Dios del Universo requiere humildad. En nuestra cultura, en la que el respeto por los ancianos ha dado paso a una adoración de la juventud, es importante apreciar que relacionarse con Dios no es un moverse en una relación entre iguales. Él se sienta en su trono celestial. Por ello, la humildad es un aspecto fundamental del camino del discipulado. Las peticiones expresadas en esta oración comunitaria evidencian esta perspectiva. Desde la comida diaria hasta el perdón y la protección espiritual, el discípulo mira a Dios. No hay ningún momento en que pueda permitirse la dependencia de él.

En nuestro acercamiento a él, Dios desea una clase de oración atrevida, desvergonzada, incluso; no en el sentido de que le pidamos todo lo que se nos pasa por la cabeza, sino en que hacemos uso del acceso que él nos brinda para buscar su rostro y pedirle que nos desarrolle espiritualmente. Él desea que oremos con intrepidez. Podemos poner nuestras peticiones delante de él. Naturalmente, la respuesta le corresponde a Dios, sin embargo, el Señor desea que le abramos el corazón y que nos acerquemos con un intenso deseo de llamar a las puertas del cielo. La razón que justifica este atrevimiento surge del argumento más sutil de la parábola: Si un ser humano responde afirmativamente a la terrenal petición de su vecino, sin duda un Dios benevolente y misericordioso responderá cuando le pedimos que supla nuestras necesidades espirituales básicas. Esta idea, implícita en los versículos 5–10, se expresa explícitamente en 10–13.

Hemos de acercarnos al Padre, sabiendo que sus brazos están abiertos. Personalmente, he tenido el don de un padre que me amaba. Siempre he sabido que podía dirigirme a él en su habitación, oficina, salón, o dondequiera que se encontrara, para contarle mis problemas; él tenía tiempo para escucharme y un corazón que se identificaba con mi dolor. La gran bendición de haber tenido un buen padre es que ello me permite entender algo del Padre celestial que ahora tengo, aunque mi padre humano no está ya conmigo. Supe lo que era recibir pescado o huevos cuando los pedí, igual que ahora sé lo que es recibir fortaleza espiritual para las necesidades espirituales esenciales de parte de mi Padre celestial. Podemos ser atrevidos porque él se preocupa por nosotros. Podemos buscar su rostro porque él está ahí, esperando escuchar y hacer suyas nuestras necesidades espirituales.

Lucas 11:14-23

En otra ocasión Jesús expulsaba de un hombre a un demonio que lo había dejado mudo. Cuando salió el demonio, el mudo habló, y la gente se quedó asombrada. 15 Pero algunos dijeron: «Éste expulsa a los demonios por medio de Beelzebú, príncipe de los demonios». 16 Otros, para ponerlo a prueba, le pedían una señal del cielo. 17 Como él conocía sus pensamientos, les dijo: «Todo reino dividido contra sí mismo quedará asolado, y una casa dividida contra sí misma se derrumbará. 18 Por tanto, si Satanás está dividido contra sí mismo, ¿cómo puede mantenerse en pie su reino? Lo pregunto porque ustedes dicen que yo expulso a los demonios por medio de Beelzebú. 19 Ahora bien, si yo expulso a los demonios por medio de Beelzebú, ¿los seguidores de ustedes por medio de quién los expulsan? Por eso ellos mismos los juzgarán a ustedes. 20 Pero si expulso a los demonios con el poder de Dios, eso significa que ha llegado a ustedes el reino de Dios. 21 Cuando un hombre fuerte y bien armado cuida su hacienda, sus bienes están seguros. 22 Pero si lo ataca otro más fuerte que él y lo vence, le quita las armas en que confiaba y reparte el botín. 23 El que no está de mi parte, está contra mí; y el que conmigo no recoge, esparce.

Sentido Original

En Lucas 11:14–54 se muestra el incremento de la fisura entre Jesús y los dirigentes religiosos judíos, que para Lucas representan un factor fundamental, junto con el liderazgo político, para determinar la posición de la nación con respecto a Jesús (13:31–35; 19:41–44). Pensando que su poder milagroso procede de Satanás, se lo hacen saber a Jesús (11:14–23). Sin embargo, Jesús afirma ser más fuerte que Satanás, al derrotarle en estos combates cuerpo a cuerpo. Él prosigue advirtiendo al pueblo que no pasen por alto el momento de bendición y acaben en un estado peor que el anterior, puesto que la bendición es una consecuencia de obedecer la Palabra de Dios (11:24–29). La única señal dada a esa generación es el mensaje de Jesús, que se compara con la sabiduría de Salomón y el llamamiento de Jonás a arrepentirse (11:30–32). Nuestro Señor quiere que el pueblo preste atención a la clase de consejo espiritual que acepta, puesto que ello determina el carácter de su corazón (11:33–36).

Esta sección termina con la más intensa represión de los fariseos y los escribas que Jesús pronuncia en este Evangelio, y que muestra lo desviados de rumbo que están los dirigentes judíos. Su camino es destructivo. Se encuentran lejos del camino de la piedad, en el que, paradójicamente, ellos creen estar andando. Están llevando a otros a la muerte (11:37–54). Estos seis ayes son un llamamiento indirecto al arrepentimiento. Sin embargo, en lugar de ello, los dirigentes religiosos judíos deciden tratar a Jesús con severidad. No pueden permitir que siga sin más su trayectoria y comienzan a hacer planes en su contra. Jesús se acerca inexorablemente a su destino en Jerusalén.

Para entender el significado de la obra milagrosa de Jesús, en especial sus exorcismos, uno ha de entender el sentido de 11:14–23. El relato de uno de tales milagros, condensado en un solo versículo (v. 14), refleja una de las actividades más significativas del ministerio de Jesús.[1] Su importancia se pone de relieve cuando se la compara con el modo en que los Evangelistas presentan otros milagros. La mayor parte de ellos se narran con gran intensidad y detalle, mientras que a las reacciones solo se les dedica un breve resumen. Aquí la situación se invierte, en el sentido de que la reacción y el comentario dominan el relato. En otras palabras, este relato resume el debate público sobre el ministerio milagroso de Jesús y transmite un significado explicativo de todos sus milagros. Describen el poder absoluto que posee sobre las fuerzas del mal. Por ello, su poder sobre la creación es seguro.[2]

La cuestión de fondo es la autoridad de Jesús. Cuando echa fuera un demonio responsable de la mudez de un hombre, se inicia la discusión sobre el carácter poco común del ministerio de Jesús. Se ponen de manifiesto dos acercamientos. (1) Algunos atribuyen su obra a Belcebú. Este nombre, que en un principio hacía probablemente referencia a un dios pagano, se aplicaba a Satanás y le designaba como «señor de las moscas».[3] Esta despectiva denominación expresaba una falta de respeto por este poderoso personaje. Para algunos, por tanto, el poder de Jesús es diabólico. (2) Otros prefieren sentarse en la cerca y esperar algo más de Jesús. La petición de una señal del cielo es imprecisa, teniendo en cuenta el gran número de obras que Jesús ha realizado ya. Aparentemente lo que se tiene en mente con esta demanda es un cierto tipo de señal visible relacionada con la actividad en los cielos.

Esta manera de cuestionar impide que se adquiera un compromiso con Jesús, mientras se admite que algo de lo que sucede requiere reflexión. Puede que el hecho de poner a prueba a Jesús (v. 16) esté en consonancia con la exhortación veterotestamentaria que instruía al pueblo de Dios a hacer precisamente esto con los profetas (Dt 13:1–5). Teniendo en cuenta todo lo que ha hecho ya, lo cual debería ser suficiente para identificarle, Jesús responde solo a la afirmación de que actúa por medio de Satanás. Por lo que respecta a las señales, Jesús pronto dejará claro que su única señal es su predicación, su mensaje (12:29–32).

Jesús sabe de las especulaciones sobre su persona y les da respuesta. Rechaza la conexión con Satanás sobre una simple premisa. Si la meta de Satanás es destruir, y Jesús está invirtiendo los efectos de la destrucción con las sanaciones que lleva a cabo, ¿cómo entonces se puede vincular la obra de Jesús con la del soberano de las tinieblas? Esto significaría una casa dividida y un reino al borde del derrumbe. El reino de Satanás no puede sostenerse si Jesús está echando a los demonios por medio de este poder.[4]

---

1. Los pasajes paralelos de este texto son Mateo 12:22–30 y Marcos 3:22–27. En Marcos está ubicado antes que en Lucas o Mateo, pero esto puede ser porque Marcos 2:1–3:6 está dispuesto con un criterio más temático, mostrando una serie de controversias sucesivas.
2. Que Satanás está relacionado con una serie más amplia de condiciones debilitadoras que las que se resuelven con exorcismos se ve en textos como 13:10–17 que, aunque se describe como una sanidad (v. 14), está también ligado a la actividad satánica (v. 16).
3. Fitzmyer, *Luke X-XXIV* [Lucas X-XXIV], 920–21.
4. Lucas presenta este comentario vívidamente en griego utilizando una condición de primera clase. La expresión dice de hecho: «Si esto es realmente lo que sucede, piensa entonces lo que significa realmente».

Jesús añade otro punto a su respuesta, a saber, que no es el único que lleva a cabo este tipo de acciones. Hay otros que también echan fuera demonios. El significado de este aspecto es objeto de debate. ¿Está Jesús aludiendo aquí a todos los exorcistas judíos, preguntando cómo llevan a cabo su obra?[5] Este significado parece poco verosímil. ¿Estaría Jesús planteando realmente la posibilidad de que los exorcistas judíos vayan a tener algún papel en el juicio final (como afirma al final del v. 19)? Sería muy difícil que Jesús estuviera reconociendo que Dios actúa a través de exorcistas judíos en una comunidad que necesita reforma. Es más probable que la expresión *hoi huioi humon* (lit., «los hijos de ustedes») aluda a los discípulos de Jesús, que también son judíos pero que llevan a cabo su trabajo comisionados por Jesús.[6] Su argumento es que esta autoridad no se muestra solo por medio de un personaje. El apoyo de Dios se extiende a aquellos que ha comisionado. Un día ejercerán de jueces de los dirigentes judíos, si éstos no cambian de opinión sobre la identidad de Jesús.

Si se deja fuera la conexión satánica, ¿qué queda entonces? Jesús pronuncia a continuación una de las afirmaciones más cruciales de su ministerio: «Pero si expulso a los demonios con el poder de Dios, eso significa que ha llegado a ustedes el reino de Dios». Jesús plantea dos posibilidades para explicar lo que sucede. El poder que actúa por medio de él es, o bien satánico o divino. No existe una tercera opción, un terreno neutral. Su utilización de la expresión «el dedo de Dios» —que aparece en el relato bíblico del Éxodo (Éx 8:19), otro gran momento de actividad divina— muestra que Dios está directamente implicado en la Historia por medio de Jesús con el poderoso toque de su Gracia.

La cuestión de la venida del reino de Dios es también significativa. Lo que se refleja en el ministerio de Jesús es una batalla cósmica en la que él hace gala de su derecho a gobernar. Como en una gran guerra, los combatientes se enfrentan a todo lo que está en juego. La promesa del reino es una de las grandes promesas del Antiguo Testamento. El agente prometido de Dios gobernará como vicegerente de Dios, restaurando la presencia de la justicia sobre la Tierra. Los exorcismos de Jesús señalan su llegada. Algunos sostienen que lo que aquí se menciona no es la venida del reino, sino solo su acercamiento. Sin embargo, esto pasa por alto la fuerza de la siguiente parábola, que describe la invasión y derrota del feudo de Satanás, y presenta a quienes le vencen compartiendo su botín.[7] Por otra parte, la expresión que se traduce como «ha llegado a ustedes», indica también la venida del reino de Dios, no su acercamiento.[8]

Jesús afirma que sus milagros son audiovisuales que muestran el victorioso gobierno de Dios. Éstos indican que el gran vicegerente prometido ha llegado. No está diciendo

---

5. Rengstorf, «μαθητής», *TDNT*, 4:443.
6. La expresión de la NVI «los seguidores de ustedes» asume el punto de vista de que Jesús está aludiendo a los judíos exorcistas. Como he sugerido, esta lectura tiene menos lógica que ver una referencia a los discípulos de Jesús.
7. Cf. Efesios 4:7–10, que utiliza las mismas imágenes literarias en un contexto en que la victoria está claramente vinculada con la resurrección y ascensión de Jesús.
8. W. Kümmel, *Promise and Fulfillment: The Eschatological Message of Jesus* [Promesa y cumplimiento: el mensaje escatológico de Jesús], (Londres: SCM, 1961), esp., 107; K. Schmidt, «βασιλεύς» y «βασιλεία», *TDNT*, 1:566–76 y 580–89. Este modismo aparece en Daniel 4:24, 28 (en el texto griego de Teodosión). La clave es la presencia de la preposición *epi* junto al verbo *ephthasen*. Ver exposición anterior sobre 10:9.

que haya llegado todo lo prometido en relación con dicho reino, sino solo el reino en sí. Leído junto a otros textos del Nuevo Testamento, este pasaje sostiene que se ha iniciado el proceso de establecer su presencia.[9] La obra de Jesús es un cuadro que Dios ha grabado con su dedo y que señala a aquel que manifiesta en la Tierra las fuerzas del Cielo. Está exhibiendo su autoridad sobre Satanás, estableciendo la Tierra como un lugar en el que la justicia puede triunfar y triunfa sobre la destrucción. Con él viene la redención. Solo queda que las personas le elijan a él y su propuesta.

A continuación, Jesús resume su idea principal con una parábola. Un hombre fuerte ocupa una casa y custodia sus posesiones. Éstas están seguras hasta que alguien más fuerte que él le ataca, e invade su casa.[10] Cuando llega el más fuerte, le quita las armas en que confiaba y reparte el botín entre sus tropas. Jesús afirma que su milagro describe esta victoria. Él tiene una fuerza superior sobre Satanás. Esto implica también que Jesús no actúa con Satanás, sino contra él. Las fuerzas que plagan a los seres humanos son vencidas en Jesús. Esta es la razón por la que oponerse a Jesús implica estar contra él, y esparcir en lugar de recoger (v. 23). Jesús subraya por medio de este comentario final lo crucial de esta decisión acerca de él. Hay únicamente dos bandos, y en esta batalla cósmica la elección de los aliados tiene un carácter decisivo.

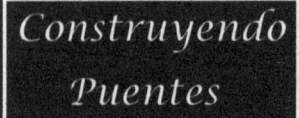

Construyendo Puentes

Con los milagros como una ventana abierta que exhiben el apoyo y presencia de Dios, Jesús explica el sentido de su ministerio. Este pasaje es como descorrer las cortinas que dejan ver la perspectiva divina del ministerio de Jesús. Como tal, la cristología que pone de relieve es intemporal, puesto que la batalla de Jesús con Satanás es la mayor conflagración espiritual de todos los tiempos. Jesús establece su posición como hombre más fuerte que prevalece sobre el poder del maligno. Su ministerio fue el momento decisivo de esta batalla. No obstante siguen produciéndose escaramuzas y la victoria completa aguarda todavía en el futuro; el triunfo que aquí se describe es parte de una perspectiva fundamental que Jesús quiere que entiendan tanto sus discípulos como sus oponentes. El tema de su victoria representada por sus milagros habla a todas las épocas de su impecable autoridad.

La obra de Jesús se distingue de los esfuerzos de Satanás. Mientras que el diablo destruye, el libertador rescata. Mientras que Satanás debilita la vida, Jesús la realza. Mientras que Satanás incapacita, Jesús libera. Jesús muestra que su obra exalta la vida.

---

9. Muchos textos tratan estos temas. Dos pasajes clave que miran hacia lo que traerá el futuro con el gobierno de Jesús son Hechos 3:18–20 y Apocalipsis 20–22. Quienes deseen considerar una exposición de estos temas con mayor detalle, pueden ver D. Bock, «The Reign of the Lord Christ» [El reinado de Cristo el Señor] en *Dispensationalism, Israel, and the Church: A Search for Definition*, ed. por C. Blaising y D. Bock (Grand Rapids: Zondervan, 1992), 37–67.

10. La imaginería es relativamente frecuente. Dentro del judaísmo, un texto del Testamento de Leví 18:12 mira al día en que Belial (otro nombre de Satanás) sería atado y a los hijos del prometido sumo sacerdote les sería impartido el poder de hollar a los espíritus malignos. Aunque el Nuevo Testamento no alude a este personaje de carácter sumosacerdotal distinto del Mesías, el concepto de que la promesa incluye la victoria sobre Satanás es parecido.

Esta actividad define su servicio, y muestra que los discípulos han de esforzarse en estimular a otros para que experimenten la vida en su plenitud.

La decisión que demanda Jesús en este texto es otro rasgo aplicable a cada generación. Su vida y ministerio eran tan insólitos que se hace necesario evaluar sus raíces. La distancia temporal que nos separa de aquella época ha permitido que algunos afirmen que Jesús no llevó realmente a cabo estos prodigios ni aportó tales pruebas de su singular relación con Dios. Intentan relegar a Jesús al nivel de otros grandes de la religión. Sin embargo, sus oponentes de aquel tiempo no podían permitirse el lujo de tales afirmaciones. No podían negar que había llevado a cabo obras de un poder insólito. Las fuentes judías que aluden a Jesús consignan la naturaleza poco común de sus obras e intentan explicarlas más que negarlas. Es posible que los largos pasillos del tiempo oscurezcan la realidad de sus majestuosas obras hasta el punto de que algunos lleguen a negar que realmente se produjeran, sin embargo, esta no es una opción racional. Si así hubiera sido, sus oponentes habrían tomado este curso hace ya mucho tiempo. Quienes se oponían a Jesús se decidieron por la única opción lógica que les quedaba teniendo en cuenta la evidencia de su poder sobrenatural: afirmaron que operaba con una fuerza diabólica. Jesús conocía este argumento y en este texto respondió a él.

Significado Contemporáneo

Entender el milagro de esta sección como una ventana a la pugna sobrenatural entre Jesús y Satanás es muy relevante para tomar una decisión sobre la identidad de Jesús y la función probatoria de los milagros. El comentario de Jesús nos ayuda a apreciar el papel de los milagros y a explicar la razón por la que no orientó su ministerio en esta dirección de manera excesiva. No son más que un retrato de realidades más fundamentales, a saber, la buena voluntad de Dios para restaurar la Creación y triunfar sobre el mal.

Este texto tiene también importantes aplicaciones por lo que respecta a la naturaleza del reino de Dios y al significado de la victoria de Jesús tal como aquí se representa. El gobierno de Cristo ha sido concebido para instaurar la presencia de la justicia en la Tierra por medio de la formación de un pueblo que refleja su carácter ante los demás (Mt 5:14–16; Tit 2:11–14). No obstante, su reino se manifestará con poder a su regreso; Jesús ha reunido a su alrededor una comunidad de personas redimidas que demuestran la transformación y la vida verdadera que su victoria hizo posible. Esta transformación es la razón por la que, en Romanos 1:16–17, Pablo define el Evangelio como «poder de Dios». El apóstol sigue entonces desarrollando su argumento en esta gran carta afirmando que la Humanidad ha sido liberada de las profundidades del pecado y la servidumbre (así también 2 Corintios 3–4, que habla del Nuevo Pacto del Espíritu). Esta nueva comunidad ha de ser un pueblo que evidencie la reconciliación, la unión de judíos y gentiles en un nuevo cuerpo (Ef 2:11–22), sin la malicia que procede de la presencia del pecado y de seguir al «príncipe de la potestad del aire» (RV60, 2:2). Cristo llama a la Iglesia a expresar que las cosas pueden ser de otro modo. En el libro de los Hechos se reflejan destellos tempranos de cómo es este nuevo tipo de comunidad, consignando que los creyentes se preocupaban los unos por los otros, hasta el punto de promover una recaudación de dinero para ayudar a hermanos en la fe más allá de cualquier barrera racial o geográfica.

Esta discusión puede parecernos un poco abstracta, pero no lo es. Las cartas de Pablo demuestran que la presencia de Dios puede trastocar la presencia de las fuerzas satánicas que se representan en este pasaje lucano. De hecho, el apóstol construyó una teología de la comunidad en torno a esta verdad. Situados en el reino de su Hijo amado y rescatados de las fuerzas de las tinieblas (Col 1:12–14), se nos ha dado todo el equipamiento espiritual que necesitamos para llegar a ser las personas que nos pide que seamos. Ninguna autoridad es mayor que la de Cristo, a quien tenemos acceso (Ef 1:15–23). El poder que da (¡el botín que reparte!) incluye la capacidad de vivir como un pueblo reconciliado en una comunidad que evidencia amor y reconciliación en un contexto de relaciones personales renovadas.

La victoria que describe Jesús en Lucas 11 despeja el camino de cualquier afirmación en el sentido de que en la Iglesia existen obstáculos que no pueden ser superados. Si hay fracasos, no es porque Dios no nos haya capacitado para evitarlos, sino porque nosotros no hacemos uso de la victoria que Jesús proporciona. Esto no significa que seamos perfectos en esta vida, porque la glorificación no se hará realidad hasta el reino futuro. Pero sí sugiere que contamos con una rica variedad de recursos para ayudarnos a vencer a las fuerzas que de lo contrario nos derrotarían sin ningún género de dudas. Sugiere también que la falta de crecimiento espiritual es culpa nuestra puesto que, por medio de su Espíritu, Dios ha provisto una abundante capacitación.

En otras palabras, este pasaje se convierte en la base de la «Declaración de Dependencia» por parte de Jesús. A diferencia de algunas naciones y personas que se precian de ser completamente libres e independientes, la comunidad de Jesús ve su identidad en el hecho de haber sido rescatada por él y en alinearse, por ello, permanentemente con él. Esta declaración trae consigo grandes privilegios, puesto que ahora tenemos el potencial de vivir virtuosamente, andando con el Espíritu de Dios y respondiendo positivamente a él. En dependencia de él, podemos ser la nueva comunidad que él desea. El reino de Dios no es ninguna abstracción; es una comunidad donde la presencia y gobierno de Dios dominan hasta tal punto nuestra existencia que le honramos en todo lo que hacemos y donde la justicia se manifiesta en el contexto de un mundo hostil (Gá 2:20; 5:22–26; 6:14–16). Pertenecer al reino y echar mano de sus recursos es mantenerse firme delante de Satanás (Ef 6:10–18). Pero este reino no es una realidad que va y viene, aunque nuestra tendencia a derivar nuestra vida y vitalidad de él pueda fluctuar si no recurrimos a sus recursos. Participar de su reino es tomar parte de los beneficios que nos imparten nueva vida, no solo en el cielo sino ahora.

Con este trasfondo teológico, la aplicación fundamental de este texto es que reafirmemos y vayamos en pos de la identidad que compartimos con aquel que fue más fuerte que Satanás y le derrotó. Decidirse a creer que Jesús ha sido enviado por Dios es decidirse a creer que «en él está la vida». Si su venida significa que el dedo de Dios se ha manifestado con evidencias de su guía y gobierno, entonces somos llamados a seguirle allí donde nos lleve.

Lucas 11:24-36

Cuando un espíritu maligno sale de una persona, va por lugares áridos buscando un descanso. Y al no encontrarlo, dice: «Volveré a mi casa, de donde salí.» 25 Cuando llega, la encuentra barrida y arreglada. 26 Luego va y trae otros siete espíritus más malvados que él, y entran a vivir allí. Así que el estado final de aquella persona resulta peor que el inicial. 27 Mientras Jesús decía estas cosas, una mujer de entre la multitud exclamó: —¡Dichosa la mujer que te dio a luz y te amamantó! 28 —Dichosos más bien —contestó Jesús— los que oyen la palabra de Dios y la obedecen. 29 Como crecía la multitud, Jesús se puso a decirles: «Ésta es una generación malvada. Pide una señal milagrosa, pero no se le dará más señal que la de Jonás. 30 Así como Jonás fue una señal para los habitantes de Nínive, también lo será el Hijo del hombre para esta generación. 31 La reina del Sur se levantará en el día del juicio y condenará a esta gente; porque ella vino desde los confines de la tierra para escuchar la sabiduría de Salomón, y aquí tienen ustedes a uno más grande que Salomón. 32 Los ninivitas se levantarán en el día del juicio y condenarán a esta generación; porque ellos se arrepintieron al escuchar la predicación de Jonás, y aquí tienen ustedes a uno más grande que Jonás. 33 Nadie enciende una lámpara para luego ponerla en un lugar escondido o cubrirla con un cajón, sino para ponerla en una repisa, a fin de que los que entren tengan luz. 34 Tus ojos son la lámpara de tu cuerpo. Si tu visión es clara, todo tu ser disfrutará de la luz; pero si está nublada, todo tu ser estará en la oscuridad. 35 Asegúrate de que la luz que crees tener no sea oscuridad. 36 Por tanto, si todo tu ser disfruta de la luz, sin que ninguna parte quede en la oscuridad, estarás completamente iluminado, como cuando una lámpara te alumbra con su luz».

Sentido Original

El ministerio de Jesús demanda decisiones, las decisiones más esenciales de la vida. Esta sección pone de relieve este asunto con una serie de exhortaciones que indican lo cruciales que son tales decisiones.[1] La idea se explica por medio de una ilustración (vv. 24–26), una bienaventuranza (vv. 27–28), una advertencia (vv. 29–32) y una exhortación (vv. 33–34). Cada texto es una llamada a responder con fidelidad a la revelación que Jesús nos trae.

El primer comentario (vv. 24–26) hace referencia a un exorcismo en el que el demonio abandona una casa que queda desocupada, sin nada que sustituya su presencia. La casa está limpia, pero vacía. De modo que el demonio decide regresar y traer

---

1. Uno de los pasajes de esta sección (11:27–28), solo es consignado por Lucas. Lucas 11:24–26 es paralelo a Mateo 12:43–45. Lucas 11:29–32 es como Mateo 12:38–42 y Marcos 8:11–12, aunque la versión de Lucas está más cerca de la de Mateo, donde se menciona a Jonás. Lucas 11:33 se parece a Mateo 5:15 (en el Sermón del Monte) y Marcos 4:21 (en el discurso sobre el reino); el comentario es de carácter proverbial y ello lo hace apropiado para todos estos escenarios. Lo mismo se aplica al pasaje paralelo de Lucas 11:34–36 en Mateo 6:22–23.

con él a otros siete espíritus más malvados que él.² Con la entrada en la casa de todos ellos se produce una situación mucho peor que la que había antes del exorcismo. Este pasaje trata sobre la respuesta espiritual. Cuando a alguien se le presenta la oferta de la Gracia de Dios, o experimenta una liberación temporal de la presencia del mal por medio de ella, y tal persona se niega a responder positivamente, se produce una situación peligrosa. La «casa» queda limpia, y la puerta sigue abierta para que aquellas fuerzas que la habitaban regresen más decididas que nunca a vivir allí. El estado final es peor que el primero. Pasar por alto la revelación de Dios nos acerca un paso más a las manos del mal. Negarnos a responder a la Gracia de Dios no es adoptar una posición neutral, sino permanecer bajo un poder destructivo.

A continuación tenemos un corto diálogo que concluye con una bienaventuranza (vv. 27–28). La posibilidad de caer en un estado peor hace que una mujer cambie de tema y alabe a quienes criaron a Jesús. La bendición de la madre de Jesús por parte de la mujer pretende honrar a su familia. En aquella cultura no era anormal que se honrara a las madres por los logros de sus hijos (Gn 49:25; Pr 23:24–25).³ Pero Jesús convierte este comentario en otra oportunidad de expresar cuál es la verdadera bendición, a saber, escuchar y obedecer la Palabra de Dios. Como en la anterior ilustración, Jesús está centrándose en lo crucial de recibir esta palabra. La verdadera riqueza y la plenitud de vida no tienen nada que ver con nuestro origen social o biológico, se basa más bien en nuestra relación con el Señor del Universo (cf. 8:19–21).

A continuación Jesús recurre a la Historia pronunciando una advertencia sobre la interminable búsqueda de señales por parte de aquella generación (vv. 29–32). El Señor introduce este comentario aludiendo a «una generación malvada», deja claro que esta búsqueda constante de señales, especialmente teniendo en cuenta que ya se han hecho muchas, es pecaminosa. Es una excusa para no aceptar lo que Jesús está haciendo. Nuestro Señor insiste en que no habrá más señales aparte de las que nos ofrecen los ejemplos de Jonás y Salomón. La comparación entre el Hijo del Hombre y Jonás no está en que este último permaneció tres días en el vientre del pez. El versículo 32 deja claro que lo que aquí tiene en mente Jesús, es la predicación de Jonás (Jon 3:6–10). La señal es por consiguiente el llamamiento a arrepentirse.

La mención de la reina del Sur, que visitó a Salomón para escuchar su sabiduría (1R 10:1–13; 2Cr 9:1–12) refuerza la idea de que la enseñanza de Jesús es el asunto más importante del cuadro.⁴ Ella vino desde el sur de Arabia para escuchar su enseñanza. Ahora ellos tienen ante sí a alguien mayor que Jonás y Salomón, y su enseñanza les ofrece lo que estos personajes de la Antigüedad hubieran estado ansiosos por escuchar y entender. En otras palabras, los milagros y señales de Jesús apuntan al asunto más importante: su enseñanza. De hecho, esta reina y los habitantes de Nínive se levantarán en el juicio para dar testimonio en contra de esta generación por lo que están menospreciando en Jesús. Su testimonio les condenará. Tras este comentario hay una adver-

---

2. La idea de que los demonios buscan un lugar para vivir aparece también en el judaísmo: Tobías 8:3; Baruc 4:35.
3. F. Hauck, «μακάριος», *TDNT*, 4:369.
4. Ver también la obra de Josefo, *Antigüedades* 8.6.5–6 §§ 165–75.

tencia. Rechazar a Jesús es exponerse a ser rechazados en el juicio y a la condenación de generaciones anteriores que entienden la oportunidad única que supone la predicación de Jesús.

Por último, Jesús utiliza la imagen de la luz para desarrollar su argumento con más fuerza (vv. 33–34). Compara su enseñanza con «una lámpara», que en el mundo antiguo podía ser una vela o algún tipo de lámpara de aceite. Nadie hace el esfuerzo de encender una lámpara para luego ponerla en un lugar donde su luz está cubierta. Se pone en un candelabro, donde pueda dar luz. La enseñanza de Jesús es, pues, como una luz que se coloca en un lugar visible para todos. El propósito no es que lo que dice quede oculto, porque Dios pretende que Jesús revele sus promesas.

Sin embargo, no solo es importante que la luz esté encendida; ha de ser también recibida por el ojo. La yuxtaposición de esta imagen con la anterior sugiere la necesidad de recurrir a la luz que Jesús proporciona. De modo que éste compara al ojo con una lámpara, recurriendo a una figura literaria conocida como metonimia, en la que el medio de recepción (el ojo) se asocia con aquello que se recibe (la luz). El ojo es una lámpara en el sentido de que regula la entrada de la luz (cf. 2 Baruc 18:1–2 [Siríaca] para la utilización de esta imagen literaria). Lo que el ojo permite que entre en la mente constituye a la persona. Cuando el ojo es bueno y permite que la luz entre, entonces la persona está llena de luz y su vida la refleja. Pero si el ojo es malo, y no permite la entrada de nada bueno, el cuerpo se convierte entonces en un lugar oscuro, en el que nuestras inclinaciones, que se imponen sobre la revelación divina, nos llevan por caminos destructivos. Naturalmente, las cosas a las que se les permite entrar son un reflejo de dónde está nuestro corazón. Por tanto, Jesús llama a las personas a estar llenas de luz. Éstas han de responder a la luz de la Palabra de Dios recibiéndola. Permitir que la luz entre es brillar desde el interior.

Esta clase de imaginería relacionada con la luz es muy frecuente en el Nuevo Testamento (Lc 1:78–79; 2:32; Jn 1:4; 3:19–21; 9:39–42; Hch 26:18; 2Co 6:14–15; Ef 5:14–15; 1Jn 1:6–10). Como imagen fundamental indica que, sin la presencia de Dios, solo cabe esperar el dominio de la oscuridad. Por lo que a Jesús se refiere no hay «luz interior» automática. Así pues, hemos de tener cuidado con lo que entra en nuestra alma a través de la puerta (el ojo). El gran Médico recomienda que la llenemos de luz.

Construyendo Puentes

Este pasaje pone de relieve nuestra necesidad de responder positivamente a Jesús. Si queremos hablar a nuestro mundo hemos de abordar un asunto crucial. En el tiempo en que Jesús impartió su enseñanza, las personas asumían con toda naturalidad la realidad de la revelación de Dios y de la existencia de verdades absolutas; solo se trataba de buscarlas y encontrarlas. En nuestro tiempo, sin embargo, muchos niegan aún que la verdad absoluta exista. En nuestra cultura, especialmente en sus ambientes más filosóficos, lo más que se puede afirmar es que la verdad sobre una cuestión está sujeta a la perspectiva desde la que se considere. Es cierto que reconocer la perspectiva cuando analizamos un tema no tiene por qué llevarnos al relativismo. Sin embargo, en nuestros días se afirma a menudo que todas las perspectivas son relativas, funcionando como estructuras estrictamente humanas. La verdad para mí está solo donde yo la veo, y encaja únicamente dentro de un sistema de realidad que yo mismo he construido. Nadie tiene un ángulo tan correcto de la verdad que pueda imponérselo a los demás. Cualquier otro punto de vista se descarta calificándolo de dogmatismo o de búsqueda de poder.

Esta posición ha de tratarse a dos niveles. (1) La pretensión de autoridad absoluta para esta perspectiva relativa es de por sí una incoherente afirmación absoluta, si las afirmaciones absolutas no son sostenibles. Pretender regular una discusión de absolutos erróneos por definición tropieza en las mismas suposiciones en que se basa. Lamentablemente, muchos no entienden la sutileza de esta contradicción lógica.

(2) Puede darse una respuesta más sustantiva partiendo de la suposición del objetor. Si la verdad es una experiencia que debemos valorar, y si ésta funciona dentro de una determinada percepción de la realidad, entonces esto es exactamente lo que Jesús somete a nuestra consideración. Aquí Jesús plantea una perspectiva de la realidad que incluye a Dios, lucha con afirmaciones de verdad trascendente y establece la responsabilidad de las decisiones asumidas. Este último punto es especialmente importante, puesto que con frecuencia se pasa por alto en el debate sobre la existencia de verdades absolutas. Jesús no nos fuerza a tomar una decisión a favor de su modelo. Él se limita a observar que quien rechaza lo que él ofrece es responsable de su decisión. A la persona en cuestión le es posible rechazar la luz que Jesús le brinda, aunque tenga que pagar un precio muy elevado por ese rechazo. La teología, tal y como la Iglesia la ha presentado, no es simplemente un asunto de verdad, sino también e igual de importante, una cuestión de responsabilidad. Esta es la razón por la que Jesús llama «luz» a su enseñanza. Ésta ilumina y muestra el camino. Negarnos a andar en la senda de la luz significa que podemos optar por vivir en la oscuridad con todos los derechos, privilegios y obstáculos que esta opción pone en nuestro camino.

Este texto plantea una estipulación más. Algún día veremos a Dios, y él nos preguntará qué hemos hecho con su luz. Testigos de todas las épocas darán testimonio de nuestra respuesta. Esto es responsabilidad. En nuestro tiempo, compartir la luz significa subrayar tal responsabilidad. La verdad, en términos de experiencia, es una elección; pero esta elección conlleva una profunda responsabilidad. Es vital sopesar bien las cosas y elegir con sabiduría.

A propósito de esto recordemos el comentario de Shakespeare en el sentido de que «el mundo es un escenario y nosotros, meros actores». Aunque él se refería a nuestros roles en una vida diseñada por el destino, hay otra manera de ver esta figura retórica. Nuestro punto de vista sobre la verdad y nuestras decisiones son objeto de interés público, forman parte de una proclamación cósmica de quiénes somos. Nuestras acciones y decisiones ponen de relieve nuestro carácter y valores. La idea de que nuestras decisiones sobre la verdad son privadas es una atrevida distorsión. Por ello, Jesús afirma que su enseñanza es luz. El puente que nos lleva a nuestro contexto actual es esta afirmación, y la responsabilidad de nuestra respuesta.

Significado Contemporáneo

Para aplicar la pretensión de Jesús como revelador de la luz y su exhortación a tener cuidado de cómo respondemos a la presencia y revelación de Dios hemos de tomar en serio su afirmación de que nos ofrece la luz. En nuestra sociedad, se ha abandonado la responsabilidad por la verdad en el agujero negro de una percepción pública cambiante. Es posible que la Iglesia no vuelva ya nunca a funcionar en un mundo que considere la verdad objetiva como un hecho. Hemos pues de analizar detenidamente lo que significa representar nuestro mensaje en un mundo que ha abandonado la creencia de que tal verdad existe. Rescatar al corazón humano perdido en este mar de relativismo no solo requiere que libremos nuevas batallas en defensa de la verdad objetiva, sino también que afirmemos la inmensa responsabilidad que supone vivir en un universo en el que hemos de dar cuenta de nuestras decisiones. De hecho, este segundo acercamiento puede ser más fructífero en la evangelización personal, porque pone de relieve que nuestras decisiones son cruciales.

En términos de experiencia y percepción, la vida es a menudo una realidad creada. Hemos de desarrollar criterios sobre la naturaleza y funcionamiento de la vida, y elegir las fuentes e influencias que configurarán el modo en que la vemos. El asunto es si nuestra vida está o no bien construida. El desafío para la Iglesia de nuestro tiempo es conseguir que las personas vean que no podemos eludir nuestra responsabilidad de reflexionar sobre las trascendentales cuestiones que plantea la existencia. En el futuro, Dios constatará el desenlace de la decisión de cada persona. El papel de la Iglesia consiste en presentar su mensaje en la plaza pública y dejar claro lo que está en juego.

Hay aquí otra aplicación crucial. Ninguna discusión religiosa es un acontecimiento privado. Las decisiones que uno toma en materia de religión las reflexiona y decide en privado, no obstante sus consecuencias son de carácter innegablemente público, puesto que nuestras decisiones religiosas afectan con frecuencia al carácter y la moralidad. El empeño de nuestra cultura por relegar el debate religioso a los márgenes de la vida es una de las grandes abdicaciones al bienestar intelectual y espiritual en la Historia de la Humanidad. Dedicar gran diligencia y energía a todos los demás aspectos de la vida mientras se ignora el alma produce personas que, aunque inmersas en una gran actividad, son cáscaras vacías, casas que esperan llenarse de algo. Quienes se sienten vacíos viven a menudo vidas superficiales. Si hay un debate que debería estar especialmente presente en la plaza pública, es el de la religión. La posibilidad de que exista la luz significa que todos hemos de tomar parte decididamente en la discusión sobre dónde puede encontrarse.

Lucas 11:37-54

Cuando Jesús terminó de hablar, un fariseo lo invitó a comer con él; así que entró en la casa y se sentó a la mesa. 38 Pero el fariseo se sorprendió al ver que Jesús no había cumplido con el rito de lavarse antes de comer. 39 —Resulta que ustedes los fariseos —les dijo el Señor—, limpian el vaso y el plato por fuera, pero por dentro están ustedes llenos de codicia y de maldad. 40 ¡Necios! ¿Acaso el que hizo lo de afuera no hizo también lo de adentro? 41 Den más bien a los pobres de lo que está dentro, y así todo quedará limpio para ustedes. 42 ¡Ay de ustedes, fariseos!, que dan la décima parte de la menta, de la ruda y de toda clase de legumbres, pero descuidan la justicia y el amor de Dios. Debían haber practicado esto, sin dejar de hacer aquello. 43 ¡Ay de ustedes, fariseos!, que se mueren por los primeros puestos en las sinagogas y los saludos en las plazas. 44 ¡Ay de ustedes!, que son como tumbas sin lápida, sobre las que anda la gente sin darse cuenta. 45 Uno de los expertos en la ley le respondió: —Maestro, al hablar así nos insultas también a nosotros. 46 Contestó Jesús: —¡Ay de ustedes también, expertos en la ley! Abruman a los demás con cargas que apenas se pueden soportar, pero ustedes mismos no levantan ni un dedo para ayudarlos. 47 ¡Ay de ustedes!, que construyen monumentos para los profetas, a quienes los antepasados de ustedes mataron. 48 En realidad aprueban lo que hicieron sus antepasados; ellos mataron a los profetas, y ustedes les construyen los sepulcros. 49 Por eso dijo Dios en su sabiduría: «Les enviaré profetas y apóstoles, de los cuales matarán a unos y perseguirán a otros.» 50 Por lo tanto, a esta generación se le pedirán cuentas de la sangre de todos los profetas derramada desde el principio del mundo, 51 desde la sangre de Abel hasta la sangre de Zacarías, el que murió entre el altar y el santuario. Sí, les aseguro que de todo esto se le pedirán cuentas a esta generación. 52 ¡Ay de ustedes, expertos en la ley!, porque se han adueñado de la llave del conocimiento. Ustedes mismos no han entrado, y a los que querían entrar les han cerrado el paso. 53 Cuando Jesús salió de allí, los maestros de la ley y los fariseos, resentidos, se pusieron a acosarlo a preguntas. 54 Estaban tendiéndole trampas para ver si fallaba en algo.

Sentido Original

Este pasaje contiene la represión más directa de Jesús a los escribas y fariseos, un importante sector de los dirigentes religiosos judíos.[1] Las diferencias entre Jesús y ellos se han hecho abismales, y este diálogo acentúa su determinación de quitarle de en medio. Dentro del Concilio, los saduceos constituían la mayoría, sin embargo, los fariseos y escribas tenían gran influencia. Mientras que los saduceos seguían básicamente la Torá

---

1. Este texto tiene un paralelismo conceptual en Mateo 23. La mayoría considera que Lucas ha reubicado aquí este acontecimiento. Contra esta conclusión está la diferencia de escenario, la ausencia de coincidencias en el vocabulario de ambos textos, y el orden de los ayes. Lo que tenemos son dichos distintos, pero conceptualmente paralelos.

(de Génesis a Deuteronomio), los fariseos desarrollaron una extensa tradición de la Ley oral, que aplicaban a todas las esferas de la vida; este factor les convirtió en la más estricta de las sectas religiosas judías. Aunque pocos en número (se estima que eran poco más de 6.000 en aquel tiempo), como movimiento laico representaban una de las influencias más poderosas dentro del judaísmo.[2] Los escribas eran estudiosos que intentaban determinar lo que significaba seguir la Ley. Eran respetados por la mayor parte de los judíos.

El escenario de esta sección es una comida, un marco en el que Lucas consigna muchas discusiones importantes (cf. 5:29; 7:36; 10:38; 14:1; 22:1; 24:42). El catalizador es el hecho de que Jesús no se lava las manos antes de comer. En el Antiguo Testamento hay abundantes referencias a esta práctica judía que estaba muy extendida, aunque no formaba parte de la Ley de Dios (Gn 18:4; Jue 19:21; cf. Mr 7:1–5).[3] Jesús sabe lo que piensa su anfitrión, de modo que interpela a todos los fariseos con referencia a esta cuestión. Comienza con una represión cuádruple. La primera es de carácter general, y las tres últimas representan ayes específicos.

El reproche más general es que los fariseos limpian lo de fuera del vaso y el plato, pero por dentro están contaminados por la inmundicia de la extorsión y la avaricia. Sirviéndonos del lenguaje de 11:33–36, diríamos que por dentro están llenos de oscuridad; no han permitido que entre la luz. Al mencionar la «avaricia», Jesús parece tener en mente el modo en que los dirigentes utilizaban sus recursos materiales (Mt 23:16–22; Lc 20:45–47), mientras que en la referencia a la «maldad» (*poneria*) Jesús estaría aludiendo a la falta de integridad moral. Su represión recuerda a la de los profetas (Is 1:10–17; 58:4–8; Am 5:21–24; Mi 6:6–8), cuyo llamamiento a la integridad en las relaciones humanas sirve de base para su reconvención. Él está comprometido a cuestionar a quienes pretenden representar a Dios y sus caminos.

Jesús plantea una pregunta. ¿Acaso Dios no creó tanto lo de dentro como lo de fuera? La partícula griega *ouk* con que comienza esta frase indica que se anticipa una respuesta positiva. Es decir, a Dios le interesan ambas esferas, aunque, de hecho, la interior le concierne de manera especial. Esta es la razón por la que les llama «necios» antes incluso de plantear la cuestión.

Utilizando una metáfora y la costumbre común de dar limosna a los pobres, Jesús les llama a dar limosna a lo que hay dentro.[4] Esta figura significa que hemos de poner

---

2. Josefo, *Antigüedades* 17.2.4 § 42; 18.1.3–5 §§ 12–22. Quienes deseen considerar este retrato de los fariseos pueden ver E.P. Sanders, *The Historical Figure of Jesus* [El personaje histórico de Jesús], (Londres: Penguin, 1993), 44–46.
3. *Mishná, Yadim* 1; Josefo, *Guerras de los judíos* 2.8.5 § 129; R. Booth, *Jesus and the Laws of Purity: Tradition History and Legal History in Mark 7* [Jesús y las leyes de la pureza: Historia de la tradición e Historia legal en Marcos 7], (JSNTSS 13; Sheffield: JSOT Press, 1987), 119–50, 194–203.
4. Sobre el punto de vista judío acerca de la limosna y el importante valor que se le adjudicaba, ver Eclesiástico 7:10 y Tobías 12:8–9. Personalmente disiento de la traducción del texto que hace la NIV. Esta versión se acerca de manera más literal y ve una referencia a dar a los pobres lo que está dentro del plato, pero esto no tiene lógica en este contexto. Es mejor entender la expresión como una figura retórica.

empeño en el cuidado del corazón, como alguien que lleva a cabo el venerado acto de dar limosna a los pobres. Es decir, deberíamos ser sensibles tanto con Dios como con los demás. Dar limosna era una honorable acción religiosa, de manera que esta atención a la vida interior lo es también, puesto que con ella ésta se purificará.

A continuación, Jesús pronuncia tres represiones. La primera tiene que ver con su rigurosa práctica del diezmo, incluso de las hierbas más pequeñas, como demanda el Antiguo Testamento (Dt 14:22-27; 26:12-15), mientras que se ignora la justicia y el amor. Esta es la queja de los versículos 39-41. Deberían ser sensibles tanto a la práctica del diezmo como a su carácter.

Pero la hipocresía no es el único problema. Está también el asunto de la soberbia. Les encanta ocupar los primeros asientos en la sinagoga y recibir efusivos saludos en las plazas. Esta clase de atención privilegiada fomenta una mentalidad elitista en lugar de estimular el compromiso de servir a otros. De hecho, Jesús les describe como portadores de muerte para los demás, puesto que son como sepulcros camuflados sobre los cuales las personas andan sin saberlo. Son instructores de inmundicia espiritual por cuanto no demuestran una verdadera espiritualidad. Esta clase de liderazgo es destructivo, de modo que Jesús no escatima elocuencia para condenarlo.

Alguien de la mesa acude en defensa de los fariseos. Un escriba observa que si Jesús insiste en condenar a los fariseos, ha de incluir también a los escribas. Este hombre se expresa con cierto descaro, pero al menos es honesto, a diferencia de otros que se guardan sus opiniones.

De manera que Jesús pronuncia otras tres represiones, en esta ocasión dirigidas a los escribas.[5] La primera puede entenderse de dos formas. Un punto de vista sostiene que el Señor alude aquí a una hipocresía flagrante, que lleva a estos dirigentes a demandar a los demás cosas que ellos no están dispuestos a hacer. En otros textos, Jesús se lamenta de los juramentos que hacen algunos, mientras que los fariseos se excusan por cómo los expresan (Mt 23:16-22). El segundo grupo propone una forma más sutil de hipocresía, según la cual éstos no aportarían ayuda o calor para auxiliar a quienes han de soportar grandes cargas.[6] Por ejemplo, las controversias sobre el sábado muestran que las restricciones legales sobre la actividad de este día impedían que en él se llevaran a cabo obras de compasión (Lc 13:10-17). Puesto que la tradición parece dejar bastante claro que los dirigentes se tomaban muy en serio estas reglas, parece que la queja tiene más que ver con una falta de compasión para con los demás que se manifestaba en la imposición de la carga que representaba la observancia de las reglas. Así, Jesús se lamenta de que los escribas demandan a los demás que lleven sobre sus espaldas el peso de la tradición, pero no hacen nada para ayudarles con la carga. Jesús les pide entonces que sean más considerados y compasivos.

La condenación se hace aún más intensa mediante un vínculo histórico con el pasado. Jesús observa que sus antepasados construyeron las tumbas de los profetas y argumenta —sirviéndose de una figura retórica—, que ellos lo aprueban. ¡Suscribían la

---

5. Sobre los escribas, ver Lucas 5:17-26.
6. K. Weiss, «φορτίον», *TDNT*, 9:85.

idea de que el mejor profeta era el que estaba muerto! Son como sus antepasados que, no solo construyeron las tumbas de los profetas, ¡sino que también les ayudaron a llegar a ellas negando su mensaje! Los dirigentes de antaño mataron a los profetas, y los escribas honraban las tumbas que levantaron. Jesús está seguro de que este mismo patrón continuará desarrollándose con otra serie de profetas y enviados (cf. Jer 7:25).

Juan Bautista ya reveló el potencial para que surgiera este patrón, y Dios sabe que perseguirán a los mensajeros futuros. De modo que Dios les hará responsables de sus actos, y de los de quienes han rechazado a Dios desde los días de Abel.[7] Puesto que Jesús es aquel que subvierte todo pecado, negarle significa hacerse culpable de la presencia de todo el pecado. Lucas pone una vez más de relieve la elección crucial que genera Jesús. Es terrible ser una generación responsable de crear una atmósfera de rechazo alrededor de Jesús. Como indica 19:41–44, la primera consecuencia importante es el juicio de la nación.

En su comentario más fuerte, Jesús condena a los escribas por ser precisamente lo contrario de lo que piensan ser. Creen poseer la clave del conocimiento.[8] Pero en realidad, no son sino un obstáculo para la verdad. No solo no entran por la puerta, sino que impiden que otros puedan hacerlo. No puede haber mayor represión para los maestros de la religión. Esta imputación es como la del versículo 44, donde se les acusa de ser sepulcros blanqueados.

Estos ayes son una devastadora condenación de la soberbia y la confianza en uno mismo en la búsqueda de la piedad. El corazón descuidado se ha hecho ciego e insensible. La búsqueda obsesiva del bien puede llevar a algunas serias formas de mal. La reacción es inmediata. Los escribas y los fariseos comienzan a «acechar» a Jesús o, como dice la NVI, «a acosarlo». Esperan sorprenderlo en algún error importante (su último esfuerzo en este sentido se producirá en 20:1–40). Si pueden atraparle, quizás Roma pueda deshacerse de él. Los ayes que pronuncia Jesús no conducen al arrepentimiento, sino a la dureza de corazón.

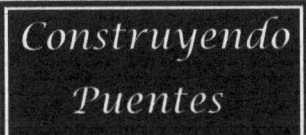

En su deseo de vivir cerca de Dios, los fariseos vivían vidas de legalismo e hipocresía. Por otra parte, no prestaban atención a lo que sucedía a su alrededor y pasaban por alto lo que Dios les enviaba. Aunque creían profundamente en lo que enseñaban, su celo y sinceridad no eran suficientes. Jesús les quería limpios de avaricia y maldad y llenos de la justicia y el amor de Dios.

Aunque estos ayes iban dirigidos a los fariseos, un grupo religioso que ya no existe, los errores espirituales que encarnan siguen hoy con nosotros. Los asuntos que plantea Jesús aquí son peligros siempre presentes para quienes tienen una tendencia teológica conservadora. En la búsqueda de la verdad y el camino de Dios, muchas personas creen que tener celo por la justicia consiste en poner rigurosamente los puntos sobre

---

7. No está clara la identidad del Zacarías en cuestión. Podría tratarse del mártir que se menciona en 2 Crónicas 24:20–25 o de Zacarías, el profeta menor. De estos dos, el primero es un poco más probable.
8. Sobre la imagen de la clave del conocimiento, ver H.F. Weiss, «Φαρισαῖος», *TDNT*, 9:48.

las íes, observando a los demás para asegurarse de que actúan correctamente. Por otra parte, a menudo estas mismas personas han perdido toda sensibilidad hacia el llamamiento divino de la justicia. Dios quiere que nos ocupemos de quienes viven situaciones menos afortunadas que las nuestras (Ro 12:16). Hemos de permitir que Dios defina la verdad por medio de su Palabra y no dejar que nuestras preferencias y tradiciones dicten nuestras acciones.

Cabe también una observación sobre el tono y acercamiento de Jesús en su ministerio. Él fue franco y abierto en su respuesta a los fariseos; pronunció su reprensión en público, después de haber invertido una considerable cantidad de tiempo con este grupo. A diferencia de sus oponentes, que tendían a hablar a sus espaldas y tramaron secretamente su desaparición, Jesús no tenía intenciones ocultas ni murmuró entre bastidores sobre los fariseos. Jesús fue honesto con respecto a su posición y a lo que pensaba de ellos, y les dio numerosas oportunidades de cambiar.

¿Por qué fue Jesús tan severo con este grupo religioso? Aunque el texto no nos lo dice, la pretensión de los fariseos de representar a Dios cuando en realidad eran un obstáculo para sus propósitos, les hacía peligrosos para el bienestar espiritual de otras personas. Un pecador que es consciente de serlo no es un hipócrita. Lo que ves es lo que hay. Sin embargo, una persona religiosa que hace lo contrario de lo que dice, no solo está mintiendo, sino que muchas veces hace también que otros se cierren a Dios. Nuestras pretensiones de representar a Dios y su proceder deben reflejar la compasión y el servicio que Cristo demanda aquí. De manera que Jesús se toma muy en serio su hipocresía religiosa, aunque proceda de personas bienintencionadas. Esta realidad es también un puente que cruza a nuestro tiempo.

Significado Contemporáneo

Este texto habla de la hipocresía y legalismo religiosos, y de cómo Dios condena ambas cosas. He estado en grupos que habrían podido ser primos de los fariseos. La atmósfera es asfixiante. Uno tiene la sensación de que todos están observando a los demás y saben lo que están haciendo. Su meta es sorprender a alguien en algún pecado y hacérselo saber, todo en el nombre de la responsabilidad mutua, una responsabilidad en la que se asume con naturalidad el derecho a criticar mientras que se rechaza el derecho a ser criticado. Igual que los fariseos se fijaban en si Jesús se lavaba o no las manos de acuerdo con las costumbres, estas personas observaban toda una serie de actividades prohibidas o requeridas para decidir si una persona determinada tiene o no una buena relación con Dios. Las personas legalistas creen tener el derecho de ser custodios espirituales de los demás, y aplican este supuesto derecho utilizando una lista de requisitos que no es bíblica. Por regla general, el legalismo bloquea el verdadero conocimiento de Dios, y ello hace que las personas no sean edificadas, sino lastimadas. Esto es lo que hace que sea tan insidioso.

El legalismo puede manifestarse de distintas maneras. (1) Con frecuencia los legalistas se niegan a hablar directamente con aquellos cuya conducta les preocupa. En este texto vemos que los fariseos disienten sobre lo que Jesús está haciendo, sin embargo, solo hablan de ello en privado, en su círculo íntimo.

(2) Los legalistas se centran en cosas secundarias e ignoran los principales requisitos relacionales que Dios demanda a sus seguidores. La principal queja de Jesús es que al controlar tan de cerca lo de fuera, se ignora el corazón, y también la justicia y el amor de Dios. Jesús no está censurando la práctica del diezmo o de preocuparse del propio andar espiritual. Lo que sí condena es la pretensión de quienes parecen tomarse muy en serio las cuestiones espirituales mientras pasan por alto el estado del corazón y demuestran una gran falta de sensibilidad ante el sufrimiento de las personas.

(3) La estrecha relación de la soberbia con esta condición no es accidental. La soberbia tiende a hacer de nosotros personas que no escuchan a los demás. Nos es fácil hablar y difícil escuchar. Creemos que nadie tiene nada que decirnos. Cuando esto sucede nos introducimos en una mentalidad legalista, que es mortal para la genuina espiritualidad. Solo deberíamos atrevernos a censurar a otros con la actitud de que también nosotros somos vulnerables a la tentación y podemos caer en el pecado (cf. Gá 6:1).

(4) Con frecuencia los legalistas están muy dispuestos a criticar, pero son reticentes a ayudar. Tienen gran interés en dar a conocer a los demás sus responsabilidades espirituales, pero a menudo son los últimos en estimularles positivamente para la consecución de tales metas. La ausencia de compromisos relacionales es síntoma de un problema más profundo. Si hay una cosa que nos muestra el ministerio de Jesús es un compromiso con las personas.

En una ocasión, uno de mis estudiantes me habló de su paso por una universidad que ahora considera plagada por el legalismo. Los estudiantes estaban sujetos a un sistema de deméritos que lo abarcaba todo. Caminar por la hierba estaba penalizado. Por la noche, los chicos no podían andar a menos de un metro y medio de las chicas dentro del campus. Las parejas de novios que salían juntos durante el fin de semana tenían que quedarse dentro de los límites de la ciudad. Cuando un estudiante incurría en un cierto número de penalizaciones se le escribía una carta/amonestación a su pastor, si llegaba a un segundo nivel se escribía también a sus padres, y por último se le expulsaba. En otras palabras, ¡tres amonestaciones y a casa! A un estudiante que fue a disculparse humildemente por haber hecho una broma en clase, el profesor le dijo en tono condescendiente que nunca llegaría a nada ni sería de valor en el ministerio. El profesor en cuestión se negó a hablar con él después de la confesión. Algo va mal cuando se exalta la Gracia como mensaje central de la Palabra de Dios y sin embargo, se muestra poca Gracia en la práctica. Si bien es posible que estas reglas estuvieran bien motivadas, muchos estudiantes sufrieron un gran daño emocional. Es difícil apreciar la Gracia y el perdón cuando se vive la vida cristiana en una atmósfera tan orientada al cumplimiento de normas. El legalismo es como la intoxicación con dióxido de carbono; sus mortales efectos son lentos y a veces muy sutiles.

A diferencia de lo que vemos en el legalismo, Jesús es un modelo de la verdadera justicia. Él anima a quienes se sienten desconectados de Dios para que puedan conocerle. Aunque señala el pecado, muestra también el camino a la justicia, limitándose meramente a observar las consecuencias de no responder. La espiritualidad no es una exigencia, sino un ofrecimiento; aunque Jesús deja clara la responsabilidad que se asume cuando no se responde positivamente. En la batalla que libramos con nuestra cultura, que a menudo tiene en poco la disciplina espiritual, la honestidad, la integridad y la justicia, la Iglesia puede aprender mucho del modelo de persuasión directa pero amable que ejemplificó Jesús.

Por último, los ayes de Jesús significan que todos, incluso aquellos que reivindican una relación con Dios, son responsables de sus decisiones. A nuestra cultura le encanta reclamar el derecho a elegir. Sin embargo, con tales «derechos» no se termina la discusión ética. Hemos también de asumir la responsabilidad que viene con la elección. El que Jesús condene a quienes pretenden ejercer el control de un modo autoritario, no nos da permiso ante Dios para hacer lo que deseamos con impunidad. La advertencia de Jesús a los fariseos se aplica a todos nosotros. Seamos, pues, sabios en nuestras decisiones.

Lucas 12:1-12

Mientras tanto, se habían reunido millares de personas, tantas que se atropellaban unas a otras. Jesús comenzó a hablar, dirigiéndose primero a sus discípulos: «Cuídense de la levadura de los fariseos, o sea, de la hipocresía. 2 No hay nada encubierto que no llegue a revelarse, ni nada escondido que no llegue a conocerse. 3 Así que todo lo que ustedes han dicho en la oscuridad se dará a conocer a plena luz, y lo que han susurrado a puerta cerrada se proclamará desde las azoteas. 4 A ustedes, mis amigos, les digo que no teman a los que matan el cuerpo pero después no pueden hacer más. 5 Les voy a enseñar más bien a quién deben temer: teman al que, después de dar muerte, tiene poder para echarlos al infierno. Sí, les aseguro que a él deben temerle. 6 ¿No se venden cinco gorriones por dos moneditas? Sin embargo, Dios no se olvida de ninguno de ellos. 7 Así mismo sucede con ustedes: aun los cabellos de su cabeza están contados. No tengan miedo; ustedes valen más que muchos gorriones. 8 Les aseguro que a cualquiera que me reconozca delante de la gente, también el Hijo del hombre lo reconocerá delante de los ángeles de Dios. 9 Pero al que me desconozca delante de la gente se le desconocerá delante de los ángeles de Dios. 10 Y todo el que pronuncie alguna palabra contra el Hijo del hombre será perdonado, pero el que blasfeme contra el Espíritu Santo no tendrá perdón. 11 Cuando los hagan comparecer ante las sinagogas, los gobernantes y las autoridades, no se preocupen de cómo van a defenderse o de qué van a decir, 12 porque en ese momento el Espíritu Santo les enseñará lo que deben responder.

Sentido Original

En 12:1–48, Jesús llama a las personas al discipulado. En el discipulado se aprende a temer a Dios y no a los seres humanos (vv. 1–12), a hacer un buen uso de los recursos (vv. 13–21), a confiar en Dios (vv. 22–34), y a ser fiel en nuestro cometido (vv. 35–48). El discípulo ha de mirar a Dios y responder a su llamamiento con constancia y sin distracciones. Conocer a Dios significa que no tenemos nada que temer y que podemos, pues, andar con él confiadamente.

En un contexto de interacción con grandes multitudes, Jesús dirige su atención a los discípulos en 12:1–12.[1] Es una situación tumultuosa en que las personas se empujan unas a otras. La presión de la multitud plantea una cuestión que se convierte en una ten-

---

1. Los pasajes paralelos de este texto están diseminados con respecto a su ubicación en los otros Evangelios, planteando la posibilidad de que lo que tenemos sean dichos que Jesús enseñó en varias ocasiones: Lucas 12:1–2 es como Mateo 16:5–6 y Marcos 8:14–15. Lucas 12:3–9 tiene un paralelismo potencial en Mateo 10:26–33. Lucas 12:10–12 es como Mateo 10:17–20 y Marcos 3:28–30. Lucas 12:11–12 presenta paralelismos conceptuales con Mateo 10:19–20; Marcos 13:11; y Lucas 21:14–15.

tación para los discípulos: la hipocresía. El deseo de mantener la popularidad conduce fácilmente a la hipocresía. Jesús les advierte a no seguir el ejemplo de los fariseos, cuyo expediente Lucas acaba de comentar (11:37–52). Les exhorta a estar en guardia contra «la levadura de los fariseos». Con este símil, Jesús alude a la enseñanza e hipocresía de los fariseos, que puede afectar a una comunidad del mismo modo que la levadura leuda la masa del pan.

Para realzar la advertencia, Jesús subraya que todo se hará público ante Dios en el venidero día del juicio (Ro 2:15; 1Co 4:5), en el que nuestras vidas serán evaluadas. Nada quedará oculto. En el versículo 3, la referencia a lo que se susurra «a puerta cerrada» alude a las cámaras más interiores de la casa. La Omnisciencia de Dios penetra en todos los lugares y pensamientos. Aun lo que se dice en susurros se conocerá. En este día futuro, Dios valorará el modo en que los discípulos han desarrollado su mayordomía de los dones y oportunidades que Dios les ha concedido, y serán recompensados según este criterio (1Co 3:10–17), aunque el perdón y la vida eterna solo se obtienen mediante la remisión que ofrece Cristo. Las acciones de aquellos que no conocen al Señor serán condenadas (Ap 20:11–15; 21:27; 22:15).

Un ser que conoce todos nuestros secretos debe ser temido. Por tanto, Jesús afirma que hemos de temer a aquel que tiene el poder de llevarnos al infierno, no a quienes solo pueden matar el cuerpo. Esto último solo significa el fin de esta vida, mientras que lo primero tiene que ver con una permanente separación de Dios. Como preguntó Jesús en 9:25, ¿de qué sirve ganar todo el mundo y perder el alma?[2] Jesús plantea la cuestión de a quién hay que temer porque el rechazo del mundo a quienes se identifican con él es una perspectiva muy verosímil, tanto es así que es posible que algunos renuncien por ello a entregarse a él. Sin embargo, temer a la multitud y apartarse de Dios es tomar una decisión errónea.

Por otra parte, el temor y la presencia de Dios pueden también aportar un increíble consuelo. Igual que conoce las necesidades de los pájaros que se venden por unas monedas y las suple, nuestro Señor sabe también lo que necesitan quienes le pertenecen. Dios conoce incluso detalles nimios como el número de cabellos que tenemos. Sin duda, alguien que nos conoce tan bien nos cuidará. De manera que cuando tememos a Dios, no tenemos nada que temer de nadie más, porque nuestro valor es muy superior al de muchos gorriones.

Este mensaje sobre el temor de Dios se reafirma con comentarios sobre Jesús como el Hijo del Hombre (vv. 8–9): reconocerle es ser reconocido por Dios; repudiarle significará nuestro repudio más adelante. Esta yuxtaposición de temer a Dios con el Hijo del Hombre muestra de nuevo la estrecha conexión entre su ministerio y el llamamiento divino. Prácticamente cada pasaje de esta sección del viaje a Jerusalén pone de relieve la importancia y consecuencias de creer en Jesús.

El versículo 10 es uno de los más enigmáticos de Lucas. El pecado de negar al Hijo del Hombre puede ser perdonado, pero para la persona que blasfeme contra el

---

2. Los judíos tenían una concepción parecida. 4 Macabeos 13:14–15 dice: «No temamos a quienes creen matar; porque gran lucha y peligro para el alma aguardan en eterno tormento a los que transgreden las ordenanzas de Dios».

Espíritu no habrá perdón. Existen cuatro posibilidades como definiciones verosímiles de esta blasfemia: afirmar que Jesús procede de Satanás (11:14–20), renunciar a Jesús por causa de la persecución (es decir, apostasía), rechazar la predicación de los apóstoles, o resistir persistentemente el mensaje del Evangelio. La última opción es la más probable, puesto que encaja con la advertencia de ser arrojado al infierno y con las advertencias del libro de los Hechos sobre las implicaciones de rechazar el mensaje de los apóstoles (Hch 3:22–26; 13:38–41). Decir una palabra contra el Hijo del Hombre hace referencia a un acto específico de rechazo, mientras que oponerse al testimonio del Espíritu alude a un permanente rechazo del mensaje de salvación. El mejor ejemplo de este principio es Saulo de Tarso, que en Hechos 7 participó de la ejecución de Esteban, pero que más adelante llegó a la fe y fue, por tanto, perdonado por sus anteriores actos contra la predicación de Jesús. Saulo había hablado en contra del Hijo del Hombre, sin embargo, no rechazó el llamamiento del Espíritu a creer en Jesús. Para Jesús, esta decisión sobre el testimonio del Espíritu es el asunto clave.

Esta conexión se reafirma en los versículos 11–12. No hay nada que temer en tiempo de persecución, porque el Espíritu Santo enseñará a su pueblo lo que tienen que decir ante las sinagogas, gobernantes y autoridades. El mensaje de ellos será su mensaje. Si les rechazan a ellos, rechazan a Jesús, pero él será fuente de fortaleza y sabiduría para su pueblo. Por ello, el temor de Dios excluye cualquier temor de las personas por parte de los discípulos.

Construyendo Puentes

Este pasaje plantea importantes preguntas sobre nuestra identidad. ¿A quién temeremos, a Dios o a las masas? ¿De dónde procede nuestra fuerza, de arriba o de otros seres humanos? Al decidirse por Dios, algunos cristianos tendrán inevitablemente que hacer frente al rechazo de otras personas. Con la mención de que sus discípulos serán llevados delante de las sinagogas y los gobernantes civiles, Jesús está anticipando esta situación. En esos momentos de presión, serán tentados a priorizar la popularidad y por ello, quizá, a actuar con hipocresía. El llamamiento de Jesús de guardarse de esta clase de «hipocresía» (v. 1) es una advertencia para que no pensemos en la popularidad cuando hayamos de hacer frente al rechazo. La teología que sostiene estos comentarios —la Omnisciencia de Dios y el apoyo de su Espíritu— representa también una constante que informa este texto y todas nuestras vidas.

Este pasaje aborda nuestra responsabilidad ante Dios. Hemos de temerle, lo cual en este contexto significa respetar su autoridad como juez y el conocimiento que tiene de nosotros. A veces nos gusta creer que hay momentos de privacidad en los que nadie ve lo que hacemos o sabe lo que pensamos. Es posible que esto sea cierto en relación con las personas, pero no lo es en absoluto cuando se trata de Dios. Él ve en lo más íntimo, incluso con las luces apagadas y cuando nadie es capaz de ver. Si respetamos su conocimiento y nuestra responsabilidad ante él viviremos nuestra vida como un libro abierto, en el que no hay nada que esconder.

Cuando somos justos ante Dios, no tenemos nada que temer de él. Como sugiere 1 Juan 3:1–3, quienes viven con la esperanza del regreso de Dios, sabiendo que él lo sabe todo, se purificarán con la esperanza de su regreso y la responsabilidad de ser fieles. Si fallamos, recordemos la Gracia de Dios y el perdón que Cristo nos ofrece y no caigamos en una desesperada desolación. La disponibilidad del perdón es una de las cosas que hacen de la Gracia algo tan sorprendente y del amor de Dios algo tan precioso. Himnos como «Sublime Gracia» y «El profundo Amor de Cristo» ponen de relieve la belleza de las verdaderas riquezas del perdón de Dios. Tememos a Dios sin tenerle miedo cuando descansamos en su Gracia, nos valemos de sus recursos y buscamos la justicia mediante la capacitación que él imparte con tanta generosidad.

La decisión fundamental de escuchar el testimonio del Espíritu y temer a Dios es también un tema que se extiende a lo largo de todas las edades. El Espíritu dentro de nosotros nos lleva a recurrir a su capacitación en los momentos difíciles en que somos confrontados por aquellos que son hostiles a nuestra fe. Hemos de estar dispuestos tanto a responder cuando se nos pide razón de nuestra fe (1P 3:15), como a recurrir al ánimo e instrucción que Dios nos proporciona dentro de nuestras comunidades.

Deberíamos también descansar en el conocimiento de que Dios está con nosotros cuando hemos de hacer frente a la oposición. De la antigua Unión Soviética nos llegan numerosos testimonios de creyentes que se mantuvieron firmes, incluso ante la muerte o la tortura, para dar testimonio de su fe. A veces, su fortaleza atrajo a otros a Jesús.[3] Hay muy poco en este pasaje que no se aplique directamente a nuestro tiempo, excepto la específica forma de persecución a que hubo de hacer frente la primera generación de discípulos, y que en nuestros días solo se produce en algunos países del mundo. El rechazo de los primeros cristianos procedió a menudo de los mismos círculos judíos en los que habían crecido; en nuestro tiempo, éste procede de una variedad mucho más amplia de fuentes y a menudo no amenaza directamente la vida física, sino que adopta la forma más sutil del ostracismo.

¿Qué pues ha de hacer la Iglesia para conseguir mantenerse firme en este tiempo? Charles Colson y Bob Briner han hecho valiosas observaciones sobre la necesidad de temer a Dios antes que a los hombres. Colson observa la importancia de que la Iglesia sea profética:

> Cuando en el siglo IV el cristianismo se convirtió en religión oficial de Roma, la Iglesia devino social y políticamente aceptable. Muchas personas poco entusiastas en cuanto a la fe atestaron las iglesias que se vieron impotentes para impartirles un discipulado adecuado. Muy pronto la palabra «cristiano» perdió su sentido. Y cuando el imperio que aprobó la medida se derrumbó, la Iglesia estuvo también a punto de venirse abajo.
>
> En la Edad Media, la profana alianza entre la Iglesia y el Estado condujo a sangrientas cruzadas y escandalosas inquisiciones. Y en nuestros días,

---

3. Chuck Colson, *The Body* [El cuerpo], (Waco, Tex.: Word, 1992) está lleno de relatos procedentes de este tipo de contextos. Colson describe a personas que se inspiraban en lo que Dios les daba a través de su Espíritu. En la obra de Bob Briner, *Roaring Lambs: A Gentle Plan to Radically Change Your World* [Corderos rugientes: un plan pacífico para cambiar radicalmente tu mundo], (Grand Rapids: Zondervan, 1993) hay sugerencias sobre cómo prepararnos. Un relato clásico de las opciones que tienen los cristianos se encuentra en la obra de John Bunyan, *El Progreso Del Peregrino* (Madrid: Cátedra, 2003); publicado inicialmente en ingles en 1678 y 1684).

Lucas 12:1 — 12

uno de los ejemplos más vergonzosos lo encontramos en el fracaso de la Iglesia a posicionarse firmemente contra Hitler en la Alemania de la década de 1930-40.

La Iglesia ha de mantenerse aparte del Estado; su independencia de la cultura que la rodea es lo que le otorga su capacidad de reforma y la capacita para señalarle la verdad a la sociedad. La Iglesia ha de ser libre para tratar cuestiones desde una perspectiva bíblica en el contexto pluralista en que se encuentra, y para hablar de manera profética, independientemente de quien esté en el poder.

Irónicamente, los coqueteos políticos de la Iglesia occidental han puesto más en jaque su independencia que la directa opresión del comunismo.[4]

Briner declara su esperanza sobre el testimonio profético de la Iglesia, utilizando la imagen de unos corderos que rugen:

Es hora de que los corderos rujan.

Lo que pido es una manera radicalmente distinta de pensar sobre el mundo en que vivimos. En lugar de huir de él, hemos de meternos de lleno en él. Y en lugar de limitarnos a dar vueltas por los límites de nuestra cultura, hemos de plantarnos en su mismo centro.

¿Por qué no creer que un día el director más aclamado (y criticado) de Hollywood pueda ser un activo cristiano en su Iglesia? ¿O que el Pulitzer de periodismo de investigación vaya a manos de un periodista cristiano que trabaja en un diario de gran tirada? ¿Es realmente ir demasiado lejos pensar que un artista de alguna de nuestras excelentes universidades cristianas pueda exponer sus obras en una importante sala del museo de Arte Moderno? ¿Me habré vuelto loco al sugerir que tu hijo o tu hija puedan ser un día el bailarín o bailarina principal de la Compañía Joffrey Ballet, al tiempo que dirigen un estudio bíblico semanal con otros bailarines en el seno de lo que en otro tiempo se consideraba una profesión de mala reputación moral?[5]

La mejor forma de testimonio es la que se lleva a cabo por medio de un compromiso creíble dentro del ámbito de nuestra profesión.

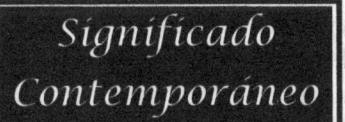

A todos nos llegan momentos decisivos en los que hemos de poner el alma a la altura de nuestras palabras, y dar la cara por nuestras convicciones. Si somos cristianos, muchas veces tendremos que tratar con personas que no nos entienden, que rechazan los principios que consideramos más importantes, o que pueden incluso ser hostiles a nuestras creencias sobre Dios. Ante la oportunidad de hablar de él a veces tendremos que arriesgarnos a la posibilidad de ser rechazados. Es posible que nuestros valores nos lleven a hacer o a abstenernos de hacer

---

4. Colson, *The Body* [El cuerpo], 239.
5. Briner, *Roaring Lambs* [Corderos rugientes], 31.

cosas que produzcan una respuesta negativa hacia nosotros. Todo esto pueden ser consecuencias lógicas de identificarnos con Jesús.

Cuando trabajaba con Young Life en una universidad, a menudo planteábamos la pregunta de esta manera: si hubieras sido procesado por ser cristiano, ¿Habría pruebas en tu contra para declararte culpable? ¿Saben los que te rodean por el modo en que vives (no solo por lo que dices) que estás aliado con Jesús? La actitud fundamental que hace posible este testimonio es el temor y servicio a Dios. Jesús demanda esta actitud esencial en un mundo que a menudo reacciona de un modo negativo hacia los cristianos.

En un sentido, Jesús no pide aquí una acción concreta, sino una actitud. Hay poco que hacer pero mucho que percibir sobre nosotros mismos en relación con Dios y sus cuidados. Somos responsables ante él por el modo en que respondemos a situaciones y presiones que vivimos como consecuencia de nuestro andar con él. Hemos de confiar en su cercanía y preocupación, y creer que cuando sea necesario nos dará la fuerza de su Espíritu. Temerle significa respetar su presencia, confiar en su cuidado, y no preocuparnos por el modo en que los demás reaccionan ante nosotros. Significa no aceptar la opinión popular, puesto que la mayoría no siempre tiene razón. Con esta convicción, en situaciones en que se cuestiona nuestra fe podemos actuar con fuerza interior y dependencia de Dios.

Otra de las aplicaciones tiene relación con la trascendental naturaleza de la elección de rechazar el testimonio del Espíritu acerca de Jesús, algo que Lucas ha estado explicando en estos últimos capítulos. El pecado imperdonable es rechazar lo que Dios ha ofrecido en el perdón que hay en Jesús. No cabe un acercamiento indiferente a la cuestión de Jesús. Nuestra cultura puede decir que existen muchas rutas a Dios, pero Jesús no ofrece esta opción.

La ineludible conclusión de este pasaje indica lo en serio que se tomó Jesús la perspectiva del juicio final. Dios puede arrojar a alguien al infierno. Esta doctrina está entre las enseñanzas más polémicas de la fe cristiana. Algunos han argumentado que Dios no castiga eternamente. Los condenados son destruidos, y todos los textos que aluden a la destrucción eterna son metáforas para expresar la destrucción del alma.[6] Sin embargo, textos como Apocalipsis 20:10–15 y 22:15 sugieren que los impíos siguen existiendo fuera de la presencia de Dios, tras descubrir que él existe y que es demasiado tarde. En los que son sin duda los textos más trágicos de la Biblia, se nos enseña que rechazar a Dios e incurrir en el juicio es una de las experiencias más descorazonadoras del alma humana. Porque tras el juicio, las personas saben con seguridad que hay un Dios y que han perdido eternamente la posibilidad de conocerle. Ha de ser un sentimiento absolutamente horrible descubrir que Dios existe, que Jesús es la respuesta, y tras verle cara a cara, saber que la oportunidad de bendición ha pasado definitivamente. Esta es la razón por la que la enseñanza sobre el juicio es tan importante, y por la que es tan crucial compartir a Jesús con quienes necesitan conocerle.

---

6. A esta posición se le llama aniquilacionismo. Es especialmente importante en Gran Bretaña, donde la escuché por primera vez. Quienes deseen examinar este punto de vista, pueden ver Clark H. Pinnock, «The Conditional View» [El punto de vista condicional], en *Four Views on Hell,* ed. William Crockett (Grand Rapids: Zondervan, 1992), 135–66.

Lucas 12:13-21

Uno de entre la multitud le pidió: —Maestro, dile a mi hermano que comparta la herencia conmigo. 14 —Hombre —replicó Jesús—, ¿quién me nombró a mí juez o árbitro entre ustedes? 15 ¡Tengan cuidado! —advirtió a la gente—. Absténganse de toda avaricia; la vida de una persona no depende de la abundancia de sus bienes. 16 Entonces les contó esta parábola: —El terreno de un hombre rico le produjo una buena cosecha. 17 Así que se puso a pensar: «¿Qué voy a hacer? No tengo dónde almacenar mi cosecha.» 18 Por fin dijo: «Ya sé lo que voy a hacer: derribaré mis graneros y construiré otros más grandes, donde pueda almacenar todo mi grano y mis bienes. 19 Y diré: Alma mía, ya tienes bastantes cosas buenas guardadas para muchos años. Descansa, come, bebe y goza de la vida.» 20 Pero Dios le dijo: «¡Necio! Esta misma noche te van a reclamar la vida. ¿Y quién se quedará con lo que has acumulado?» 21 Así le sucede al que acumula riquezas para sí mismo, en vez de ser rico delante de Dios.

Un importante obstáculo para la vida espiritual, especialmente en tiempo de persecución, puede ser la mala utilización de los recursos. Jesús presentó ya las posesiones como una amenaza para la espiritualidad en la parábola del sembrador (8:4–15), y volverá a tratar este tema en las parábolas de 16:1–13, 19–31; 18:18–30 (también 12:24–34; 14:12–33). El afán por las posesiones y la búsqueda del bienestar llevaron a este rico necio a abandonar la búsqueda de Dios y, por ello, a utilizar de manera deficiente los recursos que recibió.

La ocasión de estas palabras es la queja de un hermano contra otro para que comparta con él su herencia. A Jesús se le trata como a un rabino, ya que se le pide que arbitre en esta contienda familiar[1] (aunque la petición no es realmente para que actúe como árbitro, sino como abogado del postulante en contra de su hermano). Esto bien podría ser una clave para entender por qué responde Jesús como lo hace. Se niega a ponerse de parte de este hombre y prefiere plantear una cuestión sobre la avaricia capaz de aportar mucha luz sobre las relaciones personales, y en especial las familiares. Solo Lucas consigna esta parábola.

Antes de entrar en ella, Jesús pronuncia una advertencia para todos, no solo para el hermano, sobre cualquier forma de avaricia. Este mensaje aparece frecuentemente en el Nuevo Testamento (Ro 1:29; 2Co 9:5; Col 3:5; Ef 4:19; 5:3; 2P 2:3, 14). En la frase «absténganse de toda avaricia», el imperativo presente griego demanda una constante vigilancia contra la avaricia, puesto que la vida no consiste en conseguir abundancia de posesiones.

El principal asunto de esta parábola no son las riquezas, sino más bien la actitud con que uno pretende conseguirlas. El rico de la parábola había obtenido una fructí-

---

1. Ellis, *The Gospel of Luke* [El Evangelio de Lucas], 177.

fera cosecha, y ha de tomar una decisión sobre lo que va a hacer con lo que no le cabe en sus graneros. No se ha hecho con la cosecha de un modo inmoral; simplemente ha tenido un buen año. Juiciosamente, decide construir otro almacén para guardar lo que ha cosechado. Su error consiste en cómo ve lo que ha llegado a ser suyo. Cinco veces en los versículos 17–19 habla de que (yo) haré, como si fuese el propietario de todo. Por otra parte, el rico habla de «mi» cosecha, «mis» graneros, «mi» grano, y «mi» alma. No piensa compartir su abundancia, sino guardarla para su utilización privada. Su meta es relajarse y retirarse: «descansar, comer, beber y gozar de la vida». No siente ninguna preocupación o responsabilidad por nadie más. La esencia de la avaricia es guardarse para uno mismo los recursos que Dios pone en nuestras manos.

Jesús observa que, aquella misma noche, Dios va a pedirle la vida a aquel hombre.[2] Dios plantea la pregunta retórica: «¿Y quién se quedará con lo que has acumulado?»[3] Naturalmente, la respuesta es que no va a ser él, a pesar de que creía tener la vida resuelta. Es la parábola del «no puedes llevártelo contigo». Jesús llama «necio» a ese hombre (v. 20), un término veterotestamentario que describe a alguien que, o bien actúa sin contar con Dios o lo hace sin sabiduría, de un modo autodestructivo (Sal 14:1; 53:1). La razón por la que la prosperidad le fue piedra de tropiezo es que se volvió egocéntrico y por consiguiente autodestructivo.[4] Utiliza sus recursos de un modo que desagrada a Dios.

Jesús concluye que eso es lo que le sucederá a cualquiera que amontone tesoros para sí pero no sea rico para con Dios. La riqueza para con Dios significa responder a la vida y a la bendición como Dios desea, de un modo que le honra: por medio del servicio y la compasión (Ef 4:28). La conclusión condena la avaricia como la actitud que lleva a alguien a amontonar cosas para su propio uso.

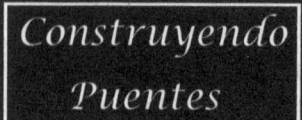

Jesús trata aquí de nuevo lo que son actitudes fundamentales del discípulo. El asunto de las posesiones y su relación con la vida espiritual es tan real en nuestros días como lo era en el tiempo de Jesús, si bien podría ser una palabra algo más pertinente para nuestro tiempo. En muchas culturas occidentales, disponemos de tantos recursos que la tensión podría ser más aguda en nuestros días de lo que lo era entonces. A fin de cuentas, no hay que ser multimillonario para ser rico según las normas del mundo. Es justo decir que muchos occidentales son ricos, no solo

---

2. La expresión «te van a reclamar la vida» 20 (NVI:) es, o una referencia semítica indirecta a Dios (Pr 9:11b), o una referencia a la ejecución angélica de la tarea. En cualquier caso el Cielo ha dictado una resolución y la vida del hombre ha llegado a su fin.
3. La parábola se parece a ciertos comentarios de Eclesiástico 11:18–19. 1 Enoc 97:8–10 es otro texto judío en el que la conclusión es similar, pero la suposición es que las riquezas se han conseguido de un modo deshonesto. Ver la obra de G. Nicklesburg, «Riches, the Rich, and God's Judgment in 1 Enoch 92–105 and the Gospel According to Luke» [Riquezas, ricos, y el juicio de Dios en 1 Enoc 92–105 y el Evangelio según Lucas] *NTS* 25 (1978–79): 324–44.
4. W. Pilgrim, *Good News to the Poor* [Buenas Nuevas para los pobres], 112.

de acuerdo con los criterios de nuestros días, sino también por los que se han aplicado a lo largo de los siglos.

Nuestra prosperidad nos abre posibilidades de decisiones que nos permiten seguir nuestros propios intereses de distintas maneras. Este tipo de intereses pueden fácilmente impedir que utilicemos nuestros recursos de un modo que honra a Dios. Obsérvese que Jesús no está condenando las riquezas como tales, sino el modo en que se utilizan. ¿Cómo usamos lo que Dios nos ha dado? ¿Estamos interesados en amontonar tesoros para nosotros mismos? ¿Estamos habituados a la generosidad? ¿O desempeña la compasión un papel secundario en relación con nuestros deseos personales? Las cuestiones que aquí se plantean son intemporales. El hecho de que en el Nuevo Testamento la avaricia se considere un vicio hace que la enseñanza de Jesús aquí tenga un importante sentido ético.

Este pasaje plantea otra sutil cuestión. Tendemos a acumular posesiones porque estamos convencidos de que éste es el sentido de la vida; al menos, este es el punto de vista que se nos inocula en nuestra cultura. Tenemos una gran cantidad de proverbios como «a beber y a tragar que el mundo se va a acabar» que expresan esta idea. También hay abundantes equivalentes contemporáneos en el mundo de los anuncios publicitarios. En este acercamiento de ahora o nunca no hay ninguna responsabilidad, sentido de un futuro con Dios, o de honrar los valores que él ha establecido. La afirmación de Jesús, «esta misma noche te van a reclamar la vida», pone en tela de juicio la concepción del mundo prevalente en nuestra cultura de manera muy parecida a la de los profetas del Antiguo Testamento. La enseñanza de este pasaje demanda que reflexionemos sobre el modo en que tomamos nuestras decisiones, y de la perspectiva que informa tales decisiones.

La adecuada utilización de nuestros recursos suscita importantes preguntas. ¿Proveemos de manera responsable para las necesidades de nuestra familia? ¿Ahorramos para poder pagar en su día los estudios de nuestros hijos? ¿Nos preparamos para el retiro? El error de este hombre rico estaba en que solo pensaba en sí mismo. Jesús no condena el uso de nuestros recursos para el beneficio de la familia y de otras personas. Aunque no es necesario comprar siempre el «mejor» artículo o el más caro, sí hemos de procurar proveer para las necesidades de nuestros hijos de un modo sabio y responsable. La prueba fundamental para la utilización de nuestros recursos es si éstos se convierten en herramientas de servicio que benefician a otras personas y les permiten servir mejor a Dios. Obsérvese, de hecho, que en Romanos 12:8 se enumera socorrer a los necesitados como uno de los dones de Dios para la Iglesia.

Significado Contemporáneo

Este texto demanda un auto examen. ¿Cómo me siento con lo que Dios me ha dado? ¿Lo considero mío? ¿Soy un buen administrador de lo que ha llegado a mis manos? ¿Soy generoso? ¿Tomo las cosas que Dios me ha dado y las guardo para mis propósitos personales? ¿Me empeño en tomar lo que tienen otros? En este pasaje se considera tanto la sabia utilización de los recursos como la ausencia de avaricia, puesto que una cosa es causa de la otra.

Las implicaciones de este texto van más allá de lo que hacemos con lo que tenemos. Se considera también el modo en que nos relacionamos con otras personas y lo que dejamos para ellas. En el Antiguo Testamento los israelitas tenían que dejar el rebusco de sus cosechas para uso de los necesitados (Dt 24:19–22); un principio que el rico de la parábola ignoró cuando almacenó sus bienes solo para él. Hemos de interpelarnos sobre los recursos más esenciales de la Tierra: ¿Es ético que en algunas partes del mundo consumamos enormes cantidades de comida y otros recursos cuando en otras zonas las personas disponen de tan poco?

El modo en que damos es un reflejo de lo que hay en nuestro corazón. ¿Somos generosos o acaparadores? Esta es una prueba a la que hemos de someternos en privado, delante del Señor. Nadie puede decirle a otra persona cómo ha de responder exactamente a esta clase de preguntas, porque no se trata de alcanzar un porcentaje específico. El modelo veterotestamentario del diezmo (un 10 por ciento) puede ser demasiado bajo en vista de nuestras posibilidades (2Co 8–9). Pero podemos y debemos plantearnos el asunto de nuestra potencial generosidad como motivo de reflexión espiritual. Esta es la función que cumple esta parábola.

Una vez al año, mi esposa y yo analizamos lo que a menudo revela nuestra declaración de la renta, a saber, que probablemente podríamos permitirnos ofrendar más a otras personas y al Señor. Por ello, a menudo buscamos otras personas en la obra del Señor a quienes apoyar. Aunque tenemos un largo camino por recorrer, cada año intentamos incrementar el volumen de nuestras ofrendas. En ocasiones hemos retrasado o renunciado a la compra de algo nuevo porque no era necesario. Estas decisiones nos dan a menudo más libertad para utilizar nuestros recursos con más generosidad. Todos deberíamos quizá plantearnos preguntas similares.

Mientras escribo, estoy ante la oportunidad de ofrendar para dos importantes proyectos de construcción para organizaciones de las que formo parte. Para mí una pregunta crucial durante los próximos años será cómo voy a contribuir a estos necesarios esfuerzos. ¿Me limitaré a calcular el porcentaje que me toca, y no daré más? ¿O contribuiré con generosidad, y con ello permitiré quizá que otra persona se beneficie, puesto que mi ofrenda cubre la parte que ella no podía aportar? Cuando se trata de utilizar nuestros recursos, estas son la clase de preguntas que hemos de hacernos para ser honestos. También hemos de recordar que el modo en que hemos utilizado nuestros bienes es uno de los aspectos de nuestra mayordomía que Dios examinará un día. Esta perspectiva ha de llevarnos a reflexionar sobre el modo en que utilizamos lo que Dios nos da.

Lucas 12:22-34

Luego dijo Jesús a sus discípulos: —Por eso les digo: No se preocupen por su vida, qué comerán; ni por su cuerpo, con qué se vestirán. 23 La vida tiene más valor que la comida, y el cuerpo más que la ropa. 24 Fíjense en los cuervos: no siembran ni cosechan, ni tienen almacén ni granero; sin embargo, Dios los alimenta. ¡Cuánto más valen ustedes que las aves! 25 ¿Quién de ustedes, por mucho que se preocupe, puede añadir una sola hora al curso de su vida? 26 Ya que no pueden hacer algo tan insignificante, ¿por qué se preocupan por lo demás? 27 Fíjense cómo crecen los lirios. No trabajan ni hilan; sin embargo, les digo que ni siquiera Salomón, con todo su esplendor, se vestía como uno de ellos. 28 Si así viste Dios a la hierba que hoy está en el campo y mañana es arrojada al horno, ¡cuánto más hará por ustedes, gente de poca fe! 29 Así que no se afanen por lo que han de comer o beber; dejen de atormentarse. 30 El mundo pagano anda tras todas estas cosas, pero el Padre sabe que ustedes las necesitan. 31 Ustedes, por el contrario, busquen el reino de Dios, y estas cosas les serán añadidas. 32 No tengan miedo, mi rebaño pequeño, porque es la buena voluntad del Padre darles el reino. 33 Vendan sus bienes y den a los pobres. Proveánse de bolsas que no se desgasten; acumulen un tesoro inagotable en el cielo, donde no hay ladrón que aceche ni polilla que destruya. 34 Pues donde tengan ustedes su tesoro, allí estará también su corazón.

Sentido Original

Aquel que teme a Dios y acumula tesoro para él no tiene nada que temer. Jesús subraya por tanto la importancia de confiar en Dios. Las ilustraciones que utiliza en este pasaje proceden del ámbito de la Creación. Los cuervos, los lirios y la hierba tienen mucho que enseñarnos. Jesús termina con una breve observación sobre la generosidad en los versículos 33-34. Si confiamos en que Dios nos cuidará, podemos entonces ser generosos, a diferencia del rico de los versículos 16-21.[1]

Jesús comienza con un llamamiento a no preocuparse. El imperativo presente que Lucas utiliza en este pasaje da a entender que deberíamos vivir constantemente libres de ansiedad. Estamos sujetos a los cuidados de Dios, y por ello deberíamos descansar en sus manos. Lo que se considera en este pasaje son las necesidades esenciales de la «vida» (v. 22): comida, salud y vestido. No deberíamos preocuparnos excesivamente de nuestras circunstancias físicas, puesto que la comida y la ropa no son más que el envoltorio alrededor del que gira la vida verdadera.

En el primer ejemplo que menciona Jesús alude a los cuervos, que en el A. T. se consideran aves inmundas (Lv 11:15; Dt 14:14). Se trata de una elección significativa, puesto que los cuervos estaban entre las criaturas del rango inferior.[2] En sus idas y venidas, Dios es consciente de sus necesidades. No siembran ni recogen en graneros; y

---

1. Los pasajes paralelos de este texto proceden del Sermón del Monte de Mateo: Mateo 6:25-34 de Lucas 12:24-32 y Mateo 6:19-21 de Lucas 12:33-34.
2. Fitzmyer, *Luke X-XXIV* [Lucas X-XXIV], 978.

sin embargo, Dios los alimenta. Si Dios se preocupa por ellos, ¡cuánto más lo hará por nosotros! No es solo que la vida sea más que la comida o la ropa, sino que Dios también se preocupa más por las personas como objeto de su atención que del resto de la Creación.

A partir de esta ilustración, Jesús hace ciertas consideraciones prácticas sobre la ansiedad. ¿Qué aporta de positivo el afán? ¿Consigue acaso prolongarnos la vida?[3] Si no es así, ¿por qué entonces preocuparnos por las cosas de la vida? Algunas cosas de nuestro mundo no consiguen nada. La ansiedad, a excepción quizá de ser una respuesta natural ante acontecimientos que están más allá de nuestro control, es una de tales actividades improductivas.

Examinemos ahora esas preciosas flores que son los lirios, un segundo ejemplo de la Naturaleza. Su existencia está libre de trabajo y esfuerzo; hacen simplemente aquello para lo que fueron creados. Y sin embargo, representan lo más alto de la belleza y la estética, más hermosos incluso que Salomón con toda su riqueza (2Cr 9:13–21). ¿Quién puede vestirse como Dios les ha ataviado a ellos? De hecho, Dios cuida y viste aun a la hierba cuya vida es tan breve, y acaba siendo arrojada al fuego.[4] Si Dios se preocupa por los cuervos, los lirios y la hierba, cuidará también a los seres humanos.

El afán plantea dudas acerca del cuidado de Dios. De modo que Jesús se dirige a ellos como «gente de poca fe» (v. 28). La esencia de la confianza es reconocer que Dios cuidará de lo que está en sus manos. Por ello, no hay necesidad de preocuparse por la comida y la ropa. Este acercamiento a la vida es distinto del que rige en «el mundo pagano», aquellos que pasan por la vida sin percibir la presencia de Dios. Se agitan procurando dar satisfacción a sus preocupaciones materiales, pero el Padre sabe lo que necesitan sus discípulos. El cambio de Jesús al mencionar al «Padre» añade una imagen de familia y cuidado a sus comentarios. Todo buen padre observa las necesidades de sus hijos.

Jesús demanda que la principal preocupación de sus discípulos sea solo una cosa: el reino de Dios (v. 31). Dios tendrá cuidado del resto. Buscar «el reino de Dios» significa vivir como sus representantes. Como miembros de su casa y ciudadanos de su sociedad, hemos de conducirnos según los mejores intereses de hogar y país. Hemos de representarle y reflejar su justicia en un mundo despreocupado por conocer a Dios. Este es el constante llamamiento del discípulo, como indica el imperativo presente griego «busquen».

No hay nada que temer en esta tarea, puesto que Dios desea dar este reino a sus ovejas. La imagen pastoral del versículo 32 es informativa, puesto que las ovejas se cuentan entre las más asustadizas de sus criaturas y tienden a amedrentarse con facilidad. Jesús presenta a Dios como un pastor amable y diligente que se preocupa por sus criaturas y les da lo que necesitan para poder llevar lo que les ha encomendado (Sal 23).

---

3. En griego la referencia habla de añadir un codo a la propia vida. Algunos debaten si Jesús hace referencia aquí a prolongar el tiempo de vida o la altura física. El segundo ejemplo es un poco más ridículo, lo cual añadiría una nota emotiva al comentario. La cuestión es, en cualquier caso, que la preocupación no cambia tales realidades. No sirve a ningún propósito positivo.
4. La hierba es una figura normal para aludir a aquello que es transitorio (Job 8:12; Sal 37:2; 90:5–6; 102:12; Is 37:27; 40:6–8).

Si no tenemos que preocuparnos por las necesidades esenciales de la vida, podemos entonces ser generosos con lo que Dios nos ha dado. De modo que Jesús demanda la venta de posesiones y la generosidad para con los pobres; una generosidad que Dios honrará; él nos da «un tesoro inagotable en el cielo». Esta clase de tesoro comporta la recomendación y recompensa de Dios por el desempeño de la clase de servicio que le agrada. Este tesoro no requiere la contratación de guardas de seguridad, puesto que no hay ladrón ni polilla que puedan llegar hasta él.

Al ser generosos se pone de manifiesto algo más que el deseo de ayudar a otras personas. Donde está nuestro tesoro, allí estará también nuestro corazón. En otras palabras, el modo en que utilizamos nuestros recursos comunica nuestros valores. Si invertimos en posesiones terrenales, mostramos que nos interesan las cosas. Si invertimos en cuidar a las personas, irradiamos nuestro amor por los demás. El reino de Dios tiene que ver con personas. Y es a ellas donde deberían ir nuestras inversiones de tiempo y recursos, especialmente a aquellas personas que tienen necesidades que cubrir.

Hay otra razón fundamental para esta exhortación. Una vida vinculada a las posesiones se convierte en un tropiezo, porque conduce a un alto nivel de ansiedad. Jesús indica que una manera en que sus discípulos pueden ser distintos en su testimonio es reflejando que las personas y las necesidades tienen prioridad sobre las posesiones y las propiedades. Hechos 2 y 4 y el ejemplo de Bernabé al final de Hechos 4 muestran que la Iglesia Primitiva reflejaba estos valores. La ética de una vida sin ansiedad es también una ética que busca relacionarse con las personas a través de la generosidad, puesto que nos sentimos seguros y confiados en los cuidados de Dios.

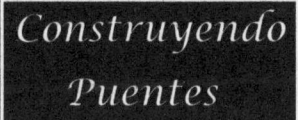

Lo que Jesús demanda en este texto es contracultural en términos de valores y orientación para el mundo moderno. Para la mayoría de las personas, lo que define la vida es lo que pueden acumular para vivir de un modo cómodo y seguro. Ya sea que concibamos nuestro hogar como un nido o como un castillo, nuestro deseo de construir un mundo seguro de privacidad es uno de los valores más fundamentales que propugna nuestra cultura. Consideremos estos mensajes de nuestra cultura: «Hoy te mereces un descanso»; «Porque tú lo vales». Estos lemas expresan la filosofía de que tenemos derecho a estas cosas como reyes o reinas de nuestros feudos.

Cuán descorazonador es para muchos que la vida insista en mostrarnos nuestra incapacidad para controlar acontecimientos y circunstancias. Tal control está fuera de nuestra responsabilidad en el mundo de Dios. Aquellos que llegan a alcanzar un cierto éxito y nivel de bienestar en la vida se ven en la misma posición del rico necio de 12:13–21; la suya es una realidad de corta duración. La persecución de metas materialistas y la acumulación de posesiones terrenales vacía la vida de aquello para lo que Dios la ha diseñado como uno de sus dones más preciosos: el honor de servir a quienes nos rodean. El conflicto entre el llamamiento de Jesús y el que emite nuestra cultura podría ser la razón por la que, aunque respondemos positivamente a sus comentarios sobre el afán, tendemos a resistir lo que dice con respecto al uso de nuestros recursos.

Esta combinación es, sin embargo, tanto intencionada como intemporal. Dios quiere creyentes que confíen en sus cuidados y descansen en él, haciendo lo que les pide, en lugar de pretender proyectos y emociones que son contraproducentes. El nido que Dios nos da ha sido concebido como una base de operaciones, un refugio de servicio a él. Esto es lo que debería preocuparnos, no nuestra comida o vestido. Dios nos cuidará, de modo que no hemos de preocuparnos del modo en que proveerá para nuestras necesidades.

Haríamos bien en recordar que, en este pasaje, Jesús se dirige a una audiencia de personas mayoritariamente pobres o humildes por lo que se refiere a su posición social. La enseñanza de Jesús apunta con frecuencia a los pobres (cf. 4:16–18). La mayor parte de sus oyentes eran personas que trabajaban como jornaleros que ganaban su paga tras el día de trabajo. Si estas cosas se las dice a personas que cuentan con pocos medios, cuánto más se aplicarán a quienes cubrimos nuestras necesidades diarias de un modo mucho más fácil y consistente. La sensibilidad que aquí se requiere nos recuerda que cuando veamos a personas con necesidades, hemos de esforzarnos en suplirlas. Muchas veces se considera que ciertas organizaciones cristianas que se dedican a suplir las necesidades básicas de los pobres, no llevan a cabo un verdadero ministerio, pero nada está más lejos de la verdad. Dios muestra a menudo su amor por los pecadores por el modo en que sus hijos les tienden la mano en amor para satisfacer sus necesidades. Los medios para cuidar a quienes tienen hambre son a menudo aquellas personas que tienen algo que dar.

Significado Contemporáneo

¿Cómo aplicamos nuestro llamamiento a no preocuparnos y ser generosos? Las cuestiones que nos llevan a dicha aplicación se encuentran profundamente arraigadas en la psique humana. Todos queremos sentirnos seguros. Nos encanta tener el control de la situación, pero nos engañamos a nosotros mismos si creemos que tenemos a la vida agarrada por el cuello. Los consultorios médicos y los hospitales están llenos de personas que han sufrido un colapso emocional porque no han conseguido controlar su mundo y se han perdido en el espacio emocional. Mi suegro era médico y recuerdo que muchas veces las visitas a sus pacientes tenían más que ver con problemas emocionales que con enfermedades físicas.

El primer paso hacia la sabiduría es saber que no tenemos por qué ser presa de tal agitación. Hemos de abandonarnos al tierno cuidado del Padre. Él puede dirigirnos para la utilización de nuestros dones y capacidades, y hemos de confiar que cuando nos esforzamos en servirle él suplirá todas nuestras necesidades. Esta es la razón por la que Jesús trata la necesidad de confiar antes de plantear nuestra búsqueda del reino. Los esfuerzos humanos por conseguir seguridad pueden proceder de distintas motivaciones. Podemos intentar crear una atmósfera segura para nuestra vida. Podemos también procurar la construcción de un mundo en el que controlamos a los demás. O buscar los elogios de nuestros compañeros para conseguir un sentido de valor personal. O quizá retirarnos para sentirnos seguros dentro de nuestro pequeño mundo. Podemos esforzarnos en ser distintos, para hacernos notar y hacer patente nuestra presencia, ya sea positivamente o de un modo negativo, ¡una práctica que los adolescentes convierten en una profesión! Todos estos intentos son realmente una evasión de la necesidad de buscar nuestra identidad en la única fuente que puede dárnosla, a saber, el tierno cuidado de Dios.

Jesús les pide a sus discípulos que observen la Naturaleza y entiendan que Dios se dedica a satisfacer necesidades, y que al hacerlo se constituye en ejemplo de cómo hemos de ocuparnos de los demás. El mundo se pelea y preocupa por cuestiones de control territorial y poder, mientras que Dios se dedica a alimentar a los cuervos, vestir a los lirios y cubrir de lustre la hierba. Anhela tener discípulos cuya identidad está tan segura en Dios que se entregan con generosa liberalidad a seguir los valores del reino, honrándole con una vida de integridad y servicio a quienes les rodean, sin contar el coste. El Dios que dio a su Hijo para mostrarnos el camino nos promete sus cuidados cuando andamos decididamente por él. Él sabe lo que necesitamos y entiende lo que requiere nuestro llamamiento.

Sin embargo, un importante obstáculo cuando se trata de seguir el divino llamamiento es pensar que necesitamos experimentar seguridad en otras áreas de nuestras vidas antes de poder ser libres para servirle como él desea. Con ello pasamos por alto lo que Dios nos llama a hacer y nos distraemos con cuestiones de seguridad personal. A veces podemos ser más efectivos cuando Dios nos tiene en un lugar en el que nuestra dependencia de él es una necesidad y ello se hace evidente a todos los que nos rodean. La vida espiritual tal como Jesús la ve no es una vida de bienestar, sino de riesgo, peligro, debilidad y vulnerabilidad. Él quiere que nos aventuremos en aguas cuyo curso no ha sido trazado con toda claridad, confiando simplemente en que él nos dará la oportunidad de hacer aquello que hemos sido creados para llevar a cabo (2Co 1). Por ello, sin confianza es imposible agradar a Dios o servirle de manera efectiva. El llamamiento de Dios no nos llevará nunca a un lugar donde su Gracia no pueda sostenernos.

La generosidad que demanda este texto ha sido muchas veces cuestionada. ¿Hemos realmente de vender todas nuestras posesiones? Lo que Jesús está diciendo es que hemos de dejar de ver lo que llamamos nuestro, como si fuera una posesión privada que ha de ser atesorada. Cuando en Lucas 19:8 Zaqueo afirmó que vendería la mitad de sus bienes y lo daría a los pobres, Jesús le elogió sin reservas ni matices. Lo que Zaqueo hizo fue dar el paso de fe que dice: «mis recursos no son míos, sino tuyos. Enséñame a emplearlos para tu gloria, oh Dios». Las palabras de Zaqueo fueron la oración de un discípulo que se esforzaba en aplicar lo que Jesús enseña en este pasaje. Más allá de la oración están los momentos de verdad, en los que tomamos nuestros recursos y los ofrendamos o los invertimos para que otras personas puedan beneficiarse de su utilización.

Sin embargo, esta oración puede ser una racionalización si no se pronuncia con la disposición interior de llevar a cabo lo que se pide. Zaqueo no hizo solo una declaración de intenciones, sino que obró en consecuencia. Buscar el reino de Dios conforme a sus deseos significa que el uso de lo que él nos proporciona no se limita a nuestros propios intereses egoístas. Nos vemos a nosotros mismos como parte de una comunidad a la que hemos de amar y servir. Para el cumplimiento de este compromiso, Dios promete suplir nuestras verdaderas necesidades —aquellas que desarrollan nuestro carácter— así como recompensar nuestra generosidad con su reconocimiento, tanto ahora como en la era venidera.

Lucas 12:35-48

Manténganse listos, con la ropa bien ajustada y la luz encendida. 36 Pórtense como siervos que esperan a que regrese su señor de un banquete de bodas, para abrirle la puerta tan pronto como él llegue y toque. 37 Dichosos los siervos a quienes su señor encuentre pendientes de su llegada. Créanme que se ajustará la ropa, hará que los siervos se sienten a la mesa, y él mismo se pondrá a servirles. 38 Sí, dichosos aquellos siervos a quienes su señor encuentre preparados, aunque llegue a la medianoche o de madrugada. 39 Pero entiendan esto: Si un dueño de casa supiera a qué hora va a llegar el ladrón, estaría pendiente para no dejarlo forzar la entrada. 40 Asimismo deben ustedes estar preparados, porque el Hijo del hombre vendrá cuando menos lo esperen. 41 —Señor —le preguntó Pedro—, ¿cuentas esta parábola para nosotros, o para todos? 42 Respondió el Señor: —¿Dónde se halla un mayordomo fiel y prudente a quien su señor deja encargado de los siervos para repartirles la comida a su debido tiempo? 43 Dichoso el siervo cuyo señor, al regresar, lo encuentra cumpliendo con su deber. 44 Les aseguro que lo pondrá a cargo de todos sus bienes. 45 Pero ¡qué tal si ese siervo se pone a pensar: «Mi señor tarda en volver», y luego comienza a golpear a los criados y a las criadas, y a comer y beber y emborracharse! 46 El señor de ese siervo volverá el día en que el siervo menos lo espere y a la hora menos pensada. Entonces lo castigará severamente y le impondrá la condena que reciben los incrédulos. 47 El siervo que conoce la voluntad de su señor, y no se prepara para cumplirla, recibirá muchos golpes. 48 En cambio, el que no la conoce y hace algo que merezca castigo, recibirá pocos golpes. A todo el que se le ha dado mucho, se le exigirá mucho; y al que se le ha confiado mucho, se le pedirá aún más.

Sentido Original

Temer a Dios (cf. 12:4-5) significa estar dispuestos a servir, de modo que Jesús dirige ahora su atención a un servicio fiel. Una parte del tesoro que nos hacemos en el cielo (12:33-34) está vinculado a este tipo de servicio. Cuando servimos, también sabemos que seremos responsables delante del Señor a su regreso. El propósito de la escatología bíblica (enseñanza sobre el futuro) no es tanto informarnos de los detalles de lo que ha de suceder, sino prepararnos para servir fielmente a Dios en nuestro tiempo. Esta sección tiene tres partes: la exhortación esencial y la bienaventuranza (vv. 35-38), el cuadro de la incertidumbre sobre la venida del ladrón (vv. 39-40), y la parábola del mayordomo infiel (vv. 41-48).[1]

Los discípulos han de prepararse para el regreso del Señor viviendo de un modo que le honre cuando venga para evaluar nuestro andar con él. Una metáfora de la

---

1. Esta parábola tiene un paralelismo conceptual en Mateo 24:42-51. Una buena parte del resto del pasaje es un material exclusivo de Lucas. Decimos que esta parábola es conceptualmente paralela porque aparece en escenarios distintos.

Antigüedad para aludir a esta preparación es «ceñir los lomos» (NVI: «Manténganse listos, con la ropa bien ajustada»). El imperativo perfecto griego da a entender un estado constante de preparación, una preparación que, una vez se ha producido, ha de seguir activa. El Antiguo Testamento nos proporciona el trasfondo de esta imagen (Ex 12:10; 1R 18:46; 2R 4:29; Is 59:17).

Una segunda forma de hacer la misma petición es exhortar a los discípulos a mantener «la luz encendida». Es decir, han de estar constantemente vigilantes, aun en medio de la oscuridad de la noche.[2] Esta exhortación comparte el mismo imperativo que la metáfora anterior, de manera que la preparación a la que se alude es también constante.

Una tercera imagen completa la exhortación inicial. Los discípulos han de ser como siervos que aguardan el regreso de su señor de un banquete de bodas y no saben exactamente cuándo llegará.[3] A su llegada, han de estar ahí para abrirle la puerta. Una imagen de nuestro tiempo sería la de un canguro que espera el regreso de los padres que retomarán la responsabilidad de cuidar la casa. A su regreso, el señor desea una sola cosa de sus siervos: que durante su ausencia hayan cuidado fielmente la propiedad que les ha sido encomendada y que todo esté listo para su entrega.

Como siempre, las imágenes de Jesús implican un giro. En este pasaje el giro consiste en que, al constatar que la casa ha estado bien cuidada, el propio dueño se ciñe la ropa y se pone a servir a sus siervos. Esta es la bendición que él les ofrece. La expresión de la NVI «dichosos los siervos» (v. 37) alude a la bendición que recibirán los siervos fieles. En otras palabras, la bendición aguarda a aquellos a quienes el dueño encuentra preparados y esperando su regreso, aunque venga en mitad de la noche, es decir, en un momento (la segunda o tercera vigilia [desde las nueve de la noche hasta las tres de la madrugada]) cuando puede que los demás no estén preparados.

A continuación, Jesús utiliza la imagen del ladrón para ilustrar su argumento. Si alguien supiera que un ladrón intentaría entrar en su casa a una hora determinada, estaría sobre aviso y tomaría medidas para protegerla.[4] Así también los creyentes han de estar siempre preparados, puesto que el Hijo del Hombre (i.e., Jesús) llegará en un momento en que ellos no esperen. La certeza del regreso junto a la incertidumbre del momento en que éste se producirá demanda vigilancia. La responsabilidad ante el Señor es un tema fundamental del Nuevo Testamento (1Co 3:10–15; 4:1–5; 1Ti 4:12–16; 2P 2:1–2, 13). La Gracia no anula la responsabilidad. Al contrario, la meta de la Gracia es crear un pueblo fiel y celoso en su servicio a Dios (Tit 2:11–14). A Dios le interesa lo que hacemos con sus dones, y cuando Jesús regrese, honrará a los que han sido fieles y disciplinará a los que no lo han sido.

Pedro entiende el sentido de los comentarios de Jesús y le pregunta si se dirige solo a dirigentes como los Doce, o a todo el mundo. Jesús responde con otra parábola que define al siervo fiel. El siervo en cuestión es responsable de repartir su asignación ali-

---

2. W. Michaelis, «λύχνος», *TDNT*, 4:326.
3. En las bodas de la Antigüedad las celebraciones podían llegar a prolongarse durante una semana, de modo que el regreso no siempre era previsible.
4. La imagen del ladrón para aludir al regreso de Cristo es frecuente (1Ts 5:2, 4; 2P 3:10; Ap 3:3; 16:15).

mentaria a otros siervos durante un viaje de negocios del señor. A su regreso, hay una bendición (NVI: «dichosos aquellos siervos») para quienes hacen bien su trabajo; serán ascendidos para que sigan desarrollando su servicio a un nivel más elevado.

Si Jesús hubiera terminado la parábola en este punto, se habría limitado a ilustrar la fidelidad. Pero el relato sigue describiendo otra clase de respuestas de quienes están llamados a servir. ¿Qué sucede si el siervo decide que el dueño va a estar ausente durante mucho tiempo? En lugar de preocuparse por sus consiervos y proporcionarles sus raciones, hace lo contrario, golpeándoles con despotismo y entregándose egoístamente a toda clase de excesos. ¿Qué hará el amo cuando regrese de manera inesperada? Castigará a este siervo.

Para entender la seriedad de esta posibilidad, hemos de considerar los versículos 46-48 y comparar los tres castigos. (1) El siervo que es desobediente, haciendo lo contrario de lo que se le ordena, será cortado, y el Señor le asignará un lugar con los no creyentes. Algunas traducciones (como la NVI en este caso, que vierte «lo castigará severamente». N. del T.) suavizan la expresión «cortará a pedazos», sin embargo, la NIV preserva su verdadera fuerza. El cuadro que aquí se presenta es el de un rechazo categórico. (2) Alguien que sabe lo que quiere su señor y no obedece sus órdenes será severamente disciplinado; recibirá muchos golpes. La metáfora alude a un juicio disciplinario. (3) Sin embargo, el siervo que no obedece porque no sabe lo que ha de hacer, recibirá pocos golpes. En este pasaje Jesús describe diferentes grados de responsabilidad, que dependen de lo que se hace y lo que se sabe. También aquí se trata de un juicio disciplinario, pero menos severo. La gradación de los juicios muestra que el Señor aplica diferentes criterios a su valoración de la responsabilidad.

Jesús termina diciendo que aquel a quien se le da mucho, mucho se le demandará, y a quien mucho se le confía, mucho se le pedirá. Es decir, aquellos que han recibido, de gracia han recibido, y por ello se les pide que sean fieles a las responsabilidades que conlleva su nueva relación. Los dones de Dios han de ser utilizados en el servicio de un modo responsable. Jesús no responde directamente a la pregunta que hace Pedro en el versículo 41, porque su interés principal está en explicar la naturaleza del servicio, no en aclarar quién ha de llevarlo a cabo. Esta respuesta muestra que todos son llamados a servir bien a los demás miembros del Cuerpo durante la ausencia de Jesús. Formar parte de su comunidad significa tener responsabilidad en ella; esto se aplica especialmente a los dirigentes. En la Iglesia del mundo occidental, donde es tan fácil acceder a los recursos para la enseñanza y la comunicación, la mayor parte de nosotros tenemos acceso a mucho, lo cual nos hace muy responsables. Esta observación anticipa el modo en que podemos tender puentes entre este pasaje y el presente.

Construyendo Puentes

La enseñanza de Jesús en este pasaje combina dos temas fundamentales del Nuevo Testamento: su regreso y nuestro llamamiento a una fiel mayordomía. La dinámica interna de la parábola nos ayuda a delimitar el tema de manera más específica: la fidelidad tiene que ver especialmente con el modo en que los siervos en cuestión sirven a los demás dentro del ámbito general de la Iglesia. Así, los principales receptores del texto son aquellos que han recibido responsabilidades y ministerios específicos dentro de la comunidad como la enseñanza, la labor pastoral, el servicio misionero, la evangelización, el servicio a los jóvenes dentro de la Iglesia y otros muchos ministerios.

Por otra parte, puede hacerse una aplicación más amplia a todos los que son llamados a servir en la casa de Dios, porque los comentarios sobre la fidelidad y el principio de servirse unos a otros preservando y edificando la comunidad refleja unos valores que todos los discípulos han de poseer. En resumidas cuentas, la aplicación es tanto para los pastores y ministros como para los creyentes de a pie: de todos ellos se requiere fidelidad.

El tema del regreso del Señor es también pertinente para nosotros, puesto que hoy seguimos esperando su venida. Considerando que no sabemos exactamente cuándo se producirá, hemos de seguir vigilantes y fieles. De hecho, esto se acentúa especialmente a medida que el tiempo avanza, puesto que con el paso de los años podemos dormirnos en los laureles por lo que respecta a la venida del Señor.

Un último tema que cruza nuestro contexto es el de la naturaleza de la responsabilidad que se plantea en este pasaje. La cuestión más difícil es determinar lo que le sucede al siervo que es «cortado». Si podemos precisarlo, entonces se hace también más claro el significado de los otros dos ejemplos de los versículos 47–48. Para entender el versículo 46 se presentan básicamente tres opciones. (1) Algunos sostienen que, siendo el siervo un miembro de la casa, queda claro que se trata de un creyente, y ello hace que el castigo no pueda ser la pérdida de la salvación, teniendo en cuenta la doctrina de la seguridad del creyente que enseña la Escritura. Lo que significa es que, aunque sigue estando en la casa, se le considera infiel e indigno de recibir alguna recompensa del Señor por su servicio. Esta opción es cuestionable, puesto que parece apoyar una salvación por la fe, pero recompensas según las obras. Presenta también el problema de interpretar de un modo poco convincente la referencia al desmembramiento en el versículo 46.

(2) Hay otra opción que asume también la premisa de que se trata de un creyente, pero que, sin embargo, sostiene que el castigo es tal que la persona es finalmente rechazada por Dios. Este acercamiento no acepta la seguridad del creyente y sostiene por tanto que su juicio es exclusión de la comunidad por su desobediencia. Esta posición no responde satisfactoriamente los textos que le aseguran al creyente que su posición en el Señor se fundamenta en la certeza de su obra en ellos (cf. Ro 8:28–30, 38–39; Fil 1:6). En el último análisis, este punto de vista implica una salvación por obras.

(3) La mejor opción es la que sostiene que las personas de las que habla este pasaje tienen relación con la familia de la fe, y hasta ejercen responsabilidades en ella, pero el pasaje no dice nada sobre su condición espiritual. El siervo desmembrado describe, pues, a alguien relacionado con la Iglesia cuya actitud no muestra fe ni ninguna relación positiva con el Señor. No es que pierda algo que tuvo, sino más bien que muestra la ausencia de una relación adecuada. La propia actitud que tiene hacia el amo refleja una despreocupación que no puede equipararse con la confianza. Su castigo es su exclusión final de la comunidad (el mismo que el reservado para los «incrédulos»). Esta interpretación rechaza la idea de que la posición del creyente en el Señor pueda perderse. Una persona que encaja en esta descripción es Judas, uno de los Doce. Judas anduvo con

Jesús y sirvió activamente dentro de la comunidad de discípulos y, sin embargo, era «un diablo» (Jn 6:70–71). Otro pasaje que guarda una semejanza conceptual con éste es 1 Corintios 3:14–18, en el que algunos son bendecidos al regreso del Señor; otros son salvos «pero como quien pasa por el fuego» (cf. Lc 12:47–48), y otros son destruidos por pretender destruir el templo de Dios.[5]

Significado Contemporáneo

Una importante aplicación de este pasaje tiene que ver con vivir vidas que honren al Señor y estar preparados para su regreso, que puede producirse en cualquier momento. Cuando esto sucede, nuestro Señor evaluará el modo en que hemos vivido con él, especialmente dentro de la comunidad de la fe. El principal criterio de su evaluación según este texto es el modo en que servimos a los demás dentro de la congregación. ¿Edificamos a los santos o los destruimos? Jesús concede un valor primordial al modo en que los miembros de la comunidad se relacionan el uno con el otro, puesto que, en la presión de servir al mundo, es crucial mantener la unidad. Esta es la razón por la que oró por la unidad antes de dirigirse a la Cruz (Jn 17) y por la que libros como Efesios (4:1–16) la subrayan de un modo tan intenso. La naturaleza de las diferencias que existen entre la mayoría de los creyentes no es nada en comparación con el tipo de discrepancias que nos separan del mundo. Así, Jesús demanda fidelidad, en especial en el modo en que nos cuidamos los unos a los otros durante su ausencia.

Puede que no haya tema más sensible para muchas comunidades que la tensión que existe entre buscar la unidad y la preocupación por la verdad y la pureza en la doctrina. A menudo, cuando los creyentes se golpean unos a otros, como se expresa en esta parábola, es en el marco de disputas sobre doctrina. La mayoría de nosotros conocemos la existencia de vehementes desacuerdos sobre temas como el regreso del Señor, la vigencia de ciertos dones espirituales, un concepto de la salvación que subraya el Señorío, frente a otra que destaca la Gracia, formas de bautismo, calvinismo frente a arminianismo, etc.

Recientemente leí un documento orientado a la resolución de una disputa dentro de una determinada tradición teológica. Éste alegaba haber hecho un esfuerzo teológico en pro de la unidad, pero hacía hincapié en que se mantuviera la conformidad con la Escritura. Afirmaba adoptar cierto nivel de separación de grupos que por lo demás reconocía como cristianos. Su compromiso con la Escritura era loable y necesario, hemos de recordar sin embargo, que muchos de nuestros compromisos tradicionales implican también juicios sobre la interpretación de la Escritura. Aquí es donde se hace necesaria la humildad y el ejercicio de la sabiduría. Porque lo que a mí me puede

---

5. La secuencia literaria de 1 Corintios 3 es clave para entender este pasaje. Los castigos van bajando de grado cada vez más. Puesto que quienes son salvos como por fuego (v. 15) a duras penas lo consiguen, el siguiente paso hacia abajo ha de describir a quienes quedan finalmente fuera (vv. 16–17). Desde un punto de vista teológico diríamos que, aunque se relacionaban con la Iglesia y parecían ser miembros de Cristo, de hecho nunca lo llegaron a ser. No puedes perder algo que nunca has tenido realmente. El paralelismo de la carta a los Corintios es importante, porque muestra la gran variedad de categorías en que pueden encontrarse las personas.

parecer claro como enseñanza bíblica puede que no se lo parezca a otras personas dentro de la Iglesia. Es posible que piensen que otra enseñanza es más central u otro punto de vista más acertado. La pretensión de poseer la segura guía del Espíritu por parte de cualquiera de las partes imposibilita la interacción. En estos casos es importante distinguir lo que son convicciones esenciales de aquellas que son cuestionables y responder según este criterio.

Las verdades centrales de la fe requieren una firme convicción de nuestra parte. Es posible que estas verdades sean difíciles de identificar entre tantas áreas de la teología y la interpretación. Si se me permite sugerir los temas clave, éstos serían la autoridad de toda la Escritura, la Trinidad, la deidad y humanidad de Cristo, la singularidad de la obra de Cristo, la necesidad de la fe en Jesús para ser salvos del pecado, la efectiva presencia del Espíritu como agente transformador de Dios en la vida del creyente, las bendiciones de la Gracia para el creyente, la importancia de la Iglesia como comunidad de Dios, el valor del Bautismo y la Mesa del Señor como ritos que Jesús pidió que celebraran los creyentes, la realidad del regreso del Señor, la realidad del juicio y el castigo eterno para aquellos que no conocen a Dios, la importancia esencial de la oración y la adoración para la salud del creyente, la importancia de la integridad ética, y nuestro llamamiento a la evangelización. Estos son temas que hemos de considerar centrales.

Sin embargo, dentro de cada una de estas áreas existen subtemas abiertos a la discusión. En nuestra relación los unos con los otros, hemos de esforzarnos en distinguir las áreas fundamentales de aquellas susceptibles de discusión. No hay duda de que los temas secundarios contienen una cierta enseñanza e ideas clave. La Iglesia ha de prestarles atención, pero nunca de modo tal que las disputas sobre temas secundarios cercenen la unidad que —según la enseñanza de Cristo— poseen todos los verdaderos creyentes.

Recientemente he participado en un grupo de discusión que viene trabajando desde hace una década y que reúne a personas de distintas tradiciones con una larga historia de tensión y hostilidad. Los encuentros de este grupo se producen bajo el acuerdo explícito de que los debates doctrinales se desarrollen dentro del respeto cuando llegamos a aquellos aspectos que no compartimos. Ha sido una experiencia muy reconfortante para todos nosotros. No solo hemos entendido mejor los asuntos, sino que también hemos aprendido a ser justos el uno con el otro en el tratamiento de las diferencias. Hemos podido ser más honestos sobre el fundamento de nuestras apreciaciones y la razón por la que diferimos, pero sin faltarnos al respeto los unos a los otros, como hermanos y hermanas en Cristo. El resultado ha sido el crecimiento y una comprensión más profunda para todos, aunque seguimos discrepando acerca de muchos detalles. Hemos aprendido a debatir sin ser destructivos o desagradables. Una de las cosas que más desea el Señor es que, en nuestro servicio de la verdad, sus seguidores nos tratemos de un modo amable y cariñoso.

El Señor quiere fidelidad, especialmente en el nivel de nuestras relaciones personales. Observemos las cuestiones que Jesús trató con sus discípulos inmediatamente antes de dirigirse a la Cruz: el llamamiento de amarnos los unos a los otros (Jn 13:34–35; 15:9–17), la prioridad del servicio sobre la posición (Lc 22:24–30). Su última oración antes de la Cruz fue por la unidad del Cuerpo (Jn 17). Por supuesto, ser administrador de la casa de Dios y tener una tarea que cumplir significa administrar bien, no simplemente en términos de relaciones personales, sino también en el manejo de los recursos o el establecimiento de las adecuadas prioridades para su utilización.

Tendremos que dar cuenta al Señor a su regreso. Este concepto solo es aterrador si tenemos algo que temer, si somos infieles. Con su regreso viene también la esperanza de cambiar nuestra pecaminosa humanidad por una existencia eterna con Dios en gloria y pureza. Estos textos nos exhortan a vivir de acuerdo con lo que seremos. Si vivimos virtuosamente, no tendremos nada que temer cuando el Señor regrese.

No todo son advertencias de juicio en este pasaje. ¿Existe acaso alguna promesa más sorprendente en la Escritura que aquella que afirma que el Maestro hará que los fieles se sienten a la mesa para servirles personalmente? Así pues, en el centro mismo del regreso del Señor hay un recordatorio de dónde ha de llevarnos nuestra relación con Dios, a saber, hacernos más como él es. En medio de todas las especulaciones sobre cuándo y cómo volverá, puede que tengamos que prestar más atención a la clase de persona que seremos cuando él venga.

Así pues, le servimos y esperamos con expectación, no sabiendo exactamente cuándo regresará. Esta incertidumbre lleva consigo una advertencia. Aunque la Escritura pide que velemos y nos mantengamos preparados, compara la vuelta de Jesús con la irrupción de un ladrón nocturno. No podemos saber exactamente el momento de su regreso, y deberíamos ponernos en guardia contra cualquiera que le ponga fecha. Hemos de concentrarnos más bien en serle fieles durante su ausencia y esperar con anhelo el día de su aparición.

Lucas 12:49-13:9

He venido a traer fuego a la tierra, y ¡cómo quisiera que ya estuviera ardiendo! 50 Pero tengo que pasar por la prueba de un bautismo, y ¡cuánta angustia siento hasta que se cumpla! 51 ¿Creen ustedes que vine a traer paz a la tierra? ¡Les digo que no, sino división! 52 De ahora en adelante estarán divididos cinco en una familia, tres contra dos, y dos contra tres. 53 Se enfrentarán el padre contra su hijo y el hijo contra su padre, la madre contra su hija y la hija contra su madre, la suegra contra su nuera y la nuera contra su suegra. 54 Luego añadió Jesús, dirigiéndose a la multitud: —Cuando ustedes ven que se levanta una nube en el Occidente, enseguida dicen: «Va a llover», y así sucede. 55 Y cuando sopla el viento del sur, dicen: «Va a hacer calor», y así sucede. 56 ¡Hipócritas! Ustedes saben interpretar la apariencia de la tierra y del cielo. ¿Cómo es que no saben interpretar el tiempo actual?» 57 ¿Por qué no juzgan por ustedes mismos lo que es justo? 58 Si tienes que ir con un adversario al magistrado, procura reconciliarte con él en el camino, no sea que te lleve por la fuerza ante el juez, y el juez te entregue al alguacil, y el alguacil te meta en la cárcel. 59 Te digo que no saldrás de allí hasta que pagues el último centavo. 1 En aquella ocasión algunos que habían llegado le contaron a Jesús cómo Pilato había dado muerte a unos galileos cuando ellos ofrecían sus sacrificios. 2 Jesús les respondió: «¿Piensan ustedes que esos galileos, por haber sufrido así, eran más pecadores que todos los demás? 3 ¡Les digo que no! De la misma manera, todos ustedes perecerán, a menos que se arrepientan. 4 ¿O piensan que aquellos dieciocho que fueron aplastados por la torre de Siloé eran más culpables que todos los demás habitantes de Jerusalén? 5 ¡Les digo que no! De la misma manera, todos ustedes perecerán, a menos que se arrepientan.» 6 Entonces les contó esta parábola: «Un hombre tenía una higuera plantada en su viñedo, pero cuando fue a buscar fruto en ella, no encontró nada. 7 Así que le dijo al viñador: "Mira, ya hace tres años que vengo a buscar fruto en esta higuera, y no he encontrado nada. ¡Córtala! ¿Para qué ha de ocupar terreno?" 8 "Señor —le contestó el viñador—, déjala todavía por un año más, para que yo pueda cavar a su alrededor y echarle abono. 9 Así tal vez en adelante dé fruto; si no, córtala."

Sentido Original

En Lucas 12:49–14:24, Jesús pide a sus oyentes que observen la naturaleza del periodo que viven: se trata de un tiempo en el que Dios está estableciendo divisiones entre las personas, un espacio en que las gentes deberían ser capaces de ver lo que Dios está haciendo por medio de Jesús, y en que Israel haría bien en responder positivamente antes de hacerse culpable a nivel nacional por rechazar al mensajero de Dios. El hecho de que esta generación de Israel se encuentra sobre un terreno peligroso se hace claro en las advertencias de 13:6-9, 31-35, y más adelante en 19:41-44. El reino se acerca y la puerta estrecha sigue abierta, sin embargo, la negativa a responder significa que

Israel va a recibir un juicio que desolará a la nación. El pueblo de Dios ha de desarrollar también una actitud de servicio a quienes les rodean, en especial a aquellos que son impotentes para ayudarse a sí mismos. Después de esta sección, la atención de Jesús se dirigirá casi exclusivamente a sus discípulos puesto que Israel habrá pasado por alto definitivamente la advertencia que pronuncia en este pasaje.

En Lucas 12:49–59 hay tres subunidades: la causa de la división (vv. 49–53), el llamamiento a considerar las señales de los tiempos (vv. 54–56), y la exhortación a resolver los propios asuntos (vv. 57–59).[1] La secuencia es importante. El ministerio de Jesús fuerza decisiones y divide familias. Al considerar tales decisiones, uno ha de examinar las pruebas que indican sin lugar a dudas que Dios ha enviado a Jesús, del mismo modo que se mira al cielo para determinar cuáles serán las condiciones meteorológicas. Y hemos de recordar que si alguien está en deuda con Dios, tal persona tendrá que resolver el asunto, la elección es por tanto importante. Jesús está iniciando su última apelación a la nación de Israel para que se arrepienta. En 13:31–35 les advierte lo que sucederá si no responden. Igual que en todo el capítulo 12, la cuestión esencial es responder a Dios y a su enviado, el Hijo del Hombre.

Jesús comienza observando que ha venido «a traer fuego a la tierra» y que desearía que ya se hubiera encendido. Las afirmaciones en que Jesús comienza diciendo «he venido» pretenden resumir su ministerio. La imagen del fuego puede aludir al juicio (3:9) o al Espíritu (3:16). La imagen veterotestamentaria del fuego sirve para describir el purificador mensaje de los profetas (Jer 5:14; 23:29). El mensaje de Jesús pone de relieve la obra de juicio y purificación que su ministerio representa: el ofrecimiento de un camino para que las personas tomen decisiones sobre su posición, y la oportunidad de ser sanados (5:31–32). Pero antes de poder ejercer este juicio y autoridad, ha de experimentar su propio bautismo, de modo que lo que puede hacer hasta entonces es limitado. «El bautismo» es una referencia a su próxima muerte. Como dejan claro algunos textos posteriores, Jesús llevará a cabo un gran acto de purificación, en el que se identificará con los pecados de la Humanidad y ofrecerá una base tanto para la salvación como para la condenación al experimentar el juicio de Dios en lugar de ella (Jn 3:16–21; Ro 5:12–6:6). Al asumir el juicio, da la oportunidad de que otros sean liberados.[2]

Jesús sabe que su ministerio fuerza decisiones, por ello no trae paz «sino división». El rechazo que sufrirá es solo una parte de la tensión que introduce su presencia. Las familias se dividirán puesto que algunos optarán por él y otros lo harán en su contra. Se mencionan toda clase de combinaciones posibles: habrá tensión entre suegros y yernos, suegras y nueras, toda la familia política. Las decisiones son reales, y las personas tomarán caminos distintos. Nadie debe sorprenderse de que, al forzar las decisiones, surjan distintas opiniones.

---

1. Los paralelos de este texto son también conceptuales, igual que muchos pasajes de este capítulo. Lucas 12:49–53 es como Mateo 10:34–36 y Marcos 10:38. Lucas 12:54–56 está vinculado a Mateo 16:2–3. Lucas 12:57–59 es como Mateo 5:25–26. Sin embargo, las diferencias de escenario y vocabulario que hay entre estos textos significa que no son verdaderas descripciones paralelas del mismo acontecimiento
2. A. Oepke, «βάπτω», *TDNT*, 1:535–36; Job 9:28; 32:35; Sal 18:4; Jon 2:3–6. Los textos muestran la relación del agua con el juicio.

Pero hay dirección para la toma de decisiones. Jesús llama a la multitud a reflexionar mediante sus capacidades de discernimiento. Son capaces de descifrar la meteorología observando el viento y las nubes. Si ven nubes procedentes del oeste y el Mediterráneo, saben que se acerca lluvia. Si sopla viento del sur, procedente de la zona desértica, saben que hará calor, tanto que la hierba se marchita (Stg 1:11; cf. Is 49:10). Son capaces de leer y anticipar el tiempo meteorológico con solo mirar a su alrededor. Sin embargo, son incapaces de discernir la naturaleza de los acontecimientos que rodean a Jesús. No evalúan correctamente su obra milagrosa o su mensaje de liberación. No tienen en cuenta sus palabras y sus hechos. Llamándoles «hipócritas», Jesús intenta estimular su capacidad de reflexión por medio de la sorpresa; es como si dijera: «¿Cómo puede ser que no se den cuenta de todo lo que está sucediendo alrededor de ustedes en mi ministerio?» Su falta de discernimiento les pone en gran peligro.

Por ello, Jesús llama al pueblo a reflexionar sobre «lo que es justo», a fin de evaluar apropiadamente su condición (vv. 57–59). El ejemplo que utiliza procede de la vida cotidiana; se trata de una disputa legal, al parecer, por una deuda. El magistrado es como un alguacil encargado de encarcelar a un moroso.[3] Antes de comparecer delante del juez y de que se lleve a cabo el juicio, es mejor resolver el pleito y reconciliarse con el adversario. Es posible que los tribunales te consideren culpable, y seas encerrado en la cárcel hasta que se pague la totalidad de la deuda.

A menudo se considera que esta ilustración alude a las relaciones personales, puesto que es así como se utiliza esta misma imagen en Mateo 5:25–26. Sin embargo, en el contexto de advertencia que encontramos en Lucas, este comentario tiene más sentido como una referencia a una deuda ante Dios. Jesús nos está instando a resolver nuestras deudas con Dios, de otro modo el juicio sigue siendo una posibilidad muy real. No habrá liberación hasta satisfacer el último céntimo de la deuda. El trasfondo de la imagen es doloroso, puesto que en esta clase de prisiones se golpeaba a los morosos a fin de que algún allegado se compadeciera y diera un paso al frente para cubrir la deuda.[4] La idea central, no obstante, no es que uno pueda salir del infierno, sino que las personas tendrán que dar cuenta por cada pecado cometido.

En un pasaje que solo consigna Lucas, el autor dirige ahora su atención a cuestiones relacionadas con la nación de Israel y sus ciudadanos (13:1–9). La imagen de la higuera estéril (vv. 6–9) sugiere que, en este pasaje, Jesús tiene en mente a la nación. Esta alusión no significa que todos y cada uno de los judíos rechazaran a Jesús, porque, decididamente, muchos respondieron a él, pero sí es indicación de que la mayor parte de la nación lo hizo, especialmente los líderes religiosos, dejando a la nación en una vulnerable posición ante el juicio de Dios (19:41–44; 20:9–19). Estos textos muestran también la importancia de decidir que Jesús ha sido enviado por Dios.

El primer incidente (vv. 1–5) analiza el asunto del juicio, especialmente en su vinculación con acontecimientos trágicos. Jesús sostiene que el juicio les llegará a todos si no se arrepienten. El segundo incidente tiene que ver con una parábola (vv. 6–9),

---

3. K. Rengstorf, «ὑπερέτης», *TDNT*, 8:539; C. Mauer, «πράκτωρ», *TDNT*, 6:642.
4. S. Safrai y M. Stern, *The Jewish People in the First Century* [El pueblo judío en el siglo primero], (Filadelfia: Fortress, 1974), 1:554–55, hablan de Ley y agravios privados.

que le dice a Israel que le queda poco tiempo para responder antes de hacer frente a un juicio nacional.

En los versículos 1–5, donde se habla de las dos tragedias surge la cuestión de si cometer un cierto tipo de pecado hace que una persona sufra un juicio especial, como víctima de una serie de acontecimientos o de una catástrofe natural.[5] La masacre de los galileos en el templo cuya sangre Pilato mezcló con los sacrificios ha suscitado la pregunta de si Dios estaba llevando a cabo un especial acto de juicio contra ellos. El derrumbe de una torre en Siloé en el que habían muerto dieciocho personas fue una catástrofe natural, una de estas cosas que simplemente suceden de vez en cuando. Pero también aquí la pregunta es: «¿Les juzgó Dios por un pecado excesivo?»[6] En ambos casos la pregunta es la misma: ¿Está Dios retribuyendo a las personas conforme a lo que merecen en esta vida?

Jesús responde cambiando el sentido de la pregunta. La razón por la que tales acontecimientos son tan trágicos es que ponen de relieve nuestra mortalidad. En un mundo caído como el nuestro la muerte existe, y nada subraya más nuestra mortalidad que las ocasiones en que ésta llega de manera repentina e inesperada, segando una vida que tenía el potencial de ser mucho más completa. Jesús argumenta que el elemento que debería considerarse no es que estas vidas terminaran prematuramente, sino el hecho de que la vida termina. Esto plantea una pregunta aun más esencial, ¿qué hay después? ¿Cómo se puede impedir que el final sea el fin definitivo? Jesús ha tomado una pregunta sobre la mortalidad y la ha convertido en una pregunta sobre la posibilidad del castigo eterno, algo que la Escritura llama más adelante «muerte segunda» (Ap 20:11–15). De manera que insta a las personas a arrepentirse, sin lo cual todo perecerá, solo que en una muerte que es más que una simple pérdida de mortalidad. Su argumento es que con la muerte llega un decisivo encuentro con Dios, un encuentro en el que se trata sobre el pecado. Ya sea que nuestros pecados sean notorios o discretos, nuestro arrepentimiento es la única forma de salir bien parados en este futuro encuentro.

Es posible que algunos cuestionen que Jesús esté aludiendo realmente al juicio final y a la muerte, sin embargo, hay cuatro puntos que lo sugieren. (1) En el pasaje anterior (12:57–59) se ha planteado el asunto de zanjar nuestras deudas con Dios, quien desea nuestro arrepentimiento para poder perdonar nuestro pecado. (2) El siguiente pasaje (13:6–9) considera el juicio de la nación y alude a la pérdida de acceso a la bendición de Dios. (3) Si Jesús está haciendo simplemente referencia a la muerte física por una falta de arrepentimiento, entonces estaría respondiendo a la pregunta sobre las tragedias de manera afirmativa y observando, como el que no quiere la cosa, que la muerte física es algo previsible para sus oyentes en el futuro. (4) Ver la muerte física como lo que Jesús quiere decir induce decididamente al error puesto que, al fin y al cabo, todos acabaremos muriendo físicamente. Da, pues, la impresión de que lo que Jesús desea es

---

5. Los dos acontecimientos a los que aquí se hace referencia no se conocen fuera de su mención en este contexto. Aunque se han propuesto varios candidatos para estos sucesos a partir de la información de Josefo, ninguno encaja bien; Fitzmyer, *Luke X-XXIV* [Lucas X-XXIV], 1006–7.

6. El término que en el v. 4 se usa para «pecador» es interesante, puesto que describe a personas que estaban más endeudadas que otras. La comparación del pecado con una deuda es muy común, como indica el Padrenuestro; F. Hauck, «ὀφείλω», *TDNT*, 5:561–63.

desafiar a sus oyentes a pensar sobre cuestiones más profundas, no dar una respuesta indirecta a su pregunta sobre estas tragedias.

Jesús desvía la pregunta sobre el grado de pecado porque ésta distrae la atención de la verdadera pregunta, la presencia del pecado, sea cual sea su forma. A menudo las comparaciones entre pecadores son un modo de excusarnos, puesto que nos permiten no parecer tan malos como otros. En este pasaje Jesús no quiere legitimar esta forma de huir de la responsabilidad. Por ello centra sus pensamientos sobre la cuestión más visible. Esta es la razón por la que en este texto no cita detalles sobre el pecado.

La exhortación al arrepentimiento es una tema fundamental de Lucas (3:8; 5:31-32; 15:1-32; 18:9-14; 24:47). Jesús tiene en mente el cambio de dirección fruto del cambio de orientación que produce escuchar al mensajero de Dios. Antes de que alguien se arrepienta, a persona en cuestión no le preocupa tener una buena relación con Dios. Con el arrepentimiento viene un cambio de mente que produce a su vez un cambio de dirección, puesto que la propia orientación de la vida se dirige en fe a Dios. Esta es la razón por la que el concepto veterotestamentatio de arrepentimiento utiliza un término que hace referencia a «volverse».

Esta sección de Lucas alterna la exhortación individual (vv. 1-5) con la advertencia nacional (vv. 6-9). Ambas están relacionadas, porque la respuesta de los individuos determinará la respuesta de la nación en esta generación (p. ej., 11:29-32, 50-51). Por consiguiente, la parábola final habla de la nación, utilizando una variante de una figura típica sobre Israel: una viña o un árbol frutal (cf. Sal 80:9-19; Is 5:1-7). Es posible que Jesús esté aludiendo específicamente a Miqueas 7:1, donde Dios busca racimos de uva e higos en el huerto que representa la nación, pero no consigue encontrar ninguno de tales frutos. En su tercer año, la higuera debería haber dado fruto, sin embargo, permanece improductiva. El propietario ha dado ocasión y atención más que suficientes para que el árbol sea fecundo.[7] De modo que la falta de fruto es descorazonadora y costosa. El propietario ordena, pues, que se corte la higuera; sin embargo, el viñador le pide que se ablande y le conceda un poco más de tiempo al árbol. Si en un año la higuera no es productiva, podrá entonces cortarla.

La imagen describe la infructuosa condición en que se encuentra la nación de Israel, por las razones que Lucas ha dejado claras en los capítulos 9-12, e indica que el tiempo para que la nación responda es limitado. Esta parábola describe también la paciencia de Dios. Está dispuesto a darle a la nación un breve periodo de tiempo antes de dictar sentencia. Sin embargo, la brevedad del tiempo pone también de relieve la importancia de tomar rápidamente una decisión antes de que sea demasiado tarde. La reacción de la mayor parte de la nación ha sido negativa. En otras palabras, aunque una parte de Israel está respondiendo, el grueso no lo ha hecho. Lucas parece atribuir la responsabilidad principal a los dirigentes judíos, aunque no exculpa completamente a Roma (Hch 4:24-27). El juicio cayó sobre Israel en el año 70 d.C. (Lc 21:5-7), sin embargo, como Pablo indica en Romanos 11:12, 14, 26-27, no será un juicio permanente, porque Dios es benevolente y misericordioso, y volverá a injertar en el árbol las ramas que fueron desgajadas.

---

7. G. Stählin, «ἐκκόπτω», *TDNT*, 3:859.

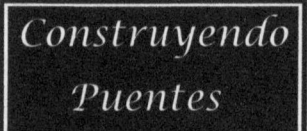

En este texto aparecen algunos importantes temas bíblicos: la realidad de que Jesús trae división, aun a las familias; la exhortación de que se consideren las pruebas que Dios ha dejado para mostrar que Jesús es su escogido; y el llamamiento a asegurarnos de que nuestra deuda espiritual con Dios ha sido convenientemente saldada. Deberíamos aprovechar la oportunidad que Jesús nos proporciona de entrar a la familia de Dios y recibir el perdón.

La decisión de confiar en Jesús puede seguir dividiendo familias. En nuestro tiempo son especialmente delicadas las decisiones por parte de judíos de entregarse a Jesús. Según los ministerios mesiánicos, muchos niños judíos experimentan el ostracismo de sus familias y se les trata como si no existieran. Los convertidos procedentes del Islam o de ciertas creencias de Asia enfrentan un aislamiento parecido. El ministerio de Jesús sigue, pues, depurando y estableciendo distinciones dentro de la Humanidad, pero ahora en una variedad más amplia de contextos. Cuando esto sucede, la Iglesia ha de cerrar filas alrededor de aquellos que han «perdido a su familia» porque han creído. Dios nos llama a rodearles con una multitud de nuevos hermanos y hermanas (cf. 18:29–30).

Leer las señales de los tiempos (12:54–56) puede hoy adoptar una forma distinta que en el tiempo de Jesús. No tenemos el beneficio de su ministerio milagroso, de modo que la prueba de la obra de Dios por medio de él queda en el testimonio de la Escritura, en la evidencia de las vidas transformadas y en el ministerio de la Iglesia en general. La existencia misma de la Iglesia, que surge casi de la nada y se ha desarrollado a lo largo de veinte siglos, es un testimonio de la obra de Dios. En todos los rincones de la Tierra Jesús está activo, a veces en lugares muy distantes de la primera comunidad.

Sin embargo, el camino de acceso a la Iglesia no es hoy distinto del de entonces. Todos tenemos una deuda de pecado ante Dios que alguien ha de pagar (Ro 3:9–31): o lo hace Jesús en nuestro lugar mediante su sacrificio en la Cruz, o tendremos que hacerlo nosotros, abocados a pagar hasta el último céntimo de una deuda que nunca podremos acabar de liquidar. Esta es la razón por la que en 13:1–9 Jesús advierte con tanta firmeza sobre la necesidad de arrepentimiento.

El tema de 13:1–5 es una exposición general de la naturaleza de la mortalidad y la culpabilidad del pecado. Puesto que todos somos pecadores, todos tenemos necesidad de volvernos a Dios para obtener su perdón (Ro 3:20–26). Lo que mata permanentemente no es la muerte en esta vida, sino «la muerte segunda» que produce el pecado. Por ello, el llamamiento de Jesús al arrepentimiento es intemporal, vaya dirigido a una nación bajo pacto como Israel, o a individuos que han de entrar en una relación con Dios caracterizada por la gracia y el perdón.

Otra idea importante que se expresa en este texto es que no siempre podemos determinar por qué se producen algunos giros trágicos del destino. Es cruel asumir que una tragedia personal determinada ha sucedido por el pecado de alguien (ver también Juan 9).

La parábola de 13:6–9 se sitúa en un contexto muy específico. Representa a Israel como una higuera. La interacción de las ideas de juicio y de un breve tiempo para decidir tienen que ver con su prestigio nacional. No obstante, si reflexionamos veremos que el principio de la posibilidad de juicio para quien nunca se arrepiente puede aplicarse de manera individual, puesto que esto es lo que se trata en 1–5. Hemos de tener cuidado de que, a lo largo de nuestras vidas, nuestra condición ante Dios no nos pase desapercibida (cf. Ro 1:18–32).

Finalmente, la parábola plantea que a Dios le desagrada la falta de fruto en nuestras vidas. Aunque el juicio del que se habla en este pasaje es singular a Israel, el disgusto de Dios con cualquiera que ignora o desperdicia los recursos que ofrece es un principio que nos exhorta a todos nosotros a ser fructíferos. Aquellos que conocen su Gracia y están seguros en ella han de responder agradecidamente con una vida productiva (Ef 2:8–10; Tit 2:11–14). Hemos ido a él reconociendo de corazón nuestra necesidad de su Gracia y, tras experimentar su misericordia, nuestra historia debería ser distinta de la de esta higuera estéril (Ro 12:1–2).

Significado Contemporáneo

El retrato contemporáneo de Jesús es sesgado. Nuestra cultura tiende a verle como un hombre que evita los enfrentamientos y que no habla sobre el juicio.[8] Se le considera el conciliador por antonomasia, buscador de la paz a cualquier precio. Nunca desafió a nadie sino al amor y la tolerancia. Como maestro de sabiduría y contador de parábolas, Jesús no forzó a las personas a tomar decisiones difíciles; y si alguna vez lo hizo, tales decisiones no tenían nada que ver con su persona, sino solo con la necesidad de que Israel se reformara desde el punto de vista ético. En sus críticas al Seminario de Jesús por su punto de vista sobre Jesús, Scot McKnight observa lo inadecuado de las opciones que ofrecen los estudios modernos: Jesús el sabio, Jesús el genio religioso o Jesús el revolucionario social. Todos ellos son retratos insuficientes de aquel que viene a llevarnos a Dios. McKnight resume con precisión su punto de vista:

> Aunque puede ser inapropiado presentar críticas contundentes de eruditos cuyo trabajo respeto y de quienes he aprendido muchas cosas, he de decir que los tratamientos de Jesús que hemos considerado son injustos por cuanto cada exposición limita las pruebas de los Evangelios a un pequeño número de dichos o acontecimientos y construye toda una idea de Jesús basándose principalmente en una sola corriente de la tradición del Evangelio. Sí, Jesús fue un sabio perspicaz y un hombre hondamente religioso, y sus enseñanzas fueron sin duda más revolucionarias desde una perspectiva social de lo que muchos evangélicos se imaginan; cada

---

8. Por ejemplo, una de las razones por las que el Seminario de Jesús cree que ciertas palabras de Jesús en los Evangelios no están arraigadas en su verdadera enseñanza es que, según su punto de vista, Jesús no enseñó el juicio. Se trata de algo, argumentan, que la Iglesia Primitiva añadió al retrato de Jesús. Es un intento de crear a un Jesús más agradable y atractivo. Un ejemplo de este tipo de explicación lo encontramos en R. Funk y R. Hoover, *The Five Gospels: What Did Jesus Really Say?* [Los cinco evangelios: ¿Qué dijo realmente Jesús?], (Nueva York: Macmillan, 1993), 332–35. Quienes estén interesados en una valoración crítica de las afirmaciones del seminario, pueden ver M. Wilkins y J.P. Moreland, ed., *Jesús bajo sospecha: una respuesta a los ataques contra el Jesús histórico*, Terrassa: Clie, 2003.

uno de estos retratos dice algo veraz sobre Jesús, y como mínimo han de combinarse entre sí para conseguir una exposición más completa.

Mi desacuerdo fundamental con todos ellos es que un Jesús así nunca habría sido crucificado, no habría sido blanco de tantos ataques, ni tampoco habría reunido un grupo de seguidores como el suyo, o hubiera creado un movimiento que sigue sacudiendo el mundo. Un Jesús que hubiera ido por ahí diciendo cosas meramente sabias e ingeniosas no habría sido lo suficientemente amenazador como para que se le crucificara durante la Pascua cuando estaba rodeado por centenares de sus partidarios. Tampoco se le habría crucificado de haber sido un genio religioso que ayudara a las personas en su relación con Dios y fuera bondadoso, compasivo y amable. Un revolucionario social sí habría sido crucificado (y desde mi punto de vista, esto explica en cierto modo la muerte de Jesús), sin embargo, es dudoso que un revolucionario de este tipo hubiera dado origen a una Iglesia que distaba mucho de ser un movimiento de revolución social. Y si, para sobrevivir, este movimiento tuvo que recortar los aspectos socialmente revolucionarios de Jesús, es sorprendente que sus seguidores hubieran decidido conectarse a una persona que era esencialmente un revolucionario social. No, estas descripciones de Jesús no son suficientes.[9]

Esta sección de Lucas pone en tela de juicio el retrato contemporáneo de Jesús. En este pasaje Jesús se ve a sí mismo como fuente de división. Es alguien que obliga a tomar decisiones, no solo con respecto a la propia forma de vida, sino también acerca del papel que él desempeña dentro del plan de Dios. Dicho con sencillez, Jesús es el camino a una relación con Dios. En un sentido, el ministerio de Jesús no confrontó a las personas de un modo desagradable, pero sí directo, llamándolas a dar cuenta de sus actos ante Dios. No vino a traer paz a cualquier precio, sino a llevar a cabo una selección entre la Humanidad, atrayendo a algunos y haciendo que otros se alejen de él. Fue y es el Gran Divisor. Su ministerio enardece las conciencias, y nuestra reacción para con él determina la naturaleza de su juicio.

Este texto llama a cada lector a considerar cuál es su posición ante Dios y a tener en cuenta todas las pruebas que éste ha dejado como indicadores para informar esta decisión, a saber, la actividad del ministerio de Jesús y su resurrección de entre los muertos: la señal definitiva anticipada por este texto. El Jesús de la cultura popular no fuerza tales decisiones, sin embargo, no podemos manipular al Jesús bíblico según nuestra propia imagen. Los Evangelios dejan meridianamente claro que muchos reaccionaron contra él porque les puso en jaque con su llamamiento profético.

Otra aplicación de este pasaje es que, si alguien está en deuda con Dios (la idea de deuda es una figura del pecado; cf. 11:4), liquidar esta deuda es primordial. Es importante que nos pongamos al día con Dios. Es sabio evaluar correctamente la propia deuda y pagarla antes de que finalice el plazo.

---

9. Scot McKnight, «Who Is Jesus? An Introduction to Jesus Studies» [«¿Quién es Jesús? Una introducción a los estudios de Jesús], en *Jesús bajo sospecha: una respuesta a los ataques contra el Jesús histórico*, pp. 61–62 del original en inglés.

Una buena parte de 12:49-59 plantea el asunto del juicio y la responsabilidad ante Dios. Sin embargo, con demasiada frecuencia intentamos presentar a nuestra cultura a un Jesús para quien el pecado era un tema menor. Los eruditos escépticos no son los únicos responsables de este tipo de presentación que también aparece en el modo en que predicamos a Jesús cuando evangelizamos. Aunque reconozco el valor de los acercamientos evangelísticos sensibles a los no creyentes, si al intentar comercializar a Jesús las iglesias suavizan el mensaje en esta cuestión, distorsionan entonces el Evangelio y no predican al Jesús que ofrece renovación de vida. Encubrir el hecho de que tendremos que dar cuenta a Dios por el pecado significa silenciar una de las realidades que hacen que la Gracia sea tan poderosa. En nuestros esfuerzos por hacer que el Evangelio sea apetitoso, nos arriesgamos a despojarlo de su verdad más preciosa, a saber, que Dios ha saldado la deuda que supone nuestro fracaso y la ha erradicado. Irónicamente, cuando intentamos exaltar el amor de Dios ignorando el pecado, despojamos al primero de la evidencia más poderosa de su presencia.

Lucas 13:1-5 pone de relieve la importancia de considerar nuestro prestigio ante Dios. Hemos de arrepentirnos y volvernos a él, o pereceremos. En el contexto de este Evangelio, este giro implica responder a Jesús y a su enseñanza (6:47-49). El arrepentimiento no es una emoción o un simple asentimiento mental a una proposición. Es una reorientación para una nueva vida. Arrepentirnos no es simplemente lamentar ciertas cosas que hayamos hecho, pedir disculpas por ellas, o reconocer que hemos obrado mal. Es estar de acuerdo con Dios en que nuestra vida requiere un cambio de dirección, y responder de un modo coherente con este hecho. Esta es la razón por la que Juan Bautista habla de producir frutos dignos de arrepentimiento (3:8). Es también la razón por la que Pablo fue capaz de hablar en el mismo suspiro del arrepentimiento y de las buenas obras que éste produce (Hch 26:20). Aquellos que se arrepienten de su pecado reciben el don de la vida.

Lucas 13:6-9 muestra que Dios es paciente, sin embargo, llega un momento en que es demasiado tarde para arrepentirse. Aquellos que anticipan una forma de arrepentimiento en el lecho de muerte para poder «disfrutar» de la vida hasta el último momento, por regla general no tienen el deseo de arrepentirse cuando les llega la hora. Quienes piensan que el vino añejo es bueno no prueban el nuevo. Arrepentirse significa ver que la vida fuera de Dios y de Cristo no es vida según el propósito de Dios. Hemos de responder a Dios antes de que sea demasiado tarde, o de que nos habituemos a los caminos pecaminosos.

Este mensaje tiene una implicación. Al compartir el Evangelio, a menudo lo hacemos asumiendo que hay mucho tiempo para decidirnos. En un sentido, esto puede ser cierto, porque Dios es paciente y retrasa su juicio. Pero en otro puede adormecernos peligrosamente. Al compartir a Jesús, podemos hacerlo con una actitud de complacencia. Aunque en última instancia es el Espíritu el que hace que las personas respondan a Jesús, si adoptamos una actitud muy relajada, no seremos todo lo sensibles que podríamos a las oportunidades de compartir. Obsérvese que el viñador siguió intentando conseguir que la higuera fuera productiva. También nosotros deberíamos intentar seguir sembrando la semilla de la verdad en aquellos que necesitan escuchar el Evangelio.

Lucas 13:10-17

Un sábado Jesús estaba enseñando en una de las sinagogas, 11 y estaba allí una mujer que por causa de un demonio llevaba dieciocho años enferma. Andaba encorvada y de ningún modo podía enderezarse. 12 Cuando Jesús la vio, la llamó y le dijo: —Mujer, quedas libre de tu enfermedad. 13 Al mismo tiempo, puso las manos sobre ella, y al instante la mujer se enderezó y empezó a alabar a Dios. 14 Indignado porque Jesús había sanado en sábado, el jefe de la sinagoga intervino, dirigiéndose a la gente: —Hay seis días en que se puede trabajar, así que vengan esos días para ser sanados, y no el sábado. 15 —¡Hipócritas! —le contestó el Señor—. ¿Acaso no desata cada uno de ustedes su buey o su burro en sábado, y lo saca del establo para llevarlo a tomar agua? 16 Sin embargo, a esta mujer, que es hija de Abraham, y a quien Satanás tenía atada durante dieciocho largos años, ¿no se le debía quitar esta cadena en sábado? 17 Cuando razonó así, quedaron humillados todos sus adversarios, pero la gente estaba encantada de tantas maravillas que él hacía.

Sentido Original

Jesús ha dirigido frecuentes llamadas al pueblo a arrepentirse. En un milagro que solo Lucas narra, se nos permite ver la actitud de los dirigentes religiosos judíos (p. ej., los fariseos y gobernantes de la sinagoga) ante este llamamiento. ¿Acaso alguno de ellos le han dedicado una mirada más detenida y reconocido su responsabilidad por rechazar su mensaje? Este suceso es lo que podríamos denominar un «milagro espejo», puesto que repite una actividad que ya se ha registrado en el libro (4:31–44; 5:12–26; 6:6–11) y nos permite ver si ahora las cosas han cambiado por lo que se refiere a la respuesta que se le da a Jesús. La represión del versículo 15 muestra que no ha cambiado nada, de modo que en 13:22–35 se producirán nuevas advertencias.

Un segundo tema importante de este pasaje es la descripción de una batalla con Satanás, fuente de la desgracia de esta mujer. Los comentarios de Lucas reflejan la imaginería de la liberación expresada en 4:16–30, indicando que ésta tiene una crucial dimensión espiritual en la lucha cósmica entre Satanás y Jesús.[1] Del mismo modo que en 10:18 y 11:14–23 se vincula la obra de Jesús a este conflicto cósmico, en este texto se pone también de relieve la realidad de la batalla, mostrando la decreciente autoridad de Satanás. Por ello, el ministerio de Jesús revela la compasión de Dios.

Este es el primer milagro que Jesús realiza desde 11:14 y uno de los últimos que consigna Lucas. El milagro de 14:1–6 mostrará que la reacción que vemos aquí no es un evento fortuito, sino parte de un patrón de respuesta. Así pues, este acontecimiento tiene un valor definitorio de la reacción a Jesús dentro del relato del Evangelio.

---

1. R. Tannehill, *The Narrative Unity of Luke-Acts* [La unidad narrativa de Lucas-Hechos], 1:65.

Jesús está en una sinagoga. Entre la gente hay una mujer que ha padecido durante dieciocho años por la presencia de un espíritu que la hacía estar enferma y andar encorvada (según parece sufría un cierto tipo de degeneración ósea o parálisis muscular). Teniendo en cuenta que en otras ocasiones Lucas precisa que solo se trata de una enfermedad física, es evidente que en este caso hay algo más. El que se mencione la duración de su sufrimiento pone de relieve la seriedad de su condición. En esta cultura, ser mujer y sufrir esta dolencia la convierte en doblemente marginada.[2] Jesús advierte inmediatamente su presencia y le dice que «queda libre de su enfermedad». Pone las manos sobre ella, e inmediatamente se endereza. A Lucas le encanta observar las sanaciones instantáneas (4:39; 5:25; 8:44, 47, 55; 18:43). Esto habría sido razón para que todos se alegraran de inmediato si no fuera por un hecho: era sábado.

El dirigente de la sinagoga afirma que la sanación podría haber esperado. Jesús ha violado las leyes laborales relativas al sábado (Éx 20:9–10; Dt 5:12–14). Es crucial entender en qué consiste su trabajo para apreciar esta queja. La tradición judía era muy específica sobre las tareas del Sabat. En la *Mishná*, donde se consigna dicha tradición desde finales del siglo II, se consigna una enumeración de treinta y nueve actividades prohibidas en el Sabat (*Shabbat* 7:2). Otros textos trazan los límites para el cuidado del ganado durante el sábado (*Shabbat* 15:1–2; 5:1–4; *'Erubin* 2:14). Las reglas son específicas, aunque no queda muy claro cuál es exactamente la regla que Jesús ha violado. Lo único que ha hecho es hablar con la mujer e imponerle las manos.

Jesús responde severamente, dirigiéndose a quienes están de acuerdo con el jefe de la sinagoga como «hipócritas». Cita un ejemplo de sus propias prácticas formulando una pregunta que en griego espera una respuesta positiva. ¿Acaso no dan de beber a sus asnos o bueyes durante el sábado? Los textos de 'Erubin y Shabbat que hemos mencionado anteriormente analizan un ejemplo muy parecido a este, indicando que tales prácticas se producían. El único límite era la distancia que se les permitía recorrer en

---

2. S. Safrai, «The Synagogue» [La sinagoga], en *The Jewish People in the First Century: Historical Geography, Political History, Social, Cultural and Religious Life and Institutions*, ed. S. Safrai y M. Stern (Compendia Rerum Iudaicarum ad Novum Testamentum; Assen: Van Gorcum, 1974), 2:919–20, trata el papel de las mujeres en la sinagoga. A Lucas le encanta hablar de la mujer. Tiene cuarenta y dos pasajes con temas relacionadas con las mujeres. Tres de ellos los comparte con todos los Evangelios, nueve con los Sinópticos, cinco con Mateo, dos con Marcos. Esto arroja una cifra de veintitrés pasajes específicamente lucanos; T. Selm, *The Double Message: Patterns of Gender in Luke & Acts* [El doble mensaje: patrones de género en Lucas & Hechos], (Nashville: Abingdon, 1994). Respecto a la posición que ocupaban las mujeres en la cultura, generalmente no eran tenidas en cuenta para las cuestiones relacionadas con la adoración, puesto que únicamente los hombres contaban para alcanzar el quórum en el servicio formal de la sinagoga (*Mishná, Megillah* 4:3). Generalmente se las dejaba para que trabajaran en el hogar (Ibíd., 118–24). Las mujeres podían asistir a la sinagoga, pero la naturaleza y grado de su actividad era objeto de debate. *Mishná, Megillah* 4 no menciona a las mujeres cuando habla de las lecturas de la Escritura durante el servicio (cf. Talmud Babilónico, *Megillah* 23a, que es más claro con esta cuestión). Si se desea considerar un punto de vista que propone un papel más activo de las mujeres en la sinagoga, hasta el punto del liderazgo, ver M. D. Hamm, «The Freeing of the Bent Woman and the Restoration of Israel: Luke 13.10–17 as Narrative Theology» [La liberación de la mujer encorvada y la restauración de Israel: Lucas 13.10–17 como teología narrativa], *JSNT* 31 (1987): 23–44.

sábado (en Qumrán, el límite era de 2000 codos [poco menos de un kilómetro]), sin embargo, llevar al ganado hasta el agua estaba permitido.[3] Si en sábado se mostraba tanta compasión hacia los animales, ¡cuánta más misericordia debían recibir los seres humanos!

Jesús aclara magistralmente el asunto. ¿Acaso no se debía liberar en sábado a esta mujer a quien Satanás había tenido atada durante dieciocho largos años? ¿Qué mejor día podría haber para que ello le sucediera a una hija de Abraham, una hija de la promesa? ¿Qué día podía ser más apropiado para derrotar a Satanás y liberar de sus manos a personas que el día de reposo en el que Dios ha de ser el objeto de nuestra atención? Aquí es un día para recordar a Dios y celebrar la excelencia de su gracia sanadora. La conexión entre esta terminología y los comentarios de 4:16–30 es evidente. Jesús está ejerciendo su ministerio de liberación y alivio de las cargas. Él es Señor del Sabat (6:5). El acercamiento de Jesús al asunto es exactamente el contrario del de los dirigentes judíos.

La reacción es instantánea. Los dirigentes quedan humillados, mientras que la multitud se deleita con lo que Jesús ha hecho. En la batalla cósmica que se libra por la mujer, ha surgido un ministerio de compasión. Quienes desean aplicar las reglas de manera impropia son reprendidos. El legalismo queda condenado.

Construyendo Puentes

El importante tema que presenta este texto no es el debate sobre la actividad durante el sábado, sino lo que subyace tras esta cuestión. La práctica del Sabat no era un asunto muy destacado en la Iglesia Primitiva (Ro 14:5), puesto que los creyentes obraban de manera diferente en este día; sin embargo, el llamamiento a la compasión sí era importante.[4] El texto subraya que siempre es apropiado ser compasivos, y es precisamente la compasión de Jesús lo que produce el regocijo de la multitud. No obstante, el dirigente de la sinagoga está tan esclavizado por sus reglas que es incapaz de gozarse en la bendición de la liberación que se ha producido.

Otro asunto intemporal es el debate sobre la autoridad de Jesús estrechamente vinculado a este suceso. Si Jesús tiene autoridad para sanar y Dios secunda dicha autoridad durante el sábado dándole poder para llevar a cabo la sanación, ¿qué significa entonces esto por lo que respecta a Jesús? Según el punto de vista judío, Dios no respaldaría una violación de su ley del sábado, ¿de dónde pues procede el poder para cambiar el estado de la mujer provocado por Satanás? La fuente no puede ser Satanás, puesto que él es el responsable del estado de la mujer; por tanto, la sanación ha de ser divina (11:14–23). Dios está obrando a través de Jesús, de manera que todo este suceso refuerza su autoridad, favoreciendo la reivindicación que hace Lucas de su derecho a pedir que se responda a Jesús.

Vemos también ilustrada en el pasaje la profundidad de la dureza de corazón. Jesús ha advertido repetidamente a los dirigentes judíos y a su generación sobre el peligro

---

3. Documento de Damasco 11:5–7 observa la práctica de la comunidad de Qumrán.
4. Romanos 14:5 sugiere que judíos y gentiles podrían haber tratado este asunto de manera distinta, pero en el Nuevo Testamento no se considera una cuestión regulada por leyes, sino de tolerancia mutua.

que implica rechazarle. El Señor sigue reforzando su reivindicación, pero muchos continúan cuestionando lo que hace. Con el propósito de desacreditarle amplían los límites de «la ley de la inactividad» en sábado. Sin embargo, con esta sanación Dios deposita un voto a favor del cuestionado maestro. La sanación muestra de qué lado está Dios. La cuestión de escoger a Jesús en vista de quién es y de lo que hace es de primordial importancia en cualquier época.

En este pasaje surge también un asunto relacionado con nuestra cosmovisión. Los occidentales tendemos a no considerar la posibilidad de que ciertas perturbaciones no sean únicamente de orden físico, sino que tengan una dimensión espiritual. A la enfermedad la tratamos simplemente como tal, y lo mismo sucede con la violencia de las personas. Aunque difícil de constatar, la posibilidad de que existan dimensiones espirituales en ciertas situaciones ha de hacernos más sensibles a la oración, de modo que puedan aplicarse recursos espirituales (Stg 5:14–15).

Nunca olvidaré las conversaciones que mantuve con uno de mis estudiantes que trabajó durante muchos años en centros penitenciarios del Estado. A menudo mencionaba a reclusos que llevaban a cabo actividades diabólicas. Aun los celadores no creyentes tenían la sensación de que en la actitud de aquellos reclusos había algo paranormal. Por ejemplo, uno de los penados, apodado «el hombre más perverso de Texas», era capaz de recuperarse inmediatamente de durísimos golpes de porra y seguir atacando a otros funcionarios. Otros se habían hecho incluso tatuajes que proclamaban su adhesión al diablo. Puede que se trate de ejemplos más extremados que el de la enfermedad de esta mujer, pero sirven para mostrar lo reales que pueden ser estas fuerzas en las vidas de las personas. Debemos, por tanto, acceder a la ayuda divina, especialmente cuando no estamos seguros de la fuente de tales condiciones.

Cuando se trata de lo diabólico, nadie se ha expresado con más elocuencia que C. S. Lewis en su obra *Cartas del diablo a su sobrino*.[5] De principio a fin es un libro digno de lectura y reflexión, especialmente en un tiempo en que el interés en Satanás se ha incrementado notablemente. Ahí van algunas citas clave:

> En lo que se refiere a los diablos, la raza humana puede caer en dos errores igual de nocivos y de signo opuesto. Uno consiste en no creer en su existencia. El otro, en creer en los diablos y sentir por ellos un interés excesivo y malsano. Los diablos se sienten igualmente halagados por ambos errores, y acogen con idéntico entusiasmo a un materialista que a un hechicero.
>
> [Escrutopo a su ayudante]: Es curioso que los mortales nos pinten siempre dándoles ideas, cuando, en realidad, nuestro trabajo más eficaz consiste en evitar que se les ocurran cosas.
>
> [Escrutopo a su ayudante]: Nuestra política, por el momento, es la de ocultarnos.

---

5. C.S. Lewis, *Cartas del diablo a su sobrino* (Madrid. Ediciones Rialp, 1998). Las citas siguientes son de las pp. 3, 20, y 32 respectivamente del original en inglés.

Lo que Lewis entiende y describe tan bien y con tanta fuerza es que el diablo quiere dos cosas: o bien que nos obsesionemos con su poder y presencia, o que concluyamos que no existe. Este tipo de sanación nos dice que hemos de tener cuidado pero no temor, porque Dios es más poderoso que cualquier cosa con que estas fuerzas hostiles puedan atacarnos.

Significado Contemporáneo

Como sucede en muchos textos de los últimos capítulos, también éste demanda una respuesta a Jesús. La resistencia y oposición de los líderes revela lo obstinada que puede llegar a ser la incredulidad, aun cuando cuente con pruebas y testimonios contundentes. Representan la terca incredulidad tan extendida. Ya hemos hablado de esta cuestión comentando otros pasajes, de modo que aquí no abundaremos más en ella.

La imagen de la salvación como liberación de las garras de Satanás es la principal imagen positiva de este texto. Jesús ha venido para librarnos de la cárcel que supone el control de Satanás. La mujer ha sido encadenada por una enfermedad física, sin embargo, en esa situación la presencia de Satanás se hace también manifiesta.[6] Es capaz de producir daños físicos y emocionales, llevándonos a depender de sustancias o conductas compulsivas y destructivas. Se trate de personas «encorvadas» y «avasalladas» por el alcohol, las drogas, el sexo o cualquier otra situación opresiva, la acción de Jesús nos libera para que, fortalecidos por nuestra relación con él, podamos deshacernos de las limitaciones con que Satanás a veces consigue encadenarnos.

Como queda claro en Juan 9, no toda enfermedad o dolencia está relacionada con Satanás; sin embargo, cuando éste golpea, necesitamos la certeza de que en Dios podemos hacer frente y vencer lo que venga, al margen de cuáles sean sus repercusiones físicas. Esta clase de condiciones pueden superarse de manera inmediata, con el tiempo, o en la vida venidera; pero el cuadro de liberación física que encontramos en este pasaje sirve para notar que, por medio de Jesús, la liberación es posible. El establecimiento de una relación con Dios y el acceso al poder de su presencia por su Espíritu nos capacita con recursos para renovar nuestras vidas. Cualquier momento es apropiado para dar este paso hacia la restauración. Este es el sentido de los ministerios de Jesús y de la Iglesia.

Por último, hemos de tener cuidado de que nuestra búsqueda de prácticas religiosas según nuestras preferencias y costumbres no sobrepase nuestra responsabilidad de ser compasivos. Muchas iglesias se han enzarzado en discusiones sobre el papel de la música u otros elementos de la práctica eclesial que no revisten gran importancia espiritual. No hemos de permitir que la tiranía del bienestar en la práctica o la de guardar un cierto programa predeterminado nos impidan ser sensibles a la presencia y necesidades de las personas.

---

6. El asunto de la sanidad física en nuestros días la hemos tratado también en el comentario de 4:31–44.

Lucas 13:18-35

—¿A qué se parece el reino de Dios? —continuó Jesús—. ¿Con qué voy a compararlo? 19 Se parece a un grano de mostaza que un hombre sembró en su huerto. Creció hasta convertirse en un árbol, y las aves anidaron en sus ramas. 20 Volvió a decir: —¿Con qué voy a comparar el reino de Dios? 21 Es como la levadura que una mujer tomó y mezcló con una gran cantidad de harina, hasta que fermentó toda la masa. 22 Continuando su viaje a Jerusalén, Jesús enseñaba en los pueblos y aldeas por donde pasaba. 23 —Señor, ¿son pocos los que van a salvarse? —le preguntó uno. 24 —Esfuércense por entrar por la puerta estrecha —contestó—, porque les digo que muchos tratarán de entrar y no podrán. 25 Tan pronto como el dueño de la casa se haya levantado a cerrar la puerta, ustedes desde afuera se pondrán a golpear la puerta, diciendo: «Señor, ábrenos.» Pero él les contestará: «No sé quiénes son ustedes.» 26 Entonces dirán: «Comimos y bebimos contigo, y tú enseñaste en nuestras plazas.» 27 Pero él les contestará: «Les repito que no sé quiénes son ustedes. ¡Apártense de mí, todos ustedes hacedores de injusticia!» 28 Allí habrá llanto y rechinar de dientes cuando vean en el reino de Dios a Abraham, Isaac, Jacob y a todos los profetas, mientras a ustedes los echan fuera. 29 Habrá quienes lleguen del Oriente y del Occidente, del Norte y del Sur para sentarse al banquete en el reino de Dios. 30 En efecto, hay últimos que serán primeros, y primeros que serán últimos. 31 En ese momento se acercaron a Jesús unos fariseos y le dijeron: —Sal de aquí y vete a otro lugar, porque Herodes quiere matarte. 32 Él les contestó: —Vayan y díganle a ese zorro: «Mira, hoy y mañana seguiré expulsando demonios y sanando a la gente, y al tercer día terminaré lo que debo hacer.» 33 Tengo que seguir adelante hoy, mañana y pasado mañana, porque no puede ser que muera un profeta fuera de Jerusalén. 34 ¡Jerusalén, Jerusalén, que matas a los profetas y apedreas a los que se te envían! ¡Cuántas veces quise reunir a tus hijos, como reúne la gallina a sus pollitos debajo de sus alas, pero no quisiste! 35 Pues bien, la casa de ustedes va a quedar abandonada. Y les advierto que ya no volverán a verme hasta el día que digan: «¡Bendito el que viene en el nombre del Señor!»

Jesús pasa ahora a desarrollar una breve exposición del reino que viene con él. Teniendo en cuenta que sus milagros dan testimonio de su autoridad, ¿cuál es exactamente el aspecto de su reino? Sus comentarios son importantes en vista de una expectativa judía que esperaba que el reino vendría de repente y con gran poder. La parábola de la semilla de mostaza (vv. 18–19) y la parábola de la levadura (vv. 20–21) establecen esencialmente la misma idea, a saber, que el reino comienza como algo de pequeñas proporciones, pero que finalmente acaba cubriendo toda la Tierra.[1] Jesús compara el reino con una

---

1. Los pasajes paralelos de este texto son Mateo 13:31-33 y Marcos 4:30-32. En estos Evangelios los comentarios forman parte de un discurso de parábolas sobre el reino. Aquí las parábolas

semilla de mostaza que se siembra en un huerto y se convierte en un árbol en el que las aves hacen sus nidos.[2] La imagen de un árbol que alberga a las aves procede de Ezequiel 17:22–24, donde el famoso Hijo de David de la promesa es fuente de liberación para su pueblo. La imagen contrasta también con Daniel 4:10–12, donde el impresionante árbol de Nabucodonosor acaba como un mero tocón. En la parábola, el crecimiento del árbol se presenta como algo inevitable y sorprendente. Lo que los judíos esperaban que vendría de repente alcanzaría su gran tamaño de forma gradual.

La parábola de la levadura es similar. La idea principal es la naturaleza penetrante del reino. Para esta ilustración Jesús se sirve de una enorme cantidad de harina: tres medidas (casi veinticinco kilos). Una pizca de levadura acaba leudando toda la masa del pan. También esto es inevitable. Lo que comienza como un movimiento insignificante acabará cubriendo toda la Tierra.

Con estas parábolas, Jesús demanda confianza. Él está construyendo el reino, y sus seguidores han de confiar en que Dios lo llevará a su perfecto cumplimiento aunque todo comienza con un aspecto muy insignificante. El plan de Dios está avanzando; su reino llegará.[3] Nada detendrá su plena consumación.

La parábola de 13:22–30, aunque llena de paralelismos conceptuales con otros pasajes de los Evangelios, solo aparece en Lucas[4], y representa una advertencia para Israel. Puesto que el reino se acerca, las personas han de responder, antes de que la puerta se cierre. Muchos de quienes fueron inicialmente invitados, descendientes de aquellos a quienes se les hizo la promesa, se perderán la bendición si no responden. No

---

tienen sentido propio, pero esta es una enseñanza que Jesús habría repetido con regularidad.

2. Entre los eruditos se debate cuál es el árbol a que se hace referencia. ¿Se trata del denominado Salvadora Persica, que podía alcanzar los ocho metros? ¿O es un Sinapis Nigra, que crece hasta poco más de tres metros? Quienes estén interesados en esta cuestión pueden ver C. H. Hunzinger, «σίναπι», *TDNT*, 7:288–89. El texto no es lo suficientemente claro como para poder tomar una decisión. Lo importante no es el árbol específico de que se trata, sino el contraste entre una pequeña semilla y un árbol frondoso. De hecho, la historia tiene una peculiaridad, puesto que normalmente las semillas de mostaza no llegan a ser árboles. En otras palabras, el crecimiento que aquí se menciona es insólito, sobrenatural.

3. Aquellos que deseen considerar un tratamiento más completo del tema del reino, pueden ver la exposición precedente en 9:27, 58–62; 10:8; y 11:14–23. Como hemos observado en el comentario a este texto, el reino no es solo la Iglesia, sino que está en proceso de realización, lo cual involucra a la Iglesia ahora y a un gobierno futuro de Jesús. Se debate si este futuro gobierno será solo en el nuevo Cielo y en la nueva Tierra (amilenialismo/postmilenialismo) o incluye un reinado terrenal de mil años por parte de Israel (premilenialismo). Personalmente prefiero una lectura premilenial de la Escritura en vista de textos como Hechos 3:14–26; Romanos 11:13–32; Apocalipsis 20:1–6. Aun reconociendo la naturaleza simbólica del libro de Apocalipsis, el cuadro del capítulo 20 de este libro apoya un reino intermedio antes del establecimiento del nuevo Cielo y la nueva Tierra (Ap 21–22). Este reino, según Hechos 3, culmina las promesas presentadas en el Antiguo Testamento, entre las que está el reinado de Jesús desde Jerusalén. Al margen de este asunto, lo que la parábola deja claro es que el programa de gobierno de Jesús comienza con la plantación de este árbol, un suceso que comenzó con su labor de formar una nueva comunidad de fieles.

4. Los paralelismos conceptuales son Mateo 7:13–14, 22–23; 8:11–12; 19:30; 25:10–12. Tratan uno u otro tema de los varios presentes en esta parábola.

hay nada más trágico que haber estado muy cerca de la bendición de Dios y no llegar a experimentarla.

Jesús se dirige hacia Jerusalén.[5] Alguien le pregunta si son pocos los que se salvan. Piensa quizá que la represión de Jesús a Israel significa que la salvación no será tan automática o basada en la ascendencia biológica como algunos creían. Los judíos esperaban que los fieles de la nación experimentarían la bendición de Dios, y se consideraba un hecho que la mayoría de los nacidos en Israel eran fieles.[6] La respuesta de Jesús deja claro que la sospecha de este hombre es correcta.

Jesús exhorta a sus oyentes a «esforzarse por entrar por la puerta estrecha». El verbo «esforzarse» (*agonizesthe*) habla de poner empeño en entrar. Esto implica que hay una ruta específica para entrar; esta es la razón por la que Jesús menciona una puerta estrecha y explica de qué se trata.[7] Quienes no entren por esa puerta, aunque deseen estar en el reino, no lo conseguirán. Una vez que la puerta esté cerrada, será demasiado tarde. Esta puerta se cierra con la muerte (o puede que antes, por la dureza del corazón).

La imagen del banquete apunta a un tiempo posterior al regreso de Jesús en el que quienes confían en él se reúnen para participar en la celebración de la salvación. Llegados aquí no hay nuevas oportunidades. A quienes intentan entrar tarde el Señor les dirá que no sabe de dónde son, y se les negará el acceso. En otras palabras, o se entra según las indicaciones de Jesús o no se entrará.

Lo que se alega para entrar tarde al banquete es el hecho de haber visto a Jesús, haber comido con él y haberle oído enseñar (v. 26). Sin embargo, la respuesta es contundente. El portero (que representa a Jesús) responderá que no les conoce y les pedirá que se aparten como «hacedores de injusticia». El contacto externo con Jesús no cuenta en absoluto; lo que él desea es una respuesta interior.

El resultado final es «llanto y rechinar de dientes»,[8] un sentido de dolor y frustración por haber desperdiciado la oportunidad. Aunque por nacimiento eran candidatos de privilegio, no respondieron y por ello perdieron el tren de la bendición. Lo que es especialmente doloroso es ver a los padres de la fe —Abraham, Isaac, Jacob, y todos los profetas— y sin embargo, no poder sentarse a la mesa con ellos. A la celebración asistirán muchas personas procedentes de los cuatro puntos cardinales, pero algunos de los que han tenido mayor oportunidad se perderán la bendición. Esto alude a un cambio de destino entre judíos y gentiles, de manera que los últimos serán primeros y los primeros últimos (v. 30). Este último tema de la parábola es común en los Evangelios (Mt 19:30; 20:16; Mr 10:31). El efecto de los comentarios de Jesús ha alterado la naturaleza teórica de la pregunta original y la ha trasladado a un nivel práctico. La pre-

---

5. Esta es una de las varias notas de viaje de Jerusalén que Lucas consigna en esta sección: 9:51; 17:11; 18:31; 19:28; y (conceptualmente) 13:31–34; 19:44.
6. Ver *Mishná, Sanedrín* 10:1; 2 Esdras 7:47; 9:15. La idea de que los salvos eran pocos era bastante común en el judaísmo; el asunto era quiénes eran estos pocos (ver 2 Esdras 8:1, 3).
7. G. Bertram, «στενός», TDNT, 7:605–6 (cf. Jn 10:7).
8. K. Rengstorf, «βρυγμός», TDNT, 1:642; «κλαυθμός», TDNT, 3:726. En el judaísmo esta expresión estaba reservada para los impíos.

gunta «¿son pocos los que van a salvarse?» se ha convertido en «¿Estarás tú entre los salvos?»

En 13:31-35 Jesús advierte a la nación mencionando a la ciudad que la representa, Jerusalén. En un estilo que recuerda a los profetas, afirma que el juicio es inevitable.[9] Jesús ha pronunciado múltiples advertencias a las que han hecho caso omiso, así que Dios va ahora a disciplinar a su pueblo escogido. El castigo se prolongará hasta que la nación en su conjunto reconozca al representante de Dios. Es cierto que muchos en Israel escucharon a Jesús y respondieron a su mensaje, sin embargo, la inmensa mayoría, y entre ellos muchos de los dirigentes de la nación, no lo hicieron. El principio que se pone de manifiesto en este pasaje no es distinto del que encontramos en los libros de Reyes y Crónicas, en los que el destino de la nación está ejemplificado por la fidelidad del rey.

El versículo 31 se inicia con la advertencia de los fariseos a Jesús de que Herodes pretende matarle. Se trata de un comentario significativo porque muestra que Jesús ha despertado la atención de los dirigentes. Es también posible que sea una manera en que los fariseos pretendan deshacerse de Jesús sin «mancharse» las manos. La amenaza de que Herodes pueda ejecutar a Jesús podría eliminar la molestia que supone el llamamiento de Jesús al arrepentimiento si éste huye para salvar la vida. Aunque quieren dar la impresión de preocuparse por su seguridad, su declaración es realmente capciosa.[10] Lucas les ha descrito sistemáticamente dudando de Jesús y desafiando su legitimidad, de manera que ahora no parece muy lógico que de repente se preocupen por su bienestar.

Jesús replica afirmando que él llevará a cabo su misión. Nada le detendrá. Deben, pues, decirle a «ese zorro», es decir, a aquel que quiere destruir a Jesús,[11] que él seguirá echando demonios, sanando enfermos, y después terminará su tarea. Ha de seguir su camino, puesto que un profeta no puede morir fuera de Jerusalén. La muerte no es algo a evitar, sino el punto pivotante de su ministerio. El que Jesús se presente como un «profeta» pone de relieve su función como revelador de la voluntad de Dios. En la Transfiguración, Dios mandó a los discípulos que le escucharan, y ahora él afirma

---

9. Lucas 13:31-32 no tiene paralelos, mientras que los versículos 33-35 se parecen a Mateo 23:37-39. La diferencia de los escenarios sugiere que se trata de paralelismos conceptuales, no de un mismo suceso. La ubicación aquí de este detalle por parte de Lucas, sea éste un acontecimiento distinto o una simple disposición temática, establece el tono de la transición que sigue a esta sección de viajes. A partir de este momento, Jesús invierte más tiempo enseñando a sus discípulos sobre la necesidad de hacer frente al rechazo y preparándoles para el difícil camino del discipulado. Tales notas aparecen con la negra nube del cercano rechazo de Israel ya predicho de manera profética. Este mensaje de Jesús se repite en 19:41-44, donde la destrucción de la ciudad se predice como una evidencia del juicio que vendrá sobre esta generación de la nación (cf. 11:29-32).
10. J. Darr, *On Character Building: The Reader and the Rhetoric of Characterization in Luke-Acts* [Sobre la formación del carácter: el lector y la retórica de la caracterización en Lucas-Hechos], 105-6, 127-46, contiene un incisivo análisis del carácter de Herodes y de los fariseos en el Evangelio de Lucas.
11. Para el significado de «zorro» como un animal «destructor» más que indicando astucia, ver Darr, *On Character Building* [Sobre la formación del carácter], 140-41. El trasfondo de esta imagen es Nehemías 3:35; Cantar de los Cantares 2:15; Lamentaciones 5:17-18.

su misión profética a Israel. Rechazándole están rechazando el llamamiento que Dios hace a través de él.

A continuación Jesús se lamenta. Desde el mismo comienzo de sus palabras, con la repetición del nombre de la ciudad, expresa la emoción y el dolor que le embargan, como cuando David lloró por Absalón (2Sa 18:33). El dolor de Jesús lo produce su comprensión de la privilegiada posición de Jerusalén como representante de la nación en contraste con el modo en que ha respondido sistemáticamente matando y apedreando a los profetas que le fueron enviados. Como es característico de los profetas, Jesús habla en nombre de Dios sirviéndose de la primera persona, y expresa su gran anhelo de cuidar y proteger a Jerusalén como la gallina que se preocupa por sus polluelos (Dt 32:11; Rut 2:12; Sal 17:8; Is 31:5). ¿Existe acaso una imagen más tierna que ésta? Sin embargo, los polluelos no quisieron quedarse en el nido, una alusión quizá a la falta de deseo de la nación de congregarse una vez más delante de él bajo el cuidado protector de su salvación.

El resultado es el alejamiento y libertad de la voluntad de Dios que deseaba Israel cuando se negó a ponerse bajo su tierna atención. Una de las tragedias de rechazar la voluntad de Dios es que la persona que lo hace consigue lo que pide, con las terribles consecuencias que ello acarrea. Su casa será dejada desolada. La imagen de la casa desolada recuerda la dolorosa era del exilio (Jer 12:7; 22:5). La nación y sus habitantes han de hacer frente a lo que implica ser abandonados a sus frágiles recursos. Tal desolación permanecerá hasta que una gran parte de la nación reconozca: «¡Bendito el que viene en el nombre del Señor!» (palabras tomadas del Salmo 118:26 ; cf. Lc 3:15–16; 7:18, 22). En este salmo, los asistentes al templo reconocen al rey y su séquito antes de entrar en el recinto. Hasta que Jesús sea objeto de esta clase de aceptación, la nación está en peligro. Han de reconocer a Jesús como el personaje que anunció el Bautista y aquel a quien Dios ha estado acreditando por medio de sus obras. La palabra «hasta» pone un límite y sugiere que aunque se trata de un juicio serio, no es para siempre.[12] Si la nación de Israel se vuelve a Dios éste volverá a ponerla bajo sus alas.

Este acontecimiento es un momento decisivo en el Evangelio, puesto que Jesús se concentrará ahora en enseñar a sus discípulos en lugar de tratar con la nación. Han tomado su decisión y sellado su destino.

Construyendo Puentes

La naturaleza del crecimiento del reino es un tema importante. Jesús describe el modo en que se manifestará el reino de Dios por medio de él desde su pequeño comienzo hasta su grandioso cumplimiento. Aunque ya se ha iniciado (11:20), el reino y sus promesas se extienden hacia el futuro y miran al día en que, mediante la presencia del rey, la paz será completa.

Como indica Mateo 13, este crecimiento forma parte del «misterio» del reino, una nueva revelación que aclara el modo en que procederá su gobierno. Dios está expre-

---

12. Lucas 21:24 y Hechos 3 sugieren también un futuro para Israel, puesto que en Hechos 3 el resto de lo que se promete en el Antiguo Testamento se producirá al regreso de Jesús (vv. 18–21); Ver Tannehill, *The Narrative Unity of Luke-Acts* [La unidad narrativa de Lucas-Hechos], 155–56.

sando su autoridad y distribuyendo los beneficios de la vida a través de la comunidad que está formando. Aunque en el primer siglo fueron solo unos pocos los que se congregaron alrededor de Jesús, hoy los seguidores de Cristo han pasado a ser una comunidad numerosa y repartida por todo el mundo. Sin embargo, la Iglesia de nuestros días no es sino una parte de lo que ha de venir.

La combinación de la imaginería de la semilla de mostaza con la de la levadura nos ofrece una imagen de la penetración y presencia expansiva del reino de Dios en la Tierra. Jesús subraya que la presencia de la autoridad de Dios entre su pueblo se hace más extensa a medida que su Espíritu se mueve para atraer a más personas a su salvación. Cuando se trata de crecimiento lo crucial no es el número de personas que forman la Iglesia o el poder que ejercen dentro de la cultura, sino una declaración sobre la protectora presencia de un Dios que cuida de su pueblo.

Reflexionar sobre esta imagen como una expresión de la presencia de Dios entre la creciente comunidad de los salvos significa que este tipo de textos no deben aplicarse en el sentido de que la Iglesia introduce el reino. El reino es más amplio que la Iglesia y es dirigido por Dios como un lugar en el que las aves pueden «anidar». Subraya el cuidado de Dios al proveer la salvación y un lugar de justicia y paz. La manifestación final del reino requiere el regreso del Señor, un acontecimiento cuya cronología yace en el secreto de Dios. Sin embargo, desde los días de Constantino, la Iglesia ha batallado con la definición de su identidad pensando que este tipo de textos representan un llamamiento a ejercer un poder creciente. El camino del discipulado es, no obstante, el del servicio y el sacrificio. La Iglesia no está llamada a la espada o al poder, sino al servicio (Mr 10:35–45). Siempre que la Iglesia ha confundido estas dos cosas las consecuencias han sido desastrosas. Con el regreso de Cristo, Dios traerá una radical transformación a nuestro mundo. Hasta entonces hemos de servir fielmente a la comunidad de la fe y a la sociedad en general como un testimonio del amor y preocupación de Dios. Podemos hacerlo con la confianza de que el plan de Dios avanzará, por difíciles que sean las circunstancias que hayamos de vivir.[13]

La parábola de 13:22–30 tiene un trasfondo muy específico, a saber, el peligro de que Israel pierda la bendición que tanto ha estado esperando a lo largo de los siglos. En un sentido directamente aplicable, Jesús se dirige a los judíos, los descendientes de los patriarcas. De modo que este texto sigue dirigiéndose directamente a los judíos, pidiéndoles que consideren si están o no dispuestos a entrar por la «puerta estrecha» que Jesús pone ante ellos.

Pero, por principio, el texto sugiere otras aplicaciones. Es posible estar muy cerca de la promesa de Dios y aun así no participar de su cumplimiento. Esto puede suceder de distintas maneras. Para quienes asisten a una iglesia es fácil asumir que por haber

---

[13]. El mandato cultural de la Iglesia no es principalmente la reconstrucción de la sociedad y la cultura, sino la proclamación del Evangelio y la reforma de la comunidad de Dios como el ejemplo de un lugar donde pueden observarse la realidad de la reconciliación y de relaciones personales saludables y restauradas. A menudo, cuando la Iglesia se enfrente a la sociedad con demasiado celo, la primera pierde de vista que ha de ser una comunidad de carácter y virtud; Ver S. Hauweras, *A Peaceable Kingdom* [Un reino pacífico], (Londres: SCM, 1984).

nacido en el seno de una familia cristiana, uno se cuenta automáticamente entre los que recibirán la bendición de Dios. Como los judíos, que consideraban principalmente que su membresía era una cuestión de herencia y legado cultural, algunos se creen cristianos, no por un compromiso de fe que han contraído personalmente, sino por un vínculo de familia, su afiliación a una denominación específica, o un contacto cultural con el cristianismo, (contacto que puede limitarse a su asistencia a la iglesia el día de Navidad y el Domingo de Resurrección).

Durante mi estancia en Escocia, me congregué en la iglesia local del pueblo en que vivía, de unos ochocientos habitantes. La asistencia del domingo a la iglesia era por lo general de unas treinta y cinco personas, la mayoría de las cuales tenían más de cincuenta años y varias de ellas eran norteamericanas. Pero dos veces al año la iglesia celebraba un servicio de comunión. En aquella iglesia los estatutos requerían que los miembros asistieran al menos a uno de estos dos servicios para que su nombre siguiera figurando en el libro de miembros. Aquellas semanas se celebraban hasta tres servicios, puesto que casi todo el pueblo se pasaba por la iglesia. Esta clase de compromiso cultural con la iglesia no es una relación con Jesús. Pensar que el mantenimiento de una simple conexión formal con él será suficiente para sellar la participación con él en su celebración escatológica es una suposición trágicamente errónea.

Es más sutil todavía asumir que, puesto que una cultura es «cristiana», todos los nacidos dentro de dicha cultura tienen una relación automática con Dios. Estar personalmente en una posición cercana a la esperanza del Evangelio no es lo mismo que estar dentro de ella. Entrar por «la puerta estrecha» significa responder a Jesús de un modo personal. El peligro de acercarse a Jesús sin responder claramente a su demanda es que acabas fuera de la mesa de comunión para siempre. Así, este pasaje se aplica, o bien directamente a los judíos de nuestro tiempo o, de manera indirecta, interpelando a cualquiera que se acerque a la promesa de Dios sin cruzar el umbral de la puerta. No basta con mantener una relación formal con una iglesia local, o tener parientes que sean cristianos comprometidos. Dios no nos salva mediante nuestra actividad, herencia, o por medio de un representante.

Lo que permite establecer este principio general es la realidad del juicio futuro y la base sobre la que se llevará a cabo dicho juicio. El asunto central es conocer a Jesús, no solo tener un contacto informal con él. Conocer a Jesús significa confiar en que él nos liberará, desarrollar una vida que interactúa con él en el día a día. Quienes solo tienen contacto con la comunidad cristiana han de ser estimulados a plantearse si conocen personalmente a Jesús y han experimentado el perdón a través de la fe en el Cristo vivo.

En Lucas 13:31-35 se tratan acontecimientos que ya se han producido. El ministerio de Jesús llegó a su momento decisivo en la Cruz, cuando Jesús aceptó su destino en aras de la Humanidad. Él hizo exactamente lo que dijo que haría, con todo el valor y determinación que fueron necesarios para morir como un mártir. No renunció a su vocación solo porque ésta fuera peligrosa. Por su parte, la nación halló su desolador destino en la destrucción de Jerusalén en el año 70 d.C. Israel sigue esperando la liberación que traerá su Mesías, y mientras tanto ha experimentado grandes padecimientos. Lo que Jesús dice en este pasaje indica la veracidad de las promesas divinas y la certeza de su plan. El resto de lo que promete —un día de gloria en el que participarán los descendientes de los patriarcas— también se cumplirá.

Significado Contemporáneo

El programa del reino de Dios nos da esperanza. Su plan no se desarrolla de manera fortuita, sino según un diseño. Es reconfortante saber que el reino puede representarse como un lugar de reposo, puesto que ofrece descanso para quienes viven en él (Mt 11:28–30; Heb 3–4). No nos hemos de dejar engañar por la aparente oscuridad de los orígenes de esta comunidad, puesto que Dios está tras su crecimiento.

Describir el reino de este modo ha de llevarnos a una mayor confianza en la dirección de Dios. Lo que presenta es una comunidad que ofrece protección hasta que su tarea se haya llevado a cabo. Algunos sostienen que la Iglesia, como parte del programa del reino, es una institución irrelevante o sin importancia; no obstante, para Dios es una comunidad sumamente valiosa, en la que él está impartiendo activamente su presencia y cuidado (Ef 1:23). Puede que en nuestro tiempo los recursos de poder estén ubicados en otro lugar, podrían incluso delimitarse según la medida del crecimiento de la Iglesia. Pero, en su momento, Dios manifestará su compromiso con la plenitud de la promesa del reino y con su pueblo, y lo hará ejerciendo su autoridad sobre toda la Tierra mediante la extensión de su presencia durante la era futura. Quienes conocen a Jesús forman parte de la historia, legado y crecimiento de este reino.

Mientras tanto, el reino está presente de un modo más «escondido». En este momento no manifiesta la plenitud del poder que un día poseerá, ni tampoco lo hace su llamamiento a cualquier nación, partido, o institución humana. Por el contrario, el reino se encuentra dondequiera que está el pueblo de Dios. Su poder se manifiesta en la efectiva transformación de las vidas que sirven como testimonio del Dios vivo (Ro 14:17–18). «Manifestar» la presencia del reino no es construir edificios o aprobar leyes, sino honrar a Dios con una calidad de vida dirigida poderosamente por la transformadora obra de su Espíritu. La prioridad del pueblo de Dios debería ser el compromiso de vivir, relacionarse y servir de un modo que le honre a él.

Lucas 13:22–30 pronuncia una advertencia. Deberíamos estar seguros de haber respondido correctamente a aquel que introduce el reino. Es fácil pensar que tenemos un derecho automático a él, ya sea por nacimiento, conexión cultural, o herencia. Pero para Jesús, una relación con Dios requiere que transitemos personalmente el camino que él ha establecido (Jn 1:12).

En una cultura convencida de que existen muchos caminos para llegar a Dios, como si el trayecto hasta el Cielo fuera una compleja red de autopistas con docenas de rutas y enlaces alternativos, este es un principio fundamental. Jesús se sirve de una imagen más concreta: la puerta estrecha y próxima a cerrarse. Para Israel como pueblo, la puerta se cerró de manera significativa con su juicio en el año 70 d.C. (19:41–44). Ello no supuso que todos los judíos quedaran fuera, ni significa que la puerta se cerrara definitivamente para la nación (ver Ro 11:12, 14–15, 26–27, donde Pablo afirma que Israel volverá a la fidelidad). No obstante, sí constituyó un momento decisivo dentro del plan de Dios.

La puerta sigue abierta para cualquier persona en el plano individual. Es un camino en igualdad de condiciones, accesible para todo el que quiera transitarlo; sin embargo, es Dios quien traza la ruta, no nosotros. Aunque en nuestro interior nos gustaría que Dios permitiera la entrada a todo el mundo, esto no es lo que enseña la Escritura. Él quiere que las personas se relacionen con él de manera consciente, conocedores de sus pecados y deficiencias, de su necesidad de Dios, y de la salvación que Jesús ha logrado a su favor. Responder a Dios es responder a aquel a quien envió para, por medio de su muerte, preparar el camino a la vida. En el Evangelio de Juan se le llama «la puerta de las ovejas» (Jn 10:7). Aquellos que tienen oídos han de oír lo que dice la Escritura a quienes quieren experimentar la bendición de Dios.

Otra implicación de este texto es la que procede de la pregunta teórica del que, pensando en los demás, preguntó «¿son pocos los que van a salvarse?» No hay nada erróneo en esta pregunta, sin embargo, a menudo se plantea como un modo de alejar la atención de uno mismo. Jesús toma nuestras preguntas teóricas y las personaliza. Aunque la cuestión del proceder de Dios con los perdidos que viven en lugares remotos es interesante y tiene su lugar, una pregunta más fundamental que todos haríamos bien en responder es si tenemos una relación personal con Dios. Jesús nos emplaza a todos nosotros a considerar cuál es nuestra posición delante de Dios.

Según 13:31–35, nada impedirá que el plan de Dios llegue a su fin. Herodes pensaba que podría quitar del medio al agente de Dios. Los dirigentes judíos creían poder neutralizarle informándole de la amenaza que pendía sobre su vida. En nuestra cultura de hoy se producen muchas veces esfuerzos similares de intimidación.[14] Escuchemos el brillante planteamiento del dilema en que se encuentra la cultura estadounidense que hace un profesor afroamericano de Derecho de la Universidad de Yale:

> La política contemporánea estadounidense tiene ante sí pocos dilemas mayores que el de decidir cómo enfrentarse al resurgimiento de las creencias religiosas. Por una parte, la ideología norteamericana lleva la religión en el corazón, como todas las demás cuestiones de conciencia, por lo cual nos preciamos justamente de tener una fuerte tradición contra la interferencia del Estado en materia de opciones religiosas personales. Al mismo tiempo, muchos dirigentes políticos, periodistas, eruditos y votantes están comenzando a ver cualquier elemento religioso dentro del discurso moral público como una herramienta de la derecha radical para la remodelación de la sociedad norteamericana. Pero los esfuerzos por hacer desaparecer a la religión para el bien de la política nos ha llevado por el mal camino: En nuestro razonable celo por impedir que la religión domine la política, hemos creado una política y una cultura legal que presiona a los que son coherentes desde un punto de vista religioso para que no sean ellos

---

14. Quienes deseen ver cómo funciona esto en nuestra cultura moderna pueden ver la obra de Stephen Carter, *The Culture of Disbelief* [La cultura de la incredulidad], (Nueva York: Basic Books, 1993).

mismos, para que se comporten en público, y a veces también en privado, como si su fe no tuviera importancia para ellos [...]

No obstante, la religión es importante para las personas, y lo es mucho. Los sondeos indican que los norteamericanos son mucho más proclives a creer en Dios y a asistir con regularidad a reuniones de adoración que ningún otro pueblo del mundo occidental. Es cierto que nadie ora en tiempo de mayor audiencia televisiva a no ser que la religión forme parte de la trama, sin embargo, grandes mayorías de ciudadanos les dicen a los encuestadores que, para ellos, sus convicciones religiosas son de gran importancia en su vida diaria. Aunque algunas historias populares afirman erróneamente lo contrario, la mejor prueba de lo que estoy diciendo es que esta profunda religiosidad siempre ha sido una faceta del carácter estadounidense y que ha crecido de manera consistente a lo largo de la Historia de la nación. Y en nuestros días, para frustración de muchos líderes de opinión, tanto en la cultura legal como en la política, la religión, como fuerza moral y quizá también política, está creciendo. Lamentablemente, en nuestra vida pública, preferimos pretender que no es así.[15]

Los esfuerzos por obstaculizar la presencia de la verdad religiosa son numerosos. Van desde los lamentos de que el cristianismo es trasnochado y un freno para el avance de la sociedad, hasta los intentos de intimidar y amenazar a los cristianos que se llevan a cabo en países del Tercer Mundo, donde la persecución es una realidad ostensible y el martirio una posibilidad muy real. Al margen de las condiciones que generen los procesos sociopolíticos, los caminos de Dios no se verán frustrados. Para los cristianos, la victoria viene a menudo bajo la apariencia de derrota, algo que la Iglesia necesita desesperadamente recordar en una era en que la apariencia de victoria puede ser solo un fantasma. Algunos de los testimonios más contundentes que tenemos de la fidelidad de Dios proceden de relatos de quienes se han mantenido fieles en medio de la persecución, unas historias que a menudo inspiran a los creyentes. En tales relatos se cuentan casos de antiguos perseguidores que han sido atraídos a Cristo al ver la apasionada fidelidad al Señor por parte de los creyentes.

Muchas veces consideramos las batallas de nuestra sociedad como cuestiones de vida o muerte que hemos de ganar desde el punto de vista de la apariencia o «todo estará perdido para la causa de la justicia». Pero la muerte de Jesús ya ha traído el camino a la vida, independientemente de cuál sea el ambiente específico en que se nos pida que funcionemos. La victoria es nuestra, pase lo que pase en el mundo. Esto es importante, no para que se convierta en una excusa para eludir nuestro compromiso en la sociedad, sino para estimular una correcta perspectiva de lo que es la victoria. La victoria consiste en representarle fielmente, no en ganar la discusión o el voto. El modelo en esto es la propia vida de Jesús. Ningún nivel de intimidación o rechazo pudo impedir que finalizara su ruta predeterminada.

---

15. Ibíd., 3-4.

Otra aplicación que surge de este pasaje tiene que ver con los judíos. Aunque por el momento la mayor parte de los israelitas se mantienen a distancia de la actividad de Dios en Cristo, la nación no ha sido cortada permanentemente de la esperanza de encontrar bendición en Cristo. Cuando reconozcan a Jesús como aquel a quien Dios envió, su casa dejará de estar desolada. Su recuperación constituirá un monumento a la fidelidad de Dios, que se habrá extendido a lo largo de varios milenios. Lucas no habla del tiempo en que esto sucederá, sin embargo, el «hasta que» del versículo 35 sugiere que el día llegará (cf. también Hch 3:18–22; Ro 11:12–32).[16]

Por último, debe observarse la compasión de Cristo. El suyo no es un corazón que se recrea en la venganza. El error de Israel es doloroso, y Jesús sufre al pronunciar su advertencia. No se deleita hablando del juicio, pero aun así ha de declarar su realidad. Tenemos aquí un corazón digno de ser imitado en los conflictos que nos afectan en medio de un mundo que, a veces, es hostil.

---

16. Este punto de vista del futuro de Israel no se limita a la enseñanza dispensacionalista; ver la interesante obra del erudito reformado del Nuevo Testamento, David Holwerda, *Israel en el plan de Dios* (Grand Rapids: Libros Desafío, 2000).

Lucas 14:1-24

Un día Jesús fue a comer a casa de un notable de los fariseos. Era sábado, así que éstos estaban acechando a Jesús. 2 Allí, delante de él, estaba un hombre enfermo de hidropesía. 3 Jesús les preguntó a los expertos en la ley y a los fariseos: —¿Está permitido o no sanar en sábado? 4 Pero ellos se quedaron callados. Entonces tomó al hombre, lo sanó y lo despidió. 5 También les dijo: —Si uno de ustedes tiene un hijo o un buey que se le cae en un pozo, ¿no lo saca enseguida aunque sea sábado? 6 Y no pudieron contestarle nada. 7 Al notar cómo los invitados escogían los lugares de honor en la mesa, les contó esta parábola: 8 —Cuando alguien te invite a una fiesta de bodas, no te sientes en el lugar de honor, no sea que haya algún invitado más distinguido que tú. 9 Si es así, el que los invitó a los dos vendrá y te dirá: «Cédele tu asiento a este hombre.» Entonces, avergonzado, tendrás que ocupar el último asiento. 10 Más bien, cuando te inviten, siéntate en el último lugar, para que cuando venga el que te invitó, te diga: «Amigo, pasa más adelante a un lugar mejor.» Así recibirás honor en presencia de todos los demás invitados. 11 Todo el que a sí mismo se enaltece será humillado, y el que se humilla será enaltecido. 12 También dijo Jesús al que lo había invitado: —Cuando des una comida o una cena, no invites a tus amigos, ni a tus hermanos, ni a tus parientes, ni a tus vecinos ricos; no sea que ellos, a su vez, te inviten y así seas recompensado. 13 Más bien, cuando des un banquete, invita a los pobres, a los inválidos, a los cojos y a los ciegos. 14 Entonces serás dichoso, pues aunque ellos no tienen con qué recompensarte, serás recompensado en la resurrección de los justos. 15 Al oír esto, uno de los que estaban sentados a la mesa con Jesús le dijo: —¡Dichoso el que coma en el banquete del reino de Dios! 16 Jesús le contestó: —Cierto hombre preparó un gran banquete e invitó a muchas personas. 17 A la hora del banquete mandó a su siervo a decirles a los invitados: «Vengan, porque ya todo está listo.» 18 Pero todos, sin excepción, comenzaron a disculparse. El primero le dijo: «Acabo de comprar un terreno y tengo que ir a verlo. Te ruego que me disculpes.» 19 Otro adujo: «Acabo de comprar cinco yuntas de bueyes, y voy a probarlas. Te ruego que me disculpes.» 20 Otro alegó: «Acabo de casarme y por eso no puedo ir.» 21 El siervo regresó y le informó de esto a su señor. Entonces el dueño de la casa se enojó y le mandó a su siervo: «Sal de prisa por las plazas y los callejones del pueblo, y trae acá a los pobres, a los inválidos, a los cojos y a los ciegos.» 22 «Señor —le dijo luego el siervo—, ya hice lo que usted me mandó, pero todavía hay lugar.» 23 Entonces el señor le respondió: «Ve por los caminos y las veredas, y oblígalos a entrar para que se llene mi casa. 24 Les digo que ninguno de aquellos invitados disfrutará de mi banquete.»

**Sentido Original**

La escena que describe Lucas se desarrolla nuevamente en el marco de una comida, que se extenderá hasta el versículo 24.[1] El episodio se divide en tres partes: una sanación (vv. 1–6), un discurso sobre la humildad (vv. 7–14), y una parábola final (vv. 15–24). El milagro, que solo consigna Lucas, tiene lugar en sábado y completa el reflejo que se produjo también en el milagro de 13:10–17. Es uno de los varios incidentes que narra Lucas en torno al sábado (4:16–38; 6:1–5, 6–11; 13:10–17). Con la repetición se resalta a estos líderes religiosos. ¿Qué van a hacer ante la evidencia del poder de Dios que Jesús pone de relieve por medio de estas sanidades? Al final del relato les vemos en silencio. Sin embargo, esto no significa que vayan a creer, puesto que hacen gala de una enorme ceguera y dureza de corazón.

Una sanación (vv. 1–6). Cuando Jesús entra en la casa donde ha sido invitado a comer, los fariseos le están observando (cf. 11:53–54; 20:20).[2] Allí hay un hombre que sufre de hidropesía, un trastorno que produce la retención de líquidos del organismo. Muchos creen que su condición es consecuencia del juicio de Dios.[3] Jesús toma pues la iniciativa y les pregunta a fariseos y escribas si es lícito sanar a tal persona en sábado. Éstos permanecen en silencio. Jesús toma entonces la mano del hombre, le sana, y le despide. El Señor defiende su acción observando que si cualquiera de ellos viera que su hijo o su buey cayera en un pozo, aunque fuera sábado lo sacarían de él (cf. 13:10–17). En otras palabras, es apropiado mostrar compasión en sábado (¡o en cualquier otro día!).

La repetición de estos milagros «espejo» y la exposición de lo apropiado de la compasión puede ser una prueba para la paciencia de los lectores de Lucas. Pero Lucas está intentando mostrar que, a pesar de todas estas muestras de poder y compasión, los dirigentes no captan el mensaje. El pecado tiene un efecto cegador, y los corazones duros son difíciles de ablandar (11:29–36, 47–52). A pesar de las numerosas oportunidades que tienen, los dirigentes no ven lo que Dios está haciendo.

Un discurso sobre la humildad (vv. 7–14). Jesús pasa entonces a tratar otras cuestiones relacionadas (vv. 7–14). Este pasaje que, nuevamente, solo consigna Lucas, subraya la importancia de la auténtica humildad. La imaginería recuerda a Proverbios 25:6–7, donde el autor afirma que es mejor que sea el propio anfitrión el que te llame a un lugar de honor que intentar llamar su atención. Ser humilde significa estar libre de esnobismo social, no exaltarse a uno mismo, y no pensar solo en los propios intereses. Dios honra a quienes tienen amigos en ambos extremos de la escala social.

Esta parábola es un incisivo relato sobre relaciones genuinas en un mundo necesitado. Jesús la cuenta porque a los invitados que se sientan a la mesa del fariseo les mueve el deseo de encontrar lugares de honor. Por regla general, en las comidas de

---

1. En la cultura grecorromana esta clase de escenas de comidas se habría llamado simposia, donde un personaje sabio comparte su conocimiento con los demás. Lucas consigna varias de tales escenas: 5:29; 7:36; 10:38; 11:37; 22:14; 24:30, 41.
2. Riesenfeld, «παρατηρέω», *TDNT*, 8:147.
3. Tanto el Talmud como algunos textos de la cultura griega indican este recelo (ver Van der Loos, *The Miracles of Jesus* [Los milagros de Jesús], 506).

la Antigüedad las mesas tenían forma de U, y el anfitrión se sentaba en el extremo cerrado. Los asientos de honor estaban situados junto al suyo. A menudo, los invitados más honorables llegaban los últimos.[4]

Jesús describe una reunión a la que han sido invitadas muchas personas importantes, como por ejemplo un banquete de bodas o alguna otra fiesta especial,[5] y considera cuál ha de ser el acercamiento a la posibilidad de recibir honra. En el trasfondo están las cuestiones de nuestra relación con Dios y la naturaleza de nuestra posición ante él. Ante Dios y teniendo en cuenta quien es él, nadie está, de entrada, en una posición exaltada; no obstante si el Señor exalta a alguien por haber prestado un buen servicio o mantenido una buena actitud, esto es sin duda un honor. En Lucas 14:11 se establece claramente esta conexión observando, en primer lugar que el verdadero honor consiste, no en exaltarse a uno mismo, sino en ser exaltado por Dios, y por otra parte que Dios está comprometido con el enaltecimiento de los humildes. No obstante, la exhortación en sí alude a los asuntos de esta vida. La conexión con la respuesta de Dios en el versículo 11 solo subraya que esta exhortación se aplica también a nuestra relación con Dios.

Según Jesús, no hemos de ocupar por propia iniciativa un asiento de honor, puesto que puede estar reservado para una persona más distinguida que todavía no ha llegado. Entonces el anfitrión te pedirá que te cambies de lugar, y tendrás que ocupar el asiento menos importante. Este cambio producirá una sensación de vergüenza, por haberte situado por propia iniciativa en una posición de mayor honor del que otros reconocen. La mención de la vergüenza es importante, por cuanto en la cultura oriental de la Antigüedad, el honor y la vergüenza eran cuestiones vitales para la identidad, valor y carácter de la persona.

Si eres una persona sabia, dice Jesús, ocuparás el lugar menos importante, de manera que cuando el anfitrión te vea en un asiento que no es digno de ti, te llamará para que ocupes un lugar mejor. Entonces, en lugar de vergüenza, recibirás gloria (*doxa*; NVI «honor»), es decir, aprobación y elogios. Esta clase de honor, Dios lo dará también en la era venidera. El principio del pasaje se expresa con toda claridad en el versículo 11, y es que Dios exaltará a quienes se humillan a sí mismos. El reino es un don suyo. Aunque no le debe su bendición y aceptación a nadie, Jesús abre para todos el camino al favor divino. Pablo muestra que Jesús es el mayor ejemplo de esta verdad (Fil 2:5–11). Por otra parte, aquellos que se exaltan a sí mismos serán humillados por Dios. Los verbos en voz pasiva que aparecen en este versículo sugieren que la humillación y exaltación en cuestión tienen que ver con la evaluación de Dios. El modo en que tratamos a los demás afecta al modo en que Dios nos trata a nosotros.[6]

Jesús desarrolla el llamamiento en los versículos 12–14 con la introducción de otro tema. Más allá del interés en el asiento que ocuparemos como invitados a la mesa, está la

---

4. Marshall, *Commentary on Luke* [Comentario de Lucas], 581.
5. El término griego *gamos*, que se utiliza aquí, puede aludir a una fiesta de bodas o a una celebración más general (Est 2:18; 9:22). Fitzmyer, *The Gospel According to Luke I-IX* [El Evangelio según Lucas I-IX], 1046.
6. El concepto es similar a ser perdonados (voz pasiva) por Dios porque nosotros perdonamos a otras personas (Lc 11:4; Ef 4:30–32).

cuestión del tipo de personas a quienes deseamos invitar. Jesús nos pide que invitemos a quienes no pueden devolvernos nuestro acto de bondad. No deberíamos invitar a amigos, parientes, o personas ricas, puesto que la recompensa consistirá en que nos devolverán la invitación. Lo que Jesús está diciendo es que, desde un punto de vista moral, amar y agasajar a quienes nos aman y son nuestros amigos no es inherentemente digno de encomio. Por regla general, esto es lo normal. Lo que hemos de hacer es invitar «a los pobres, a los inválidos, a los cojos y a los ciegos».[7] La mejor hospitalidad es la que se ofrece desinteresadamente, no la que forma parte de un intercambio. Dios elogiará este tipo de hospitalidad. Aunque los que han sido invitados no pueden devolver la invitación, Dios les recompensará en la resurrección venidera (1Co 4:5). Una vez más, la promesa de recompensa se expresa en voz pasiva («serás recompensado»), lo cual significa que es Dios quien responderá a esta generosidad. Jesús elogia a quienes tienden la mano a los necesitados y les sirven, a menudo en silenciosos ministerios que pasan desapercibidos. La verdadera justicia no busca una compensación; se ofrece gratuitamente, de un modo generoso, igual que Dios nos ha perdonado a nosotros en Cristo (Ef 4:32; 5:2).

Una parábola final (vv. 15–24). La última parte de la escena (vv. 15–25) sirve para resumir todas las advertencias que Jesús ha dirigido a la nación en estos últimos capítulos. Un comentario de uno de los invitados sobre el privilegio de quienes participan en el banquete del reino lleva a Jesús a pronunciar otra parábola.[8] Es probable que con este comentario el invitado pretenda aliviar un poco la tensión creada por las anteriores observaciones y acciones de Jesús. Lo que viene a decir es: «A pesar de nuestras diferencias, ¡qué hermoso será que todos experimentemos la bendición de sentarnos en comunión delante de Dios cuando él instaure plenamente su reino!».[9] Jesús cuestiona algunas de las suposiciones que subyacen en el comentario. Quienes parecen estar a punto de recibir tal bendición corren el riesgo de no llegar a sentarse a la mesa. Lo que dice aquí se basa en 11:37–54 y 13:6–9, 31–35.

Jesús cuenta la historia de un hombre que hizo planes para celebrar un gran banquete en su casa. Se trata de un importante acontecimiento, que motiva el envío de una invitación personal con una solicitud de confirmación de asistencia. Cuando llega el momento de la fiesta, el propietario envía siervos para anunciar el comienzo de la comida (cf. Est 5:8; 6:14; Lamentaciones Rabbah 4:2). Declinar la invitación en este momento es una grosería.

En este punto la historia se pone interesante. Tres de los invitados, que previamente habían aceptado, excusan su asistencia. Cada uno de ellos tiene lo que considera una buena razón. Uno quiere examinar un terreno que acaba de comprar, una inspección postventa que sellará la transacción. Esta razón suena similar a la que alguien podría

---

7. El segundo grupo de esta lista consta de personas severamente tullidas, a diferencia del tercero, que es definido por un término general para los lisiados.
8. Este texto se considera a menudo un pasaje paralelo de Mateo 22:1–14, sin embargo, solo es similar conceptualmente, puesto que las diferencias son demasiado grandes para poder establecer que se trata de un mismo acontecimiento. Quienes estén interesados en una lista de diferencias, pueden ver Blomberg, *Interpreting the Parables* [Interpretar las parábolas], 237–39.
9. La referencia al reino alude a la expectativa judía del gobierno de Dios y bendición en el futuro, cuando Israel tendrá un papel central en el plan de Dios. Ver Salmos 22:26; Isaías 25:6; 1 Enoc 62:14, 25:5; Baruc 29:8; cf. Behm, «ἐσθίω», *TDNT*, 2:691.

esgrimir para que se le excluya de participar en las guerras de Israel (Dt 20:5-7).[10] La segunda excusa la pone alguien que ha comprado cinco bueyes. El ganado recién comprado también ha de ser inspeccionado. El volumen de la compra sugiere que el comprador es un hombre rico, que tiene de dos a cinco veces más extensión de terreno que un terrateniente normal.[11] Naturalmente, este hombre podría hacer la inspección después de la comida, sin embargo, su deseo de cerrar el trato y sus prioridades le apremian a ausentarse de la fiesta. La tercera excusa tiene que ver con un matrimonio recién contraído (en ocasiones el Antiguo Testamento permitía que los recién casados eludieran algunas importantes responsabilidades; Dt 20:7; 24:5). Teniendo en cuenta la posibilidad de que el banquete incluyera solo a los hombres, este tercer invitado habría declinado la invitación porque su esposa no podía asistir.

El siervo pone a su señor al corriente de las anulaciones de último minuto. El anfitrión ha de hacer frente a un dilema. ¿Qué hace? ¿Pospone la fiesta para un mejor momento, aunque la comida esté ya preparada? ¿O sigue adelante con sus planes? El anfitrión decide que no va desperdiciar lo que ya está preparado, la fiesta seguirá adelante según los planes originales. De modo que el siervo sale e invita a los pobres, mancos, ciegos y cojos (grupos que ya se han mencionado en 14:13 y también en 1:52-53; 6:20-23; 7:22-23). Dios invitará a toda clase de personas a su mesa, incluidos aquellos a quienes normalmente se excluye (cf. Lv 21:17-23). Las mesas del reino han de estar llenas.

Tras la primera ronda de invitaciones, la sala comienza a llenarse, pero sigue quedando espacio para más personas. De manera que el anfitrión envía a su siervo a las afueras de la ciudad, a los caminos y las veredas.[12] Su tarea es instar a otros a asistir al banquete. Estas gentes no conocen de nada al anfitrión, así que va a haber que persuadirles para que vayan. El terrateniente quiere tener una fiesta llena de asistentes.

Aquí está el quid de la parábola. Los invitados originales representan a Israel. Aunque la nación como primera invitada no está respondiendo a la invitación, el reino ha llegado, y la celebración inicial de sus bendiciones seguirá adelante. Otros que antes se creía excluidos de la celebración recibirán invitaciones. Estas personas representan la propagación de la bendición de Dios más allá de los límites de los necesitados de Israel. Con toda probabilidad, Jesús alude aquí a la inclusión de los gentiles (Is 49:6). Aunque es el primero de la fila, Israel está perdiendo la oportunidad de sentarse a la mesa. Los primeros han llegado, de hecho, a ser últimos.

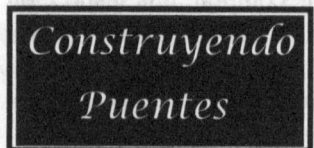

Aunque la cuestión del Sabat no es ya vigente, la importancia de la compasión sigue siéndolo como nunca. Jesús representa un ministerio que está dispuesto a satisfacer las

---

10. L.T. Johnson, *The Gospel of Luke* [El Evangelio de Lucas], 229.
11. J. Jeremias, *Las parábolas de Jesús*, (Estella: Editorial Verbo Divino, 1976), 176-77 de la traducción inglesa..
12. Sobre esta parte del terreno, Ver W. Michaelis, «ὁδός», *TDNT*, 5:68. Los caminos son las vías más importantes que recorren el país, mientras que los cercados (NVI, veredas) son las vallas que rodean los viñedos u otras plantaciones frutales fuera de la ciudad.

necesidades en cualquier momento. Las excusas por no mostrar compasión, aun aquellas que pueden parecer piadosas, son inexcusables. La insistente repetición de estos temas muestra que Lucas se esforzó por explicar esta cuestión. Al mismo tiempo, la lección de la poderosa fuerza del pecado que ciega a las personas ante las necesidades humanas es una actitud que sigue hoy en la Humanidad. A fin de escuchar a Dios hemos de abrir nuestra mente para ver las cosas de esta manera.

En Lucas 14:7–14 se tratan dos temas clave: la humildad y la generosidad. Ambas actitudes son importantes para el desarrollo del carácter cristiano, y ambas reflejan el compromiso de ser dadores. Hemos de dar en lugar de esperar recibir. Pero estas actitudes van también en contra de las expectativas que nuestra cultura tiende a infundirnos. A nuestra cultura le encanta decirnos que nos esforcemos en conseguir lo que es nuestro por derecho y que no nos conformemos sino con lo mejor. Nos encanta seguir los movimientos de los ricos y famosos, los poderosos, los influyentes. Es prestigioso ministrar en estos círculos. Estos ministerios no son inherentemente erróneos, pero deberían desarrollarse de un modo que refleje al Dios que no muestra «favoritismos» (Ro 2:11). El rico y el pobre (Stg 2:5), el amo y el esclavo (cf. Ef 6:9), son iguales ante él (cf. Gá 3:28). Las actitudes heredadas de nuestra cultura destruyen sutilmente la capacidad de ministrar compasivamente a las personas.

Otra actitud derivada de nuestra cultura es que ciertas situaciones en la vida son responsabilidad de quienes las padecen. Por ejemplo, los pobres lo son por su pereza. Esta clase de actitud no genera compasión para ayudar a estas personas, que probablemente han crecido sin ningún apoyo familiar, formación o estímulos positivos. El énfasis tan extendido en nuestros círculos cristianos sobre «volver a la familia», aunque positivo, ha de enfrentarse con el hecho de que algunas personas ¡nunca han tenido una familia a la que volver! Una humildad auténtica es una salvaguarda contra una destructiva y cegadora perspectiva que pasa por alto a tales personas.

El beneficio de pensar hacia afuera es que ello ayuda a construir la comunidad. Jesús exhorta contra el orgullo porque éste hace que sea imposible construir la comunidad. En el desinteresado esfuerzo de alcanzar a las personas que tiene lugar en el verdadero ministerio cristiano, es posible construir una forma de buena voluntad que permite que el ministerio se desarrolle de manera profunda y efectiva. Quienes saben que nos preocupamos sinceramente por ellos es probable que también nos escuchen cuando tengamos que decirles cosas difíciles.

Nuestro hincapié sobre Israel en la parábola de 14:15–24 aborda los asuntos de posición y cronología dentro del plan de Dios. La aplicación de este rasgo de la parábola es singular a su escenario en el tiempo de Jesús, en el sentido de que los judíos fueron los primeros en recibir la invitación de Dios a su banquete regio, pero lo estaban rechazando. No hemos de pasar por alto, sin embargo, lo que le sucederá a cualquiera que rehúse la invitación de Jesús a participar de los beneficios que ofrece. Cuando Jesús nos envía una invitación para que nos sentemos a la mesa de la bienvenida y el perdón divinos, hemos de aceptarla. Ninguna reivindicación de proximidad a Jesús será suficiente si no nos hemos dirigido personalmente a la mesa. Declinar dicha invitación significa que finalmente no podremos participar de la celebración.

Los beneficiarios de la negativa de Israel son los muchos otros —los gentiles— que ahora son invitados a la fiesta. Esta lista de «invitados tardíos» deja abierta la parábola para un tiempo futuro, porque estos grupos siguen siendo invitados y asisten al banquete. El reino estará formado por personas procedentes de un espectro de trasfondos más amplio de lo que muchos creían en un principio. El rechazo de Israel se convirtió en una oportunidad para que Dios mostrara su Gracia al mundo (Ro 11). Aceptar la invitación al banquete significa abrazar la oferta de salvación que hace Jesús. Deberíamos acudir con humildad y gratitud, puesto que muchos de nosotros somos «invitados tardíos». Una parábola posterior basada en comentarios precedentes, afirmará que el rechazo nacional hace que el cuidado de la viña sea traspasado a otros labradores (20:9–19).

Significado Contemporáneo

Los temas de este pasaje recuerdan a las aplicaciones de otros textos de sanaciones llevadas a cabo en sábado. Las lecciones principales tienen que ver con la disposición a mostrar compasión y con la capacidad que tiene el pecado para cegarnos a la actividad de Dios. Los dirigentes judíos no fueron capaces de ver lo que Jesús estaba haciendo por la rigidez de sus expectativas con respecto a las reglas y métodos de acción de Dios. Se mostraron incompetentes para apreciar el ámbito de dichas leyes. Habían convertido en una cuestión de mandatos y prohibiciones absolutas lo que Dios había querido que fuera una positiva expresión de celebración y adoración. Para ellos, el sábado se había convertido en un día de exclusión, y por ello las posibilidades de expresar la compasión se habían limitado notablemente. Por medio de Jesús, Dios mostraba su deseo de compasión, aun en el día dedicado a él.

Este punto de vista legalista, en el que las leyes se llevan fuera de su ámbito legítimo para crear una atmósfera asfixiante, lo hemos observado ya en 11:37–54. Los fariseos no estaban abiertos a ninguna sorpresa. Querían definir los límites de la obra de Dios. En ocasiones, corremos el riesgo de pasar por alto lo que Dios está haciendo porque creemos saber cómo actuará. Quienes desean ver obrar a Dios han de tener cuidado de no imponerle sus ideas preconcebidas de cómo ha de proceder. Él actúa según su voluntad, y nos ha revelado algunos aspectos de ella; sin embargo, esto no significa que, en su Soberanía, no pueda manifestar su Gracia de formas que todavía no nos ha revelado. Dios llevará a cabo su plan, sin embargo, no nos quepa duda de que puede hacerlo de maneras sorprendentes.

Es evidente que Lucas 14:7–14 representa un llamamiento a la humildad. Sin embargo, nos es muy difícil desarrollar un espíritu humilde y vivir con esta orientación porque va contra nuestra humana tendencia a desear palmaditas de reconocimiento. Es difícil no buscar elogios, retroceder voluntariamente unos asientos más atrás, y que sean otros quienes atribuyan mérito a nuestro trabajo, o prestar atención a aquellos que no pueden devolvernos lo que hacemos por ellos. ¿Ignoramos acaso a las personas «sin importancia»? El servicio que prestamos, cuando lo llevamos a cabo de manera desinteresada, se convierte en una honrosa insignia que Dios ve.

Es también difícil alabar a un colega cuando tenemos el deseo de que se nos honre a nosotros. En este pasaje Jesús no habla contra todo deseo de recibir honra. Hay un momento apropiado para recibir «gloria» de parte de otras personas y de Dios, pero tales momentos han de surgir de manera espontánea y natural. Hemos de preguntarnos: ¿Deseamos llamar la atención? ¿Nos mostramos acaso sensibles únicamente con quienes están en condiciones de devolvernos lo que hacemos por ellos con atenciones o prestigio?

Una buena prueba para una comunidad es ver cuántas de las actividades en las que participa se orientan hacia el servicio desinteresado y no hacia uno mismo. El egoísmo no solo se expresa de manera individual, sino también colectiva. Puede ser muy instructivo examinar los programas o presupuestos de la iglesia y preguntarnos cuántas de las actividades proyectadas se usan en nuestro propio interés y cuántas representan una genuina ofrenda de amor. El uso que hacemos de nuestro tiempo y recursos a nivel personal puede evaluarse de manera similar.

Hace algún tiempo, el grupo de ancianos de la iglesia del que formo parte nos dimos cuenta de que nos habíamos centrado en el crecimiento numérico de la comunidad y habíamos descuidado las misiones. Un estudio de la propia historia de nuestra iglesia puso de relieve que en los primeros años dedicamos más recursos a proyectos externos. El resultado fue un renovado compromiso de recaudar más fondos para las misiones, tanto a nivel local como internacional, aunque nos encontrábamos en plena recaudación para un programa de construcción. Nuestra premisa era que si no estábamos comprometidos en un ministerio que reflejara una genuina generosidad, ¿cómo podíamos esperar que Dios respondiera a nuestros objetivos de crecimiento? ¿No sería acaso saludable tanto para nosotros como para aquellos que se cruzan en nuestro camino, que tuviéramos una visión más centrada en necesidades externas a nosotros?

Conozco a personas que se han ofrecido a tutelar niños de los barrios marginados de la ciudad sin otra compensación que la de saber que están supliendo una importante necesidad. Sé de una familia que ha hecho de su casa un hogar adoptivo «temporal», para niños que de otro modo habrían sido abortados, dándoles la oportunidad de vivir mientras se les encuentra un hogar permanente. En estos casos se presta un servicio a quienes no pueden devolvernos lo que hacemos por ellos. Quienes experimentamos la Gracia de Dios hemos de aprender a responder a ella convirtiéndonos en dadores. Hemos de entender que no damos para recibir, sino en gratitud por lo mucho que Dios nos ha dado. Esta es la clase de actitud y ministerio que Jesús demanda en este pasaje.

La parábola de 14:15–24 es una descripción dolorosamente trágica de una oportunidad desaprovechada. Muchos israelitas no pudieron entrar a la bendición cuando llegó el momento porque no habían entendido la importancia de la invitación que se había cruzado en su camino. Pero la oportunidad de participar en la celebración de Dios se nos sigue ofreciendo en nuestros días. Ya sea que la invitación se dirija a uno de los invitados originales (judíos), a otros habitantes de la ciudad, o a quienes viven en las afueras, la cuestión es que se ofrece la oportunidad de sentarse y participar de las bendiciones de Dios. Hemos de responder a la invitación. Nada debería interferir en nuestra respuesta a lo que Dios está haciendo por medio de Jesús.

Es muy peligroso asumir que, puesto que Dios no nos juzga ahora, o pensando que podremos arrepentirnos en el último momento de nuestra vida, finalmente podremos disfrutar de la bendición de Dios. He conocido a personas que, cuando oyen hablar de la Gracia, dicen: «la recibiré antes de morir y, así, ahora podré vivir como quiero». Este tipo de respuesta la escucho a menudo en mi ministerio con *Young Life* entre adolescentes y jóvenes en el Instituto y la Universidad. Este tipo de comentario pasa por alto un hecho importante: la Escritura advierte que cuanto más prolonguemos el rechazo de la oferta, más probable será que nuestro corazón se endurezca a cualquier palabra de Dios. Las personas ponen muchas excusas para no responder al Evangelio. En la Universidad era: «si me entrego a Jesús no podré ser yo mismo». Más adelante: «no necesito muletas». Estas respuestas pretenden eludir la responsabilidad ante Dios. Son, para ser francos, una forma de idolatría del yo. Sitúa a Dios en la posición de esperar nuestra respuesta. Este tipo de soberbia es precisamente la razón por la que la elección de los pobres, cojos y ciegos por parte de Dios y la sensibilidad hacia ellos es un tema tan importante para Lucas (4:16–19; 7:22–23). Pone de relieve que Dios valora a los humildes y necesitados. Dios atraerá a sí a quienes entienden su necesidad y posición ante él (18:9–14; cf. 1Co 1:26–31).

Por otra parte, a Dios no le sorprende que algunos le rechacen. La celebración de la bendición sigue adelante sin los invitados originales, y por la Gracia de Dios otros son invitados a la mesa. Lo importante no es cuándo se nos invita a la mesa, sino que respondamos cuando se nos invita. En su generosidad, Dios sigue llamando a personas al banquete. Si algunos rechazan su invitación, otros la aceptarán. No es Dios quien sufre la pérdida, sino quienes se pierden la fiesta.

Algo fundamental en la imaginería de esta parábola es la suposición de que Jesús es quien pronuncia la invitación. La bendición no es una función de la simple devoción o celo; ha de ir acompañada de un conocimiento del Escogido de Dios y de una respuesta a sus demandas. La falta de apreciación de esta realidad es lo que hizo que el rechazo de los judíos, representados por los primeros invitados, fuera tan trágico (ver Ro 10:1–4). Estos pensaban que con formar parte del pueblo escogido de Dios y ser herederos era suficiente. Jesús responde que no basta con estar entre los invitados por derecho de genealogía. Han de tomar la decisión de asistir. Si no lo hacen, no podrán sentarse a la mesa de la bendición. ¡Qué trágico!: oír la invitación a la bendición y, sin embargo, pasarla por alto cuando llega el momento.

Lucas 14:25-35

Grandes multitudes seguían a Jesús, y él se volvió y les dijo: 26 «Si alguno viene a mí y no sacrifica el amor a su padre y a su madre, a su esposa y a sus hijos, a sus hermanos y a sus hermanas, y aun a su propia vida, no puede ser mi discípulo. 27 Y el que no carga su cruz y me sigue, no puede ser mi discípulo». 28 Supongamos que alguno de ustedes quiere construir una torre. ¿Acaso no se sienta primero a calcular el coste, para ver si tiene suficiente dinero para terminarla? 29 Si echa los cimientos y no puede terminarla, todos los que la vean comenzarán a burlarse de él, 30 y dirán: «Este hombre ya no pudo terminar lo que comenzó a construir». 31 O supongamos que un rey está a punto de ir a la guerra contra otro rey. ¿Acaso no se sienta primero a calcular si con diez mil hombres puede enfrentarse al que viene contra él con veinte mil? 32 Si no puede, enviará una delegación mientras el otro está todavía lejos, para pedir condiciones de paz. 33 De la misma manera, cualquiera de ustedes que no renuncie a todos sus bienes, no puede ser mi discípulo. 34 La sal es buena, pero si se vuelve insípida, ¿cómo recuperará el sabor? 35 No sirve ni para la tierra ni para el abono; hay que tirarla fuera. El que tenga oídos para oír, que oiga.

Esta sexta unidad de la sección del viaje a Jerusalén (9:51–19:44) solo contiene un pasaje, el llamamiento a considerar lo que significa el discipulado. Esta unidad se sitúa hacia la mitad del viaje a Jerusalén y resume el cambio de acento, que pasa de la confrontación con los dirigentes judíos a la preparación de los discípulos para su partida. El discipulado no es fácil, y nuestra responsabilidad para con Dios y el rigor de la tarea que se nos encomienda requiere que entendamos el compromiso necesario para vivir como discípulos suyos.

La atención de Jesús se dirige en este pasaje a sus seguidores, pidiéndoles que valoren lo que requiere el discipulado.[1] Quiere que sean conscientes de lo que les va a costar transitar el camino hasta sus últimas consecuencias. La idea principal es que un discipulado fructífero requiere que Jesús sea una prioridad en la vida. Por consiguiente, si queremos acabar el recorrido, hemos de contar el coste de seguirle. Su voluntad y la dirección por la que nos lleva son el imán de nuestras vidas. Hemos de ponernos a su disposición y reflejar aquellos valores que honran a Dios.

A diferencia de los comentarios de 9:18–27, 57–62 que Jesús hizo solo en presencia de los discípulos, en este pasaje el Señor habla delante de la multitud. No pretende esconder sus requisitos de quienes se plantean seguirle, como si quisiera que primero

---

1. Lucas es el único evangelista que consigna este texto, aunque algunas partes se parecen a Mateo 10:37–38; los dos últimos versículos son conceptualmente similares a Mateo 5:13 y Marcos 9:49–50.

tomemos la decisión para después contarnos el resto de la historia. Jesús deja claro lo que cuesta seguirle delante de todos. Él ha de ser lo primero, y ellos han de estar dispuestos a identificarse con él y con su sufrimiento. Esto puede significar el ostracismo producido por el rechazo de algunos judíos, o puede significar el aislamiento y la persecución. El discipulado es un camino difícil. Confiar en él significa abrazarle como respuesta al peregrinaje de la salvación, aceptando los ásperos sinsabores que vienen con el discipulado.

Jesús va directo al grano. Si alguno quiere seguirle, ha de aborrecer padre, madre, esposa, hijos, hermanos, hermanas, y hasta su propia vida. El trasfondo de este comentario y su fuerza retórica son cruciales para su correcta comprensión. El sentido del término «aborrecer» (palabra original que la NVI traduce como «sacrificar el amor de») tiene aquí una fuerza comparativa.[2] La idea no es que tengamos que aborrecer a nuestra familia o vida, sino que, si nos viéramos forzados a elegir entre estas cosas y Jesús, nuestra elección sería Jesús. Él ha de ser amado más que cualquier otra persona (cf. un concepto parecido en Mt 6:24). Además, en el contexto del siglo I, decidirse por Jesús significaba, para algunos, ponerse en contra de la familia (Lc 12:49–53). Quienes amaran más a la familia ni siquiera se plantearían seguir a Jesús. Y tampoco lo harían aquellos que amaran más sus vidas, puesto que confiar en él podía llevarles al martirio. Por tanto, los comentarios de Jesús se producen en el contexto de lo que la conversión puede requerir; las personas han de entender su coste.

Para explicar con claridad lo que quiere decir, Jesús se sirve de dos ilustraciones. En la primera, un hombre desea construir una torre de vigilancia para sus tierras o para su ciudad.[3] Se trata de un proyecto caro, y ha de estar seguro de que es asequible. Es pues mejor considerar el coste antes de comenzar a construir. ¡Qué triste iniciar la construcción y no tener el dinero para acabar! Todos tenemos probablemente conocimiento de proyectos de construcción que han quedado inacabados por falta de fondos. ¡Qué derroche supone tener un edificio a medias! Jesús concluye magistralmente el asunto poniendo en la escena a transeúntes que se burlan del constructor insensato. En otras palabras, avanzar hacia un discipulado fructífero demanda reflexión; no es un ejercicio automático. No hay nada positivo para el testimonio en abandonar una vida de entrega a Dios por no haber considerado adecuadamente el coste. Es más bien algo trágico.

La segunda parábola describe a un rey que evalúa sus fuerzas mientras se prepara para la guerra. Mientras escribo, Haití acaba de negociar la paz con los Estados Unidos para evitar una invasión, lo cual ilustra este pasaje. ¿Qué rey emprende una guerra si sabe que el enemigo tiene más efectivos? ¿Acaso no se sienta primero y considera si sus diez mil soldados pueden vencer a los veinte mil de su oponente? Si entiende que no puede ganar, enviará una delegación y negociará la paz. Asimismo, dice Jesús, quien quiera ser su discípulo ha de hacer una valoración similar; tiene que negociar la paz con Dios. La persona en cuestión tiene dos opciones. (1) Puede

---

2. J. Denny, «The Word 'Hate' in Luke 14:26» [La palabra 'aborrecer' en Lucas 14:26], ExpTim 21 (1909–10): 41. Este modismo es bien conocido en griego (ver Epicteto 3.3.5). Ver también la obra de O. Michel, «μισέω», TDNT, 4:690–91.
3. Sobre estas torres, Ver J. Jeremias, *The Parables of Jesus* [Las parábolas de Jesús], 196, n. 19.

seguir su camino, y posicionarse en contra de Dios. (2) Puede optar por un acercamiento más sabio y negociar la paz con Dios según los benévolos términos que establece el Señor. Esta segunda opción significa darle a Dios lo que es debido y después, seguirle. Dios desea tener discípulos completamente identificados con él. Entregárselo «todo» significa reconocer que Dios tiene derecho sobre todas las esferas de nuestra vida. Una parte del discipulado consiste en permitir que Dios nos enseñe lo que desea en estas áreas. Al comenzar nuestro andar como discípulos, no podemos conocer todas las implicaciones de esta decisión, sin embargo, sí podemos iniciar nuestro periplo con un claro entendimiento de que Dios tiene acceso a todo lo que somos.

Jesús pronuncia una advertencia final mediante la ilustración de la sal. La sal es valiosa y útil mientras mantenga su salinidad. En esta parte del mundo, la sal podía conservar su fuerza durante unos quince años.[4] Se utilizara como condimento o como catalizador para el fuego, su utilidad estaba condicionada a su salobridad. Si dejaba de ser salobre, se desechaba. Con este comentario Jesús observa que Dios puede prescindir de aquellos discípulos que no cumplen con su llamamiento. Esto significa que Dios puede ejercer su disciplina, y hacerlo de manera tan severa que puede costarle la vida al creyente.[5] Esta es la razón por la que nos llama a escuchar con atención lo que dice. El discipulado exige dedicación y concentración, y Dios se interesa por el modo en que viven sus discípulos. Vivir en periodos distintos significa enfrentar distintas condiciones; no todos son llamados a sufrir tanto como los cristianos de los primeros siglos. Sin embargo, estas diferencias no alteran la necesidad de andar como fieles discípulos. Jesús quiere que todos los que inician el camino del seguimiento lo hagan con una clara comprensión de lo que éste requiere y la determinación de mantenerse en él paso a paso.

Construyendo Puentes

La principal diferencia entre el contexto original de este pasaje y su función en nuestros días es que Jesús realiza estos comentarios en un período que marca el comienzo del cristianismo mientras que hoy vivimos en una cultura poscristiana. Decidirse por Jesús era más difícil entonces que ahora aunque, por otra parte, es más difícil hacerlo hoy que en la cultura «cristiana» que predominaba en el mundo occidental hace entre cincuenta y doscientos cincuenta años. Por regla general, en el tiempo de Jesús y durante las primeras generaciones después de él, recibir el Evangelio significaba sufrir rechazo, burlas y tensiones. Nadie tomaba la decisión de abrazarle de manera superficial y despreocupada. En nuestros días, muchos asumen que son cristianos por el mero hecho de vivir en una cultura con raíces judeocristianas. Aunque en nuestro mundo moderno existen sectores hostiles hacia los creyentes, esto no sucede en la mayoría de contextos, que son más tolerantes.

Por otra parte, en otros lugares del mundo, decidirse por Jesús significa el ostracismo. Quienes se acercan a Jesús procedentes de un trasfondo judío, musulmán o de alguna de las religiones ancestrales asiáticas se arriesgan a ser rechazados de entrada.

---

4. F Hauck, «ἅλας», *TDNT*, 1:229.
5. Un ejemplo de esta clase de juicio lo encontramos en 1 Corintios 11:30, donde Pablo considera que algunos creyentes habían muerto por tomar la Cena del Señor de un modo impropio.

Por ello, la fuerza cultural del llamamiento de este texto se manifestará de distintas formas, dependiendo del lugar de la aplicación.

Naturalmente, el llamamiento es el mismo: el discipulado requiere que Jesús reciba una adhesión prioritaria. El Señor quiere la preeminencia en todas las esferas de la vida. Si queremos discernir cómo se expresa esto en la vida de cada día hemos de interactuar con la Palabra de Dios, la oración, y hemos de involucrarnos en una comunidad saludable que nos anime a vivir con Dios y a escucharle por medio de todos los medios que pone a nuestra disposición. Este aspecto del llamamiento es intemporal.

Las dificultades para aplicar este pasaje se dan en contextos en los que es posible mantener una relación desapegada con Jesús. ¿Cómo interpela este pasaje a tales personas? Recordemos en primer lugar que el texto presenta la realidad del discipulado como un largo viaje. Las personas van entendiendo y aplicando de manera progresiva lo que significa dar a Jesús un papel prioritario en sus vidas. Si somos honestos, la mayoría de nosotros sabemos que Dios reclama constantemente una mayor entrega de nuestras vidas a él. A medida que nos dedicamos a las áreas de aplicación que el Señor nos muestra, vamos descubriendo nuevas esferas de nuestra vida que requieren atención. Como discípulos, estamos siempre de camino con Dios, nunca alcanzamos la meta por completo. Lamentablemente, podemos ser muy tardos para cederle el control.

Pero Jesús no nos enseña que tengamos que ser perfectos para salvarnos. La salvación es por Gracia, y los dones que él nos da son los recursos que nos capacitan para ser lo que él desea que seamos. No se trata de corregir nuestras faltas para ganarnos su favor, sino de volvernos a él para poder dar comienzo a la obra de renovación que él desea realizar en nuestras vidas. En un sentido muy real, un discípulo (i.e., aprendiz[6]) es una persona bajo constante renovación. A menudo suelo decirles en broma a mis alumnos que, para salir de dudas sobre si necesitan o no renovación, solo he de preguntar a su cónyuge o a su compañero/a de habitación. Un buen discípulo reconoce que la necesidad de renovación nunca concluye. Reconoce también que a veces esta renovación significa que antes de construir algo fresco y nuevo se hace necesario derribar lo viejo. La reconstrucción que Dios lleva a cabo no es siempre fácil o agradable, sin embargo, como en toda renovación, lo que emerge es mucho mejor que lo que había en un principio. La esperanza de tal transformación es lo que hace que el discipulado merezca la pena.

Significado Contemporáneo

El asunto fundamental del discipulado es considerar su relación con la fe. Para Jesús está claro que el discipulado exige reflexión y concentración. Esta es la razón por la que solo pueden ser discípulos quienes están dispuestos a llevar la Cruz. Si no podemos transitar el camino de rechazo que recorrió Jesús, no estamos entonces preparados para el viaje de fe que Jesús nos llama a emprender. En ocasiones se presenta el discipulado como una fase distinta de la fe que salva, sin embargo, Jesús rechaza este tipo de distinción. Aunque, desde un punto de vista conceptual, es posible separar la fe del discipulado, ambas realidades están

---

6. Acerca del discípulo como aprendiz, ver K.H. Rengstorf, «μαθητής», *TDNT*, 4:419–21.

íntimamente unidas puesto que comenzamos confiando en Jesús mediante un acto de fe y a continuación emprendemos una vida con él. Jesús nos llama a vivir una relación, no solo a tomar una decisión. Como alumno, el discípulo inicia una relación con Jesús y se enrola en un proceso de aprendizaje que dura toda la vida. Pablo llamó a este periplo la «obediencia a la fe», un estilo de vida que esperaba adoptaran aquellos a quienes evangelizaba (Ro 1:5; cf. Hch 26:20). La Gracia nos imparte el regalo de una relación con Dios, pero ésta lleva consigo la necesidad de andar de un modo coherente.

Otra aplicación de este texto requiere una seria reflexión personal. ¿Estoy rindiendo al Señor todas las esferas de mi vida como mis posesiones, familia, y hasta mi vida personal? ¿Confío en que realmente cuidará de mí? ¿O acaso creo que tengo que ayudarle, apropiándome del control o evitando cuidadosamente algunas de las tensiones que se producen inevitablemente cuando se toma la posición de representar a Jesús ante un mundo necesitado? Se trata de preguntas delicadas, porque es muy fácil afirmar que se lo hemos entregado todo, cuando en realidad solo le hemos confiado aquello que nos es cómodo.

Cuando se trata de contar el coste, una parte del problema es que, con frecuencia no sabemos de antemano cuál será el verdadero coste. Por ejemplo, puede que una persona decida comprometerse en un ministerio de plena dedicación, y que tal decisión signifique que su familia tenga que vivir con menos recursos económicos que si hubiera conseguido el mismo nivel de educación y competencia en otro ámbito laboral. Este sacrificio puede entenderse como amar a Jesús más que a la familia (aunque, por otra parte, es de esperar que las iglesias se esfuercen por cubrir las necesidades de sus ministros de manera significativa).

En ocasiones, la decisión de seguir a Jesús significa negar nuestro apoyo a un miembro de la familia que pretende tomar una decisión inmoral ante Dios. Asumir una posición de este tipo puede ser doloroso, pero necesario. Quizás tengamos que negarnos a respaldar una relación ante Dios que se ha desarrollado de un modo que le deshonra. Puede que, en un doloroso acto de amorosa confrontación, tengamos que decirle a un hermano, hermana, pariente o amigo que vive en adulterio, que Dios no está de acuerdo con su conducta. O acaso tengamos que hablar sobre una conducta destructiva a riesgo de que la persona en cuestión no nos vuelva a dirigir la palabra. Este tipo de acciones pueden entenderse como amar a Dios más que a la familia o a los amigos, cuando, irónicamente, ¡significa amar a ambos!

Algunas personas no entienden que, bajo ciertas circunstancias, los ministros no quieran casar en la iglesia a algunas parejas. Se trata de un asunto de lealtad a Jesús y de representarle fielmente en un mundo oscuro, en lugar de hacer la vista gorda ante la inmoralidad. Casar a un hombre y una mujer que han estado viviendo juntos abiertamente antes del matrimonio es pretender que a Dios no le interesa nuestra vida moral, una peligrosa indicación en un mundo lleno de tentación. La política de nuestra iglesia en tales situaciones es, por una parte, subrayar la disposición de Dios a perdonar y, por otra, pedirles a las personas que vivan separadas hasta el matrimonio para que confirmen su comprensión de las normas morales de Dios. Esta política se ha hecho necesaria porque en nuestro tiempo es muy frecuente la vida en concubinato, y después de convertirse, algunas personas deciden honrar a Dios casándose. Por nuestra parte, deseamos estimular el deseo de estas personas de vivir con Dios y poner su relación sobre un terreno nuevo y moralmente saludable, sin sugerir que lo que han hecho les impida ahora desarrollar un andar espiritual plenamente satisfactorio.

En ocasiones, ser honestos nos llevará a dar testimonio de que se ha cometido un delito, mientras que los compañeros y compañeras de la oficina afirmarán que eres un chivato pelotillero. La búsqueda de la fidelidad en un entorno laboral donde la honestidad es un valor relativo, determinado por el fin que se persigue, puede ser una empresa difícil. Decidir que lo importante es lo que piensa Dios y no los compañeros puede ser un camino doloroso.

Las decisiones de discipulado no son siempre fáciles. Seguir a Jesús y compartir su Cruz puede significar que nuestros amigos y conocidos no siempre entiendan las razones que nos llevan a hacer lo que hacemos. En ocasiones no nos apoyarán y puede que incluso hagan cosas que hieran nuestros sentimientos. Considerar el coste de seguir a Jesús será un ejercicio puramente teórico hasta que nos veamos ante las circunstancias de la vida real. Sin embargo, aquellos que se han parado a considerar el coste estarán dispuestos a pagar el precio cuando llegue el momento. Han de depender de Dios y volverse a él en busca de sabiduría si llega el momento de elegir entre Dios y la familia, nosotros mismos o nuestras posesiones. Quienes desean seguir a Jesús han de prestar atención a aquel que tiene la prioridad, aun cuando estén simplemente considerando comenzar a vivir con él.

Lucas 15:1-10

Muchos recaudadores de impuestos y pecadores se acercaban a Jesús para oírlo, 2 de modo que los fariseos y los maestros de la ley se pusieron a murmurar: «Este hombre recibe a los pecadores y come con ellos». 3 Él entonces les contó esta parábola: 4 «Supongamos que uno de ustedes tiene cien ovejas y pierde una de ellas. ¿No deja las noventa y nueve en el campo, y va en busca de la oveja perdida hasta encontrarla? 5 Y cuando la encuentra, lleno de alegría la carga en los hombros 6 y vuelve a la casa. Al llegar, reúne a sus amigos y vecinos, y les dice: Alégrense conmigo; ya encontré la oveja que se me había perdido. 7 Les digo que así es también en el cielo: habrá más alegría por un solo pecador que se arrepienta, que por noventa y nueve justos que no necesitan arrepentirse. 8 O supongamos que una mujer tiene diez monedas de plata y pierde una. ¿No enciende una lámpara, barre la casa y busca con cuidado hasta encontrarla? 9 Y cuando la encuentra, reúne a sus amigas y vecinas, y les dice: Alégrense conmigo; ya encontré la moneda que se me había perdido. 10 Les digo que así mismo se alegra Dios con sus ángeles por un pecador que se arrepiente».

Sentido Original

En Lucas 15 Jesús defiende su implicación con los perdidos mediante una serie de tres parábolas. Esta sección puede separarse en dos partes: dos parábolas cortas (vv. 1–10) y una más extensa (vv. 11–32). Nuestro Señor explica que en el Cielo hay una gran alegría por el regreso de un pecador perdido a la casa de Dios. Esta esperanza lleva a Jesús a ir en pos de los perdidos, buscándoles como se buscaría una oveja o una moneda perdida. Estas parábolas explican también que Jesús inste a quienes se relacionan con los pródigos a recibirles con una actitud generosa y esperanzada, no con dudas, celos o amargura. El Señor nos llama a esforzarnos por ganar a los perdidos; la esperanza de estas parábolas es que, en nuestra dedicación a ellos, consigamos ganar a algunos y llevarles de vuelta a Dios.

Como explica este capítulo, Dios se ha comprometido a encontrar a los perdidos. Jesús considera el contraste entre esta actitud de Dios y la tentación entre muchos creyentes de ignorar a los perdidos. Jesús escoge de nuevo a los escribas y fariseos para establecer y realzar su comparación. Éstos no entienden que pase tanto tiempo tratando con los pecadores y comiendo con ellos. Esta comunión de mesa manifiesta una ausencia de la separación que, según ellos, demanda la justicia. Jesús sostiene, sin embargo, que Dios nos llama a invertir tiempo buscando a los perdidos.[1]

Los versículos 3–10 se reparten en dos parábolas: la oveja perdida (vv. 3–7) y la moneda perdida (vv. 8–10). Estas proveen la base para la parábola del hijo pródigo (vv.

---

1. Este pasaje solo lo consigna Lucas, aunque Mateo 18:12–13 es conceptualmente paralelo a la parábola de la oveja perdida.

11–32). Los vínculos entre estos pasajes son los temas de «perdido/a» y «hallado/a» y «alegría/alegrarse» (vv. 6, 9, 24, 32).[2] Lucas plantea de manera consistente el asunto de relacionarse con los pecadores (5:29–32; 7:36–50; 19:1–10). Todos estos textos apuntan a la declaración de Jesús sobre su misión en 19:10.

Cualquiera que alguna vez haya buscado algo perdido sabrá lo exasperante que es buscar y no encontrar. Esta frustración subyace en el texto. La primera historia de Jesús encaja en el escenario pastoral y agrícola de Palestina. Al realizar el recuento de sus cien ovejas un pastor echa de menos una. El rebaño pertenece a un propietario modesto (los rebaños normales oscilaban entre veinte y doscientas cabezas).[3] Es posible que el propietario fuera el propio pastor, puesto que no se menciona ningún vigilante que le ayude.

El pastor sale a buscar al animal perdido. No se nos dice qué es lo que hace con el rebaño, aunque probablemente lo dejará al cuidado de algún conocido, puesto que no sería muy lógico arriesgar la seguridad de noventa y nueve ovejas para rescatar a una. Por otra parte, a veces las parábolas son deliberadamente sorprendentes, y este giro podría ser un aspecto del drama. De ser así, Jesús estaría entonces diciendo que encontrar a la perdida es tan importante que está dispuesto a asumir este riesgo. La batida da su fruto y el hombre encuentra al animal perdido, no devorado por un animal salvaje, sino sano y salvo. El pastor se regocija con gran alegría al encontrar a su valiosa oveja.

La nota de alegría encaja en el contexto cultural, puesto que estos animales tenían un valor comercial. Pero Jesús no está hablando del valor económico que supone recuperar una propiedad perdida, sino que compara el esfuerzo del pastor por recuperar a la oveja perdida con el suyo por evangelizar a las personas. La imaginería se orienta hacia el Antiguo Testamento y hacia el tierno cuidado de Dios para con nosotros (Is 40:11; 49:22).[4] El modelo que encontramos en el modo en que Dios cuida de las personas debería guiarnos en nuestra relación con los perdidos.

La recuperación de la oveja perdida lleva a un gozo compartido. El pastor llama a sus amigos y vecinos a celebrar la recuperación. Aquí tenemos una ilustración del gozo que Dios experimenta cuando un pecador regresa a él. Jesús dice que «habrá más alegría por un solo pecador que se arrepienta, que por noventa y nueve justos que no necesitan arrepentirse».[5] Jesús busca a los pecadores porque en el Cielo hay una gran alegría por su recuperación.

La segunda imagen es similar. En esta ocasión se trata de una mujer y lo que busca es una moneda que se le ha perdido. La «moneda de plata» que se menciona en este pasaje equivale a un denario, es decir, el salario de un día de un trabajador normal. Es una suma modesta. Su búsqueda exige la inversión de tiempo y esfuerzo. La mujer enciende una lámpara, barre la habitación y busca con atención hasta que encuentra la

---

2. Stein, *Luke* [Lucas], 400.
3. J. Jeremias, *Las parábolas de Jesús*, p. 133 de la edición en inglés.
4. H. Preisker y S. Schultz, «πρόβατον», *TDNT*, 6:690.
5. La retórica sobre los noventa y nueve justos recuerda en el tono a 5:31–32. Es un modo de expresar lo contento que está Dios cuando hay un cambio de sentido en la vida de una persona. La comparación con aquellos «que no necesitan arrepentirse» muestra que es una prioridad que el pastor abandone a quienes están ya bajo el cuidado de Dios para buscar a otras ovejas perdidas.

moneda. Cuando finalmente consigue su propósito, se entusiasma tanto como el pastor de la otra parábola. También ella llama a sus vecinos para que se unan a su celebración. De nuevo, tenemos una ilustración del gozo que hay en el cielo cuando un pecador se arrepiente.

Estas parábolas están entre los relatos más sencillos de Jesús, que comunican tanto verdad como emoción. Dios quiere siervos que entiendan sus anhelos de restaurar a los pecadores. En ambos casos, la búsqueda requiere trabajo, y también en ambos casos lo que se busca es, a primera vista, un objeto modesto. No obstante, la búsqueda se convierte en una prioridad, y en ambos casos, la recuperación de lo perdido lleva a una alegría compartida con otros. Esta imaginería pone de relieve el deseo que tiene Dios de que sus discípulos compartan con él su meta de ganar a los perdidos. Obsérvese que el acento está en el gozo que supone la recuperación de un pecador, no en el hecho de que Jesús sea el único en hacerlo. Esta es la razón por la que la parábola comienza con la frase «Supongamos que uno de ustedes [...]». Planteando la historia de este modo, introduce al oyente en la historia como el pastor. Jesús está formando a otros discípulos para que hagan lo mismo que él ha venido llevando a cabo.

Construyendo Puentes

La actitud que se expresa en este pasaje es un aspecto fundamental para que la Iglesia consiga llevar a cabo su misión. Dios no quiere que los creyentes se aíslen del mundo hasta tal punto que no mantengan relaciones con los perdidos. Jesús se movía constantemente entre personas, especialmente entre quienes no conocían a Dios. Aunque algunos se quejaban y rezongaban censurando que Jesús se relacionara con personas de mala reputación, él sabía muy bien por qué iniciaba y mantenía aquellas relaciones personales. Sabía que era posible crear inquietudes en el corazón de quienes no conocían a Dios para que se tomaran el asunto más en serio. Personas como Mateo o Zaqueo fueron descubiertos de este modo.

Otro rasgo que sirve de puente entre aquel tiempo y el nuestro es la implícita represión que hace Jesús del acercamiento de los fariseos. Éstos se mantenían a distancia de los pecadores, negándose a aceptar a un maestro espiritual que se relacionaba con ellos y parecía amarles. Jesús cuestiona su actitud no solo con la naturaleza de su ministerio, sino especialmente por medio de su muerte por los perdidos, que restaura a los pecadores para que puedan mantener una relación con Dios. En el corazón del Evangelio está Dios abriendo sus brazos al pecador y proveyendo su perdón.

Es fácil rechazar como insignificantes a toda una serie de personas que nuestra cultura ha desechado o mira con desprecio. Los equivalentes modernos de los recaudadores de impuestos y los pecadores del mundo de Jesús son, por ejemplo, aquellos que padecen enfermedades como el SIDA o que dependen de la beneficencia (considerados a menudo como sanguijuelas de la sociedad). Jesús se dedicó a estas personas con tal vigor que la comunidad religiosa del siglo primero cuestionó su carácter. Sin embargo, estas parábolas explican la razón por la que tales personas significaban tanto para él. Sabía que era posible rescatarles, y el amor le obligaba a ir en pos de aquellos que se estaban perdiendo. Si la actitud y perspectiva de Jesús están informadas por esta teología de los perdidos, también debería estarlo la nuestra. Se nos llama a la acción, porque entendemos el enorme interés que existe en el Cielo en que se busque a los perdidos.

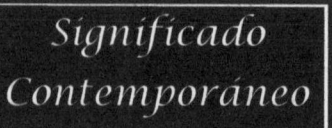

Significado Contemporáneo

Este pasaje dice mucho sobre el corazón de un Dios que desea acercarse a quienes no están interesados en él. Se preocupa por ellos hasta el punto de ir a buscarles, aun cuando, por su parte, ellos se hayan mantenido a distancia. Deberíamos ser como corsarios que buscan un gran tesoro, solo que, en nuestro caso, el tesoro que buscamos son las perdidas almas de personas descritas como vulnerables ovejas. La búsqueda no es siempre fácil, sin embargo, el gozo que hay al final hace que el esfuerzo merezca la pena.

Los creyentes deberían establecer relaciones personales significativas con los perdidos. Sin embargo, con frecuencia observo que en la iglesia sucede lo contrario. Nos apartamos de las multitudes por temor a comprometer nuestro testimonio y, por ello, ¡acabamos sin tener a quién testificar! Como en la búsqueda del pastor y la mujer de las parábolas, también la evangelización requiere tiempo y energía para ganar a los perdidos. Algunas búsquedas se prolongan por años, pero nuestro Señor nos llama a movernos entre las personas y construir relaciones personales que nos permitan atraer a otros a Dios.

En nuestra cambiante y atareada cultura, desarrollar este tipo de relaciones personales puede ser difícil. Las mejores oportunidades se dan en el trabajo, los contactos en la escuela, y el vecindario. En estos casos existen oportunidades que pueden llevar a relaciones personales más profundas. Un miembro de nuestra iglesia tuvo una creativa idea para conocer a personas no creyentes. Él y su esposa escolarizaban a sus hijos en casa y también estaban activos en la iglesia, una combinación que les hacía difícil conocer a personas no creyentes y relacionarse con ellas. Decidieron organizar una fiesta con el lema «¿Quiénes son?». Invitaron a sus vecinos a una comida al aire libre en el jardín de su casa. Podía asistir cualquier vecino que quisiera pasar un rato con quienes vivían en las inmediaciones y que por falta de oportunidad no había podido conocer personalmente. Ahora tienen este tipo de reuniones con regularidad para desarrollar relaciones personales con aquellas personas que Dios ha puesto en su camino. Esta iniciativa es un buen ejemplo de cómo aplicar este texto que trata de buscar a los perdidos.

El tiempo del almuerzo en el trabajo ofrece otra oportunidad. Durante este tiempo podemos desarrollar relaciones personales en las que comunicamos con tacto a nuestros compañeros de trabajo que estamos orando por ellos. Una vez que nos comprometemos a buscar maneras, descubriremos que existen numerosas posibilidades de hacer contactos para compartir el Evangelio. Jesús nos llama a estar pendientes de los perdidos, como lo estaba él, y dispuestos a tomar la iniciativa de ayudarles a encontrar su camino a Dios.

Lucas 15:11-32

Un hombre tenía dos hijos —continuó Jesús—. 12 El menor de ellos le dijo a su padre: «Papá, dame lo que me toca de la herencia.» Así que el padre repartió sus bienes entre los dos. 13 Poco después el hijo menor juntó todo lo que tenía y se fue a un país lejano; allí vivió desenfrenadamente y derrochó su herencia. 14 Cuando ya lo había gastado todo, sobrevino una gran escasez en la región, y él comenzó a pasar necesidad. 15 Así que fue y consiguió empleo con un ciudadano de aquel país, quien lo mandó a sus campos a cuidar cerdos. 16 Tanta hambre tenía que hubiera querido llenarse el estómago con la comida que daban a los cerdos, pero aun así nadie le daba nada. 17 Por fin recapacitó y se dijo: «¡Cuántos jornaleros de mi padre tienen comida de sobra, y yo aquí me muero de hambre! 18 Tengo que volver a mi padre y decirle: Papá, he pecado contra el cielo y contra ti. 19 Ya no merezco que se me llame tu hijo; trátame como si fuera uno de tus jornaleros.» 20 Así que emprendió el viaje y se fue a su padre. Todavía estaba lejos cuando su padre lo vio y se compadeció de él; salió corriendo a su encuentro, lo abrazó y lo besó. 21 El joven le dijo: «Papá, he pecado contra el cielo y contra ti. Ya no merezco que se me llame tu hijo». 22 Pero el padre ordenó a sus siervos: «¡Pronto! Traigan la mejor ropa para vestirlo. Pónganle también un anillo en el dedo y sandalias en los pies. 23 Traigan el ternero más gordo y mátenlo para celebrar un banquete. 24 Porque este hijo mío estaba muerto, pero ahora ha vuelto a la vida; se había perdido, pero ya lo hemos encontrado.» Así que empezaron a hacer fiesta. 25 Mientras tanto, el hijo mayor estaba en el campo. Al volver, cuando se acercó a la casa, oyó la música del baile. 26 Entonces llamó a uno de los siervos y le preguntó qué pasaba. 27 «Ha llegado tu hermano —le respondió—, y tu papá ha matado el ternero más gordo porque ha recobrado a su hijo sano y salvo.» 28 Indignado, el hermano mayor se negó a entrar. Así que su padre salió a suplicarle que lo hiciera. 29 Pero él le contestó: «¡Fíjate cuántos años te he servido sin desobedecer jamás tus órdenes, y ni un cabrito me has dado para celebrar una fiesta con mis amigos! 30 ¡Pero ahora llega ese hijo tuyo, que ha despilfarrado tu fortuna con prostitutas, y tú mandas matar en su honor el ternero más gordo!» 31 Hijo mío —le dijo su padre—, tú siempre estás conmigo, y todo lo que tengo es tuyo. 32 Pero teníamos que hacer fiesta y alegrarnos, porque este hermano tuyo estaba muerto, pero ahora ha vuelto a la vida; se había perdido, pero ya lo hemos encontrado.

Esta tercera parábola de Lucas 15 es sin lugar a dudas la más detallada. Solo la consigna Lucas y subraya la disposición de Dios para recibir a los pecadores. También habla del hermano mayor, que es una referencia a cómo hay que responder a quienes se arrepienten. El contrapunto negativo son las quejas de los fariseos y escribas con que comenzó el capítulo (15:1–2). A esta narración se le llama a menudo «parábola del hijo pródigo», sin embargo, de lo que realmente trata es de las distintas reacciones hacia este muchacho derrochador. La reacción clave es la del padre, que está deseoso de recibir a su hijo. Por ello sería mejor llamarla «parábola del padre misericordioso». La reacción del hermano mayor constituye un importante subtema, y por ello puede añadirse el subtítulo «y el hermano resentido».

Esta parábola es casi una alegoría, puesto que cada personaje de la historia contribuye considerablemente a su significado. El padre representa a Dios, el Padre celestial; el hijo pródigo, al pecador que se arrepiente; y el hijo mayor encarna la actitud de los fariseos que no ven con buenos ojos que los pecadores se vuelvan a Dios.[1] Jesús defiende su derecho a relacionarse con los pecadores por causa del Evangelio. De hecho, el Evangelio es para los pecadores, y su misión encaja con su mensaje.

La parábola comienza cuando un hijo le pide a su padre la parte que le corresponde de su herencia (a esto en griego se le llama la parte del ser de su padre [i.e., «todas sus propiedades»]). Por su condición de hijo menor, habría recibido una tercera parte (Dt 21:17). Curiosamente, en el judaísmo había consejos sobre esta clase de peticiones. Eclesiástico 33:19–23 comienza con esta declaración: «Mientras vivas no concedas ningún poder sobre tu vida a hijo o esposa, hermano o amigo; y no entregues tus bienes a otros para que no tengas que pedir que te los devuelvan». Repartir la herencia demasiado pronto era arriesgarse a depender del cuidado de otro. No obstante, el padre de la parábola le concede la petición. Este detalle describe a un padre que le permite ser independiente a su hijo rebelde.[2]

Sucede precisamente lo que se temía. Viviendo una vida disoluta el hijo derrocha su fortuna en un país lejano. El conflicto llega cuando, ya sin dinero, ha de hacer frente a una gran escasez de alimentos que se abate sobre aquella región. Comienza a pasar necesidad. Esto describe las difíciles circunstancias que produce el pecado.

De modo que el hijo comienza a actuar juiciosamente y se pone a trabajar cuidando cerdos. Se trata de un detalle revelador, puesto que en el judaísmo los cerdos eran animales inmundos (Lv 11:7; Dt 14:8). Trabaja, pues, en un empleo deshonroso. Y, para colmo, sigue pasando hambre, deseando comer las algarrobas de los cerdos.[3] Sin ayuda de nadie, se ve inmerso en una situación trágica.

En este punto reconoce que las cosas han de cambiar, y decide que estará mucho mejor como esclavo de su padre que trabajando solo en el otro extremo del mundo. El muchacho entra en razón: es absurdo que esté pasando hambre cuando los esclavos de su padre viven mejor que él. De modo que toma la decisión de pedirle perdón a su padre y rogarle que le acepte como a uno de sus esclavos: ha pecado contra el Cielo y contra su padre, y sabe que ha de reconocerlo. Aquí Jesús describe la humildad de

---

1. R. Tannehill, *The Narrative Unity of Luke-Acts* [La unidad narrativa de Lucas-Hechos], 1:171.
2. Schrenk, «πατήρ», *TDNT*, 5:983–84.
3. En el judaísmo tardío surgió una expresión alusiva a que las circunstancias extremas podían fomentar un cambio de perspectiva: «Cuando los israelitas queden reducidos a un montón de algarrobas, entonces, se arrepentirán» (*Levítico Rabbá* 35 [123c], una antología rabínica de interpretaciones de Levítico).

alguien que pone su bienestar espiritual en las manos de Dios, sin pedir sino solo su Gracia. Se confiará a la misericordia del padre.

El hijo está ahora frente a la casa paterna, pero el padre no espera a que éste llegue donde está, sino que corre a abrazarle. Esta parte del relato es una sorpresa desde un punto de vista cultural.[4] Normalmente un padre habría esperado que fuera el hijo quien tomara la iniciativa, y que diera alguna muestra de respeto antes de responder. Pero la compasión de Dios es excepcional. El padre está tan gozoso que se abraza al hijo que había perdido y le da una calurosa bienvenida estrechándole y besándole afectuosamente.

Pero el hijo persiste en su intención y comienza a pedirle perdón. Sin embargo, apenas ha expresado su arrepentimiento y su propuesta, cuando el padre le deja claro que va a recibirle como a su querido hijo: con todos los honores y privilegios, como si nada hubiera sucedido. Se le trae la mejor ropa, el anillo de familia y unas sandalias, y se lleva a cabo una gran celebración. La fiesta es una declaración de que el hijo perdido ha sido hallado. Vemos aquí la alegría de Dios, el gozo cuando un pecador se vuelve a él (cf. 15:7, 10).

El hermano mayor, que no está al corriente de lo que ha sucedido y regresa a casa después de una dura jornada de trabajo, oye la música. Le pregunta a uno de los criados lo que está sucediendo, y se entera de que su hermano acaba de regresar y su padre ha ordenado la celebración. Muy indignado, se niega a entrar. No le importa que su hermano haya vuelto; no quiere saber nada de él. De hecho, se queja de que en todos sus años de fiel servicio su padre no le había dado ni siquiera un cabrito para celebrar una fiesta con sus amigos. En una típica situación de tensión fraterna, el hermano mayor demanda justicia y equidad en la casa del padre. Parece estar diciendo que su padre está en deuda con él por su lealtad. Para remachar el asunto, el hermano mayor observa que «ese hijo tuyo», (¡no «mi hermano»!) ha despilfarrado tu fortuna con prostitutas.

El padre no responde con una actitud defensiva; le indica a su hijo mayor que todo lo que tiene es suyo. Teniendo en cuenta que el hijo mayor representa a los fariseos, este detalle sugiere que todos los derechos relacionados con la filiación son también suyos, si desea pedirlos. Es, sin embargo, necesario celebrar el regreso de su hermano (¡«este hermano tuyo»!), porque estaba muerto. La recuperación de un pecador es motivo de celebración.

La historia termina aquí. La parábola describe una inversión de papeles mediante detalles de carácter espacial. El hijo que estaba fuera de casa está ahora dentro, mientras que el hijo mayor se sienta fuera. La historia termina con una cuestión que ha de suscitar nuestra reflexión, puesto que queda en el aire el modo en que el hijo mayor responde al padre.

---

4. Blomberg, *Interpreting the Parables* [Interpretar las parábolas], 176.

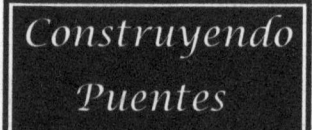
Construyendo Puentes

La conclusión de la parábola queda abierta, y este hecho constituye un llamamiento a la reflexión para quienes leemos a Lucas sobre lo que haríamos de encontrarnos en la situación del hermano mayor. ¿Aceptaríamos al pecador en casa y participaríamos de la celebración por su regreso, o estaríamos tan centrados en nosotros mismos que no podríamos hacer nuestra la alegría? Evidentemente, la parábola da a entender que tendríamos que responder según la petición del padre al hijo mayor. Deberíamos esforzarnos por ganar a los pecadores y acogerles con alegría cuando regresen.

No hay duda de que este pasaje considera la actitud y proceder de Dios para con los pecadores y el modo en que los demás respondemos a ellos. La actitud de Dios se ve en el anhelo del padre, que ansía abrazar al hijo que quiere irse, y aunque aquel desea que éste se quede en casa, no quiere forzarle para que lo haga. Cuando el hijo se lo pide, le permite irse y hacer lo que desea. No obstante, la respuesta del padre a su regreso deja claro que durante todo el tiempo de su ausencia estaba pensando en su hijo. La rapidez con que le abraza muestra que el amor por su hijo había sido constante, y real el dolor por su alejamiento. Su perdón es total e inmediato. No hay recriminaciones; el dolor del pasado se ha desvanecido con la alegría del regreso del hijo. La conversación del padre con el hijo mayor muestra que el primero está dispuesto a defender el regreso del pródigo, instando a que los demás de la casa le brinden una acogida igualmente cálida.

Esta parábola revela ante todo el carácter compasivo y perdonador de Dios Padre. Pero Dios desea tener una relación con sus hijos en la que éstos entran de manera consciente. El hermano mayor ha mantenido una cierta relación con el padre, pero realmente no le conoce bien. El hermano menor se acerca al padre con humildad y descubre la enormidad de su gracia y generosidad. No es de extrañar que cantemos himnos como «Sublime Gracia» cuando contemplamos este tipo de textos que ilustran la profundidad de la Gracia de Dios. Aquellos que acuden a él con corazones contritos saben que Dios corre a abrazarnos para darnos la bienvenida.

En su contexto original, el hermano mayor de esta parábola representa una clara alusión a los fariseos. Al menos aparentemente, están cerca de Dios y parecen tener especial acceso a su bendición. Por lo que respecta a sus promesas, todo lo que Dios tiene está a su disposición, porque «todo lo que tengo es tuyo». Sin embargo, en realidad están fuera, puesto que nunca decidieron hacer suyas tales promesas reconociendo la bondad de Dios en el perdón que Jesús ofrece a todos. El cuadro del hermano mayor sigue teniendo valor en nuestros días por su descripción de cómo han de responder a los perdidos quienes creen estar cerca de Dios. Esta parábola nos invita a considerar la actitud de los fariseos y a rechazar su distanciamiento ante el regreso del hijo pródigo.

El texto nos advierte también por medio del hermano mayor que, por sí mismas, ni la actividad por la causa de Dios ni el derecho de acceso a él equivalen necesariamente a conocerle por medio de una relación fundamentada en un arrepentimiento consciente y humilde. El hermano mayor ve más a Dios como un tirano que utiliza sus servicios que como un Padre benévolo. Cuando nos acercamos a Dios en virtud de su Gracia, reconociendo humildemente que le necesitamos más que intentando ganarnos su favor, descubrimos que sus brazos están dispuestos para acogernos en actitud festiva. Cuando convertimos a Dios en alguien que solo se interesa en nuestros logros corremos el riesgo de perder la alegría de nuestra relación con él.[5]

Asimismo, la actitud del pródigo que regresa a casa nos descubre la esencia del arrepentimiento. Las dos parábolas anteriores han expresado el gozo del Cielo ante aquellos que se arrepienten; ésta describe el arrepentimiento mismo. En su acercamiento a su padre, el hijo pródigo descansa por completo en su misericordia, en total humildad y reconociendo que su único derecho es suplicar su ayuda. Esto es la esencia de lo que significa volverse a Dios. Como dice 5:31–32, Cristo viene a llamar a pecadores al arrepentimiento. Lo que espera al penitente que recurre a Jesús es un gran médico que le sana espiritualmente, y un Padre ansioso de celebrar por todo lo alto su retorno al hogar.

Significado Contemporáneo

La actitud de Dios constituye el meollo de la parábola. Podemos estar seguros de que Dios se acerca con los brazos abiertos a los pecadores que se vuelven a él. Más aún, Dios sigue buscando activamente a los pecadores, tomando la iniciativa en esta empresa «vino a buscar y a salvar lo que se había perdido» (19:10). Él se complace en hacernos parte de su familia, y celebra que nos volvamos a él.

Aquellos que tienen una conciencia especialmente sensible con respecto a su salvación no deberían dudar de Dios y de su benévolo deseo de acogernos. Me viene a la mente el caso de un amigo creyente que siempre tenía dudas de su salvación. Yo siempre le decía que el hecho de que su conciencia fuera tan sensible, era de por sí una señal de que amaba a Dios y de que Dios le amaba a él. No obstante, siempre tenía sus dudas de si Dios le había aceptado realmente. Un día hablamos sobre la naturaleza de la fe. Fe es confiar en la presencia de Dios y en su interés en nosotros, en el hecho de que él premia a los que le buscan (Heb 11:6). Este es el asunto central de la parábola. ¿Creemos que Dios recibe con bondad a quienes se acercan a él? Este texto nos invita a ver que así es y, acto seguido, a descansar en el ánimo que genera un Amor y una Gracia así.

Otra importante aplicación de este texto tiene que ver con el modo en que respondemos a los perdidos. La parábola justifica la participación de Jesús con los pecadores y nos insta a gozarnos cuando vemos que alguien se acerca a la comunidad cristiana. Jesús quiere una comunidad llena de personas dispuestas a perdonar y restaurar a quienes se vuelven a Dios. Le desagradan aquellos que muestran descontento y malhumor.

Por mi condición de pastor, trato a veces con personas que son conscientes de haber pecado en gran manera (¡aunque la Escritura nos enseña a no pensar en términos de pecados grandes y pequeños!). Cuando regresan al Señor, una de las cosas más difíciles para ellos es recobrar la confianza de algunas personas en el sentido de que inten-

---

5. Quienes estén interesados en el aspecto práctico de vivir bajo la Gracia de Dios, pueden ver Charles Swindoll, *El despertar de la gracia* (Nashville: Editorial Caribe, 1995).

tan vivir de nuevo con Dios. Cuando alguien que ha vivido de un modo perverso se acerca a Jesús, o un creyente que ha caído en un pecado serio se arrepiente, es importante que sean restaurados, para poder establecer o restablecer conexiones personales que les sirvan de apoyo en su andar futuro.

Recuerdo un incidente en el que, tras arrepentirse, un miembro de la iglesia fue hondamente herido por la falta de confianza que otros le demostraron. Puede que esta reacción sea natural, sin embargo, ello no la hace correcta. ¿Queremos invertir apoyando a una persona que en el pasado nos ha decepcionado? Para no correr riesgos, guardamos la distancia y ponemos a prueba a la persona en cuestión. Sin embargo, este tipo de escepticismo puede ser pernicioso, mostrando una falta de fe en una persona que está luchando por levantarse. Nuestra respuesta debería ser como la del padre: acoger con los brazos abiertos a quienes se arrepienten. Si se produce un nuevo fracaso, entonces tendremos que plantearnos cuál es la mejor manera de tratar el asunto. Mientras tanto, es importante decirle: «¡Bienvenido a casa! ¡Aquí tienes tu familia!». No hemos de olvidar que también nosotros hemos sido aceptados en la familia solo por la Gracia de Dios y por el sacrificio de su Hijo Jesús. No hay razón para ofrecer normas menos elevadas que las de Dios a quienes intentan andar con él.

Lucas 16:1-13

Jesús contó otra parábola a sus discípulos: «Un hombre rico tenía un administrador a quien acusaron de derrochar sus bienes. 2 Así que lo mandó a llamar y le dijo: "¿Qué es esto que me dicen de ti? Rinde cuentas de tu administración, porque ya no puedes seguir en tu puesto." 3 El administrador reflexionó: "¿Qué voy a hacer ahora que mi patrón está por quitarme el puesto? No tengo fuerzas para cavar, y me da vergüenza pedir limosna. 4 Tengo que asegurarme de que, cuando me echen de la administración, haya gente que me reciba en su casa. ¡Ya sé lo que voy a hacer!" 5 Llamó entonces a cada uno de los que le debían algo a su patrón. Al primero le preguntó: "¿Cuánto le debes a mi patrón?" 6 "Cien barriles de aceite", le contestó él. El administrador le dijo: "Toma tu factura, siéntate en seguida y escribe cincuenta." 7 Luego preguntó al segundo: "Y tú, ¿cuánto debes?" "Cien bultos de trigo", contestó. El administrador le dijo: "Toma tu factura y escribe ochenta." 8 Pues bien, el patrón elogió al administrador de riquezas mundanas por haber actuado con astucia. Es que los de este mundo, en su trato con los que son como ellos, son más astutos que los que han recibido la luz. 9 Por eso les digo que se valgan de las riquezas mundanas para ganar amigos, a fin de que cuando éstas se acaben haya quienes los reciban a ustedes en las viviendas eternas. 10 El que es honrado en lo poco, también lo será en lo mucho; y el que no es íntegro en lo poco, tampoco lo será en lo mucho. 11 Por eso, si ustedes no han sido honrados en el uso de las riquezas mundanas, ¿quién les confiará las verdaderas? 12 Y si con lo ajeno no han sido honrados, ¿quién les dará a ustedes lo que les pertenece? 13 Ningún sirviente puede servir a dos patrones. Menospreciará a uno y amará al otro, o querrá mucho a uno y despreciará al otro. Ustedes no pueden servir a la vez a Dios y a las riquezas.»

Sentido Original

Este nuevo bloque de la sección del viaje a Jerusalén (16:1-31) puede dividirse en tres partes, en las que se subraya de distintas formas la necesidad que tienen los discípulos de ser sabios y generosos con los recursos que Dios les ha dado. En la parábola del administrador corrupto se demanda fidelidad y sabiduría en el manejo del dinero, y a continuación se expresan una serie de exhortaciones que desarrollan algunas ideas que surgen de este hecho (16:1-13). En una sección más corta se reprende la actitud de los fariseos y se declara la llegada de una nueva era que, aunque distinta, no cambia las normas éticas de Dios (16:14-18). Por último, la parábola del rico y Lázaro subraya el llamamiento ético que Dios nos ha hecho a ser generosos cuando se trata de satisfacer las necesidades humanas (16:19-31). A diferencia de los fariseos, los seguidores de Cristo no han de ser amantes del dinero. La responsabilidad que Dios asigna a sus discípulos tiene implicaciones éticas y de estilo de vida, que afectan incluso al modo en que utilizamos nuestros recursos.

Es probable que la parábola de Lucas 16:1-8 sea la más difícil de Lucas.[1] Es evidente que trata sobre el uso del dinero y la responsabilidad que conlleva su posesión, ¿pero cómo se desarrolla exactamente la enseñanza? Hay dos opciones que se destacan sobre las demás.[2] (1) El administrador había malversado el dinero de su patrón reduciendo el monto de las facturas de sus deudores, pero lo hizo anticipándose inteligentemente a su futura situación; con ello, Jesús elogiaría la manera perspicaz y previsora en que utiliza los recursos. (2) Aunque el administrador había actuado ya de manera deshonesta con anterioridad, sin embargo, al reducir el monto de las facturas, solo estaría rebajando una parte de su considerable comisión con la esperanza de que, más adelante, ello le abriera puertas para recibir el favor de los deudores de su patrón.[3] De ser así, Jesús estaría elogiándole por su creativa capacidad de prever sus posteriores necesidades y actuar con sagacidad.

Decidirse por una de estas dos opciones interpretativas se hace especialmente difícil. Cualquiera de las dos puede ser correcta. Jesús podría estar utilizando el mal ejemplo de una conducta poco ética sobre el uso de los recursos de un modo negativo. Por mi parte, prefiero la opción de que, en esta situación, el administrador actuó con una actitud previsora reduciendo sustancialmente su propio margen de ganancia, para que los beneficiarios de su sacrificio tuvieran más adelante compasión de él. De este modo, la enseñanza de Jesús no se basaría en un ejemplo de falta de honradez. Esta opción ilustra con precisión lo que Jesús está diciendo, a saber, la sabia y generosa utilización de los recursos que Dios nos da. Mi exposición asume este acercamiento, observemos, sin embargo, que en caso de adoptar la otra opción, lo que aprendemos del pasaje es esencialmente lo mismo, aunque la ruta para llegar sea un poco distinta.

---

1. Solo Lucas consigna esta parábola, aunque el versículo 13 se parece conceptualmente a Mateo 6:24. Además, Lucas 16:10-12 tiene algunos puntos de coincidencia, también conceptual, con Mateo 25:20-30 y Lucas 19:17-26.
2. D.J. Ireland, *Stewardship and the Kingdom of God: An Historical, Exegetical and Contextual Study of the Parable of the Unjust Steward in Luke 16:1-13* [Mayordomía y el reino de Dios: un estudio histórico, exegético y contextual de la parábola del administrador injusto en Lucas 16:1-13] (Leiden: E. J. Brill, 1992), 5-47, observa los diferentes intentos de explicar este pasaje en la historia de su interpretación. Ve seis opciones sobresalientes en esta exposición, de las cuales analizamos las dos alternativas más significativas. Existe también una cierta discusión sobre el punto en que termina la parábola. ¿Acaba en 7, 8a, 8b, o 9? Por mi parte me inclino a ver el texto de la parábola hasta el v. 8a, y todo lo que sigue como las aplicaciones que Jesús hace de ella.
3. Hay una exposición de esta ultima opción en, Fitzmyer, *The Gospel According to Luke I-IX* [El Evangelio según Lucas I-IX], 1098. Sobre el trasfondo cultural, ver Fitzmyer, «The Story of the Dishonest Manager (Luke 16:1-13)» [El relato del administrador deshonesto (Lucas 16:1-13)], *TS* 25 (1964): 23-42, y J.D.M. Derrett, *Law in the New Testament* [Ley en el Nuevo Testamento], (Londres: Darton, Longman, & Todd, 1970), 48-77. Fitzmyer y Derrett explican el trasfondo de manera ligeramente distinta. Mientras que Derrett sostiene que el administrador solo suprimió el interés de la deuda (Éx 22:24; Lv 23:36-37; Dt 15:7-8; 23:20-21), Fitzmyer, *The Gospel According to Luke I-IX* [El Evangelio según Lucas I-IX], 1097-98, entiende que lo que se suprimió fue la comisión del administrador. Cualquiera de estas explicaciones es posible, aunque dependiendo del artículo en cuestión sería más natural pensar en una variación del porcentaje de la comisión que de los intereses.

Lucas 16:1 — 13

El relato comienza con un hombre rico que tiene un administrador a cargo de sus asuntos. Al parecer, su trabajo consiste en recaudar el importe de lo que se debe a su amo. Algunos le acusan de derrochar los recursos que le han sido confiados. Curiosamente, en este pasaje Lucas utiliza el mismo término que usó para referirse al despilfarro del hijo pródigo en 15:13. La conexión muestra la emotiva fuerza negativa de esta palabra. El administrador no ha sido efectivo en su trabajo. Al parecer, el amo cree las acusaciones y le pide al administrador que dé cuenta de su mayordomía en una especie de auditoría que ocasionará la pérdida de su posición.

Ante la perspectiva de verse en la calle, el administrador se plantea sus opciones. No quiere trabajar como jornalero, porque no se ve con fuerzas, y también porque sería embarazoso pedir trabajo como temporero a quienes antes le conocían como el recaudador de su amo. La alternativa, mendigar, no es tampoco particularmente atractiva. Considerando sus opciones, este hombre desarrolla un plan cuya meta es simplemente congraciarse con los deudores de su amo para que éstos le ayuden más adelante. Es un planificador prudente. Perdida la protección de su amo, busca ayuda en otra parte.

El administrador se reúne con cada uno de los deudores para inventariar sus saldos, y aplica en cada caso una rebaja. La parábola da dos ejemplos (ambos del ámbito de la agricultura, y que encajan con el contexto socioeconómico palestino). El montante de la primera factura asciende a cien barriles de aceite (más de tres mil litros). Este aceite habría costado unos mil denarios, es decir, un poco más del salario de tres años de un trabajador normal. Aunque el deudor fuera un hombre relativamente pudiente, la cuantía de la deuda era significativa. Al eliminar su comisión, el administrador reduce la deuda a la mitad. ¡Huelga decir que el deudor en cuestión no habría puesto reparos a la rebaja! El segundo ejemplo hace referencia a mil medidas de trigo, que suponen la producción de unas cuarenta hectáreas de cultivo. Este trigo habría costado unos 2.500 o 3.000 denarios, o lo que es lo mismo, el equivalente al salario de entre ocho y nueve años y medio.[4] La factura queda reducida a poco más de ochocientas medidas. Una vez más, el administrador sacrifica su comisión. Se trata de una importante reducción que habría sido recibida con mucha gratitud.

Jesús ya puede explicarnos lo que quiere decir. Observa que el amo elogia al administrador. Con lo que ha hecho ha preparado el terreno para el futuro. Esta clase de previsión es digna de encomio.[5] El administrador ha actuado en vista del futuro, y está ahora preparado para hacerle frente.

---

4. Existe una cierta controversia sobre cómo computar esta medida en los textos antiguos. En el comentario he optado por la medida más cuantiosa. Si se aplican normas más modestas, entonces, cien medidas serían una cantidad mucho menor, una suma que correspondería a una décima parte del total, o al salario de un obrero normal durante un periodo de ocho a nueve meses y medio. Marshall, *Commentary on Luke* [Comentario de Lucas], 619 habla de estas variaciones. En cualquier caso, la cantidad es significativa y, por tanto, lo es también la reducción.
5. Personalmente, opto por el punto de vista de la comisión, porque considero poco convincente que el dueño elogiara al administrador deshonesto si éste le engañara también en la etapa final de la transacción. Aun cuando existan giros imprevistos en el relato, las parábolas de Jesús tienen, por regla general, un elemento de coherencia interna. Por ello parece muy poco verosímil que el

En esta primera de varias aplicaciones, Jesús observa que, «los de este mundo, en su trato con los que son como ellos, son más astutos que los que han recibido la luz.» Es decir, las personas que no creen piensan más en su bienestar físico que los justos en su bienestar espiritual. En el versículo 9 Jesús desarrolla esta cuestión mediante un ejemplo específico. Las riquezas de este mundo deberían utilizarse con generosidad para ganar amigos, de modo que cuando tales recursos falten, quienes así actúan sean bien recibidos en las moradas eternas. El dinero, que tiene la capacidad de distorsionar los valores, debería utilizarse de un modo generoso y útil, para que el Cielo se complazca en aceptar a quienes han sido magnánimos. Dios honra a los generosos. Cuando llegue el fin y no haya más dinero, aquellos que hayan analizado con detenimiento el futuro y actuado juiciosamente habrán manejado sabiamente los recursos y la tarea que Dios les ha encomendado. Zaqueo es un positivo ejemplo de esto (19:1–10).

Además, aquellos que han demostrado ser dignos de confianza en asignaciones poco importantes lo serán también en otras muy importantes, igual que quienes no son íntegros en lo poco, tampoco lo serán en lo mucho. ¿Quién encomendará a alguien cuestiones importantes, de un valor real, si tal persona no es capaz de administrar correctamente las riquezas de este mundo? Esta pregunta sondea el carácter de nuestros valores. ¿Somos egoístas o generosos en la utilización de nuestros recursos? Si no somos capaces de administrar bien lo que se nos asigna como parte de una responsabilidad, ¿quién nos dará lo que es verdaderamente nuestro? Jesús desea estimular en sus discípulos un carácter que refleje la integridad, la generosidad y la Gracia de Dios.

A continuación aclara algo decisivo. En este mundo las personas han de hacer frente a una decisión fundamental con respecto a su adhesión. Ningún siervo puede servir a dos amos distintos. Llega un momento en que el siervo ha de decidir a quién va a prestar sus servicios. En ese momento amará a uno y aborrecerá al otro; brindará su devoción a uno, mientras que al otro le expresará su menosprecio. No se puede servir a Dios y al dinero. Si los recursos que recibimos son algo que Dios nos entrega con una comisión y que hemos de utilizar en su servicio, esto significa entonces que servir a Dios es entregar nuestros recursos para satisfacer las necesidades de quienes nos rodean. Algún día Dios evaluará cómo hemos utilizado nuestros recursos, y su criterio será si lo hemos hecho de un modo que anticipa sus deseos y valores; si ha sido así, tendremos su elogio. Igual que el administrador infiel fue prudente al considerar lo que requería el futuro, así también hemos de serlo nosotros teniendo en cuenta los deseos de Dios cuando se trata de administrar sus recursos.

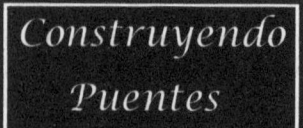

Esta parábola considera actitudes fundamentales por lo que respecta a la gestión de los recursos. Jesús deja claro que el dinero y demás recursos materiales que poseemos no son nuestros, para que los podamos utilizar como nos plazca. Nos han sido encomendados para satisfacer las necesidades de quienes nos

---

dueño elogie al administrador por una continuada falta de honradez. Al administrador se le llama «deshonesto» por su forma de proceder anterior, no por sus acciones más recientes.

rodean. Lo que Jesús dice en este pasaje se parece a lo que Pablo afirma en Efesios 4:28: lo que ganamos es para ayudar a los necesitados y compartir con ellos.

Esta manera de entender la utilización de los recursos va en contra de los valores de nuestra cultura, que nos inculca la idea de que lo que hemos ganado es nuestro y que podemos utilizarlo como queramos. Jesús nos enseña que todo lo que tenemos nos ha sido confiado, y Dios observa el modo en que lo utilizamos. Esta perspectiva trasciende los debates ideológicos sobre cuál es el sistema económico que refrenda la Escritura. Nos pide que reflexionemos sobre lo que Dios hace cuando nos da recursos y nos anima a considerar el modo de utilizarlos.

Los valores intemporales que Jesús desea impartir a sus discípulos son los del servicio, la generosidad y la importancia de las personas. Los recursos económicos no deben acapararse y atesorarse, sino sembrarse para que produzcan una cosecha de generosidad que sirva a otras personas y satisfaga sus verdaderas necesidades. La administración responsable del dinero no es un fin en sí misma, sino un medio a través del cual otras personas pueden experimentar hechos benévolos de parte de aquellos que proclaman a un Dios que se preocupa por las personas. Puesto que la avaricia y el egoísmo tienen un profundo arraigo en el corazón humano, el mensaje de este texto no solo enlaza los contextos original y actual, sino que explosiona en ambos.

Un buen ejemplo es la declaración del versículo 13 en el sentido de que no se puede servir a dos señores. ¿A quién servimos, a Dios o a nuestros recursos y a nuestra búsqueda de ellos? Para muchos, esta es la pregunta más fundamental. La búsqueda de la riqueza puede llevarnos a ignorar a Dios, subestimar el valor de la familia, atropellar la dignidad de las personas, utilizarlas, actuar de manera poco ética, y llevar a cabo otras muchas acciones destructivas. Esta es la razón por la que algunos textos bíblicos califican de idolatría la avaricia (Ef 5:3). Priorizar la búsqueda de la riqueza y el prestigio que a menudo le acompaña significa adorar la creación en lugar del Creador. Por ello afirma Jesús que hemos de definir bien a quién queremos servir, ya que no es posible dar nuestra lealtad a ambos. Todo cuanto se dice en este pasaje nos llama a elegir a Dios.

Significado Contemporáneo

A lo largo de su Evangelio, Lucas pone de relieve el papel del dinero. Esta parábola, especialmente en las aplicaciones del final, sostiene que el modo en que usamos nuestros recursos representa la prueba definitiva de la mayordomía espiritual. Hablar de este tema es peligroso. Por una parte, la Iglesia ha de ser cuidadosa con el uso del dinero (y al pedirlo), para no sucumbir a su seductor poder, capaz de distorsionar nuestros valores. Dios quiere que tomemos nuestras decisiones por razones correctas, no porque éstas sean populares desde un punto de vista cultural y los grandes mecenas se sientan cómodos y provean abundancia de recursos. Además, la Iglesia debe cuidarse de no hablar tanto de dinero que transmita la impresión de que este es el asunto que determina el éxito espiritual. Puede que el ejemplo más evidente de excesos en esta cuestión sea el modo en que funcionan ciertos ministerios de televisión con su constante petición de fondos. Cuando uno ve estos programas recibe a menudo la impresión de que la espiritualidad se define por lo que se da a la Iglesia. Este error es tan antiguo como las indulgencias y demás excesos que incentivaron la Reforma.

Puede parecer extraño subrayar una aplicación referente a cómo la Iglesia presenta las necesidades financieras, puesto que la exhortación del pasaje se dirige a los individuos. ¿Pero cómo pueden los individuos aprender a utilizar sus recursos y a ofrendar sabiamente si la Iglesia es culpable de obtener fondos de maneras erróneas? El cuerpo que Cristo formó para servir a quienes necesitan conocer a Dios, su Gracia y su Amor, debería ejemplificar claramente los valores de la generosidad y la responsabilidad en el uso de los recursos. La actitud de los dirigentes de la Iglesia en este asunto es un importante aspecto para la demostración de la espiritualidad.

Otra tragedia relacionada con el ministerio de ofrendar es que el uso de recursos para suplir necesidades materiales ha llegado casi a identificarse como ideológicamente ajeno a los valores de la Iglesia. Al condenar aquellos programas que no ayudan a las personas a poder prescindir de las prestaciones sociales, hemos tirado al niño con el agua sucia. Es cierto que hemos de apoyar los programas que ayudan a las personas a ser independientes, sin embargo, demasiadas personas consideran que ofrendar para aquellos de nuestra sociedad que sufren es evidencia de un compromiso con agendas sociales erróneas. No obstante, siglos atrás, eran precisamente los cristianos piadosos los que estaban comprometidos con un testimonio que reflejaba los valores bíblicos, liderando los esfuerzos para satisfacer las necesidades de las viudas, huérfanos y demás pobres que necesitaban pruebas de que Dios se ocupaba de ellos.

Tanto el Antiguo Testamento como el Nuevo tienen mucho que decir con respecto a cómo hay que considerar a los necesitados y cuidar de ellos (ver Mt 25:31–46; Stg 2:14–16). Se trata de una cuestión importante, porque una de las formas en que evidenciamos que Dios se preocupa por las personas es mostrando concretamente nuestro amor mediante el uso de nuestros recursos. Pensemos en lo rápidamente que ofrendamos para ayudar a los damnificados de los desastres naturales en países lejanos, cuando nos llegan peticiones a través de los misioneros, y sin embargo, cuando se trata de peticiones similares e igualmente válidas que se nos hacen desde nuestras propias ciudades, se rechazan muchas veces por considerar que están motivadas por razones políticas.

Si Jesús nos pide que seamos generosos con nuestros recursos, deberíamos buscar oportunidades para dar. Según los criterios del mundo la mayoría de quienes vivimos en Occidente somos ricos y privilegiados. Muchos de nuestros recursos van a parar a esfuerzos y proyectos que, de uno u otro modo, giran alrededor de nosotros. Este texto nos desafía a plantearnos cómo podemos dar con generosidad para satisfacer las necesidades de nuestro alrededor. ¿Hasta qué punto somos conscientes de que lo que poseemos no nos pertenece, sino que nos ha sido prestado por el Señor, que desea ver lo fielmente que gestionamos sus recursos para servir a los necesitados? En 16:19–31, Jesús reforzará este tipo de preguntas mediante un relato que presenta el trato que da un hombre rico al pobre y necesitado Lázaro.

Por todas partes se nos presentan oportunidades de honrar fielmente la petición de este pasaje. No es posible contribuir a todas las buenas causas del mundo, ni financiar todos los ministerios legítimos. La llamada de Dios a ser generosos significa que hemos de ser sensibles a necesidades y ministerios legítimos. Una parte de estas ofrendas puede dirigirse a iglesias y ministerios locales. Sin embargo, ofrendar solo a la iglesia local puede limitar excesivamente nuestra visión. Deberíamos también contribuir con la tarea de entidades que trabajan en zonas necesitadas, alimentando a los pobres, trabajando con entidades que fomentan la educación en zonas en las que no hay ayudas para la familia, o con madres solteras o ancianos.

Podemos también ayudar a la financiación de instituciones que educan a los dirigentes de nuestras iglesias. Las Iglesias que no apoyan a los seminarios que abastecen sus púlpitos deberían considerar su responsabilidad para con el ministerio que Dios ha puesto a su disposición. Algunas organizaciones paraeclesiales se enzarzan en la tarea crucial de la evangelización en rincones de nuestra cultura a los que la iglesia local no llega. Las necesidades misioneras son también ingentes, especialmente aquellas en las que hombres y mujeres de países extranjeros necesitan apoyo para desarrollar ministerios efectivos en sus territorios. A veces, desde un punto de vista económico es más efectivo ofrendar para preparar a personas que puedan ministrar dentro de su propia cultura, que financiar la transferencia cultural de misioneros occidentales a territorios extranjeros. Por regla general, los naturales de un país determinado pueden desarrollar el mismo ministerio que un misionero occidental con un coste sustancialmente menor. La variedad de opciones es casi abrumadora, sin embargo, textos como éste nos llaman a utilizar nuestros recursos de maneras que contribuyan a la efectividad del ministerio. Hemos de decirle a un mundo necesitado: «nos preocupamos por vosotros, lo mismo que nuestro Dios.»

Esta pregunta también nos interpela en el nivel de los valores. ¿Trabajo para la obtención de un salario? ¿O sirvo movido por el llamamiento y méritos del ministerio que Dios me da, ya sea en un ministerio de tiempo completo o en una carrera secular? ¿Cuál es la cuestión clave cuando se trata de mi trabajo, lo que voy a ganar o el deseo de servir fielmente? Sutilmente, aun aquellos que no ganan sueldos multimillonarios pueden perder de vista el aspecto del servicio por estar demasiado pendientes de lo que ganan. Hemos de preocuparnos responsablemente de lo que ganamos para poder cuidar a quienes están bajo nuestra responsabilidad, sin embargo, ¿cuántas veces nuestras decisiones sobre gastos obedecen más a lo que queremos que a lo que necesitamos? Los tesoros por los que más hemos de esforzarnos son aquellos que complacen a Dios.

Lucas 16:14-18

Oían todo esto los fariseos, a quienes les encantaba el dinero, y se burlaban de Jesús. 15 Él les dijo: «Ustedes se hacen los buenos ante la gente, pero Dios conoce sus corazones. Dense cuenta de que aquello que la gente tiene en gran estima es detestable delante de Dios. 16 La ley y los profetas se proclamaron hasta Juan. Desde entonces se anuncian las buenas nuevas del reino de Dios, y todos se esfuerzan por entrar en él. 17 Es más fácil que desaparezcan el cielo y la tierra, que caiga una sola tilde de la ley. 18 Todo el que se divorcia de su esposa y se casa con otra, comete adulterio; y el que se casa con la divorciada, comete adulterio.»

Sentido Original

Esta breve sección de Lucas 16 es difícil de organizar. Se sitúa entre dos pasajes que tratan claramente el tema del dinero, pero la conexión parece oscura. No obstante, se introduce con un comentario de que los fariseos, «a quienes les encantaba el dinero», se burlaban de las observaciones de Jesús, estableciendo explícitamente una conexión. Es decir, los comentarios de Jesús sobre el dinero plantean el asunto de su autoridad, puesto que la presencia del reino suscita el asunto de la fuente y lealtad de los propios valores.[1] El reino pone al descubierto la división de nuestras lealtades, ya que solo podemos servir o bien a Dios o al Dinero (vv. 10–13). Las idolatrías se revelan por su presencia, y Dios las aborrece (vv. 14–15). Una clave de tales valores es la integridad total, y esta es la razón por la que en el versículo 18 se menciona el ejemplo del divorcio. El eje son los versículos 16–17, que vinculan la predicación de Jesús con la llegada del reino. Jesús tiene derecho a pedirnos que examinemos el modo en que utilizamos nuestros recursos y que reflexionemos sobre la naturaleza de nuestra vida con Dios en términos de integridad.

Si esta descripción del argumento es correcta, entonces las burlas de los fariseos indicarían que éstos no entienden los valores que Jesús insiste en señalar como característicos de su reino. Su amor al dinero les ha puesto fuera de contacto con su mensaje. Por ello, Jesús menciona directamente cuál es su posición ante Dios. Pueden justificarse delante de otras personas, pero Dios conoce sus corazones. Aquello que para ellos es de sumo valor, Dios lo detesta. Es difícil que Jesús hubiera encontrado una palabra más fuerte que la que la NVI traduce como «detestable».[2] En la escala que mide los valores, Dios y los fariseos se encuentran en extremos opuestos.

Nuestro conocimiento de los valores de Dios procede tanto del Antiguo Testamento como del Nuevo. «La ley y los profetas se proclamaron hasta Juan», pero ahora ha

---

1. Tiede, *Luke* [Lucas], 285–88.
2. El término griego puede traducirse como «abominación». Ver la obra de Foerster, «βδελύσσομαι, κτλ.,», *TDNT*, 1:600.

llegado una nueva era: la de las buenas nuevas del reino. Jesús trae su mensaje, y su presencia significa el inicio del tiempo de cumplimiento. Además, él revela las normas éticas que Dios desea. Sin embargo, tales normas no representan la destrucción de los valores reflejados en la Ley, puesto que es más fácil que desaparezca la Creación que se altere una sola tilde de la Ley. Jesús argumenta que su ministerio representa el *cumplimiento* de la promesa y la *esperanza* de la Ley, de llevar justicia al pueblo de Dios.

El texto afirma también otra cosa. El plan de Dios se divide en dos periodos: el de la Ley y los Profetas, y el del Reino. La línea divisoria es el ministerio de Juan Bautista. El llamamiento de Jesús es el comienzo del cumplimiento de la promesa. Ahora el reino está siendo proclamado.

La última parte del versículo 16 es objeto de debate. La NVI traduce el versículo, «todos se esfuerzan por entrar en él»; una lectura que sugiere un grado de aceptación del Evangelio más extenso de lo que afirma la Escritura. Sin embargo, la palabra que se traduce «se esfuerzan» (*biazetai*) puede tener otro sentido, puesto que está en voz media-pasiva. Personalmente, prefiero leer una pasiva en este pasaje y traducir el texto del modo siguiente: «Se insta a todos con insistencia para que entren». Con esta lectura, el acento recae en la palabra que se predica, que es lo que Jesús imparte aquí,[3] subrayando que su llamamiento y el de quienes le siguen es predicar la palabra del reino.

Jesús termina con una nota sobre el divorcio para ilustrar que el llamamiento ético del reino tiene sus orígenes en una integridad que está en consonancia con la integridad del periodo de la Ley y de los Profetas. Si alguien adquiere un compromiso delante de Dios en el matrimonio y después se divorcia, lo que está haciendo es adulterar, no solo porque se trata de un acto de infidelidad, sino también porque representa una violación del voto que en su día hizo ante Dios. La intención de este pasaje no es analizar posibles motivos para el divorcio, como es el caso de Mateo 5:31–32 y 1 Corintios 7:14–16, sino sencillamente ilustrar la importancia de compromisos personales que se contraen en la nueva era. El compromiso matrimonial, lo es a permanecer casado. Romper este compromiso y volver a casarse es cometer adulterio. Esto ejemplifica la seriedad del compromiso que nuestra palabra ha de tener en nuestras relaciones personales.

Construyendo Puentes

La descripción de la división del plan de Dios en dos partes es una clasificación intemporal del modo en que, por medio de Jesús, la promesa se hizo realidad. Hoy hablamos de la era del Antiguo Testamento y la era del Nuevo, sin embargo, es importante recordar que se trata de una promesa que se cumple en dos fases: el periodo de la Iglesia y el que sigue al regreso de Jesús. Las raíces del cumplimiento neotestamentario comienzan con la promesa de Dios a Abraham (cf. Gá 3).[4] Por ello, ya no se requieren ciertas prácticas, como los sacrificios por el pecado

---

3. Quienes deseen considerar una defensa léxica completa de esta interpretación, pueden ver, J.B. Cortes y F.M. Gatti, «On the Meaning of Luke 16:16» [Sobre el significado de Lucas 16:16], *JBL* 106 (1987): 247–59.
4. Quienes estén interesados en exposiciones de este tema desde una perspectiva reformada y otra dispensacionalista que comparten el mismo interés en destacar la relación entre el tiempo de la

(Heb 8–10). Además de esto, la nueva era incorpora nuevos elementos a la promesa, puesto que los gentiles pasan a formar parte del pueblo de Dios por Gracia y de un modo más directo que antes (Ro 9–11; Ef 2:11–22).

Hoy nos tomamos estos cambios un tanto a la ligera, sin embargo, en su momento fueron revolucionarios. Lo que se pone claramente de relieve en nuestra lectura del Antiguo Testamento es el reflejo de sus valores éticos de compromiso con la santidad y el socorro de los necesitados, de modo que vivamos de manera solidaria y respetuosa con los demás. Aun en el ámbito de la adoración, aunque no tenemos que llevar corderos al altar, se nos llama a presentar un sacrificio de fe que honre a Dios y se muestre agradecido a él (Ro 12:1–2). El Antiguo Testamento está lleno de instrucciones provechosas para los cristianos (2Ti 3:16–17).

Otra verdad fundamental que se expresa en este texto es la advertencia de que Dios no valora necesariamente lo que valoramos nosotros. Sirviéndose de una hipérbole de carácter retórico, Jesús afirma que Dios detesta aquello que nosotros tenemos en gran estima. Lo que tiene en mente es nuestra tendencia a ser atraídos por las cosas materiales y por la obtención de prestigio de maneras que instrumentalizan a los demás. La aplicación específica de esta idea se trata en otros pasajes de Lucas (p. ej., 12:22–34; 16:1–13, 19–31). Lucas insiste en este tema, posiblemente porque Teófilo procede de un trasfondo socialmente acomodado, y si quiere que su ministerio sea efectivo tendrá que ser especialmente sensible con el manejo de sus recursos y de su posición social. El uso del dinero en nuestro mundo adquiere una especial fuerza espiritual, puesto que nuestra cultura nos inculca expectativas muy elevadas y egocéntricas. Desarrollar la generosidad significa negar el yo, lo cual es una de las virtudes espirituales más importantes.[5]

Existe una yuxtaposición de continuidad y discontinuidad en lo que Jesús dice en este pasaje sobre la promesa de Dios. Por una parte, se ha producido un cambio de era.

---

promesa y el del cumplimiento, pueden ver (el punto de vista reformado) O. Palmer Robertson, *The Christ of the Covenants* [El Cristo de los pactos], (Phillipsburg, N.J.: Presbyterian & Reformed, 1980). Para el acercamiento dispensacionalista ver, C. Blaising y D. Bock, *Progressive Dispensationalism* [Dispensacionalismo progresivo], (Wheaton: Victor Books, 1993). Es importante recordar que algunos aspectos de estas promesas siguen aguardando su cumplimiento, que se producirá con el regreso de Jesús. Entre los cristianos hay diferencias de opiniones sobre la fisonomía de este periodo futuro. Algunos ven a Jesús volviendo para establecer el estado eterno (amilenialismo y postmilenialismo), mientras que otros están de acuerdo en que existe un reino terrenal intermedio antes del estado eterno (premilenialismo). La mayor parte de este debate gira en torno a la interpretación de Apocalipsis 20. En lo que la mayoría sí está de acuerdo es en que el cumplimiento comienza con el ministerio de Jesús y en que su actividad será finalmente completa. En Lucas 21:5–38. Este pasaje alude también al complejo asunto de la relación entre la Ley y el cristiano, un tema que continúa produciendo nuevos libros. Tres de los más útiles son G. Bahnsen, W. Kaiser Jr., D. Moo, W. Strickland, W. VanGemeren, *The Law, the Gospel, and the Modern Christian: Five Views* [La Ley, el Evangelio, y el cristiano moderno: cinco perspectivas], (Grand Rapids: Zondervan, 1993); T. Schreiner, *The Law and Its Fulfillment* [La Ley y su cumplimiento], (Grand Rapids: Baker, 1993); F. Thielman, *Paul and the Law* [Pablo y la Ley], (Downers Grove, Ill.: InterVarsity Press, 1994).

5. Dos obras sobre este tema que invitan a la reflexión son: R. Sider, *Rich Christians in a Hungry World* [Cristianos ricos en un mundo hambriento], (Dallas: Word, 1990), y J. Schneider, *Godly Materialism* [Materialismo piadoso], (Downers Grove, Ill.: InterVarsity, 1994).

Ya no estamos en el periodo de la Ley y los Profetas. Por otra, lo que trae Jesús significa el cumplimiento de todo aquello que la Ley representaba en el sentido de que ha provisto un perdón permanente y un medio de capacitación en el Espíritu, de modo que podamos andar en la senda de la santidad (2Co 3–4).

Esta yuxtaposición es importante teniendo en cuenta que los sistemas teológicos corren el riesgo de ignorar una parte de esta ecuación. Algunos, destacando lo novedoso de la era, subrayan la discontinuidad y tienden de este modo a rechazar la relevancia de porciones de los Evangelios o del Antiguo Testamento para nuestro tiempo, en especial aquellas porciones relativas a la ética y los valores. Otros subrayan la continuidad y ponen de relieve que hay muy poco (o nada) que sea realmente distinto en la nueva era del cumplimiento. El acercamiento a muchas cuestiones en que el Antiguo Testamento tenía instrucciones legales específicas se ha visto afectado y alterado en la forma por lo que hizo Jesús, de modo que no es siempre apropiado apelar directamente al Antiguo Testamento. Por ejemplo, mantener la distinción entre alimentos limpios e inmundos, como defienden algunos cristianos por consideraciones de salud, es realmente una mala utilización de la declaración de Marcos en la que Jesús declara limpios todos los alimentos (ver Mr 7:1–20; Hch 10). Uno de los méritos de este texto de Lucas es su declaración de que con Jesús se produce tanto el advenimiento de una nueva era como el cumplimiento de las antiguas promesas.

Este breve texto sobre el divorcio y el adulterio se hace significativo en una era en la que abunda el divorcio. Las normas de Dios no cambian, sin embargo, la necesidad que tiene la Iglesia de ministrar sabiamente en un contexto en el que muchas personas proceden de hogares rotos se vuelve mayor en una cultura en que los matrimonios no perduran. Subrayar la importancia y protección de la familia es un buen acercamiento preventivo. Hemos de estimular a las parejas e instruirlas antes de que lleguen a situaciones en que deseen divorciarse. Hemos de recordarles a las personas que las nociones románticas que en nuestro tiempo se asocian estrechamente con el matrimonio no son claves fundamentales para una relación matrimonial que honre a Dios. El matrimonio no se mantiene unido por los sentimientos; con frecuencia, las expectativas culturales idealizan tanto el matrimonio que cuando descubrimos que nuestro cónyuge no es perfecto y que el matrimonio exige esfuerzo nos desilusionamos y experimentamos un torbellino emocional. En la base de un buen matrimonio hay un compromiso con Dios y el uno con el otro, de honrarse mutuamente y a Dios prestando atención a las promesas. Esto significa trabajar juntos y aprender a vivir con generosidad y misericordia el uno con el otro. El breve comentario sobre el divorcio pone de relieve que en la nueva era los compromisos éticos siguen vigentes.

Hay también que brindar apoyo a quienes han tomado la decisión de separarse. Tales parejas han de entender que el divorcio no es lo que Dios deseaba y que puede haber cuestiones en sus vidas que contribuyeron al fracaso de su matrimonio. Por otra parte, aunque el divorcio es pecado, no es imperdonable. En ocasiones, las parejas se divorcian, y cuando esto sucede, el proceso de restauración ha de comenzar. Las consecuencias del divorcio pueden ser la incapacidad de ejercer ciertos ministerios dentro de la iglesia (como el cargo de anciano 1Ti 3:2), puesto que los dirigentes de la Iglesia han de ejemplificar sus valores; sin embargo, esto no significa que un nuevo matrimonio descalifique a una persona para otros tipos de ministerio. Quienes se han vuelto a casar, pueden y deberían ser restaurados en la iglesia para reflejar un nuevo compromiso con la fidelidad.

Este texto no es más que uno de varios sobre el tema del matrimonio y el divorcio, de modo que no es determinante para todo este asunto. Su papel es más bien ilustrar una verdad sobre la integridad, una meta más modesta que tratar completamente el asunto del divorcio y el nuevo matrimonio. Para alcanzar una comprensión bíblica de esta cuestión hemos de tener en consideración otros textos.[6]

Significado Contemporáneo

Jesús tiene el derecho de predicar el reino y hablar con autoridad. La aplicación esencial de esta pequeña sección es responder en obediencia a la integridad ética que demanda el reino, tanto en el modo en que gestionamos nuestros recursos como en el que nos acercamos a nuestros matrimonios. Los valores de los fariseos, con su amor a las riquezas, no son los que Dios secunda. Nuestra palabra ante Dios en un asunto como el matrimonio debería ser firme y solemne. Honrar a Dios significa serle fiel en todas las esferas de la vida.

El mensaje del reino lo es sobre el comienzo del cumplimiento de las promesas. A los creyentes se les insta a animar apasionadamente a otras personas a recibir sus bendiciones. Esta es la razón por la que se exhorta insistentemente a las gentes a entrar en el reino (v. 16b.), no de un modo coercitivo, sino con una súplica que dice: «Reconcíliense con Dios» (cf. 2Co 5:20–21). Como embajadores, representamos a Jesús no solo en nuestro llamamiento a las personas para que respondan al Evangelio, sino también en la expresión del carácter y valores que desea de su Iglesia.

Han pasado casi dos mil años desde el comienzo de la nueva era que Jesús inauguró, sin embargo, las dinámicas que la rigen son tan vigentes hoy como en el comienzo. La clave para entender el reino de Jesús es el perdón absoluto y el Espíritu que nos ofrece hasta el día en que se cumpla todo cuanto ha prometido. En la comunidad cristiana debería evidenciarse la transformación y el crecimiento de sus miembros. Dios ha iniciado una relación personal con nosotros a fin de remodelarnos según su imagen. Por ello es tan sorprendente que en algunas comunidades cristianas el cambio se considere de un modo negativo.

El fundamento esencial de la comunidad es que su dinámica nos cambiará. Hemos de pensar a fondo en cómo hacer que esta dinámica fundamental de la vida cristiana siga

---

6. Aquellos que deseen considerar un buen compendio e interacción entre los diferentes acercamientos a esta cuestión en la Iglesia, pueden ver la obra de H. Wayne House, ed., *Divorce and Remarriage: Four Views* [Divorcio y nuevo matrimonio: cuatro puntos de vista], (Downers Grove, Ill.: InterVarsity, 1990). Otras dos obras clave son las de W. Heth y G. Wenham, *Jesus and Divorce: The Problem with the Evangelical Consensus* [Jesús y el divorcio: el problema del consenso evangélico], (Nashville: Nelson, 1984), y C. Keener, *And Marries Another* [Y se casa con otro/a], (Peabody, Mass.: Hendricksen, 1991). Heth y Wenham defienden que tras el divorcio no puede haber un nuevo matrimonio, mientras que Keener opta por el derecho de volver a casarse.

siendo vibrante al tiempo que nos esforzamos en vivir de manera íntegra sin estar controlados por unos valores formados por nuestro mundo. Esto no significa que seamos tan distintos en nuestras formas que no podamos relacionarnos con los perdidos. Lo que significa es que sabemos la diferencia que existe entre la tradición que se ha convertido en ley y lo que Dios nos pide, de modo que las cuestiones neutrales, de forma, no se vean como asuntos orgánicos que no pueden cambiarse.

Lucas 16:19-31

«Había un hombre rico que se vestía lujosamente y daba espléndidos banquetes todos los días. 20 A la puerta de su casa se tendía un mendigo llamado Lázaro, que estaba cubierto de llagas 21 y que hubiera querido llenarse el estómago con lo que caía de la mesa del rico. Hasta los perros se acercaban y le lamían las llagas. 22 Resulta que murió el mendigo, y los ángeles se lo llevaron para que estuviera al lado de Abraham. También murió el rico, y lo sepultaron. 23 En el infierno, en medio de sus tormentos, el rico levantó los ojos y vio de lejos a Abraham, y a Lázaro junto a él. 24 Así que alzó la voz y lo llamó: "Padre Abraham, ten compasión de mí y manda a Lázaro que moje la punta del dedo en agua y me refresque la lengua, porque estoy sufriendo mucho en este fuego." 25 Pero Abraham le contestó: "Hijo, recuerda que durante tu vida te fue muy bien, mientras que a Lázaro le fue muy mal; pero ahora a él le toca recibir consuelo aquí, y a ti, sufrir terriblemente. 26 Además de eso, hay un gran abismo entre nosotros y ustedes, de modo que los que quieren pasar de aquí para allá no pueden, ni tampoco pueden los de allá para acá." 27 Él respondió: "Entonces te ruego, padre, que mandes a Lázaro a la casa de mi padre, 28 para que advierta a mis cinco hermanos y no vengan ellos también a este lugar de tormento." 29 Pero Abraham le contestó: "Ya tienen a Moisés y a los profetas; ¡que les hagan caso a ellos!" 30 "No les harán caso, padre Abraham —replicó el rico—; en cambio, si se les presentara uno de entre los muertos, entonces sí se arrepentirían." 31 Abraham le dijo: "Si no les hacen caso a Moisés y a los profetas, tampoco se convencerán aunque alguien se levante de entre los muertos."»

Solo Lucas consigna esta parábola y es la única en que se menciona el nombre de algunos de sus personajes. Al llamar Lázaro al pobre y dejar sin nombrar al rico se personaliza el nivel de preocupación por el pobre, y se deja claro que el rico es una figura representativa. Dios se preocupa de manera individual por cada pobre y es plenamente consciente de su difícil situación. El rico podría ser cualquier individuo acaudalado.

Un rasgo importante que a menudo se comenta sobre este pasaje es el hecho de si se trata o no de una parábola. Algunos no quieren identificarla como una parábola por el temor de que ello reste precisión al texto en la enseñanza de la otra vida, puesto que una parábola es más pictórica y representativa que el relato de unos hechos. Sin embargo, las afirmaciones teológicas fundamentales sobre la otra vida —por ejemplo, que una vez que uno ha recibido el juicio, ya no es posible alterar esta posición— son verdaderas independientemente de cómo se clasifique el texto.

Este relato es ciertamente distinto de otras parábolas, puesto que no gira alrededor de una situación cotidiana repetible, sino que es más bien una historia específica. En

Lucas 16:19 — 31

este sentido es como la parábola del buen samaritano. Aun así, el relato no consigna un diálogo estrictamente histórico entre un rico específico y un determinado Lázaro, sino que lo representa. Los detalles del diálogo que se produce en la otra vida, con la posibilidad de que el rico pueda interpelar a Abraham, son rasgos apocalípticos que muestran el carácter retórico, parabólico y simbólico del relato. Aun así se describen realidades sobre la responsabilidad ante Dios.

El relato se divide en tres partes: la situación antes de la muerte (vv. 19–21), la situación en la otra vida (vv. 22–23) y los comentarios sobre esta situación (vv. 24–31). A su vez, la tercera parte se subdivide en dos fragmentos: la petición de la ayuda de Lázaro por parte del rico, y el intento de este último de advertir a sus hermanos. Las advertencias muestran lo que Dios busca en una persona durante esta vida y la firmeza de la posición de las personas después de la muerte. Hay dos temas dominantes: la idea de la evaluación divina en la otra vida y la dureza de corazón que no puede ser superada ni siquiera por la resurrección. Sin embargo, igual de importante para la parábola es lo que Dios evalúa. Nuestro servicio a los demás muestra algo de nuestra lealtad a Dios.

La primera parte del relato contrasta la situación del rico con la de Lázaro. El rico, es muy rico. Vive en una casa con verja (esta es la implicación de la palabra que la NIV traduce como «puerta». N. del T.), y viste ropas confeccionadas con tinte púrpura, que en aquel tiempo era un toque de ostentación.[1] Se dice también que se viste con lino fino, lo cual alude a su ropa interior.[2] Lázaro, un hombre que no tiene nada, yace a la puerta de su verja, cubierto de llagas que lamen los perros salvajes de las calles, mendigando y deseando llenarse el estómago con las migajas que caen de la mesa del rico. El que los perros laman las heridas de Lázaro es especialmente significativo puesto que ello le convierte en inmundo desde un punto de vista ceremonial.[3] La situación de Lázaro es tan trágica como fastuosa la del rico.

Pero la muerte es la gran igualadora, inversora incluso, puesto que después de ella lo único que cuenta es el corazón humano. Las posesiones y los símbolos de prestigio quedan atrás. Lo que Dios aprecia no se escribe con números de una cuenta corriente. Lázaro muere y es bien recibido en el lugar del favor divino, que el texto llama «al lado de Abraham» (en griego, «el seno de Abraham»). Está en el lugar de bendición. El rico muere también, y es sepultado, pero acaba «en el infierno» (en griego Hades); atormentado y lejos de Lázaro, los papeles se han invertido.[4] Lázaro es ahora el que está en

---

1. Kistemaker, *The Parables of Jesus* [Las parábolas de Jesús], 236–37.
2. Fitzmyer, *The Gospel According to Luke I-IX* [El Evangelio según Lucas I-IX], 1131.
3. Sobre el uso de perros salvajes como una imagen negativa, ver Michel, «κύων», *TDNT*, 3:1103. Algunos han cargado las tintas en ciertos detalles argumentando que los perros muestran más compasión que el rico, sin embargo, esto pasa por alto el trasfondo judío de la escena, donde se ve esta acción como una manera de generar inmundicia; no es, por tanto, un símbolo positivo. Los rabinos de épocas posteriores habrían afirmado que la vida de Lázaro no tenía nada de vida; ver el *Talmud, Batzah* 32b, donde se afirma que depender de otra persona para ser alimentado, ser gobernado por la propia esposa, y tener el cuerpo lleno de llagas significa no tener vida.
4. Sobre el Hades como lugar de los muertos, nombre griego de Seol, ver Salmo 86:13; en el judaísmo, Salmos de Salomón 14:6, 9–10; 15:10.

el lugar de privilegio, y el rico fuera de él. Las normas de la otra vida son distintas de las que observamos en este mundo de apariencias.

El rico mira y ve a Abraham y a Lázaro juntos. Llama al gran patriarca de la fe judía y le pide que envíe a Lázaro para que le alivie del calor y la agonía. Vale la pena observar varias ideas de este pasaje. (1) El calor del tormento bien podría describir la intensa agonía que implica ser confinado al Infierno, sabiendo que Dios existe y que uno no está en el Cielo. (2) El rico sabe quién es Lázaro. Durante el tiempo que vivió en la Tierra, sabía que Lázaro estaba ahí, tenía necesidades, e incluso ¡sabía cuál era su nombre! (3) El punto de vista que el rico tiene de Lázaro no ha cambiado desde su muerte. Sigue viéndole como a alguien que está por debajo de él, alguien a quien puede enviarse para que alivie su malestar. Esto pone de relieve la falta de corazón del rico.

Abraham ha de dar la respuesta de lo que sucede en la eternidad. El Cielo no es como la Tierra. Abraham señala que durante la vida en la Tierra la situación era completamente distinta: el rico tenía de todo, y Lázaro nada; el primero disfrutaba de un gran bienestar, mientras que Lázaro tenía que hacer frente a grandes padecimientos. En la nueva situación, hay otra característica crucial: «un gran abismo», un vacío insalvable, impide que nadie cruce de un ámbito al otro. De hecho, Abraham observa que hubo un tiempo en que el rico podía haber hecho por Lázaro lo que ahora le pide a Lázaro que haga por él, pero se negó a prestarle su ayuda. La medida con que midió en el pasado le es aplicada a él, solo que con una importante diferencia: la situación actual es permanente.

Entendiendo que, para él, todo está perdido, el rico intercede por sus cinco hermanos, cuya actitud es parecida a la suya. Suplica que Abraham mande a Lázaro para que les advierta. La respuesta de Abraham es crucial para entender lo que se le dijo antes al rico y lo que han de saber los lectores de Lucas: «Ya tienen a Moisés y a los profetas; ¡que les hagan caso a ellos!» En otras palabras, si alguien desea entender lo que Dios demanda de su pueblo por lo que respecta a su preocupación por otros, solo tiene que leer el Antiguo Testamento. Tal advertencia sería inútil, puesto que la Escritura es clara con respecto a los deseos de Dios. Los textos en cuestión son pasajes como Deuteronomio 14:28–29; 15:1–3; 7:12; 22:1–2; 23:19; 24:7; 25:13–14; Isaías 3:14–15; 5:7–8; 10:1–3; 32:6–7; 58:3, 6–7, 10; Jeremías 5:26–28; 7:5–6; Ezequiel 18:12–18; 33:15; Amós 2:6–8; 5:11–12; 8:4–6; Miqueas 2:1–2; 3:1–3; 6:10–11; Zacarías 7:9–10; Malaquías 3:5. La Palabra de Dios ha dejado claro lo que él desea. Nuestra devoción a él se expresa en nuestra preocupación por los demás. Jesús lo llama «el gran mandamiento»: ama a Dios con todo tu ser y a tu prójimo como a ti mismo (Mr 12:28–34).

En esta respuesta hay una ironía. Lo que Abraham les niega a los hermanos del rico, les es concedido a los lectores de la parábola por medio de las advertencias que se les dirige. Oímos a una persona «en medio de sus tormentos» que nos pide que respondamos con compasión a quienes nos rodean. En esta parábola, nos habla un hombre muerto para que podamos escuchar.

El rico insiste. Sigue diciéndole a Abraham que si alguien fuera enviado de entre los muertos para advertirles se arrepentirían. La idea es que algo espectacular y sobrenatural cambiará la mentalidad de las personas. La respuesta de Abraham es también reveladora, porque muestra la profundidad de la dureza de corazón: aunque alguien se levante de entre los muertos, ¡seguirán sin estar convencidos! Quienes leen esta parábola en el Evangelio, conociendo la historia de Jesús, son conscientes de hasta qué punto es cierto este comentario. La resurrección de Jesús solo convenció a algunos de que Dios estaba obrando por medio de él. Un corazón duro produce ojos que no ven la actividad de Dios y oídos que no prestan atención a sus advertencias, y mucho menos a la revelación que él imparte generosamente. La parábola termina con una nota trágica y oscura sobre el modo en que a menudo la Humanidad pasa por alto las oportunidades que Dios le ofrece.

Construyendo Puentes Esta parábola plantea cuestiones clave sobre la vida venidera. ¿Cómo es el Infierno? ¿Hasta qué punto es una situación permanente? ¿Cómo deberíamos interpretar la imaginería de este pasaje? Trata también valores relacionales y lo que Dios desea de nosotros. ¿Qué espera del rico? ¿Cómo desea que nos tratemos unos a otros, especialmente en áreas en las que las personas tienen necesidades? ¿Cómo evaluará el modo en que hemos administrado nuestras vidas? Estas características reflejan compromisos éticos esenciales que Dios ha contraído y que desea que su pueblo asuma también.

Antes he defendido que esta sección es una parábola, sin embargo, ello no significa que deba interpretarse como una simple historia. Describe una realidad trágica y solemne. El juicio venidero es permanente para quienes son rechazados por Dios. El tormento eterno aguarda a quienes saben que Dios existe pero no han respondido a él en esta vida. Entre los cristianos se debate, no obstante, si hay que tomar literalmente las imágenes literarias que aluden a la otra vida (como si el Hades fuera un lugar de fuego) o de un modo más metafórico (como ilustración de un lugar de malestar y tormento). Se debate también si tal condición puede cambiarse (como sugiere la enseñanza católica sobre el purgatorio) o es temporal (argumentando que los perdidos serán aniquilados).[5]

Toda la imaginería de este texto sugiere que el sufrimiento de la otra vida es permanente («un gran abismo» que no puede cruzarse). Una vez se ha entrado en el Infierno no es posible escapar de él, y el tormento que se imparte en ese lugar es doloroso y consciente. Prefiero entender la imaginería del «fuego» en la otra vida como una metáfora que alude a un sufrimiento consciente (¡la mayoría de los fuegos consumen!), aunque la diferencia entre la perspectiva metafórica y la literal es muy ligera, puesto que ambas sostienen que el juicio es real y permanente. Estas imágenes están entre las advertencias más trágicas y serias de la Biblia. Nuestra cultura evita este tipo de ideas negando su verdad. Esto es correr un riesgo elevadísimo, porque, si se está equivocado, las consecuencias son devastadoras. Negarse a responder supone pagar un precio muy alto.

---

5. Las cuatro perspectivas que se expresan en las dos últimas frases están condensadas en formato interactivo en la obra de John Walvoord, William Crockett, Zachary Hayes y Clark Pinnock *Four Views on Hell* [Cuatro perspectivas sobre el infierno], ed. W. Crockett (Grand Rapids: Zondervan, 1992) Las perspectivas son la literal, la metafórica, la purificadora y la condicional.

Un aspecto perturbador de este tipo de textos es que parece que la evaluación que Dios hace de nuestras vidas se basa en las obras. Sin embargo, teniendo en cuenta la Escritura en su conjunto, no es así como hemos de entender este pasaje. El llamamiento ético de Dios pone de relieve lo que él espera de las personas. Otras porciones de la Escritura revelan el camino por el que Dios nos capacita para conseguir lo que él desea y reflejar su voluntad. El Espíritu imparte generosamente su capacitación a quienes le confían su bienestar espiritual. En otras palabras, lo que Dios demanda en este pasaje es posible porque él nos da los recursos para tener un corazón compasivo y bondadoso.

Por otra parte, la prueba de un corazón que ama a Dios, que es el mandamiento ético más esencial de la Escritura, es que éste presta atención a sus palabras. El modo en que nos relacionamos con Dios en sentido vertical influencia el modo en que nos relacionamos con las personas en el plano horizontal. Por tanto esta parábola declara la meta en términos de nuestras relaciones personales y su expresión ética en la Tierra. Otros textos dejan claro que esta respuesta es producto de corazones que han sido dotados con la bendición del Espíritu por medio de Cristo (Hch 4:32–37; 1Ti 6:6–18). Si amamos a Dios, hemos de responder compasivamente a su petición de que tratemos con sensibilidad a los demás. Porque, si Dios juzga a las personas por estas cosas, quienes le aman no han de practicarlas.

Significado Contemporáneo

La aplicación de este texto refuerza la de 16:1–13. Dios llama a los ricos a compartir sus recursos con generosidad. Esta parábola está concebida para hacernos reflexionar sobre cómo respondemos a personas como Lázaro. Aunque ilustrada de un modo negativo, la parábola pretende definir qué es la compasión. Un corazón compasivo ve la necesidad y se pone en marcha para ayudar. Dejar de hacerlo supone un fracaso de grandes proporciones éticas. Si nos resulta difícil ayudar a alguien necesitado, entonces esta parábola expone una dureza de corazón que Dios desea suavizar.

Las implicaciones de textos como éste afectan a decisiones de estilo de vida que tomamos y al modo en que utilizamos nuestros recursos. Sin embargo, es importante apreciar que prestar nuestra ayuda a los necesitados no se limita meramente a dar dinero, aunque a corto plazo esto puede ser necesario. Existen numerosas organizaciones como World Vision, Samaritan's Purse, STEP, y comedores locales cuyo compromiso es ayudar y educar a quienes viven en la pobreza para que puedan arreglárselas por sí mismos. Otras instituciones de nuestra cultura, entre las que hay algunas gestionadas por los gobiernos, necesitan nuestro apoyo puesto que dan a los niños la oportunidad de salir de trasfondos muy problemáticos. Por regla general, estas organizaciones necesitan la donación de tiempo personal para suplir lo que de otro modo sería una gran carencia, porque los niños con quienes trabajan carecen a menudo de raíces o proceden de familias totalmente desestructuradas. Las personas que entran en contacto con estas organizaciones necesitan una atmósfera estable, donde reciban apoyo emocional para emprender lo que puede ser un camino muy difícil hacia la restauración.

Las expresiones de compasión en los contextos de necesidad no se llevan a cabo meramente con dinero, sino que requieren el toque personal de la verdadera compasión. Si el rico se hubiera limitado a arrojarle a Lázaro las migajas de sus banquetes, esto habría sido solo un primer paso. Lázaro habría necesitado mucha más atención para llegar a una restauración plena. El positivo ejemplo de la Escritura de dar más que simples recursos es el ejemplo del buen samaritano, quien se implicó de manera personal y completa con el hombre que había caído en manos de los ladrones. Este texto nos desafía a cada uno de nosotros para que nos preguntemos: «¿Qué estoy haciendo personalmente?»

Los principios que se expresan en este pasaje están también ilustrados en las cartas del Nuevo Testamento (p. ej., Santiago 2:14–16, que ilustra una fe viva). En el nivel de la iglesia local, una manera de poner a prueba nuestra sensibilidad ante tales asuntos es preguntarnos qué ministerios orientados hacia esta clase de necesidades estamos apoyando como comunidad. Nuestra meta debería ser algo más que participar en las ofrendas anuales especiales de Navidad o Acción de Gracias. Dios desea que nos impliquemos de manera constante en las vidas de las personas necesitadas.

En el último análisis, el asunto de la responsabilidad es también una importante aplicación en términos de formar nuestros valores. Si Dios es benevolente y generoso y nos llama a serlo también nosotros, deberíamos entonces responder a su Gracia reflejando tales atributos. Este tipo de respuesta a Dios indica nuestro deseo de reflejar su carácter al mundo. Como dijo Jesús en un pasaje anterior de este Evangelio, los discípulos han de ser misericordiosos, porque él lo es (6:36).

La parábola describe también la naturaleza obstinada del pecado. Al parecer, para algunos ni siquiera la resurrección es un testimonio bastante contundente. Por tanto, no hemos de sorprendernos cuando algunos no responden al llamamiento de Dios. La incapacidad para ver lo que Dios está haciendo no solo se aplica a su revelación, sino también a las pruebas que apuntan a su revelación.

Por último, cabe señalar también que esta parábola subraya la suficiencia de toda la Escritura. En ella se revela claramente que en Moisés y los Profetas se expresa el llamamiento ético de Dios. Éstos son más importantes que cualquier milagro que Dios pueda hacer, puesto que es su voz la que habla. Hoy contamos con el beneficio de una revelación más extensa. A Moisés y los Profetas podemos añadir los evangelistas y los apóstoles, por no hablar de la propia enseñanza de Jesús. Si queremos encontrar la voluntad de Dios, éste es el lugar. La Escritura es digna, no solo de nuestra lectura y estudio, sino también de nuestra contemplación. En ella vemos el deseo del corazón de Dios que busca nuestra salvación.

Lucas 17:1-10

Luego dijo Jesús a sus discípulos:

—Los tropiezos son inevitables, pero ¡ay de aquel que los ocasiona! 2 Más le valdría ser arrojado al mar con una piedra de molino atada al cuello, que servir de tropiezo a uno solo de estos pequeños. 3 Así que, ¡cuídense! Si tu hermano peca, repréndelo; y si se arrepiente, perdónalo. 4 Aun si peca contra ti siete veces en un día, y siete veces regresa a decirte "Me arrepiento", perdónalo.

5 Entonces los apóstoles le dijeron al Señor:

—¡Aumenta nuestra fe! 6 —Si ustedes tuvieran una fe tan pequeña como un grano de mostaza —les respondió el Señor—, podrían decirle a este árbol: "Desarráigate y plántate en el mar", y les obedecería. 7 Supongamos que uno de ustedes tiene un siervo que ha estado arando el campo o cuidando las ovejas. Cuando el siervo regresa del campo, ¿acaso se le dice: "Ven en seguida a sentarte a la mesa"? 8 ¿No se le diría más bien: "Prepárame la comida y cámbiate de ropa para atenderme mientras yo ceno; después tú podrás cenar"? 9 ¿Acaso se le darían las gracias al siervo por haber hecho lo que se le mandó? 10 Así también ustedes, cuando hayan hecho todo lo que se les ha mandado, deben decir: "Somos siervos inútiles; no hemos hecho más que cumplir con nuestro deber."

Esta breve sección tiene cuatro partes: una advertencia (vv. 1–3a), una instrucción (vv. 3b–4), una exhortación (vv. 5–6), y una parábola sobre el servicio (vv. 7–10).[1] Cada una de estas partes tiene que ver con algún aspecto del discipulado, un tema que Jesús subraya a medida que va acercándose a Jerusalén.

La advertencia (vv. 1–3a) trata la cuestión de ser causa de que otro peque. Es inevitable que esto suceda dentro de la comunidad cristiana, pero ¡ay de aquel que sea responsable de hacer que otros tropiecen! El término *skandalon* alude probablemente a acciones que suponen una grave tentación a pecar, como por ejemplo las que llevan a la apostasía.[2] Jesús declara que el destino del culpable será peor que si se le atara al cuello una enorme piedra de molino y se le arrojara al mar. En resumidas cuentas, la muerte sería un mejor desenlace que tener que hacer frente al juicio de Dios por este

---

1. Estos textos tienen sus paralelismos conceptuales. Lucas 17:1–3a, se parece a Mateo 18:6–7. Marcos 9:42 es como Lucas 17:2. En Mateo 18:15, 21–22 hay ideas similares a Lucas 17:3–4. Lucas 17:6 es como Mateo 17:20, mientras que Marcos 9:28–29 es comparable a Lucas 17:5–6. Solo Lucas consigna la parábola. Esta repetición bien podría indicar que Jesús enseñaba ciertas ideas en distintos escenarios.
2. Stählin, «σκάνδαλον», *TDNT*, 7:351, alude a su uso como algo que implica pecado y que motiva el abandono del camino de la fe. Las piedras de molino eran piedras muy pesadas que se utilizaban para moler el grano. La distinción sobre el pecado que lleva a la apostasía es importante. Jesús tiene en mente las situaciones más destructivas.

delito. Estas palabras muestran lo grave que es para Jesús ser causa de pecado dentro del cuerpo que es la Iglesia. A los miembros del cuerpo se les llama «pequeños» y son especial objeto del tierno cuidado de Dios.

Los principales destinatarios de esta advertencia son los maestros. De modo que Jesús dirige una advertencia final a sus discípulos para que se examinen a sí mismos (v. 3a). El imperativo presente indica la constante atención que los seguidores de Jesús han de prestar a su andar espiritual.

Sin embargo, aunque la advertencia sobre el pecado es seria, es igualmente importante la necesidad de perdonar (vv. 3b–4). El pecado ha de ser reprendido, lo cual descubre el compromiso de la comunidad con la justicia. Sin embargo, el arrepentimiento del pecador ha de producir el perdón de la iglesia. Los discípulos se esfuerzan por crecer en espiritualidad apoyándose mutuamente. La religión no es una empresa privada, sino una responsabilidad familiar compartida. Se trata de una atmósfera de apoyo, no de ejercer un asfixiante control mutuo. Esta es la razón por la que el perdón es esencial.

La posibilidad del perdón lleva a la pregunta de cuántas veces ha de seguir éste al arrepentimiento. Jesús responde que siete veces al día (una forma metafórica de decir que cada vez que hay arrepentimiento, ha de concederse el perdón). El pecado que requiere perdón implica a todas las partes («si peca contra ti»). Esto significa que la responsabilidad de velar por la salud de las relaciones personales es de quienes están implicados en los acontecimientos. A menudo, en tales situaciones, los participantes se niegan a hablar el uno con el otro, sin embargo, Jesús afirma que la madurez trata directamente estas cuestiones.

Otra clave del discipulado es la fe (vv. 5–6). Lo importante para Jesús no es la cantidad de fe, sino su presencia. Los discípulos piden que se les aumente la fe, pero Jesús replica que solo se requiere fe como un grano de mostaza. Esta clase de fe puede decirle a una morera negra, con sus hondas raíces, «Desarráigate y plántate en el mar», y sucedería. En otras palabras, una fe pequeña puede conseguir cosas sorprendentes y llevarnos a experimentar acontecimientos poco comunes.[3]

La última imagen del pasaje es una breve parábola sobre el servicio (vv. 7–10). Jesús considera la vida de un esclavo. Ya sea que haya estado arando o cuidando ovejas, cuando llega a casa, el esclavo aún tendrá que prepararle la cena a su amo y servírsela antes de poder comer él.[4] Sin embargo, no se le da las gracias, puesto que está simplemente haciendo lo que se le ha ordenado. El servicio de los siervos de Jesús se desarrolla exactamente del mismo modo. Nuestra actitud debería ser que nos hemos limitado a cumplir con nuestro deber. La obediencia no es una cuestión de méritos (aunque Dios la elogia), sino un deber. Al obedecer no tenemos el derecho de ser melindrosos y selectivos.

---

3. Un toque gramatical hace que el argumento sea aún más fuerte. El verbo que describe la obediencia del árbol está en aoristo, en una condición contraria a los hechos. Ello sugiere que el árbol estaba dispuesto a obedecer la orden. De hecho, el comentario dice: «¡Si vosotros hubierais hecho esto, os habría obedecido!»
4. El uso de la partícula griega *ouchi* en el versículo 7 indica que la pregunta de Jesús espera una respuesta positiva.

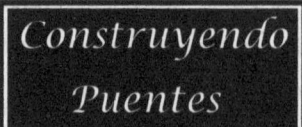

Construyendo Puentes

Cada una de las cuatro partes principales de este texto aborda importantes aspectos relacionales de nuestra vida con Dios. La advertencia sobre ser causa de pecado dentro del Cuerpo de Cristo es un solemne comentario sobre la responsabilidad de los miembros. Jesús sabe que habrá pecado. No obstante, no debemos ser causa de ningún tropiezo, porque Dios se toma muy en serio esta cuestión. El comentario aquí es como la advertencia de 1 Corintios 3:17: Dios destruirá a quienes producen daños al cuerpo.[5] Esta advertencia se extiende, vigente, a lo largo de los siglos. A los culpables de tales tropiezos, Dios los considera totalmente responsables.

En el segundo tema se tratan las relaciones personales dentro de la comunidad. También éstas implican una responsabilidad recíproca. El pecado ha de ser reprendido y perdonado. Ambas partes de la ecuación son importantes. La represión del pecado muestra la seriedad con que la comunidad se toma la búsqueda de la justicia, mientras que el perdón apunta a la sinceridad con que ésta se compromete con la restauración de las relaciones personales. Independientemente del lado en que nos encontremos de la divisoria, la meta es construir una comunidad donde se pone coto a los destructivos efectos del pecado para que éstos no la consuman. Como sostiene 1 Corintios 5:7, el pecado descontrolado es como levadura que deambula por la comunidad, un virus que si no se controla, crece. Sin perdón, no hay forma de restaurar a quien se ha arrepentido después de pecar. La falta de restauración puede ser tan letal para la vida de una comunidad como la propia presencia del pecado, puesto que la restauración nos permite avanzar más allá de nuestros pasados fracasos.

La fe desempeña también un papel central en nuestra vida espiritual. Somos salvos por la fe y andamos por fe (Gá 5:25; Heb 11). No hay actitud más esencial en la vida espiritual que andar confiadamente con Dios, reconociendo lo que él es capaz de hacer, y aceptando al mismo tiempo lo que permite que suceda en nuestra vida. A Jesús le interesa principalmente la presencia de la fe, no su tamaño. Hemos de pedirle a Dios que realice lo extraordinario, o que nos conceda fortaleza espiritual, no con fines egoístas sino para nuestro bienestar espiritual (cf. 11:9–13). Fe puede significar fortaleza para soportar el rechazo, confiar en que Dios nos dará discernimiento espiritual. La fe puede expresarse en una petición de liberación, o puede significar aceptar las circunstancias que Dios trae a nuestras vidas descansando en su Gracia (1Co 12:7–10). Por encima de todo significa no renunciar nunca al compromiso de ir allí donde Dios nos lleve. Lo que no significa es que podamos tratar a Dios como a alguien que se limita a responder las peticiones que le hacemos porque son lo que deseamos. Nuestro desarrollo espiritual requiere que él esté a cargo del rumbo de nuestra vida.

El último de los intemporales temas de este texto es el servicio sin condiciones. A veces queremos regatear con Dios, pero Jesús nos instruye a entender lo que significa ser su siervo. Un «siervo» (*doulos*; cf. Ro 1:1) responde a Dios sin cuestionar sus órdenes, entendiendo la obediencia como un deber. Sin embargo, para estudiar el tema del servicio, este texto ha de considerarse juntamente con otros, porque, ciertamente, Dios

---

5. Quienes deseen considerar con más detenimiento la fuerza de 1 Corintios 3:17, pueden ver la sección «Construyendo puentes» sobre Lucas 12:35–48.

honra el servicio fiel (ver 12:37). Es importante mantener el equilibrio en este asunto: por un lado, el siervo ha de entender cuál es su deber, por otro, Dios deja claro que honra el servicio fiel. Dios remunera a quienes le sirven sin pensar en la recompensa.

En una ocasión escuché un mensaje sobre este texto impartido por una persona que desempeñaba un cargo de autoridad, y que subrayó únicamente el aspecto del deber. El mensaje que transmitió fue que los subordinados han de hacer su trabajo, y punto. No había ningún sentido de colegialidad o de que la institución tuviera también su responsabilidad. El punto de equilibrio está en que los siervos deben servir obedientemente, pero quienes son beneficiarios de este servicio no han de tratarles con brusquedad, como si su servicio no significara nada (Ef 6:8). Nuestro Padre celestial no trata de este modo a sus hijos, y nosotros tampoco deberíamos hacerlo.

Significado Contemporáneo

La advertencia de Jesús sobre los tropiezos alude a la posibilidad de hacer que otras personas de la comunidad incurran en pecados de gravedad. Esta clase de apostasía puede ser provocada por desviaciones doctrinales importantes o por consejos prácticos sobre el pecado. La Iglesia de nuestros días es proclive a prestar poca atención a los detalles de las enseñanzas doctrinales de la revelación de Dios, una actitud que pone en riesgo a la comunidad. Los errores teológicos que pasan inadvertidos producen algunos errores prácticos. Deberíamos meditar detenidamente los consejos espirituales y teológicos que impartimos a otros a fin y efecto de que tales personas puedan mantener una vida saludable con Dios. No hay duda de que Jesús está aquí anticipando batallas con los falsos maestros como las que Pablo menciona, advirtiendo a los efesios, en Hechos 20:28–30 (cf. también 1Ti 4:1–5; 2Ti 3:1–9). Estas advertencias pretenden aleccionar a una forma de indiferencia ética a la presencia del pecado o a una ausencia de entusiasmo por los valores morales. Estas amonestaciones sugieren que la verdad y la integridad forman una unidad. A Dios le interesa tanto el carácter como la verdad. Ambas cosas han de buscarse con diligencia y sensibilidad.

Respecto a equilibrar la búsqueda de la justicia con la necesidad de restauración, una importante prueba de la existencia de este equilibrio es hasta qué punto a una comunidad determinada se la conoce solo como denunciadora del pecado, o tiene también buena reputación como una congregación compasiva que se esfuerza por restaurar a los pecadores de manera decidida, incondicional y persistente (¡«siete veces al día»!). Es fácil mantener a quienes han pecado en el lodo de sus fracasos pasados, recordándoselos constantemente. Tanto en nuestras relaciones personales como en las que se dan dentro de la comunidad, esta tendencia a recordar el pasado no es una señal de verdadero perdón.

El pecado ha de ser reconocido y tratado. Sin embargo, una vez confesado, la suficiencia de la sangre de Jesús prohíbe la añadidura de cualquier otro requisito. La disciplina puede aconsejar el paso de un cierto tiempo hasta que la persona en cuestión retome plenamente el ejercicio de sus responsabilidades, y ello para demostrar que las cosas que llevaron al pecado han sido convenientemente tratadas, sin embargo, la aceptación de alguien que peca y se arrepiente no debería ser asunto de debate. Los amigos han de dar su apoyo y ánimo a quienes antes fueron reprendidos, de modo que el amor de la comunidad por quienes desean honrar a Dios se hace evidente.

Este pasaje también requiere que reflexionemos sobre las razones que hacen que las comunidades sean tan lentas para perdonar. ¿Piensan acaso que son ellas las que han de controlar la restauración? ¿O se debe quizás a que piensan en el riesgo de que las personas se aprovechen de Dios? ¿No es Dios lo suficientemente grande para resolver esta cuestión por sí mismo? En última instancia ¿no son las personas responsables ante Dios por su respuesta? Cuando somos reticentes a perdonar, deberíamos hacernos este tipo de preguntas. Es muy fácil querer que las personas purguen sus fracasos en lugar de crear una atmósfera en la que sea posible la restauración. Hemos de considerar cómo conseguir que nuestras comunidades sean sensibles al pecado, sin que se cierren a la Gracia.

Cuando se piensa en el asunto de la confianza, las aplicaciones son numerosas. ¿Confío que Dios desea aquellas cosas que mejor cooperan a mi bienestar espiritual? ¿Reconozco que en ocasiones el sufrimiento es lo mejor para mi crecimiento? ¿Creo que él puede transformar mi corazón para que viva virtuosamente? ¿Creo que Dios apoyará mis esfuerzos por compartir su bondad con los demás? ¿Confío en que Dios luchará a mi favor cuando proclamo su gloria? ¿Creo que Dios puede restaurar una relación gravemente deteriorada? Las esferas en que puede ejercerse la verdadera fe para desarraigar árboles y plantarlos en el mar son innumerables.

Naturalmente, los comentarios sobre desarraigar árboles y plantarlos en el mar son figurativos y aluden a la realización de cosas sorprendentes. La fe tiene una manera especial de abrirnos para que Dios nos utilice y su presencia actúe en nosotros. Se trata de algo más que una mera actitud de pensamiento positivo; es el cultivo de una relación y un vínculo con Dios. En ocasiones, la fe requiere que tomemos una dirección que difiere de la que marca nuestra cultura. A veces significa vivir por fe y no por vista (2Co 5:7), confiando en los cuidados de Dios para nosotros. La fe que solo significa vivir la vida guiado por los instintos naturales no es fe. No se requiere ninguna confianza para navegar por la vida según nuestras propias expectativas. En este pasaje, Jesús no demanda una gran cantidad de fe, sino solo que la tengamos. Cuando descansamos en él, su fuerza puede llevarnos a recorrer un largo camino y conseguir cosas sorprendentes.

La principal aplicación de este texto con respecto al servicio es evitar una actitud de regateo con Dios. De hecho, no deberíamos tener una mentalidad que espera el reconocimiento. Hemos de servir a Dios por ser quien es y ello lo hace digno. Si un buen esclavo cumple fielmente con su deber para con su dueño, ¿cuánto más deberían servir a Dios sus hijos como amados suyos que son? El servicio, la obediencia y el deber no son cosas cuyo derecho negociamos con Dios para ver si hemos o no de ejercerlos. Son la consecuencia natural de comprender el acto de Gracia que significó salvarnos, para poder darle gloria.

La anterior ilustración del perdón del pecado como una deuda borrada (7:41–43) nos ayuda a apreciar la actitud reflejada en este pasaje. Si alguien saldara a mi favor una deuda que hubiera contraído de por vida y ello me hiciera libre de sus limitaciones, mi gratitud me llevaría a honrar a la persona que lo hizo. Nuestro servicio a Dios se presenta como un deber, porque él nos libertó para que tuviéramos una relación con él.

Obsérvese, no obstante, que aunque en este pasaje Jesús utiliza la imagen del esclavo, la Escritura también se sirve de la imagen de la adopción para expresar nuestra posición ante Dios. Se trata de una imagen igualmente reveladora, puesto que los niños que valoran lo que han hecho sus padres por ellos responderán con fidelidad. De hecho, la imagen de la adopción puede compararse con un huérfano rescatado y llevado a un nuevo hogar. Expresar apreciación por lo que Dios ha hecho significa actuar fielmente como hijo y como siervo. Teniendo en cuenta nuestro pasado, no estamos en condiciones de negociar con Dios las condiciones de nuestro servicio. Le presto un servicio voluntario y entusiasta porque deseo honrar la privilegiada posición que él me ha proporcionado.

Lucas 17:11-19

Un día, siguiendo su viaje a Jerusalén, Jesús pasaba por Samaria y Galilea. 12 Cuando estaba por entrar en un pueblo, salieron a su encuentro diez hombres enfermos de lepra. Como se habían quedado a cierta distancia, 13 gritaron:

—¡Jesús, Maestro, ten compasión de nosotros!

14 Al verlos, les dijo:

—Vayan a presentarse a los sacerdotes.

Resultó que, mientras iban de camino, quedaron limpios. 15 Uno de ellos, al verse ya sano, regresó alabando a Dios a grandes voces. 16 Cayó rostro en tierra a los pies de Jesús y le dio las gracias, no obstante que era samaritano. 17 —¿Acaso no quedaron limpios los diez? —preguntó Jesús—. ¿Dónde están los otros nueve? 18 ¿No hubo ninguno que regresara a dar gloria a Dios, excepto este extranjero? 19 Levántate y vete —le dijo al hombre—; tu fe te ha sanado.

Sentido Original

En el siguiente pasaje de la sección del viaje a Jerusalén (17:11–18:8), la escatología se convierte en un tema crucial. Después de un milagro que subraya la importancia de la fe y la gratitud (17:11–19), Jesús observa que el reino está entre ellos (17:20–21). A continuación detalla las circunstancias que precederán a su regreso definitivo (17:22–37), que será un aterrador tiempo de juicio. Mientras tanto, los discípulos han de orar para que Dios les vindique, aunque Jesús se pregunta quién guardará la fe en el ínterin (18:1–8). La sección en su conjunto demanda confianza en el plan de Dios y en su cronología. Los creyentes han de andar fielmente con él y esperar con expectación el regreso de Cristo, cuando él les vindicará.

Lucas comienza el relato de este milagro, que solo él consigna (17:11–19), llamando nuestra atención de nuevo sobre el viaje de Jesús.[1] Este es el cuarto de los cinco milagros que se consignan en la sección del viaje a Jerusalén (11:14; 13:10–13; 14:1–4; 18:35–43). Jesús está ahora dirigiéndose hacia el Oeste, siguiendo el trazado de la frontera entre Samaria y Galilea. En otras palabras, la sección del viaje a Jerusalén de Lucas no es un viaje en línea recta, sino un recorrido trascendental (obsérvese 10:38–42, cuando Jesús estaba en casa de Marta, ubicada en Betania cerca de Jerusalén [Jn 11:18]).

En el milagro se aprecia un doble nivel de tensión cultural, puesto que el protagonista es leproso y samaritano. Los leprosos estaban culturalmente aislados (ver 5:12–16), y los judíos sentían una especial antipatía por los samaritanos por su apostasía religiosa y mestizaje racial (ver 9:51–56). La idea de que un samaritano leproso pudiera ser objeto de la ayuda de Dios era sin duda sorprendente para muchos, puesto que habían descar-

---

1. Aunque algunos equiparan este milagro a Marcos 1:40–45, su paralelismo en Lucas es 5:12–16. Por tanto, este acto milagroso solo se consigna en este Evangelio. Aun al final de su ministerio terrenal, Jesús sigue sirviendo con compasión, a pesar del creciente rechazo a su alrededor.

tado a las personas de ambos grupos como si se encontraran fuera de cualquier posibilidad de ayuda.

Cuando Jesús entra en una aldea, se le acercan diez leprosos. El hecho de que éstos se le acerquen es muy elocuente, puesto que se esperaba que los leprosos se aislaran de las personas. Lo que saben sobre Jesús les dice que es una persona accesible. Aun así, le hablan a distancia, respetando el mandamiento veterotestamentario de no mezclarse con otras personas (Lv 13:45-46; Nm 5:2-3). Como se observó en Lucas 5:12-16, la palabra lepra alude a una amplia gama de afecciones, sin embargo, la posibilidad de que tales dolencias fueran contagiosas significaba que tenían que aislarse hasta que la enfermedad remitiera.

Los leprosos piden misericordia (NVI «¡Jesús, Maestro, ten compasión de nosotros!»). Es una súplica de clemencia, una petición que llega frecuentemente a Jesús (Mt 9:27; 15:22; 17:15; 20:30-31; Mr 10:47-48; Lc 16:24 [no a Jesús]; 18:38-39). Quieren ser sanados. Teniendo en cuenta todos los conflictos que han acompañado al ministerio de Jesús, el lector se pregunta si seguirá sanando. ¿Puede expresarse la Gracia en medio de la oposición?

Jesús disipa inmediatamente cualquier duda sobre su deseo de mostrar compasión. Aquellos que acuden a él reciben alivio, incluso a distancia. Él les pide que vayan a mostrarse al sacerdote, como ordena la ley (Lv 13:19; 14:1-11). La presentación al sacerdote no debía producirse hasta que la persona en cuestión hubiera sido sanada, por ello, el que Jesús les mandara hacerlo era indicación de que la sanación se produciría. Si creen a Jesús, le obedecerán.[2] Cuando los leprosos emprenden el camino, son sanados. Este suceso describe la Gracia de Dios. La sanidad permitía a aquellos hombres volver a desarrollar una vida normal, aunque ciertos acontecimientos posteriores muestran que liberación no equivale a perdón completo.

Uno de los hombres abandona el grupo. Lleno de alabanza a Dios, cae a los pies de Jesús y expresa gratitud por su purificación. Lucas observa que se trata de un samaritano, lo cual significa que procede de unas raíces raciales que representan una falta de sensibilidad hacia Dios. A continuación, Jesús observa que los que recibieron sanidad eran diez, pero que solo uno («este extranjero», un término que a menudo significaba «pagano» o «paganos»)[3] se ha tomado la molestia de detenerse y alabar a Dios por su obra. «¿Dónde están los otros nueve?» pregunta Jesús. Su posterior comentario al samaritano se parece a su afirmación de 7:9, donde elogia la fe del centurión como distinta de todo lo que había encontrado en Israel. En otras palabras, en este pasaje Jesús hace dos cosas al mismo tiempo. Por un lado elogia el ejemplo de gratitud del samaritano, y por otro muestra que quienes no pertenecen a Israel pueden también responder positivamente a su ministerio. En algunos casos, las personas más sensibles al Evangelio procedían de otros pueblos.

Jesús pronuncia entonces un elogio final y alentador. Le dice al hombre que su fe le «ha salvado» (RV 60). Es probable que Jesús esté diciendo que aunque diez han expe-

---

2. La orden de Jesús se parece a la que recibió Naamán, a quien Eliseo pidió que se lavara siete veces en el río Jordán para ser sanado (2R 5:10-15).
3. Este es normalmente un término sarcástico; ver Van der Loos, *The Miracles of Jesus* [Los milagros de Jesús], 500.

rimentado la bendición de la sanación, solo uno de ellos tiene fe y ha vuelto para establecer una relación con Jesús, lo cual indica la presencia de salvación (cf. 7:50; 8:48; 18:48). La liberación de la que Jesús habla en este pasaje va más allá de la sanación que ha experimentado el leproso. Él había entendido todo cuanto el milagro podía enseñarle.[4] Nuevamente confluyen fe y salvación.[5]

Construyendo Puentes

En este pasaje, el retrato de la compasión de Jesús, aun en medio del rechazo, es un tema crucial. El Señor sigue ministrando a todo el que se lo pide. Nadie es rechazado. A quienes imploran su compasión Jesús se la brinda. Dios no es un ogro reticente a compadecerse de las calamidades, que ha de ser convencido con mucho esfuerzo. Lo único que pide es que nos acerquemos a él con humildad y en sus términos, reconociendo que él está dispuesto a brindarnos su ayuda.

En este relato es también muy significativo tener en cuenta quiénes son los objetos de la ayuda de Jesús. Jesús tiende su mano a quienes han sido segregados. Él contacta especialmente con personas que, con frecuencia, otros han abandonado. También nosotros hemos de incluir entre los receptores de nuestro ministerio al mismo tipo de personas que Jesús alcanzó con el suyo.

Las notas de fe y gratitud son también respuestas que se extienden a lo largo de los siglos. El samaritano sabía que Dios se preocupaba por las personas y que Jesús desempeñaba un papel fundamental en la respuesta divina. Su regreso hasta Jesús para alabarle y reconocerle describe la conexión entre la actividad de Dios y la obra de Jesús. La gratitud que mostró el samaritano representa una respuesta fundamental de fe ante la obra de Dios. Este hombre valoró su restauración a la vida normal y expresó su gratitud a Dios y por la vida recibida mediante Jesús. Entender el aislamiento que produce el pecado es entender la libertad que viene con la salvación.

Significado Contemporáneo

En nuestros días, se está incrementando la expresión de nuestra gratitud a Dios en la Iglesia, y esto es bueno. En los años de mi formación en la universidad y el seminario, la adoración se centraba fundamentalmente en la enseñanza. Cantábamos uno o dos himnos, pero la meta de la reunión era concederle al predicador la mayor cantidad de tiempo posible. La enseñanza sigue siendo importante (cf. 17:1–10), pero nuestros corazones necesitan estar en comunión con Dios y expresarle alabanza y gratitud. Lucas está lleno de pasajes que consignan a personas tomándose el tiempo de dar gracias y alabar a Dios.

La alabanza es importante por cuanto sitúa nuestra relación con Dios en su perspectiva correcta. Valoramos su obra en nuestra vida. En la comunión que propicia la alabanza se produce una purificación de actitudes que, con frecuencia, la vida implanta en

---

4. Algunos sostienen que lo que aquí tenemos no es una singular declaración de salvación; sino más bien, que los otros nueve tenían una fe incompleta. Sin embargo, da la impresión de que el carácter aislado y singular de los comentarios de Jesús a este hombre indican que la salvación que aquí se expresa es suya.
5. A. Oepke, «ἰάομαι», *TDNT*, 3:211.

nuestros corazones. Esta comunión nos permite relatar la bondad de Dios. Restaurar el equilibrio entre la enseñanza y la alabanza nos recuerda que Dios no solo ha de ser entendido, sino también honrado.

Es también importante invertir tiempo en la acción de gracias a título personal. Una buena parte de la tradición evangélica subraya la relevancia del tiempo devocional. La importancia de esta práctica radica, no solo en el hecho de que estudiamos acerca de Dios por medio de su Palabra, sino en que desarrollamos una relación con él. En un buen tiempo devocional debe haber momentos de serena reflexión, oración y alabanza. Deberíamos detenernos en medio de las actividades de la vida, como hizo el samaritano, y darle gracias. Una saludable proporción de tiempo con Dios, reflexionando sobre sus cuidados y bondad, puede ahorrarnos los amargos tragos que muchas veces hemos de pasar por vivir vidas tan frenéticas.

La reacción de los otros nueve leprosos, que no respondieron a Jesús con una acción de gracias, muestra con cuanta frecuencia tomamos a la ligera los benévolos actos de Dios. Me he acostumbrado a dar gracias a Dios por su Gracia prácticamente cada vez que oro. Espero que esto no sea solo un ejercicio formal, sino una manera de expresar de manera concreta mi sincera gratitud por los muchos dones que a diario recibo de él. Cuando vemos las bendiciones de la vida como una consecuencia de la Gracia de Dios, esta perspectiva nos hace personas más amables y agradecidas. Este talante nos impide evaluar la vida en términos de lo que se nos debe, una actitud que puede sembrar semillas de ira y amargura.

Como en otros muchos textos, en este pasaje se nos presenta una imagen fundamental de la salvación. El samaritano se detuvo para reconocer que Dios estaba obrando por medio de Jesús. Entendió que la bendición de Dios se expresaba a través de su agente. Al volver para darle gracias a Jesús, puso de relieve que había hecho suya la bendición que Jesús le había dado. A cambio, el Señor le bendijo aún más, con la declaración de que la fe le había salvado. El Evangelio de Lucas nos ha emplazado regularmente a tomar una decisión acerca de Jesús. En este pasaje nos presenta a alguien que tomó la decisión correcta. Si no nos hemos decidido por él, Lucas nos pide que sigamos los pasos del samaritano.

El hecho de que el samaritano sea el ejemplo nos advierte del peligro de limitar en exceso nuestro ministerio y de reducir el ámbito de aquellos a quienes Dios puede bendecir a través de él. Algunos métodos de evangelización de nuestro tiempo afirman que un ministerio homogéneo contribuye al desarrollo de una comunidad mejor. No estoy seguro de que sea así. Es cierto que ello hace que la vida comunitaria sea más fácil, sin embargo, hay algo muy especial en una congregación forjada con elementos dispares y es que tal comunidad es una demostración de las dimensiones de la reconciliación de Dios (Ef 3:2–13). Hemos de tener cuidado de que nuestro planteamiento del ministerio nunca sugiera que Dios bendice a algunos, pero no a otros. En ocasiones la fe aparece en sorprendentes lugares transculturales; a veces Dios cruza las delimitaciones sociales o raciales para recordarnos que su Gracia es para todos. Puede que nuestros ministerios tengan unos receptores naturales, sin embargo, en medio de tales ministerios, hemos de comunicar valores y actitudes que dejen claro que el Evangelio es para todos los que confían en Jesús.

Lucas 17:20–18:8

Los fariseos le preguntaron a Jesús cuándo iba a venir el reino de Dios, y él les respondió:

—La venida del reino de Dios no se puede someter a cálculos. 21 No van a decir: "¡Mírenlo acá! ¡Mírenlo allá!" Dense cuenta de que el reino de Dios está entre[6] ustedes.

22 A sus discípulos les dijo:

—Llegará el tiempo en que ustedes anhelarán vivir siquiera uno de los días del Hijo del hombre, pero no podrán. 23 Les dirán: "¡Mírenlo allá! ¡Mírenlo acá!" No vayan; no los sigan. 24 Porque en su día el Hijo del hombre será como el relámpago que fulgura e ilumina el cielo de uno a otro extremo. 25 Pero antes él tiene que sufrir muchas cosas y ser rechazado por esta generación. 26 Tal como sucedió en tiempos de Noé, así también será cuando venga el Hijo del hombre. 27 Comían, bebían, y se casaban y daban en casamiento, hasta el día en que Noé entró en el arca; entonces llegó el diluvio y los destruyó a todos. 28 Lo mismo sucedió en tiempos de Lot: comían y bebían, compraban y vendían, sembraban y edificaban. 29 Pero el día en que Lot salió de Sodoma, llovió del cielo fuego y azufre y acabó con todos. 30 Así será el día en que se manifieste el Hijo del hombre. 31 En aquel día, el que esté en la azotea y tenga sus cosas dentro de la casa, que no baje a buscarlas. Asimismo el que esté en el campo, que no regrese por lo que haya dejado atrás. 32 ¡Acuérdense de la esposa de Lot! 33 El que procure conservar su vida, la perderá; y el que la pierda, la conservará. 34 Les digo que en aquella noche estarán dos personas en una misma cama: una será llevada y la otra será dejada. 35 Dos mujeres estarán moliendo juntas: una será llevada y la otra será dejada. 37 —¿Dónde, Señor? —preguntaron. —Donde esté el cadáver, allí se reunirán los buitres —respondió él.

18:1 Jesús les contó a sus discípulos una parábola para mostrarles que debían orar siempre, sin desanimarse. 2 Les dijo: «Había en cierto pueblo un juez que no tenía temor de Dios ni consideración de nadie. 3 En el mismo pueblo había una viuda que insistía en pedirle: "Hágame usted justicia contra mi adversario." 4 Durante algún tiempo él se negó, pero por fin concluyó: "Aunque no temo a Dios ni tengo consideración de nadie, 5 como esta viuda no deja de molestarme, voy a tener que hacerle justicia, no sea que con sus visitas me haga la vida imposible."»
6 Continuó el Señor: «Tengan en cuenta lo que dijo el juez injusto. 7 ¿Acaso Dios no hará justicia a sus escogidos, que claman a él día y noche? ¿Se tardará mucho en responderles? 8 Les digo que sí les hará justicia, y sin demora. No obstante, cuando venga el Hijo del hombre, ¿encontrará fe en la tierra?»

---

6. Personalmente, en este texto, prefiero una traducción distinta que la que ofrece la NVI, que da una impresión errónea sobre el significado de este versículo. Jesús se dirige aquí a los fariseos, de modo que no pretende decirles que el reino de Dios está dentro de ellos. Lo que dice es más bien lo que indica su presencia: «El reino de Dios está entre ustedes».

 Los fariseos saben que Jesús está enseñando sobre la venida del reino, y que pretende desempeñar un papel en su introducción. Pero saben también que el ministerio de Jesús no se parece al ministerio del reino que ellos esperan. Por esta razón le piden que explique su enseñanza sobre la venida del reino.[1] Esta pregunta no debe sorprendernos, puesto que el Bautista había planteado una pregunta parecida por parecidas razones (ver 7:18–23).

Es posible que los fariseos no solo preguntaran cuándo llegaría el reino, sino también qué señales acompañarían a su llegada. La expectativa judía sostenía que el reino vendría como parte del Día del Señor y que éste sería recibido con señales cósmicas. La venida del reino solía describirse de dos formas distintas. Algunos veían su llegada en términos proféticos, lo cual significaba que llegaría dentro del movimiento normal de la Historia. Dios levantaría un Mesías de la familia de David o de alguna otra procedencia para liberar a la nación.[2] Otros hablaban con imágenes literarias de orientación más apocalíptica, sobre un personaje que había de venir de arriba con señales celestiales y gran poder. El Antiguo Testamento utilizaba las dos series de imágenes. Por ello, preguntar sobre la venida del reino era algo muy natural. Si la posterior historia de los fariseos sirve de guía, éstos tendían a minimizar el aspecto más apocalíptico de esta imaginería, pero anticipaban en cualquier caso la poderosa liberación de Dios en un día futuro. Sin embargo, es también posible que en el periodo más temprano de su historia tuvieran una expectativa más apocalíptica, que abandonaron cuando la Guerra de los Judíos del año 70 d.C. y los levantamientos de Bar Kochba entre los años 132 y 135 fracasaron estrepitosamente.

Jesús comienza su respuesta observando que el reino no vendrá con un gran despliegue de señales. Este comentario es importante, porque Jesús cuestiona la idea de que la venida del reino vaya a estar marcada por algún tipo de manifestación cósmica.[3] Las expectativas de los fariseos han de cambiar. No van a tener que señalar este o aquel lugar anunciando que lo han encontrado, porque el reino está «entre ellos» o «a su alcance». Lo que Jesús quiere decir es que, su presencia trae consigo la esperanza del reino. Teniendo en cuenta su proximidad, todos los esfuerzos por determinar donde podría localizarse son una pérdida de tiempo.

---

1. El trasfondo y paralelismos de este suceso son objeto de debate, puesto que mucho de lo que Jesús dice aquí encuentra analogías conceptuales en Mateo 24 y Marcos 13. Sin embargo, los escenarios son distintos. En Mateo y Marcos, Jesús está hablando en privado a sus discípulos durante la última semana de su ministerio. Aquí se dirige a los fariseos, mucho antes de llegar a Jerusalén. Por tanto, este parece un suceso singular que es conceptualmente análogo a lo que Jesús dice más adelante a sus discípulos. Independientemente de si Lucas tenía en mente uno o dos sucesos [prefiero pensar que se trata de dos], el evangelista ha decidido dividir la exposición de los acontecimientos futuros, puesto que en Lucas 21 sí aparecen otros elementos.
2. Sobre la gran variedad de expectativas mesiánicas dentro del judaísmo, ver J. Neusner, W. Green, y E. Frerichs, eds., *Judaism and Their Messiahs* [El judaísmo y sus mesías], (Cambridge: Cambridge Univ. Press, 1987).
3. Riesenfeld, «τέλος», *TDNT*, 8:50.

Lucas 17:21 es uno de los versículos clave del Nuevo Testamento sobre el reino. Se han propuesto varios significados para entender el sentido de la expresión «entre ustedes». (1) Algunos, como los traductores de la NIV sostienen que significa «dentro de ustedes». Sin embargo, como antes hemos observado en una nota marginal, Jesús no aplicaría a los fariseos esta clase de afirmación. Si hay un lugar donde el reino no está, para Jesús, es ¡dentro de sus oponentes!

(2) Otros afirman que el presente griego *erchetai* («viene», v. 20) es en realidad un presente futurista, una posición que, desde un punto de vista gramatical, es posible. Este punto de vista asume el significado de que el reino llegará a ellos en el futuro, porque mucho de lo que Jesús sigue diciendo tiene que ver con acontecimientos por venir. El problema de este acercamiento es que existen formas mucho más claras de decir esto, como por ejemplo utilizando el futuro o incluso el presente de *eimi* (en griego «ser o estar»). En otras palabras, la yuxtaposición del tiempo verbal presente con ideas del futuro parece consciente. Además, sostener que esta expresión se refiere al futuro pone a Jesús en una contradicción, ya que, por un lado está diciendo que el reino no viene con señales y, por otro, ¡prosigue su discurso enumerando las señales que configurarán su venida! Por último, el término *entos* puede significar «entre ustedes», «a su alcance», o «dentro de tu radio», un sentido que encaja bien aquí, puesto que Jesús y su mensaje son la señal que ellos necesitan.[4]

(3) Es mejor, por tanto, considerar que el sentido del versículo 21 es que, con el ministerio de Jesús, se ha producido la manifestación inicial del reino.[5] Los fariseos no tienen que buscar en el firmamento la aparición del reino, porque éste está ya presente en su persona. Si consideraran todas las pruebas que, a su alrededor, reflejan la presencia del poder liberador de Dios, no se preguntarían dónde mirar. Como Lucas ha dicho de distintas maneras, el tiempo del cumplimiento ha llegado con Jesús (4:16–30; 7:22–28; 9:1–6; 10:18; 11:20; 16:16).

Jesús indica que anhelarán ver la venida del Hijo del Hombre con poder, pero no lo verán. Es decir, el poderoso despliegue de aquel día está todavía en el futuro. Los días de la manifestación con autoridad del Mesías aún no han llegado. Aunque muchos están diciendo, «¡Mírenlo acá! ¡Mírenlo allá!» Jesús les advierte que no se dejen llevar por tales pretensiones. Cuando el Hijo del Hombre venga, será algo visible y evidente, como el relámpago que ilumina inequívocamente el firmamento.[6] Sin embargo, un acontecimiento crucial ha de preceder a todo esto. Lucas se sirve del término griego *dei* para subrayar la necesidad de que, según el plan divino, este crucial evento, a saber, el sufrimiento del Hijo del Hombre, se produzca.[7] Para Jesús, el sufrimiento precede a la gloria. Antes del glorioso gobierno ha de producirse el rechazo.

---

4. L.T. Johnson, *Luke* [Lucas], 263; R. Stein, *Luke* [Lucas], 438. Stein distingue las expresiones «entre ustedes» y «en tu entender», y prefiere la primera, aunque observa que cualquiera de las dos opciones tiene un buen sentido dentro del contexto.
5. G. Fitzer, «φθάνω, κτλ.,», *TDNT*, 9:89, n. 10; K.L. Schmidt, «βασιλεία», *TDNT*, 1:584.
6. A. Oepke, «λάμπω, κτλ.,», *TDNT*, 4:25.
7. Otros usos clave de *dei* son 4:43; 24:7, 26, 44.

Jesús compara la naturaleza del juicio mesiánico con el Diluvio de los días de Noé (Gn 7), y con los días de Lot en Sodoma y Gomorra (Gn 19), dos importantes periodos de juicio contra la Humanidad. Igual que en esas épocas, las personas estarán absortas en los asuntos de esta vida y prestarán poca atención a Dios. En aquellos días, las gentes comerán, beberán, se casarán y se darán en casamiento, igual que sucedió hasta el día en que Noé terminó la construcción del arca y llegó el Diluvio. Todo terminó; la vida se detuvo. Algo parecido sucedió en los días de Lot: la gente comía, bebía, compraba, vendía, plantaba y construía. Pero cuando Lot salió de Sodoma, cayó el juicio, y no quedó nada de la que había sido una dinámica ciudad. Ambas comparaciones ilustran el carácter definitivo del juicio de Dios. Los días del Hijo del Hombre serán como aquellos antiguos días de juicio. Por lo que a la Biblia se refiere, la idea de que en el día del juicio habrá una segunda oportunidad es un mito.

A fin de resaltar el carácter absoluto y repentino del juicio, Jesús observa que no habrá tiempo de volver a casa para tomar nada para la huida; tampoco quienes estén trabajando en el campo podrán recuperar ninguna de sus posesiones. No habrá tiempo de mirar atrás o de volver sobre los propios pasos. Esta es la razón por la que Jesús insta a los discípulos a acordarse de la mujer de Lot, que por querer mirar atrás, lo hizo por última vez. Quienes no presten atención, no estarán preparados para el juicio que viene, demasiado atados a las cosas de esta tierra como para escuchar la voz de Dios.

Esta clase de inapropiada adhesión explica las palabras de Jesús en el sentido de que la persona que desea salvar su vida la perderá, mientras que quienes estén dispuestos a perderla la salvarán. Elegir al Señor puede significar la persecución del mundo y poner en riesgo la propia vida, pero esto es mejor que arriesgar permanentemente el alma (12:1–12). La decisión de honrar a Dios puede significar un cierto sufrimiento ahora, pero significa también gloria eterna en el futuro. Para los seguidores de Cristo este es el punto crucial del pasaje: hemos de ser fieles hasta su vuelta.

¿Cómo, pues, será aquel día? Dos personas que estarán durmiendo o moliendo grano juntas serán separadas.[8] Una de ellas será tomada y la otra dejada. Esta ilustración implica la separación que se producirá entre los justos y los impíos. Los ejemplos de Noé y Lot son una ilustración de aquellos que serán liberados. Dios vindicará y protegerá a los suyos. Lucas 17:37 confirma este acercamiento al pasaje, puesto que lo que es dejado, queda para que lo devoren los buitres.[9] Esta imagen es brutalmente gráfica en su descripción de la ruina total y la muerte que produce el rechazo del camino de Dios. La pregunta de los discípulos, «¿dónde?» (v. 37), inquiere sobre el lugar en que se llevará a cabo tal juicio. Jesús desvía la pregunta señalando el carácter y realidad de lo que está diciendo: el día del Hijo del Hombre será un día de juicio. Cuando haya terminado, solo los buitres quedarán para dar cuenta de quienes han sido dejados para juicio. La advertencia sobre el retorno de Cristo termina con un campo lleno de cadá-

---

8. El molino que aquí se tiene en vista es un artefacto que muele el grano para la elaboración del pan. El versículo 36, que aporta una tercera ilustración de la separación, no aparece en los mejores manuscritos de Lucas. Sin embargo, su omisión no es significativa, puesto que simplemente suministra otra imagen de la separación que acompaña al juicio.
9. La palabra griega que se utiliza en el versículo 37 puede traducirse también como «águilas», no obstante, en este contexto de juicio y muerte, la traducción «buitres» es mejor.

veres que nos miran. La imaginería de este pasaje pretende llevar nuestra alma a una reflexión sobre lo devastador que será el final para algunos.

Lucas 18:1-8 contiene una parábola y una aplicación que continúan desarrollando el tema del regreso de Jesús. La aplicación de la parábola en los versículos 7-8 mantiene nuestra atención en la actitud que hemos de tener con respecto a su regreso. Esta sección, que solo consigna Lucas, es una de las parábolas de Jesús más entretenidas. Describe la importancia de la oración para la vindicación de los creyentes por parte de Dios. Si éstos ministran en un mundo que no les acepta, ¿cómo deberían gestionar la injusticia de este rechazo?

La respuesta es una convocatoria a orar persistentemente sin desfallecer. Se trata de otra forma de llamarnos a una fe persistente. Lucas trata a menudo el asunto de la oración, la protección y la esperanza (4:25-30; 11:2; 12:5; 22:41). El texto subraya intensamente esta cuestión mediante una nueva utilización de la palabra griega *dei* en 18:1, que denota la necesidad de algo («debían»). Es importante mantener la fe en vista de la paciente espera de su regreso que tenemos por delante.

Lo que hace que esta parábola sea tan efectiva son sus dos personajes, con quienes es muy fácil identificarse. La viuda que necesita ayuda representa una persona sin recursos en la sociedad, que solo puede solicitar justicia a la autoridad del juez. Aunque probablemente nos imaginamos a una mujer mayor, en el mundo antiguo había muchas viudas jóvenes de entre treinta y cuarenta años. Ésta necesita que se le haga justicia y apela a un juez en busca de ayuda. Se trata probablemente de alguna forma de vindicación relacionada con una deuda de dinero. La mujer es persistente, una característica que Jesús presenta como ejemplar en este relato.

El juez no tiene temor de Dios ni consideración de nadie. Se trata de un hombre muy independiente[10] y representa, en forma de contraste, el potencial que tiene Dios para responder a las peticiones de justicia de su pueblo. El argumento de Jesús es que si un juez, que no tiene consideración por las personas, acaba escuchando el clamor de la viuda, ¡cuánto más escuchará un Dios compasivo los lamentos de su pueblo!

El hecho de que el demandante principal de la historia sea una viuda significa que el juez tiene la obligación cultural y moral de preocuparse por su problema. Esta mujer se encuentra en una posición expuesta y vulnerable. Dios esperaba que se defendiera a los pobres (Éx 22:21-24; Dt 24:17-18; Sal 65:8; 82:2-7; 146:9). La viuda presenta su súplica una y otra vez. Su intención es conseguir que se le haga justicia de su adversario.

Por algún tiempo, el juez se resiste a actuar, pero finalmente se ablanda. Su persistencia le molesta. Cualquiera que haya sido objeto de una petición insistente entenderá cómo se siente el juez. La mujer le «importuna» sin cesar (la palabra griega significa que sus acciones «le molestan»). Se da cuenta de que tal insistencia va a acabar por «cansarlo» (¡una expresión griega que puede aludir a ponerle a alguien un ojo morado!).[11] Lo que le preocupa no es su reputación, puesto que no le importa lo que

---

10. Sobre esta descripción, ver Josefo, *Antigüedades* 10.5.2 § 283, quien la utilizaba para referirse a Joacim.
11. G. Stählin, «χηρα», *TDNT*, 9:450; H. F. Weiss, «ὑπωπιάζω», *TDNT*, 8:590-91.

los demás puedan pensar de él. Pero está cansado de su persistencia, y por ello toma la decisión de actuar.

El Señor nos pide que escuchemos «lo que dijo el juez injusto», es decir, que reflexionemos sobre su reacción ante las persistentes peticiones de la mujer, que ilustran las oraciones de los creyentes. Dios vindicará a su pueblo que clama a él constantemente. Lucas hace este comentario de manera categórica, sirviéndose de una doble negación (*ou me*): sin lugar a dudas, Dios vindicará a su pueblo. Si un juez injusto acaba respondiendo a tales súplicas, es evidente que Dios contestará también a los lamentos de sus escogidos. Como queda claro en el versículo 7, el resultado de las súplicas será «justicia» o vindicación (el mismo término se utiliza en los vv. 3 y 5). Dios juzgará a quienes persiguen al justo. No tardará, sino que les hará «justicia, y sin demora».

El comentario sobre la rapidez con que Dios hará justicia ha recibido mucha atención, puesto que todavía no se ha producido una vindicación completa. Puede entenderse de dos formas. (1) Lucas desea subrayar que el regreso puede producirse en cualquier momento, sin concretar cuándo. La vindicación es el siguiente evento del calendario divino, y una vez que tenga lugar, en comparación con la eternidad que sigue, será un rápido ejercicio de justicia. (2) La vindicación se produce en parte en la protección que Dios ofrece a los suyos. Estos, aunque sufren, no perecen, y esto es una señal de su vindicación. Cualquiera de estos dos significados es posible. Puede que un texto como Eclesiástico 35:21–23 nos ayude a entender este pasaje:

> La oración del humilde traspasa las nubes,
> y no descansará hasta alcanzar su meta;
> no desistirá hasta que el Altísimo responda
> y haga justicia al justo, y ejecute el juicio.
> Ciertamente, el Señor no retardará su respuesta,
> y como un guerrero no desistirá
> hasta abatir los lomos del inmisericorde
> y retribuir a las naciones;
> hasta que destruya a la multitud de los insolentes,
> y rompa los cetros de los impíos.

Dios desea vindicar a los santos, y lo hará. Y cuando lo haga, su justicia será veloz y segura, y nuestro sufrimiento parecerá una minucia en comparación con la gloria que le seguirá. Mientras tanto, Dios nos protege.

Queda un último pensamiento. Cuando esta completa vindicación se produzca, ¿encontrará el Hijo del Hombre (i.e., Jesús) fe en la Tierra? En otras palabras, puesto que Jesús nos llama a no desistir ¿afectará la dilación, que hasta cierto punto se asume en la parábola, la fe de algunos (v. 1)? No se da ninguna respuesta a esta pregunta, sin embargo, Jesús demanda fe y oración para poder persistir a largo plazo.

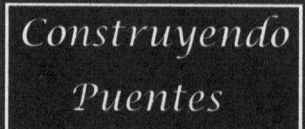

Construyendo Puentes

El tema de la futura trayectoria de la Historia puede ser fascinante. No es difícil ver lo interesados que están muchos en el futuro. La popularidad de la Astrología y la fascinación por la interpretación de la profecía bíblica dan testimonio del intenso deseo que tenemos de entender lo que nos deparará el futuro. Sin embargo, este texto afirma que tal ejercicio es, en el último análisis, de naturaleza especulativa. De hecho, Jesús no nos da ningún texto escatológico para que podamos determinar cuándo volverá. El propósito de estos textos es exhortarnos a mantenernos velando, llamarnos a la fidelidad, indicar que el tiempo del fin será difícil para muchos, y recordarnos que todos somos responsables delante de Dios, que un día manifestará su impresionante poder por medio de su juicio. El único propósito de Jesús es dejar claro que se acerca un final y revelar sus líneas generales para que sus santos estén vigilantes.

Cuando Jesús traza las líneas generales del tiempo del fin, no pretende entretenernos ni satisfacer nuestra curiosidad. Este tiempo será devastador y traumático. Significará la ejecución de un juicio decisivo. Las personas serán separadas. Algunos recibirán vida; otros muerte. La enseñanza sobre el tiempo del fin es un asunto muy serio por lo que Dios hará en aquel periodo. El juicio venidero es una realidad que aguarda a la Humanidad. Dios no nos ha dado las fechas de este acontecimiento, solo nos ha dicho que llegará.

Cuando llegue el momento, no nos será difícil reconocerlo. Será tan visible para todos como el resplandor de un relámpago en el firmamento. Lo importante es estar preparados y del lado correcto. La autoridad del Hijo del Hombre a su regreso es una buena razón para responder al llamamiento del Hijo del Hombre ahora, antes de que llegue el día. Aunque Jesús va a sufrir, volverá. Conocer al Salvador de la Cruz significa conocer también la gloriosa promesa y esperanza de la vindicación a su regreso. Esta verdad es tan cierta a este lado de la Cruz como lo era antes de que Jesús se dirigiera a dar cumplimiento a su destino divinamente ordenado.

Para Lucas, el reino se desarrolla en etapas. Algunas de sus bendiciones se nos brindan ahora con Jesús: la oferta de perdón, la derrota inicial de Satanás en el ministerio de Jesús y en la Cruz, y la provisión del Espíritu después de su ascensión. Esta expresión de la presencia del reino se manifiesta en la comunidad de la Iglesia que confiesa a Jesús como el Cristo, el Rey ungido e Hijo de Dios. La Iglesia lleva ahora una Cruz, no una espada. Somos un instrumento de servicio y fidelidad; un día seremos honrados como la novia de Cristo.

Sin embargo, hay otra fase de autoridad del reino que es futura, y Jesús habla de ella a sus discípulos en los versículos 22-37. Esta fase del reino sí viene con signos y representa la finalización del programa de Dios para el reino. Dios mostrará entonces su poder, los creyentes serán vindicados, y la justicia, consumada. Será un período de gozo o desesperación, dependiendo del modo en que uno se relacione con el Señor. En el ínterin, somos llamados a perder nuestras vidas y a ofrecernos para el servicio del Señor de maneras que le honren. Muchos siguen viviendo como si el Señor nunca hubiera de regresar, sin embargo, hemos de servirle con una clara conciencia de que puede volver en cualquier momento, y de que su retorno significará el desastre de quienes no le conocen.

A medida que va pasando el tiempo que nos separa de la venida del Señor, esta parábola de Jesús en 18:1-7 se va haciendo más relevante. La parábola demanda oración, persistencia y paciencia, algo que se vuelve más necesario cuanto más esperamos. En la base de la parábola hay una actitud sobre cómo hacer frente a la injusticia como creyentes. No somos llamados a defendernos, sino a volvernos a Dios y descansar en su promesa de vindicarnos. Por consiguiente, esta parábola es tanto una exhortación como una promesa, cuyo contenido es tan valioso ahora como hace dos milenios. Hemos de orar y seguir mirando a Dios en espera de la vindicación que él llevará a cabo un día.

La segunda lección de la parábola es que Dios traerá justicia. Como indica Romanos 12:19, en su momento él ejecutará venganza. En nuestra cultura tendemos a rehuir la idea de un Dios justiciero, sin embargo, un Dios así es realmente un Dios responsable y que demanda responsabilidad. En nuestras vidas de cada día consideramos que este es un concepto importante y necesario. ¿Qué serían nuestras calles si no hubiera ley y orden, tribunales y prisiones? Un Dios justo nos recuerda que no podemos hacer lo que nos plazca, sin tener que dar cuenta de nuestros actos.

Por último, el texto hace un llamamiento a la fidelidad. Cuando el Señor regrese, ¿habrá fe en la Tierra (v. 8)? Como en 12:35-48, Dios nos llama a ser fieles administradores durante este periodo provisional hasta la venida de Jesús. Deberíamos orar, dejándole el juicio al Señor y sirviéndole con diligencia hasta su venida.

Significado Contemporáneo

La fase inicial del reino de Dios nos llama a ser ciudadanos dignos (Fil 3:20-21). Pedro llama a los creyentes «extranjeros y peregrinos en este mundo».[12] Somos siervos del Señor, sus representantes en la Tierra; no debemos definir nuestras vidas mediante vínculos terrenales o culturales. Hauerwas y Willimon definen de este modo a un «extranjero residente»:

> En nuestro tiempo, la Iglesia está formada por extranjeros residentes, una audaz colonia en medio de una sociedad incrédula. Este descreimiento hace que nuestra cultura occidental carezca de un sentido de trayectoria y peregrinaje, de aventura, y esto es así porque solo cree en el cultivo de un horizonte de autopreservación y autoexpresión.[13]

Jesús les dice a los fariseos que, si quieren experimentar el favor divino que viene con la participación en las promesas del reino, han de tratar con él. Hoy las cosas no han cambiado. Ante el gran debate sobre si Jesús es o no el único camino, el Señor

---

12. S. Hauerwas y W. Willimon, *Resident Aliens: Life in a Christian Colony* [Extranjeros residentes: vida en una colonia cristiana], (Nashville: Abingdon, 1989), considera las implicaciones éticas de esta concepción del mundo.
13. *Ibíd.*, 49.

destaca que el camino a la bendición y participación en la presencia de Dios transcurre por medio de él.[14] Seguirle es ser distinto.

No hay área de la Teología que genere más especulación que la Escatología. Las perspectivas sobre el asunto de los últimos tiempos cubren todo el espectro de posiciones. Algunos se dedican en cuerpo y alma a intentar desentrañar «las señales de los tiempos» y a precisar lo cerca que podemos estar del fin. Mediante elaboradas teorías sobre el desarrollo de los acontecimientos escatológicos, se combinan enormes secciones de la Escritura en un panorama unificado. Algunos han llegado incluso a poner fechas al regreso de Cristo, o poco les ha faltado, algo a lo que la Escritura no se compromete (Mr 13:32; Hch 1:6–8).[15] Algunos ministerios dedican toda su atención a estas cuestiones. Por otra parte están los que ven este tipo de especulaciones como una pérdida de tiempo y energía. Solo Dios sabe cómo se desarrollarán las cosas, de modo que, mientras tanto, por nuestra parte hemos de limitarnos a ser fieles a nuestro llamamiento.

Ambos acercamientos representan reacciones exageradas. Es difícil de tomar en serio la Biblia si se pasa por alto su enseñanza sobre el tiempo del fin, puesto que una parte importante del texto aborda temas escatológicos relativos a las promesas de Dios. La única forma de entender bien la vida en el presente pasa por apreciar adónde se dirige el futuro. La Escritura nos ofrece los perfiles de este futuro, no mediante fechas detalladas, sino con un bosquejo general de los acontecimientos venideros. Este bosquejo no pretende ayudarnos a preparar tablas cronológicas, sino nuestros corazones. El regreso de Jesús es un asunto serio, un tiempo en el que Dios va a llevar a cabo juicios de carácter definitivo.

Jesús habla sobre el tiempo del fin en términos sombríos y con detalles terribles para dejar claro lo serio que para Dios es el juicio. Juicio significa responsabilidad. En una sociedad que tiende a considerar que las personas adultas son solo responsables ante sí mismas y su conciencia, es muy importante recordar que Dios nos tiene por responsables de nuestras acciones. Esta es la razón por la que en la parábola de Lucas 18:1–8 Jesús pregunta si, a su regreso, hallará fe en la Tierra. Aquellos que reconocen su responsabilidad delante de Dios pasarán por la vida con discreción. Ignorar el final es arriesgarnos a olvidar que hemos de dar cuenta.

El mundo se dirige hacia un final en el que muchos se limitarán a vivir sin preocuparse de Dios. Será como en los días de Noé y Lot. No ha de sorprendernos que muchos acaben espiritualmente desvinculados de Dios. Esto no significa que no debamos hacer

---

14. El debate gira en torno a si Cristo es o no el único camino a Dios. Algunos, pidiendo una actitud abierta hacia Dios, argumentan que no hemos de restringir su salvación a la mediación de Jesús; aquellos que deseen considerar una sólida crítica de esta teología abierta hacia Dios pueden ver la obra de R. Richard, *The Population of Heaven* [La población del Cielo], (Chicago: Moody, 1994).

15. Quienes estén interesados en hacer una crónica de tales intentos, pueden ver la obra de Paul Boyer, *When Time Shall Be No More: Prophecy Belief in Modern American Culture* [Cuando el tiempo ya no existirá: creencias proféticas en la cultura norteamericana moderna], (Cambridge, Mass.: Belknap, 1992). Entre las predicciones más famosas están las de William Miller, quien en el siglo XIX (1844) y junto a otros en días más recientes sugirió que la generación siguiente a la vuelta de Israel a Palestina en 1948 vería el regreso del Señor, haciendo de 1988 la fecha clave. Sin embargo, predicciones de este tipo se producen casi cada año.

un esfuerzo por compartir el Evangelio con quienes se limitan a pasar por la vida. Hay demasiado en juego para que ignoremos a nuestro prójimo. Cuando el Señor regrese para juicio, no habrá una segunda oportunidad. Para quienes le pertenecen, las bendiciones de su reinado se extenderán para siempre; sin embargo, para los que dejan pasar esta oportunidad no hay vuelta atrás, su decisión es también para siempre. El pasaje termina con la sombría imagen de los buitres, no porque haya gozo en el juicio futuro, sino porque la tragedia es muy real. Este texto grita con fuerza a cada ser humano pidiéndole que elija sabiamente en las cosas de Dios. Hay demasiado en juego como para tomar una decisión errónea.

Por otra parte, hasta que el Señor regrese, cada momento es una oportunidad de ser un instrumento de Dios para cambiar el destino de alguien que todavía no le conoce. Dios retrasa el día del juicio, siendo paciente y dando tiempo a la gente para que vaya a él (2 Pedro 3:9). Por ello, los momentos que quedan deberían motivar a la Iglesia para ser el instrumento por el que otras personas consiguen ver y disfrutar la Gracia de Dios.

La principal aplicación de la parábola de Lucas 18:1–6 es la necesidad de mantener nuestra mirada en la esperanza de lo que ha de acontecer. Esperamos su regreso con expectativa, pero mientras tanto hemos sido salvos y llamados a ser un pueblo celoso de servir a Dios con buenas obras (Tit 2:11–14). Aunque la lucha de esta vida es a veces difícil y hasta injusta para los cristianos que se esfuerzan por honrar a Dios en un mundo que con frecuencia le menosprecia, no hemos de desfallecer. En ocasiones la persecución o el rechazo pueden hacer que nos preguntemos si merece la pena. Otras veces nos sentimos frustrados porque parece que a los que no tienen en cuenta para nada a Dios todo les vaya bien. Pero hemos de recordar que eso es todo lo que van a tener por su decisión de ir en pos de las cosas materiales en esta Tierra. Llegará el tiempo en que ese armario esté vacío. Así, Cristo nos insta a pedirle a Dios que nos permita recurrir a su fidelidad para recibir la fuerza diaria para avanzar.

La parábola descubre también algo significativo sobre la oración. La mayoría de las reuniones de oración a las que asisto adquieren un carácter previsible. Oramos por las necesidades de los presentes (por regla general por asuntos de finanzas y salud). De vez en cuando se menciona una petición por la oportunidad de compartir el Evangelio con un amigo o conocido, todo ello junto con la obligatoria oración por los dirigentes de nuestro país y algunos misioneros. También tienen su apartado las víctimas de los desastres naturales o políticos.

Lo que muchas veces echo de menos en este tipo de reuniones son asuntos como los que se reflejan en esta parábola sobre la persistencia en la oración. Hemos de orar ardientemente por la vindicación de nuestro testimonio en el mundo y por nuestra plena liberación por la mano de Dios. Utilizando la imaginería de la parábola cabe la pregunta, ¿cansamos a Dios, como comunidad eclesial, con esta petición de vindicación? La oración de la Escritura que más se parece a la que se demanda en este pasaje aparece en Hechos 4:23–31, donde la Iglesia pidió que Dios la capacitara para llevar a cabo lo que él mismo le había pedido que hiciera, y ello en medio de una feroz persecución. Aquellos cristianos tenían el deseo de ser vindicados, es decir, de que Dios expresara poderosamente su presencia por medio de su ministerio. En nuestro caso no deberíamos aspirar a menos.

Lucas 18:9-17

A algunos que, confiando en sí mismos, se creían justos y que despreciaban a los demás, Jesús les contó esta parábola: 10 «Dos hombres subieron al templo a orar; uno era fariseo, y el otro, recaudador de impuestos. 11 El fariseo se puso a orar consigo mismo: "Oh Dios, te doy gracias porque no soy como otros hombres —ladrones, malhechores, adúlteros— ni mucho menos como ese recaudador de impuestos. 12 Ayuno dos veces a la semana y doy la décima parte de todo lo que recibo." 13 En cambio, el recaudador de impuestos, que se había quedado a cierta distancia, ni siquiera se atrevía a alzar la vista al cielo, sino que se golpeaba el pecho y decía: "¡Oh Dios, ten compasión de mí, que soy pecador!" 14 Les digo que éste, y no aquél, volvió a su casa justificado ante Dios. Pues todo el que a sí mismo se enaltece será humillado, y el que se humilla será enaltecido.»

También le llevaban niños pequeños a Jesús para que los tocara. Al ver esto, los discípulos reprendían a quienes los llevaban. 16 Pero Jesús llamó a los niños y dijo: «Dejen que los niños vengan a mí, y no se lo impidan, porque el reino de Dios es de quienes son como ellos. 17 Les aseguro que el que no reciba el reino de Dios como un niño, de ninguna manera entrará en él.»

La sección de Lucas 18:9–30 contiene tres escenas: el elogio del recaudador de impuestos por encima del fariseo (vv. 9–14), el cuadro de una fe como la de un niño (vv. 15–17), y el diálogo entre Jesús y el dirigente rico (vv. 18–30). En cada uno de los casos la cuestión esencial es la humildad o ¿en quién voy a confiar? El recaudador de impuestos expresa una confianza humilde, mientras que el rico confía su seguridad a sus posesiones. En contraste están los discípulos que lo han dejado todo por seguir a Jesús. También éstos son elogiados y reciben la promesa de que Dios imparte las más ricas bendiciones, entre ellas la vida eterna, a quienes tienen fe.

La parábola del recaudador de impuestos y el fariseo en 18:9–14 solo se encuentra en Lucas. Trata acerca del tipo de persona que Dios bendice (5:27–32; 7:29–30). ¿Qué es lo que Dios elogia en una persona? ¿Son acaso las cualidades que subraya el mundo, como la autosuficiencia y la posición social? Esta parábola es realmente la parábola de las dos oraciones. Son dos oraciones que revelan dos clases de corazones; el contraste entre ellos no se ve solo en la manera en que presentan sus respectivas peticiones, sino también en el modo en que se acercan a Dios.

El texto identifica explícitamente a los receptores originales de la parábola: «algunos que, confiando en sí mismos, se creían justos y [...] despreciaban a los demás.» La expresión «confiando en sí mismos» es un participio perfecto, un tiempo que indica una permanente confianza que nunca se desvanece. La palabra que la NVI traduce «despreciaban» es un término fuerte, que también puede traducirse como «rechazaban» (23:11; Hch 4:11; Ro 14:3, 10). Nos es fácil compararnos con personas que no están a nuestra altura, ¡o al menos así lo creemos nosotros! Los personajes de la escena no pueden ser más distintos por lo que a su origen se refiere. El fariseo es un respetado dirigente religioso, mientras que al recaudador de impuestos se le consideraba un parásito de la sociedad y un traidor por trabajar para Roma.[1] Teniendo en cuenta que se trata de un tiempo de oración privada, este suceso podría haberse producido en cualquier momento del día.

El fariseo se acerca a Dios con audacia y comienza lo que parece un salmo de alabanza: «Oh Dios, te doy gracias». Normalmente, en este tipo de salmo el postulante le da gracias a Dios por la realización de alguna de sus obras o la concesión de alguna bendición. Sin embargo, la gratitud de este fariseo se centra en sí mismo: él no es como otros: ladrones, malhechores, adúlteros, o incluso recaudadores de impuestos. Honra a Dios ayunando voluntariamente dos veces a la semana (probablemente los lunes y los jueves) y practicando el diezmo de sus ingresos. El ayuno en cuestión significaba que durante esos días solo ingería pan y agua. Puesto que esta práctica está por encima y más allá del estricto deber, para el fariseo constituye la insignia de sus logros que deberían hacer que Dios le otorgara su favor. Por otra parte, este fariseo daba al Señor una décima parte de sus ingresos.

Sin embargo, esta oración es una distorsión del salmo de alabanza, puesto que lo que, a fin de cuentas, está diciendo este hombre es: «¡Oh Dios, te doy gracias porque soy una persona estupenda!» De hecho, uno tiene la impresión de que Dios debería sentirse honrado de que este «fiel» fariseo forme parte de su equipo. Cinco veces en dos versículos utiliza el pronombre personal en primera persona del singular haciendo de sí mismo el principal tema de la oración.[2] Llega incluso a denigrar al hombre que ora a su lado, refiriéndose despectivamente a él como «ese recaudador de impuestos».

En contraste con él, el recaudador de impuestos no se yergue, sino que se acerca a Dios con un sentido de distancia. No levanta los ojos al cielo en señal de contrición, sino que se golpea el pecho, completamente consciente de que se acerca a Dios como un pecador.[3] Su oración es diferente: «¡Oh Dios, ten compasión de mí, que soy pecador!» No se felicita. No resume sus buenas obras. No pretende que Dios tenga que estar orgulloso del postulante u obligado para con él. Hay un único reconocimiento: su necesidad de la misericordia de Dios. Su petición de misericordia utiliza una palabra griega que en la LXX traduce un término hebreo que significa «cubrir». El trasfondo y uso de este término asumen que el postulante no puede ganarse el perdón, de manera que éste se limita a apelar a la perdonadora compasión de Dios.[4] Este hombre se acerca a Dios con el único deseo de mejorar su relación con él.

---

1. S. Kistemaker, *The Parables of Jesus* [Las parábolas de Jesús], 259 nos presenta el punto de vista de la Antigüedad sobre los recaudadores de impuestos.
2. O. Michel, «τελώνης», *TDNT*, 8:105.
3. J. Jeremias, «αἴρω», *TDNT*, 1:185–86; W. Michaelis, «ὀφθαλμός», *TDNT*, 5:377, n. 11; G. Stählin, «τύπτω», TDNT, 8:262, nn. 18; 264.
4. F. Büchsel, «ἱλάσκομαι», *TDNT*, 3:315.

El pasaje concluye con un comentario de Jesús en el que éste respalda la humildad del recaudador de impuestos. No es el hombre religioso, con todas sus obras, el justificado delante de Dios, ni su oración la que éste oye. La plegaria que Dios escucha es la súplica de misericordia. Jesús explica la razón. Aquellos que se exaltan serán humillados, mientras que los que se humillan serán exaltados. Como se lo he oído expresar a predicadores de un modo sencillo, «la mejor manera de subir es bajar, y la forma más rápida de caer es exaltarse a uno mismo». Este principio resuena a lo largo de todo este Evangelio (1:52-53; 6:20-26; 10:29-37, 38-42; 11:37-41; 12:21; 14:11). Las bravatas y el aspecto externo no significan nada, ni el currículo, la posición social o la confianza en uno mismo. Lo que cuenta es un corazón que valora lo que Dios ofrece. Es por tanto el recaudador de impuestos el que, según Jesús, vuelve a casa justificado. Lo que busca es el perdón de Dios, y lo recibe.

El breve pasaje de 18:15-17 muestra lo sutil que es la humildad, al tiempo que exhorta también a los discípulos a tener fe.[5] Cuando Jesús está ministrando, muchos se le acercan para que toque a sus pequeños. Los discípulos están convencidos de que los bebés y los niños carecen de importancia y que tales deseos son una pérdida de tiempo para el Señor. De modo que intentan impedir que los padres se le acerquen.

Jesús adopta la actitud contraria. Expresa su deseo de que los niños vayan a él, porque son personas importantes. Éstos ilustran la naturaleza del reino. Hemos de confiar en Dios con la sencilla fe y humildad de un niño dependiente. El reino está formado por personas que demuestran estas cualidades. ¿Cómo pueden sus discípulos considerar como carentes de importancia estas ilustraciones de las realidades del reino? Los discípulos tienen todavía mucho que aprender. Nuestra valoración de las personas no coincide con el modo en que Dios las ve.

Jesús aclara el asunto observando que únicamente aquellos que reciben el reino como un niño entran en él. La entrada en el reino es una cuestión de humildad que reconoce una necesidad de Dios. Lo que se elogia de los niños es su inherente dependencia, puesto que no llevan nada a Jesús sino su misma persona.

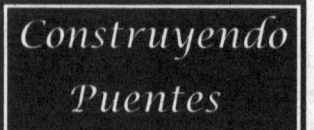

En este pasaje Jesús trata las actitudes esenciales de la humildad y la soberbia (cf. 14:1-12). Los valores que Dios honra son aquellos que nos llevan a vernos a nosotros mismos en vista de quién es él, en lugar de mirarnos bajo la distorsionada luz que procede de compararnos con otras personas. Sin embargo, la actitud del fariseo —juzgar a las personas por las apariencias o sencillamente por su condición social— es muy a menudo la regla. Se trata de un desafortunado error, puesto que muchas veces nos equivocamos mucho en nuestras impresiones sobre el carácter de las personas. Cuán a menudo el empresario tan admirado por la sociedad resulta ser un hombre falso e inmoral, mientras que las gentes sencillas se manifiestan como personas íntegras. Este texto revela también muchas cosas sobre el corazón humano,

---

5. Este pasaje encuentra un paralelismo en Mateo 19:16-22 y Marcos 10:17-22. Este es el primer pasaje que guarda un sustancial paralelismo con Marcos desde Lucas 9:49.

puesto que a menudo nos acercamos a la mismísima presencia de Dios comparándonos favorablemente con otras personas.

El problema de la soberbia se extiende a lo largo del tiempo. La humildad es poco frecuente en una sociedad a la que le encanta jactarse de lo singular y de los méritos. Pero los méritos tienen un aspecto negativo. Pueden convertirse en una forma manipuladora de invocar una carta de cambio para negociar los propios intereses. En lugar de acercarnos a Dios en virtud de su misericordia y gracia, lo hacemos apelando a nuestro historial y sugiriendo sutilmente que nos debe una respuesta. El verdadero peligro de la soberbia es que nos impide ver cuál es realmente nuestra posición ante Dios.

Por otra parte, la humildad nos lleva a considerar con sobriedad nuestra condición, sin olvidar nunca que el modelo para compararnos es el carácter de Dios. Nunca deberíamos bajar el listón para saltarlo con facilidad. Lo encomiable del recaudador de impuestos es que era consciente de dónde estaba al acercarse a Dios. No era producto de sus logros, sino resultado de la bondad de Dios que le extendía su misericordia. Este modo de acercarnos a Dios altera radicalmente la dinámica de cómo le vemos a él, a nosotros mismos, y a los demás. Vernos como necesitados de misericordia produce compasión. No nos valoramos más de lo que debemos, ni sugerimos que Dios es afortunado por contar con nosotros. El privilegio es nuestro por conocerle. La actitud de humildad descansa en su Gracia; la soberbia es una afrenta a Dios.

Como en muchos textos de la sección del viaje a Jerusalén, también en 18:15-17 se tratan los valores fundamentales que ha de tener un discípulo. Jesús honra a las personas al margen de su posición social. Esto es lo contrario de lo que tendemos a hacer, ya que, con frecuencia, nos sentimos atraídos por los poderosos (cf. Stg 2:1-12). De hecho, Jesús ve en estos pequeños una representación de cómo hemos de ser.

La actitud de Jesús hacia estos niños sugiere que deberían ser analizados y valorados por las cualidades que Dios honra. En una era en la que muchos niños no tienen consigo a ambos progenitores, no solo se les está robando a ellos el apoyo que Dios desea que tengan, sino que con frecuencia nos perdemos lecciones sobre cómo debería ser nuestro andar con nuestro padre. Mis hijos me recuerdan a menudo con sus respuestas lo importante que es tener un buen padre, y me hacen reflexionar sobre lo bueno que es Dios con nosotros. Como los discípulos, a menudo ignoramos al niño en lugar de abrazarle y de este modo se pierden la bendición de Dios.

Significado Contemporáneo

Las lecciones de 18:9-14 surgen del contraste entre la soberbia y la humildad. La soberbia proclama sus méritos; la humildad suplica compasión. La soberbia negocia como con un igual; la humildad se acerca consciente de su necesidad. La soberbia separa denigrando a los demás; la humildad se identifica con ellos, reconociendo que todos tenemos la misma necesidad. La soberbia destruye con su alienante egoísmo; la humildad abre puertas con su poder para comprender la lucha en la que estamos todos. La soberbia arruga la nariz; la humildad ofrece una mano abierta.

Sin embargo, en nuestra agresiva sociedad, la soberbia (o al menos algunas sutiles formas de lucimiento relacionadas con ella) se lleva a menudo los elogios, a pesar de sus destructivos efectos sobre las relaciones personales y el carácter. Mientras escribo esto, en el ámbito del deporte se está viviendo una importante polémica. Yo vivo en Dallas y, como es bien sabido, en la ciudad hay un famoso equipo de fútbol americano, cuya meta es ganar títulos a toda costa. Barry Switzer, el nuevo entrenador, pidió permiso (y lo obtuvo) para ver a su hijo, que juega a fútbol en el equipo de una universidad los sábados, en lugar de asistir a la última reunión con el equipo la noche antes de los partidos. El entrenador explicó que su familia está por encima de su trabajo. Como padre, quería mostrarle a su hijo lo importante que era para él. El antiguo entrenador, Jimmy Johnson, era un hombre reconocido por su talante «ganador» y criticaba a su sustituto por abandonar al equipo y arriesgarse a la derrota al desvirtuar los valores de equipo. Para este ex entrenador lo que definía la vida era ganar: sacrificarlo todo —incluso la esposa y la familia— sobre el altar de los logros. Ya había perdido a su esposa e hijos hacía años por su ansia de triunfos y títulos, por haber hecho de su meta el éxito como entrenador. Pero en el juego de la vida, ¿cuál de estos dos entrenadores tiene los valores desvirtuados y erróneos? Lo sorprendente es la gran cantidad de personas que se ponen del lado del «ganador». La soberbia significa que la tarea es más importante que las personas. Los objetivos se convierten en obstáculos para las relaciones humanas. Jesús condenó el orgullo por su insidiosa capacidad destructiva.

La humildad es más difícil de analizar porque no se le presta atención. Simplemente va y sirve, a menudo de manera sacrificada. No reclama derechos; intenta hacer lo que está bien. No se jacta de su integridad; la expresa. Es fácil pasar por alto lo que no llama la atención. Pero Dios ve el corazón humilde y lo exalta, lo elogia. Este es el reto que nos plantea Jesús.

Al reflexionar sobre este texto, hemos de preguntarnos a quién podemos comparar con el fariseo en nuestros días. Hay fariseos de todos los estilos. Muchas personas piadosas están orgullosas de sus logros y a menudo se dan a conocer por su forma condescendiente de dirigirse a quienes «hacen» menos que ellos. Este tipo de parábola se aplica a ellas. En nuestra cultura, las personas que desempeñan papeles públicos de relevancia corren también un riesgo en esto. A menudo se les alaba y pone en un pedestal, y todo lo que hacen y dicen está rodeado de un contundente aire de infalibilidad. Algo va mal en este tipo de personas cuando piensan que tienen poco que aprender de los demás.

El recaudador de impuestos contemporáneo puede ser un diácono casi invisible en la iglesia quien, semana tras semana, sirve a los demás de manera fiel y honesta, sin decir una palabra de lo que está haciendo. Nunca se pondrá delante de la iglesia, ni deseará hacerlo. Vive fielmente con Dios y se apoya en él. Tales personas son a menudo poco apreciadas en la Iglesia, sin embargo, Dios les conoce. El recaudador de impuestos puede también ser alguien que es fiel a su cónyuge, cumple con sus responsabilidades, y sin embargo, es consciente de que, en aquellas ocasiones en que su vida no honra a Dios, lo mejor que puede hacer es buscar el perdón de un Dios benévolo y misericordioso. No van haciendo alarde de su religiosidad. Intentan simplemente ser fieles a Dios.

Dos ideas surgen de 18:15–17. (1) Este pasaje nos llama a reflexionar sobre la fe. Deberíamos observar a un niño tomado de la mano de su madre y preguntarnos, «¿recurro de este modo a mi Padre celestial?» Cuando el ritmo de mi vida me permite mirar a mi alrededor con cierto sosiego, lo que con frecuencia me llama la atención es la imagen de un niño caminando al lado de uno de sus padres, estirando todo lo que puede el brazo para sujetarse a la mano de mamá o papá con sus frágiles deditos, sus pies esforzándose por andar todo lo rápido que puede para mantener al paso de ellos. En esta escena encontramos una ilustración de un hijo de Dios. Hemos de poner nuestras manos en las suyas y andar junto a él, permitiendo que dirija nuestros pasos. Esta clase de humildad, confianza y dependencia nos llama a buscar el rostro de nuestro Padre celestial y a andar a su lado, cerca de él.

(2) Deberíamos también observar la preciosa naturaleza e importancia de los niños. Cuando cursé mis estudios en el seminario, me equivoqué en esta cuestión. Me interesé exclusivamente en las clases que trataban el ministerio entre adultos. Había algunos cursos obligatorios relacionados con la educación de los jóvenes que, de haber sido optativos, yo no hubiera nunca escogido; ¡qué se le va a hacer! —Pensaba en aquel tiempo—, eran horas de clases y trabajos que había que soportar. Tengo la sospecha de que algunas personas consideran del mismo modo la paternidad o incluso la enseñanza de los niños en la Iglesia.

¡Qué estrecha de miras es esta forma de pensar! El grupo de los niños es uno de los más abiertos a Dios. Algunos de los miembros de nuestra facultad dan buen testimonio de personas que estuvieron dispuestas a ocuparse de ellos cuando eran niños y llevarles a la Iglesia, aun cuando sus padres no asistían. Allí encontraron a Dios y comenzaron a servirle. Los niños tienen más años de ministerio por delante que cualquier otro grupo de edad. Los niños no son un inconveniente, sino el futuro de la Iglesia. De hecho, las estadísticas indican que la mayoría de quienes tienen una relación con Dios la establecen antes de abandonar el hogar para cursar estudios superiores. Los niños están a menudo más abiertos a Dios y menos influenciados por una cultura que pretende alejarles de tomar a Dios en consideración. Si Jesús puede tomarles en sus brazos, también podemos y deberíamos hacerlo nosotros.

Lucas 18:18-30

Cierto dirigente le preguntó:

—Maestro bueno, ¿qué tengo que hacer para heredar la vida eterna? 19 —¿Por qué me llamas bueno? —respondió Jesús—. Nadie es bueno sino solo Dios. 20 Ya sabes los mandamientos: "No cometas adulterio, no mates, no robes, no presentes falso testimonio, honra a tu padre y a tu madre." 21 —Todo eso lo he cumplido desde que era joven —dijo el hombre. 22 Al oír esto, Jesús añadió: —Todavía te falta una cosa: vende todo lo que tienes y repártelo entre los pobres, y tendrás tesoro en el cielo. Luego ven y sígueme. 23 Cuando el hombre oyó esto, se entristeció mucho, pues era muy rico. 24 Al verlo tan afligido, Jesús comentó: —¡Qué difícil es para los ricos entrar en el reino de Dios! 25 En realidad, le resulta más fácil a un camello pasar por el ojo de una aguja, que a un rico entrar en el reino de Dios. 26 Los que lo oyeron preguntaron: —Entonces, ¿quién podrá salvarse? 27 —Lo que es imposible para los hombres es posible para Dios —aclaró Jesús. 28 —Mira —le dijo Pedro—, nosotros hemos dejado todo lo que teníamos para seguirte. 29 —Les aseguro —respondió Jesús— que todo el que por causa del reino de Dios haya dejado casa, esposa, hermanos, padres o hijos, 30 recibirá mucho más en este tiempo; y en la edad venidera, la vida eterna.

Este texto utiliza dos tendencias comunes en Lucas: el uso del contraste y el abordaje del tema de la riqueza como base para un llamamiento a la fidelidad.[1] Obsérvese cuántas veces habla Lucas de la prosperidad, o de la cuestión estrechamente relacionada de la generosidad (3:11; 5:11; 6:23–26, 34–35, 38; 7:5; 8:3, 14; 10:34–35; 11:41; 12:13–21, 33; 14:12–14, 33; 16:9–13, 19–31; 18:22; 19:8).[2] El manejo de lo material es una cuestión espiritual y una parte importante de la vida.

A lo largo de este texto se expresan diferentes contrastes. En los versículos 28–30 se contraponen el rico y los discípulos. Curiosamente, a este hombre se le conoce como el joven rico, sin embargo, Lucas no menciona su edad, sino solo su condición de dirigente (Mt 19:22 nos dice que era un hombre joven). Lucas está más interesado en la actitud de este hombre que en sugerir alguna clase de inmadurez, puesto que se trata de una actitud destructiva independientemente de la edad que tenga la persona en cuestión. A este hombre rico se le contrasta también con el ciego que, en 18:35–43, pide a Jesús que le sane. Ese hombre, aunque ciego, ve con toda claridad, mientras que la visión del rico, aun teniendo ojos, ha sido oscurecida por sus posesiones. Este rico es como el fariseo de 18:9–14, en el sentido de que está más preocupado de su posición que de conocer la Gracia de Dios.

---

1. Este texto tiene paralelos en Mateo 19:16–30 y Marcos 10:17–31. La versión lucana está más cerca de Marcos en el procedimiento que Mateo.
2. R. Stein, *Luke* [Lucas], 459.

El texto comienza con la pregunta de este dirigente a Jesús sobre lo que ha de hacer para heredar la vida eterna (cf. 10:25). Probablemente se trata de alguien de una elevada posición social; no es simplemente un hombre rico, sino que ostenta un cierto nivel de poder civil. Quiere saber cómo puede estar seguro de ser salvo cuando Dios imparta el don de la vida.[3] Este dirigente se dirige a Jesús como «maestro bueno», intentando quizá que éste se complazca y le conceda de buena gana su atención. Pero Jesús hace saber a este hombre desde el comienzo que no conseguirá su favor con saludos elogiosos, advirtiéndole que solo Dios es bueno. Cuando Jesús le exhorta a adoptar otro rumbo con sus posesiones materiales, a este dirigente le cambia la cara y rechaza su enseñanza (v. 24).

Con la cuestión de la bondad se plantea el asunto de honrar a Dios. Jesús contesta recordando los mandamientos (ver Éx 20:12–16; Dt 5:16–20), y omitiendo los que se relacionan con él. La base veterotestamentaria para la respuesta de Jesús está en Deuteronomio 30:15–20, donde se muestra que amar primero a Dios de corazón significa no ser arrastrado por las distintas expresiones de idolatría que ofrece el mundo.[4] Uno de los principales peligros de las riquezas es que las posesiones lleguen a ocupar el primer lugar y las personas queden relegadas a una posición secundaria. El creyente no ha de dar lugar en su vida al adulterio, el asesinato, el robo y la mentira, mientras que sí ha de honrar a sus padres. Jesús demanda un carácter que no está centrado en servirse a uno mismo y que no se aprovecha de otras personas.

El gobernante replica que ha obedecido estos mandamientos desde su juventud (probablemente desde que asumió su responsabilidad como adulto, más o menos a los trece años). No tiene nada que aprender o temer. Jesús replica añadiendo otra prueba para ver si este hombre está o no dispuesto a servir a Dios. Recordemos que el dirigente acaba de llamar a Jesús «maestro bueno», y esto significa que, sin duda, tendrá en cuenta lo que este mentor tenga que plantearle. Jesús pide, pues, a este hombre que venda todo lo que tiene y lo entregue a los pobres; haciendo esto se hará tesoro en el Cielo. Después, ha de seguir a Jesús y unirse a él en su caminar con Dios (v. 22).

Esta combinación es crucial para entender la naturaleza de la respuesta de Jesús. ¿A qué dará este hombre preferencia, a lo que puede darle este mundo o a lo que le ofrece el Cielo? No se trata de una prueba de obras sino del sondeo de su corazón, un examen de su lealtad más esencial. Lo que Jesús le está preguntando es: «¿eres una persona codiciosa que pone su seguridad en sus posesiones, o confías en el llamamiento de Dios?» Jesús ha enseñado ya que no se puede servir a Dios y al Dinero al mismo tiempo (16:13), de manera que la respuesta de este hombre demostrará sus preferencias.[5] En resumidas cuentas, Jesús quiere saber si su fe está en las cosas de la Tierra o en el camino de Dios.

---

3. La expresión «heredar la vida» tiene un rico trasfondo judío. Ver Salmos 37:9, 11, 18; Daniel 12:2; 2 Macabeos 7:9; 4 Macabeos 15:3; 1 Enoc 37:4; 40:9; 58:3; Salmos de Salomón 3:12.
4. El pasaje paralelo de Mateo 19:19 cita el mandamiento de amar al prójimo, que se ve como una derivación y consecuencia natural de amar a Dios en vista de los Diez Mandamientos en su conjunto.
5. Hay otra indicación de la fuerza retórica de la petición de Jesús al joven rico. Zaqueo era un hombre rico que vendió la mitad de sus posesiones para dar a los pobres; sin embargo, Jesús

Este hombre reacciona con tristeza. Es rico y tendría que abandonar muchas cosas. El comentario de Jesús en los versículos 24–25 da a entender que la identidad personal de los ricos está tan vinculada a las cosas de esta Tierra que les es imposible abandonarse a los cuidados de Dios (cf. 6:24; 12:15, 21; 16:9). El comentario sobre el ojo de la aguja suena muy fuerte. Si es imposible que un camello pase por el ojo de una aguja, ¿dónde queda el rico para quien la entrada en el reino es aún más difícil?[6]

Los comentarios de Jesús han traumatizado a los discípulos. A los ricos se les veía a menudo como a aquellos a quienes Dios había bendecido. No hay que olvidar que el Antiguo Testamento parecía enseñar precisamente esto (Pr 6:6–11; 10:4; 28:19). Si los ricos no pueden entrar en el Cielo, ¿quién entonces puede? ¿Quién puede ser salvo (v. 26)? Sin embargo, debe observarse que el Antiguo Testamento no siempre describe a los ricos como receptores de la bendición de Dios. Los profetas les criticaron a menudo por no utilizar sus recursos con generosidad, y su condición de ricos no les hacía automáticamente acreedores de las bendiciones (Amós 6; Miqueas 6). El llamamiento de Jesús se basa firmemente en la tradición profética del Antiguo Testamento.

Dios puede llevar a cabo lo que los seres humanos son incapaces. Ha de cambiar el corazón humano y abrir el camino hacia él mismo. Algunos pueden conseguir lo que Jesús demanda. Dios lo hace posible. Así, Pedro toma la iniciativa y plantea la pregunta fundamental. Su declaración, «nosotros hemos dejado todo lo que teníamos para seguirte», es de hecho una pregunta sobre si han pasado o no la prueba de «venderlo todo».

¿Han hecho ellos lo que Jesús le está pidiendo al dirigente? La respuesta de Jesús representa una respuesta afirmativa a la inquietud de Pedro. Cualquiera que por causa del reino de Dios haya dejado casa, esposa, familiares, recibirá mucho más en este tiempo, a saber, a la familia de Dios, y vida eterna en la edad venidera.

El pasaje termina con el mismo tema con que comenzó: «vida eterna». Hemos de vincularnos a Jesús en una relación personal y descansar en el hecho de que él se ocupará de nuestro bienestar. A esto le llamamos fe, a saber, confiar nuestro bienestar a Jesús significa entrar a formar parte de una nueva familia y recibir el don de la vida. Jesús le está diciendo a Pedro que él tiene este don. Dios ha hecho posible lo que, de otro modo, habría sido imposible.

Construyendo Puentes

Este análisis que hace el texto de nuestra lealtad fundamental es realmente una denuncia de las más sutiles formas de idolatría. Es una prueba intemporal del corazón. Mientras leemos esta historia hemos de hacer una pausa y reflexionar, preguntándonos por qué plantea Jesús este desafío. Como profeta, sus

---

dijo refiriéndose a él que la salvación había llegado a su casa. En cambio, lo único que hace este hombre rico es alejarse, mostrando que ni siquiera está dispuesto a hablar con Jesús sobre el llamamiento. Su corazón está firmemente arraigado en su identidad material.

6. Algunos han argumentado que Jesús está aquí aludiendo a la Puerta del Ojo de la Aguja de Jerusalén, sin embargo, esto es completamente inverosímil, puesto que no hay ninguna figura literaria que interpretar. Que un camello pasara por una puerta no era difícil; Ver D. Bock, *Luke* [Lucas], (Downers Grove, Ill.: InterVarsity, 1994), 301.

palabras exploran el corazón y plantean una cuestión que no solo tiene necesidad de oír este hombre rico, sino también todos nosotros. Este hombre creía tener un corazón justo, sin embargo, la pregunta de Jesús puso al descubierto que tenía otros dioses que le ofrecían más de lo que, en su opinión, podía aportarle el cielo. La petición de vender todas sus posesiones tocó una fibra que puso de relieve la falta de lealtad a Dios por parte de este hombre y debería haberle llevado a acudir a él para obtener su Gracia. Pero él no está interesado en poner sus prioridades delante de Dios.

¿Qué, pues, piensa Jesús sobre las riquezas? Esta pregunta requiere que consideremos varios textos, no solo éste. Este trasfondo de la pregunta y el posterior ejemplo de Zaqueo muestran que el asunto no está en venderlo todo para conocer a Dios. La salvación no es el producto de una cuenta bancaria vacía. Lo que enlaza el contexto original con el nuestro es la cuestión de dónde está nuestra confianza. ¿Gira acaso en torno a nuestras posesiones y la seguridad que éstas ofrecen? ¿O está centrada en Dios? ¿Reconocemos que todo cuanto tenemos es parte de la mayordomía que Dios nos da, que no es para nuestra posesión? ¿Pretendemos acaso ser justos, al tiempo que nos acogemos a otros recursos en busca de seguridad a pesar de la oferta de Dios?

Pedro, Zaqueo y otros pasaron la prueba, no porque lo vendieran literalmente todo (Zaqueo seguía teniendo recursos económicos), sino porque la dirección de Dios se convirtió en la orientación esencial de sus vidas. Lo habían dejado todo por causa del reino. Aun cuando en ocasiones fracasaron estrepitosamente, como Pedro en sus negaciones, sus corazones se orientaron en la buena dirección.

Algo que es igualmente central en este pasaje es el reconocimiento de que Dios cambia el corazón humano. Lo que el egoísmo hace imposible para los seres humanos, Dios lo lleva a cabo cambiando el corazón. La salvación es un acto de su Gracia; él puede hacernos ver las cosas de manera distinta. Su obra puede incluso convertir al rico en pobre de espíritu.

Por otra parte, cuando Dios nos dirige, nuestros recursos se ponen al servicio de los necesitados. Jesús le pidió al rico dirigente que entregara sus recursos a Dios de modo que éstos pudieran ser utilizados para ayudar a tales personas. Este tipo de generosidad muestra un corazón que confía en Dios. Cuando buscamos verdaderamente a Dios, él nos dirige a servir a los demás. El propio ministerio de Jesús es el mejor ejemplo de esto.

Significado Contemporáneo

Este pasaje nos desafía a preguntarnos dónde están los anclajes fundamentales de nuestra identidad. Las posesiones pueden ser una de tales raíces. Éstas pueden oscurecernos la vista de modo que no distingamos los valores centrales y encadenar nuestro corazón a un punto de identidad erróneo. Hay pocos personajes bíblicos tan trágicos como este joven rico que rechaza la invitación de Jesús. Sin embargo, existen otros factores, como nuestros logros, orgullo y familia, que pueden también situarse en el lugar que debería estar reservado únicamente para Dios. Cualquier cosa que nos ate excesivamente a la Tierra en lugar de liberarnos como representantes comisionados de Dios indica que hay una anomalía en el proceso del discipulado. Lo que es realmente aterrador es la facilidad con que podemos elegir las cosas terrenales en lugar de las celestiales. Naturalmente, no tenemos que ser perfectos para poder ser salvos, sin embargo, el pueblo de Dios ha de reconocer lo importante que es confiar en él. Cuando nuestros corazones se centran en el Señor, recibimos la vida eterna y llegamos a conocerle de un modo más completo.

Este texto sugiere también que hemos de considerar con atención cómo empleamos los recursos que Dios nos da. En Lucas 12:13–21 y 16:1–13 se ha planteado ya esta cuestión, sin embargo, este pasaje subraya la dirección que han de tomar nuestros recursos. Satisfacer las necesidades de los pobres es una expresión concreta de compasión. En un mundo en el que algunas personas, hablando relativamente, tienen en su mano la mayoría de los recursos del mundo, la aplicación de este pasaje no es fácil. Las necesidades están por todas partes. Los ricos que se han convertido a Dios han de actuar concretamente llevando a cabo obras de ministerio y servicio para aquellos que tienen verdaderas necesidades (cf. exposición respecto a 4:16–30; 14:7–14).

Puede que la aplicación más fundamental es la que Pedro desarrolla más adelante, a saber, que los seguidores de Jesús son como «extranjeros y peregrinos» en esta tierra (1P 2:11 y siguientes). Cuando Jesús le pide a este hombre que venda todo lo que tiene y le siga con la promesa de hacerse tesoro en el Cielo, le está pidiendo que se convierta en ciudadano del Cielo. Este tipo de ciudadanía (Fil 3:20) significa que las cosas de la Tierra pierden cada vez más su valor en vista de nuestra gloriosa y graciosa relación con Dios. Nuestros recursos dejan de ser nuestros; se convierten en herramientas del Cielo para servirle a él. Solo cuando tenemos una actitud de indiferencia hacia las cosas de la Tierra podemos entregárselo todo a Dios.

Otra alentadora característica de este texto es que tal indiferencia es posible. Pedro le preguntó al Señor si ellos habían hecho lo que él había demandado al rico, y Jesús les aseguró que sí. Es posible poner el bienestar de nuestro corazón en manos del tierno cuidado divino. Jesús intentó que aquel dirigente rico depositara esta clase de confianza en Dios, pero no lo consiguió. Por otra parte, Pedro y los otros discípulos sí lo habían hecho y se habían añadido, por tanto, a la familia de peregrinos que honran a Dios. En el último análisis, éstos ganan mucho más de lo que puedan abandonar.

Por último, el texto deja claro que ganamos una nueva familia cuando nos entregamos a Jesús. Esta verdad es particularmente importante en un contexto en el que muchas personas proceden de familias fragmentadas. La Iglesia se convierte en un lugar en el que nuevos «hermanos y hermanas» ofrecen ánimo y apoyo emocional o de otro tipo. Esto lo observamos de manera especial cuando un pequeño grupo dentro de la iglesia local se vuelca para satisfacer las necesidades de una familia en medio de una crisis. Este tipo de apoyo hace que el difícil camino del discipulado sea un poco más fácil.

Lucas 18:31-43

Entonces Jesús tomó aparte a los doce y les dijo: «Ahora vamos rumbo a Jerusalén, donde se cumplirá todo lo que escribieron los profetas acerca del Hijo del hombre. 32 En efecto, será entregado a los gentiles. Se burlarán de él, lo insultarán, le escupirán; 33 y después de azotarlo, lo matarán. Pero al tercer día resucitará.» 34 Los discípulos no entendieron nada de esto. Les era incomprensible, pues no captaban el sentido de lo que les hablaba.
Sucedió que al acercarse Jesús a Jericó, estaba un ciego sentado junto al camino pidiendo limosna. 36 Cuando oyó a la multitud que pasaba, preguntó qué acontecía. 37 —Jesús de Nazaret está pasando por aquí —le respondieron. 38 —¡Jesús, Hijo de David, ten compasión de mí! —gritó el ciego. 39 Los que iban delante lo reprendían para que se callara, pero él se puso a gritar aún más fuerte: —¡Hijo de David, ten compasión de mí! 40 Jesús se detuvo y mandó que se lo trajeran. Cuando el ciego se acercó, le preguntó Jesús: 41 —¿Qué quieres que haga por ti? —Señor, quiero ver. 42 —¡Recibe la vista! —le dijo Jesús—. Tu fe te ha sanado. 43 Al instante recobró la vista. Entonces, glorificando a Dios, comenzó a seguir a Jesús, y todos los que lo vieron daban alabanza a Dios.

Sentido Original

El viaje de Jesús a Jerusalén está llegando a su fin. En la última parte de dicho viaje (18:31–19:44), Jesús está preparándose para lo que tiene por delante y, por ello, hace una nueva predicción de su cercano desenlace (18:31–34). A continuación expresa su poder para sanar como Hijo de David (18:35–43) y, con su elogio de la transformación de Zaqueo, pone de relieve su autoridad para impartir salvación (19:1–10). Este recaudador de impuestos ilustra a un hombre rico que llega a la fe, subrayando la cuestión de que cualquiera puede acudir a Jesús, cuya autoridad para juzgar se reafirma en la parábola de las diez minas, que hace un llamamiento a la fidelidad (19:11–27). Jesús se acerca a la ciudad donde va a ser objeto de una inusitada alabanza, así como también del escepticismo de los dirigentes judíos (19:28–40). El viaje termina con una nota trágica: Jesús llora por la ciudad, que va a ser juzgada por rechazar a su Mesías y pasar por alto el día de su visitación (19:41–44). Todos los aspectos de esta unidad muestran la autoridad de Jesús quien, aunque va acercándose a su muerte, sigue siendo el centro del relato. Quitarle de en medio no cambia nada, puesto que Dios le vindicará. Lo único que cambiará es su base de operaciones.

Lucas 18:31–34 presenta la sexta alusión directa a la muerte de Jesús en este Evangelio (5:35; 9:22, 44–45; 12:49–50; 13:32–33; 17:25).[1] Es también el cuarto pasaje que menciona al Hijo del Hombre muriendo (9:22, 44; 17:25). En este pasaje aparecen dos elementos que no consigna ningún otro evangelista: las acciones de Jesús como cum-

---

1. Los pasajes paralelos de este texto son Mateo 20:17–19 y Marcos 10:32–34. En 2:35 hay una referencia indirecta a la muerte de Jesús, sin embargo, se declara de manera demasiado implícita para poder hablar de una clara alusión.

plimiento de los profetas (v. 31) y la falta de comprensión por parte de los discípulos (v. 34). Los discípulos no alcanzan a comprender cómo puede la muerte de Jesús cumplir la voluntad de Dios. Los próximos acontecimientos clarificarán su entendimiento.

Jesús anuncia que se dirigen a Jerusalén para satisfacer todo lo que han escrito los profetas. Esta nota de cumplimiento subraya que los acontecimientos que van a producirse forman parte del propósito de Dios (2:39; 12:50; 13:22, 32; 22:37; 24:44–47; Hch 2:23; 13:29). Nada toma a Jesús por sorpresa. Hace ya algún tiempo que Jerusalén ha sido señalada como la ciudad de su destino (Lc 9:22, 31; 13:33–34).

Jesús será entregado a los gentiles, que se burlarán de él, le insultarán, escupirán, flagelarán y, por último, le matarán. En este pasaje Lucas no menciona quiénes le van a entregar; lo ha hecho ya en 9:22: los ancianos, principales sacerdotes y maestros de la ley (cf. Mt 20:18; Mr 10:33). Pero la historia continúa. Al tercer día, resucitará. Tras el sufrimiento vendrá la gloria y la vindicación.

Los discípulos no entienden estas cosas (al menos, no hasta 24:45, cuando finalmente entienden las Escrituras). En aquel momento, el misterio de lo que Dios estaba haciendo se les aclara de un nuevo modo (cf. 10:21; 1Co 2:7; Ef 3:9; Col 1:26). Aunque la vida de Jesús cumple las profecías de Israel, abundan las sorpresas por lo que respecta al modo del cumplimiento. La Iglesia Primitiva verá que Jesús ha cumplido la esperanza del Antiguo Testamento, mientras que, al mismo tiempo, ha presentado nuevos acercamientos a la circuncisión, el Sabat, las leyes alimentarias y los sacrificios. ¿Cómo puede el cumplimiento de las profecías alterar aspectos tan fundamentales de la adoración judía? ¿Cómo es posible que muera el Mesías prometido? Inicialmente, todos estos acontecimientos son incomprensibles, aun para aquellos que siguen a Jesús. Forma parte del misterio del plan que no consiguen entender.

Jesús pretende ser el medio y cumplimiento de la promesa: inaugurando, reordenando y completando el mapa de la fe judía. Él es tanto propósito como cumplimiento de todo lo que la Ley ha señalado. El rechazo de esta pretensión por parte de muchos judíos desencadena su muerte. El anuncio de la muerte de alguien a quien se concede un título tan honorable como Hijo del Hombre es solo una de las muchas sorpresas que en la Iglesia de nuestro tiempo asumimos con cierta ligereza. Es a menudo difícil apreciar lo sorprendente del camino que toma Jesús. Pero las posteriores intervenciones de Dios dejarán claro lo que hoy se nos escapa fácilmente a sus discípulos.

En Lucas 18:35–43 se consigna el cuarto y último milagro de la sección del viaje a Jerusalén (cf. 13:10–17; 14:1–6; 17:11–19).[2] Dominada por la instrucción y el con-

---

2. Los pasajes paralelos de este texto son Mateo 20:29–34 y Marcos 10:46–52. Existen, no obstante, diferencias en estas versiones. Mateo y Marcos hablan de una sanidad que se produce cuando Jesús abandona Jericó, mientras que Lucas parece consignarla a su entrada a la ciudad. Mateo registra la sanación de dos hombres ciegos. Algunos proponen dos ciudades de Jericó para resolver la cuestión de la localidad, sin embargo, puede que solo se trate de reordenar dos acontecimientos en Jericó para que la sanidad del ciego pueda situarse antes del relato de Zaqueo para añadir un valor simbólico al segundo suceso. Por tanto, es posible que la diferencia solo lo sea de disposición literaria y de aspecto superficial. El otro ciego de Mateo es también una mera diferencia en la narración de los detalles del suceso.

flicto, en esta unidad se han producido pocos milagros. Sin embargo, este último milagro es significativo, puesto que da realce al que lleva a cabo la sanación: Jesús sana como Hijo de David. Irónicamente, mientras muchos tienen problemas para entender quién es Jesús, un hombre ciego lo percibe con claridad meridiana.

Cuando Jesús llega a las inmediaciones de Jericó, un ciego está mendigando por el camino y oye el alboroto que suscita su presencia. Al interesarse por lo que está sucediendo, se le informa que «Jesús de Nazaret está pasando por aquí»; Al parecer, el ciego ha oído hablar de Jesús y sabe que no es un simple nazareno.[3] Todo lo que este hombre le responde a Jesús pone de relieve que las cosas que ha oído sobre él le han llevado a creer que puede cambiar su vida. Puede que hubiera soñado con aquel momento, aunque pensaba que nunca llegaría. El ciego clama a Jesús, «¡Hijo de David, ten compasión de mí!» Al llamarle «Hijo de David», el ciego reconoce que Jesús es el Prometido de Dios. Una tradición del judaísmo afirmaba que, como Hijo de David, Salomón tenía el poder de sanar, ejerciendo una gran autoridad sobre las fuerzas del mal.[4] El ciego quiere que Jesús ejerza a su favor el poder del que ha oído hablar, y le confía su bienestar como Hijo de David.

La percepción popular es que aquel hombre es demasiado insignificante como para que Jesús le preste atención. Lo que tenía que hacer era callarse y no molestar al maestro. Sin embargo, las reprensiones no consiguen sino hacer más firme la determinación del ciego, que sigue suplicando misericordia, con voz aún más sonora. Estas súplicas de misericordia a Jesús son comunes (Mt 9:27; 15:22; 17:15; 20:31-32; Mr 5:19; 10:47-48). La raíz de su petición se remonta al clamor penitencial de David en el Salmo 51:1 y recuerda a la terminología sobre la misericordia y fiel amor de Dios en Lucas 1:72. Porque, para una persona sensible, la expresión de la Gracia de Dios es una extensión de su misericordia, no una acción debida al receptor.

Jesús oye el grito y pide que le traigan al hombre. La multitud se equivoca. Jesús se preocupa por personas como aquel ciego. Aunque quienes le rodean quieran ignorar al ciego, que es un donnadie desde un punto de vista social, Jesús desea responder a su perspicaz súplica de ayuda. Dios mira el corazón de la persona, no su estatus. Jesús le pregunta lo que quiere, probablemente para que éste declare públicamente su deseo y exprese su fe en Jesús. El ciego responde que desea volver a ver. Jesús le concede entonces su petición y observa que su fe le ha sanado.

Este diálogo simboliza mucho más que la capacidad de volver a ver. El ciego confía en que, pidiéndole al Hijo de David que le imparta lo que está en condiciones de dar, él será restaurado. Jesús no se limita a abrirle los ojos, sino que afirma también que el ciego puede andar con los ojos puestos en Dios. Su fe le ha proporcionado liberación y sanación de su ceguera. Quienes se acercan a Dios con la confianza de que puede hacerles ver reciben visión espiritual.

---

3. La conexión de Jesús con Nazaret es muy frecuente en el Nuevo Testamento (Mt 2:23; 26:71; Jn 18:5, 7; 19:19; Hch 2:22; 3:6; 4:10; 6:14; 22:8; 26:9).
4. Josefo, *Antigüedades* 8.2.4–5 §§ 42–49. El vínculo davídico es frecuente en el Nuevo Testamento: Mateo 9:27; 12:23; 15:22; 20:31–32; 21:9, 15; Marcos 10:47–48; 12:35; Juan 7:42; Hechos 2:29–32; Romanos 1:3; 2 Timoteo 2:8.

De manera que el ciego comienza a seguir a Jesús y alabar a Dios. También el pueblo que estaba presente cambió el tono y comenzó a glorificar a Dios. Dios ha obrado poderosamente de nuevo por medio de Jesús. Esta acción representa otra indicación del cumplimiento que Jesús anunció en 4:16–18. El acceso a Dios ha sido abierto mediante la fe.

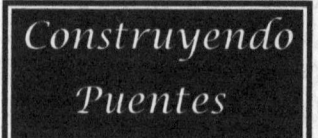

Lucas 18:31–33 es una predicción descriptiva que Jesús hizo a sus discípulos. Lo que afirmó que sucedería, se hizo realidad. Y la neblina que empañaba la visión de los discípulos acerca del plan de Dios finalmente se aclaró, llevándoles a proclamar el Evangelio con audacia.

El texto pone de relieve que a veces somos lentos para entender lo que Dios está haciendo, puesto que nuestras expectativas nos impiden verlo. Sin duda, una parte del problema que tenían los discípulos era su expectativa de que Jesús realizara algo instantáneo e impresionante en su venida para establecer el reino. El punto ciego de las falsas expectativas había desencadenado los momentos difíciles de su ministerio. En ocasiones administramos las promesas divinas de manera similar y creamos un desequilibrio parecido por lo que respecta a las expectativas. Nos aferramos tenazmente a los aspectos agradables y atractivos de su llamamiento y rehuimos las partes más exigentes. Nosotros preferimos la victoria a la agonía, sin tener en cuenta que, a menudo, Dios moldea y configura la victoria mediante la forja que representa la parte difícil de nuestro andar. Igual que los discípulos, también nosotros podemos tener dificultades para entender que la gloria sigue al sufrimiento.

Es importante considerar el modo en que Lucas trata los milagros en 18:35–43. Este comentario ha defendido sistemáticamente que los milagros de Jesús son imágenes de realidades espirituales más profundas, y no hay milagro que lo deje tan claro como éste. Un hombre ciego que vive junto a un camino y cuya vida ha quedado supeditada a la mendicidad, confiesa a Jesús como Mesías prometido, con poder para restaurar la vista a la Humanidad. Acto seguido, Jesús le restaura la vista. La fe conduce a la restauración. Este texto descubre las verdades espirituales más esenciales sobre la búsqueda y hallazgo de la propia trayectoria en el camino con Dios.

Muchas veces, quienes las entienden más claramente no son las personas más visibles en nuestra sociedad. El ciego está en marcado contraste con el dirigente rico de 18:18–24. Aquel hombre tenía todo lo que el mundo podía ofrecer, sin embargo, no veía con suficiente claridad como para darse cuenta de que cambiar las cosas terrenales por tesoros celestiales era un buen negocio. Por su parte, el ciego mendigaba para conseguir su sustento terrenal y, sin embargo, en la oscuridad de su invidencia, vio claramente la luz de la promesa celestial. La visión que cuenta es la que vislumbramos con el corazón. Una fe que ve a Jesús posee una percepción que el mundo no puede reconocer. Esto es lo que Jesús afirma en esta sanación.

Significado Contemporáneo

Jesús forma parte de un plan organizado para llevar a la Humanidad la promesa de la esperanza y la salvación. La predicción consignada en 18:31–33 pone de relieve que los acontecimientos del plan de Dios ¡fueron sin duda planeados! Lo que Jesús hizo no formaba parte de un alternativo plan «B» de Dios porque fracasó el «A». Ya en Isaías 52:13–53:12, Dios había pronosticado que su siervo sería despreciado y rechazado por su pueblo y que moriría. La Biblia promete también que aquel que fue crucificado volverá a ejercer su autoridad sobre la Tierra. Tan ciertamente como se cumplió la primera parte del plan, se cumplirán las restantes. Dios está, pues, moviendo los acontecimientos de la Historia para que se cumplan en su momento oportuno.

La incapacidad de ver los caminos de Dios por parte de los discípulos nos desafía a preguntarnos si también nosotros pasamos por alto la dirección divina en nuestras vidas porque no queremos ver aquellas partes de su llamamiento que nos dirigen por el camino estrecho. Esta clase de preguntas se responden en los sosegados momentos de reflexión privada o conversando francamente con quienes nos conocen bien. ¿No nos decidimos a dar pasos de fe porque no podemos garantizar los resultados? ¿Rehuimos, quizá por temor, ciertas oportunidades de ministerio que Dios pone delante de nosotros? ¿O acaso dudamos ante la posibilidad de compartir el Evangelio para evitar el rechazo que puede provocar hablar abiertamente de nuestra relación con Dios? El camino que Dios quiere que transitemos no es siempre el más cómodo.

La aplicación esencial de 18:35–43 gira en torno al iluminado corazón del ciego y el denuedo con que éste abraza a Jesús. Tenemos aquí a un marginado social que, ante la oportunidad de experimentar la bendición de Jesús y en medio de la represión pública, da un paso al frente para abrazar a Jesús. Por nuestra parte y como hizo este hombre, hemos de expresar nuestra confianza, alabar a Dios tras recibir su Gracia, y seguir a Jesús. Pasar de mendigar junto al camino a peregrinar junto a Jesús describe el cambio de dirección y de estatus que Jesús trae a la vida humana. Cuando nos entregamos a él, y al margen de cuál haya sido nuestra condición anterior, se nos eleva a la más alta posición que podemos alcanzar en la vida, aquella para la que fuimos creados, a saber, la de personas que tienen una relación con Dios. La función de la comunidad cristiana es la de reafirmar esta valoración del creyente.

Una de las reuniones del año que más disfruto es el domingo en que realizamos un intercambio de púlpitos con una iglesia de las partes más pobres de Dallas con la que hemos mantenido una prolongada relación. Esta comunidad de los barrios marginados de la ciudad nos visita con su pastor y con su coro. Lo que hace tan reconfortante su visita es la sencillez y claridad de su fe. Por mi parte aprendo muchas cosas sobre la compasión y la bondad que el Espíritu ha producido en unas personas que han tenido que ministrar en un entorno hostil y difícil. El mensaje está lleno de sabiduría aprendida en las calles. A veces tengo la sensación de que quienes asistimos a nuestras iglesias de clase media en los barrios residenciales tenemos importantes puntos ciegos, mientras que estos hermanos y hermanas tienen un ángulo de visión perfecto.

Movernos en distintos contextos sociales o personales puede llevarnos a reflexionar de un modo diferente sobre el carácter de Dios y el nuestro.

Esto explica también por qué las iglesias que están abiertas a implicarse en ambientes multiétnicos pueden desarrollar un grado de sensibilidad del que carecen aquellas comunidades más monocolores. A veces creemos que solo puede haber ministerio de parte de los que tienen hacia los que no tienen. Este pasaje nos recuerda que a veces quienes tienen necesidades materiales ven mejor que los que tienen sus necesidades bien cubiertas. No hemos de apresurarnos a hacer juicios sobre lo que alguien puede ofrecer al Cuerpo de Cristo en base a lo que tal persona parece no tener.

Naturalmente, el reconocimiento de Jesús como Hijo de David es el fundamento de todo lo que se describe en este pasaje. Lucas nunca cesa de hacer de la persona de Jesús el tema de este Evangelio. Todas las bendiciones que menciona giran en torno a la postura que se toma acerca de quién es él. Lucas va contando la historia de Jesús de forma gradual, sin embargo, prácticamente en cada pasaje plantea la misma pregunta acerca de él. Quienes ya le conocen reciben una nueva confianza acerca de él, y los que no, son llamados a reconocerle. Este pasaje plantea las preguntas en términos visuales: ¿ves quién es Jesús, o acaso estás ciego? La invidencia se convierte en visión cuando nos volvemos a él.

Lucas 19:1-10

Jesús llegó a Jericó y comenzó a cruzar la ciudad. 2 Resulta que había allí un hombre llamado Zaqueo, jefe de los recaudadores de impuestos, que era muy rico. 3 Estaba tratando de ver quién era Jesús, pero la multitud se lo impedía, pues era de baja estatura. 4 Por eso se adelantó corriendo y se subió a un árbol para poder verlo, ya que Jesús iba a pasar por allí. 5 Llegando al lugar, Jesús miró hacia arriba y le dijo: —Zaqueo, baja en seguida. Tengo que quedarme hoy en tu casa. 6 Así que se apresuró a bajar y, muy contento, recibió a Jesús en su casa. 7 Al ver esto, todos empezaron a murmurar: «Ha ido a hospedarse con un pecador.» 8 Pero Zaqueo dijo resueltamente: —Mira, Señor: Ahora mismo voy a dar a los pobres la mitad de mis bienes, y si en algo he defraudado a alguien, le devolveré cuatro veces la cantidad que sea. 9 —Hoy ha llegado la salvación a esta casa —le dijo Jesús—, ya que éste también es hijo de Abraham. 10 Porque el Hijo del hombre vino a buscar y a salvar lo que se había perdido.

Igual que el episodio del ciego a quien Jesús sanó a la entrada de Jericó, el relato de Zaqueo (que solo consigna Lucas) describe una respuesta a la salvación. Aquí tenemos a un hombre a quien el Hijo del Hombre busca y salva (v. 10).

Zaqueo es «jefe de los recaudadores de impuestos», lo cual significa que se encuentra en la parte superior de la pirámide recaudatoria, y que quienes recaudaban impuestos para él le daban una comisión de sus recaudaciones.[1] Es por tanto un hombre rico, aunque muchos consideran que su riqueza había sido adquirida de forma ilícita. Este trasfondo cultural es importante para comprender la reacción de la multitud ante el encuentro de Jesús con este hombre.

Cuando Jesús pasa por Jericó, Zaqueo desea ver al famoso maestro, sin embargo, su baja estatura y la multitud se lo impiden. Es, sin embargo, un hombre de recursos, así que corre delante de la comitiva y se sube a un sicómoro, un árbol de tronco corto y grueso, y de amplio ramaje que se extiende por los lados. Jesús rompe el hielo observando a Zaqueo en el árbol. Se detiene y le pide que baje del árbol, porque hoy «tiene que» (*dei*) quedarse en su casa. Que Jesús se hospede con el recaudador de impuestos es una necesidad, porque describe la naturaleza de su ministerio, a saber, llevar a Dios a aquellos que otros han abandonado, llamar a quienes, como el recaudador de impuestos Leví, tienen necesidad de arrepentirse (5:31-32). Su misión es reclamar a los perdidos (cap. 15) y justificar a los humildes (18:9-14).

---

1. O. Michel, «τελώνης», *TDNT*, 8:104-5. Sobre el desdén de que eran objeto los recaudadores de impuestos, ver comentarios de Lucas 3:1-20, así como la *Mishná, Nedarim* 3:4, donde se les consigna junto con los asesinos y los ladrones.

Zaqueo recibe de buen grado a Jesús. Alguien que simplemente quería ver al maestro de lejos ahora va a tener la oportunidad de conocerle cara a cara. El desarrollo de su intimidad con Jesús pone de relieve que quienes se acercan a Dios en los términos que propone el Señor reciben más de lo que cabría esperar.

La reacción del pueblo ante la elección que Jesús hace de su anfitrión no cuenta con la aprobación popular. Los líderes religiosos consideran que Jesús ha decidido hacerse «huésped de un 'pecador,'» y «empiezan a murmurar» (*diegongyzon*, un verbo como el que se utiliza en alusión a los israelitas cuando se quejaron de estar en el desierto después del Éxodo [Éx 16:7; 17:3; Nm 11:1; 14:27–29; cf. también Lc 15:2]).[2] Su queja es correcta y errónea a un tiempo. Sin duda, Zaqueo es un pecador, como mostrarán sus propios comentarios, sin embargo, no está fuera del alcance de Dios o de su llamamiento. Igual que el fariseo de Lucas 7:36–50, que había descartado de antemano a la mujer pecadora, así esta multitud ha rechazado a Zaqueo. Pero Jesús no desecha a quienes siguen abiertos a Dios. La visita de Jesús a Zaqueo pone de relieve su aceptación del recaudador de impuestos. Jesús no se preocupa por la impresión que esta relación pueda tener sobre su testimonio, puesto que su prioridad es relacionarse con los perdidos para que éstos puedan llegar a conocer la Gracia de Dios.

Zaqueo expresa su gratitud por la aceptación de Jesús expresando su propósito de convertirse en un hombre distinto. Su nueva relación con Dios, le llevará a hacer dos cosas: la mitad de sus posesiones la repartirá con los pobres, y aquellos a quienes ha agraviado recibirán una restitución cuatro veces superior a la cantidad defraudada. Es consciente de su pecado y desea corregir los errores cometidos. Ambas acciones sobresalen en vista de las expectativas culturales. Si tomamos como guía el judaísmo tardío, se consideraba generoso entregar el veinte por ciento de las propias posesiones.[3] Y la restitución que plantea Zaqueo es más generosa que el modelo más elevado establecido por la Ley (Lv 5:16; Nm 5:7). De hecho, se penaliza a sí mismo según el modelo aplicable a los ladrones de ganado (Éx. 22:1; 2S 12:6). Como observa Ellis, esto es la «acción de gracias de un corazón cambiado».[4] En el nuevo corazón de Zaqueo, el amor a Dios se expresa en amor a los demás.

El que Jesús elogie en este pasaje a alguien que da a los pobres la mitad de sus posesiones, muestra que otros textos en los que el Señor habla de venderlo todo (18:22) son una forma retórica de afirmar que hemos de considerar nuestras posesiones como algo que hemos de administrar para Dios. Lo que Dios nos da ha de ser utilizado para otras personas (Ef 4:28). Zaqueo demuestra que entiende este llamamiento al dar limosna y expresar su intención de restituir lo que ha defraudado. Hacerse tesoro en el Cielo es más importante que acaparar bienes materiales. Los recursos que poseemos son del Señor, y él nos guía en el modo en que los hemos de utilizar. A medida que crecemos en el Señor, hemos de poner recursos en su servicio y no en el nuestro (cf. Ro 12:8). La clase de donación que se propone Zaqueo no es algo exigido por la ley de Dios, pero refleja la actitud de un corazón entregado a él.

---

2. K. Rengstorf, «γογγύζω», *TDNT*, 1:728–37.
3. Ver el Talmud, *Ketubot* 50a.
4. E. Ellis, *Luke* [Lucas], 221; O. Michel, «τελώνης», *TDNT*, 8:105 n. 154.

Jesús da su completo apoyo a la respuesta de Zaqueo mediante la frase: «hoy ha llegado la salvación a esta casa». Esta afirmación da testimonio de un corazón transformado por la presencia de Dios. El Señor ha recuperado a uno de sus hijos perdidos. Ahora Zaqueo es verdaderamente un hijo de Abraham, lo que Pablo llama un hijo de la fe (Ro 4; Gal 3). Aún más apasionante es la explicación del versículo 10 sobre lo que representa el regreso a Dios de aquel recaudador de impuestos. En su condición de Hijo del Hombre, Jesús ha venido a buscar y salvar lo que se había perdido. Él ha tomado la iniciativa para señalar a Zaqueo como un hombre apto para experimentar la aceptación de Dios, y el recaudador de impuestos ha aprovechado la oportunidad sin pensárselo dos veces. Como se afirma en Lucas 15:1–10, sospecho que en el Cielo se celebró festivamente su regreso.

Construyendo Puentes

Este texto, como tantos otros de esta última sección de Lucas sobre el viaje a Jerusalén, descubre actitudes esenciales sobre cómo responde Dios a los humildes y a quienes reconocen que han vivido de manera errónea. A lo largo de este Evangelio, su compromiso con los pecadores ha sido claramente confirmado (5:31–32; 7:29–35; 15:1–32). Este texto describe la iniciativa que Jesús toma de revelar este compromiso de Dios. Dios extiende sus brazos para aceptar al pecador que descubre que puede recurrir a Dios.

Zaqueo demuestra cómo hemos de responder al Evangelio de Jesús. Tras reconocer sus fallos, no solo los confiesa públicamente, sino que desea hacer una restitución apropiada por los errores que ha cometido. Zaqueo se embarca además en un nuevo y más generoso acercamiento a la vida. La transformación de su corazón en una actitud abierta a Dios se expresa en una actitud semejante hacia los necesitados. Esta clase de fe no es un ejercicio intelectual; es un cambio de cosmovisión. Jesús elogia de manera entusiasta lo que sucede en este pasaje, igual que hace en sus comentarios sobre la fe del centurión en 7:1–10 y la del samaritano en 17:11–17. Zaqueo es un marginado más, que la Gracia de Dios ha convertido en aceptado.

Por otra parte, este pasaje nos advierte que el modo en que nuestra comunidad juzga nuestras relaciones no es necesariamente el modo en que las valora Dios. Si Jesús se hubiera movido según los criterios relacionales de la multitud nunca habría entablado una relación con Zaqueo. Sin embargo, en este episodio, que es uno de los más pintorescos, se trata la naturaleza de su ministerio. La Iglesia ha de convertirse en el medio para la restauración de los perdidos y rechazados, y para ello ha de buscarles, no aislarse de ellos.

Significado Contemporáneo

Este pasaje resume muchos temas clave que Lucas ha puesto de relieve a lo largo de su Evangelio, de manera especial la misión de Jesús de buscar y salvar a los perdidos, una misión que ahora ha pasado a la Iglesia como cuerpo suyo. Uno de los errores que pueden cometer los piadosos es separarse del mundo de tal manera que pierdan el contacto con los pecadores. Normalmente hay dos factores que fomentan esta clase de aislamiento: (1) un saludable deseo de no sucumbir a normas de vida que destruyen la integridad moral, y (2) un sutil pero letal sentimiento de superioridad, que hace sentir a los creyentes intrínsecamente mejores que los demás (una actitud muy parecida a la de los judíos que Pablo condena en Romanos 2). Este segundo elemento de la ecuación puede acabar eliminando nuestra capacidad de sentir empatía ante la difícil situación del pecador. Olvida que nuestra bendición es fruto de la obra de la Gracia de Dios, y no de nuestro carácter inherente.

El llamamiento que Dios hace a los creyentes conlleva la determinación de vivir una vida moral. Junto con esta determinación, está también el deseo de mantenernos a distancia de aquellas prácticas que son sospechosas desde un punto de vista moral. Este es un buen principio. No obstante, en su aplicación corremos el riesgo de ser tan concienzudos que dejamos de relacionarnos con los no creyentes por temor de las cosas que trae la relación. Puede ser difícil establecer las relaciones personales que permiten una buena parte de la evangelización.

Uno de mis estudiantes nos contó en clase la siguiente historia. Él y su esposa se habían esforzado durante varios meses en desarrollar una relación con varias personas y familias no creyentes, y estaban ya en un punto en que tenían que comenzar a hablar del papel de Dios en esta relación. Al final habían adquirido un grado tal de confianza que varias de estas familias les pidieron que les acompañaran en una salida de fin de semana. Cuando comenzaron a plantearse lo que iban a hacer, surgieron algunos dilemas morales. ¿Qué tipo de cosas querían hacer sus amigos? ¿Adónde iban a ir? ¿Qué clase de historias contarían? ¡Se les presentaba la oportunidad que tanto habían esperado de pasar un tiempo con personas por las que habían estado orando! Su temor es tan revelador como el propio deseo de servir, sin embargo, se trata de un sentimiento perfectamente normal y podría ser un indicador de que ya nos hemos distanciado demasiado de los demás.

Optaron por ir, confiando que Dios les ayudaría a discernir y sabiendo que los asuntos del lenguaje, el buen gusto en las historias y las actividades pueden requerir tacto y buen juicio. Al fin y al cabo, ¿cómo puede esperarse que alguien actúe sobre la base de normas que quizá nunca se le han enseñado? Su meta era ser abiertos y expresar su compromiso como creyentes pero con la actitud, al mismo tiempo, de consolidar su amistad con estas familias. Este estudiante y su esposa son como muchos creyentes que, en su compromiso de buscar a los perdidos, llevan a cabo algo profundo y desafiante, ¡sencillamente amando a su prójimo (Ro 13:8–10)! Estaban dispuestos a correr el riesgo de pasar algún momento de incomodidad para conocer a aquellos que necesitaban a Cristo. Han visto muchas conversiones al Señor porque se han mantenido abiertos a ser amigos de los perdidos. Cuando Jesús habló de quedarse en casa de Zaqueo, asumió potencialmente esta clase de desafío. Su iniciativa fue honrada con una respuesta.

Quienes no hemos crecido en la Iglesia, llegamos a menudo al Señor, como en mi caso, mediante amistades de este tipo. Cuando lo que yo deseaba era disfrutar al máximo mi primer año en la Universidad, un compañero de habitación cristiano que seguía el ejemplo de Cristo fue el principal responsable de llevarme al Señor. Yo había oído el Evangelio durante muchos años, pero era reacio y ahogaba todo interés en considerar lo que había en mi alma con todas las distracciones intelectuales que ofrece nuestra cultura. Sin embargo, este compañero de habitación, aunque no podía dar respuesta a todas mis preguntas, se preocupó por mí como un amigo y al hacerlo fue un ejemplo del amor de Jesús. Aquella disposición a hablar y a pasar tiempo conmigo me aportó muchas más respuestas que si hubiera contestado a todas mis preguntas. Muchos creyentes pueden aportar esto mismo a sus amigos si se entregan a desarrollar esas relaciones personales con sinceridad y confianza en el Señor. Estas son la clase de iniciativas que hemos de tomar para buscar a los perdidos. Dios puede tocar sus corazones por medio del testimonio de nuestro amor, por ello no hemos de abandonarles.

Otra aplicación clave de este pasaje está en el retrato que hace de la fe. Esta transforma a las personas que, cuando la ejercen, ven al mundo y a Dios de manera distinta. Esto no significa que los cristianos sean perfectos. La Iglesia no está formada por personas perfectas, sino perdonadas. La diferencia es crucial.

Una fe transformada responde a los agravios que hacemos a los demás de manera distinta a lo que nos indican nuestros instintos. Nuestros instintos nos dicen que no hemos de reconocer nuestros errores y que hay que ocultar cualquier signo de debilidad. Durante mi infancia, esta clase de actitud se idealizaba mediante una frase procedente de la popular novela, *Love Story*: «Amor significa no tener que decir nunca "lo siento"». Aunque esto suena muy dulce, elude un asunto fundamental de las relaciones personales, a saber, la honestidad que supone admitir nuestros errores. Los matrimonios se deterioran cuando no estamos dispuestos a reconocer nuestros fallos; lo mismo sucede en muchas otras relaciones, ya sean de carácter personal o profesional.

Una de las cosas más dolorosas que podemos hacer en una relación es hacer algo mal y pretender después que nunca sucedió o perjudicó a nadie. Esta clase de ceguera genera resentimiento y deteriora las relaciones personales. Admitir nuestros errores, pidiendo perdón e intentando restituir lo que hemos hecho mal es como una bocanada de aire fresco y puede posibilitar un nuevo comienzo. Por ello, el deseo que Zaqueo expresa de restituir lo defraudado merece el elogio de Jesús (no porque sea requisito para la salvación del recaudador de impuestos, sino como indicación de que su corazón entiende que las malas acciones han de ser reconocidas y reparadas). En este pasaje, las actitudes y los recursos se combinan para mostrar lo claramente que Zaqueo reconocía su ofensa. Si había alguna duda de que Zaqueo hablaba en serio, su cartera fue una elocuente confirmación.

Zaqueo encarna también una honestidad y una vulnerabilidad con respecto al pecado que revela la inherente belleza del Evangelio en su capacidad de enfrentarse con éxito al pecado y el fracaso. La fe cristiana es el movimiento de «recuperación» definitivo, por cuanto lo que se recupera es la relación fundamental con Dios que hace posible la recuperación en otras áreas. Esta «recuperación» es lo que descubren de un modo tan vívido los comentarios de Zaqueo. La Iglesia ha de subrayar este testimonio. Algunas de las reuniones más conmovedoras de la Iglesia son aquellas en las que las personas cuentan cómo Dios les «recuperó» de la perdición y les llevó de vuelta al redil. Cuando expusieron su pecado ante Dios, él les restauró en su relación con él y otras personas.

Deberíamos compartir más nuestro testimonio en nuestras comunidades como un acto que tiene la capacidad de unirnos. Una iglesia formada por personas «perfectas» incapaces de confesar el pecado no da evidencias del poder transformador del Evangelio. Conocer a Dios nos impide caer en la falsa ilusión de que somos algo aparte de él. La Reforma llamó a este principio «ser justificados aun siendo pecadores». Es decir, Dios me salva para hacerme distinto y me capacita para andar con él; sin la provisión que él nos da, no vamos a ninguna parte. Esto requiere un andar por fe y en dependencia de él que dura toda la vida. Somos una nueva creación, pero en él estamos bajo constante renovación. Tan pronto como nos olvidamos de nuestra incesante necesidad de ser renovados, sucumbimos a la falsa ilusión de la independencia espiritual. No hay nada más devastador para el andar cristiano que la idea de que, como pecadores perdonados, nos es posible vivir en santidad en piloto automático. La esencia de la fe no es la autonomía, sino la humildad y la dependencia.

Lucas 19:11-27

Como la gente lo escuchaba, pasó a contarles una parábola, porque estaba cerca de Jerusalén y la gente pensaba que el reino de Dios iba a manifestarse en cualquier momento. 12 Así que les dijo: «Un hombre de la nobleza se fue a un país lejano para ser coronado rey y luego regresar. 13 Llamó a diez de sus siervos y entregó a cada cual una buena cantidad de dinero. Les instruyó: "Hagan negocio con este dinero hasta que yo vuelva." 14 Pero sus súbditos lo odiaban y mandaron tras él una delegación a decir: "No queremos a éste por rey." 15 A pesar de todo, fue nombrado rey. Cuando regresó a su país, mandó llamar a los siervos a quienes había entregado el dinero, para enterarse de lo que habían ganado. 16 Se presentó el primero y dijo: "Señor, su dinero ha producido diez veces más." 17 "¡Hiciste bien, siervo bueno! —le respondió el rey—. Puesto que has sido fiel en tan poca cosa, te doy el gobierno de diez ciudades." 18 Se presentó el segundo y dijo: "Señor, su dinero ha producido cinco veces más." 19 El rey le respondió: "A ti te pongo sobre cinco ciudades." 20 Llegó otro siervo y dijo: "Señor, aquí tiene su dinero; lo he tenido guardado, envuelto en un pañuelo. 21 Es que le tenía miedo a usted, que es un hombre muy exigente: toma lo que no depositó y cosecha lo que no sembró." 22 El rey le contestó: "Siervo malo, con tus propias palabras te voy a juzgar. ¿Así que sabías que soy muy exigente, que tomo lo que no deposité y cosecho lo que no sembré? 23 Entonces, ¿por qué no pusiste mi dinero en el Banco, para que al regresar pudiera reclamar los intereses?" 24 Luego dijo a los presentes: "Quítenle el dinero y dénselo al que recibió diez veces más." 25 "Señor —protestaron—, ¡él ya tiene diez veces más!" 26 El rey contestó: "Les aseguro que a todo el que tiene, se le dará más, pero al que no tiene, se le quitará hasta lo que tiene. 27 Pero en cuanto a esos enemigos míos que no me querían por rey, tráiganlos acá y mátenlos delante de mí."»

Esta es la última parábola que consigna Lucas en la sección del último viaje de Jesús a Jerusalén.[1] Sus temas son la autoridad de Jesús para juzgar y la fidelidad de sus discípulos; ambas cuestiones son muy importantes en vista de su próxima partida y regreso final. ¿Qué relación tendrán las personas con Jesús? ¿De qué tendrán que dar cuenta en vista de su ausencia y regreso? ¿Qué le sucederá a la nación que le rechaza?

---

1. Hay una parábola conceptualmente similar en Mateo 25:14-30. Por ejemplo, Mateo tiene talentos, mientras que Lucas tiene minas. Existe un grupo explícito que rechaza en Lucas 19:14, que Mateo no menciona, un detalle que explica también por qué Lucas 19:27 no tiene pasajes paralelos. En la parábola de Lucas se describe a un rey, mientras que la versión de Mateo es decididamente menos regia. Estas diferencias sugieren que ésta podría ser una parábola que Jesús utilizó en más de una ocasión con cierta variación en los detalles. En Marcos 13:34-35 aparece una metáfora parecida.

Lucas deja clara la razón por la que Jesús cuenta la parábola. A medida que se va acercando a Jerusalén, se suscita la expectativa entre el pueblo de que el reino va a desplegarse decisivamente, que va «a manifestarse en cualquier momento» (v. 11). En Lucas, esta expectativa de la cercanía del reino significa la completa manifestación de su autoridad. Jesús ha de informar a sus discípulos de que dicha expresión de autoridad no se producirá hasta su regreso, y explicarles lo que espera de ellos en el ínterin.

Esta parábola tiene un trasfondo histórico. Tanto Herodes en el año 40 a.C. como Arquelao en el 4 a.C. fueron a Roma para ser investidos por el emperador de autoridad gubernamental. En el caso de Arquelao, que no gozaba de mucha popularidad, hubo una protesta pública para que no se le concediera el cargo. Roma respondió haciéndole etnarca en lugar de monarca y reduciendo así el territorio de su mandato.[2] Una parte del cautivador interés que esta historia tuvo para los primeros receptores de Jesús era su paralelismo con estos conocidos acontecimientos.[3]

Un hombre de la nobleza se traslada a un país lejano «para ser coronado rey y luego regresar». La expresión griega habla literalmente de «recibir un reino», un comentario que describe la recepción del reino por parte de Jesús tras la vindicación que representarán su próxima resurrección y ascensión. Durante su ausencia, los intereses del noble han de ser administrados. De modo que llama a diez de sus siervos y les da una mina a cada uno (lo cual equivale a cien dracmas o, lo que es lo mismo, al salario de unos cien días de trabajo).[4] Les corresponde a los siervos determinar lo que pueden hacer con estos recursos hasta el regreso de su dueño. Los siervos representan a cualquiera que siga a Jesús.

Además de los siervos se menciona a ciertos súbditos que detestan al gobernante y no le quieren como rey. Éstos mandan una delegación para presentar su queja ante quienes han de coronarle. Esto describe el rechazo de Jesús por parte de Israel.

A pesar de su queja, el noble recibe el reino. A su regreso, llama a sus siervos para pedirles cuentas del modo en que han administrado sus recursos. ¿Los han utilizado de un modo beneficioso para sus intereses? Aunque fueron diez quienes recibieron recursos, el relato se agiliza consignando solo la situación de tres siervos.[5] El primero negoció con su mina hasta conseguir diez minas más; una ganancia impresionante. El señor elogia, por tanto, su responsabilidad y le pone a cargo de diez ciudades. Un segundo siervo ha actuado también de manera responsable y ha ganado cinco minas

---

2. Josefo, *Antigüedades* 14.14. 1–4 §§ 370–85.
3. C. Blomberg, *Interpreting the Parables* [Interpretando las parábolas], 217–20.
4. La información de la NVI en su nota marginal «una mina equivalía al salario de unos tres meses» reduce ligeramente el valor, asumiendo una semana laboral de seis días.
5. Esta diferencia en los detalles ha llevado a algunos a sugerir que aquí se combinan dos parábolas, sin embargo, dicha diferencia podría consistir únicamente en una narración que se ha redactado del modo más conciso posible. Sobre la posibilidad de dos parábolas combinadas, ver Nolland, *Luke 18:35–19:53* [Lucas 18:35–19:53], (Dallas: Word, 1993), 910–11. Quienes deseen considerar una cuidadosa exposición basada en una parábola en toda la historia de la tradición, pueden ver Marshall, *Commentary on Luke* [Comentario de Lucas], 700–702. Marshall no está seguro de que la única parábola que él ve tras Mateo y Lucas fuera una combinación de dos parábolas (ver su n. 402).

más. Aunque el señor no alaba su responsabilidad con tanto detalle como en el caso del primer siervo, este gana también la administración de cinco ciudades.

El diálogo principal se produce entre el señor y el tercer siervo. En este punto, el ritmo de la parábola se ralentiza, porque llegamos a una de las principales cuestiones que Jesús quiere plantear. El tercer siervo se limita a devolverle la mina a su señor, tras haberla tenido escondida en un pañuelo, y le explica sus razones. Tiene miedo del amo, sabiendo que es un hombre exigente que toma lo que no puso y cosecha lo que no sembró. El tercer siervo no tiene sentido de lealtad hacia su amo. ¿Por qué tiene que honrarle con su trabajo? Este detalle retórico sobre la actitud del siervo es importante, porque muestra que aunque tiene una cierta relación con el dueño, nada indica que le tenga confianza. Este siervo es una especie de discípulo, sin embargo, no ha desarrollado ninguna relación significativa con su Señor.

La reacción del amo para con su siervo es clara y enérgica. El siervo malo será condenado por su propio testimonio. ¡Si no quería trabajar para su dueño, podía al menos haber puesto el dinero en un banco, dónde habría conseguido algún interés! Si sabía realmente que el dueño era un hombre exigente, entonces debería haber sido lo suficientemente sabio como para hacer algo. Curiosamente, con su respuesta a los otros siervos, el dueño demostró ser precisamente lo contrario de un amo exigente, puesto que recompensó a los otros siervos con más responsabilidad. Este siervo malvado no conoce realmente el carácter de su dueño. Los comentarios del señor en el versículo 22 no son el reconocimiento de ser una persona exigente, sino una repulsa del tercer siervo por no obrar de manera consecuente con su idea del dueño. En el versículo 23 el señor muestra que la actitud del tercer siervo debería haberle llevado a una respuesta distinta; hay, pues, una cierta ironía en sus palabras. Está evaluando al siervo según sus propias normas, que no cumple.

Por ello, el dueño ordena que se le quite la mina al tercer siervo, que acaba sin nada, y se le entregue al siervo que ganó las diez minas. La multitud protesta, observando que el primer siervo ya tiene suficiente. Esta nota es importante, porque indica que los siervos no pierden el dinero que han ganado. Sigue siendo suyo para que lo administren y continúen así con su cometido.

Jesús hace a continuación su aplicación. Al que tiene se le dará más, pero al que no tiene, se le quitará hasta lo que tiene. Jesús aplica una advertencia matemática al tercer esclavo. Nada a partir de nada es igual a nada. Aquel que no confía en la bondad de Dios, aunque tenga una cierta «conexión» con él, no tiene una verdadera relación y acaba finalmente sin recibir nada de él. Aquel siervo pierde incluso lo que creía tener. La clave para entender el dilema e identidad de este tercer siervo la encontramos en el versículo 22: Es «un siervo malo», que no está entre los que finalmente son bendecidos, porque no conoce al dueño (como sucede también con el siervo de 12:46).[6] El

---

6. Las alternativas a esta lectura del texto son entender que el tercer siervo sufre la pérdida de la salvación, o la de cualquier recompensa, aunque sigue formando parte de la comunidad. El problema del primer punto de vista es que subestima la enseñanza del Nuevo Testamento sobre el permanente efecto de la regeneración (Jn 6:37), mientras que el segundo pasa por alto la imaginería innegablemente negativa del versículo 22. La imaginería negativa se reafirma aquí por medio del

tercer siervo representa a todas aquellas personas vinculadas a la comunidad que no confían en el Señor Jesús ni conocen su bondad. Es posible que en este pasaje se tenga en vista a un personaje como Judas. El mero mantenimiento de una cierta relación con la comunidad no sirve de nada; lo que cuenta es tener una relación personal con Jesús.

En esta parábola, Jesús trata también con el grupo formado por aquellos súbditos que no querían que el noble fuera rey. Éstos, considerados como enemigos, son ejecutados. Este representa el desenlace de quienes rechazan totalmente a Jesús. Son juzgados y excluidos de la bendición, por muy cercanos a él que hubieran estado previamente. Este detalle representa el carácter irreversible y severo del juicio final.

Construyendo Puentes

Esta parábola tiene dos temas principales: la autoridad de Jesús y el hecho de que todos tendremos que rendirle cuentas. Esto hace de la parábola un llamamiento a la fidelidad. En este sentido trata tanto el rechazo de Jesús por parte de Israel como la responsabilidad de todos los que se relacionan con él. Es decir, puesto que el periodo que cubre la parábola se extiende hasta el momento de su regreso, nos incluye también a nosotros.

De uno u otro modo, todos somos responsables ante Jesús. Aquellos que se relacionan con él son responsables de desarrollar un ministerio de servicio. Quienes le rechazan son responsables por no reconocer quién era y quién es. Una buena parte de la parábola se dedica al tercer siervo, que representa una especie de híbrido, alguien que se relaciona con la comunidad que Jesús fundó, pero que nunca ha confiado realmente en Jesús como fuente de Gracia. Tales personas, aunque se presentan como miembros de la comunidad, no han franqueado nunca la puerta de la fe que responde a la Gracia y que ofrece una genuina entrada a la comunidad. Estas personas acaban fuera, sin nada.

Esta parábola subraya también la generosidad de Jesús en su recompensa de la fidelidad. Los dos primeros siervos reciben el cálido elogio de su señor por su fiel servicio. No solo mantienen lo que han ganado, sino que reciben también la oportunidad de un servicio posterior. El concepto de que Dios honra la fidelidad de manera misericordiosa y generosa cruza el marco temporal que media entre la parábola y la lectura que hacemos de ella en nuestro tiempo.

Significado Contemporáneo

Todos somos responsables ante Dios por el modo en que pasamos por su mundo. Un día evaluará nuestra vida. Hoy este concepto no es popular en algunos círculos, sin embargo, es un concepto bíblico. Dios obligará a cada ser humano a rendir cuentas de su andar en su creación y vindicará a sus santos.

---

paralelismo en Mateo 25:30 con el tercer siervo. Allí el siervo es inútil, se le confina a las tinieblas *de afuera*, y experimenta el «llanto y crujir de dientes». No se trata pues de alguien que se encuentra en los límites del reino de la luz, sino más bien de una persona enviada a los recovecos más profundos de la oscuridad.

A medida que nuestra cultura se hace más independiente de Dios, muchos pretenden no ser sus súbditos, o intentan crear a Dios según su imagen configurándole en el marco de sus expectativas. Argumentan que el destino de las personas es asunto de cada uno. Una de las expresiones clave que solía flotar en la cultura popular de mi adolescencia y juventud era «sé fiel a ti mismo». Hay una utilización correcta de esta expresión cuando se refiere a la integridad, sin embargo, muchas veces significa que uno puede y debería ser guiado por sus propios intereses personales. En esta mentalidad hay un gran peligro, porque la responsabilidad no es un asunto de autodeterminación. No somos la norma por la que se mide la vida. En todo lo que se dice hoy sobre hacernos responsables, falta una nota clave: ya somos responsables ante Dios. Nuestras vidas no abarcan más que un breve espacio de tiempo en este mundo, y esta corta visita va a ser objeto de examen por parte de Aquel que es la fuente de la vida.

Esta parábola subraya también que Dios le ha entregado el reino a Jesús, que emprendió su gobierno cuando resucitó y se sentó a la diestra del Padre tras su muerte (ver Hch 10:42–43; 17:31). Entre sus prerrogativas reales está la del juicio. La Escritura presenta de manera sistemática el juicio de Dios por medio de su Hijo Jesús como una parada inevitable en el viaje de nuestra vida. Una ilustración puede ayudarnos a entender esta cuestión. Si soy arrestado por haber cometido algún delito, no tengo el derecho de escoger al juez que me va a juzgar ni el país en el que se celebrará el juicio. Este principio fue vívidamente ilustrado en el famoso caso del «apaleamiento» en Singapur a principios de la década de 1990. Un ciudadano estadounidense fue acusado de daños contra la propiedad por realizar unas pintadas y hubo de afrontar el castigo por ese delito prescrito por las leyes de aquel país. Aunque hubo muchas protestas alegando que se trataba de un castigo cruel, nadie puso en duda el derecho de una nación a administrar la justicia según sus propias reglas. ¡Es un buen recordatorio de que las normas para el juicio las establece el juez! Así también, esta parábola afirma el derecho de Dios a hacernos responsables dentro de su creación y a evaluar nuestro proceder como lo desee.

El tercer siervo representa asimismo una enérgica advertencia. Lo que lo hace a uno cristiano no es su vínculo con una comunidad cristiana, aunque tal persona desempeñe algún cargo en dicha iglesia local. Un cristiano es una persona que tiene una relación de confianza con Jesús. Puesto que ha respondido al Evangelio, el cristiano sabe que Dios imparte su Gracia a quienes se vuelven a él en busca de perdón. La respuesta de un corazón transformado y agradecido que ha abrazado el perdón es un servicio a Dios y a los demás. Tanto el primer siervo como el segundo entendieron el llamamiento de su señor, mientras que el tercero puso en tela de juicio su carácter con una actitud difamatoria. Esta parábola nos llama a examinarnos para ver si nuestra supuesta relación con Dios es real o puramente formal.

A primera vista, la parábola sugiere que la vida del tercer siervo carece de fruto, sin embargo, hay realmente una queja más básica. Este hombre es condenado por sus propias palabras, por su actitud ante Dios, puesto que le considera como un señor exigente e injusto. Tras esta carencia de fruto hay una falta de reconocimiento de la Gracia de Dios. Esta ausencia de fe es lo que Jesús condena en este pasaje, puesto que es dicha actitud de corazón la que impide que este siervo responda positivamente al llamamiento de su señor. Formar parte de la membresía de una iglesia no es un carné que nos faculta para entrar en el Cielo, al que solo podemos acceder conociendo la Gracia de Dios y abrazándola.

Una nota positiva de la historia es el reconocimiento de que Jesús recompensará la fidelidad de aquellos que viven con él. La delegación de más responsabilidad al primer y segundo siervo muestra que Dios ve y elogia la fidelidad. Para quienes han vivido con Dios, el juicio es un tiempo de bendición, y nada tenemos que temer si hemos sido administradores fieles. En cualquier caso, nuestras vidas son un libro abierto para Dios, por ello hemos de vivir como quienes saben que Dios recompensa a los que le buscan (Heb 11:6). Para quienes son fieles, el juicio es un tiempo de afirmación. Dios nos ha dado capacidades y recursos (minas) por medio de las cuales servir a la Iglesia, aumentando los beneficios que recibe el cuerpo al aplicar estos dones. En este pasaje Jesús nos exhorta a dedicarnos plenamente a esta tarea, para que en el día de su evaluación, la tarea que se nos ha encomendado pueda ser motivo de alegría (1Co 4:5).

¿Qué son exactamente estas recompensas? Es difícil estar seguros de a qué se refieren. Aquellos que creen en la existencia de un periodo milenial argumentan que en esa fase del reino se impartirán responsabilidades y que el grado de nuestra fidelidad presente determinará la naturaleza de nuestras responsabilidades entonces. Quienes creen que estamos avanzando directamente hacia el estado eterno opinan que esta parábola representa únicamente nuestro papel en el juicio. No hay muchos textos que traten en detalle de este asunto. Uno de los más sugerentes es 1 Corintios 6:2–3, donde Pablo afirma que, en el tiempo del fin, los creyentes participarán en el juicio del mundo y de los ángeles. Todos recibiremos salvación y participaremos en el gobierno de Dios pero, al parecer, nuestras responsabilidades variarán. Por lo que hace al exacto significado de todo esto, la regla de la exposición bíblica debería ser evitar al máximo la especulación.

Lucas 19:28-44

Dicho esto, Jesús siguió adelante, subiendo hacia Jerusalén. 29 Cuando se acercó a Betfagué y a Betania, junto al monte llamado de los Olivos, envió a dos de sus discípulos con este encargo: 30 «Vayan a la aldea que está enfrente y, al entrar en ella, encontrarán atado a un burrito en el que nadie se ha montado. Desátenlo y tráiganlo acá. 31 Y si alguien les pregunta: "¿Por qué lo desatan?", díganle: "El Señor lo necesita."» 32 Fueron y lo encontraron tal como él les había dicho. 33 Cuando estaban desatando el burrito, los dueños les preguntaron: —¿Por qué desatan el burrito? 34 —El Señor lo necesita —contestaron. 35 Se lo llevaron, pues, a Jesús. Luego pusieron sus mantos encima del burrito y ayudaron a Jesús a montarse. 36 A medida que avanzaba, la gente tendía sus mantos sobre el camino. 37 Al acercarse él a la bajada del monte de los Olivos, todos los discípulos se entusiasmaron y comenzaron a alabar a Dios por tantos milagros que habían visto. Gritaban: 38 —¡Bendito el Rey que viene en el nombre del Señor! —¡Paz en el cielo y gloria en las alturas! 39 Algunos de los fariseos que estaban entre la gente le reclamaron a Jesús: —¡Maestro, reprende a tus discípulos! 40 Pero él respondió: —Les aseguro que si ellos se callan, gritarán las piedras. 41 Cuando se acercaba a Jerusalén, Jesús vio la ciudad y lloró por ella. 42 Dijo: —¡Cómo quisiera que hoy supieras lo que te puede traer paz! Pero eso ahora está oculto a tus ojos. 43 Te sobrevendrán días en que tus enemigos levantarán un muro y te rodearán, y te encerrarán por todos lados. 44 Te derribarán a ti y a tus hijos dentro de tus murallas. No dejarán ni una piedra sobre otra, porque no reconociste el tiempo en que Dios vino a salvarte.

Sentido Original

Este pasaje, conocido como la Entrada Triunfal, es un acontecimiento complejo.[1] Por un lado, no todo el mundo se entusiasma con el hecho de que Jesús entre a Jerusalén montado en un asno. Por otra parte, el que la entrada se lleve a cabo en un regio pero humilde estilo «salomónico», suaviza las inquietudes de que Jesús sea una amenaza para Roma, puesto que no asume una actitud de poder, ni da ninguna indicación de que sea un rey poderoso. Desde un punto de vista cultural, el contraste entre la entrada de Jesús y la de los dirigentes romanos se hace evidente.[2] En resumidas cuentas, la entrada de Jesús es una importante afirmación del plan de Dios y de la naturaleza de su realeza. Se trata de un mensaje que para algunos es objeto de gozo, otros no lo entienden, y otros lo rechazan categóricamente.

---

1. Los pasajes paralelos de esta entrada son Mateo 21:1-11; Marcos 11:1-11 y Juan 12:12-19. Estos relatos presentan grandes similitudes entre sí, aunque solo Lucas consigna la discusión con los fariseos de Lucas 19:39-40.
2. B. Kinman, «The 'Atriumphal' Entry (Luke 19:28-48)» [La entrada 'atriunfal' (Lucas 19:28-48)], Tesis doctoral no publicada (University of Cambridge, 1993).

A medida que Jesús va acercándose a Jerusalén, comienza a dirigir los acontecimientos. Cerca de Betfagé y Betania en el Monte de los Olivos, a poco más de tres kilómetros al este de Jerusalén, les dice a sus discípulos que se provean de un animal para entrar a la capital. Lucas se limita a describirlo como un asno joven en el que nadie se ha montado (Mt 21:2; cf. Zac 9:9).[3] Los discípulos han de desatar al animal, y si alguien les pregunta lo que están haciendo, solo han de decir que el Señor lo necesita. El trasfondo cultural de esta respuesta es el derecho de angaria, por el que un dignatario tenía la facultad de utilizar los bienes de sus súbditos por razones personales. Este derecho se extendía a personas como los rabinos. De manera que la petición no es insólita.[4]

Los discípulos siguen las instrucciones de Jesús, y todo sucede según sus palabras. Este conocimiento del futuro añade otro elemento peculiar a la atmósfera del pasaje. Los acontecimientos que van a producirse en Jerusalén no son una sorpresa para él. Jesús sabe exactamente hacia donde cabalga. De hecho, es Jesús quien dirige la secuencia de acaecimientos que conduce a su muerte.

El papel del animal se aclara cuando Jesús se acerca a la capital. Los discípulos echan sus mantos sobre el pollino y ponen a Jesús sobre él. A medida que va avanzando, las gentes van arrojando también sus mantos delante de él, en un acto que se parece mucho a la alfombra roja que se tiende a los pies de los dignatarios en nuestros días. La descripción utiliza lenguaje procedente de varios pasajes del Antiguo Testamento. La imagen de Jesús sobre el pollino recuerda el cabalgar del pacificador y humilde Mesías que se consigna en Zacarías 9:9. El detalle de los mantos que se ponen sobre el animal y se arrojan a su paso recuerda el ungimiento regio de Jehú en 2 Reyes 9:13. El recorrido en su conjunto es como la procesión de Salomón a Guijón en 1 Reyes 1:38–39. Sin embargo, aunque el trasfondo es regio, su monta de un animal humilde denota que no se trata de un Mesías que se caracteriza por su poderío militar, sino por la humildad y el servicio.

El texto de Lucas no menciona nada de las ramas de palmera, posiblemente porque esta imaginería es decididamente judía y compleja. Normalmente cabría esperar que se agitaran ramas en la Fiesta de los Tabernáculos, pero aquí se trata de la Pascua. Los Tabernáculos anticipaban el tiempo del fin, mientras que la Pascua representaba tanto el sacrificio por el perdón de los pecados como la liberación final. Esta combinación es muy significativa, puesto que Jesús introduce ambas cosas.

Lucas mantiene su enfoque en la persona de Jesús. Cuando Jesús atraviesa el Monte de los Olivos, los discípulos comienzan a alabar a Dios por los milagros que Jesús ha llevado a cabo. La mención de este monte (otro detalle que solo consigna Lucas) añade un elemento más a la atmósfera mesiánica del acontecimiento, puesto que es el lugar profetizado de la aparición del Mesías (Zac 14:4–5). La mención explícita que hace Lucas de los discípulos como fuente de la alabanza es importante, porque éstos forman el catalizador para la alabanza de las multitudes que observan los otros Evangelios. Este detalle explica que varios días después esta misma multitud pueda pedir que Jesús

---

3. O. Michel, «πῶλος», *TDNT*, 6:959–61.
4. J.D.M. Derrett, «Law in the New Testament: The Palm Sunday Colt» [Ley en el Nuevo Testamento: el pollino del domingo de ramos], *NovT* 13 (1971): 243–49.

sea crucificado. La suya es una alabanza tibia que sigue la dirección de otros seguidores más sinceros. Las masas están siempre fluctuando en su entendimiento de Jesús.

La alabanza de Dios que expresan los discípulos lo es también de Jesús. Proclaman la esperanza de Salmos 118:26, donde el rey que viene en el nombre del Señor es bendecido. La referencia al «rey» no está en el salmo original, aunque probablemente describe a un rey que conduce al pueblo hacia el templo para adorar. En este salmo, los sacerdotes saludan al rey en el templo, con el reconocimiento de que viene para adorar y servir a Dios. Este salmo se cantaba también en el judaísmo como parte de la celebración de alabanza vinculada con la comida de la Pascua, era pues un texto muy conocido y lleno de sentido escatológico.[5] Haciéndose eco de las palabras de este salmo, los discípulos están declarando que Jesús es el rey enviado que viene investido de la autoridad de Dios. Se llenan también de gozo al observar la presencia de paz y gloria en el Cielo (cf. 2:10–14). Mientras que para los discípulos se trata de un gran momento, las multitudes —como nos dicen los pasajes paralelos— se limitan a unirse a la celebración sin un claro conocimiento de causa.

La referencia al «que viene» (v. 38) recuerda también anteriores alusiones lucanas (3:15–17; 7:19–23; 13:35).[6] Por consiguiente, Lucas ha dejado dos series de claves sobre la identidad de Jesús. Una de ellas apela al trasfondo veterotestamentario, mientras que la otra trata los acontecimientos del ministerio de Jesús (especialmente los milagros). Cada una de ellas explica la otra. Jesús es el Prometido que menciona Juan el Bautista y también aquel que viene en el nombre del Señor quien, según la propia predicción de Jesús, sería inmolado en Jerusalén (13:31–35).

Sin embargo, el voto no es unánime. Los fariseos se acercan y le piden a Jesús que rechace aquella reivindicación y reprenda a sus discípulos. Las pretensiones regias les son ofensivas.[7] La respuesta de Jesús deja claro lo apropiados que son los comentarios de los discípulos: si ellos no hablan, lo hará la Creación. Este comentario es importante, porque la Creación habla cuando ha de vengarse una injusticia (ver Gn 4:10; Hab 2:11; Stg 5:4). Contiene también una represión inherente, en el sentido de que la creación inanimada es más consciente de lo que está sucediendo que ellos. Como pronto mostrarán las lágrimas de Jesús, la situación no puede ser más trágica.

Cuando Jesús se acerca a la ciudad, se nos muestra un destello de su corazón.[8] Como en el caso de Isaías y Jeremías (Is 29:1–4; Jer 6:6–21), declara el juicio que pende sobre la nación. El rechazo del rey señalado por Dios será muy costoso. La predicción

---

5. D. Bock, *Proclamation From Prophecy and Pattern* [Proclamación desde el patrón y la profecía], 122.
6. E. Ellis, *Luke* [Lucas], 225.
7. Algunos como Danker, *Jesus and the New Age* [Jesús y la Nueva Era], 313, argumentan que los fariseos temían a las represalias romanas, pero la interacción de Jesús con los fariseos sugiere que esta no es toda la historia, aunque puede ser uno de los elementos de su preocupación. Ni siquiera consideran a Jesús como un profeta (7:39), de modo que, según su punto de vista, atribuirle reivindicaciones regias es ciertamente una exageración. Su queja en este pasaje tiene que ver con lo que se afirma sobre Jesús, no lo que se teme que suceda como resultado de tales reivindicaciones.
8. Este pasaje solo lo consigna el Evangelio de Lucas. Su presencia muestra la preocupación de Lucas por exponer el destino de Jerusalén y, por ello, el de la nación.

del juicio nacional muestra hasta qué punto Dios cree en Jesús y cuán en serio ha de tomarse la decisión acerca de él. Como advertía la parábola de la higuera (13:6–9), a Israel se le ha acabado el tiempo. Su casa va a quedar desolada, y la nación va a enfrentar un severo juicio hasta que le reconozca (13:31–35). Aunque Lucas no es específico en este pasaje, sigue manteniendo una esperanza para la nación, puesto que en Hechos 3:18–22 apunta al día en que las promesas del Antiguo Testamento se cumplirán plenamente como ya se ha proclamado. Las promesas restantes conceden a Israel un papel fundamental al final.

En Lucas 19:41 se muestra el último tramo del viaje de Jesús a Jerusalén (9:51–19:44) en el que éste se aproxima a la ciudad. A pesar del aspecto festivo de la entrada, ésta no le es agradable. Sabe lo que tiene por delante y que el dolor que sufrirá no lo experimentará solo. La nación ha tomado una espantosa decisión, que le va a acarrear terribles consecuencias. Israel como comunidad ha pasado por alto el día de la visitación mesiánica (1:68–69, 78–79; 7:16; 19:44 [«el tiempo en que Dios vino» es literalmente «la visitación de Dios»; cf. Hch 15:14]). Aunque algunos individuos han respondido, la nación en su conjunto no lo ha hecho. En Lucas 19:42 se describe aquel día señalando «que te puede traer paz» (cf. 1:79; 2:14; 7:50; 8:48; 10:5–6; 19:38; Hch 10:36).[9] Se ha pasado por alto una oportunidad trascendental. Si lo hubieran sabido, habrían podido experimentar bendición.[10] Pero ahora, tienen por delante algo espantoso.

Lo que Jesús predice es la «maldición» por infidelidad al pacto (Sal 137:9; Is 29:1–4; Jer 6:6–21; 8:18–22; Nah 3:10). Las raíces de su predicción se remontan a Deuteronomio 28–32, donde Dios advirtió que esta clase de infidelidad conduciría a su juicio a través de otras naciones. Por medio de Asiria y Babilonia, Israel ya experimentó en su día este tipo de juicio. Siguen pasando por alto el momento de la verdad, y son ahora responsables de su decisión.

Josefo describe estos juicios con gran lujo de detalle (Guerra de los Judíos 5.11–12 §§ 446–572; 6.1–10 §§ 1–442). En el año 70 d.C., el emperador romano Tito invadió la ciudad. La última fase de la campaña militar fue un prolongado sitio, cuya esencia Jesús resume en este pasaje. Cualquiera que conozca cómo tomaba Roma las grandes ciudades puede describir lo que Jesús hace aquí. Su penetración profética le permite entender lo que su rechazo del Mesías les costará.

La expresión de Jesús «sobrevendrán días» hace referencia a un oráculo profético (1S 2:31; 2R 20:17; Is 36:9; Jer 7:32–34; 32:38; 33:14; 49:2; Zac 14:1). En este caso se trata de la anticipación de una catástrofe. Se va a construir un terraplén alrededor de la ciudad, y el pueblo será rodeado y encerrado en su interior. Cuando el enemigo entre finalmente a la ciudad, todos sus habitantes serán masacrados y se producirá una total destrucción. Esto es exactamente lo que sucedió con Tito. Tan completa fue su destrucción que hasta el Gran Templo cayó. Jesús sabe de lo que está hablando. La decisión de rechazar a Jesús es una violación esencial de las responsabilidades del pacto.

---

9. W. Foerster, «εἰρήνη», *TDNT*, 2:413.
10. Lucas expresa esta cuestión en el versículo 42 mediante una cláusula condicional griega «contraria a los hechos» (de segunda clase). No sabían qué clase de día era.

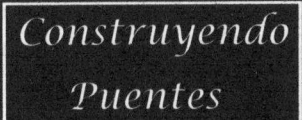 Estos acontecimientos, como la mayoría de los vinculados al periodo de Jesús en Jerusalén, señalan los eventos centrales que ponen de relieve su misión y procuran la salvación de la Humanidad. Diseñados por Dios, éstos muestran que Jesús es el centro del plan de Dios. El modo en que vemos estos acontecimientos determina cómo nos relacionamos con el plan de Dios. Aunque tienen ahora casi dos mil años de Antigüedad, se plantean como acontecimientos recientes que demandan una evaluación por parte del lector de lo que Dios ha hecho por medio de Jesús. Estos acontecimientos plantean a cada generación una llamada a la decisión.

Pero lo oportuno del relato no se detiene aquí. Las diferentes reacciones a Jesús consignadas en este pasaje reflejan una amplia gama de respuestas a la pregunta sobre su identidad. Las dos más sobresalientes proceden de los discípulos y de los dirigentes judíos, y representan dos perspectivas completamente contrapuestas. Los discípulos consideran a Jesús como el Rey prometido por medio del cual Dios ha estado obrando con gran poder, como evidencian los milagros. En él hay paz y gloria, a saber, la presencia de la generosa autoridad celestial. Los dirigentes, por otra parte, ven esta perspectiva como una exageración, como algo, incluso, que Jesús no debería aceptar (v. 39). A todos los lectores de Lucas, de todos los tiempos, se les pide que decidan de qué lado van a ponerse. El hecho de que Jesús apele a la Creación muestra lo fundamentales que son las reivindicaciones de los discípulos. Aun la Creación sabe que tales reivindicaciones son verdaderas. Toda la estructura narrativa del pasaje nos desafía a preguntarnos dónde ponemos a Jesús: ¿Es o no el humilde rey de paz y gloria?

La combinación de esta regia entrada con el hecho de que Jesús cabalga sobre una bestia de carga es un importante puente para entender el retrato de la trayectoria de Jesús. Por ahora es un rey humilde; él ha de hacer frente a la Cruz y su Iglesia ha de vivir en vista de su ejemplo. No obstante, llegará el día en que será el glorioso Hijo del Hombre que regresa sobre las nubes, gobernando con gran poder y ejerciéndolo plenamente (Ap 19:11–21). En aquel tiempo Jesús blandirá cetro y espada. La diferencia es importante, porque en ocasiones la Iglesia ha intentado conducirse como un gobierno alternativo del mundo, una especie de fuerza nacional que ha de derrocar activamente a los enemigos de Dios.

La Historia ha demostrado que esto es un trágico error. Ya sea que hablemos de las Cruzadas, la Inquisición española, algunos episodios de la Reforma (como la Guerra Civil de Inglaterra), o los intentos más recientes por parte de la Iglesia de actuar de la mano de gobiernos nacionales, siempre que ésta ha querido transitar los caminos del poder político, en lugar de los de la persuasión moral, se ha encontrado en un callejón sin salida. Romanos 13:1–7 reconoce que los gobiernos seculares tienen un papel para el bien y el juicio, aunque carecen de una relación contractual con Dios (la exhortación de Pablo se produce en un contexto romano, que difícilmente puede considerarse un modelo de moralidad). No hay duda de que la sociedad funciona mejor cuando se la guía con elevados valores morales; y en democracias como las del mundo occidental, hemos de participar en la plaza pública. Sin embargo, no debemos confundir a la Iglesia con el Gobierno, o viceversa. Para transformar a la Humanidad, es necesario que haya un cambio en el corazón de las personas. Esto no es tarea del Gobierno, ni puede conseguirse por medio de leyes, pero sí es parte del llamamiento profético de la Iglesia y obra del Espíritu de Dios.

Las predicciones del singular juicio sobre Jerusalén consignadas en 19:41-44 apuntan a un acontecimiento único en la Historia de la nación de Israel fruto de haber pasado por alto el día de su visitación. La nación de Israel se verá aislada de su promesa hasta que la acepte en los términos que ahora la definen en Jesús. Romanos 11:12-32 contempla el día en que las ramas naturales serán de nuevo injertadas en la vid de la promesa divina. La implicación de esto es que ni siquiera un suceso tan sorprendente como el restablecimiento de la nación de Israel en 1948 es necesariamente un cumplimiento de la Escritura en preparación para el final. Por desafortunado que ello pueda ser, no sería imposible que Israel fuera desplazado de la tierra prometida como ya sucedió en periodos anteriores del exilio. El cumplimiento comienza cuando Israel regresa a Dios.

Otra derivación surge de la realidad que vino con este juicio, a saber, la inclusión de los gentiles a la familia de Dios (Ro 11:11-16). Aunque la bendición de Dios en Cristo incluye su compromiso contractual con Israel, ahora incorpora a los gentiles a la bendición mediante la obra de la semilla de Abraham para bendecir a todas las naciones (Gá 3-4). En Cristo no hay judío ni griego. Esto significa que, aunque Israel retiene las bendiciones de la promesa, aquellas que tienen que ver con la salvación no le son ya exclusivas. Su fracaso ha llevado a la graciosa incorporación de otras personas. Pero Pablo anticipa el día de la plenitud de los gentiles, que irá seguido de una renovación de fe en Israel cuando la nación acepte al que antes rechazó (Ro 11:25-27). En aquel tiempo se cumplirán las antiguas promesas hechas a Israel, con su perspectiva de paz dentro de su territorio.

Como se mostrará en 21:5-37, los acontecimientos del año 70 d.C., ilustran un juicio futuro más importante aún si cabe. Aunque los comentarios de Jesús en este pasaje se dirigen exclusivamente a su escenario israelita, de ellos surge un principio universal sobre la decisión y el juicio. Cada expresión de juicio puede ser distinta en sus detalles, pero las decisiones contra Jesús, el Escogido de Dios, exponen al juicio de Dios a aquellos que las toman. Somos libres de rechazar a Jesús; sin embargo, somos también responsables de las consecuencias de nuestra decisión. Por otra parte, el cuadro del juicio por infidelidad al pacto sigue siendo un principio divino (ver las advertencias a los gentiles en Ro 11:17-21). Esta clase de juicio aplicado a los individuos en lugar de a colectivos toma la forma de actos de disciplina más que de un rechazo absoluto, sin embargo, Dios nos hace responsables del modo en que respondemos a él (p. ej., 1Co 11:27-32).

El del juicio no es un tema agradable ni fácil, sin embargo, al reflexionar sobre la reacción de Jesús surgen dos aspectos importantes. (1) El juicio le produce dolor a Jesús. Éste llora por Jerusalén cuando piensa en su sufrimiento. El rechazo que está por venir le es doloroso, del mismo modo que lo fue para Pablo el rechazo de Israel (Ro 9:1-4). La nación está rechazando una oportunidad de reconciliarse con Dios. Como los profetas de antaño, Jesús les advierte sobre las consecuencias de ello, sin embargo, no les coacciona para que acepten dicha bendición. Son ellos quienes deben tomar la decisión. Esta escena de llanto muestra lo trágico de su elección. Pone también de relieve el modo en que hemos de ver el futuro juicio. Es real, inevitable, doloroso y trágico, algo que lleva a derramar lágrimas. (2) La realidad de este juicio ha de motivarnos a alcanzar a quienes no conocen a Cristo. Al considerar el ministerio de Jesús, todo empuja en la dirección de dar a conocer la esperanza del Evangelio, de llevar a cabo aquellas cosas que contribuyen a la paz (cf. Ef 2:11–22).

Significado Contemporáneo

Este retrato del Mesías y el modo en que él actuó para presentar sus afirmaciones tiene mucho que decir sobre el modo en que la comunidad le da a conocer. Al alabarle como a aquel que viene en el nombre de Dios, se nos recuerda también que este Mesías vino en humildad. En general, no se dedicó a ir declarando abiertamente su identidad. Dejó que fueran otros quienes lo hicieran y, por su parte, prefirió que sus acciones pusieran de relieve quién era. Jesús encarna su evangelización con una humildad de servicio representada incluso en el modo en que, como rey, entra en Jerusalén. Mediante acciones y símbolos, muestra que Dios se preocupa por sus criaturas. Cuando menciona la fe y el perdón, lo hace en contextos en que alguna respuesta concreta expresa la presencia de lo que se proclama. Como su Mesías, la Iglesia ha de ser una comunidad, no solo de testimonio y palabras, sino de presencia y servicio entre aquellos a quienes desea alcanzar. El toque de la presencia de Dios revela su misericordia. Proclamar y revelar a Jesús es más que un asunto mental.

El maridaje entre la vida y la Teología es importante porque Dios ha revelado sus atributos de un modo parecido. Su carácter no se revela en una serie de proposiciones filosóficas. Tal revelación nos llega por medio de lo que está haciendo en las vidas de las personas. Ver a Dios en medio de nuestras actividades diarias es un aspecto fundamental para desarrollar una cosmovisión cristiana. Proclamar a Jesús es dar testimonio de él como alguien que está activo en nuestro mundo y en nuestras vidas. Como los discípulos, que en este pasaje, proclamaban a Jesús como el Rey prometido en base de sus milagros (cf. 18:35–42), así nosotros también le proclamamos de manera más efectiva cuando unimos nuestro conocimiento de él con su directa implicación en nuestras vidas. Naturalmente, esto presupone que vivimos una vida de fe armonizada con el hecho de verle y reconocerle.

Podemos esperar toda una serie de distintas reacciones ante Jesús. No hay necesidad de forzar una respuesta positiva, porque esto es obra de Dios. Cuando los dirigentes judíos se enfrentan a él (vv. 39–40), Jesús no les suplica o adula para conseguir una respuesta favorable. Lo que hace es presentarles sistemáticamente su responsabilidad en la toma de su decisión. Su invocación de la Creación observa que si nadie habla a favor de Jesús, se estará produciendo una injusticia ante Dios. En otras palabras, no reconocerle en su verdadera identidad le pone a uno del lado de la injusticia, con todos los «derechos y privilegios» que conlleva asumir esta posición (cf. también 19:45–20:8). El mensaje de la Iglesia a una cultura que no cree que Dios revele verdad (o entiende que lo hace con muchas voces) implica pedirle a dicha cultura que considere la responsabilidad que asume si está equivocada. Es un error trágico, irreparable incluso, juzgar equivocadamente lo que Dios ha revelado.

A partir de los versículos 41–44 se hacen evidentes dos aplicaciones. (1) Dios ha dejado un rastro de evidencias que ponen de relieve su control de los asuntos de la Humanidad. Ciertos acontecimientos, como el colapso de Israel en el año 70 d.C., se señalan explícitamente como un reflejo de su juicio. Este colapso no supone el final de su historia, como queda claro en pasajes como Hechos 3:14–26 y Romanos 11, sin embargo, en él se muestra que ciertos acontecimientos llevan el sello personal de Dios.

(2) La importancia de tomar una sabia decisión acerca de Jesús es un tema constante en este Evangelio. Aceptarle conlleva una gran bendición, mientras que rechazarle nos aboca a un gran dolor. Deberíamos considerar las consecuencias de rechazar la divina oferta de la Gracia en Jesús. Dios desea nuestra adhesión. Cuando nos negamos a dársela, nos hacemos responsables de nuestra decisión. Llegará el día en que tendremos que dar cuenta de lo que hemos escogido, y el carácter de este encuentro estará determinado por el sentido de la decisión que hayamos tomado.

Lucas 19:45-20:8

Luego entró en el templo y comenzó a echar de allí a los que estaban vendiendo. 46 «Escrito está —les dijo—: "Mi casa será casa de oración"; pero ustedes la han convertido en "cueva de ladrones".» 47 Todos los días enseñaba en el templo, y los jefes de los sacerdotes, los maestros de la ley y los dirigentes del pueblo procuraban matarlo. 48 Sin embargo, no encontraban la manera de hacerlo, porque todo el pueblo lo escuchaba con gran interés. 20:1 Un día, mientras Jesús enseñaba al pueblo en el templo y les predicaba el evangelio, se le acercaron los jefes de los sacerdotes y los maestros de la ley, junto con los ancianos. 2 —Dinos con qué autoridad haces esto —lo interrogaron—. ¿Quién te dio esa autoridad? 3 —Yo también voy a hacerles una pregunta a ustedes —replicó él—. Díganme: 4 El bautismo de Juan, ¿procedía del cielo o de la tierra? 5 Ellos, pues, lo discutieron entre sí: «Si respondemos: "Del cielo", nos dirá: "¿Por qué no le creyeron?" 6 Pero si decimos: "De la tierra", todo el pueblo nos apedreará, porque están convencidos de que Juan era un profeta.» Así que le respondieron: 7 —No sabemos de dónde era. 8 —Pues yo tampoco les voy a decir con qué autoridad hago esto.

Sentido Original

La última sección del Evangelio de Lucas (19:45–24:53) presenta la «pasión» de Jesús, los acontecimientos que llevaron a su muerte y resurrección. En este relato se subraya la inocencia de Jesús de las acusaciones que propiciaron su ejecución. Solo la dureza del corazón humano puede explicar que Jesús se dirija a la Cruz. Sufre como una víctima justa. De hecho, él mismo contribuye a su ejecución, ya que durante el juicio, cuando los judíos no encuentran cargos de peso para declararle culpable, pronuncia las palabras que propician finalmente su condenación.

Antes del juicio se producen una serie de controversias que indican lo lejos que se encuentran Jesús y los dirigentes judíos. La purificación del templo indica el gran vacío que existe entre la adoración que demanda Jesús y lo que sucede en el templo. Jesús predice de nuevo la caída de Jerusalén y la utiliza para ilustrar cómo serán los acontecimientos que rodearán su regreso. Aunque Jesús es un inocente a quien se condena a muerte, va a ser vindicado volviendo de los muertos por el poder de Dios.

La resurrección es el primer paso de esta vindicación y, aunque Jesús la predijo, ésta toma por sorpresa a los discípulos. A través de ella y de las apariciones que la acompañan, Jesús explica el plan de Dios y prepara a sus discípulos para la era que se desarrolla mientras él está a la diestra de Dios. Jesús manifiesta su presencia por medio de su Espíritu. Recurriendo a su capacitación, podrán llevar el Evangelio al mundo.

La primera subdivisión de esta sección final (19:45–21:4) cubre una gran variedad de controversias que, en cada ocasión, son iniciadas por personas diferentes. Jesús purifica el templo (19:45-48), cuenta la parábola de los labradores (20:9-19), y plantea la pregunta sobre la identidad del Mesías (20:41–44). Los judíos interpelan a Jesús sobre la fuente de su autoridad (20:1–8), la cuestión de los impuestos romanos (20:20–26), y la doctrina de la resurrección (20:27–40). Esta subdivisión concluye con la advertencia de Jesús al pueblo para que no sean como sus dirigentes; a continuación, exalta a una pobre viuda como ejemplo de espiritualidad (20:45–21:4). Estos acontecimientos, que resaltan cómo llegaron estos dos grupos a estar tan enfrentados entre sí, continúan la tensión ya detallada en los capítulos 9–13.

En 19:45, Lucas muestra que, una vez que ha llegado a la ciudad de Jerusalén, Jesús no tarda en comunicar sus sentimientos acerca de ciertas actividades religiosas que se desarrollan en ella.[1] El trasfondo de este incidente es central para entender lo que sucede en este pasaje. En el recinto del templo se vendían algunos productos necesarios para la realización de los sacrificios: animales, vino, aceite, sal y palomas (Jn 2:14; *Mishná, Seqalim* 1:3; 2:4).[2] Por otra parte, se cambiaba moneda romana por *shekels* hebreos en conformidad con las prescripciones de la ley (Éx 30:11–14). Estas operaciones de cambio incorporaban una sobretasa, que, entre otros destinos, llegaba probablemente a la familia del sumo sacerdote. Según el punto de vista de Jesús, la organización del templo ha llegado a ser excesivamente comercial, y la casa de Dios ha dejado de ser un espacio de adoración y oración. Puesto que el templo es el enclave más sagrado del judaísmo, la acción de Jesús pasa a plantear la cuestión de la fuente y naturaleza de su autoridad.[3]

Lucas cuenta sucintamente este episodio de la purificación del templo. Jesús expulsa a los mercaderes y cita una amalgama de textos veterotestamentarios. La primera parte del versículo 46 (el templo como «casa de oración») procede de Isaías 56:7, un texto que demanda justicia y declara que el camino a Dios está abierto para todos, incluidos los extranjeros y los eunucos, si son fieles a la ley de Dios. La segunda parte procede de Jeremías 7:11, donde se afirma que el pueblo de Dios ha convertido el templo en «una cueva de ladrones». Jeremías llama a la nación a arrepentirse de sus malas acciones, advirtiéndoles del juicio en que incurrirán si se niegan a hacerlo. Con el respaldo del ministerio de los profetas, Jesús condena la profanación de la santa función del templo.

---

1. Los pasajes paralelos de este texto son Mateo 21:12–13 y Marcos 11:15–19. Muchos consideran también como paralelo Juan 2:13–17, lo cual es posible si asumimos una reordenación literaria a efectos de énfasis por parte de los escritores sinópticos o de Juan. Pero las diferencias en el relato, como en los textos del Antiguo Testamento que se citan, y su distinta ubicación hacen más probable en mi opinión que Juan no esté narrando el mismo suceso, de modo que durante el ministerio de Jesús se produjeron dos purificaciones distintas. Si se tuviera en mente un mismo acontecimiento, es entonces posible que Juan hubiera ubicado el relato en un momento anterior para anticipar el asunto del conflicto y la comparación de su resurrección con la restauración del templo por parte de Jesús.

2. V. Eppstein, «The Historicity of the Gospel Account of the Cleansing of the Temple» [La historicidad de relato evangélico de la purificación del Templo], *ZNW* 55 (1964): 42–58, observa que es posible que algunas de estas innovaciones se hubieran introducido recientemente en el recinto del templo.

3. B. Witherington, *The Christology of Jesus* [La cristología de Jesús], 107–16.

¿Es esta una acción mesiánica y profética a la vez? Hay poco en el propio suceso que refleje explícitamente la función mesiánica.[4] Sin embargo, su yuxtaposición temporal a la entrada triunfal significa que este sentido no puede andar muy lejos. Aquel que entró a la ciudad para alabar sirviéndose del Salmo 118, ahora purifica el templo. El Mesías tenía que traer sabiduría y luz a su pueblo, de manera que cualquier actividad relacionada con la integridad de la adoración formaba parte, sin duda, de su cometido.

La acción de Jesús aviva la determinación de los dirigentes de enfrentarse a él (6:11; 11:53–54). No puede permitírsele que dicte el modo en que ha de llevarse a cabo la adoración en el templo, desafiando abiertamente las prácticas sacerdotales. A no ser que las realizara alguien con autoridad profética, sus acciones serían sin duda consideradas como blasfemas. Esta es la razón por la que el asunto de la autoridad de Jesús es la siguiente cuestión que se plantea (20:1–8). Puesto que Jesús va cada día por el templo, los judíos hacen planes para destruirle.[5] Sin embargo, su popularidad les frena. ¿Cómo pueden hacerlo cuando el pueblo escucha tan atentamente sus palabras? Por ello, lo que hacen es tenderle una trampa para que diga algo fuera de lugar.

Lucas 20:1–8 regresa al asunto central del Evangelio. ¿De dónde procede la autoridad de Jesús?[6] Se trata de una disputa importante, puesto que el derecho de Jesús a cuestionar la adoración del templo está directamente relacionado con la fuente de su poder. Jesús carece de educación formal y es un completo desconocido en los círculos teológicos. ¿Qué, pues, le da derecho a decirles a los sacerdotes cómo han de administrar un templo del que han estado a cargo durante siglos? ¿Qué justifica sus grandes pretensiones religiosas?

Estos asuntos llevan a los sacerdotes y maestros de la Ley a investigar a Jesús cuando enseña en los predios del templo y comparte el Evangelio. Su pregunta adopta dos formas. ¿Con qué autoridad hace Jesús aquellas cosas, y quién se la ha dado? La referencia a «estas cosas» (v. 2. NVI, «esto») nos dice que lo sucedido en el templo es solo una de las cuestiones que preocupan a los dirigentes.

Jesús les responde con una pregunta. Les pide que evalúen el ministerio de Juan Bautista. La pregunta es genial porque las raíces de Juan eran tan oscuras como las de Jesús. Como Jesús, tampoco él tenía una educación formal. También él predicaba a todos el arrepentimiento, pero el pueblo reconocía su ministerio. ¿Qué tenían que decir los dirigentes judíos sobre un ministerio como aquel? A veces una pregunta intencionadamente capciosa merece otra del mismo tipo como respuesta. La pregunta de Jesús es significativa porque vincula ambos ministerios, y el público tiene ya una clara opinión

---

4. Si hubiera una alusión mesiánica a algún texto del Antiguo Testamento, Malaquías 3:1 es un posible candidato; el problema es su oscuridad y la ausencia de conexión con esta tradición. ¿Es «el mensajero del pacto» de Malaquías el mismo que el «mensajero que preparará el camino»? En caso afirmativo, ¿no se trata entonces de Juan? Por otra parte, ¿es la venida del Señor al templo una referencia a Jesús, o lo es acaso a la poderosa manifestación final del Señor a su regreso? Los siguientes versículos de Malaquías sugieren el último sentido.
5. El griego dice que planeaban «destruirle», lo cual la NVI simplifica traduciendo «matarlo».
6. Los pasajes paralelos de este texto son Mateo 21:23–27 y Marcos 11:27–33. En este relato los textos son similares, solo que Lucas no alude al hecho de que la higuera se seca. Lucas se está centrando en el asunto de Jesús.

sobre Juan. El principio por el que los dirigentes están juzgando a Jesús —no tiene credenciales sacerdotales oficiales— provocará también el rechazo del ministerio de Juan, sin embargo, Juan ya ha sido aceptado como profeta por el pueblo. Jesús les ha puesto entre las cuerdas.

El carácter de los dirigentes se pone de relieve en sus deliberaciones internas. Lo que tratan no son cuestiones de veracidad, sino de apariencias. Confesar que el ministerio de Juan tenía raíces en el Cielo representaría una denuncia de su propia falta de respuesta. Esta respuesta sería bochornosa. Sin embargo, responder que el ministerio del Bautista fue meramente humano supondría enfrentarse a la opinión popular y exponerse a la ira del pueblo por afirmar que un reconocido profeta no lo era. El sentido de la respuesta está dominado por sus repercusiones ante la opinión pública.

Los judíos deciden ir a lo seguro y echan balones fuera, afirmando que no lo saben. La negativa de los dirigentes a adoptar una clara posición, deja la puerta abierta para que Jesús se niegue también a contestar su pregunta, no porque no desee responderla, sino porque la respuesta es obvia y no tiene por qué ser objeto de debate. En su día se negaron a reconocer a Juan, y ahora guardan la distancia con Jesús. Sin embargo, a lo largo de su ministerio Jesús ha dado abundantes evidencias sobre la fuente de su autoridad (ver 5:24; 11:20). El tiempo para el debate ha pasado. Los dirigentes han tomado su decisión, y deberían haberlo admitido. La propia narración presenta cargos contra su acción por este hecho.

Construyendo Puentes

Esta purificación del templo tuvo lugar en una institución divina que ya no existe. Sin embargo, en los comentarios de Jesús aflora un principio sobre la adoración que sigue siendo válido, aunque el templo no esté ya con nosotros. La adoración es un deber sagrado, donde no caben el comercio y la hipocresía. La ironía de esta escena está en el hecho de que la preocupación de los sacerdotes por el templo y su autoridad sobre él les llevó a considerar la ejecución de Jesús, el verdadero templo (Jn 2:19–22). El pecado de un excesivo comercialismo religioso se ha complicado y ha pasado a contemplar la posibilidad de cometer un asesinato. La combinación de citas del versículo 46 subraya que los sagrados lugares de Dios son espacios de adoración, no de comercio. Por otra parte, la adoración que Dios desea está íntimamente ligada a la condición del corazón humano (ver Jn 4:24).

Otro aspecto a tener en cuenta es que, por regla general, el pecado no se produce de manera aislada. Un pecado tiende a provocar más pecado. Esta tendencia del pecado a multiplicarse como una célula cancerosa es la razón por la que es tan importante apartarse de él. Ello evita que la enfermedad se extienda y adopte proporciones más destructivas.

El asunto fundamental de 20:1–8 es la fuente de la autoridad de Jesús. La vinculación entre Juan el Bautista y Jesús, y las pruebas que aporta el ministerio de este último, proporcionan la respuesta de Lucas. Comenzando con 1:15–2:52, hay un significativo número de textos en Lucas que plantean esta cuestión de la autoridad, puesto que es esencial a todo su desarrollo para confirmar a Teófilo con respecto a la identidad de Jesús. Las cuestiones importantes requieren mucho testimonio confirmatorio, y el ministerio de Jesús lo ha suministrado, a pesar de la reticencia de los principales sacerdotes y ancianos judíos para reconocerlo.

Otro asunto también significativo en esta sección es el modo en que se manifiesta el rechazo. Hay algo esencialmente evasivo en el modo en que los dirigentes judíos tratan la pregunta de Jesús. No quieren responderla de un modo honesto y directo. Esta semblanza de la política y las relaciones públicas añade un interesante elemento al retrato narrativo de los sutiles procedimientos del pecado. Esta calculada indefinición que vemos en los dirigentes tiene un aire de sabia prudencia para valorar las cosas, no obstante, su forma de responder a Jesús descubre la falsedad de tales valoraciones. La negativa a comprometerse con el camino de Dios puede manifestarse en este tipo de evasiva, aparentemente ingenua, sin embargo, es posible que esta clase de respuesta no sea tan inocente como parece.

De hecho, los juegos de poder y la manipulación que se desarrollan en este texto ponen de relieve que, muchas veces, el pecado no actúa de manera abierta, sino solapada. El diálogo entre bastidores de los dirigentes para justificar la falta de una declaración pública ejemplifica lo que, demasiado a menudo, sucede en nuestras relaciones personales. La opinión que otros puedan tener de nosotros sofoca muchas veces lo que podría ser una sincera declaración de nuestra posición en un determinado asunto y nuestras razones para ello. La fe cristiana no tiene como objetivo ganar el mayor número posible de votos, o gozar de un buen índice de popularidad. Hemos de adoptar una posición firme y honesta a favor de la verdad, aunque no sea popular. Hacer piruetas para no perder votos, como hacen aquí los fariseos, es una señal de debilidad espiritual que puede destruir un ministerio o la credibilidad personal. Por regla general, cuando estamos interesados en obtener los votos de nuestra cultura, la verdad de Dios y nuestra honestidad con respecto a ella acaban pagando las consecuencias. Ser veraz no significa ser insensible, sin embargo, sí quiere decir que hemos de ser lo suficientemente honestos para dejar claro cuál es nuestra posición y por qué.

Significado Contemporáneo

Es posible que nuestra cultura esté en lo cierto con respecto a ciertas expresiones de la fe cristiana cuando nos acusa de ser mercantilistas. Cuando el dinero y la prosperidad por medio de la fe llegan a ser más importantes que la adoración de Dios, se ha producido una distorsión como la que tuvo lugar en el templo. Es difícil seguir ciertos ministerios de televisión sin tener la sensación de que el dinero es más importante que la adoración o el servicio. Este mismo principio está también en acción cuando se asiste a la Iglesia para establecer buenos contactos de negocios. Lo más trágico es que muchas personas bienintencionadas podrían estar entregando recursos a fuentes que son menos responsables que muchas organizaciones comprometidas en formas de ministerio más auténticas.

Muchas veces, el estilo de vida de los ministros que se benefician de estos recursos son un reflejo clave del grado de responsabilidad de tales organizaciones en la administración del dinero de Dios. Si un ministerio se niega a ser auditado o a abrir sus libros para someterse a un examen meticuloso, bien podría entonces dudarse de su integridad. Existen organizaciones neutrales como el Consejo Evangélico para la Responsabilidad Económica (Evangelical Council for Financial Accountability) que auditan y verifican la integridad de las prácticas económicas de un ministerio en concreto. Antes de hacer nuestras aportaciones a un ministerio deberíamos comprobar que éste se sujeta a este tipo de supervisión económica. Obsérvese que Pablo esperaba que el dinero que él estaba recaudando para Jerusalén fuera llevado a su destino por un grupo plural de personas (1Co 16:3).

En nuestra iglesia hemos valorado recientemente nuestra utilización del espacio de adoración como punto de venta de entradas para actos benéficos y otros productos relacionados con actividades eclesiales. Aunque muchos grupos bienintencionados quieren vender entradas para ayudar a quienes recaban fondos, o para otro tipo de eventos, nosotros como comunidad hemos decidido trasladar el punto de venta fuera del santuario como una manera de honrar textos como Lucas 19:45–46. Aunque no sea lo más práctico, parece que limitar el uso del santuario exclusivamente a la adoración es la mejor manera de mantener nuestros corazones en una actitud de adoración que se concentra en encontrarse con Dios.

Hemos observado anteriormente que el pecado suele producir más pecado. En Lucas 19, un excesivo interés en cuestiones comerciales llega a convertirse en un deseo de eliminar a Jesús. Sin duda, los dirigentes habrían alegado en su defensa que su resistencia a Jesús solo pretendía impedir que alguien causara estragos en el templo. Bien podrían haber argumentado que la defensa de la ley y el orden no es solo tarea de los gobiernos; la adoración también necesita supervisión. Sin embargo, la falta por su parte de un serio auto examen hizo que el pecado produjera más pecado. Es como la mentira que un cónyuge cuenta para encubrir una aventura amorosa, y que se encadena con otros actos de pecado que atentan contra un voto hecho ante Dios y que acaban destruyendo el matrimonio. Los pecados, como las mentiras, suelen ir acompañados y devoran como lobos rapaces. Cuando no se trata convenientemente, el pecado se convierte en una fuerza absolutamente destructiva.

Por lo que respecta al importante asunto de la autoridad de Jesús y dónde reside, se plantea la pregunta, ¿tiene acaso derecho a hacer lo que ha hecho aquí? De ser así, hemos de tomar en serio la advertencia de este texto. Al contemplar a Jesús aproximándose a la Cruz, hemos de reflexionar sobre si la oposición oficial a Jesús es o no apropiada. Predicar el cumplimiento de la promesa divina y purificar el templo son actos que, o bien Dios aprueba o son erróneos. En este pasaje Jesús no es simplemente un buen hombre. La Biblia no permite categorizar como válido la clase de respeto benevolente que nuestra cultura brinda a Jesús. Él no nos permite mirar los toros desde la barrera. O bien se le abraza como Salvador y Señor o nos oponemos a él. Si Juan el Bautista le señaló como aquel que había de venir, entonces Jesús es el Prometido de Dios.

Obsérvense las reservas de Jesús para responder a sus enemigos. En ocasiones, cuando se ha dado amplia oportunidad de responder, no hay necesidad de seguir contestando a la que es, esencialmente, la misma pregunta. En numerosas ocasiones, Jesús ha respondido de palabra y de hecho a la pregunta planteada por los dirigentes judíos.

En nuestras vidas, esto se traduce en un reconocimiento de que, cuando hemos compartido a Jesús con alguien durante un largo periodo de tiempo, puede llegar un momento en que las respuestas no sean ya apropiadas. Puede que en este caso, lo que tengamos que hacer sea instar a la persona en cuestión a que reflexione sobre lo que ya se le ha presentado. En algunos contextos, la única respuesta apropiada a reiteradas preguntas no son más palabras, sino un amor persistente.

Antes hemos comentado la lección negativa sobre el carácter de los dirigentes judíos que nos brindan sus deliberaciones. La cuestión es, sin embargo, ¿hacemos nosotros estas mismas cosas? ¿Vacilamos cuando se trata de defender nuestra relación con Jesús en contextos en que estas cosas pueden no ser populares? ¿Utilizamos tácticas evasivas para ocultar actos anteriores que hoy sabemos equivocados? ¿Afirmamos en un contexto de debate público estar abiertos a la verdad, cuando ya hemos fijado una posición? ¿Somos manipuladores como los dirigentes judíos en este pasaje? En otros pasajes, Jesús nos insta a que nuestro «sí» sea «sí», y nuestro «no» sea «no» (Mt 5:37). Cualquier otra cosa menoscaba la integridad y la confianza.

Lucas 20:9-19

Pasó luego a contarle a la gente esta parábola:

—Un hombre plantó un viñedo, se lo arrendó a unos labradores y se fue de viaje por largo tiempo. 10 Llegada la cosecha, mandó un siervo a los labradores para que le dieran parte de la cosecha. Pero los labradores lo golpearon y lo despidieron con las manos vacías. 11 Les envió otro siervo, pero también a éste lo golpearon, lo humillaron y lo despidieron con las manos vacías. 12 Entonces envió un tercero, pero aun a éste lo hirieron y lo expulsaron. 13 Entonces pensó el dueño del viñedo: "¿Qué voy a hacer? Enviaré a mi hijo amado; seguro que a él sí lo respetarán." 14 Pero cuando lo vieron los labradores, trataron el asunto. "Éste es el heredero —dijeron—. Matémoslo, y la herencia será nuestra." 15 Así que lo arrojaron fuera del viñedo y lo mataron. ¿Qué les hará el dueño? 16 Volverá, acabará con esos labradores y dará el viñedo a otros. Al oír esto, la gente exclamó:

—¡Dios no lo quiera! 17 Mirándolos fijamente, Jesús les dijo: —Entonces, ¿qué significa esto que está escrito: "La piedra que desecharon los constructores ha llegado a ser la piedra angular" ? 18 Todo el que caiga sobre esa piedra quedará despedazado, y si ella cae sobre alguien, lo hará polvo. 19 Los maestros de la ley y los jefes de los sacerdotes, cayendo en cuenta que la parábola iba dirigida contra ellos, buscaron la manera de echarle mano en aquel mismo momento. Pero temían al pueblo.

Esta importante parábola resume la historia de la actividad de Dios con Israel.[1] Su ubicación en este lugar representa la respuesta a las preguntas sobre el origen de la autoridad de Jesús planteadas en 20:1-8. Él es Hijo único, enviado por Dios. Basándose en algunos temas veterotestamentarios esenciales y alterándolos, Jesús advierte a la nación que se encuentra en una peligrosa posición. La imagen de la viña se hace eco de Isaías 5:1-7, donde esta metáfora se aplica a Israel. En la parábola de Jesús la imaginería es más compleja. La viña es probablemente «la promesa», mientras que los arrendatarios representan a Israel, en especial a sus dirigentes.[2]

---

1. Los pasajes paralelos de este texto son Mateo 21:33-44 y Marcos 12:1-11. Las variaciones en los detalles indican que esta parábola circulaba y fue resumida en varias versiones. Por ejemplo, en Mateo la interacción con los siervos se resume brevemente, mientras que en Marcos se consigna una progresión en la severidad con que se trata a los siervos. Lucas es aún menos severo, enviando al primer siervo con las manos vacías, mientras que el segundo es golpeado y el tercero, herido. Solo a Jesús se le quita la vida. Lucas acorta también la cita del Salmo 118, dejando el versículo 23, e invierte el orden de la muerte del hijo, echándole fuera de la viña antes de matarle.
2. Aquellos que deseen considerar una opinión distinta, que equipara la viña con Israel y a los arrendatarios con el liderazgo, pueden ver la obra de Blomberg, *Interpreting the Parables* [Interpretar las parábolas], 248 n. 100. Por mi parte, considero que esta parábola funciona de un modo muy parecido a Romanos 11, donde Israel forma parte del olivo como las ramas naturales, pero es realmente una referencia a la promesa. Prefiero una referencia a todo Israel, porque el punto de vista de Lucas es que la respuesta de la nación está estrechamente relacionada con la del liderazgo. Este

La otra imagen veterotestamentaria de este pasaje procede del Salmo 118:22, un pasaje que apareció ya en Lucas 13:35 y 19:38. La piedra rechazada se ha convertido aquí en aquella que Dios ha exaltado (ver también Hch 4:11; 1P 2:7). Mediante la cita del Antiguo Testamento Jesús declara confiadamente que el rechazo de su ministerio no implicará su derrota, aunque sí afectará de manera negativa a la nación.³

La imagen que se nos ofrece en esta parábola es muy común. Como sucede hoy en muchos lugares, en la Palestina del siglo I, sucedía frecuentemente que los propietarios de las fincas las arrendaban a otros para su explotación. Cuando alguien planta una viña y la da en arrendamiento, espera un porcentaje de beneficios cuando llega la cosecha. Aunque su ausencia sea prolongada, espera que la tierra sea rentable.

Cuando llega el tiempo de la cosecha, el propietario envía a sus siervos para que recojan sus beneficios de la viña. Los arrendatarios golpean al primero de ellos y le despiden con las manos vacías. Lo mismo sucede con un segundo siervo al que también golpean y tratan de manera vergonzosa. El tercero es herido. Todos los esfuerzos del propietario por cobrar su parte de los beneficios son rechazados con impunidad. Este detalle describe la persistente infidelidad de la nación en su falta de respuesta a los profetas. El Antiguo Testamento consigna ampliamente este fracaso (1R 18:13; 22:24–27; 2R 6:31; 21:16; 2Cr 24:19–22; 36:15–16; Neh 9:26; Jer 37:15; 44:4). Como se pone de relieve en Lucas 13:6–9, la nación no tiene fruto que ofrecer a Dios.

El propietario decide enviar a su «hijo amado». Esta expresión podría ser una manera de describirle como hijo único, puesto que los arrendatarios esperan que, con su muerte, la finca pase a ser de su propiedad. El propietario asume que los arrendatarios le tratarán con respeto. Sin embargo, cuando ven llegar al hijo, éstos ven una oportunidad. A no ser que se produjera alguna violación de la relación contractual, no era anormal que la tierra pasara a ser propiedad de los arrendatarios si los propietarios no tenían herederos.⁴ Sin embargo, estos arrendatarios manifiestan una lógica perversa: «Éste es el heredero —dijeron—. Matémoslo, y la herencia será nuestra». ¿Cómo podía reportarles beneficios matar al heredero? ¡Cuán retorcida puede ser la lógica pecaminosa! En su cerrazón, la ceguera es capaz de ver cosas extrañas. Se trata de una referencia a la próxima ejecución de Jesús, que es la cuestión clave de la parábola. Jesús sabe exactamente lo que tienen entre manos, aunque no tiene lógica, y pregunta a sus oyentes cómo responderá el propietario a la ejecución de su hijo. El patrón de la conducta anterior hizo muy fácil saber quiénes habían sido los culpables. El propietario acabará con los arrendatarios, y dará la tierra a otros. Esto alude a la próxima participación de las naciones en la promesa, como se muestra en el libro de los Hechos, pero es también una referencia a los Doce, que forman la base de la nueva comunidad que Jesús está

---

tipo de parábola y el juicio que predice muestran por qué la nación es en su conjunto responsable de su reacción ante la visitación mesiánica de Jesús (cf. 19:41–44). Por ello, aunque la parábola tiene principalmente en vista al liderazgo (v. 19), sus implicaciones afectan al papel de la nación. Los «otros» a quienes dará a cuidar el viñedo en el versículo 16 son los gentiles.

3. El tema de la desobediencia nacional que produce la disciplina de Dios refleja textos como Jeremías 7:21–28, que a su vez se edifican sobre las advertencias de Deuteronomio 28. Los temas que aquí se suscitan reaparecen con el discurso de Esteban en Hechos 7.
4. J. Jeremias, *Las parábolas de Jesús*, 75, n. 99 de la edición en inglés.

formando. La multitud entiende el cambio que va a producirse en la gestión de la viña y exclama: «¡Dios no lo quiera!» No conciben que Israel y sus dirigentes puedan ser nunca culpables de una desobediencia tan temeraria.

Jesús cita la Escritura y un popular proverbio para hacerles entender lo que quiere decir. El Salmo 118 enseña que el justo, rechazado por los hombres es exaltado por Dios como personaje clave. Este texto trata probablemente sobre el rey que conduce la procesión al interior del templo. Los judíos del Antiguo Testamento habrían pensado en estos términos, y para los del tiempo de Jesús sería impensable que las naciones ocuparan el lugar de bendición. Las naciones habrían sido precisamente las que le habrían rechazado. Jesús invierte completamente la imagen, observando que ahora el rey es rechazado por su pueblo (cf. Is 53). Si Dios, pues, exalta a la piedra dándole el papel clave, es entonces muy arriesgado adoptar una posición opuesta a aquel que es el fundamento.[5] Quienes caen sobre la piedra son quebrantados, y aplastados aquellos sobre quienes cae ella. Este comentario proverbial es muy parecido al del posterior *Midrash* judío sobre Esther 3:6: «Si la piedra cae sobre la vasija, ¡ay de la vasija! si la vasija cae sobre la piedra, ¡ay de la vasija!» En cualquier caso es un problema oponerse a la preciosa piedra a quien Dios ha exaltado, su Hijo Jesús.

La oposición a Jesús se hace más intensa, porque saben que les está desafiando, igual que lo hizo antes en el templo. Les acusa de estar exactamente en el lugar opuesto del que creen estar. Quieren arrestarle, pero el pueblo sigue siendo un obstáculo. Jesús es demasiado popular entre ellos. Primero tendrá que ser desacreditado. De manera que ahora van a dirigir toda su atención y esfuerzo a esta cuestión.

Construyendo Puentes

La parábola de los arrendatarios explica la razón por la que Dios ha ampliado el ámbito de su bendición. Israel no se sienta ya en el centro de la bendición, porque ha rechazado de modo persistente y obstinado cualquier intento por parte de Dios de conducirle a la justicia. Israel ha pedido que se le permita vivir aparte del camino de Dios, y esto es precisamente lo que consigue.

Los rasgos principales de esta parábola giran alrededor del papel esencial de Israel dentro del plan de Dios. La promesa, ahora que la nación ha quedado a un lado, pasa a estar bajo la responsabilidad de «otros», a saber, los gentiles. El comentario de este pasaje es Romanos 11, donde Pablo utiliza la imaginería similar de una vid para analizar adónde se dirige el plan de Dios. Su exposición difiere, no obstante, en su mirada al futuro de la nación, no en su implicación con Jesús. Es decir, Pablo arranca allí donde Jesús abandona la imagen. Lo que dice es que, aunque las ramas originales (Israel) han sido desgajadas, pueden ser injertadas de nuevo en el futuro y, de hecho, lo serán (Ro 11:12, 14–15, 26–27, 29–32). En otras palabras, se acerca el día en que Israel desempeñará de nuevo un papel fundamental dentro del plan de Dios. Mientras tanto, las

---

5. Tanto el Salmo 118 como este texto aluden a Jesús como fundamento del edificio (cf. 1Co 3:10; Ef 2:20), no como su piedra culminante. Ver R. McKelvey, *The New Temple* [El nuevo templo], (Oxford: Oxford Univ. Press, 1969), 195–204. Aceptamos la traducción alternativa que presenta la NIV aquí (*cornerstone*, i. e., piedra angular. N. del T.).

ramas que ha sido injertadas, es decir, los gentiles han de servir fielmente, puesto que, si por su infidelidad Dios ha cortado las ramas originales, puede también, por la misma razón, cortar las que han sido posteriormente injertadas. Estar cerca de la bendición no es razón para la soberbia, sino para la humildad.

Esta perspectiva histórica se centra en Israel. No obstante, estos acontecimientos contienen una advertencia para la Iglesia, similar a la que nos llega de la exposición de Pablo en Romanos 11. Esta parábola indica además que lo que iba a sucederle a Jesús como Hijo de Dios no era ninguna sorpresa. La Historia funciona dentro de las fronteras que Dios establece. Y el plan de Dios estaba avanzando, aunque pareciera paralizado. Todos los aspectos de la respuesta de Israel sugieren que iba a menoscabar aquel plan. Sin embargo, no fue así. La resurrección y el poder vivificador de Dios significaba que Dios encontraría a otros que responderían a su mensaje de salvación.

Por último, este pasaje nos advierte sobre el peligro de tomar a la ligera la promesa de Dios. En efecto, los arrendatarios pensaban que la viña sería siempre suya, pero se equivocaban. Dios fue a la viña buscando fruto, y solo encontró hostilidad y amargura. Tomar a Dios a la ligera produce juicio (ver 19:41–44). Aquellos que están en la viña han de edificar el cuerpo y honrar a Dios con el fruto que busca.

Significado Contemporáneo

Aunque éste parece un texto severo en su descripción de Dios que, durante un tiempo, pone a un lado a Israel, es importante observar lo paciente y sufrido que fue Dios. A lo largo de los siglos había enviado numerosos siervos a su pueblo, y finalmente envió a su Hijo. Se les había dado toda oportunidad de reaccionar. Sin embargo, su ceguera se había hecho cada vez más intensa a medida que seguía en su hostilidad. Este es muchas veces el modo en que actúa el pecado. Una vez presente, se arraiga cada vez más profundamente (Ro 1:18–32). El juicio de Dios no es arbitrario; sino más bien la culminación de un largo proceso. Dios solo rechaza a las personas tras prolongados esfuerzos por obtener una respuesta suya. Jesús lloró al entrar en Jerusalén, porque lo que Dios desea para la humanidad no es el juicio (2P 3:9). Este viene únicamente porque no respondemos a la compasión de Dios.

El texto subraya de nuevo la centralidad de Jesús. Él es la piedra angular, y oponerse a él nos hace acreedores del rechazo de Dios. Esta piedra rompe a quienes se oponen a él. En varios lugares de este Evangelio se expresa la noción de que oponerse a Jesús provoca el rechazo de Dios. Muestra también que nada frustrará su plan. Como centro de este plan, Jesús deviene, por medio de la resurrección, la base de una nueva comunidad, un nuevo templo habitado por la presencia de Dios. De hecho, es el Espíritu en nosotros quien imparte su vida a este nuevo templo (1Co 3:17–18). Este templo es sagrado para Dios y funciona bajo su protección. Si alguien lo ataca, como hicieron los dirigentes judíos rechazando activamente al Hijo, y no se arrepiente, el juicio caerá sobre tal persona. Dios desea recibir honra, tanto de parte de la comunidad que habita, como de quienes se niegan a dársela. Un día, todos le reconocerán. Es mejor hacerlo de buena gana ahora, que vernos forzados a reconocerle después.

Lucas 20:20-26

Entonces, para acecharlo, enviaron espías que fingían ser gente honorable. Pensaban atrapar a Jesús en algo que él dijera, y así poder entregarlo a la jurisdicción del gobernador. 21 —Maestro —dijeron los espías—, sabemos que lo que dices y enseñas es correcto. No juzgas por las apariencias, sino que de verdad enseñas el camino de Dios. 22 ¿Nos está permitido pagar impuestos al César o no? 23 Pero Jesús, dándose cuenta de sus malas intenciones, replicó: 24 —Muéstrenme una moneda romana. ¿De quién son esta imagen y esta inscripción? —Del César —contestaron. 25 —Entonces denle al César lo que es del César, y a Dios lo que es de Dios. 26 No pudieron atraparlo en lo que decía en público. Así que, admirados de su respuesta, se callaron.

Los dirigentes judíos intentan ahora poner la zancadilla a Jesús en el terreno político.[1] El asunto es el «impuesto por cabeza» vigente en Roma. Se trataba de un impopular impuesto que representaba uno de los ejemplos más contundentes de la soberanía que Roma ejercía sobre Israel.[2] La historia se complica por el modo en que Lucas describe el escenario. Los dirigentes han enviado espías al entorno de Jesús, con la tarea de observarle minuciosamente. Con hipocresía se presentan como personas «honestas», sin embargo, están buscando alguna palabra de Jesús que les permita entregarle al gobernador con una acusación de carácter político. De conseguirlo, sería una jugada maestra. Si Jesús fuera detenido por los romanos, podría ser condenado a muerte por traición, sin que los dirigentes tuvieran ninguna relación directa con su muerte. Por otra parte, se marcarían un punto con el gobierno romano que les estaría agradecido por velar por los intereses imperiales.

Estos infiltrados tienen un plan genial. Le preguntan a Jesús: «¿Nos está permitido pagar impuestos al César o no?» Si Jesús apoya a Roma, quedará en entredicho su lealtad a Israel. Si se pone del lado de los judíos, entonces podrá hablarse con Roma para que intervenga. Su elogio inicial como maestro que enseña lo «correcto» (v. 21) solo pone de relieve su hipocresía. Todo lo que hacen representa un rechazo de Jesús. Realmente están tan convencidos de que Jesús enseña el camino de Dios y de la verdad como de que Roma posea la piedad y moralidad más elevadas.

La pregunta se plantea de un modo que solo admite una respuesta en uno u otro sentido. Pero Jesús es plenamente consciente de su astucia (NVI «malas intenciones»),[3] pide que se le entregue una moneda y pregunta de quién es la inscripción que lleva. En aquella moneda, un denario, se consignaban las palabras, «Tiberio César, Augusto hijo

---

1. Los pasajes paralelos de este texto son Mateo 22:15–22 y Marcos 12:13–17.
2. Respecto al punto de vista judío sobre este impuesto, ver Josefo, *Antigüedades* 2.8.1 §§ 117–18; 7.8.1 §§ 253–58; 18.1.1. §§ 1–10.
3. El término que hace referencia a las malas intenciones de los espías alude realmente al uso de artimañas, O. Bauernfiend, «πανουργία», *TDNT*, 5:726.

del divino Augusto». Aquella moneda rezumaba soberanía romana por todas partes. Los judíos llevaban piezas como aquella en el bolsillo, prueba de que vivían ya bajo la soberanía de Roma y la aceptaban participando de su comercio. Dios había ordenado aquel gobierno y el poder que en aquel momento ejercía sobre Israel (cf. Ro 13:1–7).

La respuesta de Jesús es breve: «Entonces denle al César lo que es del César, y a Dios lo que es de Dios». Una cosa no excluye a la otra. El gobierno tiene derecho de existir y actuar, sin embargo, su presencia no nos exime de la lealtad que le debemos a Dios (Ro 13:1–7; 1P 2:13–17). Jesús no es un revolucionario político que se queja contra Roma, ni un ardiente nacionalista. Nadie puede acusarle de subversión política. No cae en la trampa que le han tendido, y los dirigentes reconocen que sus esfuerzos en este sentido han fracasado. Ante su respuesta solo pueden guardar silencio.

Construyendo Puentes

Este texto representa las palabras de Jesús que más se parecen a una declaración política. No es una afirmación exhaustiva, pero es muy revelador del modo en que abordaba (¡o quitaba importancia!) a los temas relacionados con el Estado. La manera en que Jesús trató esta cuestión muestra de muchas maneras que no estaba interesado en el programa político para cambiar Roma. No era un zelote. Está más interesado en que Israel sea un pueblo que honra al Dios a quien afirma conocer que en su relación con Roma.

En este pasaje se expresa también un principio esencial sobre la Iglesia y el Estado. Los gobiernos, aun los paganos como el romano, tienen derecho a existir y a esperar que sus ciudadanos contribuyan para hacer posible el desarrollo de sus funciones. Apoyar a un gobierno de este tipo, incluyendo el pago de impuestos, no viola nuestro compromiso con Dios.

Sin embargo, Jesús pretende comunicarnos algo mucho más fundamental y exhaustivo que el trato con un gobierno específico. Él desea llamar a un pueblo de entre las gentes de Israel (tras su muerte, también entre las naciones) que viva con Dios y dé testimonio de él al mundo más allá de los límites nacionales. Jesús no promoverá un ataque sobre Roma. De hecho, su anterior entrada a Jerusalén (19:28–40) puso de relieve que venía humildemente, como un rey que representaba la paz y la esperanza de dirigir a un pueblo hacia la justicia. Lo que desea construir trasciende las barreras nacionales. Ésta es en parte la razón por la que puede instar a que se paguen impuestos a un gobierno que era pagano. La obra de Jesús implica una transformación espiritual y el establecimiento de una colonia de Dios bien diferenciada en medio de Israel y las naciones. En ella espera manifestar la presencia de Dios, mostrando al mundo cómo deberían las personas vivir en comunidad delante de él (Ef 1:22–23; 1P 2:13–17). Esta distinción es esencial cuando consideramos el modo en que la Iglesia ha de funcionar en el mundo.

Significado Contemporáneo

¿Cómo debería ver la Iglesia al gobierno? ¿Desea Dios una nación cristiana? ¿Qué significa esta expresión? Si entendemos que Dios desea que las estructuras de la sociedad se relacionen con las personas de un modo que le honre a él y a la Humanidad, entonces la respuesta es sin duda sí. Dios hace responsables a las naciones, aun a aquellas que no tienen una relación contractual con él, por el modo en que tratan a las personas. Pero si entendemos que Dios tiene un contrato especial de bendición con una nación determinada, la respuesta es no, puesto que solo Israel tuvo una relación especial con Dios. En nuestro tiempo, allí donde Dios está obrando de manera especial, la Iglesia trasciende cualquier frontera nacional (Fil 3:20–21).

La Iglesia de hoy corre el riesgo de buscar a la nación de Dios en el lugar equivocado. Esta nación cristiana no se encuentra en una capital política como Washington, Londres, Berlín, Tokio, Ciudad de Guatemala, Lagos, Sao Paulo, o Moscú. Dicha nación es la comunidad que Jesús ha formado para que sea luz del mundo, una ciudadanía cuyas raíces están en el Cielo (Fil 3:20–21) y cuyo llamamiento es alcanzar a personas de toda nación y tribu para que formen parte de esta comunidad. Darle a Dios lo que es de Dios es brindarle un servicio fiel a favor de su reino entre las naciones. La Biblia no llama a la Iglesia a ponerse del lado de alguna nación o ideología política específica, sino a llevar a cabo su misión delante de todas las personas, puesto que todas las naciones necesitan a Dios.

¿Qué implica esto en relación con la actividad política? Los cristianos tienen el derecho —el deber, tendríamos incluso que decir— de ser ciudadanos plenamente integrados en cualquier país del mundo. La Iglesia tiene el derecho de defender en la plaza pública aquellos valores que contribuyen a la creación de una comunidad saludable. El propio Juan Bautista desafió a Herodes con respecto a su estilo de vida recordándole su responsabilidad ante Dios. Sin embargo, la Iglesia no está llamada a esgrimir el poder secular o la espada. Su experimento con este acercamiento en el tiempo de Constantino y durante la Edad Media ha de considerarse un triste fracaso. Incluso los esfuerzos como los de Ginebra durante la Reforma obtuvieron solo resultados ambivalentes. Cuando se obliga a formar parte de la Iglesia a quienes no desean serlo, la Iglesia sufre un influjo negativo. Dios permite que las personas se nieguen a formar parte de su comunidad y les hace responsables de su decisión.

Somos llamados a servir, expresando justicia e integridad personal en medio de un mundo reacio a reconocer la presencia del pecado y la responsabilidad moral. Debería poder mirarse a la Iglesia y decir, «he aquí un lugar en el que es posible encontrar relaciones personales saludables y una comunidad genuina, incluso multiétnica». En el mundo deberíamos apoyar causas que reflejen un sentido de justicia moral más allá de cualquier ideología específica. De hecho, puede argumentarse que para dar testimonio de la Gracia de Dios, cada institución debería ser analizada según las elevadas normas de Dios. La consigna política de la Iglesia es amar a Dios y al prójimo. La aplicación de este credo por parte de la Iglesia puede adoptar tantas formas que está solo limitada por su imaginación y energía. Hay mucho trabajo y reflexión que hacer en esta área. Nuestra capital se encuentra a la diestra de Dios.

El debate sobre Cristo y cultura es antiguo, y se han propuesto varios acercamientos. En 1951 H. Richard Niebuhr escribió su famosa obra *Cristo y la Cultura*, donde consideraba cinco opciones distintas para esta cuestión en la historia de la Iglesia: «Cristo contra la cultura», «el Cristo de la cultura» (él es el autor de la cultura), «Cristo por encima de la cultura» (la trasciende), «Cristo y la cultura en paradoja», y «Cristo, el transformador de la cultura».[4] Echo de menos una opción: la Iglesia como modelo de una cultura reconstituida. La última opción sostiene que la reorganización de la cultura es algo que, en el último análisis, Dios lleva a cabo.

Aunque podamos pretenderlo, la Iglesia no ha sido llamada a reformar la cultura, porque las reformas, que requieren un cambio de corazón, no pueden producirse modificando únicamente las estructuras. La comunidad de la Iglesia, que sirve de luz, posee las dinámicas necesarias para este tipo de cambio estructural e interno. Las personas deberían poder señalar a las comunidades eclesiales como sociedades que funcionan de manera distinta de las del mundo. La Iglesia debería poder mostrar al mundo la realidad de unas relaciones personales saludables, la ausencia de racismo, prácticas comerciales íntegras, reconciliación cuando las personas se han fallado las unas a las otras, formas compasivas de satisfacer las necesidades de los pobres, compasión, etcétera.

¿Qué significa esta perspectiva para nuestra implicación en política? Muchos de quienes vivimos en el mundo occidental convivimos en democracias participativas, lo cual nos da pleno derecho a comprometernos completamente con las obligaciones que se derivan de nuestra ciudadanía. Tenemos el derecho de participar en la plaza pública, y deberíamos hacerlo.[5] Como ha señalado Richard Neuhaus, una plaza pública «desnuda» (i.e. carente de una interlocución religiosa. N. del T.) no es deseable:

Como sugiere Murray, una plaza pública desnuda es un proyecto «imposible». No obstante, esto no impide que se intente. Para algunos secularistas la plaza pública desnuda es una meta deseable. Suscriben el dogma de la Ilustración secular en el sentido de que, a medida que las personas sean más cultas (educadas), la religión se desvanecerá; o, si no se desvanece, sí quedará relegada de la consideración pública, confinada a los límites de la extravagancia privada. Mi argumento es que una plaza pública desnuda no es deseable, aunque fuera posible. Desde la óptica de los creyentes no es deseable porque éstos están inevitablemente atrapados en la convicción de que las verdades morales de la religión tienen una validez universal y pública. Los Diez Mandamientos, por citar un ejemplo evidente, tienen categoría normativa. No son, como se ha dicho, diez sugerencias o diez importantes reflexiones morales que serán más o menos apreciadas conforme a la subjetiva disposición de cada cual. Aunque alguien no sea creyente, si está comprometido con la idea democrática entenderá que la separación entre los asuntos públicos y la vitalidad moral de la sociedad no es deseable. Considero además que la plaza pública desnuda no solo no es deseable, sino que tampoco es posible. Es una ilusión, porque la plaza pública no puede permanecer y no permanece desnuda. Cuando los valores religiosos particularistas y las instituciones que los promueven son excluidos del diálogo público, la ineludible necesidad de hacer

---

4. H. Richard Niebuhr, *Christ and Culture* [Cristo y Cultura] (Nueva York: Harper and Row, 1951).
5. Aquellos que deseen considerar un trabajo sólido sobre el discurso religioso público, pueden ver la obra de Richard Neuhaus, *The Naked Public Square* [La desnuda plaza pública], (Grand Rapids: Eerdmans, 1984). Una publicación dedicada a estas cuestiones se llama *First Things* [Primeras cosas].

juicios morales públicos llevarán a la construcción de una moralidad normativa elitista a partir de fuentes y principios no reconocidos democráticamente por la sociedad.[6]

Sin embargo, hemos de tener cuidado de que la religión funcione dentro de su propia esfera. No ha de ser una participación forzada, sino motivada por la convicción. Por otra parte, nuestro debate en la plaza pública ha de ser sensible para que los argumentos que presentamos estén fundamentados en lo que es el «bien común» de nuestra sociedad. Aquí puede argumentarse a favor de la moralidad pública, ya que lo moral es también saludable para la Humanidad (esta es la razón por la que Dios dio instrucciones al respecto). Pero hay que evitar cualquier confusión entre ideología política y religión o ideología y religión civil.[7] Dios no tiene una filosofía de gobierno que esté en consonancia con el programa de alguno de nuestros partidos políticos. Puede sostenerse que, desde un punto de vista bíblico, el historial de cualquier partido político es ambivalente, y que la calidad moral de la posición de los partidos depende del asunto que se esté tratando. La Iglesia como alternativa a la cultura ha de situarse por encima de la cultura en su crítica del modo en que el gobierno o cualquier otra institución llevan a cabo su tarea. El Gobierno existe para proteger a las personas, administrar la Ley y el orden, recaudar impuestos, y servir al bien común como principio de justicia (Ro 13:1–7); la razón de ser de la Iglesia es cuidar el corazón y el alma de las personas.

Estas cuestiones se hacen más difíciles cuando vamos concretando. ¿Qué del aborto, por ejemplo? Se trata de un asunto de moralidad pública. Es una discusión intrínsecamente religiosa y filosófica en una cultura que no sabe cómo encauzar tales discusiones. Por ello se trata de un debate tan doloroso desde un punto de vista cultural. Es como enseñar comunicación a un matrimonio, cuando ninguna de las partes tiene idea de lo que significa escuchar al otro. Mientras escribo sobre este tema, el programa *Nightline* de la cadena ABC acaba de emitir un reportaje especial sobre el aborto. La estadística que manejan es que entre un dos y un tres por ciento de las mujeres en edad reproductiva se sometieron a un aborto durante el pasado año. Naturalmente, deberíamos propugnar la protección de la vida humana, pero también hemos de estar preparados para crear estructuras de apoyo a los niños si el aborto llegara a ilegalizarse. No podemos defender apasionadamente la preservación de la vida, para abandonar dicha preocupación una vez que el niño haya nacido. Esto significa que los argumentos de conveniencia económica pueden ir en contra de lo que se requiere desde un punto de vista moral. Algunos argumentan a favor del aborto subrayando los elevados costes tanto emocionales como económicos de traer al mundo a los niños no deseados. Quienes sostienen lo contrario han de estar dispuestos a sobrellevar el coste moral y social de tomar una decisión moral. El camino de la justicia no es siempre el más fácil. La decisión de abortar se toma a menudo en aras de la conveniencia, mientras que la de criar a un niño cuesta mucho dinero. Al tiempo que defendemos nuestra posición, hemos de ofrecernos también como buenos prójimos, dispuestos a ayudar a quienes toman la decisión de criar a un niño, especialmente en aquellos contextos en que falta el apoyo emocional y económico.

---

6. Ibíd., 86.
7. Muy recomendada para esta cuestión es la obra de Os Guinness, *The American Hour* [La hora americana], (New York: Macmillan, 1992), esp. 147–61, 371–93.

¿Y qué de la oración en las escuelas? Esta es una cuestión delicada. Personalmente, estoy del todo a favor de la oración y de la enseñanza de su valor, sin embargo, ¿cómo vamos a orar en una atmósfera multicultural? No podemos argumentar, creo, que somos una sociedad monocolor en materia religiosa, porque no lo somos. Prefiero una plaza pública en la que el asunto de las creencias religiosas se trate de un modo abierto y directo, como un asunto de interés e información públicos. Sin embargo, hemos de actuar con sensibilidad, como lo hizo Pablo en el Areópago de Atenas (Hch 17:16–34). En ocasiones se me ha pedido que orara en actos civiles en los que era consciente de la gran amplitud de nacionalidades y religiones representadas. ¿Cómo hemos de actuar en este tipo de contextos? ¿Somos acaso como Daniel, fieles a nuestro Dios en nuestra conducta y adoración privada, pero genéricos de un modo discreto aunque veraz en contextos más amplios? Las oraciones que he expresado en este tipo de contextos han girado en torno al papel de Dios al crearnos y nuestra responsabilidad de buscar humildemente su rostro. Nuestra cultura necesita reflexionar acerca del valor de las cuestiones religiosas en general antes de poder centrarse en cuestiones más específicas con detenimiento y preocupación. Las mejores oraciones en nuestros contextos multirreligiosos son aquellas que permiten el tiempo individual para la oración personal. De otro modo, se suscitarán tensiones con respecto a quién escribe las oraciones que ora la clase. Lo que se le da a Dios debería ofrecérsele sinceramente, no por coacción.

Lucas 20:27-40

Luego, algunos de los saduceos, que decían que no hay resurrección, se acercaron a Jesús y le plantearon un problema:

28 —Maestro, Moisés nos enseñó en sus escritos que si un hombre muere y deja a la viuda sin hijos, el hermano de ese hombre tiene que casarse con la viuda para que su hermano tenga descendencia. 29 Pues bien, había siete hermanos. El primero se casó y murió sin dejar hijos. 30 Entonces el segundo 31 y el tercero se casaron con ella, y así sucesivamente murieron los siete sin dejar hijos. 32 Por último, murió también la mujer. 33 Ahora bien, en la resurrección, ¿de cuál será esposa esta mujer, ya que los siete estuvieron casados con ella? 34 —La gente de este mundo se casa y se da en casamiento —les contestó Jesús—. 35 Pero en cuanto a los que sean dignos de tomar parte en el mundo venidero por la resurrección: ésos no se casarán ni serán dados en casamiento, 36 ni tampoco podrán morir, pues serán como los ángeles. Son hijos de Dios porque toman parte en la resurrección. 37 Pero que los muertos resucitan lo dio a entender Moisés mismo en el pasaje sobre la zarza, pues llama al Señor "el Dios de Abraham, de Isaac y de Jacob". 38 Él no es Dios de muertos, sino de vivos; en efecto, para él todos ellos viven. 39 Algunos de los maestros de la ley le respondieron: —¡Bien dicho, Maestro! 40 Y ya no se atrevieron a hacerle más preguntas.

Sentido Original

El siguiente ángulo desde el que se cuestiona a Jesús es el teológico.[1] Los protagonistas son los saduceos.[2] Plantean el asunto de la resurrección, y lo hacen desde la óptica contraria a la de los fariseos, porque no creían en la resurrección. Los saduceos constituían un movimiento dentro de la nobleza sacerdotal. Aceptaban los primeros cinco libros del Antiguo Testamento como dotados de suprema autoridad y veían con malos ojos la tradición oral de los fariseos. Tendían a ser racionalistas y por lo general eran ricos.[3] No obstante, y a pesar de sus diferencias, cuando se trató de Jesús, se unieron a los fariseos en sus intentos de destruirle.

A los saduceos les gustaba plantear una pregunta estándar sobre la resurrección para mostrar cuán absurda era —según ellos— esta cuestión. Basándose en el matrimonio por levirato (Gn 38:8; Dt 25:5; Rt 4:1–12) y dando por sentado que en el Cielo los hombres tenían que ser maridos de alguna mujer, planteaban el dilema, «¿de cuál será esposa?».[4] Comienzan mencionando la costumbre del matrimonio por levirato y a continuación le explican a Jesús la historia paso a paso. Cada uno de los siete matrimo-

---

1. Los pasajes paralelos de este texto son Mateo 22:22–33 y Marcos 12:18–27.
2. Este es el único encuentro de Jesús con los saduceos en Lucas. En las obras de Josefo, *Guerra de los judíos* 2.8.14 §§ 163–65, y *Antigüedades* 18.1.4 § 16, hay material de trasfondo sobre ellos.
3. R. Meyer, «Σαδδουκαῖος», *TDNT*, 7:35–54.
4. Algunos observan temas similares en Tobías 3:8; 6:9–12; 7:12–13.

nios de una mujer termina sin hijos (la ausencia de un hijo desencadena el proceso del levirato). La historia tiene un toque de humor, porque da la impresión de que ¡el que se casa con aquella mujer ya puede ir haciendo testamento! Al final, la mujer muere también. Ahora surge la pregunta: «en la resurrección, ¿de cuál [de ellos] será esposa esta mujer, ya que los siete estuvieron casados con ella?» Realmente los saduceos no quieren una respuesta, porque están convencidos de que el dilema muestra la falta de lógica de la resurrección. Asumen también que la otra vida es como ésta.

La pregunta es crucial por varias razones. (1) Algunos judíos creían en una resurrección. (2) Jesús había predicho su resurrección a los discípulos. (3) La resurrección está en el corazón de lo que llegará a ser la esperanza cristiana. De manera que, a pesar del humor que pueda haber en el planteamiento, la pregunta en sí ha de tratarse en serio.

Jesús replica en dos niveles. (1) Observa que la otra vida no es como ésta, puesto que en la era futura no habrá matrimonio. Teniendo en cuenta que las personas vivirán eternamente, no habrá necesidad del matrimonio ni de la reproducción para mantener la población de la Tierra. En el Cielo, las relaciones personales funcionarán en un plano distinto.[5] Las personas serán como ángeles, que no comen o se casan (cf. 1 Enoc 15:6; 51:4; 104:4–6; Sabiduría 5:5, 15–16).[6] Aquellos que sean dignos de la resurrección, los hijos de Dios, serán hijos de la resurrección.

(2) De un modo más sutil, Jesús implica que no todos resucitarán. Habla de los que son «dignos de tomar parte en el mundo venidero por la resurrección». Por tanto, algunos corren el riesgo de ser excluidos de aquella era.[7] Este segundo punto no tiene relación con la pregunta, pero plantea el asunto de quién recibe la resurrección para vida eterna.

Para consolidar su argumento, Jesús aclara un último asunto del Pentateuco, la única sección de la Escritura en que confían los saduceos. Jesús observa que Dios le dijo a Moisés que el Señor es el Dios de Abraham, Isaac y Jacob (ver Éx 3:2–6). Dios es Dios de vivos, no de muertos. De manera que si Dios sigue siendo el Dios de los patriarcas cuando habla con Moisés, mucho después de sus muertes, de algún modo éstos han de estar vivos o presentes ante Dios.[8] Para estos patriarcas, Dios es el Dios de la promesa. Para que ellos compartan el cumplimiento de la promesa, han de vivir para verla.

En otras palabras, la respuesta de Jesús adopta dos formas. El dilema saduceo del matrimonio por levirato no es pertinente por su errónea concepción de la otra vida, ya que en aquel tiempo el matrimonio no está vigente. Por ello, el problema que plantean los saduceos no es tal. Y en la *Torá*, en su mención de los patriarcas, la Escritura enseña ciertamente la resurrección. Si Dios les hace promesas y la realidad de la otra

---

5. E. Schweizer, «υἱός», *TDNT*, 8:347–49, 355.
6. De hecho, Jesús está haciendo aquí un segundo comentario incisivo, ¡porque los saduceos no creían en los ángeles!
7. Dentro del judaísmo algunos también sostenían esta distinción (1 Enoc 91:10; 92:3; 103:3–4).
8. Este texto no es explícito, ni tampoco lo es la enseñanza general judía sobre la vida venidera. Por regla general, la resurrección se asocia con los últimos días, de modo que se pensaría que los patriarcas, que moraban con los justos en el Seol, aguardaban la resurrección final (ver 1 Enoc 22).

vida es un hecho conocido (cf. también «el lado de Abraham» en 16:22), la resurrección parece entonces una deducción apropiada. Se trata de una doctrina fundamental de esperanza.

La reacción a la respuesta de Jesús es instantánea. A algunos, sin duda de los fariseos, les ha gustado su defensa de la resurrección. Jesús silencia también a sus oponentes, y ello hace que éstos no quieran hacerle más preguntas. Las ofensivas de sus enemigos con respecto a la autoridad de su ministerio, una cuestión política, y ahora una teológica, han sido repelidas con sensatez y firmeza. Todo este encuentro sirve para dejar claro algo esencial: Jesús sabe más sobre la voluntad de Dios y la dirección de su vida que sus oponentes. Es posible que le superen escandalosamente en número, sin embargo, puede confiarse en su fidelidad al enseñar el camino de Dios.

Construyendo Puentes

Aunque esta controversia trata un problema concreto de los saduceos, el tema en sí es fundamental: ¿Resucitaremos de entre los muertos? La resurrección es una enseñanza central de la fe cristiana porque de ella dependen tres cuestiones esenciales: la responsabilidad ante Dios, el juicio y la vida eterna. Sin una resurrección, la muerte sería el final, nuestra responsabilidad ante Dios se limitaría en el mejor de los casos a los confines de esta vida, y el juicio y la vida eterna serían conceptos sin sentido. La defensa más elocuente de la resurrección como verdad cristiana fundamental aparece en 1 Corintios 15, donde Pablo afirma que la resurrección de Jesús es la prueba de la nuestra en el futuro. Con frecuencia se ha dicho que la muerte es la gran igualadora, puesto que todos hemos de morir. Sin embargo, la resurrección es la gran oportunidad, puesto que todos tenemos ocasión de entrar en la vida eterna.

Este texto nos permite tender un segundo puente con nuestro tiempo. A menudo pensamos que los pueblos de la Antigüedad eran poco sofisticados, crédulos e incautos; gentes que veían dioses y espíritus por todas partes. Pero no es así, puesto que algunos miraban con escepticismo la enseñanza espiritual, igual que lo hace el hombre de la modernidad. Los saduceos eran los «modernos» de la Antigüedad, y cuestionaban tanto la existencia de los ángeles como la resurrección. Eran materialistas comprometidos, dedicados a vivir la vida en esta tierra. En un sentido, éstos encarnan una actitud muy común en nuestros días.

Hay una diferencia fundamental entre este pasaje y la situación de nuestro tiempo que añade otro elemento al impacto de la respuesta que Jesús nos dirige a nosotros. En el mundo antiguo, los matrimonios eran acuerdos, a menudo con implicaciones comerciales que servían para vincular a las familias. Esto sigue siendo cierto en algunas partes de nuestro mundo de hoy. Sin embargo, en Occidente, con nuestras ideas sobre el amor romántico, la elección individual y la práctica de salir en pareja, el matrimonio se ha convertido en algo más privatizado. Esto significa que algunas de las razones esenciales para el matrimonio, como las de ofrecer un hogar en que los niños puedan crecer, tienen una prioridad menos visible en favor de preocupaciones más relacionales. Esto no quiere decir que en los tiempos bíblicos no existiera el amor matrimonial (ver Cantar de los Cantares y Efesios 5:22–33). Sin embargo, en nuestra percepción moderna, los aspectos románticos del amor desempeñan un papel más central. Por esta razón, cuando Jesús habla del final del matrimonio en el Cielo, sus palabras nos llegan casi como un sobresalto.

Pero hemos de recordar que la calidad y la pureza de las relaciones personales se extenderá mucho más allá de lo que el matrimonio nos proporciona hoy. El pecado no ensombrecerá ya nuestras relaciones personales, y la presencia de Dios determinará por completo la calidad de la interacción entre las gentes. La ausencia del mal y la presencia de Dios harán que el matrimonio, como institución de apoyo y protección, sea superfluo. Para aquellos que ponen en duda este comentario porque su matrimonio ha sido una buena experiencia, recuerden que el Cielo será aún mejor.

Significado Contemporáneo

Las dos aplicaciones esenciales de este pasaje giran en torno a la realidad de la resurrección y la consecuente responsabilidad que tenemos para con Dios. Estas aplicaciones surgen cuando evaluamos el eslogan de un antiguo anuncio publicitario que resume la filosofía popular del siglo XX: «Solo pasas una vez por la vida, de modo que llévate todo el placer que puedas». Este dicho es un típico ejemplo del típico batiburrillo «teológico» de nuestro tiempo.

Decir que solo pasamos una vez por la vida es buena teología. Creer en la reencarnación produce una cierta falta de responsabilidad, porque si las cosas no me van bien en esta vida, puedo recuperarme en la siguiente. La vida no es como la escuela primaria, que permite que las personas repitan curso si no se da la talla. La Biblia no sabe nada de volver a esta vida en nuevas formas de existencia. De manera que la respuesta adecuada a esta realidad es completamente distinta de la que promueve el punto de vista de los publicistas. Más que llevarnos todo el placer que podamos, el carácter único de nuestro recorrido como humanos significa que hemos de prestar una cuidadosa atención a nuestra oportunidad de vivir con Dios. Deberíamos vivir de acuerdo con el propósito para el que hemos sido creados. La realidad de la resurrección y la perspectiva de ser «dignos de tomar parte en el mundo venidero» por medio de ella significa que deberíamos tener cuidado con lo que creemos y con el modo en que respondemos. Jesús desafía a los saduceos para que se den cuenta de que en esta vida hay mucho más de lo que existe a este lado de la muerte. Solo pasas una vez por la vida, de modo que llévate toda la bondad de Dios que puedas.

Respecto a la resurrección, cuando resucitamos de los muertos no es solo para ir al Cielo; somos transformados (1Co 15:35–58). La vida después de la resurrección tiene lugar en el marco de una comunidad transformada, donde el pecado ya no existe. Vivimos en un mundo tan lleno de pecado, el nuestro incluido, que es difícil apreciar lo maravillosa que será tal existencia. Sin embargo, Dios nos asegura que nos hará como él. Lo que hace que nuestra esperanza sea tan maravillosa, no es solo el lugar adonde nos dirigimos, sino la clase de personas que seremos cuando lleguemos.

Lucas 20:41–44

Pero Jesús les preguntó:

—¿Cómo es que dicen que el Cristo es hijo de David? 42 David mismo declara en el libro de los Salmos: "Dijo el Señor a mi Señor: Siéntate a mi drecha, 43 hasta que ponga a tus enemigos por estrado de tus pies." 44 David lo llama "Señor" . ¿Cómo puede entonces ser su hijo?

La última controversia la plantea Jesús.[1] También ésta representa un examen teológico, que trata la cuestión del Mesías y sirve para concienciar a la gente de su identidad. Una de las identificaciones favoritas del Mesías entre los judíos era señalarle como «el Hijo de David» (Salmos de Salomón 17–18). Jesús quiere cuestionar esta identificación, no por su carácter erróneo, sino incompleto. Para ello se sirve de un argumento retórico como el que utilizarían más adelante los rabinos vinculando dos ideas contrapuestas, no para negar ninguna de las dos, sino para relacionarlas entre sí.[2] En el centro del debate está el Salmo 110:1, el texto veterotestamentario más popular utilizado por Jesús y por la Iglesia Primitiva (Hch 2:30–36; 7:55–56; 13:33–39; 1Co 15:22–28; Ef 1:19–23; Heb 1:3–14; 5–7).

Este salmo representa una promesa que expresa con claridad cómo será el rey ideal de Israel. El concepto de sentarse a la «derecha» muestra la estrecha relación que este rey tendrá con Dios como su vicegerente. Sugiere a alguien que actúa con autoridad en sujeción a otra persona (Sal 16:8; 45:9; 109:31; 110:5; Is 63:12). Ideas como las que se expresan en este salmo explican que el palacio del rey estuviera ubicado a la derecha del templo y que el trono sobre el que se sentaba Salomón se conociera como «el trono del reino del Señor» o «el trono del Señor» (1Cr 28:5; 29:23).[3] Jesús observa que es David quien habla de la promesa. De este modo, el salmo presenta la promesa hecha a sus descendientes con la esperanza de que la línea se caracterizará por esta clase de gobierno. Naturalmente, esta expectativa alcanza su clímax cuando se ve al Mesías como aquel a quien David se dirige, puesto que él cumplirá con creces todas las esperanzas depositadas en la monarquía davídica.[4]

---

1. Los pasajes paralelos de este texto son Mateo 22:41–46 y Marcos 12:35–37. Los relatos son parecidos.
2. D. Daube, *The New Testament and Rabbinic Judaism* [El Nuevo Testamento y el judaísmo rabínico], (Londres: Athlone, 1956), 158–63.
3. Para más detalles acerca del posible trasfondo histórico de este salmo, ver H. Bateman, «Psalm 110:1 and the New Testament» [Salmo 110:1 y el Nuevo Testamento], *BibSac* 149 (1992): 438–53.
4. La interpretación rabínica del Salmo 110 tendía a aplicar este texto a Abraham o al Mesías (ver la Midrash de Salmos 110). Jesús no se detiene en la imagen del escabel, puesto que está únicamente interesado en la cuestión de la posición de este personaje. Sin embargo, el salmo mira con anticipación al día en que todos los oponentes de Jesús serán completamente sujetos a él, no solo en su posición sino también de hecho (1Co 15:20–28).

Lucas 20:41 — 44

La esencia de lo que plantea Jesús llega con la pregunta del versículo 44. Si es David el que habla en este salmo y se dirige al personaje mesiánico y real como su «Señor», ¿cómo puede entonces el título «hijo de David» ser el que mejor define al Mesías? La suposición cultural que subyace bajo esta pregunta es el respeto que se tributaba a los patriarcas en aquella sociedad. Los padres normalmente no se inclinaban con deferencia ante sus hijos. Así, el dilema que plantea la pregunta es por qué David le muestra a este personaje un respeto tan absoluto y se sujeta a él si es su hijo y no su antepasado.

El texto termina aquí sin dar ninguna respuesta. La pregunta pretende suscitar la reflexión. Y con este propósito es precisamente cómo Lucas la utiliza. La identidad de Jesús será el punto central del debate a medida que va acercándose a la Cruz. La imagen de estar sentado a la diestra de Dios implica que Jesús es Señor y Cristo (cf. 22:69; Hch 2:22–36). Él es el Hijo de David, sin embargo, un aspecto más fundamental de su papel como Hijo de David es su papel como Señor. El título «Señor» expresa la Soberanía que posee como el prometido representante real de Dios. Si, por consiguiente, David mostró tal respeto al Rey prometido, ¿no deberían los dirigentes judíos hacer lo mismo? Aunque Jesús no se identifica como Mesías, tal identificación se implica en todo lo que ha sucedido. Está comenzando a responder a la petición de Lucas 20:2: «dinos con qué autoridad haces esto». Jesús actúa con la autoridad de Dios, una autoridad que David reconoció cuando llamó «mi Señor» al descendiente prometido.

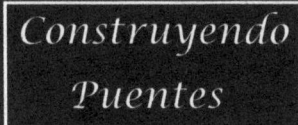

Este texto presenta una cuestión teológica que sondea la identidad del Escogido de Dios. El pasaje utilizado, el Salmo 110, es un texto que habla de reyes y que describe especialmente a aquel que serviría como ejemplo de todos. Cada vez que un nuevo rey ascendía al trono de Israel el pueblo se preguntaba si no sería aquel quizás quien encarnaría el ideal de la línea prometida. Los libros veterotestamentarios de los Reyes y las Crónicas dejan claro que ninguno de los monarcas de Israel superó a David, ni siquiera le igualó. No obstante, la esperanza seguía viva. Jesús afirma que este rey contará hasta con la sumisión de David.

Los acontecimientos posteriores que completan el significado del salmo muestran claramente por qué David ve una autoridad así en esta línea prometida. El Jesús ascendido está ahora a la diestra de Dios, poniendo en sujeción a todos sus enemigos. Unido a Dios, ejerce autoridad para redimir a la Humanidad. El Hijo es «Señor» porque gobierna con el Padre. La realidad de la promesa del salmo es más clara en nuestro tiempo después de la resurrección que cuando Jesús planteó la pregunta. Ahora Jesús está a la diestra de Dios, gobernando en su posición de autoridad.

La cuestión del señorío del Mesías es crucial, porque este título sugiere la Soberanía que Jesús comparte con el Padre. Dios ha establecido a Jesús como vicerregente para que las bendiciones de Dios sean mediadas a través del Hijo (Hch 2:30–36; Ef 4:7–16). Cuando la Escritura habla del señorío de Jesús, está subrayando este papel clave en la Gracia, porque él tiene autoridad sobre la salvación y sus bendiciones. Así pues, este título sugiere la deidad de Jesús, pero describe también su función como ministro de la Gracia que desarrolla dentro de dicha autoridad.[5]

Este texto funciona como un llamamiento más a la reflexión y a la decisión acerca de Jesús. Por su condición de Hijo y Señor de David ha de ser honrado con una lealtad digna de un rey. En aquellas esferas de la cultura occidental donde los reyes ya no desempeñan una función de verdaderos soberanos, es difícil apreciar la fuerza de este tipo de textos. En nuestro mundo de dirigentes elegidos por sufragio, la imagen de un personaje regio que ha tomado posesión de su cargo y es digno de honor ha perdido mucha de su fuerza y sentido. Pero la presencia de Jesús en el Cielo al lado de su Padre le capacita para dispensar las bendiciones divinas (Hch 2:30–36). Le capacita también para ser nombrado «juez de vivos y muertos» (Hch 10:42; 17:31). Su gobierno no surge a propuesta de un comité del Congreso, ni su programa pretende seguir los antojos de la Humanidad. Su comisión procede de un llamamiento más elevado y funciona de manera permanente.

En la posición de Jesús como Señor, vemos cuán poderoso es nuestro Salvador y los futuros derechos que le otorgan dicha posición. Aquí es aquel a quien Dios imparte autoridad para darnos todas las bendiciones de la Gracia, y a quien se someterán todos los enemigos. En vista de su gran poder y posición, deberíamos responder a su persona con completa confianza. Si optamos por ignorarle, le estamos dando la espalda a la autoridad de Dios. De este modo, el reconocimiento de que el Mesías es Señor nos llama a la humildad en nuestro andar con él. Somos responsables ante él más que ante cualquier otro ser, y nuestra posición no es la de un igual sino la de siervos. Por ello, Pablo comienza con frecuencia sus cartas describiéndose a sí mismo como «siervo de Cristo Jesús» (cf. Ro 1:1). Él sabe bien quién es su Señor, y que ha de responderle con fidelidad.

---

5. D. Bock, «Jesus as Lord in Acts and in the Gospel Message» [Jesús como Señor en el libro de los Hechos y en el Mensaje del Evangelio], *BibSac* 143 (1986): 146–54.

Lucas 20:45-21:4

Mientras todo el pueblo lo escuchaba, Jesús les dijo a sus discípulos: 46 —Cuídense de los maestros de la ley. Les gusta pasearse con ropas ostentosas y les encanta que los saluden en las plazas, y ocupar el primer puesto en las sinagogas y los lugares de honor en los banquetes. 47 Devoran los bienes de las viudas y a la vez hacen largas plegarias para impresionar a los demás. Éstos recibirán peor castigo. 1 Jesús se detuvo a observar y vio a los ricos que echaban sus ofrendas en las alcancías del templo. 2 También vio a una viuda pobre que echaba dos moneditas de cobre. 3 —Les aseguro —dijo— que esta viuda pobre ha echado más que todos los demás. 4 Todos ellos dieron sus ofrendas de lo que les sobraba; pero ella, de su pobreza, echó todo lo que tenía para su sustento.

Sentido Original

Jesús pronuncia ante sus discípulos una última advertencia sobre los dirigentes judíos.[1] Está dispuesto a expresar públicamente lo que piensa en privado. Observa el orgullo de los maestros de la ley que se revela en sus largas túnicas y especiales salutaciones en el mercado, así como en los asientos que escogen en las sinagogas y las celebraciones (11:43; 14:7–14).[2] El orgullo conduce además a una elevación del ser que acaba considerando inferiores a otras personas (como por ejemplo las viudas) y susceptibles de ser tratados como juguetes. Jesús desea un ministerio que hable por sí mismo, en el que el reconocimiento se gane por la dedicación, no mediante prácticas que pretenden subrayar la propia importancia.

Jesús condena la mala utilización de los fondos de las viudas. Las viudas representaban a los más vulnerables de la sociedad, aquellos a quienes los piadosos tenían que servir. De modo que Jesús está presentando una acusación muy seria.[3] Según parece, los maestros de la ley se encargaban de administrar los asuntos de las viudas y se llevaban una sustanciosa parte. Ante tal desconsideración, sus largas y aparatosas oraciones por los demás empeoraban las cosas. Dios quiere misericordia, no simple ritualismo (Os 6:6). Puesto que pretenden dirigir al pueblo y ser ejemplos de la voluntad de Dios, pero muestran una gran dureza de corazón, su condenación será mayor.

Lucas 21:1–4 pasa a tratar un tipo distinto de respuesta a Dios. En contraste con los fariseos y los ricos que depositaban cuantiosas ofrendas en el arca del templo, una

---

1. El pasaje paralelo de este texto es Marcos 12:38–40. Los comentarios son similares conceptualmente a algunas partes de Mateo 23:1–36 y Lucas 11:37–54. La presencia de este comentario en Lucas puede indicar que es consciente de la más extensa condenación que describe Mateo.
2. Sobre estas salutaciones especiales, ver Windisch, «ἀσπάζομαι», *TDNT*, 1:498. En la obra de Josefo, *Antigüedades* 3.7.1 § 151; 11.4.2 § 80, hay descripciones de estas túnicas.
3. En Lucas 7:12 y Hechos 6 hay ejemplos de este tipo de atención.

viuda echó dos monedas de cobre.[4] Las aportaciones para la gestión del templo se depositaban en unos receptáculos con forma de trompeta, trece de los cuales estaban ubicados en el atrio de las mujeres.[5] Un oficial supervisaba la recaudación y a menudo contaba las ofrendas. Las monedas que echó la viuda eran de las más pequeñas que se acuñaban, y tenían el valor de un centavo de denario (unos cinco minutos de trabajo de alguien que cobrara el salario mínimo). Lo que mueve a esta mujer no es el reconocimiento público, sino un deseo de servir humildemente a Dios.

Pero Dios no ve las cosas como nosotros. Él no cuenta, sino que sopesa. Jesús afirma que la ofrenda de aquella viuda es la mayor que sus discípulos han presenciado. Las ofrendas para el templo que han traído los demás donantes proceden de lo que les sobra, y en su presupuesto apenas echarán de menos lo que han dado. Sin embargo, esta mujer está desprendiéndose de una parte vital de sus escasos recursos. Ofrenda lo poco que tiene, aunque lo necesita para vivir. A esto Jesús lo llama dar de verdad.

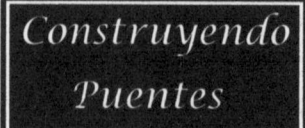

El tipo de acciones de los dirigentes judíos mencionadas en 20:46–47 plantea algunas cuestiones esenciales sobre el modo en que los líderes de la Iglesia se relacionan con los demás. Tales personas no han de ver su posición como una excusa para ejercer el poder o para realzar su valor personal. Los dirigentes han de hacer todo lo posible para que las personas miren a Jesús y desvíen la atención de ellos. El peligro es muy real, puesto que, por regla general, colmamos de respeto a quienes nos ministran. Lo que a menudo se produce es una sutil elevación del ego de los dirigentes por encima de los demás, lo cual les expone al peligro de aprovecharse de aquellos a quienes tendrían que servir.

De hecho, lo que a veces se observa en los líderes en el ejercicio de su autoridad colectiva no tiene nada de sutil. No hay nada tan peligroso como un dirigente que se aferra a la autoridad, dirige completamente su ministerio según sus criterios y no acepta críticas. Jesús quiere que sus discípulos ejerzan un liderazgo de una naturaleza completamente distinta, y por ello les advierte sobre un negativo ejemplo evidente entre ellos.

Este texto, por tanto, nos llama a examinar nuestros corazones. Luchar con el orgullo puede ser tarea difícil, en especial para quienes han conseguido grandes logros. Todo lo que hacen les recompensa por su laboriosidad, esfuerzo y talento. En lugar de ver sus capacidades y éxitos, especialmente en el ministerio, como el fiel ejercicio de unos dones que Dios les ha dado, se atribuyen el mérito personal por estas cosas. Sin embargo, si lo que tienen lo han recibido de Dios, no hay razón para la jactancia y la propia exaltación. Si Jesús es el Señor (vv. 41–44), no hay lugar para la soberbia. Quienes se glorían deben hacerlo en el Señor (1Co 1:31).

En 21:1–4, Jesús dirige su atención a una imagen opuesta. En lugar de hablar de quienes buscan el halago de los hombres, considera el ejemplo de una dadora consu-

---

4. El pasaje paralelo de este texto es Marcos 12:41–44.
5. Nehemías 12:44; Josefo, *Guerra de los judíos* 5.5.2 § 200; 6.5.2 § 282; *Antigüedades* 19.6.1 § 294; 1 Macabeos 14:49; 2 Macabeos 3:6, 24, 28, 40. Esta clase de ofrendas eran aportaciones voluntarias al templo.

mada. ¿Con qué criterios se miden nuestras ofrendas? El punto principal de esta historia es que la verdadera ofrenda se dirige a Dios. Jesús pone de relieve que hay dos maneras de dar, ambas de valor, sin embargo, una dice mucho más que la otra. Dar cuando hay abundancia es valioso, pero poco costoso. Dar cuando los recursos son escasos significa que se sacrifican cosas esenciales para honrar a Dios. Cuando ofrendar es una prioridad mostramos a qué le concedemos realmente valor. Esta es la razón por la que Jesús alaba a la viuda. Su actitud y su conducta sirven para ejemplificar el modo en que los creyentes han de vivir.

En este pasaje, Jesús le da la vuelta a los criterios de evaluación. Tendemos a valorar el monto de las ofrendas, no necesariamente el sacrificio que hayan podido suponer. Como en otros textos lucanos, el ejemplo procede de una persona marginada por la sociedad, una mujer pobre que no contaba para nada culturalmente. No obstante, Dios cuenta su ofrenda entre las más valiosas. Su evaluación de los recursos difiere en gran manera de la nuestra. Una ofrenda aparentemente pobre puede de hecho ser rica por lo que cuesta y representa.

Significado Contemporáneo

«Al orgullo le sigue la destrucción» (Pr 16:18). Lo sutil del orgullo es que se desarrolla a niveles tan inconscientes de nuestra mente que a menudo le pasa inadvertido a la persona que lo tiene. Sin embargo, sí se expresa en el modo en que tratamos a los demás. Los dirigentes orgullosos manifiestan una actitud condescendiente hacia los demás, que se reafirma en el modo en que nuestra cultura les respeta. Aunque la Escritura espera que se respete a los dirigentes, esta cortesía no ha de llevarnos a pensar que los dirigentes están de algún modo por encima de los demás.

Recuerdo una historia que me contó un colega sobre cierto profesor de seminario. Aquel edificio del seminario estaba situado en un lugar remoto, y era bastante complicado organizar las cosas para que alguien abriera y cerrara el edificio para los estudiantes. Con frecuencia, los profesores que viajaban en avión tenían que partir inmediatamente después de la clase para tomar el vuelo de vuelta, y ello hacía que otra persona tuviera que cerrar las instalaciones. Con el deseo de resolver aquel problema, se le pidió a un profesor local que se encargara de cerrar las instalaciones, puesto que se encontraba allí al mismo tiempo que los profesores invitados. Este profesor contestó: «Esto es una tarea de mantenimiento, y yo formo parte del cuerpo docente». Es evidente que aquella respuesta era una negativa, sin embargo, decía mucho más sobre su corazón de lo que él pensaba.

Preocupado, el encargado de la organización llamó a otro catedrático y le preguntó si su petición había estado fuera de lugar. El segundo profesor le respondió: «constantemente estoy haciendo este tipo de cosas. Si puedo ayudar en algo, lo haré con mucho gusto». Esto es un liderazgo servicial, una mentalidad que no sabe de títulos. Cuanto más especiales nos hacemos a nosotros mismos, menos especial llega a ser Dios. Lamentablemente, a menudo los demás ven estas cosas claramente, y este tipo de hipocresía no solo la sufre Dios, sino también quienes no se dan cuenta de lo mucho que desean ser el centro de atención. Inmediatamente antes de dirigirse a la Cruz, Jesús dirige una exhortación a sus discípulos en el sentido de que el servicio que él espera es una operación «sin ánimo de lucro», y para la que no existen exenciones.

Para poder dar como la viuda de 21:1–4, hemos de hacerlo conscientemente y con planificación. En 1 Corintios 16:1–4 se habla de apartar el primer día de la semana lo que planeamos dar. Lo que le damos a Dios merece prioridad. No ha de ser lo que nos sobra, que, como bien sabemos, a menudo acaba siendo muy poco después de comprar cosas que no necesitamos. Por otra parte, cuando apartamos desde un principio lo que ofrecemos a Dios, ello limita inevitablemente lo que utilizamos para nosotros. Tal proceder no solo contribuye al desarrollo de un saludable reconocimiento de que nuestros recursos pertenecen antes que nada a Dios, sino que puede también llevarnos a ser más disciplinados con lo que nos quedamos para nuestro uso después de dar.

En este pasaje aflora otra importante cuestión acerca de nuestras ofrendas. Nadie es demasiado pobre para ofrendar. Lo importante no es la cantidad que damos, sino nuestra participación. En un sentido, la ofrenda de esta mujer no se habría perdido si ella se hubiera guardado las dos monedas de cobre para su sustento. Pero lo que sí se habría perdido habría sido su sentido de participación en la comunidad en la que Dios estaba siendo honrado. Si hubiera ido al templo y se hubiera guardado las monedas, la que habría salido perdiendo habría sido ella. Por otra parte, al contribuir con sus dos monedas, aquella mujer comunicaba una gratitud y confianza en Dios que pocos otros experimentaban. El comentario de Jesús inmortaliza su valiente acción y nos insta a hacer lo mismo.

Se ha dicho que los nacidos durante la posguerra y los miembros de la generación X son dadores poco generosos. Si esto es cierto, es entonces una época triste para la Iglesia. En el apartado de proyectos de las organizaciones cristianas, muchos planes dignos de realización esperan su turno porque la Iglesia no tiene los fondos necesarios para dicho ministerio. Por otra parte, el negocio del espectáculo cristiano se está convirtiendo en una industria multimillonaria. La Iglesia necesita más dadores como esta mujer, que deseaba ver el avance del ministerio y daba de corazón. Deberíamos evaluar las necesidades y responder a ellas en la medida en que podamos. A veces poder dar una ofrenda mínima requiere un enorme sacrificio, mientras que para otras personas, desprenderse de este mínimo puede no ser una ofrenda en absoluto.

Los capítulos 8 y 9 de 2 Corintios tienen mucho que decir sobre el modo en que ofrendamos. Dios ama a los dadores alegres, es decir, a aquellos que ofrendan según Dios les guía. Los creyentes deberían establecer planes personales estructurados en los que se ponen de acuerdo para aumentar sus ofrendas hasta alcanzar el nivel al que entienden que Dios les llama. Conozco a familias que han adquirido un compromiso ante Dios para aumentar sus ofrendas en una cierta cantidad o porcentaje cada año, de modo que al convertir la ofrenda en una parte de su plan estructurado, tienen un sentido de implicación en el ministerio y el sentir de que Dios les está guiando. Por regla general, el corazón sigue al dinero que se entrega en el servicio del Señor. A quienes sí practicamos el ministerio de ofrendar y pagamos un precio elevado en su realización, este texto nos recuerda que Dios ve lo que estamos haciendo.

Lucas 21:5-38

Algunos de sus discípulos comentaban acerca del templo, de cómo estaba adornado con hermosas piedras y con ofrendas dedicadas a Dios. Pero Jesús dijo: 6 —En cuanto a todo esto que ven ustedes, llegará el día en que no quedará piedra sobre piedra; todo será derribado. 7 —Maestro —le preguntaron—, ¿cuándo sucederá eso, y cuál será la señal de que está a punto de suceder? 8 —Tengan cuidado; no se dejen engañar —les advirtió Jesús—. Vendrán muchos que usando mi nombre dirán: "Yo soy", y: "El tiempo está cerca." No los sigan ustedes. 9 Cuando sepan de guerras y de revoluciones, no se asusten. Es necesario que eso suceda primero, pero el fin no vendrá enseguida. 10 Se levantará nación contra nación, y reino contra reino —continuó—. 11 Habrá grandes terremotos, hambre y epidemias por todas partes, cosas espantosas y grandes señales del cielo. 12 Pero antes de todo esto, echarán mano de ustedes y los perseguirán. Los entregarán a las sinagogas y a las cárceles, y por causa de mi nombre los llevarán ante reyes y gobernadores. 13 Así tendrán ustedes la oportunidad de dar testimonio ante ellos. 14 Pero tengan en cuenta que no hay por qué preparar una defensa de antemano, 15 pues yo mismo les daré tal elocuencia y sabiduría para responder, que ningún adversario podrá resistirles ni contradecirles. 16 Ustedes serán traicionados aun por sus padres, hermanos, parientes y amigos, y a algunos de ustedes se les dará muerte. 17 Todo el mundo los odiará por causa de mi nombre. 18 Pero no se perderá ni un solo cabello de su cabeza. 19 Si se mantienen firmes, se salvarán. 20 Ahora bien, cuando vean a Jerusalén rodeada de ejércitos, sepan que su desolación ya está cerca. 21 Entonces los que estén en Judea huyan a las montañas, los que estén en la ciudad salgan de ella, y los que estén en el campo no entren en la ciudad. 22 Ése será el tiempo del juicio cuando se cumplirá todo lo que está escrito. 23 ¡Ay de las que estén embarazadas o amamantando en aquellos días! Porque habrá gran aflicción en la tierra, y castigo contra este pueblo. 24 Caerán a filo de espada y los llevarán cautivos a todas las naciones. Los gentiles pisotearán a Jerusalén, hasta que se cumplan los tiempos señalados para ellos. 25 Habrá señales en el sol, la luna y las estrellas. En la tierra, las naciones estarán angustiadas y perplejas por el bramido y la agitación del mar. 26 Se desmayarán de terror los hombres, temerosos por lo que va a sucederle al mundo, porque los cuerpos celestes serán sacudidos. 27 Entonces verán al Hijo del hombre venir en una nube con poder y gran gloria. 28 Cuando comiencen a suceder estas cosas, cobren ánimo y levanten la cabeza, porque se acerca su redención. 29 Jesús también les propuso esta comparación: —Fíjense en la higuera y en los demás árboles. 30 Cuando brotan las hojas, ustedes pueden ver por sí mismos y saber que el verano está cerca. 31 Igualmente, cuando vean que suceden estas cosas, sepan que el reino de Dios está cerca. 32 Les aseguro que no pasará esta generación hasta que todas estas cosas sucedan. 33 El cielo y la tierra pasarán, pero mis palabras jamás pasarán. **34 Tengan cuidado, no sea que se les endurezca el corazón por el vicio, la embriaguez y las preocupaciones de esta vida. De otra manera, aquel día caerá de improviso sobre ustedes, 35 pues vendrá como una trampa sobre todos los habitantes de la tierra. 36 Estén siempre vigilantes, y oren para que puedan escapar de todo lo que está por suceder, y presentarse delante del Hijo del hombre. 37 De día Jesús enseñaba en el templo, pero salía a pasar la noche en el monte llamado de los Olivos, 38 y toda la gente madrugaba para ir al templo a oírlo.**

Lucas 21:5–38 es la versión lucana del discurso escatológico del Monte de los Olivos de Jesús (cf. Mt 24–25; Mr 13). Su versión se centra más en la destrucción de Jerusalén (la tercera predicción de este acontecimiento en este Evangelio; cf. 13:31–35; 19:41–44). Un comentario sobre la grandiosidad del templo lleva a Jesús a comenzar este discurso. La nación tiene por delante tiempos difíciles. Su rechazo de Jesús será doloroso y costoso.

La alocución es de carácter profético, puesto que al hablar sobre Jerusalén y su destrucción a corto plazo, surge un patrón de acontecimientos semejantes a los relacionados con el retorno del Hijo del Hombre en los últimos días. En distintas partes del mismo discurso, los profetas solían hablar del cumplimiento a corto o a largo plazo, o de ambas cosas a la vez, puesto que los acontecimientos se reflejan los unos en los otros. En los Sinópticos, Marcos desarrolla un relato con gran ambigüedad en las referencias temporales. Mateo se centra en el cumplimiento a largo plazo, mientras que Lucas subraya los acontecimientos inmediatos. La naturaleza «reflectante» de los acontecimientos descritos hace que todas las perspectivas sean un buen resumen de la enseñanza de Jesús.

En este pasaje Jesús trata muchos temas que se relacionan con la esperanza veterotestamentaria del Día del Señor. El cuadro de alguien que viene en las nubes evoca la imaginería del Hijo del Hombre que encontramos en Daniel 7:13–14. Mientras que los comentarios proféticos dominan Lucas 21:7–24, en los versículos 25–28 aparecen más elementos apocalípticos. ¿Cuál es la diferencia entre estos dos aspectos? La promesa profética se enmarca en términos de la historia cotidiana donde Dios obra por medio de instrumentos ya presentes, mientras que la apocalíptica habla explícitamente de la portentosa irrupción de Dios en la Historia. Cuando la nación de Israel se encuentre en peligro al final, Dios intervendrá mediante el Hijo del Hombre para liberar a su pueblo. Mientras tanto, los discípulos habrán de hacer frente a la persecución e Israel será invadido. Aunque Jesús no lo dice de manera muy explícita, los acontecimientos predichos comienzan con la persecución que experimentó la Iglesia Primitiva y terminan con el regreso del Señor, un marco temporal que, según hoy sabemos, abarca una larga extensión de siglos.

El discurso arranca en el versículo 5 con un comentario sobre el que era uno de los grandes edificios del mundo antiguo, el templo de Jerusalén. Jesús y sus discípulos acaban de estar en su interior, donde han visto a la viuda entregando su ofrenda (21:1–4). Lucas no separa esta escena como si fuera un discurso distinto, algo que sí hacen Mateo y Marcos. Algunos discípulos comentan la belleza del templo, en especial sus hermosas piedras y ornamentos, que hacían de él un edificio tan singular.

Cuando se contempla a una nación poderosa, es fácil pensar que ésta existirá para siempre. A la mayoría de los pobladores del Imperio Romano les habría resultado difícil imaginar que éste quedaría un día relegado a las páginas de la Historia. Otras instituciones asumían también este aire de indestructibilidad, y el templo era una de ellas. En los días de Jesús, éste se encontraba en medio de un grandioso programa de reconstrucción, que había comenzado hacia el año 20 a.C. y habría de seguir hasta el 63–64 d.C. De modo que, cuando Jesús pronunció estas palabras en el año 33 d.C., el programa estaba ya en una fase bien avanzada.[1] Sin duda, un edificio tan grandioso tendría larga vida. No hay que olvidar que el templo de Jerusalén estaba decorado con dones de muchas de las naciones circundantes y que había cosechado elogios por todo el mundo romano.[2]

Jesús observa en primer lugar que el edificio no será permanente. «Llegará el día en que no quedará piedra sobre piedra». Con estas palabras predice la destrucción de Jerusalén en el año 70 d.C., puesto que la única manera en que el templo podría ser arrasado era que la ciudad se viera sometida a un fuerte ataque.[3] La expresión «llegará el día» (lit., «los días llegarán») utiliza la misma fraseología de Jeremías cuando anunció con solemnidad la caída de la nación (Jer 7:1–14; 22:5; 27:6; 52:12–13). El comentario de Jesús es devastador, puesto que el templo era la esencia de la adoración de Israel. ¿Cómo podría permitir Dios que el sagrado lugar de adoración quedara reducido a escombros después de tanto esfuerzo invertido en su restauración? Por tanto, los discípulos preguntan: «¿cuándo sucederá eso [...]?».

En la extensa respuesta de Jesús hay tres ideas que requieren atención. (1) Es importante ver el modo en que Lucas dispone la cronología puesto que su relato es más específico que el de los otros sinópticos. Cuando observamos con cuidado los versículos 8–9, 11–12 vemos que Jesús responde a la pregunta desarrollando sus ideas de manera retrospectiva. Comienza con el tiempo del fin y regresa luego al tiempo desde el que está hablando. Es como reproducir un vídeo hacia atrás, en el que los acontecimientos de los versículos 12–19 siguen a los que van antes de la caída de Jerusalén en los versículos 20–28, y todo ello tras explicar el desarrollo general de todo este periodo en los versículos 7–11. Las dos expresiones clave de la secuencia son: «pero el fin no vendrá en seguida» (v. 9b), y «pero antes de todo esto [i.e., el fin]» (v. 12a). Su res-

---

1. La fecha de la crucifixión de Jesús es objeto de debate y se manejan los años 30 ó 33 d.C. La primera fecha es más popular, pero, personalmente, opino que la última opción es la más probable. Los argumentos a favor y en contra pueden encontrarse en la obra de H. Hoehner, *Chronological Aspects of the Life of Christ* [Aspectos cronológicos de la vida de Jesús], (Grand Rapids: Zondervan, 1977), 95–114.
2. Josefo, *Guerra de los judíos* 1.21. 1 § 401; 5.5. 1–6 §§ 184–227; *Antigüedades* 15.11.1–7 §§ 380–425; Tácito, *Historia* 5.8.1. Este autor la describe como una «montaña coronada de nieve que se vislumbra sobre la ciudad».
3. Danker, *Jesus and the New Age* [Jesús y la Nueva Era], 330.

puesta comienza con una advertencia para que no sean engañados (v. 8) y con una certeza de que el fin no va a producirse de manera inmediata (v. 9). Así, el versículo 12 habla de acontecimientos que se producen antes de lo que se menciona en los versículos 8–11. En el versículo 20, la caída de Jerusalén es central. El vídeo se mueve ahora hacia delante. Acto seguido, lo que sucederá en el final mismo de la Historia comienza en el versículo 24.

(2) Como se ha observado ya, los acontecimientos relacionados con la caída de Jerusalén reflejan aquellos que en el futuro introducirán la venida del Hijo del Hombre. En otras palabras, el discurso desarrolla el carácter de todo un periodo que arranca en aquel momento, con las palabras de Jesús, pasa por la destrucción de Jerusalén y llega hasta el periodo del regreso del Señor. Su primera advertencia es que habrá muchos falsos mesías. Por ello, sus seguidores han de ser muy cautos y sabios. Jesús les ha dicho ya en 17:22–25 que su regreso será visible para todos. De manera que, aunque éste llegará como un ladrón, el hecho en sí de su venida será evidente. Si alguien pretende ser el Mesías prometido y afirma que el tiempo está cerca, no deben seguirle.[4]

(3) Tampoco han de sorprenderse por la presencia de guerras y rumores de guerras. No ha de sorprenderles que se produzcan grandes calamidades, como las que abrumaron a Jerusalén entre los años 66–70 d.C. Estos acontecimientos deben (*dei*) suceder primero. Unas naciones se levantarán contra otras, y los desastres naturales se sucederán: terremotos, hambrunas, pestilencias, junto a otros acontecimientos espantosos y grandes señales celestiales. Estas imágenes literarias tienen ricas raíces veterotestamentarias: Isaías 5:13–14; 13:6–16; 19:2; Jeremías 4:13–22; 14:12; 21:6–7; Ezequiel 14:21; Hageo 2:6–7; Zacarías 14:4.[5]

Sin embargo, antes incluso de la aparición de los falsos mesías y del caos cósmico se producirá la persecución del pueblo de Dios. De hecho, ésta comenzará casi inmediatamente después de la crucifixión, y grandes porciones del libro de los Hechos pueden verse como cumplimientos iniciales de esta profecía. Los enemigos les echarán mano, les perseguirán, y les confinarán en prisiones.[6] Una parte de esta persecución procederá del judaísmo, porque los discípulos tendrán que presentar su defensa en las sinagogas. Tendrán hasta oportunidad de dar testimonio delante de reyes y gobernadores (p. ej., Pablo testificó delante de Herodes Agripa, Félix, Festo, e incluso César). La persecución tiene una orientación religiosa, puesto que se lleva a cabo «por causa de mi nombre». Una de las razones por las que este discurso es tan importante para los dis-

---

4. Sobre la expresión «el tiempo» (v. 8) como una palabra técnica alusiva al periodo del fin, ver Delling, «καιρός», *TDNT*, 3:461.
5. Los resúmenes sinópticos de este discurso muestran ciertas variaciones. Solo el hambre y los terremotos son comunes a los tres relatos. Marcos 13:8 llama a todo esto el comienzo de dolores, una expresión que indica el comienzo del drama final; Lucas no consigna esta expresión. La diferencia no es una señal de desacuerdo, sino de que se subrayan distintos objetivos para la consignación de la serie de acontecimientos. Para ambos escritores, todo cuanto sucede a partir de este momento es parte de la revelación del plan divino del fin, un punto de vista compartido también por Pablo (Ro 8:18–25, esp. v. 22). Lucas menciona de nuevo señales parecidas en el versículo 25 para mostrar que estas aparecen también al final.
6. En 1 Samuel 21:6 aparece también el modismo «echarán mano de ustedes» en este mismo sentido.

cípulos es que Jesús quiere que entiendan que antes de que llegue el fin, los creyentes van a experimentar tiempos difíciles.

En estas ocasiones, los discípulos serán «testigos» de Jesús (v. 13). En el libro de los Hechos, el tema del testimonio es fundamental, y comienza con la instrucción de Jesús y la promesa del Espíritu Santo en Hechos 1:8. No hay papel más importante para el discípulo que el del testimonio, que en ocasiones se lleva a cabo de manera muy efectiva en el crisol de la presión de la fe. En estos momentos la fe se ve como un aspecto esencial, serio, hasta excepcional, de la vida de las personas. Estos discípulos tendrán la oportunidad de ponerse delante del micrófono público y dar testimonio de Jesús.

A diferencia de Marcos 13:10, Lucas se mantiene centrado en lo que va a suceder pronto cuando el Evangelio llegue a la comunidad judía. Estas oportunidades de testimonio requieren determinación, ya que bajo esta presión hay una gran incertidumbre. Por ello, Jesús pide a los discípulos que no se preocupen por el modo en que van a articular su defensa. En Lucas 12:11–12 se consignó ya esta promesa, sin embargo, el hecho de que Jesús la repita muestra el importante compromiso que Dios contrae con aquellos que van a dar testimonio de él. En este pasaje, Jesús afirma que él les hará saber las palabras que han de decir, mientras que en Lucas 12 es el Espíritu quien «les enseñará lo que deben responder». Esta diferencia indica lo íntimamente unidos que operan Jesús y el Espíritu. Él es quien envía al Espíritu, quien a su vez nos capacita para representarle (Jn 16:5–15; Hch 1:8; 2:30–36). Jesús les dará respuestas para silenciar a sus oponentes (ver Hch 4–5; 7; 24–26).

En el seno de las familias se producirán traiciones (cf. 12:49–52). Padres, hermanos, parientes y amigos se pondrán del lado de los perseguidores. Puede que algunos tengan incluso que dar su vida por su fe. Ponerse del lado de Jesús puede llegar a ser algo muy serio.

Jesús sigue con una promesa de protección (v. 18; cf. 12:1–5). Aunque puede llegarles la muerte (v. 16), no se perderá ni un solo cabello de su cabeza.[7] Por lo que se refiere a la vida que cuenta, la vida eterna (18:28–30), los creyentes pueden saber que Dios va a acogerles. En última instancia, nadie podrá causarles verdadero daño; saber eso les capacita para hacer frente al sufrimiento a corto plazo (ver Hch 7:55–60). Dios protegerá a sus discípulos. Permanecer con Jesús significará salvación.

En el versículo 20 Lucas difiere de nuevo de Mateo y de Marcos. No menciona que el periodo de la tribulación será el más intenso que experimentará jamás la Humanidad, ni tampoco que estos días de sufrimiento serán acortados. Sí menciona, sin embargo, el tiempo de los gentiles (v. 24) y la «desolación» de Jerusalén (v. 20; los otros Evangelios aluden específicamente a la abominación desoladora en el templo). En otras palabras, a Lucas le interesa principalmente la destrucción a corto plazo de la capital y solo de manera indirecta el acontecimiento escatológico.[8]

---

7. Esta idea se expresa de manera más afirmativa, utilizando la rotunda expresión griega *ou me* (i.e., «sin duda no recibirán ningún daño»).
8. Algunos han argumentado que la diferencia es prueba de que Lucas escribió después de la caída del año 70 d.C., pero esta posición no es necesaria. Todo lo que se describe aquí encaja con un juicio de Dios por infidelidad al pacto, de manera que no hay necesidad de apelar a una lectura

Lucas 21:20-22 recoge predicciones consignadas ya en 19:43-44. Jerusalén será rodeada por ejércitos, de modo que su destrucción está cerca. Jesús espera que el templo sea destruido con la caída de la ciudad. Esto responde en parte a la pregunta de los discípulos sobre el tiempo en que se produciría la devastación del templo. La imagen de la desolación alude a la terrible destrucción que vendrá con esta invasión. Josefo nos dice que en ese conflicto murió un millón de judíos y casi cien mil fueron llevados cautivos. Aunque algunos sostienen que estas cifras son excesivamente altas (se sabe que Josefo tiene la tendencia a exagerar), sí indican lo devastadora que fue esta invasión.[9] El juicio fue horrible; durante el sitio se padeció tanta hambre que llegaron incluso a comerse a algunos niños.[10]

Durante este periodo debería evitarse a toda costa permanecer en Jerusalén. Aquellos que estaban en Judea debían huir a los montes, mientras que quienes se encontraban en la ciudad tenían que intentar salir de ella. Nadie tenía que entrar en la ciudad. El que Lucas recurra a la terminología de la «desolación» característica de Daniel es un rasgo importante (Dn 9:27; 11:31; 12:1). Como ya hemos dicho, Mateo 24:15 y Marcos 13:14 aluden al pasaje en que se hace referencia concretamente a la profanación del templo. Lucas recurre al término como una referencia general al juicio (Lc 21:20).[11]

Todos estos acontecimientos se producen en cumplimiento de «todo lo que está escrito» (v. 22). No hay sorpresas en el plan de Dios. La invasión de Israel y la destrucción del templo no indican que algo haya salido mal en dicho plan. Lo que la NVI traduce como «tiempo del juicio» en griego es literalmente, «los días de la venganza.» La infidelidad es algo que Dios no ignora.

Dos tipos de personas serán especialmente vulnerables en aquel tiempo: las mujeres embarazadas y las madres en período de lactancia. Tener hijos pequeños o estar cerca del parto significará una gran tensión. Habrá angustia e ira por todas partes (19:44; 23:29).[12] Israel no será, como en otras ocasiones, el agente del juicio de Dios, sino su objeto. Estas mujeres y niños caerán a espada, como sucede con frecuencia durante los sitios. Las expresiones, «caerán a filo de espada» (cf. Is 3:25; 13:15; 65:12; Jer 16:4) o «los llevarán cautivos a todas las naciones», son señal de una derrota absoluta. En este pasaje las palabras de Jesús recuerdan a las de los profetas de la Antigüedad. Jeremías predijo y consignó imágenes similares al anunciar la primera deportación de la nación a la cautividad babilónica.[13] La terminología utilizada haría que los primeros recep-

---

post facto de este texto. Distintos autores pueden aludir a distintos marcos temporales puesto que un evento describe al otro.

9. Josefo, *Guerra de los judíos* 5-7. Ver especialmente 6.5.1 §§ 271-73; 6.9.3 § 420; 7.5.3 § 118; 7.5.6 § 154.
10. Josefo, *Guerra de los judíos* 6.3.4 §§ 201-11.
11. Esto sería extraño si el texto fuera una actualización *post facto* de la profecía, puesto que lo más horrible que sucedió en la guerra desde un punto de vista judío fue la destrucción del templo. Al hacer referencia a Jerusalén en general más que al templo, este pasaje da testimonio de su autenticidad, puesto que no incorpora detalles actualizados al discurso de Jesús.
12. W. Grundmann, «ἀναγκάζω», *TDNT*, 1:346.
13. L.T. Johnson, *The Gospel of Luke* [El Evangelio de Lucas], 323 (Ver Jer 7:14-26, 30-34; 16:1-9; 17:27; 19:10-15; Miq 3:12; Sof 1:4-13). La Iglesia Primitiva fue reponsable de una buena parte

tores de Jesús entendieran el tipo de destrucción de la que hablaba; Israel ya la había experimentado antes en su Historia.

Jerusalén se convertirá en una ciudad pisoteada por las tropas enemigas. Los gentiles tendrán un papel en la ciudad «hasta que se cumplan los tiempos señalados para ellos». Esta expresión, que marca los límites de una era, sugiere que vendrá de nuevo un tiempo en el que Israel será importante dentro del plan de Dios. Esta cuestión es objeto de debate entre los cristianos, ya que muchos sostienen que con el regreso de Jesús se dará paso a los nuevos Cielos y la nueva Tierra. Quienes sostienen esta posición argumentan, o bien que el regreso de Jesús no da entrada a un reino milenial (amilenialismo) o que la Iglesia equivale hoy al reino y que, como tal, en ella se cumplen las promesas mileniales (postmilenialismo). Sin embargo, otros sostienen que con el regreso de Jesús comenzará un gobierno terrenal de mil años (premilenialismo),[14] y creen que Israel tendrá un papel central en dicho gobierno.

Una parte de este debate depende de cómo se interprete Apocalipsis 20:1-6. Después de un regreso de Jesús (Ap 19) se inicia un periodo específico de gobierno, que se caracteriza por resurrecciones que marcan su comienzo y su fin, y se distingue de los nuevos cielos y la nueva Tierra que se mencionan en Apocalipsis 21-22. Aun reconociendo el carácter simbólico y apocalíptico del libro de Apocalipsis, hay que interpretar el simbolismo y los referentes con cierta coherencia. Apocalipsis 20 parece prever un reino intermedio antes de la nueva creación del tiempo del fin, un punto a favor de la posición premilenialista. Desde el premilenialismo se sostiene que al final del tiempo de los gentiles, se inicia una era de nueva prominencia para Israel (cf. Hch 3:16-22; Ro 11:26). Nada de lo que Jesús dijo en los cuarenta días que pasó con los discípulos después de su resurrección hace pensar que Israel vaya a dejar de tener un futuro (cf. Hch 1:6). Creo que una lectura premilenial de estos textos es la que les da un sentido más coherente dentro de la enseñanza escatológica de la Biblia, sin embargo, debe observarse que este discurso no entra en ninguno de estos detalles.

Cuando «se cumplan los tiempos señalados para ellos [los gentiles]», entonces el prometido plan de Dios avanzará hacia su pleno cumplimiento, un plan que Jesús puso en marcha con su ministerio terrenal. De modo que en el versículo 25, Jesús habla del «fin» que comienza con su regreso, un regreso que irá acompañado de imponentes señales cósmicas; por esta razón no habrá que buscar para encontrarlo. Estas imágenes literarias son la norma para las descripciones veterotestamentarias del final de la historia humana.[15] Los trastornos serán tan grandes que producirán gran angustia e

---

del cumplimiento de esta predicción; ver Justino Martir, *Diálogo con Trifón* 16, 92, 110, 115; Tertuliano, *Contra los judíos* 13.

14. Quienes estén interesados en una exposición del amilenialismo, pueden ver la obra de A. Hoekema, *The Bible and the Future* [La Biblia y el futuro], (Grand Rapids: Eerdmans, 1979). Aquellos que deseen considerar una exposición del premilenialismo, pueden ver la obra de D.K. Campbell y J.L. Townsend, *A Case for Premillennialism: A New Consensus* [Una defensa del Premilenialismo: un nuevo consenso], (Chicago: Moody, 1992).
15. K.H. Rengstorf, «σημεῖον», *TDNT*, 7:232. Ni siquiera el uso de esta imaginería en Hechos 2:19-20 apunta hacia el fin y no atrás a la crucifixión. Quienes estén interesados en la defensa de un cumplimiento parcial mirando al futuro en esta porción del texto de Hechos, pueden ver

inquietud en las gentes. Solo hemos de imaginarnos la enorme tensión emocional que generan las grandes catástrofes y multiplicarlo por muchas veces para familiarizarnos con lo que se describe en este pasaje. Será aterrador ver que tanto la Tierra como los Cielos se convierten en lugares inestables.

En este momento de inseguridad, el Hijo del Hombre aparecerá cabalgando sobre las nubes (Ver Dn 7:13). El Hijo del Hombre es un personaje humano a quien se confiere autoridad divina, una figura supranatural que, como Dios, cabalga sobre las nubes (Éx 14:20; 34:5; Nm 10:34; Sal 19:1; 104:3).[16] En el contexto de Daniel su identidad es objeto de debate, pero la mejor opción es considerarle como un representante de los santos cuya presencia significa su vindicación. El retorno de dicho personaje con gran poder y gloria pondrá fin al caos del fin, un caos como la destrucción que experimentará la ciudad de Jerusalén. La presencia del Hijo del Hombre —es decir, el regreso de Jesús— significará que ha llegado el tiempo de la vindicación. Los creyentes que vivan aquel momento pueden levantar la cabeza, porque su redención está cerca. En lugar del temor (vv. 25–26) viene la esperanza.

La caída de Jerusalén fue un acontecimiento terrible, pero no es el final de la Historia. El regreso del Hijo del Hombre significa que el pueblo de Dios verá la victoria. Esta es la razón por la que los discípulos han de velar. Ver estas cosas es saber que la redención y el reino de Dios, es decir, la poderosa manifestación de su presencia en gobierno y juicio, se acercan.

Para hacerles entender la cuestión, Jesús cuenta una breve parábola. Observa que es posible predecir el tiempo del año observando la condición de una higuera. Cuando brotan las hojas, uno sabe que el verano está cerca. Así también, dice Jesús, cuando se ve que suceden estas cosas, se sabe que el reino se está acercando. La caída de Jerusalén representa una evidencia de que el plan de Dios está avanzando. Tras el colapso de Jerusalén, el calendario divino solo aguarda la consumación. La reanudación de una serie de señales cósmicas indica que el final está realmente cerca. Así, lo que está diciendo realmente la parábola es que hemos de mantenernos muy alerta de lo que Dios está haciendo.

Jesús observa después que «no pasará esta generación hasta que todas estas cosas sucedan». Este es uno de los versículos más difíciles de Lucas. La expresión «esta generación» parece establecer un marco temporal específico para estos acontecimientos, que no se produjeron en su totalidad durante la vida de los discípulos. Parece claro que, al margen de lo que signifique el término «generación», éste no aludía a la generación del tiempo de Jesús o de los lectores de Lucas. Algunos argumentan, sin embargo, que en este pasaje Jesús solo está haciendo referencia a los acontecimientos del año 70 d.C., en cuyo caso «generación» podría significar la generación de los discípu-

---

D. Bock, *Proclamation From Prophecy and Pattern* [Proclamación desde el patrón y la profecía] en el apartado correspondiente de Hechos 2.

16. El término «supranatural» es consciente. Este personaje de la imaginería de Daniel es misterioso en el modo en que mezcla características sobrenaturales y naturales. Es un hombre a diferencia de los animales de la visión, sin embargo, se mueve entre las nubes igual que lo hace Dios. En el Nuevo Testamento, el misterio desaparece con la explícita enseñanza de la Encarnación.

los. Pero esta posición deja sin resolver otro problema, y es que no explica el cumplimiento de «todas estas cosas», sino solo el de los eventos iniciales. Obsérvese que el Hijo del Hombre no regresó de un modo visible en aquella ocasión. De modo que, el significado de «esta generación» no puede ser una referencia al tiempo de los discípulos o de Lucas.

Aunque algunos sostienen que Jesús se equivocó en este detalle cronológico, lo más probable es que tuviera en mente otro significado para la palabra «generación». (1) Algunos sostienen que esta palabra hace referencia a una raza, los judíos, aunque este significado no tiene ningún precedente. (2) Otra opción defiende que se trata de una alusión a la «generación del género humano» en su conjunto o a la generación de la humanidad perversa. En otras palabras, el final llegará antes de que la Humanidad sea destruida. Este punto de vista es posible, aunque da la impresión de que es poco común darle a la expresión este sentido. (3) Están también los que argumentan que «generación» no es un término temporal sino cualitativo. Es decir, Jesús está diciendo que «esta generación de los justos» no pasará. De nuevo, este punto de vista es posible, pero representa también una lectura poco común del término «generación». (4) Personalmente me inclino por el punto de vista que entiende que la «generación» que ve todas estas cosas se refiere a la generación que está presente en el versículo 25. En otras palabras, quienes vean el comienzo del fin en las señales cósmicas verán la llegada de la era decisiva en la venida del Hijo del Hombre. Una vez se inicie la secuencia de los acontecimientos del último acto, éstos se producirán con gran celeridad.[17]

Jesús está tan seguro de la veracidad de sus palabras que afirma que la Creación pasará, pero éstas permanecerán para siempre (v. 33). Este discurso fue concebido para informar y estimular la fidelidad. Para que esto sea así, lo que afirma sobre la vindicación ha de producirse. Los discípulos de Jesús pueden contar con este hecho.

Jesús sigue a continuación advirtiendo a los discípulos para evitar que aquel día les tome desprevenidos y caiga sobre ellos como una trampa. Esto significa que hay que evitar «el vicio, la embriaguez y las preocupaciones de esta vida». Estando en espera de su redención final sus corazones no han de agobiarse. Lo que Pablo llama la «bendita esperanza» de nuestra redención es algo que ha de estimularnos a vivir sabiamente delante de Dios, con una cierta indiferencia hacia los acontecimientos de la vida que muchas veces, ciertamente, nos agobian (Tit 2:11-14).

Cuando el Señor regrese, todos tendrán que hacer frente a la realidad de su regreso y de su poderosa presencia. Algunos estarán preparados, mientras que a otros les tomará por sorpresa. Jesús pide a sus discípulos que «estén siempre vigilantes» en espera de su regreso. El verbo está en presente de imperativo, y ello significa que nuestra concentración debería ser continua. Hay que orar para escapar de lo que se avecina, tanto

---

17. Quienes deseen considerar todas las opciones aquí mencionadas, pueden ver R. Maddox, *The Purpose of Luke-Acts* [El Propósito de Lucas-Hechos]. (Edimburgo: T. & T. Clark, 1982), 111-15. El problema del punto de vista preferente está en el versículo 28, que parece pedir a los discípulos que observen y se den cuenta de que ciertas cosas están cerca; no obstante, este versículo podría estar haciendo referencia al asunto del templo que suscitó la exposición y que garantiza lo que se dice sobre el fin.

a corto plazo en Jerusalén, como a largo plazo al final de la era (hasta el v. 19 el texto alude principalmente a Jerusalén, mientras que después del v. 23 el tema principal es el tiempo del fin). La meta final es «presentarse delante del Hijo del hombre» (cf. 12:8–12). Todo aquel que se identifique con el Hijo del Hombre estará firme en aquel día.

Lucas termina esta sección observando que Jesús enseñaba en el templo durante el día y descansaba en el Monte de los Olivos por la noche. Cada mañana el pueblo se reunía para escucharle, y Jesús tenía amplia oportunidad de enseñar y predicar la esperanza de la promesa. Pero esto duró poco debido a los acontecimientos que Lucas pasa ahora a narrar. En este momento, Jesús no tiene por delante sino la Cruz.

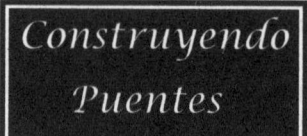

Al analizar detenidamente el modo en que este texto interpela a nuestra era, hay que prestar atención a varias cuestiones. En la sección «Sentido original» he intentado explicar cuidadosamente que este texto trataba asuntos que tenían relevancia tanto a corto como a largo plazo.[18] Las cuestiones de la persecución y las falsas pretensiones mesiánicas extienden su vigencia a lo largo de los siglos. Siguen siendo posibilidades para los creyentes hasta el tiempo de la vindicación final. Solo una característica importante ha cambiado: el carácter judío de la persecución de los cristianos que mencionan estos versículos no está ya en su mayor parte con nosotros. La oposición al Evangelio nos llega desde diferentes ángulos, pero los cristianos no comparecen ya delante de las sinagogas. Solo aquellos que tienen raíces judías pueden experimentar un rechazo de este tipo. Con esta excepción, y como texto «tipológico» o «arquetípico», este pasaje trata todo el periodo desde el tiempo en que Jesús pronunció estas palabras hasta su regreso. Sus seguidores vivimos en un mundo donde él no está físicamente presente y donde la decisión de creer bien puede suscitar rechazo y sufrimiento.

El discurso de Jesús en este pasaje sirve para tranquilizar a los creyentes con el hecho de que Dios está llevando su plan adelante. Los acontecimientos del año 70 d.C. muestran, cuando los recordamos, que Dios estaba dirigiendo los asuntos de la raza humana

---

18. Quienes estén interesados en otro compendio de las cuestiones relativas al punto de vista cristiano del regreso del Señor, y de las opciones que se asumen, pueden ver S. Grenz, *The Millennial Maze* [El laberinto milenial], (Downers Grove, Ill.: InterVarsity, 1992). Por lo que respecta al punto de vista del fin de los cristianos, e independientemente de las diferencias de detalle, es importante afirmar los puntos de concordancia de la mayoría de los cristianos sobre esta cuestión. Grenz lo expresa con precisión de este modo (p. 215):

> El reino eterno de Dios ha despuntado, está despuntando y despuntará un día en su toda su plenitud. El Dios que nos ha reconciliado consigo mismo a través de Cristo nos llevará un día a una participación plena en la grandiosa comunidad escatológica de su reino divino. Esta es la visión que, en este periodo intermedio, ha de inspirarnos a esforzarnos para ser personas del reino ahora y a proclamar de palabra y hecho las buenas nuevas de la venida del eterno reino de Dios.
>
> La escatología colectiva, con su visión del glorioso programa de Dios para la Historia, enfrenta a la Iglesia con una importante pregunta: esta visión del futuro final de Dios ¿motivará a la Iglesia a ocuparse en los negocios del Señor en el tiempo presente hasta que Cristo venga en gloria y esplendor?

y que hoy sigue haciéndolo. Aquellos eventos son un llamamiento a la fidelidad y una advertencia sobre el juicio. El carácter severo del juicio pone de relieve lo en serio que Dios se toma el pecado y la infidelidad. Aunque la caída de Jerusalén fue un acontecimiento muy doloroso, no es nada comparado con el juicio que tendrá lugar en el futuro. Esta característica le da a este texto su poder teológico. Nuestra cultura tiende a minimizar la autoridad de Dios para castigar la injusticia. Sin embargo, este tema es una de las notas más importantes que aparece en este pasaje.

Nuestra cultura tiene una ambivalente relación de amor y odio cuando se trata de los pronósticos divinos sobre el futuro. Por una parte, la popularidad de la astrología y otras formas de lectura del futuro muestran la fascinación de las gentes ante la posibilidad de conocer lo que ha de suceder. Por otra, muchos ven con cierto escepticismo las detalladas predicciones de un juicio final. Ponen en duda que Jesús hubiera hecho alguna de estas predicciones, puesto que le limitan a un papel de maestro religioso de sabiduría. Si Jesús es un profeta, no es porque prediga lo que va a suceder, sino porque nos redarguye y nos llama a amar. Este es un punto de vista parcial de él. Este texto es significativo por cuanto muestra que Jesús dio testimonio de un juicio venidero y de una futura vindicación de los santos. Su vida y su muerte son mucho más que un mero legado moral. Él volverá para juzgar, y este juicio es algo muy serio.

La promesa de vindicación final va acompañada de un importante corolario. La Iglesia no está llamada a dominar por la fuerza a quienes la rodean; por el contrario, como comunidad sufriremos igual que Cristo, hasta que él venga. Olvidar que en esta era llevamos una cruz y no una espada es abandonar un aspecto esencial de nuestro llamamiento, que no es otro que proclamar, reflejar y servir a Jesús. Solo al final seremos rescatados del dolor y del rechazo. Las teologías que promueven el triunfo de la Iglesia fuera del retorno de Jesús olvidan dónde reside la fuente de la vindicación. Es él, no nosotros, quien trae la victoria. Aquellos que no están dispuestos a mantenerse firmes como testigos delante de un mundo que no le entiende, no captan el llamamiento que Dios hace a su Iglesia.

Es importante mencionar un último rasgo acerca de la enseñanza sobre el tiempo del fin. Es lo suficientemente específica como para que nos mantengamos velando, pero también suficientemente general como para que jamás sucumbamos a la tentación de predecir exactamente cuándo aparecerá Jesús. Dios quiere que observemos con diligencia el desarrollo de los acontecimientos, sin embargo, tal observación no significa que la Iglesia haya de determinar el tiempo exacto de su regreso. Cuando los discípulos le plantearon esta pregunta a Jesús en Hechos 1:6, su respuesta fue que no era asunto suyo, y que vivieran su llamamiento de un modo práctico y fiel en el poder del Espíritu. No les tocaba a ellos conocer «la hora ni el momento». Sabemos que va a regresar para nosotros, y hemos de seguir velando con anticipación. Mientras tanto, la Iglesia tiene mucho que hacer.

Significado Contemporáneo

Este pasaje nos dice algo acerca de Dios, Jesús, Israel y de nosotros mismos (tanto si somos creyentes como si no lo somos). Vamos a considerar las aplicaciones de sus palabras.

(1) Twila Paris escribió una popular canción cuyo título proclama con gran belleza que «Dios tiene el control de la situación». Este es un importante mensaje en un tiempo tan caótico para la Humanidad. A esta comunicación bíblica habría que añadir que le corresponde a él determinar el tiempo oportuno. En ocasiones nos impacientamos con el control de Dios y con el calendario de sus acciones. Como los salmistas, nos quejamos de que Dios no oye el clamor de su pueblo, mientras que el mal parece victorioso. Jesús afirma en este discurso que Dios controla la dirección de la Historia. Nos llama a ser pacientes y a utilizar el tiempo presentando el Evangelio de la Gracia de Dios a otras personas.

Este texto descubre también la justicia de Dios. Cuando él juzgue, lo hará de un modo exhaustivo. Ningún abogado defensor se sentará en la corte celestial para defender nuestros méritos basándose en nuestra justicia. La única justicia que triunfará es la de Cristo. Por ello, tomar la decisión de vivir sin Dios para hacer lo que queramos significa perder la oportunidad de salvación eterna que Dios nos ofrece tan generosamente por medio de Jesús.

(2) Se ha observado ya que este texto descubre una cara del Jesús profético que tendemos a subestimar. Por otra parte, como nos enseña la historia de la Iglesia, es muy fácil conceder una importancia excesiva a la predicción del tiempo del fin. La Escatología es solo uno de los numerosos temas de la Teología. Tiene su importancia porque nos da una perspectiva de los acontecimientos actuales y nos recuerda que el presente y el pasado no son las únicas realidades de la vida. Sin embargo, no deberíamos estar tan absortos con el futuro que perdamos de vista nuestro llamamiento en el presente. Jesús enseñó acerca de los últimos días, sin embargo, no se concentró especialmente en estos temas. Su anhelo era conducir a las personas a una saludable relación con Dios aquí y ahora. Hemos de velar constantemente, pero hemos de hacerlo de un modo que nos lleve a servir honradamente a Dios para que el regreso de Jesús sea un motivo de gozo y ánimo. Hemos de vivir de un modo ético en este mundo. Según el apóstol Juan, contemplar el regreso de Cristo nos purifica (1Jn 3:3).

(3) La lección para Israel es un llamamiento a la reflexión. ¿Por qué perdió su precioso templo siglos atrás? Con amor y lágrimas (cf. 19:41–44), la Iglesia proclama que la nación de Israel pasó por alto el tiempo de su visitación. Al hacerlo, se convirtió en un ejemplo para sí misma y para todos del doloroso precio que conlleva apartarse del llamamiento divino. Es difícil leer estas constantes declaraciones sobre el destino de Israel sin sentir una profunda tristeza por desaprovechar la oportunidad de un momento sublime. No obstante, su historia nacional no es distinta de la de cualquier persona que decide no responder al llamamiento de la Gracia de Dios.

Al perseguir a los hijos de Dios, Israel preparó el camino para su propio juicio en el año 70 d.C. Jesús enseña que la medida con la que uno mide será la misma que se aplicará en su propio juicio. Esta norma demostró ser verdadera para la nación, sin embargo, la lección no era solo para ella.

(4) Cualquiera que haya leído los detalles de este discurso o el libro de Apocalipsis sabe lo gráfico y espeluznante que será el juicio del tiempo del fin. Estas secciones nos llevan a ponderar cuál es realmente nuestra posición ante Dios. En el seminario he conocido a incontables estudiantes cuyos testimonios de conversión arrancan de una consideración de su mortalidad y responsabilidad ante un Dios que juzgará a los injustos. Muchos comenzaron a abrirse a la posibilidad de una relación con Dios al contemplar lo que puede significar vivir sin él. Con frecuencia, nuestro mundo quita importancia a dicha responsabilidad, como si este juicio nunca fuera a producirse. Sin embargo, por medio de Jesús Dios ha provisto los medios para que podamos obtener el perdón, cualesquiera hayan sido nuestros errores. No podemos ganarnos la salvación. Los dirigentes judíos transitaron el camino de proclamar su propia justicia, y este texto deja bien claro cuál fue el fin de Israel. A nosotros se nos advierte que no cometamos este mismo error.

(5) Por último, ¿qué les dice este texto a los creyentes? Hemos de seguir velando, mantenernos firmes y confiar en el programa de Dios con la certeza de que, sin duda, nuestra liberación se producirá. Pueden desarrollarse situaciones muy dolorosas, puesto que aun nuestras familias pueden oponérsenos, y la hostilidad puede alcanzar límites insospechados. Tanto si pensamos en el martirio de Esteban en Hechos 7 como en el de Jim Elliot, misionero asesinado en América del Sur, vemos que a lo largo de los siglos el compromiso con Jesús ha suscitado en ocasiones una intensa oposición y ha demandado incluso el sacrificio del más esencial de los dones, el de la vida. Los seguidores de Cristo necesitan la determinación de seguir adelante pase lo que pase, una determinación que crece con la certeza de que Dios cumplirá sin duda lo que ha prometido. Él vindicará a sus hijos. Hemos, por tanto, de seguir andando con confianza. Confiar significa seguir esperando lo que no vemos (Heb 11:1). Sin embargo, aunque no veamos lo que está por venir, sí podemos ver a Jesús, el autor y defensor de nuestra fe, quien promete que un día volverá a buscarnos con gran poder y gloria. De manera que, mirándole a él, servimos y esperamos con una gran expectativa.

Lucas 22:1-6

Se aproximaba la fiesta de los Panes sin levadura, llamada la Pascua. 2 Los jefes de los sacerdotes y los maestros de la ley buscaban algún modo de acabar con Jesús, porque temían al pueblo. 3 Entonces entró Satanás en Judas, uno de los doce, al que llamaban Iscariote. 4 Éste fue a los jefes de los sacerdotes y a los capitanes del templo para tratar con ellos cómo les entregaría a Jesús. 5 Ellos se alegraron y acordaron darle dinero. 6 Él aceptó, y comenzó a buscar una oportunidad para entregarles a Jesús cuando no hubiera gente.

Los acontecimientos descritos en 22:1-38 y conducentes al arresto de Jesús, le brindan al Señor su última oportunidad de compartir sus pensamientos e inquietudes con sus discípulos antes de su partida. El carácter de esta última comida se parece mucho a la expresión de su última voluntad. Tras mencionar el plan de Judas de traicionarle (22:1-6), Lucas sigue consignando los planes de Jesús de celebrar la Pascua por última vez con sus discípulos (22:7-13). En la comida, Jesús celebra la Última Cena (22:14-20), una comida que se convierte en la base de la Cena del Señor (1Co 11:17-34). El último discurso trata una gran variedad de temas: la traición, la grandeza de la humildad, un nombramiento para ejercer autoridad, una predicción de las negaciones, y advertencias sobre el rechazo (Lc 22:21-38). Jesús invirtió la mayor parte del viaje a Jerusalén preparando a sus discípulos para su próxima ausencia. Ahora ha llegado el momento de hacer frente a la Cruz. Los discípulos tendrán que desarrollar su andar de fe en vista de su partida. Ha llegado la hora de la verdad para todos.

La popularidad de Jesús ha impedido que los dirigentes judíos pudieran echarle mano. Todo esto cambia cuando Judas, uno de los Doce, se ofrece para entregarle.[1] Lo que los líderes judíos no pueden conseguir por sí mismos se hace posible por medio de este discípulo. La ironía de la mayoría de los acontecimientos que rodean el arresto, juicio y crucifixión de Jesús es que aquellos que parecen tener el control de la situación en realidad no lo tienen. Las cosas suceden únicamente porque Jesús les permite proceder. Como quedará claro, Jesús está al corriente de lo que Judas tiene entre manos (22:22-23).

La crucifixión se produjo durante algunos de los días más sagrados del calendario judío, las fiestas de la Pascua y de los Panes sin Levadura, que se celebraban de manera consecutiva. Estas festividades conmemoraban la salvación de los primogénitos de Israel y su liberación de la cautividad egipcia (Pascua, 14-15 de Nisán; Panes sin Levadura, 15-21 de Nisán).[2] Toda la celebración conmemoraba que el ángel de la

---

1. Los pasajes paralelos de este texto son Mateo 26:1-16 y Marcos 14:1-11.
2. Estas dos festividades estaban tan cerca la una de la otra en el calendario que la expresión Panes sin Levadura podía aludir a la totalidad de la semana. Ver J. Jeremias, «πάσχα», *TDNT* 5:898-904; Josefo, *Antigüedades* 14.2.1 § 21; *Guerra de los judíos* 2.1.3 § 10; 3.105 § 249.

muerte pasó por alto a Israel y que éste fue redimido (Éx 12). Israel recordaba su salvación y la Gracia de Dios.

En aquellos días «los jefes de los sacerdotes y los maestros de la ley» buscaban algún modo de acabar con Jesús. Su búsqueda era constante, porque Lucas utiliza el tiempo imperfecto (*ezetoun*) para describir sus intentos de encontrar el modo de apresar a Jesús. En su relato, Lucas yuxtapone de manera intencionada las festividades con el complot. Jesús hará realidad el perdón y la salvación que se celebran en la fiesta. En el mismo instante en que Israel recuerda su liberación, los dirigentes conspiran para quitarle la vida a Jesús. El contraste del texto expresa cierta ironía. Sin embargo, el pueblo se congrega alrededor de Jesús. No hay, pues, ningún modo de detenerle sin que se produzcan importantes disturbios.

Pero la oportunidad de actuar desde dentro permite eludir todos estos obstáculos. Por primera vez desde Lucas 4:1–13, se menciona a Satanás como participante activo en los acontecimientos, afirmando que éste entró en Judas. No está del todo claro lo que esto significa. ¿Se trata de una posesión? La mayoría piensa que el uso de este término es demasiado fuerte. Lo que sí sugiere, como mínimo, es dirección e influencia satánicas. El comentario muestra ciertamente que la misión de Jesús tiene dimensiones cósmicas; aun las fuerzas del mal tienen una idea acerca de él y desean su eliminación.

De manera que Judas se encuentra con los dirigentes para acordar el modo de entregarles a Jesús. Tanto los principales sacerdotes como los guardias del templo toman parte en estas deliberaciones. Quienes negocian con Judas son el equivalente a un consejo de ministros. La presencia de los principales sacerdotes muestra que la decisión se toma al más alto nivel. Los oficiales de la guardia están presentes porque son ellos quienes tendrán que encargarse del arresto. Tan entusiasmados están los dirigentes que le dan a Judas una retribución económica por su acción. En este pasaje no se menciona la cantidad concreta, pero Mateo 26:15 nos dice que fueron treinta piezas de plata, un precio muy módico para recobrar el control de la opinión religiosa judía.

Es difícil de apreciar el cambio que supone para los dirigentes judíos la oferta de Judas. Ahora conocen el paradero privado de Jesús y tienen un testimonio interno contra él. Cualquiera que pretenda cuestionar sus esfuerzos por poner coto a Jesús tendrá que explicar la reacción de Judas, una persona de su confianza, que sabe cómo actúa Jesús. No es de extrañar que estén tan abiertos a Judas y tan complacidos con una situación que les permite distanciarse de la acción y ocuparse del interés público general.

Solo tienen que encontrar un momento apropiado para arrestar al maestro. Ha de ser una ocasión en que las multitudes no estén presentes. Judas mismo determinará el mejor momento. Tras la muerte de Jesús subyacen fuerzas siniestras.

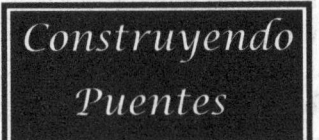

Los singulares acontecimientos de la Pasión no comunican tanto su mensaje por medio de los acontecimientos en sí, sino mediante los ejemplos de los tipos de personas que participan en ellos. En el estudio de la narrativa, los eruditos hablan con frecuencia de personajes arquetípicos. Las lecciones nos llegan por medio de los personajes del relato que representan ciertos tipos de personas o de realidades del mundo. Esta clase de personajes se localizan observando el grado de desarrollo del personaje dentro de la historia y considerando las características fundamentales que poseen en su papel. En el caso de los Evangelios, las maneras de reaccionar ante Jesús son tipos de respuesta a él de las que podemos aprender. Esta clase de analogías se aplican especialmente a los relatos de la Pasión, puesto que en ellos se registran reacciones que conducen a claras decisiones a favor y en contra de Jesús. A medida que avancemos por estos capítulos de Lucas, iremos señalando estos personajes arquetípicos.

En nuestro tiempo no tenemos sacerdotes y escribas que van y vienen de un templo. Sin embargo, estos personajes describen las reacciones de personas que se oponen categóricamente a Jesús. Judas representa a una «persona de confianza» que realmente no lo es en absoluto. Conspira taimadamente contra aquel a quien afirma conocer como cumplimiento de la promesa de Dios. Judas nos recuerda que no todo el que está estrechamente vinculado con Jesús le conoce verdaderamente. Según Juan 6:70, Judas está vinculado al diablo.

Significado Contemporáneo

Vemos vívidamente que Jesús fue rechazado y traicionado. Las acciones de sus enemigos son un diagrama de cómo actúa el pecado. En el trasfondo está la presencia e influencia de Satanás. Este suceso nos recuerda que las personas pueden ser conducidas por fuerzas que tiran de ellas por caminos destructivos (cf. Ef 2:1–3). Todas estas maquinaciones e intrigas nos muestran cuánto esfuerzo y engaño hubo en el plan para prender a Jesús. La hipocresía de celebrar el Éxodo mientras se urde la muerte de Jesús añade otro elemento al patetismo de la situación.

Lo que lo hace tan trágico es que, si nos paramos a analizar el papel del pecado en nuestras vidas, vemos los mismos tipos de conducta y decisiones. Un pecado conduce muchas veces a otro cuando pretendemos explicarlo o encubrirlo. La naturaleza engañosa del pecado trama conspiraciones en lugares oscuros e intenta hacer su obra, bien en secreto o en espacios muy privados. Su credo es: «puedo hacer esto, si nadie se entera o si solo lo saben algunas personas muy concretas».

Por otra parte, la atmósfera de la traición es fundamental al carácter de cualquier tipo de pecado. De hecho, el pecado es esencialmente una traición, no solo de Dios, sino de otras personas que son heridas por él. El pecado traiciona incluso al pecador a medida que la destrucción que conlleva hace su perniciosa tarea. Este pasaje no es simplemente una lección de la Historia, sino un estudio de la naturaleza humana en su peor versión, revelando la forma que adopta el pecado cuando entra en acción. ¿Cuántas veces, por ejemplo, un hombre o una mujer han iniciado una aventura amorosa sin considerar los devastadores efectos que ello tendrá para sus familias, y en especial para los niños? ¿Qué dicen tales acciones sobre la integridad de los votos que en su día hicieron ante Dios? Por regla general el pecado no limita sus efectos a una esfera reducida; produce un efecto dominó que afecta a muchas otras personas.

Otra lección que se observa en el patrón de rechazo de los dirigentes y de Judas es la tendencia del pecado a desviar la culpa y atribuirla a otros. El pecado tiende sutilmente a crear una capa aislante en forma de racionalización que actúa como escudo protector contra la acción pecaminosa, una especie de ocultación que traslada la culpa a algún otro lugar, como por ejemplo el alivio que experimentan los dirigentes por medio de Judas. Esta barrera diabólica se levanta cuando un hombre que está engañando a su esposa argumenta que la frialdad de ella le forzó a buscar ternura y afecto en otra mujer. Este mismo escudo se pone de relieve cuando dos niños se pelean y uno señala la mala conducta del otro como algo que le da derecho a pagarle con la misma moneda.

Este acontecimiento revela también que Jesús es una preocupación para las fuerzas cósmicas del mal. Satanás hace todo lo que puede por impedir el avance del plan salvífico de Dios. La narración pone de relieve este punto revelándonos que hay fuerzas que actúan más allá de Judas. También hemos de seguir siendo sensibles al hecho de que esta oposición diabólica no ha terminado todavía. Si Satanás se opuso a Jesús, se opondrá también a la Iglesia. Conseguir la deslealtad dentro de la Iglesia es uno de los medios más eficaces para desacreditarla. Se trata de una antigua estrategia que se remonta hasta el tiempo de Adán y Eva, cuando Satanás condujo a Eva al pecado como un modo de llegar a Adán. La fidelidad a la voluntad de Dios le impedirá a Satanás conseguir este punto de apoyo.

La realidad de la defección es otra de las lecciones de este texto. Judas representa al «discípulo» que no lo es en absoluto. Durante años, los once le aceptaron como miembro de su comunidad. Este suceso revela dónde estaba realmente su corazón, y nos recuerda que el hecho de ser miembros más o menos activos de una iglesia no es una marca inequívoca de la salvación. La fe salva, pero solo una fe que no le da la espalda de manera decisiva a Jesús. Es posible que un creyente niegue a Jesús, como hizo Pedro, sin embargo, nunca incurrirá en la apostasía total que vemos en Judas. Hay una diferencia entre tener falta de valor y tomar la decisión consciente de rechazar a Jesús después de haber tenido contacto con él. Judas representa esta última categoría.

No hay salvación para quien no confía en Jesús hasta el fin. Una vez se produce, la defección de un personaje como Judas es permanente; sin embargo, la fe verdadera se mantiene. Desde un punto de vista pastoral, no es siempre fácil discernir la diferencia entre un periodo de frialdad y un rechazo absoluto. Esta es una actitud que no puede identificarse desde fuera; es una cuestión de convicción interior. Pero, por regla general, la persona que rechaza abiertamente al Señor no lucha con un profundo sentido de culpa ni con dudas sobre el cambio de dirección que ha emprendido. Las personas que se enfrían espiritualmente se desvinculan durante un tiempo y no muestran interés, pero esto no llega a ser una completa dureza de corazón. Un período de frialdad puede incluso prolongarse durante cierto tiempo, pero no va acompañado de una abierta negación de la conexión con Jesús. Romanos 8:16 afirma que el Espíritu imparte a los creyentes un sentido de filiación con Dios, algo que no está presente cuando hay un rechazo total. Como muestra todo el relato de la Pasión, nuestro mundo está lleno de todo un caleidoscopio de reacciones a Jesús.

Lucas 22:7-20

Cuando llegó el día de la fiesta de los Panes sin levadura, en que debía sacrificarse el cordero de la Pascua, 8 Jesús envió a Pedro y a Juan, diciéndoles: —Vayan a hacer los preparativos para que comamos la Pascua. 9 —¿Dónde quieres que la preparemos? —le preguntaron. 10 —Miren —contestó él—: al entrar ustedes en la ciudad les saldrá al encuentro un hombre que lleva un cántaro de agua. Síganlo hasta la casa en que entre, 11 y díganle al dueño de la casa: "El Maestro pregunta: ¿Dónde está la sala en la que voy a comer la Pascua con mis discípulos?" 12 Él les mostrará en la planta alta una sala amplia y amueblada. Preparen allí la cena. 13 Ellos se fueron y encontraron todo tal como les había dicho Jesús. Así que prepararon la Pascua. 14 Cuando llegó la hora, Jesús y sus apóstoles se sentaron a la mesa. 15 Entonces les dijo: —He tenido muchísimos deseos de comer esta pascua con ustedes antes de padecer, 16 pues les digo que no volveré a comerla hasta que tenga su pleno cumplimiento en el reino de Dios. 17 Luego tomó la copa, dio gracias y dijo: —Tomen esto y repártanlo entre ustedes. 18 Les digo que no volveré a beber del fruto de la vid hasta que venga el reino de Dios. —Este pan es mi cuerpo, entregado por ustedes; hagan esto en memoria de mí. 20 De la misma manera tomó la copa después de la cena, y dijo: —Esta copa es el nuevo pacto en mi sangre, que es derramada por ustedes.

Sentido Original

Ahora Jesús asume el control de los acontecimientos,[1] y lo hace enviando a sus discípulos a hacer los preparativos para celebrar la festiva comida de la Pascua en una casa dispuesta para albergarles. Obsérvese que Jesús sigue celebrando las festividades de la fe judía hasta el mismo fin. No es posible cuestionar nada sobre su piedad en la adoración de Dios.

Entre miles de personas que se preparan para celebrar la comida en Jerusalén, Pedro y Juan salen en busca del lugar que Jesús ha designado. Su tarea no consiste solo en encontrar un lugar, sino también en procurarse el cordero para el sacrificio y conseguir las hierbas amargas y los panes sin levadura que forman parte de la comida.[2]

Lo insólito del encargo es el detalle con que Jesús lo expresa. Les dice que han de buscar y seguir a un hombre que lleva un cántaro de agua, quien les conducirá a una casa. Han de preguntarle al propietario dónde está la sala en la que el Maestro ha de comer la Pascua con sus discípulos. El propietario les mostrará un aposento alto y amplio, ya amueblado,[3] probablemente con almohadas para reclinarse. Los deta-

---

1. Los pasajes paralelos de este acontecimiento son Mateo 26:17–19 y Marcos 14:12–16.
2. Stein, *Luke* [Lucas], 538. Las costumbres posteriores se resumieron en el Talmud (*Pesahim* 64a–65b).
3. G. Stählin, «ξένος», *TDNT*, 5:19 n. 136.

lles que se dan pueden indicar que ha habido un cierto tipo de acuerdo previo, ya que Mateo 26:18 sugiere que el anfitrión sabe quién es este «Maestro». La atmósfera de este texto recuerda a acontecimientos del Antiguo Testamento, en que la dirección y provisión divinas se producen de un modo similar (1S 10:2-8). Los discípulos encuentran las cosas como Jesús les ha dicho (v. 13). Lo que dice es digno de confianza. Pedro y Juan preparan la Pascua, demostrando ser fieles.

En Lucas 22:14-20 se describe uno de los momentos más famosos del ministerio de Jesús.[4] Tiene lugar durante la quinta de siete escenas de comidas que se consignan en Lucas (5:29-32; 7:36-50; 9:12-17; 10:38-42; 11:37-54; 14:1-24; 24:28-32; 24:36-42). Este tipo de acontecimientos íntimos son el contexto de una buena parte de la enseñanza de Jesús, que puede calificarse de «charlas de mesa». A esta comida se la conoce también como la Última Cena, y forma la base de la Cena del Señor. El trasfondo de esta comida es probablemente un ágape pascual, aunque algunos eruditos expresan su incertidumbre sobre esta conclusión.[5]

Los discípulos son fieles al compromiso tradicional de celebrar la fiesta en la ciudad (2Cr 35:18). La comida ofrece la ocasión para que Jesús exprese su testamento. Para los griegos esta escena sería un simposio, en el que un maestro de sabiduría comparte sus pensamientos con sus seguidores; pero existe también un trasfondo judío que la relacionaría con una escena de despedida. Estas dos formas no se contradicen entre sí; simplemente subrayan temas distintos. Ha llegado el momento de que Jesús se recline en la mesa y comparta esta última comida con sus discípulos. Él observa que ha «tenido muchísimos deseos» (una expresión semítica que indica una gran emoción) de comer esta Pascua con ellos antes de padecer. La mención del próximo sufrimiento añade patetismo a lo que sigue.

Jesús no celebrará de nuevo esta comida hasta que «tenga su pleno cumplimiento en el reino de Dios». Jesús tiene aquí en mente la consumación del reino en el tiempo del fin. En aquel tiempo una comida como la Pascua celebrará el pleno cumplimiento de la promesa. Jesús anhela la llegada de aquel momento, pero hasta entonces, ésta es la última celebración de este tipo en la que participará.

---

4. Los pasajes paralelos de este texto son Mateo 26:20-26 y Marcos 29:14, 17-22. 1 Corintios 11:23-26 alude también a este suceso de una forma parecida a Lucas.

5. Se trata de un debate complejo. Stein, *Luke* [Lucas], 539-40, sostiene que el problema no se resuelve. L. T. Johnson, *The Gospel of Luke* [El Evangelio de Lucas], 341, sostiene que alguno de los evangelistas, los sinópticos o Juan, ha cometido un error y que no podemos conocer las costumbres del primer siglo acerca de la Pascua, teniendo en cuenta lo tardío de nuestras fuentes judías. No obstante, sí existen argumentos para defender una comida pascual. Ver el trabajo de D.A. Carson, «Matthew» [Mateo], en *EBC* (Grand Rapids: Zondervan, 1984), 8:531-32; I.H. Marshall, *Last Supper and Lord's Supper* [La Última Cena y la Cena del Señor], (Exeter: Paternoster, 1981), 30-75; J. Jeremias, *La última cena: palabras de Jesús* (Madrid: Ediciones Cristiandad, 2003), 15-84 de la edición en inglés. Carson explica que aquí no tiene por qué haber un error, mientras que Marshall y Jeremias defienden la presencia de una comida pascual. El tratado mishnaico *Pesahim* describe las costumbres pascuales. Aunque fechada en el siglo segundo d.C., esta era una tradición litúrgica lo suficientemente antigua y conservadora como para que la forma mishnaica refleje probablemente prácticas ancestrales. Si se trata de una comida pascual, es probable que la porción de la comida que describen los sinópticos esté asociada con la parte principal del ágape y con la tercera copa de vino (de cuatro).

Solo Lucas observa la presencia de dos copas, la primera de las cuales aparece en el versículo 17. La comida de la Pascua judía constaba de cuatro platos. Este comentario alude probablemente a la primera o segunda copa, puesto que los comentarios que Jesús hace sobre el sacrificio en una copa posterior (v. 20) encajan mejor con la tercera parte de la comida. Jesús anuncia de nuevo que no degustará el fruto de la vid hasta la celebración del banquete que celebrará la plena llegada del reino (v. 18). Los discípulos son conscientes de que el ministerio de Jesús con ellos está llegando a su fin. Este será el último momento de comunión íntima e ininterrumpida que tendrán con él por algún tiempo. Los comentarios que Jesús hace con el pan y con la copa así lo indican.

Sin embargo, su muerte significa mucho más que el fin de su ministerio.[6] El «pan» que toma Jesús forma parte del tercer plato de la comida, y se come junto con el cordero y las hierbas amargas. Jesús convierte el pan en un nuevo símbolo en vista de su muerte. Lo toma, da gracias, lo parte y lo pasa alrededor de la mesa. «Este pan es mi cuerpo, que por ustedes entrego; hagan esto en memoria de mí». En este momento la comida judía queda cristianizada, y se convierte en un acto conmemorativo que recuerda y proclama la muerte de Jesús (1Co 11:23–26). El pan simboliza el quebrantado cuerpo de Jesús ofrecido a favor de su comunidad.

La invitación a «recordar» es un elemento del judaísmo, y la nación lo practicaba una vez al año durante la Pascua evocando el tiempo del Éxodo. Este tipo de recuerdo consolida la identidad de la comunidad llevándola de vuelta a sus raíces, a unos acontecimientos que en su día la forjaron y la llevaron a ser quien era ahora. Les da la oportunidad, como cuerpo, de confirmar lo que Dios ha hecho por ellos. El sacrificio que él ofrece y el simbolismo que comparten rememora el concepto hebreo de *zikron*, en el que se trae a la memoria algo (Éx 2:24; 12:14; 13:9; Lv 24:7; Nm 5:15; 10:9–10; Sal 20:3; Ez 21:23).[7] Esta comida es como un nuevo inicio.

La acción de gracias a Dios por el pan lo es también por la ofrenda que allana el camino para el desarrollo de una relación con él. No se especifica aquí la manera exacta como se lleva a cabo la ofrenda del cuerpo de Jesús a su favor. Hechos 20:28 sugiere la perspectiva de Lucas sobre esta cuestión, mientras que Romanos 3:21–31; 5:6–8; y 1 Corintios 10:16 expresan la de Pablo. En el libro de los Hechos, Lucas utiliza la imaginería de la compra, la obtención de una relación con Dios mediante el derramamiento de sangre inocente como pago por el pecado. La conexión de esta comida con la Pascua sugiere también la imagen de un sacrificio sustitutorio, una imaginería que Pablo utiliza. En la Pascua, el juicio llegó a los egipcios que vieron morir a sus primogénitos, mientras que los primogénitos de Israel fueron protegidos y librados del juicio porque los dinteles de sus casas habían sido rociados con la sangre de un cordero. Jesús se convierte ahora en el símbolo de esta protección.

---

6. Hay una cuestión textual que influye el modo en que se lee el texto a partir de este punto. Las palabras de Lucas 22:19b–20 no están en algunos manuscritos y versiones latinas. Los críticos textuales dan a menudo preferencia a la lectura más corta sobre la premisa de que los escribas añaden palabras para clarificar el sentido y generalmente no suprimen aquellas frases claras del texto. De modo que algunos han argumentado que Lucas no incluyó estos versículos. Pero es más probable que sí formen parte del texto lucano, especialmente teniendo en cuenta que aparecen en algunos de los principales manuscritos griegos (p. ej., ℵ, B, P^{75}, y textos de la familia Bizantina).

7. O. Michel, «μνεία», *TDNT*, 4:678; «μνημονεύω», 4:682.

El Señor prosigue aludiendo a la copa como «el nuevo pacto en mi sangre». La referencia a la sangre considera el próximo sacrificio de Jesús como la primera provisión contractual de que se beneficiarán los discípulos como consecuencia de su muerte. El nuevo pacto es un tema fundamental en el Nuevo Testamento (Jer 31:31; Mt 26:28; 2Co 3–4; Heb 8–10). En él está la promesa del perdón de pecados y el poder capacitador del Espíritu de Dios, que se expresa como la ley escrita en el corazón, un tema que el pasaje de 2 Corintios desarrolla en detalle. La sangre de Jesús derramada por ellos allana el camino para la distribución de las bendiciones de este pacto (Lc 24:49; Hch 1:8; 2:14–39; Heb 8–10) y abre una nueva era de bendición divina.

En resumidas cuentas, la comida y su conmemoración celebran y proclaman la muerte expiatoria de Jesús. Participar de esta comida en el futuro significará confirmar la relación que Jesús se dispone a establecer. La comida afirma una unión íntima entre Jesús y quienes se identifican con su muerte.

Construyendo Puentes

El talante del pasaje es el puente clave. En este acontecimiento todo refleja la calma de Jesús y el control de Dios presente en la actividad. Jesús dirige toda la actividad, sabiendo el lugar que ocupa cada detalle. Aunque la comida de la Pascua ya se está celebrando, en otro sentido el Cordero Pascual se está preparando para ofrecerse después de esta última comida con sus discípulos. Nada le toma por sorpresa. Los discípulos siguen fielmente las instrucciones de su maestro. Él, por su parte, les guía por medio de su ejemplo, confiando que el Padre les llevará a concluir su curso.

Hay dos actitudes cruciales: La Soberanía de Dios y la fidelidad que Jesús expresa en relación con ella. Jesús entra en Jerusalén, completamente consciente de lo que está a punto de suceder y de que Dios le ha llevado allí al encuentro de su muerte. Acoge su llamamiento con un compromiso total de recorrer el camino de Dios. Con frecuencia enfrentamos situaciones en que la Soberanía de Dios nos llama a andar en un camino que él señala con toda claridad, aunque, a diferencia de esta situación en la vida de Jesús, el resultado puede ser bastante oscuro. Cualquiera que haya experimentado la perspectiva de un traslado entiende lo que es pedirle al Señor que nos muestre su dirección, para que el ministerio que Dios desea pueda hacerse realidad. Por regla general, la dirección de Dios no es tan clara para nosotros como lo era para Jesús. Sin embargo, en medio de nuestras preguntas, Dios nos llama a buscar su rostro y dirección para darnos a conocer su voluntad a través de fuerzas que a menudo están fuera de nuestro control. Podemos seguir su guía como hace Jesús aquí.

Con frecuencia, la Iglesia infravalora la importancia de la celebración, la conmemoración, y la comunión de mesa, especialmente en aquellas tradiciones donde la palabra ocupa un lugar primordial y no se concede gran valor a la liturgia. No obstante, en este pasaje se tiene en vista algo importante. Los discípulos como comunidad van a compartir una comida cuyas raíces tienen siglos de antigüedad. Se reúnen para reflexionar sobre lo que Dios ha hecho y se dispone a hacer. En ocasiones, se afirma que reunirse para comer juntos no es verdadera comunión, pero que cuando dicha reunión tiene como objeto compartir la bondad y actividad de Dios, entonces sí se produce algo espiritual y que tiene el potencial de vincularnos. Una de las razones por las que Jesús ordenó que se observara esta comida después de su partida es que nos conecta de nuevo con él y reafirma nuestra conexión el uno con el otro (1Co 10:16).

Esta última comida establece la base para la Mesa del Señor tal y como se celebra en la Iglesia. La diferencia fundamental entre esta comida y las que le siguen es que mientras la Última Cena es prospectiva, anticipando el sacrificio de Jesús, la comida que celebra la Iglesia es retrospectiva, evocadora de dicha muerte. En 1 Corintios 11:26 se concede un carácter intemporal a esta comida: por un lado evoca la muerte del Señor en el pasado y por otro se dirige adelante a su regreso. La celebración de esta comida vincula nuestra relación presente con Cristo con la presencia de Jesús pasada y futura. Puesto que se trata de su cena, reflexionamos sobre su muerte a nuestro favor en el Calvario y su regreso en gloria para llevarnos con él. En un momento, los grandes acontecimientos de la salvación se encadenan en solemne celebración. La eternidad se toca con el tiempo, y nosotros somos los beneficiarios de un momento de comunión fuera de lo común. Por ello esta comida establece una importante conexión en la adoración de su Señor que lleva a cabo la Iglesia. No hay recordatorio más fundamental de la Gracia de Dios que evocar el modo en que se adquirió nuestra relación con Dios.

Algo también fundamental en la enseñanza de este texto son las breves notas afirmando que la muerte de Jesús fue a nuestro favor, es decir, para nuestro beneficio. Lucas no explica en detalle la razón por la que Jesús murió por nosotros; este acento aparece más adelante en el Nuevo Testamento (Ro 3:21–31; 1P 2:21–25; Ap 4–5). Lucas prefiere centrarse en la identidad de Jesús y en su poder para conseguir la victoria. Sin embargo, este texto y Hechos 20:28 muestran su conocimiento de que en la Cruz se produjo una transacción divina. Lo que nosotros no podíamos conseguir por nosotros mismos, Dios lo llevó a cabo a través de su Hijo. Entregar la vida para que muchos puedan obtenerla es el acto perfecto del amor de Dios. Este es el mensaje de la Cena del Señor que nos llama a recordar este singular momento de la Historia.

Esta cena es un importante momento de comunión que el Señor tuvo con sus discípulos antes de su partida. Es también una comida que Jesús quiere que se celebre repetidamente como un recordatorio de lo que consiguió en la Cruz. Tal recordatorio trae consigo una actitud de expectación con respecto a su regreso. Por su gran trascendencia, esta comida nunca fue concebida como un mero aspecto más del servicio de adoración. Siendo como es uno de los pocos rituales específicos de la Iglesia, siempre se ha puesto de relieve que ocupa un lugar especial.

Teniendo en cuenta la doble afirmación que se expresa en la comida, lo que hacemos es proclamar tanto la muerte del Señor como nuestra unidad colectiva con los celebrantes que se sientan a la mesa. Esta combinación fue diseñada para impulsarnos a actuar afirmando lo que compartimos de manera tan esencial por medio de la muerte de Jesús. Recordar el sentido de esta comida es un ejercicio saludable. La Iglesia no es nuestra, sino suya, lo mismo que nuestra vida. Nuestra relación mutua no es un accidente, sino el producto de un gran propósito conseguido a un elevado precio. Esta realidad teológica debería llevarnos a ser muy sensibles en nuestro trato mutuo.

Significado Contemporáneo

Jesús está comprometido con el camino de Dios y con su voluntad. Haciendo frente a la traición y a la muerte, Jesús conduce serenamente a sus discípulos en la celebración de la bondad divina expresada en la salvación. Aunque pronto se dirigirá a la Cruz y experimentará el rechazo más absoluto, el Señor lleva a sus discípulos a la adoración y les recuerda su llamamiento a seguir en sus pasos. En la calma con que vive este acontecimiento hay algo casi inquietante. Es posible que la yuxtaposición de este talante nos diga algo sobre la naturaleza de la confianza. Jesús descansa en el conocimiento de que Dios se ocupa de él. Vendrán momentos en que, a través de la oración, expresará sus tensiones e inquietudes, sin embargo, en la base de la actitud de Jesús está su clara percepción de lo que está sucediendo y de que Dios tiene total control de la situación.

Todo esto es reconfortante para quienes leen el relato de Lucas. Cuando hemos de hacer frente a las dolorosas circunstancias de nuestras vidas, aun ante las más extremas, es importante recordar que Dios controla las cosas. Aunque entre las circunstancias difíciles que enfrentamos no se cuente la del martirio, sí hay momentos en que, ya sea nosotros u otras personas de nuestro entorno, vivimos situaciones desesperadas. Es posible que experimentemos luchas con lo que Dios está haciendo en nuestras vidas o puede que se trate de alguna ruptura en alguna importante relación personal. Puede que un problema de salud nos esté llevando a volvernos a Dios con un fervor mayor. El modo en que Jesús hubo de hacer frente a la etapa final de su ministerio no es muy distinto de lo que implica enfrentar los difíciles acontecimientos que muchas veces golpean nuestras vidas. Es cierto que se trata de Jesús, sin embargo, su confianza y calma ante lo que tiene por delante revela una profunda confianza en la dirección por la que Dios conduce su vida.

A medida que Jesús emprende este viaje, mirará a Dios y responderá a su guía sin actitudes defensivas. Puede actuar así porque sabe que Dios le cuida en medio de la agitación que le circunda. Aunque en Getsemaní expresará en oración la angustia de su corazón, en todas las demás situaciones Jesús refleja serenamente la presencia de Dios en medio de lo que estaba sucediendo. A través de la oración y la súplica, Jesús da a conocer sus peticiones delante de Dios y su paz le guarda. En lo más profundo de su certeza está el Dios representado en la comida que ha estado compartiendo con sus discípulos, un Dios que imparte la clase de liberación que realmente cuenta, cuando todo lo demás parece fracasar.

De un modo muy real, la aplicación de este texto sobre la Última Cena se nos une en la celebración del ágape que surge de este solemne momento. Puede que sea una gran tragedia para la Iglesia que esta comida sea a menudo relegada a un papel secundario dentro de su adoración. Muchas celebraciones de la Mesa del Señor han quedado relegadas a un rápido apéndice dentro de un servicio que se observa una vez cada trimestre o hasta con menos frecuencia. Esta cena no fue diseñada para ser un elemento accesorio de la adoración. Aunque no se nos dice con qué frecuencia hemos de observarla, no hay duda de que el llamamiento a participar de esta comida como un acto conmemorativo fue diseñado para reunir a los creyentes con regularidad para participar como cuerpo unificado de la reflexión y proclamación que ella representa. Hay argumentos sólidos para celebrar la observancia de esta comida más de una o dos veces al año. Siglos atrás, Juan Calvino se quejó de este mismo asunto:

> Lo que hasta ahora hemos expuesto de este sacramento muestra suficientemente que no ha sido instituido para ser recibido una vez al año; y esto a modo de cumplimiento, como ahora se suele hacer; sino más bien fue instituido para que los cristianos usasen con frecuencia de él, a fin de recordar a menudo la Pasión de Jesucristo, con cuyo recuerdo su fe fuese mantenida y confirmada, y ellos se exhortasen a sí mismos a alabar a Dios, y a engrandecer su bondad; por la cual se mantuviese entre ellos una recíproca caridad, y que diesen testimonio de ella los unos a los otros en la unidad del Cuerpo de Cristo. Porque siempre que comunicamos el signo del Cuerpo del Señor, nos obligamos los unos a los otros como por una cédula a ejercer todas las obligaciones de la caridad, para que ninguno de nosotros haga cosa alguna con que perjudique a su hermano, ni deje pasar cosa alguna con que pueda ayudarlo y socorrerlo, siempre que la necesidad lo requiera, y tenga posibilidad de hacerlo.[8]

En la Cena del Señor, reconocemos la presencia de nuestro Señor, su muerte y su segunda venida. Al participar de ambos elementos, afirmamos nuestra unidad delante de él y nuestra sumisión a él, y recordamos el modo en que recibimos esta Gracia. Lo provechoso de tal reflexión, hecha cuidadosamente, es que nos concentramos nuevamente en aquello que nos une en la fe y en las verdades esenciales que hacen que la Iglesia sea distinta de cualquier otra organización. Al tomar parte en este ágape, hacemos una afirmación pública más poderosa que la proclamación verbal de un credo. Porque al participar reconocemos que nuestro sostenimiento y vida proceden de él.

La mesa se convierte en un acto que sustenta nuestra unidad atrayéndonos alrededor de aquel que hizo de nosotros su cuerpo. En ella confluyen sacrificio y promesa, cuando Jesús se convierte en el Cordero que trae el nuevo pacto (cf. 1Co 5:7). La presencia y capacitación de Dios están en nuestro interior por medio del Espíritu. Jesús nos dejó para que pudiera venir otro consejero (Jn 14—16). Este intercambio se representa también en la mesa. Nuestro llamamiento es responder a lo que este sacrificio hizo posible.

El sacrificio de Jesús nos recuerda que nuestra respuesta a él debería ser el sacrificio de una vida que le honra y se nutre de los recursos del nuevo pacto (Ro 8:1–17; 12:1–2). El servicio espiritual de la adoración comporta más que participar de los elementos de su muerte porque, para nosotros, ésta significa una nueva vida. De modo que la aplicación final de la participación en su Mesa es servirle fielmente con la nueva vida que ha obtenido para nosotros. Por tanto, hemos de celebrar la fiesta con los panes sin levadura de sinceridad y verdad y despojarnos de la malicia y la maldad (1Co 5:7–8). La conmemoración fundamental de la Mesa del Señor es una vida justa. Si a través de su muerte se produce nueva vida, esto es precisamente lo que deberíamos expresar en respuesta: nueva vida.

---

8. Juan Calvino, *Institución*, 4.17.44.

Lucas 22:21-38

Pero sepan que la mano del que va a traicionarme está con la mía, sobre la mesa. 22 A la verdad el Hijo del hombre se irá según está decretado, pero ¡ay de aquel que lo traiciona! 23 Entonces comenzaron a preguntarse unos a otros quién de ellos haría esto. 24 Tuvieron además un altercado sobre cuál de ellos sería el más importante. 25 Jesús les dijo: —Los reyes de las naciones oprimen a sus súbditos, y los que ejercen autoridad sobre ellos se llaman a sí mismos benefactores. 26 No sea así entre ustedes. Al contrario, el mayor debe comportarse como el menor, y el que manda como el que sirve. 27 Porque, ¿quién es más importante, el que está a la mesa o el que sirve? ¿No lo es el que está sentado a la mesa? Sin embargo, yo estoy entre ustedes como uno que sirve. 28 Ahora bien, ustedes son los que han estado siempre a mi lado en mis pruebas. 29 Por eso, yo mismo les concedo un reino, así como mi Padre me lo concedió a mí, 30 para que coman y beban a mi mesa en mi reino, y se sienten en tronos para juzgar a las doce tribus de Israel. 31 Simón, Simón, mira que Satanás ha pedido zarandearlos a ustedes como si fueran trigo. 32 Pero yo he orado por ti, para que no falle tu fe. Y tú, cuando te hayas vuelto a mí, fortalece a tus hermanos. 33 —Señor —respondió Pedro—, estoy dispuesto a ir contigo tanto a la cárcel como a la muerte. 34 —Pedro, te digo que hoy mismo, antes de que cante el gallo, tres veces negarás que me conoces. 35 Luego Jesús dijo a todos: —Cuando los envié a ustedes sin monedero ni bolsa ni sandalias, ¿acaso les faltó algo? —Nada— respondieron. 36 —Ahora, en cambio, el que tenga un monedero, que lo lleve; asimismo, el que tenga una bolsa. Y el que nada tenga, que venda su manto y compre una espada. 37 Porque les digo que tiene que cumplirse en mí aquello que está escrito: "Y fue contado entre los transgresores." En efecto, lo que se ha escrito de mí se está cumpliendo. 38 —Mira, Señor —le señalaron los discípulos—, aquí hay dos espadas. —¡Basta! —les contestó.

El discurso que sigue a la sagrada comida de Jesús con sus discípulos consta de cinco unidades: La predicción de la traición, la exposición sobre la verdadera grandeza, la mención de la autoridad sobre Israel, la predicción de las negaciones de Pedro y la declaración sobre las espadas.[1] El modo en que los discípulos han de manejar el poder,

---

1. La sección singular de Lucas es la exposición de la espada en 22:35-38. Los pasajes paralelos a la traición y la predicción de las negaciones son Mateo 26:21-25, 30-35 y Marcos 14:18-21, 26-31. La exposición de la grandeza y autoridad sobre Israel es como Marcos 10:41-45 y Mateo 20:24-28 y 19:28. Estos escenarios precedentes en los otros Evangelios sugieren la repetición de un tema, no la descripción del mismo suceso. La aparición de estas cinco unidades juntas subraya que para funcionar en un contexto de rechazo, la comunidad de Jesús necesitará humildad, dependencia y un sentido de identidad propia que lleva a los discípulos a preocuparse los unos por los otros.

la autoridad y el rechazo les distingue como personas diferentes, aunque les llevará cierto tiempo aprender este mensaje. Este material configura una especie de comida de despedida en la que un dirigente indica los principios clave que desea ver reflejados en la comunidad que está a punto de abandonar.[2] Estas últimas palabras de Jesús contrastan con su exposición posterior a la resurrección, que representa sus palabras iniciales para la nueva era de relación en vista de su exaltación.

Durante la comida, Jesús observa que la mano del traidor está sobre la mesa. Es plenamente consciente de lo que está sucediendo, y se dirige voluntariamente a su muerte. Este es el curso que ha sido decretado para el Hijo del Hombre. Pero «¡ay de aquel que lo traiciona!», porque le aguarda el juicio. Este comentario toma por sorpresa a los discípulos. Una de las personas que se sienta a la mesa sabe sin duda a lo que se refiere; es muy posible que su sorpresa se deba a que Jesús conoce su corazón. Es difícil imaginar lo que Judas debió de sentir cuando Jesús revela su percepción de la traición. Cuando los discípulos tratan de entender quién puede ser esta persona, el mensaje de que Jesús va a morir pronto está comenzando a calar.

Irónicamente, mientras Jesús ha de hacer frente a su muerte y Judas lleva a cabo su traición, los discípulos se preocupan de su posición delante de Jesús. ¿Quién de ellos es el mayor? De hecho, el texto observa que este asunto suscita cierta discordia.[3] Están preocupados de cuál será su papel en el futuro reino que Jesús va a introducir. Lo que domina su manera de pensar es el poder, no el servicio.[4]

Se trata de una disputa significativa, puesto que impacta la unidad de la comunidad. La respuesta de Jesús es como la que se consigna en los otros sinópticos. Los discípulos han de ser distintos del mundo en el modo en que desarrollan sus roles. Los reyes y los gobernantes ejercen el poder y «oprimen» a sus súbditos.[5] Se les considera «benefactores», aquellos a quienes las gentes tienen como referencia. Esta no es la clase de dirigentes que Jesús demanda. El discípulo-dirigente ha de actuar como los jóvenes que sirven a sus ancianos.[6] En el diccionario de Jesús, gobierno significa servicio, no poder. El elitismo y el debate sobre posición están fuera de lugar.

Para explicar lo que quiere decir, Jesús propone una ilustración. ¿Quién es el mayor a ojos del mundo, el que come en la mesa o el siervo que le sirve la comida? En el

---

2. R. Stein, *Luke* [Lucas], 545–46. Por regla general, esta clase de discurso de despedida se pronunciaba en el marco de una comida, e incluía advertencias e instrucciones, oración, y cierto tipo de nombramiento al liderazgo. Algunos han vinculado esta sección con el *symposium* griego, sin embargo, existe también un trasfondo judío, que se extiende hasta la despedida de Jacob en Génesis 49 y la de Moisés en Deuteronomio 31 (cf. también *El Testamento de los Doce Patriarcas*).

3. Respecto al término altercado (*philoneikia*), ver su forma adjetiva en 1 Corintios 11:16; 2 Macabeos 4:4; 4 Macabeos 1:26; 8:26.

4. Los pasajes paralelos de Mateo 20:24–28 y Marcos 10:41–45 pueden indicar que esta era un tensión que se suscitaba a menudo, muy parecida a la que puede producirse en muchas empresas.

5. Este verbo (*katakyrieuo*) es simplemente el término *señor* (*kyrios*) expresado en forma verbal, mostrando que lo que hay en juego son las cuestiones de autoridad y poder.

6. H.W. Beyer, «διακονέω», *TDNT*, 2:84–86; G. Bertram, «εὐεργετέω, κτλ.,», *TDNT*, 2:655; F. Büchsel, «ἡγέομαι», *TDNT*, 2:907–8.

mundo, es mejor ser el amo. Pero en tal caso, ¿por qué ha estado Jesús entre ellos «como uno que sirve»? Al observar el carácter de su ministerio, Jesús plantea un contraste que es el nuevo ejemplo. Es mejor ser un siervo que ser servido. El término *ho diakonon* («uno que sirve») hace referencia a la obra de Jesús entre ellos. Su liderazgo significa suplir necesidades y llevar alivio a los demás. Si el incidente del lavamiento de los pies consignado en Juan 13 está también en el trasfondo, entonces Jesús habría expresado este punto tanto de manera verbal como por medio de su ejemplo.

Jesús no está desinteresado en su pregunta sobre la posición. Lo que no quiere es compararles al uno con el otro. Es consciente de que aquellos discípulos han estado siempre «a su lado» (*diamemenekotes*) contra viento y marea. En el texto griego, el uso del tiempo perfecto en este participio sugiere su permanencia con Jesús a lo largo de todo un proceso temporal.[7] Jesús ha observado su persistencia y ésta es recompensada. Los once recibirán lo que Judas ha perdido.

Dios el Padre le ha asignado un reino a Jesús, de manera que Jesús nombra a sus discípulos para que desempeñen un papel en él. Este nombramiento otorga dos beneficios: éstos se sentarán a la mesa del banquete cuando se consiga la victoria, y ocuparán tronos para juzgar a las doce tribus de Israel.[8] Esta indicación de autoridad sobre las doce tribus muestra que Jesús está formando una nueva comunidad a partir de sus discípulos. Su autoridad no es únicamente para esta era, sino también para el futuro. Estos discípulos tienen un papel central y único dentro del plan de Dios. El comentario de Jesús aclara otra cosa: aunque él se dirige hacia su muerte, y aunque será Israel quien le envíe allí, su gobierno no terminará nunca. Él juzgará a toda la Humanidad en un día por venir, y en el presente los discípulos reciben autoridad para ayudar a Jesús a ejercer ese gobierno en un periodo posterior.

Pero no todo es tan halagüeño. La lucha cósmica prosigue. Jesús selecciona a Pedro para dedicarle una atención especial, porque Satanás ha puesto su atención en este discípulo, pidiendo permiso para zarandearle. Como cuando se separa al trigo de la paja, Satanás desea comprobar de qué material está realmente hecho Pedro (cf. el esfuerzo de Satanás contra Job). Pero Pedro no va a enfrentarse solo a esta situación. A su lado está Jesús, que intercede por él y por su fe. Esto no significa que el éxito en medio de la prueba esté garantizado, porque Jesús prosigue observando que cuando Pedro se haya «vuelto» a él fortalecerá a sus hermanos. Esto implica que habrá un fracaso temporal. Con la restauración, se constata el éxito final de la intercesión de Jesús, mostrando que aun después de una desilusión, su obra puede llevar a la recuperación.

Pedro parece entender la cuestión, porque declara su más absoluta lealtad a Jesús: el discípulo se siente dispuesto a ir a la cárcel y aun a la muerte con su maestro (v. 33). Es evidente que en este momento Pedro comprende ya que Jesús se dirige a la muerte, y él espera acompañarle. Sin embargo, Jesús conoce a Pedro mejor que él mismo, y predice que antes del canto del gallo, en las horas previas a la aurora, Pedro habrá negado tres veces a Jesús. A pesar de toda la instrucción y beneficios que Jesús ha impartido gene-

---

7. E. Ellis, *The Gospel of Luke* [El Evangelio de Lucas], 256.
8. Sobre la imaginería del trono, ver Marshall, *Commentary on Luke* [Comentario de Lucas], 818; Tiede, *Luke* [Lucas], 387. Obsérvese también 1 Corintios 6:2; 1 Enoc 62.

rosamente a sus discípulos, éstos siguen teniendo mucho que aprender sobre su dependencia de él. Sin Jesús son débiles.

La presión a la que Pedro va a verse sometido muestra que las cosas están cambiando, y que Jesús ha de prepararles para que puedan hacer frente a las realidades que tienen por delante. Antes, cuando Jesús les envió y les pidió que confiaran en que sus necesidades físicas les serían suplidas, no les faltó nada (9:1–6; 10:1–24). Dios les proporcionó todo cuanto necesitaban por medio de otras personas. Sin embargo, ahora será necesario que tomen un monedero, una bolsa, e incluso una espada. Ahora van a servir en un mundo que bien podría serles hostil. Lo que sucede cumple las palabras de Isaías 53:12. Jesús será contado entre los criminales («transgresores»), y por implicación, lo serán también quienes se identifiquen con él. Estas cosas han de (*dei*) suceder. Esta cita de los Cantos del Siervo es importante. Lucas no cita la parte de Isaías 53 que trata del sufrimiento de Jesús, sino la que desarrolla el modo erróneo en que otras personas le juzgan. La oposición de la nación ha sido predicha. Los discípulos deben estar preparados para lo que tienen por delante y entender que el ministerio se lleva a cabo en un contexto de oposición.

Como se hace evidente en 22:49–51, los discípulos malinterpretan sus comentarios retóricos acerca de defenderse ante aquella oposición. Piensan que Jesús quiere que hagan un inventario de lo que tienen a fin de prepararse para la batalla, y observan que poseen dos espadas (*macharai*; i.e., espadas de combate). Sin embargo, el inventario de las espadas que realmente necesitan es de carácter interior. Jesús muestra su desdén con un comentario: «Basta». Con esta expresión se concluye la exposición. Los discípulos no entienden todavía cuál es su responsabilidad, pero en las pocas horas siguientes, van a descubrirlo.

Construyendo Puentes

Cada uno de los temas de esta sección muestra cierta conexión con nuestro tiempo. Aunque la traición de Judas es única, presenta a la persona que, aunque está cerca de Jesús y le sirve, finalmente le rechaza. Hay personas hoy que reflejan esta misma actitud. Desde cualquier óptica externa, Judas parecía un creyente y un discípulo fiel, sin embargo, era, en realidad, «un diablo» (Jn 6:70–71). Con el tiempo, su falta de fe se hizo patente en su flagrante traición. En ocasiones también nosotros vemos a personas con una larga historia de relación con la Iglesia y que finalmente se apartan. El que tengamos cierto contacto con Jesús o le sirvamos no significa necesariamente que le conozcamos. Aquellos que conocen verdaderamente a nuestro Señor no le abandonan ni le rechazan. La categórica renuncia de Jesús que mostró Judas es lo que hizo que su acto fuera distinto de las negaciones de Pedro y mucho más horrible. Ponía de relieve dónde había estado su corazón durante todo aquel tiempo.

En su exposición sobre la humildad y la grandeza Jesús toca el tema del servicio entre sus discípulos, y tiene especial aplicación para quienes desempeñan roles de liderazgo. El verdadero liderazgo no tiene que ver con prestigio o rango, sino con servicio. El propio ministerio de Jesús indica lo importante que era esta perspectiva para su pensamiento. Él sirvió a los pobres, a los rechazados de la sociedad, a los enfermos, a personas de distinta raza y género, a niños, o a cualquiera que tuviera una necesidad. Para él la posición y el prestigio no significaban nada. La Iglesia de nuestro tiempo sigue necesitando esta clase de servicio y actitud.

El nombramiento de los discípulos para ocupar doce tronos se debe a su singular papel en el ministerio de Jesús. Naturalmente, teniendo en cuenta la decisión por parte de Judas de entregar su lealtad a otra causa, éste ha sido ya excluido de dicha designación. Sin embargo, de este texto surgen dos principios permanentes: que Jesús honra a quienes se identifican con él y que la bendición es fruto de esta relación. Aunque lo que Jesús imparte a los Doce en este pasaje tiene un carácter único, es también cierto que un día él elogiará a todos sus siervos por las fieles obras que llevan a cabo (1Co 3:12–14; 4:5).

Las negaciones de Pedro son también importantes por cómo nos instruyen en nuestros fracasos y sobre nuestra recuperación de ellos. A primera vista, las acciones de Pedro parecen muy similares a las de Judas, sin embargo, las diferencias entre ellas son cruciales. Judas actuó contra Jesús de manera activa; Pedro se limitó a distanciarse de él en una situación pública. A Judas le falló el corazón, mientras que Pedro mostró una falta de coraje que produjo en él un dolor visible. Estas diferencias son muy instructivas, puesto que Jesús se propone restaurar a Pedro, mientras que en Hechos 1:15–20 se presenta a Judas como un personaje condenado, patético y al que se recuerda con dolor. Quienes están cerca de Jesús pueden hacerle daño y fallarle cuando se encuentran bajo presión. Los que confían en superar las situaciones difíciles con su propia fuerza están a menudo al borde de una caída (1Co 10:12). Las negaciones de Pedro nos recuerdan que todos podemos caer. Sin embargo, el hecho de que Jesús ponga el fundamento para la restauración de Pedro antes incluso de su caída es una muestra de la compasión que Dios siente por nosotros cuando le damos la espalda. El perdón y la restauración requieren un gran amor.

Los últimos comentarios de Jesús en el sentido de que ahora tendrán que ocuparse de llevar provisiones, espada incluida, muestran lo seria que puede ser la reacción del mundo para con los creyentes. Ahora tendrán que valerse por sí mismos. Es importante no pasar por alto el carácter retórico de estos comentarios. Los discípulos entienden el comentario sobre la espada de manera literal (uno de ellos llega incluso a desenvainar la espada durante el arresto de Jesús, una reacción que Jesús reprende). Pero lo que el Señor tiene aquí en mente es una fortaleza y una concentración que no tiene necesidad de elogios o de la aceptación y atención del mundo. Los discípulos ministran como extranjeros en un país extranjero (1P 2:11), como ciudadanos del Cielo (Fil 3:20–21). Tendrán que acercarse los unos a los otros para darse apoyo, y no esperar el respaldo de aquellos que no comparten su devoción por el Señor.

Significado Contemporáneo

Comenzando en Hechos 20:29, la Escritura nos advierte sobre la presencia de lobos que surgen en la comunidad cristiana y que pretenden asolar la Iglesia. Otros muchos textos del Nuevo Testamento nos advierten también sobre los que apartan a la Iglesia del camino del Señor. Un personaje como Judas muestra lo cerca del Señor que pueden llegar a estar tales personas. La posibilidad de apostasía desde dentro es un tema difícil. La comunidad ha de ser un lugar de confianza, donde los creyentes se apoyan los unos a los otros. Lo último que necesitan las iglesias son cazadores de herejías que se dediquen a investigar la más nimia sospecha de error enarbolando la bandera de la pureza. Esta clase de atmósfera transmite desconfianza, y quienes viven en ella a menudo ven peligros donde no los hay.

Sin embargo, el Nuevo Testamento no asume un acercamiento tan clandestino a la posibilidad de la apostasía. Lo que hace es, más bien, instar a los creyentes a permanecer fieles a Dios y a su Palabra. Advierte también a quienes intentan destruir la Iglesia que Dios tomará cartas en el asunto contra ellos (1Co 3:17–18; Tit 3:9–11; 2Jn 9–10). Estos textos sugieren que no hay que prestar oído a quienes no mantienen las verdades centrales de la fe. Haber hecho una profesión de fe y asistir regularmente a una iglesia no son, en sí, señales de fe verdadera. Naturalmente, la fe salva y este tipo de fe continúa creyendo, como da a entender el conocido dicho, «una vez salvo, siempre salvo». No hay que olvidar que Dios está absolutamente comprometido con aquellos que confían genuinamente en él.

Pero hay un corolario que ha de acompañar a dicha afirmación: «una vez se ha confiado, se confía siempre». Es decir, quienes confían en Jesús con una fe que salva saben siempre que son hijos de Dios y no permiten que esta fe transite el camino de la negación total (Ro 8:15). El Espíritu que habita en nosotros nos imparte la percepción de que somos sus hijos, aun en aquellos momentos de duda que pueden llenar nuestros pensamientos. Judas es el ejemplo negativo que pone de manifiesto el punto positivo. Llegó el día en que afirmó que Jesús no era la respuesta. Su declaración puso de relieve dónde había estado siempre su corazón, aunque nadie lo hubiera sabido hasta el momento de su apostasía (cf. 1Jn 2:19). Su caso es una advertencia a no sobrevalorarnos y a mantenernos estrechamente relacionados con Jesús. El mensaje de este pasaje es: «Aférrate a Jesús, y no te sorprendas si algunas personas se apartan de él».

En este Evangelio Jesús ha hablado mucho sobre la humildad y el servicio. Los versículos 24–27 muestran lo distintos que son los pensamientos de Jesús y los del mundo. En el mundo, el líder recibe todos los beneficios y es objeto del servicio de otros. Esgrime poder y autoridad con la idea de que su rango le confiere el derecho de dirigir a las personas y forzarles a la acción. El acercamiento de Jesús al liderazgo es exactamente lo contrario. Dirigir no es acceder a un rango que le permite a uno ejercer autoridad con los propios intereses en mente, sino más bien asumir una responsabilidad y una confianza delegados para trabajar con las propias capacidades y energías para servir a quienes están bajo nuestra responsabilidad.

Nuestra cultura es testigo de muchas batallas que giran en torno al poder. La Biblia, no obstante, no trata de la política del poder. Quienes se encuentran en posiciones de autoridad son administradores que confían que Dios suplirá sus necesidades y que le sirven de acuerdo con su llamamiento. En los últimos años, ha surgido un movimiento que insta a los hombres a ser «cabezas» de sus hogares. Lo más significativo del pasaje de Efesios 5:22–33 que trata el asunto del liderazgo del hombre es que no dice nada sobre el ejercicio del poder. Lo que hace más bien es exhortar a los maridos a reflejar a Cristo —quien se entregó por su esposa— e instarles a fortalecer y mimar a sus cónyuges. Ser cabeza de familia o dirigente en un ministerio cristiano no son posiciones que demandan el ejercicio del poder puro y duro, sino una sensible demostración de compasión, atención y servicio. El liderazgo pastoral no es una excepción. El cuidado de las comunidades por medio de la oración, el aconsejamiento, la instrucción, la compasión y otras formas de servicio no requieren el ejercicio del poder, sino el estímulo que imparte el ejemplo cuando se comparten recursos y energía espiritual. El verdadero liderazgo sirve, aun cuando no hay testigos. Dios exalta a aquellos que se humillan en un liderazgo que sirve a los demás.

El ejemplo de Pedro nos advierte sobre lo fácilmente que podemos volverle la espalda a Jesús cuando estamos bajo presión. Su fracaso fue de corta duración porque aprendió de aquella experiencia, y se sintió nuevamente aceptado por el Señor cuando éste le restauró en Juan 21. Cuando volvemos a encontrarnos con Pedro en el libro de los Hechos, era capaz de mantenerse en su lugar y de dar testimonio de Jesús. Tomó una importante decisión que representaba una inversión de lo que había sido anteriormente: Pedro no se preocupaba ya de si los demás le aceptaban o no. Esto no significa que iniciara su nuevo ministerio convirtiéndose en un elefante cristiano en la cacharrería o bazar del mundo, suscitando reacciones negativas y ofensas por dondequiera que pasaba. Lo que sí significa es que ante la nueva oportunidad de compartir y proclamar a Jesús, Pedro renovó su compromiso de ser fiel. La desilusión que nos producen las negaciones de Pedro ha equilibrarse con las lecciones del resto de su vida. A veces, una severa caída puede ser superada por una restauración completa. Naturalmente, un aspecto clave de la diferencia que observamos en Pedro es la del Espíritu que recibe el día de Pentecostés y que explica su denuedo en el libro de los Hechos. Los recursos que tenía Pedro son los mismos que tenemos en nuestros días. Por medio del Espíritu, la transformación y la restauración son posibles.

Tengo la sospecha de que todos entendemos a Pedro. Todos hemos experimentado ocasiones en las que, ante la oportunidad de identificarnos con Jesús, hemos permanecido en silencio o le hemos negado porque no sabíamos qué reacción podía suscitarse. No hemos defendido los intereses de Jesús. Sin embargo, igual que Pedro, también nosotros podemos aprender de nuestros fracasos y crecer. Y como a Pedro, Jesús nos llama de nuevo a cuidar y servir a su pueblo.

Jesús se dirige a su muerte, tras armar a sus discípulos con una conciencia de la oposición que han de enfrentar. La situación no es distinta en nuestros días. En el mundo, los cristianos nos encontramos con frecuencia fuera de nuestro elemento, al menos si deseamos vivir como tales. Valernos por nosotros mismos significa echar mano de la unidad que la Iglesia ha de tener en el Señor. Muchas denominaciones y grupos cristianos oscurecen la unidad esencial que poseemos, sin tener en cuenta que nuestra lealtad a Jesús tiene que unirnos y motivarnos a defendernos el uno al otro. Magnificando nuestras diferencias que, con frecuencia, son insignificantes en comparación con las cosas que nos separan del mundo, acabamos gastando nuestras energías blandiendo las espadas unos contra otros, en lugar de enfrentarnos juntos al conflicto más fundamental que se desarrolla en el mundo. La Iglesia ha sido llamada a realizar una misión de rescate, pero ésta se hace muy difícil cuando los comandos tácticos se pasan el tiempo disparándose unos a otros.

Naturalmente, algunos piensan que nuestras diferencias son importantes. Puede que algunas lo sean, sin embargo, jamás hemos de olvidar que se trata de cuestiones internas menores en comparación con las batallas que enfrentamos en el mundo. Son demasiados los grupos cristianos que hoy no trabajan juntos porque están divididos acerca de cuestiones que no son centrales a la fe. Podemos y deberíamos tener debates internos, pero no de un modo que ponga en riesgo nuestra misión.

La última parte de este discurso nos advierte de que hay una batalla por delante. A lo largo de los siglos, la Iglesia ha luchado ininterrumpidamente con las fuerzas espirituales de las tinieblas (Ef 6:10–18). Pero las guerras nunca se ganan cuando los aliados están divididos. Hemos de invertir todas nuestras energías y recursos en asegurarnos de que tenemos cuanto necesitamos para llevar a cabo nuestra misión. Podemos seguir hablando sobre las estrategias más efectivas, pero si queremos llevar a cabo nuestro llamamiento, hemos de respetar a quienes sabemos que están de nuestro lado y mantener en el punto de mira al verdadero enemigo. Los discípulos necesitaban esta clase de unidad cuando pusieron en marcha la Iglesia mediante la capacitación del Espíritu en el libro de los Hechos. Hemos de recobrar esta unidad para que la tarea de la Iglesia siga de manera efectiva en nuestros días.

En contraste con esta tendencia a las luchas internas, Jesús nos insta a la preparación y a un entendimiento de que, como comunidad, hemos de proveer para nuestras necesidades. Esto significa que la Iglesia no puede esperar que el mundo acuda en su defensa. Hemos de mantenernos firmes y unidos. El tipo de defensa que aquí se plantea se manifiesta en el libro de los Hechos cuando vemos que la comunidad tenía cuidado de personas como Pedro y Pablo, orando por ellos y protegiéndoles. Nuestra oposición no debe ser militante o violenta, una reacción que Jesús desaprueba específicamente en los versículos 50–51. Se trata más bien de una forma de compromiso defensivo en el que la comunidad defiende a los suyos, ofreciéndoles protección o preocupándose por ellos, aun cuando haya de mandarles a un lugar donde puedan estar en peligro. Hemos de trabajar los unos con los otros y apoyarnos mutuamente mientras compartimos el Evangelio en el mundo.

Lucas 22:39-46

Jesús salió de la ciudad y, como de costumbre, se dirigió al monte de los Olivos, y sus discípulos lo siguieron. 40 Cuando llegaron al lugar, les dijo: «Oren para que no caigan en tentación.» 41 Entonces se separó de ellos a una buena distancia, se arrodilló y empezó a orar: 42 «Padre, si quieres, no me hagas beber este trago amargo; pero no se cumpla mi voluntad, sino la tuya.» 43 Entonces se le apareció un ángel del cielo para fortalecerlo. 44 Pero, como estaba angustiado, se puso a orar con más fervor, y su sudor era como gotas de sangre que caían a tierra. 45 Cuando terminó de orar y volvió a los discípulos, los encontró dormidos, agotados por la tristeza. 46 «¿Por qué están durmiendo? —les exhortó—. Levántense y oren para que no caigan en tentación.»

En Lucas 22:39–23:56 se detalla el último tramo del camino de Jesús hacia su muerte. Desde su oración en Getsemaní, en la que afirma su confianza en Dios, hasta su sepultura en el sepulcro de José de Arimatea, esta sección explica cómo un hombre inocente acaba muriendo por los demás. Los dirigentes judíos no podían aportar un testimonio convincente para condenar a Jesús. Por ello, Jesús mismo les proporciona las palabras que le llevarán a la muerte. Irónicamente, muere por decir la verdad.

En los juicios ante Pilato y Herodes, se declara que Jesús no ha hecho nada digno de muerte, y sin embargo, le mandan a la Cruz. Mientras que algunos procuran activamente su muerte, otros se quedan al margen y consienten la farsa. En un irónico ejercicio de lógica, las autoridades ponen en libertad a un criminal y condenan en su lugar a Jesús, lo cual representa el sentido de su muerte: una persona inocente que muere en lugar de alguien que ha pecado. En la Cruz, Jesús es objeto de burla, pidiéndosele que se salve a sí mismo y a otros. Irónicamente, esto es exactamente lo que hace con el criminal que le pide un lugar en su reino. Su muerte, injusta como es, parece a primera vista una derrota. No obstante, siendo quien es Jesús, la muerte se convierte en victoria, no solo para él sino para todo aquel que abraza lo que él consiguió sobre un solitario madero en una sencilla tarde palestina.

En 22:39–46 Jesús pasa de hablar con sus discípulos a dirigirse al Padre en oración.[1] La honestidad de su oración muestra la profundidad y calidad de su relación

---

1. Los pasajes paralelos de este texto son Mateo 26:36–46 y Marcos 14:32–42. La versión lucana es la más corta de las tres, sin embargo, es la única que observa la distancia que separaba a Jesús de los discípulos, «a una buena distancia», la ayuda del ángel, y que el sudor de Jesús era como de gotas de sangre. Es objeto de debate si los versículos 43–44 son parte de Lucas; personalmente los acepto como auténticos, teniendo en cuenta su presencia en manuscritos antiguos como el Å y el D (Marshall, *Commentary on Luke* [Comentario de Lucas], 831–32). Quienes defienden su omisión del texto basan su conclusión en que se trata de la lectura más corta, en que la ausencia de emoción en el texto encaja con el estilo de Lucas, y en que el carácter del texto parece demasiado instructivo para ser original. ¿Pero se aplica acaso la regla del texto más corto cuando se trata de

con el Padre. Se trata de un momento significativo, porque es inmediatamente antes de su arresto cuando Jesús busca la presencia de Dios. En su oración vemos tanto su agonía como su deseo de cumplir la voluntad de Dios, aunque en ello le vaya la vida. Los discípulos subestiman la gravedad de aquel momento, puesto que se duermen. Lo que necesitan no es descansar, sino una renovada vuelta a Dios, para no verse inmersos en el fracaso.

Como de costumbre, Jesús se dirige al Monte de los Olivos, y los discípulos le acompañan (22:37). Antes de orar, les pide que oren para no caer en la tentación. Uno tiene casi la sensación de que está ejemplificando lo mismo que les pide. A medida que se acerca el momento de su sacrificio, llevará toda su angustia emocional delante del Padre en un altar de oración. Si el discurso de este pasaje indica algo, la tentación que enfrentarán los discípulos es la posibilidad de negarle (cf. 22:31–32). La oración es importante, porque nos lleva a la comunión con Dios y nos permite recurrir a su presencia. En este contexto, el mandamiento de que «oren», que se expresa mediante un imperativo presente, puede sugerir un compromiso continuo de oración en contraste con un momento puntual. La tentación se evita solo por medio de una constante dependencia de Dios (11:4).

Jesús se pone a orar «como a un tiro de piedra» (NVI «a una buena distancia») de los discípulos, es decir, a algunas decenas de metros (Gn 21:16). El texto dice literalmente que «se apartó» de sus discípulos, un comentario que añade un toque de emoción al relato. Jesús se arrodilla e intercede. Pregunta si puede haber algún otro modo de llevar a cabo lo que está por delante. Jesús formula su petición dentro del compromiso esencial que ha asumido de hacer la voluntad de Dios, «Padre, si quieres […]» En el griego, el pensamiento se abrevia en este punto, otra indicación de intensa emoción.[2] La petición principal de Jesús es, «aparta de mí esta copa» (NIV). Esta clase de petición de un cambio en la voluntad de Dios tiene algunos precedentes en la Escritura (Éx 32:10–14; 2S 15:25–26; 2R 20:1–6). Jesús desea que la copa de la ira pase de él, pero solo si hay otro camino.[3] De manera que añade, «pero no se cumpla mi voluntad, sino la tuya». Jesús ha puesto su petición entre dos expresiones de su compromiso con la voluntad de Dios.

En este punto aparece un ángel para fortalecerle (cf. Mt 4:11, que hace una afirmación similar sobre lo que sucede tras la tentación). La aparición del ángel para fortalecer a Jesús es importante porque pone de relieve la disposición del Cielo a estar junto a él cuando ha de hacer frente a su llamamiento.

La intensidad de la emoción va en aumento a medida que Jesús ora más fervientemente y suda gotas como de sangre (el texto utiliza el término griego *agonia* para des-

---

todo un versículo? La añadidura incluye una referencia a la oración que es muy lucana. Además, el texto podría haberse suprimido, puesto que el autor habla del fortalecimiento de Jesús por parte de un ángel, lo cual le hace parecer demasiado humano. La disputa es importante, porque estos versículos indican precisamente lo humana que fue la reacción de Jesús cuando hubo de hacer frente a la muerte.

2. G. Schrenk, «βούλομαι», *TDNT*, 1:633.
3. Sobre la «copa» como figura de ira, ver Salmo 11:6; 75:7–8; Isaías 51:17, 19, 22; Jeremías 25:15–16; 49:12; 51:57; Zacarías 12:12; C. Cranfield, «The Cup Metaphor in Mark xiv.36 and Parallels» [La metáfora de la copa en Marcos xiv.36 y pasajes paralelos], *ExpTim* 59 (1947–48): 137–38.

cribir la intensa «angustia» de Jesús). Jesús lleva sus cargas a Dios ante la perspectiva del rechazo y de la muerte. Tenemos aquí un retrato muy humano de Jesús, que hace frente a su muerte con toda una variedad de emociones. La descripción de Lucas no esconde a Jesús tras su deidad, sino que le presenta plenamente identificado con nuestras debilidades y traumas (Heb 4:15).

Por último, Jesús se levanta y regresa donde están sus discípulos para encontrarles «agotados por la tristeza» y dormidos. Han comenzado a entender que Jesús va a ser rechazado, y ello les ha abatido emocionalmente. Jesús les pregunta por qué están durmiendo en aquel momento crucial y de nuevo les pide que oren para no caer en la tentación. La única forma de prepararse para lo que tienen por delante es hacerlo como lo ha hecho él. La fidelidad se basa en su contacto con Dios.

Construyendo Puentes

Este texto nos revela algo sobre el carácter de Jesús y nos proporciona un ejemplo para hacer frente a las grandes pruebas de la vida que Dios pone en nuestro camino. En estos versículos vemos a un hombre que depende de Dios y está comprometido con su voluntad. Vemos a alguien que hace frente a la prueba volviéndose a Dios, y expresándole en oración sus intensas emociones. En contraste, los discípulos tienen solo su agotamiento y dolor emocional. Aun cuando Jesús les exhorta a orar, solo son capaces de dormir. Todo el acercamiento de Jesús es un ejemplo de cómo hemos de enfrentar la tensión de la prueba.

A Jesús no se le ahorra la prueba, sin embargo, recibe la fortaleza necesaria para afrontarla. Aunque no duda en preguntar si hay otro camino, afirma su determinación de hacer la voluntad de Dios. El Cielo no responde concediéndole el camino alternativo que pide, sino dándole la fuerza necesaria para recorrer el camino de Dios. Esta unión de la obediencia al llamamiento divino y la fortaleza que Dios imparte constituye el meollo de este texto.

Significado Contemporáneo

Este pasaje revela al menos dos cuestiones paradigmáticas sobre el carácter de Jesús al encarar la prueba que supone la Cruz. (1) Jesús lleva en oración a Dios su dolor y su necesidad. Los singulares acontecimientos que descienden sobre él no alteran su costumbre de comunicarse con Dios. Muchas veces, cuando más ocupados estamos, dejamos de apartar tiempo para acercarnos a Dios con nuestras necesidades. Muchas veces, las pruebas nos fuerzan a ponernos de rodillas, sin embargo, el frenético ritmo de la vida se impone e inhibe nuestra oración. Esto no le sucede a Jesús. Su patrón nos recuerda que la oración es importante, aun en los momentos más convulsos. Y su oración no es un mero acto protocolario; está llena de honestidad, emoción y dolor. La verdadera oración requiere esfuerzo. Con demasiada frecuencia agachamos la cabeza, cerramos los ojos y permitimos que nuestra mente divague en lugar de esforzarnos en oración.

(2) En su oración Jesús manifiesta honestidad y humildad. Desea sinceramente que Dios no le haga pasar por lo que tiene por delante, y expresa con sinceridad su petición,

sin embargo, por encima de esto está su compromiso de hacer la voluntad de Dios. Esta oración, aunque distinta de los lamentos que se expresan en los Salmos, se parece a éstos en que, como Jesús, los suplicantes llevaban también a Dios sus sentimientos y dolores más hondos. El enfrentamiento privado que se produce en la oración produce a menudo el consuelo que necesitamos para poder dar los siguientes pasos tomados de la mano de Dios. Por otra parte, la oración no es un ejercicio improvisado. Jesús ora con todo su ser, buscando a Dios en medio de su situación. Llega incluso a sudar gotas como de sangre. Jesús puede vivir con Dios porque le busca constantemente.

Por el contrario los discípulos representan una lección sorprendente, porque duermen en lugar de orar, como les pidió Jesús. A menudo nos acercamos a nuestros problemas con la actitud de Scarlett O'Hara, la protagonista de *Lo que el viento se llevó*. En una de las principales escenas del filme Scarlett dice: «Mañana me lo pensaré». Esta forma de aplazar las cosas para más adelante sostiene que el tiempo o el destino resolverá estas cuestiones. Quizás sea el reflejo de un punto de vista que considera que la oración es realmente de poca utilidad. Sin embargo, en momentos de tensión y esfuerzo, hay asuntos que exponer delante de Dios, como hace Jesús en este pasaje. Como discípulos suyos, no debemos considerar el tiempo que apartamos para la oración en nuestras reuniones y actos como un preámbulo formal del evento, sino como una parte de la obra del ministerio, en la que se produce una verdadera transacción de relación entre nosotros y Dios.

El Cielo está tan comprometido con Jesús como él lo está con Dios. El comentario sobre la fortaleza impartida por el ángel ha de darnos una nueva confianza de que, cuando nos acerquemos a él, él nos fortalecerá. Otros textos dejan claro que Dios provee «la salida» si, al enfrentar la tentación, reconocemos nuestra necesidad de él (1Co 10:12–13).

Lucas 22:47-53

Todavía estaba hablando Jesús cuando se apareció una turba, y al frente iba uno de los doce, el que se llamaba Judas. Éste se acercó a Jesús para besarlo, 48 pero Jesús le preguntó: —Judas, ¿con un beso traicionas al Hijo del hombre? 49 Los discípulos que lo rodeaban, al darse cuenta de lo que pasaba, dijeron: —Señor, ¿atacamos con la espada? 50 Y uno de ellos hirió al siervo del sumo sacerdote, cortándole la oreja derecha. 51 —¡Déjenlos! —ordenó Jesús. Entonces le tocó la oreja al hombre, y lo sanó. 52 Luego dijo a los jefes de los sacerdotes, a los capitanes del templo y a los ancianos, que habían venido a prenderlo: —¿Acaso soy un bandido, para que vengan contra mí con espadas y palos? 53 Todos los días estaba con ustedes en el templo, y no se atrevieron a ponerme las manos encima. Pero ya ha llegado la hora de ustedes, cuando reinan las tinieblas.

El arresto de Jesús significa que va a beber la copa.[1] Él se sujeta a la voluntad de Dios y no permitirá ningún intento de salir de aquella situación mediante la violencia. La sobrenatural restauración de la oreja del siervo del sumo sacerdote es el último milagro del ministerio de Jesús que se consigna en Lucas. De manera irónica y conmovedora a la vez, Jesús sana hasta el final mismo de su ministerio; aun sus enemigos son beneficiarios de sus milagros. Jesús se lamenta de la manera en que se está llevando a cabo su arresto e indica que ha llegado la hora de las tinieblas. Le están tratando como a un rebelde; triste destino para quien es el Salvador.

Una turba se acerca, Judas se adelanta para besar a Jesús, y con ello se consuma la traición. El texto observa que Judas es uno de los Doce, subrayando de este modo lo lejos que ha penetrado su rechazo. El beso, una señal de cariño, se ha convertido en un signo de deslealtad. Con su pregunta «¿con un beso traicionas al Hijo del hombre?» Jesús indica la perversión de este acto de intimidad que ha tenido lugar.[2]

Los discípulos recuerdan los comentarios de Jesús sobre las espadas. Sin entender lo que requiere aquel momento y que Dios desea que Jesús recorra aquel camino, le preguntan si han de luchar. Uno de ellos (Pedro, según Juan 18:10), no aguarda la respuesta y ataca al siervo del sumo sacerdote, cortándole la oreja derecha.

Jesús pone fin a aquella acción. No quiere luchas durante su arresto. Va a sujetarse al llamamiento de Dios y al deseo de los dirigentes judíos de arrestarle. Se les considerará responsables ante Dios de sus acciones. A continuación toma el oído cercenado

---

1. Los pasajes paralelos de este texto son Mateo 26:47–56; Marcos 14:43–52; Juan 18:2–11. Lucas tiene tres elementos únicos: la restauración de la oreja, un comentario a Judas (v. 48) y otro comentario al discípulo que esgrime la espada (v. 49).
2. Sobre los besos con doble sentido, ver Génesis 27:46–47; 2 Samuel 15:5; 20:9; Proverbios 7:13; 27:6.

y lo restablece. No sabemos el efecto que esto produjo en sus receptores, sin embargo, está claro que no les hace desistir de cumplir con su deber. Todo el arresto se narra de un modo que pone de relieve lo sorprendente de que alguien desee arrestar a Jesús.

Jesús añade otra nota. Les pregunta a los principales sacerdotes, los alguaciles del templo, y los ancianos si era realmente necesario arrestarle como si se tratara de un «bandido». La palabra griega *lestes* alude generalmente a un ladrón o bandolero (cf. 10:30, 36). Puede también hacer referencia a un revolucionario, aunque en este pasaje no tiene por qué expresar este sentido.[3] Jesús se lamenta de que actúen como si él fuera un delincuente común, cuando ha estado cada día enseñando abiertamente en el templo, y no le han arrestado. Sabe que no le detuvieron por causa del pueblo. Hay solo una explicación para lo que está sucediendo: «Esta es su hora» y de «la autoridad de las tinieblas» (lit.). El intento de detener a Jesús por parte de Satanás está en marcha. Aunque se trata de un atrevido esfuerzo, será neutralizado, no impidiendo la muerte de Jesús, sino a través de la resurrección. Irónicamente, la Cruz va a conseguir exactamente lo contrario de lo que desea la oscuridad. Tal es el misterio de los caminos de Dios. Aunque los dirigentes judíos parecen tener control de la situación, en realidad no son ellos, sino Dios y su Agente, quienes lo tienen.

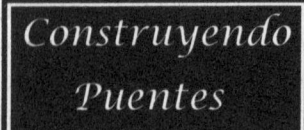

Judas pone de relieve el carácter del pecado una vez realizado. Traiciona a su maestro con un beso que se convierte en exactamente lo contrario de lo que simboliza. Esta clase de engaño e hipocresía a menudo constituyen la base del pecado.

Jesús nos enseña aquí cuál es el carácter de su ministerio. No está inmerso en una batalla de poder que requiera la utilización de la espada. Sí es cierto que un día asumirá el papel de juez, pero este momento no ha llegado todavía. Estos acontecimientos nos ofrecen ejemplos sobre cómo hacer frente a circunstancias a menudo más mundanas que las que protagonizan aquí Jesús y Judas. ¿Sentimos acaso pánico e intentamos asumir el control de ciertas situaciones, a menudo mediante una mala utilización de la fuerza o el poder?

Algo primordial del texto es el sentido de emoción que debería generar en el lector. ¿Percibimos la ironía que supone la sanación por parte de Jesús de uno de sus enemigos que pretenden arrestarle? ¿Captamos la injusticia fundamental del arresto y la completa tergiversación de que Jesús es objeto por parte de sus oponentes? ¿De qué parte nos ponemos al contemplar la detención de Jesús? Hay algo muy significativo en que, ante los hechos de lo acontecido que presenta el texto, el mundo de su tiempo no comprende ni reconoce la identidad de Jesús. Esta clase de errores de juicio sobre él prevalecen también en nuestros días. A menudo se nos malinterpreta, por las mismas razones que a él.

---

3. Josefo, *Antigüedades* 2.13 2–3 §§ 253–54. Durante la vida de Jesús, este término no se utilizó para aludir a un revolucionario, de modo que, probablemente, este uso técnico no es el que aquí pretende darle el autor. Ver R. Brown, *The Death of Messiah* [La muerte del Mesías], (Garden City, N.Y.: Doubleday, 1994), 687.

> ## Significado Contemporáneo

Judas pone de relieve la nociva y desvirtuada idea de las relaciones personales que en ocasiones produce el pecado. En su decisión de traicionar a Jesús con un beso vemos la esencia de un elemento engañoso que a menudo forma parte del pecado. La pregunta a Judas sobre traicionar con un beso al Hijo del Hombre (i.e., a Jesús) pone de relieve la engañosa ironía que supone este acto. ¿Esperaba Judas que su traición pasara desapercibida en el proceso del arresto? ¿O sabía que se le identificaría como el traidor? No sabemos lo que había en su mente. Sin embargo, lo que hizo fue exactamente lo contrario del cariño y el respeto que supuestamente estaba expresando.

Que el pecado intente borrar sus huellas no tiene nada de anormal. Pensemos en aquellos casos en que un hombre agasaja a su esposa con flores y regalos mientras se ve con otra mujer. O en los de quienes se quedan con dinero de organizaciones de ayuda humanitaria. Esta clase de acciones muestran lo sutilmente que actúa el pecado para camuflarse.

Jesús está en el extremo contrario. Mientras sus enemigos le arrestan y se acercan a él como si de un peligroso criminal se tratara, él reacciona deteniendo a sus discípulos para que no respondan de manera violenta y sanando al siervo del sumo sacerdote. Esta ironía y la imagen son una joya del Evangelio. Jesús ministra a los pecadores necesitados. Judas y la multitud enviada por el sumo sacerdote representan a aquellos a quienes Jesús vino a ministrar. ¡Cuán sorprendente la dureza de corazón y la ceguera que primero contempla a Jesús llevando a cabo una acción tan benevolente y misericordiosa, y a continuación se vuelve contra él para arrestarle! Todo lo que hace Jesús indica que no es quien ellos piensan. En esencia, Lucas está pidiendo a quienes reflexionan sobre su Evangelio que piensen de qué lado se van a poner.

Cuando Lucas describe el momento del arresto de Jesús como el tiempo «cuando reinan las tinieblas», está observando que, aunque su muerte haya sido ordenada por las autoridades legales, ésta no es justa (Hch 2:22–24). Rechazar a Jesús y sus afirmaciones es ponerse del lado de quienes le arrestan, ya que su premisa es que Jesús no es quien pretende ser. Por ello, a medida que se desarrolla este relato de la Pasión, la pregunta constante es, «¿de qué lado está Dios?» Lucas pide al lector que pondere esta cuestión y que no responda de un modo meramente intelectual, sino con una decisión de abrazar el perdón y la bendición que Jesús ofrece a quienes le reconocen por medio de la fe.

Hay algo en la respuesta de Jesús y la ausencia de violencia que comunica un sentido de confianza en la Soberanía de Dios. Jesús renuncia al uso de la fuerza. La defensa se produce por la injusticia de su sufrimiento, no por medio de la espada. Se acerca el día en que Jesús batallará (ver Ap 19), pero ahora no hemos de tomar la espada para defender los intereses de Jesús. Somos llamados a compartir la Palabra, amar a nuestro prójimo y trabajar por la unidad de los creyentes. En el libro de los Hechos, la Iglesia Primitiva nunca tomó las armas contra sus oponentes, y no debería actuar nunca como lo hizo David Koresh, defendiéndose con baluartes y armas de fuego. Hay una sutil fortaleza en hacer frente a la persecución como lo hizo Jesús, descansando pasivamente en la activa defensa de su Dios. En nuestro tiempo, el poder de esta defensa puede observarse en quienes han adoptado un acercamiento parecido hacia las cuestiones éticas en la plaza pública. Esta es la razón por la que muchos textos de Lucas afirman que el Espíritu nos dará las palabras adecuadas si llega el caso en que tengamos que defendernos (Lc 12:11; 21:13–15). Esta realidad se expresa también en las numerosas escenas de juicio que encontramos en el libro de los Hechos. La Iglesia de nuestros días tiene todos los recursos para ser tan atrevida en su compromiso con Jesús como lo fue la Iglesia Primitiva.

Lucas 22:54-71

Prendieron entonces a Jesús y lo llevaron a la casa del sumo sacerdote. Pedro los seguía de lejos. 55 Pero luego, cuando encendieron una fogata en medio del patio y se sentaron alrededor, Pedro se les unió. 56 Una criada lo vio allí sentado a la lumbre, lo miró detenidamente y dijo: —Éste estaba con él. 57 Pero él lo negó. —Muchacha, yo no lo conozco. Poco después lo vio otro y afirmó: —Tú también eres uno de ellos. —¡No, hombre, no lo soy! —contestó Pedro. 59 Como una hora más tarde, otro lo acusó: —Seguro que éste estaba con él; miren que es galileo. 60 —¡Hombre, no sé de qué estás hablando! —replicó Pedro. En el mismo momento en que dijo eso, cantó el gallo. 61 El Señor se volvió y miró directamente a Pedro. Entonces Pedro se acordó de lo que el Señor le había dicho: «Hoy mismo, antes de que el gallo cante, me negarás tres veces.» 62 Y saliendo de allí, lloró amargamente. 63 Los hombres que vigilaban a Jesús comenzaron a burlarse de él y a golpearlo. 64 Le vendaron los ojos, y le increpaban: —¡Adivina quién te pegó! 65 Y le lanzaban muchos otros insultos. 66 Al amanecer, se reunieron los ancianos del pueblo, tanto los jefes de los sacerdotes como los maestros de la ley, e hicieron comparecer a Jesús ante el Consejo. 67 —Si eres el Cristo, dínoslo —le exigieron. Jesús les contestó: —Si se lo dijera a ustedes, no lo creerían, 68 y si les hiciera preguntas, no me contestarían. 69 Pero de ahora en adelante el Hijo del hombre estará sentado a la derecha del Dios Todopoderoso. 70 —¿Eres tú, entonces, el Hijo de Dios? —le preguntaron a una voz. —Ustedes mismos lo dicen. 71 —¿Para qué necesitamos más testimonios? —resolvieron—. Acabamos de oírlo de sus propios labios.

Este relato se divide en tres partes: las negaciones de Pedro (22:54–62), las burlas de Jesús (22:63–65) y el juicio de Jesús (22:66–71).[1] Esta sección muestra la gran variedad de reacciones que suscitó Jesús, traza el fracaso público de un importante discípulo, y perfila la exposición que lleva a los judíos a recomendar a los romanos que Jesús sea crucificado. Puesto que solo Roma tenía autoridad para ejecutar, había que encontrar una acusación que resultara inquietante para Roma. Lucas 23:2 muestra el resultado.

---

1. Los pasajes paralelos de este texto son Mateo 26:57-75; Marcos 14:53-72; Juan 18:15-18, 25-26. Lucas no consigna la acusación en el templo, probablemente porque acabó siendo irrelevante. También agrupa las negaciones de Pedro y sitúa las burlas en una ubicación anterior. La tradición de las burlas parece haber existido en varias formas. Los detalles sobre el interlocutor de Pedro difieren, así como las veces en que cantó el gallo (Marcos consigna al gallo cantando dos veces en el transcurso de las tres negaciones de Pedro, mientras que Mateo y Lucas mencionan solo un canto). Puede que las distintas tradiciones tengan distintos grados de especificidad, mientras que las diferencias respecto a los interlocutores de Pedro muestran lo comprometidos que estaban los presentes en procurar determinar si era o no uno de los discípulos.

Tras su arresto, Jesús es llevado a la casa del sumo sacerdote. Puesto que el título de «sumo sacerdote» era vitalicio, y se seguía llamando así a los sumos sacerdotes que ya no ejercían como tales, no queda claro si el versículo 54 alude a Anás o a Caifás.[2] Juan 18:13 se refiere a Anás, mientras que en 18:24 se afirma que Jesús fue atado y enviado a casa de Caifás (Mt 26:57 también se refiere a Caifás). No sabemos si se produce una breve reunión con Anás antes de que Caifás inicie los procedimientos más oficiales. Hay un asunto que complica más aún esta cuestión y es que Anás y Caifás podrían haber vivido en distintas alas de la misma casa. Por esta razón, es difícil tomar una clara decisión sobre el número de juicios que tuvieron lugar. Parece claro que lo que comienza por la noche concluye a primera hora de la mañana, ya sea que se produjera en un solo encuentro o que se desarrollara hasta en tres distintas reuniones más breves.[3]

Pedro ha seguido la pista de la comitiva a cierta distancia y acaba sentándose junto a un fuego en la zona exterior del edificio donde se retiene a Jesús. Es una fría noche de mediados de primavera. La mayoría de las casas grandes tenían patios abiertos. Los siervos de aquella casa están allí reunidos. Los acontecimientos de la noche les han desvelado. Una de las sirvientas reconoce a Pedro como uno de los seguidores de Jesús y así lo expresa: «Éste estaba con él». Pero Pedro niega conocer a Jesús. El texto no nos dice la razón por la que Pedro pronuncia estas negaciones, sin embargo, la incertidumbre y el peligro del momento serían explicaciones verosímiles. Los discípulos no se han preparado en oración para este momento, y la confianza de Pedro, tan intensa en el ambiente privado y seguro de una comida, ha desaparecido. A los judíos esta negación les recordaría a las fórmulas de excomunión de la sinagoga que se pronunciaban cuando se expulsaba a uno de sus miembros: «Ya no te conocemos».[4]

Un poco más tarde, otra persona repite la misma afirmación. «Tú también eres uno de ellos».[5] Pedro replica al instante: «¡No, hombre, no lo soy!» Las palabras de Jesús en 22:34 se están cumpliendo. La negación de Pedro en este pasaje no consiste solo en negar que conoce a Jesús, sino en desmentir también cualquier relación con sus discípulos.

La última negación se produce sobre una hora más tarde. Pedro ha estado allí, aunque colgando de un hilo. Una tercera persona insiste: «Seguro que éste estaba con él; miren que es galileo». Su acento delata a Pedro como oriundo de la región norteña de Israel, y con su respuesta —«¡Hombre, no sé de qué estás hablando!»—, afirma que se equivocan. El discípulo que dijo estar dispuesto a ir a la cárcel y aun a morir por Jesús niega

---

2. Este título funciona como nuestro título de gobernador o presidente.
3. Mateo y Marcos relatan un juicio vespertino, mientras que Lucas consigna la conclusión por la mañana. Puede que la ausencia en Lucas de un episodio en el templo se deba al hecho de que solo narra la reunión final de primera hora de la mañana. Lo que no está tan claro es si el interrogatorio de Jesús que relatan los Sinópticos es parte del mismo punto de investigación. Es posible que Mateo y Marcos analicen un diálogo anterior, que la sesión matutina simplemente confirma. Juan 18 también parece sugerir que se produjeron algunos breves encuentros.
4. D. Catchpole, *The Trial of Jesus* [El juicio de Jesús], (Leiden: Brill, 1971), 273.
5. Lucas se refiere aquí a otra persona, mientras que Marcos 14:69 atribuye la acusación a la misma muchacha. Juan 18:25 dice que «ellos» suscitan el asunto, de modo que, según parece, Pedro es tema de conversación de los siervos.

por tercera vez cualquier relación con él. El «hombre roca» (que es el significado del nombre de Pedro) ha sido reducido a grava por la presión.

Con la tercera negación, se produce el canto del gallo, como predijo Jesús. En otro detalle dramático, el Señor mira a Pedro, indicando que sabe lo que acaba de hacer. No está claro si en aquel momento Jesús está siendo trasladado de un lugar a otro, se encuentra junto a una ventana y por ello puede ver a Pedro, o si momentáneamente se encuentra fuera por alguna razón. La mirada del Señor lleva a Pedro a recordar la predicción de su triple negación. Es demasiado para él y se aleja de allí, llorando amargamente. Su corazón sabe lo que ha hecho. El dolor de su acción expresa su verdadera lealtad, una conexión que sus labios no han sido capaces de expresar. Pedro ha experimentado un importante fracaso en el área de la audacia. Como siempre, la palabra del Señor se ha hecho realidad. Jesús conocía a Pedro mejor que él mismo.

Entre tanto, los soldados —sin duda, los guardias del templo que arrestaron a Jesús— se lo pasan en grande, burlándose despiadadamente de él. El juego que practican parece alguna variante de la gallina ciega, aunque hay tres juegos de la Antigüedad que podrían encajar en la descripción que hace Lucas.[6] Además, le golpean. En sus burlas, le identifican como a un «profeta», la concepción más popular sobre Jesús. Pero los dirigentes judíos necesitaban una acusación más sólida que aquella para llevar a Jesús ante los tribunales romanos. A Roma le preocupaban quienes pretendían ser reyes, no profetas. Los soldados siguen «insultando» a Jesús (v. 65). Lucas cuenta la historia con un sentido de dolor, utilizando la palabra griega de la que se deriva la palabra «blasfemia».

Al amanecer, el «concilio» (probablemente el Sanedrín, formado por destacadas personalidades de la vida pública judía) se reúne con Jesús. Asumir una responsabilidad colectiva por esta medida permitirá que la presión del concilio sea más persuasiva cuando finalmente se pida una respuesta por parte de Roma. En el relato del juicio se constatan varias irregularidades, si el tratado mishnaico *Sanedrín* es de alguna guía para las prácticas más antiguas.[7] A continuación detallamos algunos de los procedimientos que difieren de las reglas consignadas en la *Mishná*. (1) El proceso judicial no se celebró en el templo. (2) No se permitió que Jesús presentara ninguna defensa. (3) Jesús no blasfema en el sentido técnico del término al utilizar el nombre divino (*San.* 7:5). (4) El veredicto se pronuncia el mismo día del juicio, cuando la *Mishná* requería que hubiera transcurrido un periodo de dos días para aquellos delitos susceptibles de pena capital. (5) A Jesús se le juzga en un día de fiesta, lo cual estaba normalmente prohibido. (6) La presencia de testimonios contradictorios debía exonerar al acusado (*San.* 5:2; este punto se aplica más a la discusión del templo en Mateo y Marcos). (7) El sumo sacerdote no estaba cualificado para pronunciar la declaración de culpabilidad. En ciertas situaciones podían hacerse excepciones a algunos de tales procedimientos, sin embargo, considerados en su conjunto, éstos indican que el juicio se llevó a cabo con prisas (¿y de manera ilegal?).

---

6. Para más detalles, ver R. Brown, *The Death of Messiah* [La muerte del Mesías], 575.
7. La *Mishná* fue escrita sobre el año 170 d.C., y por ello no podemos estar seguros de que todas las prácticas del siglo I encajaran en estas normas.

Jesús es examinado por los principales sacerdotes y maestros de la Ley. Lucas menciona únicamente el asunto central. «Si eres el Cristo, dínoslo». Esta pregunta trata de conseguir una acusación política contra Jesús que les permita presentarle ante las autoridades romanas como un revolucionario, una amenaza al poder de César. Se basa en el título clave de la primera parte del Evangelio (1:32, 35; 2:11, 26; 3:15; 9:20; 20:41). En esta pregunta subyace probablemente la expectativa judía de un gran libertador político (cf. *Salmos de Salomón* 17-18). Si Jesús acepta este título, sus propias palabras podrán ser presentadas contra él. La respuesta de Jesús recuerda a su reacción en Lucas 20:1-8: «Si se lo dijera a ustedes, no lo creerían». Con estas palabras plantea agudamente la cuestión de si realmente desean celebrar un juicio imparcial, o si su decisión está ya tomada antes de escucharle.

Acto seguido, Jesús prosigue haciendo una de las afirmaciones más significativas de este Evangelio: «Pero de ahora en adelante el Hijo del hombre estará sentado a la derecha del Dios Todopoderoso». Teniendo en cuenta que a lo largo de este Evangelio Jesús se ha autodesignado como «Hijo del Hombre» y que esta expresión alude al personaje sobrenatural del libro de Daniel que recibe autoridad del Anciano de Días y cabalga sobre las nubes como Dios (Dn 7:13-14), con estas palabras Jesús está haciendo tres afirmaciones. (1) Jesús predice que finalmente se sentará a la diestra de Dios en el Cielo, una alusión a su próxima resurrección y ascensión. (2) Reivindica autoridad de parte de Dios, una autoridad que ejercerá a partir de aquel momento. (3) Pretende tener autoridad sobre ellos. Puede que ahora ellos le estén juzgando, no obstante es él quien en última instancia les juzgará a ellos. Jesús responde a su pregunta de manera indirecta, pero su respuesta dice de hecho mucho más de lo que posiblemente esperaban.

Sus interrogadores investigan ahora esta afirmación con una pregunta más. «¿Eres tú, entonces, el Hijo de Dios?» Obsérvese cómo Lucas va tejiendo los títulos juntos en este texto: Cristo, Hijo del Hombre e Hijo de Dios. Jesús replica a la pregunta de si es el Hijo de Dios diciendo (NIV), «Están en lo cierto al decir que lo soy». Esta es la implicación de lo que dice el texto griego y que la NVI traduce más literalmente: «ustedes mismos lo dicen». Quienes le oyen lo entienden como una afirmación (ver Marcos 14:62). Ya tienen lo que querían. «¿Para qué necesitamos más testimonios? —resolvieron—. Acabamos de oírlo de sus propios labios».

La naturaleza de los comentarios de Jesús es significativa en dos sentidos. (1) Él mismo aporta el testimonio sobre el que se basa su acusación. Les da a los dirigentes la prueba inculpatoria que ellos no han conseguido. En esencia, Jesús mismo acaba siendo el testigo que buscaban los dirigentes y son sus palabras las que le llevan a la Cruz. Naturalmente, Jesús habló como lo hizo porque su afirmación es verdadera.

(2) La naturaleza de la blasfemia de Jesús (cf. Marcos 14:64) ha sido siempre tema de debate. ¿Consistía la blasfemia en que afirmaba ser Dios? ¿O era quizá su pretensión de ser el Mesías? ¿O acaso la afirmación de que iba a sentarse a la diestra de Dios en el Cielo? ¿Qué es lo que dijo Jesús que los judíos consideraron tan concluyente? El comentario clave parece haber sido su afirmación de ser el Hijo de Dios (i.e., el Mesías), no solo en un sentido regio, sino *en el relacionado con la pretensión de ser*

el Hijo del Hombre del libro de Daniel. Jesús reivindica de hecho el derecho de estar directamente en la presencia de Dios y sentarse con él en el Cielo. Para los oídos judíos esto es altamente ofensivo, peor aún que afirmar el derecho de entrar en el lugar santísimo del templo y residir permanentemente en él, puesto que el templo era una representación de la presencia de Dios en el Cielo. Los judíos habían hecho guerras para impedir que el templo fuera profanado. Por ello, los dirigentes ven tales comentarios como blasfemos, como indican Mateo y Marcos al mencionar que los sacerdotes se rasgaron las vestiduras.[8] En un sentido muy real, Jesús mismo se condena a la Cruz por ser fiel a su identidad ante una audiencia que rechaza sus pretensiones. No hace ningún esfuerzo por salvar su vida negando ser quien es. Por tanto, el Sanedrín le envía para ser juzgado ante el gobernador romano.

Construyendo Puentes

El relato de la Pasión es tanto historia como narrativa. Su principal objetivo es resumir el juicio inicial de Jesús, pero documenta también la negación de Pedro. El relato nos informa tanto de las pruebas como del sorprendente trato que Jesús recibe a medida que se acerca su juicio. El rasgo fundamental del juicio judío es que la sentencia de muerte de Jesús se debe a su afirmación sobre su identidad. Éste es el asunto, no solo de esta escena sino de todo el Evangelio. Lucas quiere que sus lectores reflexionen sobre la identidad de Jesús. Sus afirmaciones fuerzan una decisión. Una posición neutral lo es de rechazo.

En el plano narrativo, cada uno de los personajes pone algo de relieve. (1) El fracaso de Pedro contrasta marcadamente con la audacia de Jesús. Este discípulo se derrumba porque no es capaz de soportar la presión del mundo y la amenaza de la muerte. (2) Los soldados muestran que algunas personas no se toman a Jesús en serio. Para ellos, la religión es un juego, y aquel dirigente un personaje patético con quien divertirse un rato. El modo en que escarnecen y denigran a Jesús pone de manifiesto un espíritu bastante común en nuestro mundo. (3) Los dirigentes judíos son más civilizados que los soldados, sin embargo, su punto de vista sobre Jesús es exactamente igual de negativo. Se trata de alguien desagradable que hay que quitar de en medio. Es una molestia, no un Rey o Salvador.

La defensa de Jesús conduce a su rechazo. Él da testimonio con audacia de su posición, sin embargo, no se defiende en términos de impugnar como erróneo el veredicto. La injusticia de que aquí es objeto es trágica. En el libro de los Hechos, seguirá desarrollándose una vigorosa defensa del derecho de predicar a Jesús. Cuando son arrestados, los discípulos defienden su inocencia y presentan pruebas a su favor. Sin embargo, cumplen sus arrestos hasta que se celebra el juicio o son liberados por fuerzas sobrenaturales. Así, el ejemplo del denuedo de Jesús se extiende por la Iglesia Primitiva.

---

8. Para más detalles, ver D. Bock, «The Son of Man and the Debate Over Jesus' 'Blasphemy' » [El Hijo del Hombre y el debate sobre la 'blasfemia' de Jesús] en *Jesus of Nazareth, Lord and Christ*, ed. J.B. Green y M. Turner (Grand Rapids: Eerdmans, 1994), 181–91. Este artículo también trata muchas de las objeciones históricas que los críticos plantean sobre el juicio.

Finalmente, Jesús se mantiene firme delante de sus acusadores y hace frente a un destino que él mismo ha pronosticado (13:31–35). No pierde audacia. Como una oveja que va en silencio delante de sus trasquiladores y como cordero que se dirige al matadero, Jesús se enfrenta a la muerte para que otros puedan tener vida. Cuán irónico que el juicio de Jesús sea realmente el nuestro, porque lo que pensamos del uno pone de relieve lo que pensamos del otro. Él es realmente el juez. En un sentido teológico, Jesús está siendo juzgado por nosotros. Él se encuentra en el lugar que deberíamos ocupar nosotros. Sin nuestro pecado él estaría allí. Este es uno de los mensajes más intemporales de la Biblia. Y tras su resurrección, Jesús pasa a ocupar un lugar a la diestra del Padre, de modo que sus afirmaciones son vindicadas como verdaderas. El reo se convierte en juez y pide que pronunciemos nuestro veredicto sobre este juicio en que ocupó nuestro lugar. Todos hemos de responder una sencilla pregunta: ¿Cómo vamos a responder al Hijo del Hombre, que ahora se sienta a la diestra del Padre?

Significado Contemporáneo

Las aplicaciones de este texto se producen a varios niveles. (1) El relato ha sido concebido como un resumen histórico de los acontecimientos que llevaron a Jesús a la Cruz. Muchas personas de nuestro tiempo cuestionan la Biblia en este nivel. Pero el cristianismo es una fe con sólidos fundamentos históricos. Sin la Cruz, la fe cristiana se reduce a una simple forma de persuasión moral, que no tiene más validez que otros sistemas religiosos y éticos, o formas de psicología que pretenden hacer de nosotros personas más fuertes. A lo largo de este Evangelio hemos visto a Jesús plantear la trascendencia de su identidad; reducir el cristianismo a la categoría de mera enseñanza moral elimina de él a la persona única de Cristo. Sin él y lo que consiguió por medio de su muerte y resurrección, la fe no tiene mucho sentido. Por ello, el asunto del juicio es la identidad de Jesús. Lucas quiere que ponderemos sosegadamente de qué lado estamos. Si nos alineamos junto a Jesús, estamos reconociendo su afirmación de estar sentado a la diestra de Dios como juez y Salvador. Si hay algún rey que merece honor, es aquel que se sienta junto a Dios.

(2) Obsérvese el carácter distinto del rechazo que se presenta en este pasaje. Los soldados y los dirigentes judíos representan dos formas distintas de repudiar a Jesús, aunque en su base son parecidas. (a) Los soldados se toman a Jesús con frivolidad. Todos hemos conocido a personas que no tienen tiempo para la religión y a quienes les encanta burlarse de su existencia. Lo trágico de tales burlas es que lo que ellos tratan como frívolo es enormemente serio. El pecado ciega a las personas que no perciben adecuadamente lo que es verdaderamente relevante. Con frecuencia, quienes se burlan de la fe son los que más la necesitan. Pretendiendo estar de vuelta, no hacen sino manifestar cuánto la necesitan. Este texto nos muestra que no hemos de sorprendernos de la existencia de este tipo de respuestas.

(b) Los dirigentes ponen de relieve otro tipo de rechazo, más civilizado pero que esconde su verdadero talante. Aunque dando una apariencia de equidad, el tribunal tiene en un sentido el alma embrutecida. Un corazón duro es un problema difícil de resolver. Esta es la razón por la que la evangelización ha de ser en el último análisis una empresa sobrenatural. No tenemos acceso al lugar donde ha de producirse el cambio.

Es decir, no podemos entrar en el corazón del modo en que puede hacerlo el Espíritu. Como veremos al final de este episodio, algunos sí escuchan, ya sea durante el juicio o antes de él. José de Arimatea, por ejemplo, tiene un corazón abierto, que es capaz de ver lo que pasa desapercibido a la oposición (23:50–51). Nunca sabemos el impacto que puede tener nuestro testimonio sobre quienes se nos oponen. En ocasiones, el Espíritu se sirve de nuestras vidas y palabras para derretir un corazón endurecido.

(3) La lección que nos aporta Pedro es trágica. Tenemos aquí a un hombre convencido de la firmeza de su compromiso con Jesús, sin embargo, no está tan preparado para la batalla como él piensa. Es difícil sobrevalorar la presión a la que Pedro ha de hacer frente en este pasaje. La negación de Pedro nos muestra que, sin una total dependencia de Dios, las circunstancias pueden hacer que aun el más íntimo de los seguidores de Jesús se desmorone. Su caída supone una enorme desilusión. Su fracaso es tan doloroso que le deja llorando amargamente. Muchos de nosotros nos identificamos con su situación porque también hemos pasado por ella. Aunque no sea probablemente con repercusiones tan trascendentales, sí sabemos por experiencia lo que es fracasar en nuestro compromiso con Jesús. Lo alentador del relato de Pedro es que él aprende de su fracaso. Solo unos capítulos más adelante, en el libro de los Hechos, vemos a este mismo hombre arriesgándolo todo por proclamar el perdón que ha encontrado en Jesús. Si alguien aprecia lo que significan el perdón y la restauración, éste es Pedro.

De hecho, toda la historia de Pedro pone de relieve un importante principio sobre el andar cristiano. La meta de la Iglesia no es rematar a sus heridos, sino restaurarles. Alguien podría argumentar que las negaciones de Pedro deberían haberle descalificado para ocupar cualquier posición de liderazgo. Pero es evidente que Jesús ya había preparado el terreno para la restauración de Pedro, porque le dijo que cuando se volviera a él, tenía que fortalecer a sus hermanos (22:32). Con el reconocimiento de haber obrado mal y el regreso al Señor, viene también el perdón. Aunque el fracaso de Pedro es grande, su victoria se produce por medio de su restauración, una restauración que es posible porque, en última instancia, el perdón es inherente a Jesús.

(4) Por último, Jesús se prepara para llevar su Cruz, algo que Pedro no ha hecho. Da audaz testimonio de su identidad, aun ante la perspectiva de pagar con su vida por ello. Al hacerlo, se convierte en ejemplo de un atrevido testimonio por el Evangelio. En el libro de los Hechos, varios personajes asumirán este mismo riesgo y, desde entonces, muchos creyentes han obrado de igual modo, como documenta con exactitud la obra clásica de Fox, *El libro de los mártires*.

Lucas 23:1-12

Así que la asamblea en pleno se levantó, y lo llevaron a Pilato. 2 Y comenzaron la acusación con estas palabras: —Hemos descubierto a este hombre agitando a nuestra nación. Se opone al pago de impuestos al Emperador y afirma que él es el Cristo, un rey. 3 Así que Pilato le preguntó a Jesús: —¿Eres tú el rey de los judíos? —Tú mismo lo dices —respondió. 4 Entonces Pilato declaró a los jefes de los sacerdotes y a la multitud: —No encuentro que este hombre sea culpable de nada. 5 Pero ellos insistían: —Con sus enseñanzas agita al pueblo por toda Judea. Comenzó en Galilea y ha llegado hasta aquí. 6 Al oír esto, Pilato preguntó si el hombre era galileo. 7 Cuando se enteró de que pertenecía a la jurisdicción de Herodes, se lo mandó a él, ya que en aquellos días también Herodes estaba en Jerusalén. 8 Al ver a Jesús, Herodes se puso muy contento; hacía tiempo que quería verlo por lo que oía acerca de él, y esperaba presenciar algún milagro que hiciera Jesús. 9 Lo acosó con muchas preguntas, pero Jesús no le contestaba nada. 10 Allí estaban también los jefes de los sacerdotes y los maestros de la ley, acusándolo con vehemencia. 11 Entonces Herodes y sus soldados, con desprecio y burlas, le pusieron un manto lujoso y lo mandaron de vuelta a Pilato. 12 Anteriormente, Herodes y Pilato no se llevaban bien, pero ese mismo día se hicieron amigos.

Tras la reunión del Sanedrín, Lucas narra otros tres juicios que llevan a la crucifixión de Jesús: dos encuentros con Pilato (uno privado y otro público) y uno con un curioso Herodes. La primera reunión con Pilato representa el intento judío de conseguir la ayuda romana para la ejecución de Jesús.[1] Cuando había que aplicar la pena de muerte se requería la intervención de la autoridad romana.[2] El interrogatorio de Pilato es fascinante ya que, aunque, en su opinión, Jesús es inocente, el proceso sigue adelante. De hecho, el gobernador se quita de en medio y permite que sean otros quienes tomen la decisión. Se trata de una forma de indecisión.

Tras el juicio judío (22:66–71), la comitiva se encamina hacia Pilato. No hay duda de que la reunión se prepara con rapidez. El corazón de la causa es una triple acusación: (1) Jesús incita a la nación a la rebelión, (2) se opone al pago de impuestos a César, y (3) pretende ser el Cristo, un rey. Aunque la primera de estas acusaciones puede sugerir que Jesús es fuente de conflictos públicos, para Pilato las más peligrosas son la segunda y la tercera. Puede que la primera acusación sea de carácter general, y las otras dos más específicas.

---

1. Los pasajes paralelos son Mateo 27:2, 11–14; Marcos 15:1b–5; Juan 18:29–38. Solo Lucas consigna el encuentro con Herodes, mientras que Lucas 23:11 es como Marcos 15:16–20.
2. Josefo, *Guerra de los judíos* 2.8.1 § 117.

(1) Es posible que la primera acusación sea que Jesús «pervierte» las prácticas de la nación (la palabra griega *diastrepho* puede significar «subvertir» o «pervertir»),³ aunque es más probable que se trate de una acusación de subversión con un carácter más político. Esta lleva de manera natural a las otras dos quejas. Las disputas religiosas internas de los judíos no tienen especial interés para Pilato, por lo cual es necesario aportar otras acusaciones más concretas de carácter político. (2) Puesto que Pilato es responsable de mantener la paz y recaudar los impuestos, las acusaciones relativas al pago de las tasas romanas ponen en tela de juicio su competencia para realizar eficazmente su trabajo. Esta segunda acusación es a todas luces falsa, como los lectores de Lucas deducirán claramente a partir de 20:20–26. (3) A primera vista, la tercera acusación parece importante, puesto que, si Jesús fuera un revolucionario, Roma tendría que controlarle. Sin embargo, como Pilato percibirá, Jesús no es un personaje sedicioso.

La tercera acusación es la que Pilato investiga más a fondo (en Jn 18:33–38 se consigna un diálogo más extenso sobre esta acusación). Pilato se limita a preguntar, «¿Eres tú el rey de los judíos?» Jesús responde con una expresión griega que, de manera similar a lo que dijo a los judíos en 22:70, significa literalmente «tú lo has dicho». Se trata de una expresión de suave afirmación. Jesús está diciendo que sí, pero no en el sentido en que Pilato le da a su pregunta.⁴ No queda claro en qué basa Pilato su conclusión, pero afirma que no encuentra «que este hombre [Jesús] sea culpable de nada.» No ha hecho nada que merezca la muerte. Para Pilato, Jesús no es sino un «entusiasta inofensivo».⁵ El asunto debería haber finalizado aquí, pero los dirigentes siguen presionando a Pilato, observando que Jesús ha agitado al pueblo desde Galilea hasta Judea. Insisten obstinadamente en que es peligroso. Lo que de hecho están diciéndole a Pilato es: «¡si dejas libre a Jesús estarás abandonando tu deber!» Al oír hablar de Galilea, a Pilato se le ocurre una solución genial. Enviará a Jesús a Herodes, el responsable político judío, y quien ejerce la autoridad sobre aquella región. Sea cual sea la decisión que tome Pilato, el hecho de consultar a Herodes le servirá de eventual protección. Puede tratarse tanto de una expresión de cortesía política como de una forma de escurrir el bulto.⁶

Herodes expresa su entusiasmo ante la perspectiva de encontrarse con Jesús. Ha oído hablar de él y quiere verle obrar algún milagro. Sin embargo, se desilusiona con la falta de respuesta de Jesús. No solo no se produce ningún milagro, sino que Jesús ni siquiera le responde. Naturalmente, Pilato ha declarado ya la inocencia de Jesús, de modo que ¿por qué ha de seguir éste respondiendo preguntas (cf. también Is 53:7)? Sin embargo, los judíos insisten «vehementemente» en sus acusaciones (v. 10); son los catalizadores de estos acontecimientos. Aunque los roles de Pilato y Herodes son más pasivos, con-

---

3. «διαστρέφω», BAGD, 189.
4. Blass, DeBrunner, Funk, *A Greek Grammar of the New Testament and other Early Christian Literature* [Una gramática griega del Nuevo Testamento y otra literatura cristiana de la Antigüedad], (Chicago: Univ. of Chicago Press. 441.4.
5. Plummer, *The Gospel According to St. Luke* [El Evangelio según San Lucas], 521.
6. Pilato había mostrado una gran falta de sensibilidad hacia los judíos poniendo escudos romanos en el palacio de Herodes, lo cual representaba un insulto para ellos (ver Filón, *Legación a Gayo* 38.299–305). Este podría ser un acto de pragmatismo político para mejorar su reputación recientemente dañada.

tribuyen suficientemente a la situación como para hacerse acreedores de una parte de culpa (ver Hch 4:24–28).

Ante el silencio de Jesús, Herodes y sus soldados responden con más burlas. Visten a Jesús con ropas regias (se debate si eran de color blanco o púrpura)[7] y se burlan del «rey», que según su punto de vista posee muy poco poder. A continuación le mandan de nuevo a Pilato. El plan de Pilato funciona, puesto que a partir de este día él y Herodes se hacen amigos. Esto sugiere que la fecha de la crucifixión fue en el año 33 d.C., puesto que, ciertamente, las relaciones personales entre ambos mejoraron tras la muerte de Sejano, el asistente antisemita de Tiberio César (y jefe de Pilato), poco antes de este periodo.[8]

Construyendo Puentes

Vamos a analizar este texto tanto desde el punto de vista histórico como en el plano narrativo. En su aspecto histórico, estos acontecimientos indican que, tras examinar a Jesús, dos grupos de dirigentes políticos le consideran inocente (vv. 4, 15). No obstante, y de modo sorprendente, los juicios continúan. Estos detalles indican que Jesús va a morir como un mártir inocente. Aunque va a sufrir en la Cruz, Jesús es justo. Es una acusación que formula tanto la justicia romana como la judía, puesto que ambas desempeñan un papel en la muerte de Jesús. La responsabilidad por llevar a Jesús a la Cruz se reparte. Pronto el rechazo se extenderá a las multitudes. Cada vez una parte mayor de la Humanidad tiene responsabilidad en su muerte.

La narración nos muestra también toda una serie de actitudes que contribuyen al destino de Jesús. Ni Pilato ni Herodes le consideran culpable. Pilato es más serio y profesional que Herodes (que permitió que los soldados se burlaran de Jesús). Ninguno de ellos muestra ninguna animadversión hacia él, aunque tampoco le defienden. Su indiferencia refleja a quienes tratan a Jesús como un caso curioso o una atracción secundaria. Este tipo de respuestas a Jesús hay que añadirlas a la colección que hemos ido recopilando. Los dirigentes judíos continúan presionando para que se actúe contra Jesús, aunque algunas de sus acusaciones son falsas. Lucas consolida el retrato que antes hemos trazado sobre Jesús y su juicio.

Significado Contemporáneo

No es insólito que algunas personas malinterpreten y tergiversen a Jesús. La naturaleza de las acusaciones que contra él dirigen los mandatarios muestran que algunos le rechazan de manera tan absoluta que llegan incluso a tergiversar sus propósitos, aunque dicha distorsión contenga alguna pequeña dosis de verdad. Tienen razón al decir que Jesús es un rey, sin embargo, no consiguen ver este papel sino como una amenaza. Quienes son hostiles a Jesús, no acaban de

---

7. Oepke, «λάμπω, κτλ.,», *TDNT*, 4:17; Danker, *Jesus and the New Age* [Jesús y la Nueva Era], 366. No hay manera de decidir.
8. Respecto a la caída de Sejano, ver Dión Casio, LVIII, 4.1–11.7. Esta muerte podría haber dejado libre a Pilato para seguir una política más benévola con los judíos, como se refleja aquí.

entenderle. Si llegan a percibir sus afirmaciones más importantes, las rechazan de plano.

El rechazo de Pilato y Herodes es más sutil. No responden de manera abiertamente negativa contra Jesús. Su posición es prácticamente neutral. No consideran que sea culpable, pero tampoco hay que creer sus afirmaciones. Este tipo de acercamiento a Jesús le concede un poco de respeto, pero no responde a él como merece. El que Pilato y Herodes no actúen de acuerdo con su percepción de la inocencia de Jesús es una forma de cobardía. Una vez más, Lucas llama indirectamente al lector a tomar una posición con respecto a Jesús. Presenta una serie de respuestas hacia él, pero cualquier negativa a aceptarle, ya sea mediante un rechazo activo, una negligencia pasiva, o una reacción frívola, no es digna de encomio.

Cuando nos decidimos a compartir a Jesús, podemos esperar una gran variedad de respuestas hacia él. Algunas serán decididamente hostiles, mientras que otras serán más desinteresadas, igual que en la escena del juicio. Sin embargo, en el último análisis ambas constituyen un rechazo. A menudo, la evangelización requiere paciencia. Por otra parte, es importante recordar que, aun en medio del rechazo, la reacción inicial no es una indicación fiable de cuál será la respuesta final. ¿Quién habría podido predecir que Saulo se convertiría en un ardiente seguidor de Jesús? Sin embargo, es posible que otras personas nunca cambien de idea. Nuestra principal responsabilidad delante del Señor es seguir hablando de él.

No hay manera de saber si la semilla que hoy plantamos brotará años más tarde. Por ejemplo, se ha sabido de numerosos casos en la Europa del Este en que el fiel testimonio de los creyentes en medio de la persecución llevó al Señor a algunas personas descreídas. Uno de nuestros estudiantes rusos cuenta la historia de una niña de ocho años que era objeto de vigilancia por parte del KGB, para lo cual se le asignó a un nuevo agente, un hombre joven. ¡Su fe era tan viva y reconfortante que le guió al Señor! Por otra parte, puede que llegue el momento en que las palabras resulten superfluas. Todo lo que se ha dicho ha quedado bien claro, y no hace falta decir nada más. Igual que en algunas fases del juicio Jesús permaneció en silencio puede que, en ocasiones, también nosotros tengamos que declarar: «ya he dicho todo lo que tenía que decir; no tengo nada que añadir». En última instancia, el proceso ha de dejarse en las manos de Dios.

Lucas 23:13-25

Pilato entonces reunió a los jefes de los sacerdotes, a los gobernantes y al pueblo, 14 y les dijo: —Ustedes me trajeron a este hombre acusado de fomentar la rebelión entre el pueblo, pero resulta que lo he interrogado delante de ustedes sin encontrar que sea culpable de lo que ustedes lo acusan. 15 Y es claro que tampoco Herodes lo ha juzgado culpable, puesto que nos lo devolvió. Como pueden ver, no ha cometido ningún delito que merezca la muerte, 16 así que le daré una paliza y después lo soltaré. 18 Pero todos gritaron a una voz: —¡Llévate a ése! ¡Suéltanos a Barrabás!

19 A Barrabás lo habían metido en la cárcel por una insurrección en la ciudad, y por homicidio. 20 Pilato, como quería soltar a Jesús, apeló al pueblo otra vez, 21 pero ellos se pusieron a gritar: —¡Crucifícalo! ¡Crucifícalo! 22 Por tercera vez les habló: —Pero, ¿qué crimen ha cometido este hombre? No encuentro que él sea culpable de nada que merezca la pena de muerte, así que le daré una paliza y después lo soltaré. 23 Pero a voz en cuello ellos siguieron insistiendo en que lo crucificara, y con sus gritos se impusieron. 24 Por fin Pilato decidió concederles su demanda: 25 soltó al hombre que le pedían, el que por insurrección y homicidio había sido echado en la cárcel, y dejó que hicieran con Jesús lo que quisieran.

Sentido Original

Este juicio público de Jesús tiene todos los elementos de un proceso romano,[1] con sus claras etapas de arresto, presentación de acusaciones, interrogatorio, veredicto (con fundamentos para inculpación o absolución), y advertencia judicial.[2] Lo que hace que este juicio sea tan insólito es que, aun cuando ya se han pronunciado dos veredictos de inocencia, el proceso de Jesús sigue adelante en manos de los romanos. En este pasaje se produce algo anormal. El destino ha puesto su mano sobre Jesús.

Esta escena final no puede estar más abierta. Se han reunido los principales sacerdotes, los gobernantes y el pueblo. Una representación de toda la nación en su capital se congrega para pronunciarse en juicio sobre Jesús. Aunque la autoridad para emitir tal veredicto la tiene Pilato, éste negocia el destino de Jesús. El hecho de que el pueblo tome partido en este debate representa una dramática inversión de su actitud, puesto que la popularidad de Jesús había sido un factor decisivo para que los dirigentes adoptaran un acercamiento más clandestino al arresto de Jesús (22:2).

Pilato se expresa con mayor claridad si cabe sobre cómo ve la cuestión. Repite la acusación exactamente de la misma forma que se la formularon a él en el versículo 2: a

---

1. Los pasajes paralelos de este segundo juicio más público ante Pilato son Mateo 27:15-26 y Marcos 15:6-15.
2. J. Neyrey, *The Passion According to Luke* [La Pasión según Lucas]. (Nueva York: Paulist, 1985), 81.

Jesús se le acusa «de fomentar la rebelión entre el pueblo».[3] Es decir, está perturbando la paz pública. Pilato analiza abiertamente la acusación, en presencia de los dirigentes. La mención de este juicio público es importante. No hay ninguna reunión privada, ni acuerdos a puerta cerrada. Todo se hace de un modo abierto. Pilato concluye que «no ha cometido ningún delito que merezca la muerte»,[4] el mismo veredicto que emitió Herodes. Dos testigos se han pronunciado sobre la verdad (Dt 19:15). Parece que la liberación de Jesús vaya a producirse de un momento a otro.

Pero Pilato sabe que, desde el punto de vista político, tiene en sus manos un asunto delicado. De manera que plantea una componenda ofreciéndose a «castigar»[5] (i.e., azotar) a Jesús y liberarle. Generalmente, este tipo de flagelación se llevaba a cabo con un látigo que tenía pedacitos de metal atados en sus extremos. Pilato espera que un poco de sangre inocente, escenificada por medio de una truculenta flagelación, consiga satisfacer al liderazgo judío.[6]

Ante esta propuesta, el pueblo reacciona, pero no como Pilato desearía. «Todos gritaron a una voz: ¡Llévate a ése! ¡Suéltanos a Barrabás!». Esta respuesta le tomó sin duda por sorpresa, porque Barrabás había sido encarcelado por encabezar un alzamiento y por asesinato. Este hombre había cometido delitos mucho más horribles que los que se le imputaban a Jesús. Los dirigentes y el pueblo desean la liberación de un hombre que, a todas luces, es mucho más peligroso que Jesús.

Pilato sabe que algo no marcha bien, de manera que se dirige de nuevo a ellos, con la esperanza de conseguir la liberación de Jesús. Desea obrar con justicia, pero no sabe cómo actuar ante una oposición pública tan generalizada. ¡No es el primer cargo público, ni el último, que está pendiente de las encuestas de opinión! Como en un partido de tenis en que los jugadores lanzan la bola una y otra vez, la multitud devuelve con contundencia a Pilato su propuesta. Insisten en la crucifixión. Solo se sentirán satisfechos con la muerte de Jesús. Quieren deshacerse de él.

La crucifixión era una forma de morir particularmente truculenta,[7] y los ciudadanos romanos no podían ser ejecutados de esta manera. Esta forma de muerte pretendía disuadir a los criminales de cometer sus delitos. De ahí que las ejecuciones fueran públicas. Por regla general, los motivos por los que se condenaba a este tipo de muerte eran la traición y la evasión de los procedimientos reglamentarios. La crucifixión en sí iba precedida por una severa flagelación que producía una notoria pérdida de sangre para acelerar el proceso de la muerte. Después de la flagelación se llevaban a cabo

---

3. El verbo griego que se utiliza aquí es distinto del consignado en el v. 2, pero es sinónimo.
4. Pilato utiliza el verbo *anakrino* para analizar su examen, el término griego formal para aludir a una investigación legal conducente a alcanzar un veredicto (Hch 4:9; 12:19).
5. Bertram, «παιδεύω», *TDNT*, 5:621; Marshall, *Commentary on Luke* [Comentario de Lucas], 859.
6. Los mejores manuscritos de Lucas no consignan el versículo 17, que alude a la costumbre de Pilato de excarcelar a un hombre a petición de la nación durante esta fiesta. En los manuscrito más antiguos (א, B, y p75) no aparece este versículo es, pues, probable que no estuviera inicialmente en Lucas.
7. M. Hengel, *Crucifixion in the Ancient World and the Folly of the Message of the Cross* [La crucifixión en el mundo antiguo y la locura del mensaje de la Cruz] (Filadelfia: Fortress, 1977); C. Schneider, «σταυρός», *TDNT*, 7:573–811; n. 15 sobre la p. 573 resume las ideas no judías.

cuatro pasos. (1) El reo llevaba la traviesa de la cruz al lugar de la ejecución. (2) Dicha traviesa se colocaba en el suelo y se clavaba o ataba en ella al condenado. (3) A continuación, la traviesa se elevaba y se fijaba al poste vertical con lo cual se formaba la cruz. (4) Se clavaba una tablilla a la cruz donde se especificaba el delito que había cometido para que todos pudieran verlo. La multitud no solo quiere que Jesús muera, sino que experimente esta espantosa forma de ejecución. Se le cuenta entre los peores criminales (Is 53:12; Lc 22:37).

Pilato intenta valerosamente poner en libertad a Jesús. Por tercera vez le pregunta a la multitud qué mal ha cometido Jesús. El juez ha asumido casi el papel del abogado defensor, mientras que la multitud se está convirtiendo en juez y jurado. Lucas detalla el procedimiento por su interés en subrayar que la sentencia de Jesús es completamente injusta. Hay algo más siniestro en acción.

Pilato insiste en que Jesús no ha hecho nada digno de muerte, y repite su veredicto anterior de castigarle y ponerle en libertad. Con ello la multitud se agita aún más y el vocerío aumenta de volumen. Pilato ha pasado de dirigirse a una calmada audiencia privada, a presenciar un conato de disturbio en un importante día festivo cuando la ciudad está llena de visitantes. Finalmente, el gobernador se ablanda y decide «concederles su demanda». Barrabás es puesto en libertad, y Jesús entregado a la voluntad del populacho. Lo que lleva a Jesús a la Cruz no es la justicia, sino el deseo de una multitud.

Construyendo Puentes

Como los otros pasajes de la Pasión, también éste se desarrolla en el plano histórico y narrativo, aunque también está presente la Teología. Históricamente, el juicio de Jesús aparece como la lucha de un magistrado romano por administrar una peligrosa situación política. Puesto que Pilato ha de elegir entre la justicia y un alzamiento masivo, el maestro galileo se convierte en un cordero expiatorio que no merece el castigo que se le ha impuesto. Su situación de soledad le hace prescindible. Jesús muere siendo inocente, y muchos son responsables de su muerte.

Desde un punto de vista narrativo, vemos de nuevo varias reacciones ante la persona de Jesús, que van desde una insistente hostilidad hasta un esfuerzo de permanecer lo más indiferente posible. Los dirigentes han conseguido el apoyo de las multitudes. Juntos impulsan la eliminación de Jesús. En contraste, Pilato intenta mantener la distancia, sin afirmar que Jesús tiene toda la razón, pero sin aprobar la hostilidad que se dirige contra él. Finalmente, ganan los más apasionados. Todos estos acontecimientos son únicos, y sin embargo, constituyen el modelo de toda una plétora de respuestas a las pretensiones de Cristo.

Más significativa es la teología que se incorpora al cuadro. El intercambio de Barrabás por Jesús da testimonio de dos cosas. (1) Como muestra la propia reacción de Pilato, hay cierta incredulidad en la preferencia de Barrabás. En este pasaje vemos en acción la ceguera que produce el pecado y su lógica particular. Ante la opción de salvar a un maestro de justicia o a un sanguinario criminal, la multitud escoge a este último. Ello muestra la clase de pasión que pueden generar las creencias religiosas y la hostilidad que pueden producir en las gentes. Las palabras son más peligrosas que las cuchillas y el alma más importante que la vida. En un sentido, por irracional que parezca a primera vista, el juicio es apropiado porque si Jesús está equivocado con respecto a sus pretensiones, es entonces un personaje muy peligroso. Por otra parte, si está en lo cierto (¡y es inocente!), no puede haber entonces un juicio peor. La línea entre lo verdadero y lo falso es a menudo la delgada hebra de una percepción correcta.

(2) Entretejido en este diálogo hay un mensaje teológico. Romanos 5:5–8 resume la muerte de Jesús con la expresión «el justo por los injustos». Él muere (literalmente) en lugar de una persona injusta. Aunque puede que no seamos asesinos como Barrabás, no obstante Jesús sufre en la Cruz por nuestro pecado. Este mensaje que resuena desde la Cruz es intemporal. Barrabás representa la posición en la que todos estamos como consecuencia de la muerte de Jesús: podemos vivir porque él murió. La Gracia de Dios resplandece en medio de todas las injusticias. El mensaje de la Cruz es que Jesús vence al mal y a la injusticia, aun cuando él mismo se encuentra en medio de ellos. Este es el milagro que se integra en el plan de Dios por todas las edades.

Significado Contemporáneo

La Pasión se narra para nuestra reflexión. Al leer o escuchar su relato, las diferentes reacciones a Jesús nos demandan ciertas decisiones. No se trata de la historicidad de los acontecimientos, puesto que el texto la asume, sino de decisiones más sutiles y sustantivas. ¿Quién representa a la verdad en el relato? ¿Quién está actuando con justicia y fidelidad? ¿Cuál de las partes tiene de su lado los argumentos más sólidos?

En su hostilidad, los dirigentes parecen demasiado insistentes como para tener razón. Han falsificado acusaciones y rechazado una solución que habría salvado una vida inocente. Han forzado la ejecución. Lucas lleva al lector a ver que hubo mucho de delictivo e ilegal en la muerte de Jesús como un criminal. La fuerza que lleva a Jesús a la Cruz es una dureza de corazón que con frecuencia acompaña a su rechazo.

El carácter voluble del pueblo representa también algo que no es correcto. Unos días atrás, algunos aclamaron a Jesús como rey (19:38). Sin embargo, ahora un asesino es mejor que él. En el transcurso de unos pocos días, todo ha cambiado. El pueblo refleja una superficialidad en sus convicciones y una vulnerabilidad a la manipulación que constituye una clara advertencia contra un acercamiento superficial a estas cuestiones. La reflexión religiosa es cosa de todos, sin embargo, llevarla a cabo desde la distancia significa estar sujeto a cambios que responden más a impulsos emocionales que a una meditación pausada. Cuando falta esta sincera reflexión se producen cambios emocionales desenfrenados respecto a cuestiones de enorme trascendencia. Esto no ha cambiado en nuestros días. También hoy el tipo de emociones vinculadas a estas cuestiones pueden pasar frenéticamente de la indiferencia a la pasión más intensa.

Una de las cosas que me fascinaba de Madelyne Murray O'Hare era la pasión con que vivía su ateísmo. El cristianismo la irritaba tanto que le era imposible contenerse cuando aludía a él. Por otra parte, otros apartan de sus vidas este tipo de cuestiones. Hemos de darnos cuenta de que el mundo está lleno de opiniones religiosas, pero que tanto la cantidad de investigación que las sustenta como la pasión que se le dedica son muy variadas.

Pilato representa a un personaje atrapado por las presiones del oleaje popular. Tenemos aquí a un hombre que se interesa en precisar de dónde sopla el viento en lugar de valorar la veracidad de las pretensiones de Jesús. En su corazón conoce algo de la verdad sobre la situación, sin embargo, no hace frente a su responsabilidad. En nuestro mundo se hacen una gran cantidad de afirmaciones sobre Jesús. Algunas de ellas son claras tergiversaciones, como las que formulan los dirigentes delante de Pilato, con sugerencias de que los evangelistas y los apóstoles desvirtuaron el verdadero retrato de Jesús. Con frecuencia, esta clase de afirmaciones dejan a algunas personas apabulladas y confusas, algo parecido a lo que le sucede a Pilato en este pasaje. La mejor forma de responder a las pretensiones religiosas de Jesús es leerlas por uno mismo en la Escritura. A menudo, la herramienta más efectiva para evitar la clase de indecisión que vemos en Pilato es analizar directamente las afirmaciones que hace Jesús y dejar de escuchar las distorsionadas voces de los escépticos. La negación del testimonio de Jesús y sus seguidores por parte de los dirigentes judíos pone a Pilato ante un dilema, que resuelve planteando una reflexión con la esperanza de que se imponga el buen sentido y Jesús sea liberado.

Igual que hizo Pilato, con frecuencia el mundo se inhibe ante las decisiones religiosas de gran calado. Un acercamiento fácil consiste en sumarse al voto popular y ponerse del lado de la mayoría. O mejor aún, que todos hagan lo que mejor les parezca y no tener ningún diálogo público sobre ninguno de estos temas. Pilato se da cuenta de que no es simplemente un asunto de sacar el tema a la luz y someterlo al voto popular y, sin embargo, sigue adelante. Tiene la esperanza de resolver su dilema planteando al pueblo una decisión entre Barrabás y Jesús que a priori parece muy obvia. Sin embargo, para Pilato la aceptación pública es demasiado importante, en el último análisis, para que tome una decisión correcta basada en principios de justicia. Los asuntos religiosos no han de ser objeto de una mera reacción visceral, como si los sondeos de opinión pudieran determinar la verdad religiosa, éstos merecen una cuidadosa reflexión. ¿Cuántos «Pilatos» puede haber en nuestro mundo?

Con respecto a Barrabás, no volvemos a oír hablar de él, sin embargo, en un sentido muy real, la historia de este hombre es la que explica a Jesús. Quienes saben lo que Jesús consiguió en la Cruz se dan cuenta de que la historia de Barrabás es la nuestra. Con su muerte, Jesús nos libertó, igual que libertó a Barrabás. A quien salva una vida se le debe una vida. El andar cristiano es una declaración de gratitud a aquel que ha ocupado nuestro lugar. Jesús no se quejó cuando llevó la Cruz por aquel asesino y por nosotros. Mientras colgaba de aquel madero en el Calvario por nosotros, no pronunció palabras de protesta por la injusticia de que estaba siendo objeto. Solo hubo intercesión por aquellos enemigos que realmente no entendían lo que estaban haciendo. Solo hubo perdón por un delincuente crucificado junto a él, que entró en razón al contemplar lo que le quedaba de vida. Quienes han sido rescatados de la sentencia del pecado entienden que la libertad de Barrabás es un retrato de su escape de la muerte por medio de la graciosa obra de Jesús.

Lucas 23:26-49

Cuando se lo llevaban, echaron mano de un tal Simón de Cirene, que volvía del campo, y le cargaron la cruz para que la llevara detrás de Jesús. 27 Lo seguía mucha gente del pueblo, incluso mujeres que se golpeaban el pecho, lamentándose por él. 28 Jesús se volvió hacia ellas y les dijo: —Hijas de Jerusalén, no lloren por mí; lloren más bien por ustedes y por sus hijos. 29 Miren, va a llegar el tiempo en que se dirá: «¡Dichosas las estériles, que nunca dieron a luz ni amamantaron! 30 Entonces dirán a las montañas: "¡Caigan sobre nosotros!", y a las colinas: "¡Cúbrannos!"» 31 Porque si esto se hace cuando el árbol está verde, ¿qué no sucederá cuando esté seco? 32 También llevaban con él a otros dos, ambos criminales, para ser ejecutados. 33 Cuando llegaron al lugar llamado la Calavera, lo crucificaron allí, junto con los criminales, uno a su derecha y otro a su izquierda. 34 —Padre —dijo Jesús—, perdónalos, porque no saben lo que hacen. Mientras tanto, echaban suertes para repartirse entre sí la ropa de Jesús. 35 La gente, por su parte, se quedó allí observando, y aun los gobernantes estaban burlándose de él. —Salvó a otros —decían—; que se salve a sí mismo, si es el Cristo de Dios, el Escogido. 36 También los soldados se acercaron para burlarse de él. Le ofrecieron vinagre 37 y le dijeron: —Si eres el rey de los judíos, sálvate a ti mismo. 38 Resulta que había sobre él un letrero, que decía: «Éste es el Rey de los judíos.» 39 Uno de los criminales allí colgados empezó a insultarlo: —¿No eres tú el Cristo? ¡Sálvate a ti mismo y a nosotros! 40 Pero el otro criminal lo reprendió: —¿Ni siquiera temor de Dios tienes, aunque sufres la misma condena? 41 En nuestro caso, el castigo es justo, pues sufrimos lo que merecen nuestros delitos; éste, en cambio, no ha hecho nada malo. 42 Luego dijo: —Jesús, acuérdate de mí cuando vengas en tu reino. 43 —Te aseguro que hoy estarás conmigo en el paraíso —le contestó Jesús. 44 Desde el mediodía y hasta la media tarde toda la tierra quedó sumida en la oscuridad, 45 pues el Sol se ocultó. Y la cortina del santuario del templo se rasgó en dos. 46 Entonces Jesús exclamó con fuerza: —¡Padre, en tus manos encomiendo mi espíritu! Y al decir esto, expiró. 47 El centurión, al ver lo que había sucedido, alabó a Dios y dijo: —Verdaderamente este hombre era justo. 48 Entonces los que se habían reunido para presenciar aquel espectáculo, al ver lo ocurrido, se fueron de allí golpeándose el pecho. 49 Pero todos los conocidos de Jesús, incluso las mujeres que lo habían seguido desde Galilea, se quedaron mirando desde lejos.

 **Sentido Original**

Lucas desarrolla el relato de la crucifixión de Jesús mediante su interacción con una serie de observadores.[1] Como es característico de él, Lucas nos lleva a ver la Pasión a través de muchas miradas y diferentes perspectivas.

Jesús se dirige a su muerte tras un largo día y noche de emociones. Sin dormir y después de sufrir una severa flagelación, necesita ayuda para cargar la Cruz, y se le pide a Simón de Cirene que se la preste. Simón ha recorrido un largo camino hasta llegar a Jerusalén, puesto que Cirene se encuentra en los límites de la actual ciudad de Trípoli. Es difícil saber con certeza por qué se menciona a Simón. Naturalmente, esta parte de la narración representa una nota histórica, pero ¿hay acaso algo más? No hay indicios de que Simón sea un seguidor de Jesús. Sin embargo, esta sección subraya sin duda que el recorrido de Jesús hasta la Cruz no es un acontecimiento privado. La naturaleza de lo que va a conseguir en ella hace que otros estén también implicados. En su camino hasta la Cruz, le acompaña otra persona; se trata de alguien como cualquiera de nosotros.

Detrás de Jesús hay una gran cantidad de personas. La multitud que exigió su ejecución se ha quedado para ver cómo se lleva a cabo. Con ella hay un grupo de mujeres, llorando su sufrimiento y muerte inminente. ¿Se trata de personas que realmente se identifican con Jesús, o son dolientes autómatas que se limitan a acompañar a alguien cercano a la muerte? Jesús parece tratarlas como si fueran sinceras, y la narración las describe desde una óptica favorable.[2]

Jesús responde a su remordimiento reorientando su atención hacia un asunto más serio. Les insta a que no lloren por él. Aunque su muerte será dolorosa, Jesús sabe que Dios se hará cargo de él, puesto que solo faltan unas horas para que se produzca su vindicación por medio de la resurrección. El verdadero asunto no es lo que Jesús va a sufrir, sino lo que su muerte significa para quienes le rechazan. Este comentario en medio de su dolor indica lo desinteresado de su actitud, ya que, aun en aquel momento, Jesús sigue preocupándose por los demás. Aquellas mujeres han de llorar por la nación y por sus hijos, porque no hay duda de que el juicio sobre ellos se acerca (ver 13:34–35).

Jesús ejerce entonces un papel profético camino de la Cruz. Israel tiene por delante días difíciles (cf. 19:41–44), en el que «las mujeres estériles» serán bienaventuradas. Tenemos aquí una inversión del punto de vista judío normal según el cual la bienaventurada es la matriz fructífera. Esto se debe a que el juicio que caerá sobre la nación será severo. Hombres, mujeres y niños estarán igualmente en peligro, porque así eran las guerras en el mundo antiguo. La victoria suponía la total destrucción de los oponentes. Por tanto, Roma no mostrará ninguna misericordia. El pueblo de Jerusalén será aplastado por no reconocer lo que está haciendo.

---

1. Los pasajes paralelos de este texto son Mateo 27:31b–56; Marcos 15:20b–41; Juan 19:16b–37. La sección sobre las mujeres de luto solo la consigna Lucas. Los pasajes paralelos tienen algunas diferencias entre ellos, de las cuales dos de las más sobresalientes son (1) que se citan distintos salmos a medida que se desarrollan las narraciones y (2) que se establece un marcado contraste entre las reacciones de los criminales durante su crucifixión. Por lo que respecta a este Evangelio, solo Lucas utiliza el Salmo 31, y solo él narra la historia del criminal que cree.
2. Marshall, *Commentary on Luke* [Comentario de Lucas], 863.

Jesús dirige ahora su atención a la lección de Oseas 10:8. Los días del juicio serán tan dolorosos que las personas desearán morir, anhelarán que la Creación (representada por los montes y collados) caiga sobre ellos (cf. Ap 6:16, donde este versículo de Oseas describe el terror del juicio en el tiempo del fin). Cuán doloroso es ser objeto de la ira de Dios.

Jesús acaba sus comentarios con una última pregunta retórica, cuya fuerza es objeto de debate. La NIV expresa la frase de este modo: «Porque si los hombres hacen esto cuando el árbol está verde, ¿qué no sucederá cuando esté seco?».[3] Esta traducción interpreta el ambiguo «hombres» (lit., «ellos») como una referencia al pueblo judío o a la Humanidad. Sin embargo, es difícil de entender el sentido que este sujeto comunica a las dos mitades de la frase. La clave para entender este dicho es el contraste entre lo que se le hace a un árbol verde y saludable y lo que le sucede a la madera de un árbol muerto y seco. La palabra «ellos» podría muy bien ser una referencia indirecta a Dios, como en Lucas 12:20.[4] Si este es el desenlace de alguien como Jesús, ¡imaginemos entonces el que le espera a la madera seca responsable de su muerte! Este será el último lamento de Jesús sobre la nación que consigna Lucas.

Jesús no va solo a su ejecución. Otros dos, a quienes se describe como «criminales», se unen a él. Como Jesús mismo ha predicho, es contado entre «los transgresores» (Is 53:12; Lc 22:37). Su palabra se cumple.

El escenario de la crucifixión es un lugar llamado «la Calavera». Su nombre arameo es «Gólgota»; en latín, *calvaria*, que es la razón por la que nos referimos a él como Calvario. La colina en la que se llevan a cabo las ejecuciones sobresale de la tierra como una calavera.[5] La cruz de Jesús está situada entre las de dos criminales. Esto es muy significativo, puesto que en el debate entre los criminales uno de ellos pronto le confesará y será salvo. Jesús es el puente por el que los impíos pueden convertirse en justos.

Mientras aguarda su muerte, Jesús se dirige de nuevo al Padre en oración,[6] pidiendo que sus enemigos sean perdonados. Habla de su ignorancia al matarle. Su argumento es que no entienden realmente lo que están haciendo. Al orar por sus enemigos, Jesús ha cumplido una norma ética que él mismo mencionó en 6:29, 35. Con ello Jesús evi-

---

3. La imagen de los árboles secos que son quemados procede de Isaías 10:16–19 y Ezequiel 20:47.
4. Literalmente, Lucas 12:20 dice: «te demandarán el alma». Ver la obra de Danker, *Jesus and the New Age* [Jesús y la Nueva Era], 372. Si esta opción no es correcta, la mejor es entonces la que entiende que Jesús dice: «Si ellos (los judíos) me han tratado así por venir a liberarles, ¿cómo entonces les tratará a ellos (Dios) por matarme?» Un dato contrario a este punto de vista es que el sujeto elíptico es distinto en la primera mitad del dicho que en la segunda, pasando de los «judíos» a «Dios». No obstante, tanto esta opción como la sugerida en este comentario, llevan consigo la misma fuerza esencial.
5. Fitzmyer, *The Gospel According to Luke I-IX* [El Evangelio según Lucas I-IX], 1503.
6. Aunque algunos cuestionan que la oración del versículo 34 forme parte de Lucas, creo personalmente que ésta debería incluirse. Es cierto que algunos buenos manuscritos (p^{75}, B, y D) la omiten, sin embargo, su presencia en א, y algunas razones internas la defienden. Es especialmente notable el paralelismo con Hechos 7:60. A Lucas le encanta establecer paralelismos entre Jesús y la Iglesia, un paralelismo que se pierde si se omite el versículo. Ver Marshall, *Commentary on Luke* [Comentario de Lucas], 867–68.

dencia su amor y compasión y sigue el ejemplo de sus propias instrucciones sobre el discipulado.

En la Cruz, los soldados se limitan a esperar el fin de la ejecución. Mientras tanto se reparten la ropa de Jesús echando suertes sobre ella. Este comentario alude al Salmo 22:18, que es un texto sobre el sufrimiento de los justos y el modo en que son tratados. El grito de Jesús desde la Cruz sobre el desamparo del Padre refleja otra parte del Salmo (Sl 22:1; Mt 27:46; Mr 15:34). Todas estas conexiones describen el tipo de sufrimiento que experimenta Jesús, quien está en la Cruz como un hombre inocente, que muere voluntariamente por personas que no entienden su muerte y se burlan de ella.

Esta ejecución encaja en el patrón de las crucifixiones públicas que se conocen en el mundo antiguo. El pueblo «observa» lo que sucede, y los dirigentes «se burlan» (v. 35; ambos verbos aparecen en Salmos 22:7). Sus burlas expresan ironía. «Salvó a otros —decían—; que se salve a sí mismo, si es el Cristo de Dios, el Escogido». Es posible que este insulto aluda a la tradición judía convencida de que Dios ayuda el justo.[7] El sarcasmo de los enemigos de Jesús muestra su gran confianza y apasionamiento. Se sienten perfectamente cómodos con su ejecución. La ironía final, sin embargo, es que, mediante la resurrección de Jesús, Dios llevará a cabo lo que piden.

Los soldados aportan su cuota de burlas. Ofrecen *oxos* a Jesús, una especie de «vinagre» seco que utilizaban los pobres. Sus pullas pidiéndole que se salve a sí mismo si realmente es el rey,[8] muestran que no es la compasión lo que realmente les motiva. En este punto, Lucas menciona el letrero que explica el delito de Jesús: «Éste es el Rey de los judíos», reza el texto. El evangelista muestra sistemáticamente que es Jesús como Cristo quien va a la Cruz.

El foco cae de nuevo sobre los criminales. Uno de ellos se une a las burlas «insultando» a Jesús (una expresión que indica blasfemia); todos se sienten con libertad de denigrarle. Igual que los dirigentes, este hombre le pide que se salve a sí mismo si es el Cristo. Y también que les salve a ellos. Pero el otro criminal interviene con firmeza y reprende al primero preguntándole: «¿Ni siquiera temor de Dios tienes [...]?». Es como si dijera: «¿qué te da el derecho de reprender a Jesús como si fueras superior?». Subraya que la sentencia de ellos es justa, ya que reciben lo que merecen. Sin embargo, Jesús es inocente. Pilato, Herodes y ahora un criminal han confesado la inocencia de Jesús precisamente mientras éste va camino de la muerte.

Éste último le hace una petición a Jesús. Ha mostrado ya que le ve como a alguien distinto. Ahora le pide que se acuerde de él cuando venga en su reino. Este criminal acepta el hecho de que Jesús es un rey, y quiere participar de su futuro gobierno y encontrarse entre los justos en el día del juicio; es el primero de muchos en responder a la Cruz de manera positiva.

---

7. Ver Sabiduría de Salomón 2:17–22.
8. El comentario se expresa como una condición griega de primera clase, sin embargo, ello no indica que quienes hablan crean que la reivindicación de realeza sea verdadera. Esta forma solo añade otro elemento al cuadro de la ironía del sarcasmo presentándole de un modo tan vívido. Naturalmente, lo que aquí se presenta es una traducción de un insulto que probablemente no se expresó en griego.

La respuesta de Jesús indica que la petición del ladrón obtendrá respuesta antes de lo que éste espera. Aquel mismo día, estarán juntos «en el paraíso», una palabra que alude al lugar de los justos. La frase introductoria, «Te aseguro» indica la solemnidad de la respuesta. Aun mientras pende de la Cruz, Jesús está salvando a personas. Quienes piensan que las burlas no se cumplirán no entienden lo que sucede.

Hacia la hora sexta, es decir, el mediodía, la tierra queda sumida en la oscuridad durante tres horas. Hasta los cielos dan testimonio de la naturaleza de aquel momento. En el Antiguo Testamento la oscuridad a menudo indica juicio (Jl 2:10; Am 8:9; Sof 1:15). Dios señala su presencia. El Sol no aparece por ninguna parte. Ha llegado la verdadera hora de la oscuridad (Lc 22:53).

A continuación otra señal añade un elemento más a aquel momento crucial: el velo del templo se divide en dos. Hay un debate sobre cuál es el velo a que se refiere: puede tratarse de la cortina del lugar Santísimo o de la del atrio del templo. Más importante que esto es determinar lo que indica esta acción. (1) Ha llegado un momento de juicio y el templo sufre sus efectos. Teniendo en cuenta que el templo es el centro de la religión del judaísmo, este es un juicio significativo para la nación. (2) La rasgadura del velo sugiere también una apertura del camino hacia Dios. La cortina en cuestión protegía el acceso a la presencia de Dios y, al rasgarse, éste quedaba abierto. Más adelante, el autor de Hebreos menciona que la muerte de Jesús termina con la necesidad de sacrificios (Heb 8–10).[9]

Con las señales cósmicas viene la muerte de Jesús. Sus últimas palabras proceden del Salmo 31:5, y reflejan la confianza que tiene en el Padre: «En tus manos encomiendo mi espíritu». Jesús confía en que el Señor cuidará de él. Este salmo describe a un justo que, como Jesús, sufre. Lo que sucede a partir de este momento es cosa de Dios. Tendrá que dar su testimonio sobre Jesús mediante los acontecimientos de los pocos días siguientes.

Ahora un centurión alaba a Dios. Como antes sucedió con el criminal, también éste tiene una percepción del acontecimiento, que Lucas utiliza como comentario final de todo lo sucedido. Afirma que Jesús es sin duda *dikaios*. Este término griego es un tanto ambiguo. ¿Qué significa «inocente» o «justo» (es posible cualquiera de los dos sentidos)? Por una parte, la diferencia no es significativa, puesto que un Jesús inocente es también un Jesús justo. Sin embargo, en un contexto que ha subrayado la inocencia de Jesús, un testimonio final de dicha inocencia es más lógico. El centurión se convierte de este modo, en un segundo testigo que afirma la inocencia legal de Jesús mientras éste está siendo ejecutado (Dt 19:15), y la cuarta persona que lo hace en este capítulo del Evangelio. Lucas subrayará más adelante la inocencia de Jesús en el libro de los Hechos (3:14; 7:52; 13:28; 22:14).[10]

La multitud también reacciona. Las gentes se alejan de allí golpeándose el pecho. Es posible que las señales cósmicas les hayan hecho pensar. ¡Imaginémonos lo que pudo significar darse cuenta de que habían cometido un error enorme matando al Escogido

---

9. E. Ellis, *The Gospel of Luke* [El Evangelio de Lucas], 270.
10. J. Neyrey, *The Passion According to Luke* [La Pasión según Lucas], 100.

de Dios cuando ya era demasiado tarde para rectificar! Puede que esta clase de lamento les hubiera preparado para la apertura que Pedro encuentra cuando se dirige al pueblo en Hechos 2, puesto que estos acontecimientos llegaron a ser muy conocidos (ver especialmente Hechos 2:37).

Los discípulos miran el desarrollo de los acontecimientos desde la distancia. Entre ellos hay un grupo de mujeres que han estado con Jesús desde el comienzo de su ministerio en Galilea. Algo característico de esta muerte es que cuenta con numerosos testigos de los hechos. Lucas ha observado la presencia de muchos grupos distintos que participan de lo que acaba de suceder. Ha observado también una serie de perspectivas sobre este acontecimiento. ¿Cuál de ellas es la verdadera? Las últimas palabras del centurión no dejan dudas.

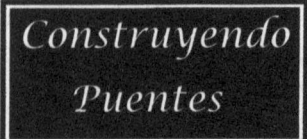

Como en el caso de los anteriores acontecimientos de la Pasión, el texto se desarrolla en el plano histórico, narrativo y teológico. Los tres niveles ayudan a salvar el vacío que separa este acontecimiento de nuestro tiempo.

El nivel histórico presenta los acontecimientos de la Cruz de manera resumida. La versión de Lucas nos da destellos de una gran variedad de reacciones, que van desde la conversión hasta la hostilidad. Lucas observa que se produjeron ciertos acontecimientos de un modo que evoca el testimonio de las Escrituras sobre el sufrimiento de los justos. Jesús sufre como inocente, pero lo hace por designio divino. Una de las grandes ironías de este pasaje es que, mientras muchos se burlan de Jesús diciéndole que se salve a sí mismo y a otros, él está precisamente llevando a cabo su obra de salvación. Los personajes más perceptivos de la escena son un criminal y un centurión, cuyas actitudes siguen muy de cerca a las de Lucas.

En el plano narrativo, el relato se desarrolla con varios personajes representativos. Existe incluso cierta interacción entre los diferentes grupos, como por ejemplo la que se produce entre Jesús y las mujeres. Las mujeres, que reaccionan a un nivel humano normal, están convencidas de que la muerte de Jesús es una tragedia para él. Esta es la razón por la que lloran. No obstante, Jesús deja claro que la verdadera tragedia es equivocarse con respecto a su identidad. La nación se dirige hacia el juicio por rechazarle. Así, el significado de la Cruz no es el que parece a primera vista. Aunque para Jesús, el Gólgota parece ser el fin, en realidad es el lugar en que la nación toma una funesta decisión. Lo que sucede con la nación se aplica también a las decisiones individuales sobre Jesús. Rechazarle hace responsable ante Dios a quien lleva a cabo dicho rechazo.

Es también significativa la compasión de Jesús por cuanto nos descubre su corazón mientras muere. En la Cruz, Dios desea mostrar su amor por la Humanidad perdida (Jn 3:16). Jesús modela esta clase de corazón mediante su intercesión por sus enemigos (v. 34). Una indicación del éxito de dicha intercesión nos llega con la conversión de alguien como Saulo en Hechos 9. Algunos no creyentes llegan a ver el amor de Dios mediante lo que sucede en la Cruz.

Las burlas de los dirigentes judíos y de los transeúntes muestran la hostilidad y la ceguera que subyacen tras el rechazo de Jesús. Esta clase de ofuscamiento lleva a la ejecución de un inocente siervo de Dios. El regodeo en la muerte de Jesús muestra lo vacía que ha llegado a ser la compasión de algunos de los oponentes de Jesús. Su falta de percepción de su identidad es un error crucial. Lo que ellos consideran imposible que Jesús consiga en la Cruz es exactamente lo que él está llevando a cabo.

El «encuentro de las dos posiciones» se resume en el diálogo entre los dos criminales crucificados con Jesús. Uno está convencido de que Jesús no tiene nada que ofrecer; el otro le pide que ejerza su autoridad como rey para asegurarle un lugar entre los salvos. Este segundo delincuente aporta el testimonio más elocuente y conciso sobre Jesús que ofrece la Escritura. Jesús garantiza a este delincuente que confiesa su nombre un lugar entre los justos. Acercándose a Jesús, este hombre ha pasado de ser culpable a gozar de la bendición de Dios. Su fe le ha movido a pensar nuevamente sobre Jesús y le ha hecho salir en defensa de aquel que está siendo injustamente crucificado.

La narración pone también de relieve el testimonio de Dios por medio de las señales del cielo. El que Jesús tenga que morir representa una necesidad que oscurece este momento de la Historia. El pecado es una oscura realidad de nuestro mundo, pero en este pasaje, junto a ella está la apertura del acceso a Dios. La rasgadura del velo del templo muestra que no existe barrera alguna entre Dios y la Humanidad que no pueda salvarse volviéndonos a él por medio de Jesús. Normalmente los cielos solo dan un testimonio silencioso de Dios (Sal 19:1–6), sin embargo, cuando hablan como en este pasaje, hemos de ponderar su mensaje.

En el plano teológico, la Cruz requiere un extenso comentario. En un sentido, puede sostenerse que todo el Nuevo Testamento es un amplio comentario sobre la Cruz. Ya sea que consideremos Romanos 3:21-31, Hebreos 8–10 o el testimonio vinculado a rituales como el Bautismo y la Cena del Señor, la Cruz funciona como un comentario para cada generación. De todas las ironías de la Cruz que conservan su vigencia hasta nuestro tiempo, no hay otra mayor que el hecho de que, para los seres humanos, la vida eterna surge de la muerte de Jesús. Al ofrecer a su Hijo, Dios puede convertir en hijos e hijas a quienes responden a esta obra. Por consiguiente, hemos de creer lo que Dios ha hecho por medio de Cristo en la Cruz y responder a ello con una vida que honra a Dios (Ro 12:1–2).

Desde un punto de vista teológico, la Cruz proporciona la expiación que perdona el pecado. En este pasaje, Jesús se ofrece a sí mismo en servicio a otros. Él ora por el perdón de sus enemigos y acepta en su reino a uno de los criminales. Al llevar injustamente el castigo de nuestro pecado en su amor, Jesús nos representa. La consideración más importante que podemos dar a la Cruz consiste en abrazar su significado con un corazón sensible y lleno del perdón, amor y humildad que Jesús expresa con tanta elocuencia en este pasaje. La única acción que hace justicia a la Cruz de Cristo es acoger su obra con una fe total.

Melanchton, el principal colega de Lutero, declara de este modo nuestra respuesta a la obra de Jesús:[11]

> Por consiguiente, somos justificados cuando, muertos por la ley, somos vivificados de nuevo por la palabra de la Gracia prometida en Cristo; el Evangelio perdona nuestros pecados, y nosotros nos aferramos a Cristo en fe, sin dudar en absoluto que la justicia de Cristo es nuestra justicia, que la satisfacción que trajo Cristo es nuestra expiación, y que la resurrección de Cristo es la nuestra. En breve, no dudamos en absoluto de que nuestros pecados han sido perdonados y de que ahora Dios nos favorece y desea nuestro bien. Por consiguiente, ninguna de nuestras obras, por buena que pueda parecer o ser, constituye nuestra justicia. Nuestra JUSTICIA está solo en la FE en la Misericordia y la Gracia de Dios en Jesucristo.

A continuación, el reformador cita Romanos 1:17; 3:22; 4:5; y Génesis 15:6. Por causa de Cristo, el cristiano puede expresar total contentamiento en cualquier situación.

Significado Contemporáneo

Las aplicaciones de este texto se basan en cuestiones planteadas en la sección anterior. Una vez más, como sucede con todo el material de la Pasión, la aplicación más fundamental de este texto tiene que ver con las decisiones que tomamos respecto a Jesús y la naturaleza de su obra en la Cruz. Lucas ha desarrollado la narración para persuadir al lector a favor de Jesús. Las distintas cuestiones que plantea la Cruz solo pueden resumirse porque el tema de la Cruz es en muchos sentidos el tema del Nuevo Testamento.[12]

Los documentos neotestamentarios utilizan muchas imágenes para describir la Cruz y el modo en que hemos de verla. Es un rescate (Mr 10:45; 1Ti 2:6), un pago por la deuda del pecado. Es una sustitución: Jesús se ofrece a sí mismo en nuestro lugar (cf. el significado de Barrabás en la sección anterior; ver también Lc 22:18–20; Jn 6:51–52; Ro 8:3; 2Co 5:21; cf. Is 53:10). Es una propiciación que satisface la justicia de Dios tratando con el pecado (Ro 3:25). Representa la «elevación de Jesús», y por medio de ella Satanás es depuesto (Jn 3:14–15; 8:28; 12:31–32; 18:32). Es el medio por el que se compra la Iglesia (Hch 20:28). Es el sacrificio que pone fin a cualquier otro sacrificio por el pecado (Heb 8–10). Es el paso que precede a la exaltación del Señor sentándose a la diestra de Dios (Hch 2:16–39; Heb 1:3). Es la base sobre la que Dios aparta a sus hijos como una comunidad santa (1P 1:2, 18–25; 2:1–11). En la Cruz, Jesús se hizo maldición por nosotros, un mediador de nuestra culpa ante Dios (Gá 3:13, 19–20). En ella se produce una reconciliación entre Dios y la Humanidad, y entre judíos y gentiles (Ro 5:8–11; 2Co 5:20–21; Ef 2:11–22; Col 1:21–22; 2:11–15). De este modo, Dios puede ahora justificarnos, es decir, declararnos justos delante de él (Ro 3:21–31).

---

11. Melanchthon, *Loci Communes*, como la cita W. Pauck, ed., *Melanchthon and Bucer* [Melanchthon y Bucero], (LCC 19; Filadelfia: Westminster, 1969), 88–89.
12. Quienes estén interesados en considerar un concienzudo tratamiento de este tema, pueden ver la obra de L. Morris, *The Cross in the New Testament* [La Cruz en el Nuevo Testamento], (Grand Rapids: Eerdmans, 1965).

El pragmatismo de esta enumeración tiende a oscurecer el carácter sorprendente e integral de la obra de Jesús. Cada uno de los textos que acabo de consignar expresa una gran riqueza en la representación de un solo aspecto de la compleja obra de la Cruz. Numerosos himnos intentan también expresar lo que significa todo esto. Se han escrito grandes canciones en honor de la Cruz, como por ejemplo «Sublime Gracia», «Roca de la eternidad», «La Cruz excelsa al contemplar», y «En la Cruz», que nos llevan a reflexionar sobre lo que Dios ha hecho por medio de Jesús. De hecho, probablemente la Cruz deba ser más objeto de meditación y ponderación que tema de análisis meramente teológico. A veces me pregunto si en las reuniones de Viernes Santo no debería plantearse un largo periodo de silencio y oración delante del Señor, en el que cada participante reflexione sosegadamente sobre el sentido de la Cruz a título personal. Por regla general, el silencio no es popular en nuestra cultura. Pero la Cruz es un acontecimiento que debe ser absorbido, no solo descrito.

Somos, pues, llamados a confiar en que Cristo nos impartirá todos los beneficios que proceden de reconocer que él ha ocupado nuestro lugar en la Cruz. Las aplicaciones de este texto son de dos clases, dependiendo de si quien se lo aplica toma esta decisión por primera vez o está ya viviendo su vida consciente, como afirma el himno, de que «Jesús lo pagó todo».

La Cruz es en esencia la oferta del generoso perdón de Dios para quienes lo reciben sinceramente. Abrazar la Cruz significa renunciar a nuestras propias obras como base de nuestra salvación. Nuestra relación con Dios se produce mediante nuestra confianza en Jesús y su obra consumada. Como dice el himno, «mi pecado, no una parte sino todo» ha sido borrado por el perdón que Jesús ofrece. La Cruz nos brinda la oportunidad de vivir una nueva vida, que se inicia con un nuevo comienzo ante Dios. Esta oferta es fruto de la Gracia de Dios, y nosotros no hemos de ganarnos nada. Si aceptamos su Gracia, Dios comienza una nueva relación con nosotros. Nuestro bienestar espiritual descansa de manera firme y segura en las manos de un Padre celestial que se preocupa por nosotros.

Para quienes hemos tomado esta decisión, la Cruz nos recuerda dónde comenzó todo. Mi relación con Dios es una respuesta de gratitud por todo lo que ha hecho para llevarme hasta sí mismo. La Gracia nos llama a vivir de un modo digno de Dios reflejando la nueva vida que él nos ha impartido (Ro 6–8; Tit 2:11–14).

La reconciliación con Dios no solo transforma mi relación con él, sino que también altera el modo en que me relaciono con los demás. Como se subraya en Efesios 2, por medio de la Cruz han caído las barreras que separan a las personas por razones étnicas. Imaginémonos el efecto de un testimonio en el que personas de distintos orígenes étnicos pueden vivir juntas en armonía. En un sentido muy real, la aplicación final de la Cruz implica el desarrollo de relaciones personales sobre una base distinta, puesto que ahora funcionamos en el mundo como personas perdonadas y que saben cuál es su lugar dentro de la Creación. La Cruz se convierte en el contexto de todos los pasajes de Lucas sobre el discipulado (9:51–19:44). Otra manera de expresarlo es afirmar que en el centro del plan de Dios está Jesús, y en el centro de la obra de Jesús están la Cruz y la Resurrección.

Es importante plantear una última aplicación de este pasaje. La Cruz se describe recurriendo a una serie de Salmos que apuntan al sufrimiento de Jesús como un justo inocente. Jesús ejemplifica a alguien que lo ofrece todo para mostrar su amor por su prójimo, aun cuando éste sea injusto con él. Dios ve el sufrimiento de Jesús y promete vindicarle; la primera indicación de dicha vindicación es que la petición de perdón por parte de Jesús (v. 34) recibe una respuesta inicial en el criminal salvado (v. 43). Jesús muestra así que la persona que anda con Dios ha de alcanzar a los perdidos. Lo menos que podemos hacer es proclamar a todos el perdón que le llevó a la muerte.

Antes he aludido al himno «Jesús lo pagó todo». No hay mejor comentario sobre la aplicación de la Cruz que el mensaje del coro:

> *Jesús todo lo pagó,*
> *Todo a él se lo debo;*
> *Una mancha carmesí el pecado dejó,*
> *Él la lavó y blanca como la nieve quedó.*

Lucas 23:50-56

Había un hombre bueno y justo llamado José, miembro del Consejo, 51 que no había estado de acuerdo con la decisión ni con la conducta de ellos. Era natural de un pueblo de Judea llamado Arimatea, y esperaba el reino de Dios. 52 Éste se presentó ante Pilato y le pidió el cuerpo de Jesús. 53 Después de bajarlo, lo envolvió en una sábana de lino y lo puso en un sepulcro cavado en la roca, en el que todavía no se había sepultado a nadie. 54 Era el día de preparación para el sábado, que estaba a punto de comenzar. 55 Las mujeres que habían acompañado a Jesús desde Galilea siguieron a José para ver el sepulcro y cómo colocaban el cuerpo. 56 Luego volvieron a casa y prepararon especias aromáticas y perfumes. Entonces descansaron el sábado, conforme al mandamiento.

Sentido Original

Este pasaje gira alrededor de dos series de personajes: José de Arimatea y algunas mujeres de Galilea.[1] Algunas personas siguen preocupándose de Jesús aun después de su muerte. El hecho de que las mujeres pongan atención en la observancia del sábado, mostrando su devoción judía, sugiere que no todos los judíos rechazan a Jesús. Algunos judíos piadosos le reciben.

Aunque muchos en Israel «caen» delante de Jesús, también hay algunos que son levantados por él (2:34). José pertenece a este segundo grupo. Es un hombre bueno y justo. De hecho, se opuso a la decisión del concilio de ejecutar a Jesús. Según la perspectiva del Nuevo Testamento, José es un santo que forma parte del «remanente»,[2] y que está esperando el reino de Dios. Es posible que creyera en Jesús, o al menos estaba abierto a su ministerio.

José pide el cuerpo de Jesús en cumplimiento de Deuteronomio 21:22-23. No considera apropiado que Jesús sea sepultado en una fosa común. Pide el cuerpo, lo baja de la Cruz, y lo envuelve con lienzos de lino (*sindon*), probablemente tejidos de calidad. No se trata del sudario de Turín que recientemente ha sido objeto de muchas especulaciones. José coloca el cuerpo en un sepulcro cavado en la roca y en el que todavía no se ha puesto a nadie. Es probable que este sepulcro hubiera sido excavado junto a una roca, y que tuviera una pequeña entrada, más o menos de un metro de altura. Esta clase de tumbas se encontraban solo al norte de la ciudad. Jesús recibe una sepultura honrosa.

---

1. Los pasajes paralelos de este texto son Mateo 27:57-61 y Marcos 15:42-46. Un detalle que solo Lucas observa es que estas mujeres son de Galilea.
2. Tiede, *Luke* [Lucas], 26, le menciona entre los fieles. No se conoce la ubicación exacta de Arimatea. Algunos sugieren que esta localidad se encontraba a unos ocho kilómetros al norte de Jerusalén, mientras que otros la sitúan a unos veinte kilómetros al noreste de Lida.

Lucas observa que es «el día de preparación» para el sábado. De modo que es el atardecer del viernes. En este día había que preparar todos los detalles para la celebración del Sabat. José termina rápidamente la tarea, antes del atardecer, puesto que el sábado comenzaba en aquel momento. Su acción no se produce en privado, puesto que algunas de las mujeres le observan mientras acomoda el cuerpo de Jesús en el sepulcro. Al parecer, no abandonaron la escena de la Cruz (cf. v. 49). El que estas mujeres sean de Galilea indica que han sido discípulas de Jesús por algún tiempo y que le conocen bien. No van a confundirse con respecto a si José ha tomado el cuerpo de Jesús o con respecto a dónde le ha llevado.

Las mujeres realizan los preparativos para el sábado y preparan también especias y perfumes para ungir con ellas el cuerpo Jesús, una costumbre común entre los judíos, puesto que ellos no embalsamaban a los muertos. Las especias aromáticas y los perfumes se ponían sobre el cuerpo para reducir el hedor y la descomposición.[3] Estas mujeres tienen la clara intención de regresar al sepulcro. Quieren seguir honrando al Señor. No hay indicaciones de que éstas esperen una resurrección corporal de Jesús.

Construyendo Puentes

Este relato narra sencillamente que Jesús fue sepultado y que algunas personas ajenas a los acontecimientos fueron testigos de ello. Funciona básicamente a título histórico. En el plano narrativo no se desarrolla una detallada descripción de los personajes. El texto pone de relieve un par de ejemplos de profunda preocupación mostrada hacia Jesús. Las personas que aparecen quieren que Jesús tenga una sepultura honorable y que se proceda de manera apropiada. Su preocupación es admirable.

El texto pone también de relieve otro importante detalle. La resurrección no fue un acontecimiento esperado. Jesús recibe el tratamiento normal de una persona que ha muerto. No hay duda de que se le sepultó, y la preparación de especias muestra que las mujeres esperaban que permaneciera en la tumba. La resurrección toma a todo el mundo por sorpresa.

No es insólito que Dios esté activo entre nosotros e incluso que nos diga lo que está haciendo, y que sin embargo, lo pasemos por alto. Podemos quedarnos tan atrapados en las presuposiciones de cómo son normalmente las cosas que corremos el riesgo de no ver las cosas que Dios está haciendo fuera de lo normal. Este tipo de texto nos recuerda que hemos de abrir bien los ojos y esperar con atención el cumplimiento de las promesas de Dios, que pueden hacer acto de presencia de maneras sorprendentes.

Significado Contemporáneo

Este es un párrafo de transición hacia la resurrección, que consigna el respeto que algunos concedieron a Jesús después de su muerte. Hay un aspecto que rinde

---

3. W. Michaelis, «μύρον,», *TDNT*, 4:801; «σμύρνα», 7:458. El relato de Marcos presenta la compra de especias aromáticas como la primera acción de las mujeres el domingo. Esta diferencia podría indicar que las mujeres compraron más especias aquel día; o quizá Mateo y Lucas han llevado a cabo una compresión literaria.

una importante aplicación para nuestra era de escepticismo. Una de las acusaciones que algunos hacen en nuestros días es que la resurrección fue un acontecimiento creado por la Iglesia Primitiva para perpetuar la memoria y enseñanza de Jesús. En este caso, los evangelistas encontraron, sin duda, una manera muy poco común de referirse a su preparación. El testimonio de los Evangelios es que la resurrección tomó por sorpresa a los discípulos. Cuando Jesús murió, éstos creyeron que les había dejado. Aunque Jesús había profetizado su resurrección, esta verdad no había hecho mella en ellos. Si la resurrección fue realmente una invención, ¿habrían sus creadores presentado a los discípulos como personas tan incapaces de entender lo que Jesús estaba pronosticando? Es más difícil de creer en una resurrección inventada, por la que algunos de los seguidores de Jesús llegaron a dar sus vidas, que considerar seriamente la posibilidad de la resurrección. Las implicaciones de este contraste llevan directamente a una decisión a favor de la resurrección y de las afirmaciones de Jesús sobre su identidad.

Lucas 24:1-12

El primer día de la semana, muy de mañana, las mujeres fueron al sepulcro, llevando las especias aromáticas que habían preparado. 2 Encontraron que había sido quitada la piedra que cubría el sepulcro 3 y, al entrar, no hallaron el cuerpo del Señor Jesús. 4 Mientras se preguntaban qué habría pasado, se les presentaron dos hombres con ropas resplandecientes. 5 Asustadas, se postraron sobre su rostro, pero ellos les dijeron: —¿Por qué buscan ustedes entre los muertos al que vive? 6 No está aquí; ¡ha resucitado! Recuerden lo que les dijo cuando todavía estaba con ustedes en Galilea: 7 "El Hijo del hombre tiene que ser entregado en manos de hombres pecadores, y ser crucificado, pero al tercer día resucitará." 8 Entonces ellas se acordaron de las palabras de Jesús. 9 Al regresar del sepulcro, les contaron todas estas cosas a los once y a todos los demás. 10 Las mujeres eran María Magdalena, Juana, María la madre de Jacobo, y las demás que las acompañaban. 11 Pero a los discípulos el relato les pareció una tontería, así que no les creyeron. 12 Pedro, sin embargo, salió corriendo al sepulcro. Se asomó y vio sólo las vendas de lino. Luego volvió a su casa, extrañado de lo que había sucedido.

Sentido Original

La última parte del Evangelio de Lucas (capítulo 24) consta de tres bloques: la aparición de Jesús a las mujeres (vv. 1–12), la experiencia del camino de Emaús (vv. 13–35) y la aparición de Jesús a los discípulos (vv. 36–43), junto con sus últimas instrucciones y adiós en el momento de su ascensión (vv. 44–53). Esta sección está llena de descubrimientos, sorpresas y asombro. La resurrección toma sistemáticamente a los discípulos por sorpresa, y les es muy difícil adaptarse a la realidad de que Jesús está de nuevo vivo. No obstante, los comentarios de Jesús les hacen entender que la Escritura había predicho que estos acontecimientos se producirían. Dios cumple su palabra, aun cuando se trate de cosas que parecen imposibles.

La Cruz no fue el final de la historia de Jesús, porque fue seguida de una resurrección que significa un nuevo comienzo. Con la tumba vacía y la resurrección se cumplen algunas de las promesas que Jesús hizo en Galilea, sin embargo, al constatar la realidad de estos acontecimientos, los discípulos quedan llenos de sorpresa y estupefacción.[1] De hecho, en los primeros momentos, cuando se descubren los hechos queda

---

1. Los pasajes paralelos de este texto son Mateo 28:1–10; Marcos 16:1–8; Juan 20:1–18. Las principales diferencias se dan entre el relato de Juan y los sinópticos. Juan cuenta primero su propia historia como testigo de la resurrección y a continuación regresa al relato de María. Defiendo este punto de vista en detalle en mi libro de próxima aparición, *Luke 9:51–24:53* [Lucas 9:51–24:53], (Grand Rapids: Baker), en la sección que habla de Lucas 24:1–12. Quienes deseen otras explicaciones sobre cómo se resuelven las diferencias, pueden ver J. Wenham, *The Easter Enigma: The Resurrection Accounts in Conflict?* [El enigma del Domingo de Resurrección: ¿Conflicto entre los relatos de la resurrección?], (Grand Rapids: Zondervan, 1984), y G. Osborne, *The Resurrection*

claro que el grupo ha de superar importantes dudas al respecto. Su reacción les hace parecer tan «modernos», «escépticos» y «sofisticados» como pueda serlo cualquiera de nuestros contemporáneos. Son necesarias repetidas apariciones para convencer a los discípulos de que Jesús había resucitado. Este acontecimiento les toma tan desprevenidos como lo habríamos estado nosotros. Tras la sorpresa inicial va tomando cuerpo el descubrimiento de que el plan de Dios no ha fracasado. La resurrección no fue creada por la Iglesia, sino más bien al contrario, fue ella, la Iglesia, la que fue creada por la resurrección.

Al despuntar la aurora del domingo, algunas mujeres se dirigen al sepulcro con sus especias para ungir el cuerpo de Jesús, no esperando sino encontrarle en el sepulcro. Las mujeres quieren llegar lo antes posible. El primer indicio de que ha sucedido algo poco común es la piedra que ha sido desplazada a un lado del sepulcro. Esta clase de piedras eran grandes y pesadas, y rodaban por una canal labrada delante de la tumba.[2] Las mujeres entran en el sepulcro y descubren que «el cuerpo del Señor» no está allí. Obsérvese que el título predominante de Jesús en este capítulo es «Señor», el título que, por medio de su resurrección, revela su señorío y apunta a su exaltación y vindicación por parte de Dios (Hch 2:14–39; Ro 10:9).[3]

Ni que decir tiene que las mujeres se quedan preguntándose «qué habría pasado» y qué deberían hacer a continuación (v. 4). En este punto aparecen «dos hombres». Sus ropas son resplandecientes, lo cual sugiere que el término «hombres» es un eufemismo para aludir a «ángeles» (cf. 24:23, donde Lucas les llama explícitamente «ángeles»). Parecen funcionar como dos testigos (Dt 19:15). Las mujeres saben que están ante seres sobrenaturales, de manera que se inclinan ante ellos como muestra de respeto.

Los «hombres» se dirigen a ellas planteándoles una sencilla pregunta: «¿Por qué buscáis entre los muertos al que vive?» En otras palabras, Jesús está vivo. El sepulcro no pudo retenerle. «No está aquí; ¡ha resucitado [lit., ha sido resucitado]!» El verbo que se utiliza en la frase «ha resucitado» es un aoristo pasivo y da a entender que Dios es el responsable del regreso de Jesús a la vida. Como prometió Jesús, Dios ha intervenido. «Recuerden lo que les dijo cuando todavía estaba con ustedes en Galilea: El Hijo del hombre tiene que ser entregado en manos de hombres pecadores, y ser crucificado, pero al tercer día resucitará.» (cf. 9:22, 44; 13:3; 17:25; 18:32–33; 22:37).[4] Este comentario es tanto una exhortación a recordar como una represión. Dios dice a menudo cosas que no entendemos, puesto que tenemos problemas para aceptarlas. Pero cuando Dios habla, hemos de escucharle no según las categorías a las que estamos habituados, sino con corazones que reconocen al que está hablando de la promesa.

Narratives: A Redactional Study [Los relatos de la resurrección: un estudio de la redacción], (Grand Rapids: Baker, 1984), 149 n. 2.

2. En Josefo, *Guerra de los judíos* 5.12.2 § 507; 5.3.2 § 108, hay antiguas descripciones de estas piedras.
3. Lucas es el único evangelista que llama «Señor» a Jesús en sus digresiones narrativas. Para Lucas este título es una de las mejores descripciones sumarias de la identidad de Jesús.
4. La última predicción no se produjo en Galilea, sino en Jerusalén.

El comentario de los versículos 6–7 es importante por otra razón. La referencia a la necesidad de que el Hijo del Hombre experimente estos acontecimientos subraya el diseño divino. Estas cosas han de suceder. Lucas utiliza dieciocho veces la palabra griega *dei*, que indica el desarrollo del plan de Dios, un plan prometido en la Escritura y completado en la vida de Jesús.[5] Este plan tenía tres pasos: traición, crucifixión y resurrección. Dos de ellos reaparecen en 24:43–47 junto con un cuarto paso, a saber, la predicación a las naciones. El comentario de los ángeles lleva a las mujeres a recordar las palabras de Jesús. Lo que Dios ha dicho va sin duda a cumplirse. Si queremos encontrar el cumplimiento de las promesas divinas, hemos de mirar a Jesús.

Las mujeres regresan donde se reúne el grupo de discípulos y cuentan su historia. Lucas identifica a tres de ellas, aunque menciona que el grupo de mujeres era más numeroso. A María Magdalena y Juana se las menciona dentro del grupo galileo que servía a Jesús (8:2–3). La referencia a «María de Jacobo» (lit.) es bastante oscura, puesto que puede aludir tanto a su madre como a su esposa o a su hermana. La mayor parte de los estudiosos identifican a esta mujer con la de Marcos 15:40 y 16:1, es decir, con la madre de Jacobo, el menor, y de José. Aparte de esto sabemos muy poco de ella.

A pesar de que tantas mujeres dan testimonio de este hecho, su historia no se considera digna de confianza. No es únicamente una historia difícil de aceptar de por sí, sino que, desde un punto de vista cultural, se la consideraría con recelo por ser mujeres quienes la difundieran. Una de las pruebas más contundentes a favor del relato de la resurrección es que la Iglesia del primer siglo nunca habría creado una historia cuyos principales testigos fueran mujeres. Lucas deja muy claro el escepticismo de los primeros receptores que oyeron hablar de la resurrección. Desestimaron el relato de las mujeres como «absurdo» (o «una tontería»). Puede que Jesús regrese un día, en el futuro, cuando se produzca la resurrección general, pero ¿una resurrección corporal e instantánea? Esto es increíble. Los primeros escépticos a que Jesús hubo de hacer frente fueron sus discípulos.

Pero Pedro no duda de la palabra del Señor. Durante sus negaciones, ha aprendido que el Señor sabe más de lo que creemos. De manera que corre hacia el sepulcro, se agacha para mirar a su interior y ve el sudario sin el cuerpo. Abandona el sepulcro «extrañado de lo que había sucedido». Los eruditos debaten si el sentido de la palabra griega que se traduce como «extrañado» (*thaumazo*, que también se traduce «maravillarse») implica que en este momento Pedro tiene fe. La mayoría opina que no, arguyendo que 24:24, 34 sugiere una posterior aparición a Pedro que le convence. Osborne parece mejor encaminado cuando dice que Pedro experimenta aquí «los primeros pasos de la fe».[6] Utilizando una palabra que no expresa la presencia de una fe plena, Lucas añade otro elemento al drama consignando la reflexión de Pedro sobre lo que está sucediendo. La tumba vacía plantea de entrada unas preguntas que para el apóstol significan que está sucediendo algo fuera de lo común y que Dios está tras ello.

---

5. Muchos argumentan que este es uno de los temas teológicos fundamentales de Lucas-Hechos. Ver D. Bock, «Luke-Acts» [Lucas-Hechos], en *A Biblical Theology of the New Testament*, ed. R. Zuck y D. Bock (Chicago: Moody, 1994), 87–100.
6. G. Osborne, *The Resurrection Narratives* [Los relatos de la resurrección], 114.

Es posible que Pedro no entienda plenamente las palabras de Jesús, sin embargo, ha aprendido que el Señor dice lo que quiere decir. Por consiguiente, Lucas concluye su relato inicial sobre la resurrección con una serie de preguntas sobre lo que ha sucedido y sobre el modo en que los discípulos se convencerán de que Jesús ha resucitado. En este pasaje se consignan los primeros pasos, mientras que la plena convicción vendrá en los relatos siguientes.

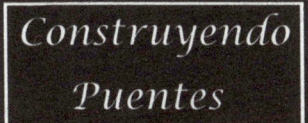

Hay un rasgo de este relato que difiere poco del mundo moderno: me refiero a su escepticismo sobre la resurrección. Lo que, por familiar, se nos pasa a menudo por alto en este relato es la actitud de los discípulos. Por regla general son personas que se caracterizan por estar abiertas a los milagros. Sin embargo, en esta ocasión han de ser convencidos. Las mujeres son más sensibles a lo que Dios ha hecho que la mayor parte del grupo de discípulos. Esta nota es importante, porque la resurrección es una esperanza central de la fe cristiana (1 Corintios 15), sin embargo, a la Iglesia no le va a ser fácil creer en ella. La actitud inicial de incredulidad por parte de los discípulos sintoniza bien con el espíritu moderno.

Otra perenne preocupación de la Humanidad es la cuestión de lo que sucede después de la muerte. Forma parte de la naturaleza humana querer saber cosas que están fuera de nuestra experiencia. En nuestro tiempo se habla mucho de experiencias «al borde de la muerte» y hasta de la posibilidad de la reencarnación. Me parece sorprendente que quienes cuestionan la posibilidad de la resurrección puedan estar tan seguros de la reencarnación. Este pasaje nos da una verdadera percepción de la vida después de la muerte. La realidad de la resurrección de Jesús forma la base para ver nuestra propia resurrección. La muerte no es el fin y, un día, todos tendremos que comparecer delante de nuestro Creador y dar cuenta de nuestra mayordomía en esta vida. Puesto que en la Biblia se enseña la resurrección y no la reencarnación, la cuestión que hemos de encarar personalmente es lo que nos va a suceder en aquel día del juicio.

Un tercer puente que cruza hasta nuestro tiempo es el asunto del plan de Dios y su Palabra. Todo el texto de Lucas 24 subraya este plan y presenta a Dios obrando en el cumplimiento de lo que ha prometido. Reintroduce un tema que ya se planteó en los capítulos 1–2. El hecho de que este tema se encuentre al principio y al final del Evangelio muestra lo central que es para todo lo que enseña Lucas. En un sentido muy real, la clave para entender el modo en que Lucas reconforta a Teófilo está estrechamente vinculada con el hecho de que la Palabra de Dios es verdadera (1:4). Cuando los ángeles recuerdan a las mujeres la promesa de Jesús, están afirmando que Dios hará lo que ha dicho. La resurrección de Jesús nos señala también esta esperanza (1Co 15:20–28).

Una aplicación de este texto que no es especialmente evidente tiene que ver con las dificultades de los discípulos en su aceptación del testimonio de las mujeres sobre la resurrección. Quizá deberíamos sorprendernos menos cuando, inicialmente, las personas tropiezan en la resurrección. No hemos de olvidar que, solo tras mucha persuasión los discípulos consiguen superar sus dudas. Deberíamos, por tanto, ejercer paciencia cuando compartimos esta esperanza con otras personas. Imaginémonos lo que Jesús debió haber sentido al impartir la esperanza de la resurrección durante su ministerio y recibir a cambio miradas de extrañeza. Me pregunto lo que sintieron aquellas mujeres al compartir su historia. Pero la Biblia es realista al contarnos su historia. La duda de los discípulos se plantea con claridad meridiana. Su lentitud para creer no es paradigmática, sino instructiva. La doctrina de la Resurrección es difícil de creer. Por esta razón, el Espíritu ha de obrar en los corazones cuando compartimos el Evangelio.

Se ha observado ya lo importante que es la idea de que Dios cumple sus promesas. La resurrección es una de las promesas divinas más sublimes. Según la esperanza cristiana, Dios da vida eterna a sus hijos en un mundo que él creará de nuevo y renovará (cf. Ap 21–22). Si este mundo ha de venir y si Dios cumple sus promesas, entonces prepararse para él es una de las tareas más esenciales de la vida. La vida venidera es, naturalmente, de una duración mucho más extensa que la presente. Por ello, prepararnos para ella es más importante que cualquier cuestión a corto plazo que enfrentemos hoy. El pensamiento visionario, tan popular en nuestros días, ha sido concebido para que consideremos la imagen a largo plazo. No hay nada más visionario que pensar en nuestra relación a largo plazo con Dios. Nuestra lealtad debería ser para la ciudadanía que desemboca en el futuro.

La esperanza cristiana de un Nuevo Mundo es importante, porque ésta lleva consigo la idea de que un día se hará justicia en la Creación. Según Romanos 8:17–39, la Creación gime mientras aguarda su redención que se producirá al mismo tiempo que la de los hijos de Dios. Con la vindicación viene la justicia. Sin justicia en el futuro, la injusticia del pasado permanece. Por tanto, en vista de este futuro seguro, vivimos como extranjeros en este mundo y tenemos una ciudadanía que representa una mayordomía de parte de Dios (Fil 3:20–21).

En resumidas cuentas, la resurrección lo cambia todo. Lucas quiere que consideremos las consecuencias de la resurrección de Jesús, a saber, que Jesús vive y ofrece perdón para que podamos tener una nueva relación con Dios por medio de él. Para los creyentes, la resurrección es un recordatorio de que la nueva vida es un don de Dios que nos llama a la gratitud. A quienes no conocen a Dios, la Escritura les llama a aceptar lo que significa la resurrección.

Esta sección nos deja con la imagen de Pedro atisbando a la puerta del sepulcro y contemplando el sudario vacío. La mortaja y la tumba vacías plantean qué le sucedió a Jesús. Lucas responderá a esta pregunta más adelante en este mismo capítulo, sin embargo, hay otra pregunta que hemos de responder. Si el sudario vacío ilustra el hecho de que la muerte no es el fin, sino una transición, ¿que nos sucederá entonces cuando resucitemos? La resurrección es la alternativa bíblica tanto a la reencarnación como a la no resurrección, y ello ha de hacernos conscientes de que somos responsables ante Dios de lo que hacemos en la vida. No hay nuevas oportunidades, ni una vida y después nada. Por consiguiente, cada uno de nosotros ha de hacer frente a la realidad de que un día habrá de dar cuentas a Dios.

No hemos de ignorar el cambio que hace Lucas en este pasaje pasando a utilizar el término «Señor». Jesús es aquel que tiene autoridad, autoridad divina, en el ámbito de la salvación. Siendo como es Jesús Señor de todo, su Evangelio ha de llegar a todas las personas. Una de las grandes preocupaciones de Lucas es mostrar que el plan de Dios se manifiesta a quienes entienden la verdadera dimensión de la identidad y grandeza de Jesús. Como Señor, es digno de toda nuestra confianza, adoración y seguimiento. Nadie es más digno de alabanza. En vista de su majestad y posición, todos deberíamos ser súbditos voluntarios, que descansan en su cuidado y dirección.

Lucas 24:13-35

Aquel mismo día dos de ellos se dirigían a un pueblo llamado Emaús, a unos once kilómetros de Jerusalén. 14 Iban conversando sobre todo lo que había acontecido. 15 Sucedió que, mientras hablaban y discutían, Jesús mismo se acercó y comenzó a caminar con ellos; 16 pero no lo reconocieron, pues sus ojos estaban velados. 17 —¿Qué vienen discutiendo por el camino? —les preguntó. Se detuvieron, cabizbajos; 18 y uno de ellos, llamado Cleofas, le dijo: —¿Eres tú el único peregrino en Jerusalén que no se ha enterado de todo lo que ha pasado recientemente? 19 —¿Qué es lo que ha pasado? —les preguntó. —Lo de Jesús de Nazaret. Era un profeta, poderoso en obras y en palabras delante de Dios y de todo el pueblo. 20 Los jefes de los sacerdotes y nuestros gobernantes lo entregaron para ser condenado a muerte, y lo crucificaron; 21 pero nosotros abrigábamos la esperanza de que era él quien redimiría a Israel. Es más, ya hace tres días que sucedió todo esto. 22 También algunas mujeres de nuestro grupo nos dejaron asombrados. Esta mañana, muy temprano, fueron al sepulcro 23 pero no hallaron su cuerpo. Cuando volvieron, nos contaron que se les habían aparecido unos ángeles quienes les dijeron que él está vivo. 24 Algunos de nuestros compañeros fueron después al sepulcro y lo encontraron tal como habían dicho las mujeres, pero a él no lo vieron. 25 —¡Qué torpes son ustedes —les dijo—, y qué tardos de corazón para creer todo lo que han dicho los profetas! 26 ¿Acaso no tenía que sufrir el Cristo estas cosas antes de entrar en su gloria? 27 Entonces, comenzando por Moisés y por todos los profetas, les explicó lo que se refería a él en todas las Escrituras. 28 Al acercarse al pueblo adonde se dirigían, Jesús hizo como que iba más lejos. 29 Pero ellos insistieron: —Quédate con nosotros, que está atardeciendo; ya es casi de noche. Así que entró para quedarse con ellos. 30 Luego, estando con ellos a la mesa, tomó el pan, lo bendijo, lo partió y se lo dio. 31 Entonces se les abrieron los ojos y lo reconocieron, pero él desapareció. 32 Se decían el uno al otro: —¿No ardía nuestro corazón mientras conversaba con nosotros en el camino y nos explicaba las Escrituras? 33 Al instante se pusieron en camino y regresaron a Jerusalén. Allí encontraron a los once y a los que estaban reunidos con ellos. 34 «¡Es cierto! —decían—. El Señor ha resucitado y se le ha aparecido a Simón.» 35 Los dos, por su parte, contaron lo que les había sucedido en el camino, y cómo habían reconocido a Jesús cuando partió el pan.

El encuentro entre Jesús y dos de sus discípulos en el camino de Emaús es una de las apariciones más vívidas de los Evangelios. Es un relato que solo consigna Lucas, y que contiene temas clave del Evangelio como la importancia de la promesa de la Palabra, la posición de Jesús como profeta y su papel mesiánico. El pasaje termina con otro ejemplo de comunión de mesa. Jesús se nos revela en el contexto de nuestra intimidad con él.

El pasaje comienza con otro viaje. Dos hombres se dirigen a Emaús, una aldea cuya exacta ubicación se desconoce. La ubicación que normalmente se escoge, conocida en otras fuentes antiguas, es una pequeña población situada a unos treinta kilómetros de Jerusalén.[1] Según parece, estos discípulos regresan a casa después de un fin de semana traumático.

Van hablando de las cosas que han sucedido. Los versículos 19b–24 nos dan una idea de las cuestiones que están tratando. Al parecer, la discusión había sido intensa, puesto que la palabra utilizada (*syzetein*) sugiere un apasionado debate (cf. su utilización en Lc 22:23; Hch 6:9; 9:29).[2] Puede que estén tratando el significado del sepulcro vacío. Jesús se les acerca mientras están hablando, pero ellos no le reconocen. Sus ojos están «velados» La primera aparición de Jesús tras la resurrección que consigna Lucas es normal y misteriosa a un tiempo. Su apariencia es la de un hombre normal, y sin embargo, es lo suficientemente distinta como para que inicialmente, sus discípulos no le reconozcan. Esta descripción añade otro elemento al drama y misterio de la resurrección.

Jesús les pregunta por la razón de su discusión. Esta pregunta les lleva a una parada, y su conducta cambia. Es doloroso recordar la situación que han dejado en Jerusalén, porque con la muerte de Jesús, la esperanza ha desaparecido. Cleofás, uno de ellos, expresa su asombro. Con ironía, pregunta: «¿Eres tú el único peregrino en Jerusalén que no se ha enterado de todo lo que ha pasado recientemente?»[3] ¡Naturalmente, Jesús sabe exactamente lo que ha sucedido, puesto que él ha sido el principal protagonista! Una parte del deleite narrativo que ofrece el relato es que el lector conoce el secreto que está oculto para los personajes. No era posible que alguien no se hubiera enterado de lo acontecido, no al menos si tal persona se movía entre las multitudes de peregrinos. No obstante, Jesús pregunta: «¿Qué es lo que ha pasado?».

Los discípulos responden inmediatamente: «lo de Jesús de Nazaret», y hacen mención de su labor profética afirmando que «era un profeta, poderoso en obras y en palabras delante de Dios y de todo el pueblo». Cualquier lector de Lucas que recuerde Lucas 4–18 puede identificarse con esta descripción (4:16–30; 7:16, 22–23, 39; 9:9, 18; 13:31–35; Hch 3:14–26; 10:38–39). Los viajeros mencionan que los principales

---

1. Lucas habla de sesenta estadios. Un estadio son 185 metros, un poco más de 200 yardas. De manera que 60 estadios son casi 11 kilómetros. Algunos manuscritos hablan de 160 estadios, que serían casi 30 kilómetros. Aunque está mal atestiguada, esta lectura es la razón por las que algunos sostienen que Emaús es Ammaous, una localidad que se menciona en 1 Macabeos 3:40, 57; 4:3. La localidad de el-Qubeibeh (El Kubelbeh), sugerida por Plummer, está a la distancia correcta, pero carece de testimonio como población del primer siglo (*The Gospel According to St. Luke* [El Evangelio Según San Lucas], 551–52). Ver también la obra de Fitzmyer, *The Gospel According to Luke I-IX* [El Evangelio según Lucas I-IX], 1561–62. Josefo menciona una Ammaous a unos 30 estadios de Jerusalén, que daría la medida de 60 estadios en un trayecto de ida y vuelta (*Guerra de los Judíos* 7.7.6 § 217).
2. J. Schneider, «συζητέω», *TDNT*, 7:747.
3. Esta traducción difiere ligeramente de la NVI, pero es más exacta.

sacerdotes y los gobernantes le entregaron a la muerte por crucifixión. Entre los discípulos se pensaba que Jesús era más que un profeta y se esperaba que fuera aquel que iba a redimir a Israel. Aquella era la esperanza que vieron clavada en una cruz en la capital de la nación.

Pero hay más. Tres días después, algunas de las mujeres de entre los discípulos asombraron al grupo.[4] Fueron a la tumba y la encontraron vacía. Hablaron también de unos ángeles que les dijeron que Jesús estaba vivo. Otros compañeros (una alusión a Pedro y quienes le acompañaron) fueron al sepulcro y lo encontraron vacío, exactamente como las mujeres habían dicho, sin embargo, a Jesús no le habían visto por ninguna parte. ¡Cuán irónicas son estas palabras en vista de quién es el interlocutor de Cleofás! Los dos discípulos están desconcertados por lo que ha ocurrido. Lo último que esperan es una resurrección.

A continuación Jesús da comienzo a una represión, cuyo fundamento se hace más claro a medida que los acontecimientos se van desarrollando. Les llama «torpes» y «tardos de corazón para creer.» Para los lectores de Lucas, estas palabras son una llamada a creer y a no deslizarse hacia la confusión en la que, en aquel momento, están sumidos estos dos discípulos. Han de creer todo cuanto han dicho los profetas, una manera breve de aludir a las promesas mesiánicas de las Antiguas Escrituras (que los cristianos llaman el Antiguo Testamento y para los judíos es la Tanaj). Lucas invierte una buena parte de su Evangelio y del libro de los Hechos haciendo referencia a algunos textos específicos del Antiguo Testamento sobre estas promesas. La trayectoria que la Escritura traza para el Mesías es, primero sufrimiento y después gloria. Esta secuencia es necesaria, puesto que éste es el designio de Dios. Lucas utiliza de nuevo la partícula *dei* para explicar esta cuestión. Estas cosas «tenían que» ser así, ya que forman parte del esfuerzo divino por restaurar su relación con la Humanidad.

Jesús comienza entonces a explicar estas promesas a los dos viajeros, comenzando desde Moisés y extendiéndose hasta los profetas. Estas promesas aluden a él, aunque ellos no saben todavía con quién están hablando. La conversación de Emaús pone de relieve que los traumáticos acontecimientos que rodean a Jesús forman parte del divino plan de liberación. Lo que han presenciado no supone el final de la esperanza, sino su comienzo.

Cuando los tres se acercan a la aldea, Jesús hace como que va más lejos. Pero los dos hombres le piden que se quede con ellos, alegando que es casi de noche. Jesús se reclina a la mesa con ellos y comen juntos. En una atmósfera pastoral y un escenario evocador de la Última Cena, el Señor toma el pan, da gracias, lo parte y se lo da. En contraste con el ritmo precipitado de la narración hasta este momento, hay en esta escena un ambiente de calma. De repente, se les abren los ojos y se dan cuenta de que es Jesús. ¡Su interlocutor era aquel de quien han estado hablando todo el tiempo! Pero tan pronto como le reconocen, él desaparece.

---

4. La palabra que se traduce como «dejaron asombrados» aparece frecuentemente en Lucas-Hechos con el sentido de tomar a alguien por sorpresa (Lc 2:47; 8:56; Hch 8:9, 11).

Cleofás y su amigo reconocen el carácter asombroso de su compañía y conversación. «¿No ardía nuestro corazón mientras conversaba con nosotros en el camino y nos explicaba las Escrituras?» ¿Acaso Dios no había estado obrando mediante las palabras de Jesús para ayudarles a entender el sentido del sufrimiento y gloria de Jesús? ¿No era precisamente la promesa de Dios lo que acababan de experimentar? Su reacción no expresa sorpresa en vista de lo que ha sucedido en el camino. Ahora todo cobra sentido.

Es tarde, pero no pueden esperar hasta mañana para compartir lo que han vivido. Han de contar a los demás la aparición de Jesús. De modo que en aquel mismo momento regresan a Jerusalén. Allí los Once y demás discípulos siguen reunidos y están muy agitados. Antes de que los dos de Emaús puedan contar su historia, la confirmación del relato de las mujeres resuena en la habitación. «¡Es cierto! —decían—. El Señor ha resucitado y se le ha aparecido a Simón». Los discípulos de Emaús cuentan entonces lo que acaba de sucederles en el camino y cómo Jesús se les reveló en la mesa. Jesús está comenzando a aparecerse por todas partes. La desesperación se convierte en deleite a medida que la verdad sobre la resurrección de Jesús comienza a calar hondo.

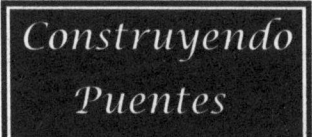

El principal tema de este pasaje es el mismo que el del anterior: la resurrección. Sin embargo, la discusión ha adquirido más profundidad. El pasaje anterior se limitaba a anunciar la tumba vacía y la realidad de la resurrección. En este texto tenemos, sin embargo, la aparición de un Jesús que ha resucitado corporalmente. Ahora ya no tenemos solo una afirmación de la resurrección, sino una manifestación de ella. Esta clase de experiencias hicieron que los discípulos pasaran de la categoría de escépticos a la de personas convencidas.

Puede que el principal desafío de este texto para nuestro mundo moderno sea la verosimilitud del acontecimiento que narra. Es importante observar que aquellos a quienes Jesús se manifiesta parecen tener una actitud tan empírica sobre la posibilidad de que una persona muerta vuelva a aparecer viva como cualquiera de nuestro tiempo. El anuncio de un sepulcro vacío no fue suficiente para convencerles. Solo demostraron ser convincentes las pruebas fehacientes de que Jesús había resucitado. La reacción de Cleofás y su amigo, reacios a aceptar la resurrección, y ello hasta el punto de merecer una reprensión de parte de Jesús, ayuda a demostrar que lo que aquí se relata sucedió realmente. ¿Por qué habría la Iglesia de crear relatos que presentan a unos seguidores de Jesús faltos de fe? Tenemos aquí a dos discípulos inclinados a creer que la Cruz significaba el final de la esperanza que Jesús había traído. Solo el propio Jesús, mostrándoles su restaurada existencia, puede hacerles cambiar de opinión. En todos los sentidos de la expresión, Jesús es el autor de la fe en la resurrección.

Un segundo elemento del pasaje refleja otro tema clave que se extiende a lo largo de los siglos que separan al texto de nuestro tiempo. Este pasaje subraya la veracidad de la Palabra de Dios expresada en sus promesas. Jesús sostiene que la doble división del sufrimiento seguido por la gloria es el retrato mesiánico del Antiguo Testamento. Esta es una nueva percepción de las Escrituras judías.

Sabemos que la fe judía, arraigada en la promesa a Abraham, se esforzaba en armonizar los distintos aspectos de la revelación veterotestamentaria en cuanto a cómo liberaría Dios a su pueblo en el tiempo del fin y traería su gobierno a la Tierra. Algunos pasajes expresaban la esperanza de que al fin de los tiempos se levantaría un gran profeta, un gran rey, un importante personaje que recibiría autoridad de parte de Dios. Sería también un siervo que proclamaría la esperanza de Dios y que, sin embargo, sufriría; que anunciaría una salvación en la que Dios estaría presente en la vida de la comunidad con una intimidad definida por el hecho de que la ley iba a ser escrita en el corazón de sus miembros. Todas estas líneas de la profecía pugnaban la una con la otra en el judaísmo, junto con varias imágenes sacerdotales. Los judíos se esforzaban en determinar cuántas figuras escatológicas podía haber y cuál sería su relación entre ellas. Jesús vivió en esta clase de mundo.

En los Evangelios y el libro de los Hechos, Jesús afirmó que en él se cumplía la promesa del Antiguo Testamento. Él era el profeta como Moisés, el Hijo de David, el Siervo sufriente, el Mesías, y el Hijo del Hombre, todo ello a la vez. Su trayectoria iba a estar caracterizada tanto por el sufrimiento como por el triunfo. El puente entre las dos etapas era la resurrección. Esta es la razón por la que Jesús pretendió estar enseñando en consonancia con todas las Escrituras. Solo esta comprensión de su identidad engarzaba las distintas líneas de la promesa en las Escrituras. Cuando Lucas 24 describe a Jesús como profeta y Mesías, está poniendo de relieve que la promesa tiene únicamente sentido cuando se combina con Jesús. Esta es la reivindicación interpretativa esencial que hace el cristianismo con respecto a las promesas de Dios y su relación con Jesús.

Aunque este pasaje hace solo una referencia general a las promesas de la Ley y los Profetas, a lo largo de Lucas se ha ido haciendo referencia a todos estos textos de manera más específica. Consideremos Isaías 40 y su promesa de un precursor (Lc 3:4–6), Isaías 61 y su proclamación y cumplimiento de la liberación (Lc 4:18–19), Salmos 118 y su llamamiento a recibir al que viene en el nombre del Señor (Lc 13:35) y su advertencia de que la piedra rechazada será exaltada (Lc 19:38), Salmos 110 y su promesa de un gobierno compartido con Dios y una exaltación futura (Lc 20:42–43), y Daniel 7 y su imagen del Hijo del Hombre que viene en las nubes (Lc 21:27).

Muchos textos que aquí no se mencionan aparecerán más adelante en el libro de los Hechos: por ejemplo, Joel 2 y su promesa del Espíritu (Hch 2:17–21), las alusiones a la promesa de Dios a Abraham (Hch 3:25), la declaración del Salmo 16 y la esperanza de un rescate mesiánico (Hch 2:25–28; 13:35), e Isaías 55 y las promesas a David disponibles ahora en esta nueva era (Hch 13:34). Sin duda, la Iglesia aprendió sobre este tipo de textos de boca del propio Jesús durante el tiempo de su ministerio y en el periodo posterior a su resurrección.[5] Esta afirmación fundamental de la fe con respecto al cumplimiento sirve de guía para entender el plan de Dios.

---

5. Sobre el uso que el Nuevo Testamento hace del Antiguo, ver D. Bock, «Use of the Old Testament in the New» [Utilización del Antiguo Testamento en el Nuevo], *Foundations for Biblical Interpretation*, ed. D. Dockery, K. Mathews, y R. Sloan (Nashville:: Broadman & Holman, 1994), 97–114, y la colección de ensayos en *The Right Doctrine from the Wrong Texts?* [¿Doctrina correcta de textos erróneos?], ed. G. Beale (Grand Rapids: Baker, 1994).

Por otra parte, no es casual que Jesús manifieste su identidad cuando se sienta a la mesa con los dos discípulos. En el mundo antiguo, la mesa era el lugar de comunión por excelencia, donde la familia y los amigos se juntaban para departir unos con otros. A lo largo de su Evangelio Lucas ha realzado la importancia de las escenas de mesa. Jesús dejó oír su voz y manifestó su presencia de manera especialmente íntima alrededor de la mesa de comunión. Este hecho sugiere que Jesús se nos revela en los momentos básicos de la vida; se siente cómodo en medio de las actividades cotidianas.

Este tema surgirá también en la escena siguiente. En los versículos 41–43, se sentará de nuevo con sus discípulos a la mesa. En la Eucaristía de la Iglesia que afirma la presencia del Señor se repite también esta imaginería. Sí, él ha resucitado y está sirviendo junto al Padre. Al participar de esta comida expresamos la esperanza de su regreso, cuando nos sentaremos a la mesa del banquete supremo en una plena celebración de su salvación.

Significado Contemporáneo

Como en todos los relatos de la resurrección, la aplicación más esencial de esta sección está en que nos transmite la confianza de que Jesús ha resucitado y vive. Esta clase de certeza debe dar una mayor profundidad a nuestra fe cada vez que se afirma la obra de Dios a favor nuestro. En Hechos 2 se desarrollará lo que surge de la resurrección observando que Jesús se sienta ahora a la diestra de Dios (cf. 5:31; Ro 1:3–4), donde él gobierna junto al Padre (Sal 110:1; Dn 7:13–14), intercede por nosotros (Ro 8:34; 1Jn 2:2) y actúa como mediador de las bendiciones que Dios da a sus hijos. Hebreos 5–10 alude a un ministerio según el orden de Melquisedec, un real sacerdocio en el que Jesús actúa como mediador de las bendiciones a los suyos de tal manera que los sacrificios no son ya necesarios.[6] Por eso la resurrección sirve de base para que podamos recibir las muchas bendiciones de la Gracia que Dios da a sus hijos (cf. 1P 1:3–6), especialmente, el perdón de los pecados, el Espíritu Santo y la vida eterna. En el decimoquinto capítulo de Primera de Corintios se explica exactamente cómo imparte esta esperanza la resurrección, refiriéndose a la resurrección de Jesús como «primicias» (v. 20), a la que en el futuro seguirán otras (¡la nuestra!).

Estos dos discípulos no fueron los únicos a quienes se apareció Jesús. Se trata de una cuestión significativa, puesto que la resurrección está atestiguada por muchos creyentes distintos. En 1 Corintios 15:5–8 se consigna una corta enumeración de las apariciones de Jesús. Los múltiples informes de este pasaje indican lo extendido que estaba el testimonio. Como ya hemos observado, el autor de la esperanza de la resurrección es el propio Jesús.

---

6. Es importante apreciar esta tarea regia y sacerdotal como una obra que comprende el desarrollo de ambos oficios al mismo tiempo. Hebreos 7 deja claro que aquí se tiene en mente tanto la autoridad como la intercesión. Los intentos de dividir la imaginería de manera muy explícita y marcada entre sacerdotal y real son culpables de fragmentar a la persona de Cristo de un modo que la Iglesia cuestionó hace siglos en su lucha contra el nestorianismo. Hebreos 1 deja claro que hoy su realeza y su función sacerdotal forman una unidad.

La declaración de Jesús a la diestra de Dios encontró su camino en los credos más antiguos de la Iglesia (p. ej., el Credo los Apóstoles). Esto no es una declaración abstracta. Esta afirmación encierra realidades vitales de la vida cristiana. El que Jesús se encuentre a la diestra de Dios significa que posee autoridad sobre todas aquellas fuerzas que se oponen a la Humanidad, tanto en esta era como en la venidera (ver Ef 1:19–23). Esta autoridad subyace bajo su capacidad para impartirnos el nuevo nacimiento (Ef 2:1–10).

Este aspecto de la esperanza de la resurrección es importante, puesto que muchas veces sentimos que nuestro pecado o el diablo tienen más poder que nosotros. No obstante, en el contexto del poder de Jesús que se obtiene por medio de su resurrección, tenemos acceso a aquel que nos capacita para vencer cualquier obstáculo que Satanás pueda poner en nuestro camino. Los discípulos son llamados a seguir la guía del Señor y a recurrir a los recursos espirituales que él pone a nuestra disposición. Es posible argumentar que las cartas del Nuevo Testamento, además de ser un comentario de la Cruz, lo son también de la Resurrección, puesto que todo lo que tenemos en Cristo es, en última instancia, solo posible por medio de la Resurrección.

De hecho, en este pasaje lucano actúa una combinación de elementos que refleja dos rasgos clave de la realidad cristiana. La Resurrección y la Palabra de Dios se combinan para ilustrar la realidad del cumplimiento de la promesa de Dios. En uno de los extremos está la Palabra revelada y que se dirige hacia su cumplimiento. En tanto que revelación de Dios, ha de ser aceptada y creída, algo que los discípulos fueron lentos en entender. Esta es la razón por la que la Iglesia ha subrayado siempre la necesidad de que el pueblo aprenda la Palabra, porque en ella se encuentra el camino y la sabiduría de Dios. En el otro extremo está el Jesús resucitado, ejerciendo las muchas prerrogativas que la Palabra le atribuye en cumplimiento de las promesas de Dios. Algunas de tales promesas aun han de cumplirse. Cuando el Señor regrese, terminará lo que comenzó (cf. Hch 3:21). Así, la Resurrección es un puente a la nueva vida y el primer paso de la gloria que lleva al cumplimiento de su promesa.

Puede que no haya mejor comentario sobre este pasaje que Hebreos 1:1–4. Dios nos ha hablado en la persona de su Hijo, quien, como heredero de todas las cosas, se ha sentado a la diestra del Padre, tras llevar a cabo la purificación de los pecados y convertirse en superior a los ángeles, reflejando así su nombre, naturaleza y papel. No hay mayor privilegio que conocer al Hijo de Dios, un privilegio al que solo se accede reconociendo que Dios le resucitó de entre los muertos para convertirse en el eje de su promesa y plan.

Lucas 24:36-53

Todavía estaban ellos hablando acerca de esto, cuando Jesús mismo se puso en medio de ellos y les dijo: —Paz a ustedes. 37 Aterrorizados, creyeron que veían a un espíritu. 38 —¿Por qué se asustan tanto? —les preguntó—. ¿Por qué les vienen dudas? 39 Miren mis manos y mis pies. ¡Soy yo mismo! Tóquenme y vean; un espíritu no tiene carne ni huesos, como ven que los tengo yo. 40 Dicho esto, les mostró las manos y los pies. 41 Como ellos no acababan de creerlo a causa de la alegría y del asombro, les preguntó: —¿Tienen aquí algo de comer? 42 Le dieron un pedazo de pescado asado, 43 así que lo tomó y se lo comió delante de ellos. Luego les dijo: 44 —Cuando todavía estaba yo con ustedes, les decía que tenía que cumplirse todo lo que está escrito acerca de mí en la ley de Moisés, en los profetas y en los salmos. 45 Entonces les abrió el entendimiento para que comprendieran las Escrituras. 46 —Esto es lo que está escrito —les explicó—: que el Cristo padecerá y resucitará al tercer día, 47 y en su nombre se predicarán el arrepentimiento y el perdón de pecados a todas las naciones, comenzando por Jerusalén. 48 Ustedes son testigos de estas cosas. 49 Ahora voy a enviarles lo que ha prometido mi Padre; pero ustedes quédense en la ciudad hasta que sean revestidos del poder de lo alto. 50 Después los llevó Jesús hasta Betania; allí alzó las manos y los bendijo. 51 Sucedió que, mientras los bendecía, se alejó de ellos y fue llevado al cielo. 52 Ellos, entonces, lo adoraron y luego regresaron a Jerusalén con gran alegría. 53 Y estaban continuamente en el templo, alabando a Dios.

Sentido Original

El tercer pasaje de Lucas sobre la Resurrección añade, de distintas formas, otro elemento al retrato que hace el autor sobre la relevancia de este acontecimiento.[1] En 24:1-12 se subrayó la tumba vacía; en 24:13-35 Lucas presentó una aparición de Jesús y enfatizó que la Escritura profetizó la Resurrección. El pasaje que estamos considerando revela la comisión de Jesús a sus discípulos tras la Resurrección para que ministren a todas las naciones. El texto —mediante la participación de Jesús en una comida y su invitación a los discípulos a tocarle— aporta también otras evidencias de que no se trata de una simple aparición espiritual. Cualquier idea gnóstica de que el cuerpo resucitado de Jesús era mera apariencia queda excluida por este texto. Tiene, pues, un valor que es tanto instructivo como apologético.

La escena es una extensión del pasaje anterior, en el que se siguen desarrollando los detalles de las distintas apariciones de Jesús. El dinamismo de sus apariciones se va incrementando, puesto que una reunión sigue a otra en rápida sucesión. Mientras los discípulos intercambian noticias, Jesús se les aparece y pronuncia una bienaventuranza

---

1. Solo Lucas consigna este relato, si bien tiene algunos puntos de contacto con Juan 20:19-23.

que resume el triunfo de su ministerio: «Paz a ustedes». Es un saludo de consolación. Una invocación de la bendición de Dios sobre sus vidas, ya que con la resurrección termina la preocupación sobre el bienestar de Jesús y la continuación del plan de Dios (cf. Lc 2:14; Hch 10:36). La aparición suscita el temor del grupo, puesto que piensan que Jesús es un «espíritu.» Siguen teniendo dificultades para acostumbrarse a la idea de que ha resucitado y se está apareciendo a sus discípulos.

Jesús les pregunta por qué se asustan tanto y dudan en sus corazones. En el mundo antiguo, el «corazón» es el asiento de la reflexión, y tiene un significado muy parecido al que nosotros le damos hoy a la palabra «mente». Los comentarios de Jesús sugieren que algunos siguen dudando aun después de las apariciones. Les invita por tanto a mirar y tocar sus manos y pies, donde siguen visibles las marcas de su crucifixión.[2] Con un lenguaje inequívoco y directo, Jesús observa que un «espíritu» no tiene carne y huesos como ven que tiene él. En otras palabras, la Resurrección tiene un elemento físico. Como se afirma en 1 Corintios 15:35–49, el cuerpo de resurrección es igual y distinto del cuerpo físico; aunque retiene aspectos físicos vive, sin embargo, en un estado glorificado. Jesús hace todo lo que puede por transmitir a sus discípulos la certeza de que está realmente vivo.

Aun cuando les muestra sus manos y pies horadados, éstos no acaban de creer todas estas cosas. Este comentario podría ser un eufemismo retórico para indicar que les cuesta creer lo que están viendo por el gozo y la sorpresa que experimentan (unas actitudes que no tendrían si no pensaran que se trata ciertamente de Jesús). Los discípulos están casi paralizados por la percepción de que Jesús se ha levantado realmente de los muertos.

Para dejar más clara aún esta cuestión, Jesús les pide algo de comer. Ellos le ofrecen un pedazo de pescado asado, y él lo toma y se lo come. Este hecho indica que Jesús no es un fantasma, sino que tiene un verdadero ser. Una vez más, se les manifiesta durante un encuentro alrededor de una comida.

Jesús les explica ahora lo que ha sucedido. ¿Cómo puede estar aquí de este modo? ¿Qué han significado la Cruz y la Resurrección ? «Cuando todavía estaba yo con ustedes, les decía que tenía que cumplirse todo lo que está escrito acerca de mí en la ley de Moisés, en los profetas y en los salmos.» Les recuerda que él había predicho precisamente lo que ha sucedido (9:22, 44; 17:25; 18:31–33; 22:37). En su plan, Dios había diseñado desde el principio que el Mesías fuera crucificado y resucitara; no se trata de un cambio de planes de última hora (ver v. 25). De hecho, todo cuanto está escrito sobre Jesús «en la ley de Moisés, en los Profetas y en los Salmos», ha de cumplirse.[3] Una vez más se utiliza la palabra *dei* («tenía que»), que hace referencia al plan de Dios. Los discípulos están experimentando lo que la Escritura había prometido y lo que los santos de la Antigüedad anhelaban ver (10:23–24; 1P 1:10–12).

---

2. Este texto y Juan 20:25 son los que sugieren que Jesús fue clavado a una cruz; ver J. Schneider, «σταυρός», *TDNT*, 7:574–75.

3. Al hablar de Moisés, los Profetas, y los Salmos se alude a las tres partes principales de la Biblia hebrea. Sobre el cumplimiento como uno de los temas de Lucas, ver G. Delling, «πληρόω», *TDNT*, 6:295–96; G. Schrenk, «γράφω», 1:748.

Acto seguido, Jesús les instruye en las Escrituras. Obsérvese que la Iglesia ha desarrollado su interpretación del Antiguo Testamento a partir de la enseñanza de Jesús. Su instrucción sobre los elementos básicos de la promesa divina se resume con tres verbos: «padecer», «resucitar», y «ser predicado» (en griego todos ellos están en infinitivo). La muerte y resurrección de Jesús suscitan una comisión evangelizadora para los discípulos. Estas tres etapas se reflejan en el Antiguo Testamento. El Cristo, el Mesías, tenía que sufrir (p. ej., Sal 22; 69; Is 52:13–53:12) y ser resucitado (p. ej., Sal 16:8–10; 110:1), y los discípulos tienen ahora que dedicarse a predicar a las naciones «el arrepentimiento y el perdón de pecados», comenzando en Jerusalén (Para Lucas, textos como Isaías 40:3–5 y Amós 9:12 encajan en esta promesa). Se mencionan tanto la respuesta deseada («arrepentimiento») como su efecto («perdón»).

El arrepentimiento como concepto arraigado en el Antiguo Testamento es muy importante, puesto que comporta un «cambio de dirección». Es decir, arrepentirse es darse la vuelta y pasar de la lealtad a los ídolos al servicio del Dios único y verdadero (cf. 1Ts 1:9–10). Este cambio de perspectiva significa abrazar a Jesús y produce el perdón que ofrece. Este mensaje de salvación se extiende a todas las naciones, aunque habrán de pasar diez capítulos del libro de los Hechos antes de que los discípulos se den cuenta de que «las naciones» van más allá de los judíos de la Diáspora. Han de predicar a cada tribu y nación, un hecho que hoy asumimos con normalidad, pero que fue revolucionario en aquel momento, puesto que las religiones tenían un carácter étnico mucho más marcado.

Los discípulos han sido testigos de los acontecimientos que rodean a Jesús. Le vieron primero colgar de la Cruz y ahora le han visto resucitado. Han de proclamar que lo que saben se ha producido conforme a las Escrituras (1Co 15:1–5). Jesús les enviará con esta misión, pero no antes de equiparles. Para ello les enviará el Espíritu de parte de su Padre, en un acontecimiento que se describe como ser «revestidos del poder de lo alto» (ver Hch 1:8; 2:1–11). Se trata de una alusión a la promesa del Espíritu proclamada por Joel para el tiempo del fin, y a la consignada por Jeremías sobre la venida del Espíritu como parte del nuevo pacto. El Espíritu es el que nos capacita para dar un testimonio efectivo de Jesús (Lc 12:11–12). El plan de Dios da un paso adelante, y los discípulos van a jugar un papel fundamental en su avance. Sin embargo, hasta que el Espíritu venga sobre ellos, han de permanecer en Jerusalén.

Este Evangelio concluye con la escena en que Jesús lleva a los discípulos hasta Betania y, levantando las manos, les bendice, y asciende hacia el cielo. El acontecimiento de la Ascensión se resume en este pasaje y se detalla en Hechos 1:9–11, estableciendo un vínculo entre Lucas y Hechos.[4] Jesús bendice a los discípulos mientras se eleva al cielo, para continuar su obra desde su nueva posición a la diestra de Dios. Ellos, por su parte asumen una gozosa actitud de adoración. Regresan al templo —donde Lucas inició su relato con el episodio de Zacarías— para alabar a Dios por

---

4. Quienes estén interesados en una defensa de esta lectura y vinculación, pueden ver M. Parsons, *The Departure of Jesus in Luke-Acts* [La partida de Jesús en Lucas-Hechos], (Sheffield: Sheffield Academic Press, 1987), 193–94, 196.

todo lo que ha sucedido. Lucas no olvida nunca que la esencia del andar del creyente consiste en responder a Dios con alegría.

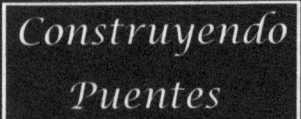

La mayor parte de las cuestiones relativas a la contextualización de este pasaje se han tratado ya en los anteriores pasajes sobre la Resurrección. Ésta se fundamenta en el cumplimiento de la promesa de Dios, lo cual, a su vez, nos imparte certeza con respecto al resto de sus promesas. No obstante, quedan tres cosas por comentar. (1) En esta aparición, Jesús aprovecha la ocasión para comisionar a la Iglesia a que lleve el Evangelio al mundo. Tenemos aquí una comisión abierta, que requiere un trabajo constante, puesto que su cumplimiento no se ha producido todavía. Nosotros, sin embargo, somos testigos en un sentido distinto del que lo eran aquellos primeros discípulos. Ellos daban testimonio de lo que habían visto, mientras que nosotros testificamos de su testimonio y de nuestra experiencia del Jesús resucitado.

(2) La respuesta al Evangelio en términos de adoración es otro rasgo fundamental de este texto. Tendemos a concebir la adoración simplemente en términos de la expresión de alabanza, sin embargo, en su base, la adoración implica una actitud renovada y abierta hacia Dios. La adoración que encontramos en este texto no consiste únicamente en ofrecerle a Dios nuestra alabanza, sino también en obedecer lo que Jesús nos ha ordenado (vv. 49, 52). La transformación que acompaña a la recepción del Evangelio ha de refrescar y renovar nuestros corazones para que, no solo demos gracias a Dios con los labios, sino también con nuestras acciones. El Evangelio de Lucas termina con unos discípulos dispuestos a obedecer el llamamiento de Jesús, y a hacerlo con alegría. En el capítulo cuatro de los Hechos les encontramos haciéndolo todavía, y hoy hemos de seguir emulando aquella pasión por la misión.

(3) La clave para llevar a cabo esa comisión es la obra capacitadora del Espíritu de Dios. Mediante su dirección y poder, el mensaje sigue extendiéndose, y el rechazo puede ser enfrentado con audacia (Hch 4:24–32). Una rápida mirada a Hechos 2 nos muestra a un Pedro transformado; ya no es el personaje tímido y falto de coraje que vemos en la negación y durante el juicio de Jesús, sino un predicador intrépido y entusiasmado que proclama el Evangelio delante de una gran multitud en el día de Pentecostés. Este contraste muestra el poder transformador del Espíritu en acción.

Significado Contemporáneo

En Lucas 24, la comisión nos llama como comunidad a llevar el Evangelio a todas las naciones. ¿Pero cómo podemos hacerlo de manera efectiva? Cada generación ha de tomar este mensaje y enmarcar su contenido esencial de perdón y relación con Dios en unos términos que su cultura pueda comprender. Este tipo de contextualización es importante para la efectiva comunicación del Evangelio. A menudo alguien que vive dentro de una determinada cultura comunica el Evangelio a su audiencia de un modo más claro y efectivo que otra persona que viene de fuera. Tales personas entienden los parapetos y metáforas de la cultura en cuestión y por ello pueden hablar de un modo que las personas valoran y comprenden.

Cuando se trata de comunicación transcultural, quienes son capaces de relacionar bien el Evangelio con las imágenes de la cultura de destino son los más efectivos transmitiendo las Buenas Nuevas de un modo claro y relevante. Personalmente sé que siempre que ministro fuera de los Estados Unidos, me siento un poco perdido en términos de ilustraciones y comunicación, puesto que muchas de las imágenes que utilizo en Texas no se entienden o valoran en Tubinga o en Ciudad de Guatemala. Esto no significa que no pueda proclamar el Evangelio, pero sí que con frecuencia he de pasar tiempo informándome sobre la cultura que visito: sus valores, sus héroes, sus deportes preferidos, y otros elementos de la vida cotidiana. Les observo de cerca para poder personalizar el mensaje en los términos de la vida que viven las personas de aquella cultura.

Esta variedad de comunicación y sensibilidad según las audiencias se refleja en el Nuevo Testamento. Jesús se comunicó con sus oyentes usando ejemplos de la agricultura palestina porque se encontraba en un ambiente mayoritariamente agrario. Sin embargo, los discursos del libro de los Hechos delatan un acercamiento a los gentiles que es distinto del de los mensajes a los judíos. Pablo, por ejemplo, citó a los poetas griegos o utilizó términos de la cultura griega. Esto no se debe a que el Evangelio sea en sí distinto para los gentiles, sino a que cada cultura requiere el uso de distintas imágenes y técnicas. Los discursos dirigidos a los judíos podían hacer referencia a una larga historia del pueblo de Dios y a la esperanza de su promesa, mientras que los que se dirigían a los gentiles tenían que presentar a Dios como Creador o como Juez que establece una nueva relación con la Humanidad. Las metáforas sobre la Iglesia apelaban a la imaginería del cuerpo, porque la imaginería política de los griegos presentaba la ciudad como un organismo. Puesto que la Iglesia continúa llevando el Evangelio al mundo, hemos de analizar detenidamente el modo de comunicar su verdad por medio de imágenes que sean familiares para nuestra audiencia.

Esto significa que también en el trabajo con los jóvenes hemos de utilizar ilustraciones que conecten con su mundo (por ejemplo, del ámbito de los deportes o el atletismo). Si queremos ser efectivos con hombres y mujeres de negocios hemos de hablar en su lenguaje. En mi iglesia se ha desarrollado un grupo de control de ilustraciones que se esfuerza en ayudarme, puesto que yo tiendo a utilizar muchas ilustraciones del ámbito de los deportes. Algunas mujeres de nuestra comunidad se han propuesto facilitarme ilustraciones «culturalmente equivalentes», siempre que, en mis estudios bíblicos, mi comunicación se hace parcial desde el punto de vista del género. Esta iniciativa es un saludable recordatorio que me ayuda a pensar en términos de toda mi audiencia.

Lo que todo esto significa es que los acercamientos estandarizados al Evangelio, aunque son útiles para hacernos sentir inicialmente cómodos cuando compartimos nuestra fe, no han de convertirse en nuestro único medio de dar testimonio.[5] La Biblia está llena de ricas metáforas para explicar la fe. Deberíamos apreciar la variedad de esta clase de términos cuando compartimos el Evangelio. Siempre que le pedimos a

---

5. Para más detalles acerca de esta variedad y este debate, ver D. Bock, «Jesus as Lord in Acts and in the Gospel Message» [Jesús como Señor en el libro de los Hechos y en el Mensaje del Evangelio], *BibSac* 143 (1986): 146–54.

alguien que acepte la gracia de Dios por fe y no confíe en sus obras para la salvación, estamos predicando el Evangelio. Podemos hablar de arrepentimiento cuando consideramos el punto de partida de la conversión. Podemos hablar de darnos la vuelta para describir el cambio de dirección que tiene lugar cuando aceptamos a Dios. Podemos hablar de fe en Cristo para subrayar el objeto de nuestra esperanza. Podemos hablar de recibirle para acentuar el carácter personal de la apropiación de la fe que es más que asentimiento mental. Podemos hablar de acercarnos a él para referirnos al acto de la conversión desde la perspectiva de Jesús. Podemos hablar de confesarle como una expresión de cómo la fe expresa su propia presencia. Todos estos términos subrayan el acto salvífico de la fe por el que las personas aceptan a Jesús con la confianza de que él les perdonará por su Gracia y les pondrá en relación con él.

Otro asunto que plantea este texto es la resurrección de Jesús, puesto que su realidad demuestra que hay un más allá (cf. 1Co 15). Esta nueva vida tiene una conciencia de la realidad, aunque su forma difiere de la vida actual. La naturaleza corporal de la resurrección muestra la continuidad entre lo que somos y lo que seremos. La muerte no es un final, sino una transición, pero —y este es el asunto crucial—, ¿una transición a qué? ¿A dónde entraremos, a la vida eterna o a una segunda y más permanente muerte? La elección de la vida requiere una elección de Jesús. Todo este Evangelio ha tratado sobre dicha elección y sus beneficios. Algunas de las cosas que he dicho en estas secciones han sido una reiteración de este tema, sin embargo, esto se debe a que Lucas quiere subrayar esta cuestión una y otra vez.

Es un privilegio ser testigos de Jesús. En su sentido técnico, un testigo es, naturalmente, alguien que ha visto al Jesús resucitado y conoce directamente su ministerio terrenal. Esto solo se aplica a quienes le conocieron en el siglo primero. Sin embargo, en un sentido secundario, también nosotros conocemos la obra del Señor en nuestras vidas y puede compartir este testimonio con los demás cuando compartimos el Evangelio que los discípulos confiaron a la Iglesia. No hay mayor comisión o llamamiento más elevado que el de ayudar a otras personas a encontrar la experiencia de la presencia de Dios.

Hace poco se me preguntó qué haría si estuviera testificando y las personas con quienes hablaba afirmaran que ya tenían una relación con Dios (porque eran miembros de una iglesia o por alguna otra razón de tipo externo), pero no conocían a Jesús. ¿Cómo les respondería? En el diálogo resultante de esta pregunta surgieron tres ideas. (1) Lo mejor es comenzar escuchando cuidadosamente a nuestros interlocutores. Los cristianos estamos a menudo bien dispuestos a hablar, pero nos cuesta escuchar. Escuchar a alguien que comparte sus inquietudes espirituales, nos ayuda a entender su idea de Dios y lo que dicha persona espera de la experiencia religiosa. Prestar atención a alguien que nos habla de su búsqueda de Dios o ausencia de ella, nos permite entender cómo dirigirnos a tal persona. (2) Podemos sondear el grado de confianza que tiene nuestro interlocutor en su relación con Dios. A veces una expresión de incertidumbre representa una apertura para el Evangelio (cf. Pablo en Hechos 17:23). (3) Podemos compartir la naturaleza positiva de nuestra experiencia personal, comenzando desde el punto en que se nos presentó a Jesús como único camino a Dios.

Muchas veces he oído a personas decir que tienen miedo de dar testimonio porque carecen de conocimiento teológico sobre lo que han de decir. No se sienten capaces de debatir con sus amigos perdidos, o no siempre quieren hacerlo. Pero no es necesario conocer una retahíla de términos teológicos o apologéticos para poder ser testigos; se trata sencillamente de que contemos nuestra historia. Un elemento muy provechoso que podría incorporarse a muchas reuniones de la Iglesia puede ser un testimonio semanal, moderado por el pastor para evitar que los creyentes divaguen o tengan miedo de decir algo erróneo. Al compartir unos con otros las maneras en que Dios se implica en nuestras vidas, adquirimos experiencia en la verbalización de nuestro testimonio y aprendemos que Dios actúa de formas distintas. Dios se hace presente de un modo visible a los demás. Por regla general, si queremos compartir a Cristo de manera efectiva con quienes están fuera de la Iglesia tendremos que invertir el tiempo necesario para establecer una relación personal con ellos. De este modo, nos acercamos a ellos lo suficiente como para que nuestro testimonio tenga credibilidad. Es un privilegio participar de la comisión de Dios.

Para evitar un exceso de nerviosismo con la evangelización, recordemos que cuando compartimos a Jesús no estamos solos. Jesús nos ha impartido su Espíritu que habita en nosotros para ayudarnos a dar sentido a nuestro testimonio. Los discípulos esperaron al Espíritu para recibir de él un poder y una capacitación que les permitiría compartir a Cristo con convicción. Para ver lo efectivo que puede ser el Espíritu, solo hemos de contrastar al Pedro de las tres negaciones con el que pronuncia los discursos del libro de los Hechos. El mayor obstáculo para nuestra evangelización personal es nuestro temor de las reacciones de nuestros interlocutores y de nuestra falta de capacidad. Pero el Espíritu actúa en nosotros para ayudarnos a comunicar a Jesús, y nuestro temor a las reacciones es en realidad una expresión de incertidumbre sobre nuestra aceptación de Dios en la que no acabamos de descansar.

El Evangelio de Lucas concluye con lo que podemos llamar un final abierto. Los discípulos regresan a Jerusalén y esperan que Dios les capacite para compartir a Jesús con un mundo necesitado. Lucas continuará esta narración con el relato de los inicios de la Iglesia, tiempo en que los discípulos se disponen a cumplir la comisión de Dios. Sin embargo, al final del libro de los Hechos el relato de esta comisión sigue todavía incompleto. El testimonio de Jesucristo se difunde por todo el mundo, de boca en boca. Puede proclamarlo un misionero, un predicador o un evangelista, o transmitirlo un ama de casa a su vecina, un hombre de negocios a un colega, un adolescente a su amigo, un padre o una madre a su hijo o hija, o incluso un niño a sus padres o abuelos.

Se puede dar testimonio en momentos de gozo, desesperación o incluso a las puertas de la muerte. El mensaje se puede transmitir en inglés, español, alemán, francés, ruso, coreano, chino, japonés, swahili y en cualquier otro idioma. La mera consideración de esta tarea y proceso es un testimonio del poder de la resurrección de Jesús para resonar a lo largo de los siglos con su mensaje de esperanza y perdón. ¿Qué otro movimiento ha sido capaz de extenderse a lo largo de siglos y culturas como lo ha hecho el movimiento cristiano? ¿En qué otro colectivo se entretejen en rica comunión personas de trasfondos nacionales tan variados? Una parte del poder del Evangelio se ve sin duda en el éxito de la comisión que pusieron en marcha los Apóstoles. ¿Qué otro movimiento se inició de un modo tan oscuro y terminó de manera tan universal? No cabe duda de que Dios ha estado obrando en el movimiento que comenzó con un anuncio en el templo y un nacimiento en Belén.

Tenemos ocasión de participar en esta marcha de la fe que se extiende a lo largo de la Historia. Dios está obrando en todo este desarrollo, cumpliendo lo que prometió siglos atrás en ciertos escritos judíos de la Antigüedad. Él está tan presente en nuestra proclamación de su mensaje como lo estuvo en la comisión que Jesús encargó en el Siglo Primero a un pequeño grupo de sus seguidores, principalmente galileos. La marcha de la fe avanza de época en época, de persona en persona, de testimonio en testimonio. Siglos atrás, Lucas escribió para darle a Teófilo la plena certeza de que él formaba parte de aquella honrosa marcha. Afortunadamente para nosotros, Dios se encargó de que Teófilo no fuera el único en tener certezas sobre su Gracia por medio de Jesús.

*Nos agradaría recibir noticias suyas.
Por favor, envíe sus comentarios sobre este libro
a la dirección que aparece a continuación.
Muchas gracias.*

*Vida@zondervan.com
www.editorialvida.com*

www.ingramcontent.com/pod-product-compliance
Lightning Source LLC
Chambersburg PA
CBHW011305150426
43191CB00015B/2340